SECONDE SÉRIE
DE LA
BIBLIOTHÈQUE
LATINE-FRANÇAISE

traductions nouvelles

DES AUTEURS LATINS

AVEC LE TEXTE EN REGARD

DEPUIS ADRIEN JUSQU'A GRÉGOIRE DE TOURS

publiée

PAR C. L. F. PANCKOUCKE

OFFICIER DE LA LÉGION D'HONNEUR

POMPEIUS FESTUS

DE LA SIGNIFICATION DES MOTS

traduit pour la première fois en français

PAR M. A. SAVAGNER

Ancien élève pensionnaire de l'École des Chartes
Professeur d'histoire en l'Université, etc.

DEUXIÈME PARTIE

PARIS
C. L. F. PANCKOUCKE, ÉDITEUR
RUE DES POITEVINS, 14

1846

festim pugnaturus. Vetustius enim fuit multitudinem hominum, quam navium, classem appellari.

ceinte à la manière des Gabiens, est prête à combattre sur-le-champ. En effet, dans l'ancien langage, on se servait du mot *classis*(1) pour désigner une multitude d'hommes aussi bien qu'un grand nombre de navires.

PROCITANT, provocitant. Citare enim vocitare est, unde *procet* et *procit* et *procat* dicebant, pro *poscit*.

PROCITANT, ils provoquent souvent. Car *citare* est synonyme de *vocitare*(2), d'où l'on disait *procet, procit* et *procat*, pour *poscit*(3).

PROCALARE, provocare, ex Græco καλεῖν, id est voco. Unde *kalendæ*, *calumnia*, *calones* et *caculæ* et *calatores*.

PROCALARE, appeler dehors, provoquer, du grec καλεῖν, appeler. D'où viennent aussi les mots *kalendæ*(4), *calumnia*(5), *calones*(6), *caculæ*(7) et *calatores*(8).

PROCERA, prolixa et in longum producta, quasi ex cera, ob ejus facilitatem.

PROCERA, choses étendues en longueur; comme de cire(9), à cause de la faculté qu'a cette matière de s'étendre.

PROCITUM, quum prima syllaba corripitur, significat petitum. Livius : « Matrem procitum plurimi venerunt. »

PROCITUM. Ce mot, lorsque la première syllabe est brève, signifie demandé. Livius dit : *Matrem procitum plurimi venerunt*(10).

PROCITUM TESTAMENTUM dicebatur velut procatum, provocatum, id est irritum ac ruptum.

PROCITUM TESTAMENTUM, comme si l'on disait *procatum*(11), *provocatum*(12), c'est-à-dire testament nul et anéanti.

PROCESTRIA dicuntur, quo proceditur in muro. Ælius procestria ædificia dixit

PROCESTRIA, ouvrage avancé, par lequel on arrive sur le mur. Élius dit que l'on

---

(1) De κλῆσις, convocation. — (2) Appeler souvent, nommer fréquemment. — (3) Il demande. — (4) Calendes. — (5) Calomnie, fausse accusation, supposition de crimes, supercherie, fourberie, chicane. — (6) Valets d'armée et sabots. D'autres font venir ce mot de ξύλον, bois. — (7) Goujats. Ce mot vient, selon d'autres, de κακός, lâche. — (8) Officiers publics au service des pontifes, serviteurs, domestiques. — (9) Cera. — (10) Beaucoup sont venus demander la mère. — (11) Prié. — (12) Provoqué, attaque.

esse extra portam; Artorius procestria, quæ sunt ante castra. Etiam qui non habent castra, propugnacula, quibus pro castris utuntur, ædificant.

PROSAPIA, progenies, id est porro sparsis et quasi jactis liberis, quia *supare* significat jacere et disjicere.

PROSICIUM, quod prosecatum projicitur.

PROSEQUIUM a prosequendo, *obsequium* ab obsequendo dicuntur.

PROSEDAS meretrices Plautus appellat, quæ ante stabula sedeant. Eædem et *prostibulæ*.

PRO SENTENTIA, ac si dicatur in sententia, ut *pro rostris*, id est in rostris.

PROSUMIA, genus navigii 34 speculatorium parvum.

PROSITA, proposita.

PRIVOS PRIVASQUE, antiqui dicebant pro singulis.

appelle *procestria* les constructions qui sont en dehors de la porte; Artorius appelle *procestria* les retranchements en avant du camp. Ceux même qui n'ont pas de camp construisent des retranchements dont ils se servent comme d'un camp.

PROSAPIA, race, lignée; comme si les enfants étaient répandus et en quelque sorte jetés en avant, parce que *supare* signifie jeter et jeter en divers sens.

PROSICIUM[1], ce qui se jette en avant après avoir été coupé.

PROSEQUIUM[2] vient de *prosequi*[3] et *obsequium*[4] d'*obsequi*[5].

PROSEDÆ. Plaute appelle ainsi les courtisanes qui se tiennent assises devant les écuries. Ce sont les mêmes que les *prostibulæ*[6].

PRO SENTENTIA. C'est comme si l'on disait *in sententia*[7]; de même, *pro rostris*, comme si l'on disait *in rostris*[8].

PROSUMIA, sorte de petit navire pour aller à la découverte.

PROSITA, pour *proposita*[9].

PRIVI PRIVÆQUE. Les anciens disaient ainsi pour sin-

---

(1) Partie des entrailles d'une victime qu'on coupait pour la brûler. — (2) Action d'accompagner. (3) Suivre, poursuivre. — (4) Complaisance, condescendance, etc. — (5) Avoir de la complaisance, des égards, de la déférence; plier, céder, se soumettre. — (6) De *pro*, devant, et *stabulum*, écurie. — (7) A l'avis de. — (8) A la tribune aux harangues. — (9) Posée devant, proposée.

Ob quam causam et *privata* dicuntur, quæ uniuscujusque sint; hinc et *privilegium* et *privatus*; dicimus tamen et *privatum*, cui quid est ademptum.

PRIVIGNUS dictus, quod, ante quam mater secundo nuberet, est progenitus. *Pri* enim antiqui pro *præ* dixerunt.

PRÆVARICATORES [35] a prætergrediendo sunt vocitati.

PRISCI LATINI [36], proprie appellati sunt hi qui, priusquam conderetur Roma, fuerunt.

PRISCUS TARQUINIUS est dictus, quia prius fuit, quam Superbus Tarquinius.

PRISTINUM, ab eo venit, quod est prius; pari modo et prior.

PROLETARIUM CAPITE CENSUM, dictum quod ex his civitas constet, quasi prolis progenie; iidem et *proletanei*.

guli[(1)]. C'est pour cette raison que l'on appelle *privata*[(2)] les choses qui sont à chacun en particulier; de là aussi les mots *privilegium*[(3)] et *privatus*[(4)]; cependant nous disons aussi *privatus*[(5)] d'un homme à qui quelque chose a été enlevé.

PRIVIGNUS. Le beau-fils est ainsi nommé parce qu'il est né avant que sa mère ne contractât un second mariage. Car les anciens disaient *pri* pour *præ*[(6)].

PRÆVARICATORES. Les prévaricateurs ont été ainsi appelés de ce qu'ils passent outre les limites[(7)].

PRISCI LATINI. On appelle proprement anciens Latins ceux qui existaient avant la fondation de Rome.

PRISCUS TARQUINIUS. Tarquin l'Ancien a été ainsi nommé, parce qu'il vécut avant Tarquin le Superbe.

PRISTINUS[(8)] vient de *prius*[(9)]; il en est de même de *prior*[(10)].

PROLETARIUS CAPITE CENSUS. Les prolétaires, qui ne figurent sur le cens que pour l'impôt personnel, sont ainsi appelés parce que la cité se maintient par eux, *quasi prolis progenie*[(11)]; on les nomme aussi *proletanei*.

---

(1) Chacun en particulier, un à un. — (2) Possessions privées. — (3) Privilège. — (4) Homme privé. — (5) Privé de... — (6) Avant. — (7) *A prætergrediendo*, de ce qu'ils transgressent — (8) Ancien — (9) Avant. — (10) Le premier, en parlant de deux. — (11) Comme si l'on disait par la procréation des enfants.

PROCITARE³⁷, sæpe prolicere, id est producere.

PROLOGIUM, principium, proloquium. Pacuvius : « Quid est? nam me exanimasti prologio tuo. »

PROLUGERE dicuntur, qui solito diutius lugent.

PROELIARES DIES appellantur, quibus fas est hostem bello lacessere. Erant enim quædam feriæ publicæ quibus nefas fuit id facere.

PROVINCIÆ appellantur, quod populus Romanus eas provicit, id est ante vicit.

PROTINAM, protinus. Terentius³⁸ : « Protinam me coiciam in pedes. »

PRUINA dicta, quod fruges ac virgulta perurat.

PRUGNUM, pro privignum³⁹.

PROPAGES, progenies, a propagando, ut faciunt rustici, quum vitem vetulam supprimunt, ut ex ea una plures faciant.

PROPETRARE, mandare quod perficiatur : nam impe-

PROCITARE, attirer souvent, c'est-à-dire assigner en justice.

PROLOGIUM, exorde, prologue. Pacuvius : *Quid est? nam me exanimasti prologio tuo* ⁽¹⁾.

PROLUGERE se dit de ceux qui prolongent le deuil plus qu'il n'est d'usage.

PROELIARES DIES ⁽²⁾. Ce sont les jours où il est permis de provoquer l'ennemi à la guerre. Car il y avait certaines fêtes publiques où il était défendu de le faire.

PROVINCIÆ. Les provinces sont ainsi appelées, parce que le peuple romain les a vaincues auparavant ⁽³⁾.

PROTINAM, pour *protinus* ⁽⁴⁾. Térence : *Protinam me coiciam in pedes* ⁽⁵⁾.

PRUINA. La neige est ainsi appelée, parce qu'elle brûle ⁽⁶⁾ les herbes et les arbrisseaux.

PRUGNUM, pour *privignum* ⁽⁷⁾.

PROPAGES, progéniture, de *propagare* ⁽⁸⁾, comme font les gens de la campagne lorsqu'ils recourbent en terre une vigne déjà vieille, pour en faire plusieurs d'une seule.

PROPETRARE, ordonner ce qui doit être fait : car *impe-*

---

(1) Qu'est-ce? car tu m'as assassiné avec ton prologue, avec tes phrases préparatoires. — (2) Jours de combat. — (3) *Provicit*, les a vaincues avant de les incorporer à la république. — (4) Aussitôt — (5) Aussitôt je me jetterai aux pieds — (6) *Quod perurat*. — (7) Beau-fils — (8) Propager.

trare est exorare et *perpetrare* perficere.

PROPUDIUM dicebant, quum maledicto nudare turpitudinem volebant, quasi porro pudendum. Quidam propudium putant dici, a quo pudor et pudicitia procul sint.

PROPATULUM, late patens atque apertum, et *patuli* boves, quorum cornua in diversum supra modum patent.

trare signifie obtenir par des prières, et *perpetrare* signifie achever (1).

PROPUDIUM (2). On disait ainsi lorsqu'on voulait mettre à nu la turpitude d'un homme que l'on injuriait, comme si l'on avait dit *porro pudendum* (3). Quelques-uns pensent que *propudium* est tout ce qui s'éloigne de la pudeur et de la pudicité.

PROPATULUM, largement étendu et ouvert (4); on appelle aussi *patuli boves* (5) les bœufs dont les cornes s'écartent l'une de l'autre beaucoup plus que cela n'a lieu d'ordinaire.

(1) On exécuter, c'est-à-dire faire jusqu'au bout. — (2) Honte, infamie, obscénité; femme de mauvaise vie. — (3) En avant, infâme, dont il faut rougir. — (4) *Propatulus* signifie ouvert, exposé à la vue, public. — (5) *Patulus* signifie ouvert, étendu, large, ample.

PROVORSUM FULGUR appellatur, quod ignoratur noctu an interdiu sit factum; itaque Jovi fulguri et Summano fit, quod diurna Jovis, nocturna Summani fulgura habentur.

PROPATULUM late patens atque apertum, et patuli boves, quorum cornua in diversum super modum patent.

PROPRIASSIT, proprium fecerit.

PROVORSUM FULGUR (1). On appelle ainsi le coup de foudre dont on ne sait s'il a eu lieu de nuit ou de jour. En conséquence, ce coup de foudre est attribué et à Jupiter et à Pluton, parce que les coups de foudre qui ont lieu de jour sont supposés venir de Jupiter, tandis que ceux qui ont lieu de nuit sont supposés venir de Pluton.

PROPATULUM, largement étendu et ouvert; on appelle aussi *patuli boves* les bœufs dont les cornes s'écartent l'une de l'autre beaucoup plus que cela n'a lieu d'ordinaire.

PROPRIASSIT, il se sera rendu une chose propre (2).

(1) Littéralement : Coup de tonnerre qui va en avant. — (2) Il se sera approprié une chose.

PROPERUS, celer, unde adverbium *propere*.

PROPHETAS dicebant veteres antistites fanorum oraculorumque interpretes.

PROFECTURI viam Herculi aut Sanco sacrificabant.

PROPERUS[1], prompt, d'où l'adverbe *propere*[2].

PROPHETÆ. Les anciens nommaient prophètes les prêtres des temples et les interprètes des oracles.

PROFECTURI[3]. Les voyageurs, au moment de leur départ, sacrifiaient à Hercule ou à Sancus.

---

(1) Qui va vite, se hâte, se presse. — (2) En hâte, promptement, précipitamment. — (3) Les individus sur le point de se mettre en route.

PROPERUS antiquos dixisse, pro celer, testimonio est qualitatis adverbium, quod est propere.

PROPHETAS in Adrasto Julius [86] nominat antistites fanorum, oraculorumque interpretes : « Quum capita viridi lauro velare imperant prophetæ, sancta ita caste [87] qui purant sacra. »

PROPTER viam fit sacrificium, quod est proficiscendi gratia, Herculi aut Sanco, qui scilicet idem est deus.

PRODIGIA quod prædicunt futura, permutatione *g* litteræ, nam quæ nunc *c* appellatur, ab antiquis *g* vocabatur.

PRODUIT, porro dederit, ut est in lege Censoria : « Porticum sartam tectamque habeto, prodito. » Alias prodiderit.

PROPERUS. Les anciens ont employé ce mot pour *celer*[1]; c'est ce dont témoigne l'adverbe de qualité *propere*.

PROPHETÆ. Julius, dans son *Adraste*, appelle prophètes les prêtres des temples et les interprètes des oracles : il dit : *Quum capita viridi lauro velare imperant prophetæ, sancta ibi caste qui purant sacra*[2].

C'est près de la route que se fait le sacrifice d'usage au moment du départ, en l'honneur d'Hercule, ou de Sancus, qui, du reste, est le même dieu.

PRODIGIA. On nomme ainsi les prodiges parce qu'ils annoncent ce qui doit arriver. Ce mot n'est autre que le mot *prodicium*, par le changement de la lettre *g* en *c*, car la lettre *c* était appelée *g* par les anciens[3].

PRODUIT, qu'il ait présenté en avant, comme on lit dans la loi Censoria : *Porticum sartam tectamque habeto, prodito*[4]. Ailleurs ce mot est l'équivalent de *prodiderit*[5].

---

(1) Vite, prompt, léger, actif. — (2) Lorsque les prophètes, qui purifient avec chasteté en ces lieux les choses sacrées, ordonnent de se couvrir la tête de laurier toujours vert. — (3) Nous avons dû suppléer ici au texte, pour être intelligible. — (4) Qu'il ait, qu'il présente en avant un portique en bon état et bien couvert. — (5) Parfait du subjonctif de *prodo*.

PRODIGERE est consumere, unde et *prodigus* fit.

PRODINUNT, prodeunt. Ennius : « Prodinunt famuli, tum candida lumina lucent. »

PROBRUM, stuprum, flagitium.

PROBI, velut prohibi, qui se a delinquendo prohibent.

PRODIGIATORES, haru-

PRODIGERE[1], consumer, d'où vient *prodigus*[2].

PRODINUNT, pour *prodeunt*[3]. Ennius dit : *Prodinunt famuli, tum candida lumina lucent*[4].

PROBRUM, adultère, crime honteux[5].

PROBI[6], comme si l'on disait *prohibi*, ceux qui se retiennent de faire le mal.

PRODIGIATORES, arus-

(1) Chasser devant soi, pousser, conduire, prodiguer, dissiper. — (2) Prodigue, qui dissipe, qui dépense, magnifique, généreux, abondant, fertile. — (3) Ils s'avancent, ils sortent, ils paraissent. — (4) Les serviteurs s'avancent, car alors brillent les blanches lumières. — (5) Et, de plus, inceste, viol, action deshonorante, honte, deshonneur, infamie, ignominie, reproches injurieux, injures, outrages. — (6) Honnêtes, pleins de probité.

PRODEGERIS, consumpseris, prodideris [88], ut Cæcilius in Hymni [89] : « Prodigere est, quum nihil habeas, te inridier [90]. » Et Plautus in Nervolaria : « Productæ prodigium esse in amatorem [91] addecet. »

PRODINUNT, prodeunt, ut Ennius Annalium lib. III : « Prodinunt famuli, tum candida lumina lucent. »

PROBRUM, stuprum, flagitium, ut Accius in Hellenibus : « Qui nisi probrum, omnia alia indelicta æstimant. » Cæcilius in Davo : « Ea tum compressa parit huic puerum, sibi probrum. »

PROBRI [92], velut prohibi, qui se delinquendo prohibent.

PRODIGIATORES, harispices, prodigiorum interpretes.

PRODEGERIS, que tu aies consommé, que tu aies perdu, comme Cécilius dit dans son *Hymnis* : — *Prodigere est, quum nihil habeas, te inriderier*[1]. Et Plaute, dans la *Chaîne* : — *Producte prodigum esse me amatorem addecet*[2].

PRODINUNT, pour *prodeunt*; dans Ennius, par exemple, au livre III des *Annales* : — *Prodinunt famuli, tum candida lumina lucent*.

PROBRUM, adultère, crime honteux; Accius dit en ce sens, dans ses *Hellènes* : — *Qui nisi probrum, omnia alia indelicta æstimant*[3]; et Cécilius, dans son *Davus* : — *Ea tum compressa parit huic puerum, sibi probrum*[4].

PROBI, comme si l'on disait *prohibi*, ceux qui se retiennent de faire le mal.

PRODIGIATORES, aruspices, interprètes de prodiges.

(1) C'est perdre, que, lorsque tu n'as rien, tu sois un objet de risée. — (2) Il convient qu'en ma qualité d'amant, je sois prodigue tout du long. — (3) Qui, à l'exception du viol, ne considèrent aucune autre action comme un crime. — (4) Alors, violée, elle produit pour lui un enfant, et pour elle l'ignominie.

spices, prodigiorum interpretes.

PRODIT, memoriæ porro dat et fallit. Item ex interiore loco procedit. Item perdit, ut Ennius : « Non in sperando cupide rem prodere summam. »

PUNICUM, genus libi translatum a Pœnis. Id etiam appellabant *probum*, quia erat ceteris suavissimum.

PRO significat in, ut pro rostris, pro æde, pro tribunali.

PROGENERUM appellat avus neptis suæ virum.

PRODIT[1], il remet à la mémoire et il trompe. De plus, il sort de l'intérieur d'un endroit. Et encore, il perd, comme dans Ennius : *Non in sperando cupide rem prodere summam*[2].

PUNICUM, sorte de gâteau dont l'usage est venu des Carthaginois[3]. On l'appelait aussi *probum*[4], parce qu'il était beaucoup plus délicat que les autres.

PRO[5] signifie *in*[6]. C'est ainsi que l'on dit *pro rostris*[7], *pro æde*[8], *pro tribunali*[9].

PROGENER[10]. L'aïeul appelle ainsi le mari de sa petite-fille.

---

(1) Voici les sens de *prodere* : Déceler, révéler, divulguer, publier, découvrir, tirer d'un lieu, prendre, livrer, trahir, tromper, proclamer, annoncer publiquement, différer, remettre, prolonger. — (2) Ne point tout perdre pour d'avides espérances. — (3) *A Pœnis*. — (4) Bon, pur. — (5) Cette préposition a divers sens, comme on le verra deux articles plus bas. — (6) Dans, sur. — (7) Sur la tribune. — (8) Dans le temple [ou plutôt sur le parvis du temple]. — (9) Sur le tribunal. — (10) *Progener*, dans Suétone, signifie aussi le père du gendre.

PRODITA 93, memoriæ porro dat, et fallit; item ex interiore loco procedit; item perdit, ut Ennius lib. XVI : « Non in sperando cupide rem prodere summam. »

PUNICUM quod appellatur genus libi est.... *trans*-latum *a Pœnis*. Id etiam appellabant *probum*, quia erat ceteris suavissimum.... no....

PRO *significat in*, ut pro rosto-*is* 94, pro æde, pro tribunali.

PROGENERUM app-*ellat avus ne*-

PRODIT, il confie à la mémoire[1], et aussi, il trompe. De plus, il sort de l'intérieur d'un lieu. Et encore, il perd. En ce dernier sens, dans Ennius, au livre XVI : *Non in sperando cupide rem prodere summam*.

PUNICUM. Ce que l'on appelle ainsi est une sorte de gâteau.... importé de Carthage. On l'appelait aussi *probum*, parce qu'il était beaucoup plus délicat que les autres....

PRO s'emploie pour *in*. C'est ainsi que l'on dit pro rostris, pro æde, pro tribunali.

PROGENER. L'aïeul appelle ainsi

(1) Il transmet à la postérité.

PROFANUM, quod non est sacrum [10]. Plautus : « Sacrum an profanum habeas, parvipenditur. »

PRO ponitur etiam pro amplificando ac palam faciendo, ut prodi, provoca, protrahe, propelle; alias pro privandi facultate, ut in propudio, prohibendo, quia utrumque abnuit in his esse pudorem potestatemque; alias aliud alio, ut pro pecunia [11], pro prædio, consule; alias pro admiratione, ut pro Jupiter; alias pro ante, ut pro ostio;

PROFANUM [1]. Ce qui n'est pas sacré. On lit dans Plaute : *Sacrum an profanum habeas, parvipenditur* [2].

PRO s'emploie aussi pour marquer l'agrandissement et l'action de faire quelque chose ouvertement; comme dans ces mots : *prodi* [3], *provoca* [4], *protrahe* [5], *propelle* [6]; ailleurs il ajoute au mot principal le sens privatif; exemples : *propudium* [7], *prohibeo* [8] où l'adjonction de la préposition marque l'absence de pudeur et de puissance; quelquefois il indique l'échange; exemple : *pro pecunia, pro prædio,*

(1) Ce mot a divers autres sens, il signifie dédié, consacré, ce qui a cessé de l'être; profane, qui n'est point consacré, qui n'est point initié aux mystères; impie; dont on s'est beaucoup servi, vulgaire, commun, ordinaire. — (2) Que tu aies du sacré ou du profane, cela importe peu. — (3) Avance dehors. — (4) Provoque, appelle dehors. — (5) Tire dehors. — (6) Pousse dehors. — (7) Honte, infamie, obscénité, femme de mauvaise vie. — (8) J'empêche, je défends, etc.

---

ptis suæ virum, ut pronurum appell-at nepotis uxorem.

PROFANUM, *quod non est sacrum;* Liv-*ius :....* blici.... *Plautus :* « *Sacrum an profanum habea-s, parvipenditur.* »…. *profana-*tionem….

PRO *ponitur etiam pro am-*pli*-cando ac palam faciendo, ut prodi, provo-ca, prop-elle, protrahe : alias pro privandi facultate, ut in propudio, prohibendo, quia utrumque ab-*nuit *in his esse pudorem potestatemque : alias ali-ud alio, ut pro pecunia , pro prædio, pro consule : alias pro*

le mari de sa petite-fille, comme il appelle *pronurus* la femme de son petit-fils.

PROFANUM, ce qui n'est pas sacré. Livius dit :…. Et Plaute : *Sacrum an profanum habeas, parvipenditur….*

PRO. Cette préposition désigne aussi l'agrandissement [1] et l'action de faire une chose ouvertement; comme dans les mots *prodi, provoca, propelle, protrahe*; d'autres fois elle ajoute au mot principal le sens privatif, comme dans *propudium, prohibeo*, où l'adjonction de *pro* marque le défaut de pudeur et de puissance; souvent

(1) L'allongement

alias pro in, ut promittere barbam et capillum.

PROFUNDUM, quod longe habet fundum.

PROFESTI DIES, procul a religione numinis divini.

consule[1]; souvent il indique l'admiration, comme *pro Jupiter*[2]; ailleurs encore, il a le sens de *ante*[3]; exemple : *pro ostio*[4]; en d'autres circonstances, il se met pour *in*[5]; exemple : *promittere barbam et capillum*[6].

PROFUNDUM[7]. Ce dont le fond est loin de la surface.

PROFESTI DIES[8], les jours qui sont éloignés de ceux où l'on adore l'Être divin.

(1) Contre de l'argent, pour un domaine, pour le consul. — (2) O Jupiter! — (3) Devant. — (4) Devant la porte. — (5) Dans, en avant. — (6) Laisser croître sa barbe et ses cheveux. — (7) Profond, creux, haut, élevé, grand, extrême, vide : ce sont là les sens de l'adjectif *profundus, a, um*. Le substantif *profundum* signifie gouffre, abîme, ventre. — (8) Les jours ouvrables, les jours de travail; ceux qui précèdent un jour de fête. *Profestus* signifie aussi profane.

---

a-*dmiratione, ut pro Juppiter....* *Accius* in Melani-*ppo :.... manu omnium.... Plautus in Conda-lio :.... alias pro ante, ut* pro ho-*stio; alias pro in, ut.... promit-tere bar*-bam et capillum.

PROFUNDUM *dicitur id quod altum est ac fundum habet longe. Pacuvius* in Medo : « *Neque....* »

PROFESTI DIES di-*cti, quod sint procul a religione numinis divini; Cæcilius* in.... sti tantumdem.... *Afranius* in Privigno : « Æ-*que profesto concelebras focum die.* »

encore elle indique échange, remplacement, comme dans ces locutions : *pro pecunia, pro prædio, pro consule*; tantôt elle marque l'admiration, dans cette exclamation, par exemple : *pro Jupiter....* Accius dans son *Ménalippe* :.... par la main de tous.... Plaute, dans *l'Anneau de l'esclave* :.... tantôt elle s'emploie pour *ante*, comme lorsqu'on dit : *pro ostio*. Enfin elle s'emploie pour *in*, comme lorsqu'on dit :.... *Promittere barbam et capillum*.

PROFUNDUM. C'est ce qui est profond et dont le fond est loin de la surface. Pacuvius, dans le *Mède* : — « *Neque....* »[1]

PROFESTI DIES. Les jours ouvrables ont été ainsi nommés parce qu'ils sont à distance de ceux où l'on honore l'Être divin. Cécilius dans.... [Lacune qu'on ne peut remplir.] Afranius, dans le *Beau-fils* : — *Æque profesto concelebras focum die*[2].

PROFUSUS, super modum sumptuosus. Terentius : « Profundat, perdat, pereat, nihil ad me attinet. » Alias abjectus jacens. Pacuvius : « Profusus gemitu murmuro. »

PLAUTI appellantur canes, quorum aures languidæ sunt ac flaccidæ et latius videntur patere.

PLANTÆ, semina olerum, quod plana sunt, ut appellantur etiam ex simili plantæ nostrorum pedum.

PROFUSUS[1], qui dépense au delà de toute mesure. Térence a dit : *Profundat, perdat, pereat, nihil ad me attinet*[2]. Il signifie ailleurs étendu tout de son long. On lit dans Pacuvius : *Profusus gemitu murmuro*[3].

PLAUTI. On appelle ainsi les chiens dont les oreilles sont tombantes et flasques et paraissent avoir trop de largeur.

PLANTÆ[4]. Les semences des légumes, appelées ainsi parce qu'elles sont plates; nous disons, par analogie, la plante de nos pieds.

---

(1) Somptueux, prodigue, excessif. — (2) Qu'il prodigue, qu'il perde, qu'il périsse, cela ne me regarde pas. — (3) Je murmure en prodiguant les gémissements (en gémissant de toutes mes forces). — (4) Plant, ce qui est propre à planter.

PROFUSUS, super mo-*dum sumptuosus*.... Terentius in Ade-*lphis*[95] : « *Profundat, perdat, pere-at, nihil ad me attinet.* » *Alias abjectus jacens*, et Pacuvius[96] in Teuc-*ro* : « *Profusus gemitu murmu*-ro occistians rua-*t*[97]…. cant…. rta….

PLAUTI *appellantur canes quorum aures lang*-ui-*dæ sunt ac flaccidæ et latius vide*-ntur pa-*tere….* quæ…. e…. uni…. ui…. cis.

PLANTÆ *dicuntur semina olerum, quod plana sunt, ut appellantur plantæ nostrorum pedum ex causa simili*.

PROFUSUS, qui dépense au delà de toute mesure.... Térence dit, dans les *Adelphes* : — *Profundat, perdat, pereat, nihil ad me attinet*. Ailleurs ce mot signifie couché tout de son long; ainsi Pacuvius a dit dans son *Teucer* : — *Profusus gemitu murmuro occistitans ruat*[1]…. [Lacune qu'on ne peut combler.]

PLAUTI. On nomme ainsi les chiens dont les oreilles sont molles et flasques, et paraissent être trop larges. [Ici une lacune qu'on ne peut remplir.]

PLANTÆ. C'est le nom des semences des légumes, et il vient de ce que ces semences sont plates: on dit par analogie la plante des pieds.

---

(1) Étendu par terre, je murmure, en gémissant, qu'il se précipite, tuant sans relâche

PLANCÆ, tabulæ planæ, ob quam causam et *planci* appellantur, qui supra modum pedibus plani sunt.

PLEBEIUM MAGISTRATUM neminem capere licet, nisi qui ex plebe est.

PLUTEI, crates corio crudo intentæ, quæ solebant opponi militibus opus facientibus, et appellabantur militares. Nunc etiam tabulæ quibus quid præsepitur, eodem nomine dicuntur.

(1) Servant à la guerre.

PLANCÆ, planches plates, d'où vient que l'on appelle *planci* les individus dont les pieds sont extraordinairement plats.

Il n'est permis à nul individu d'arriver à une magistrature plébéienne, s'il n'est plébéien de naissance.

PLUTEI, claies couvertes de peau non tannée, que l'on était dans l'usage de placer devant les soldats qui travaillaient aux retranchements ; on les appelait *militares* [1]. Maintenant on donne le même nom aux planches dont on se sert pour faire une clôture.

PLANCÆ *dicebantur tabulæ planæ*, o-b quam *causam et Planci appellantur, qui supra modum* pe-dibus *plani sunt*.

PLAUSTRUM PERCULI *antiqui dicebant ab iis qui.... plaustrum* ever-tebant.... *id quod abiit in proverbium. Plautus in Epidico :* « E-pidicus *mihi fuit magister. Perii*, plaustr-um perculi. »

PLEBEIUM MAGISTRATUM.... *ne*mi-nem licet ca-*pere, nisi qui ex plebe est : cujus ge*-neris est om*nis magistratus qui appellatur* i-sto nomine.

PLUTEI *dicebantur crates corio* cru-do intentæ, *quæ solebant* po*poni militibus* opus facientibus, *et*

PLANCÆ. On appelait ainsi des planches plates; c'est encore pour cette raison que l'on donne le nom de *planci* aux individus dont les pieds sont extraordinairement plats.

PLAUSTRUM PERCULI [1]. Les anciens employaient cette expression en parlant de ceux qui.... faisaient verser le chariot.... et elle a passé en proverbe. Plaute dit, dans son *Epidicus* : — *Epidicus mihi fuit magister. Perii, plaustrum perculi* [2].

PLEBEIUS MAGISTRATUS.... Nul ne peut remplir une magistrature plébéienne, s'il n'est plébéien de naissance : de cette nature est toute magistrature qui est désignée par le nom de plébéienne.

PLUTEI. On appelait ainsi des claies couvertes de peau non tannée, que l'on était dans l'usage de

(1) J'ai heurté le chariot. — (2) Epidicus a été mon maître. Je suis perdu, j'ai heurté le chariot.

PLEBEII ÆDILES dissidente plebe a patribus sunt creati.

PLEXA, colligata, unde perplexa.

PLENTUR, antiqui etiam sine præpositione dixerunt.

PLEBEII ÆDILES. Les édiles plébéiens furent créés lorsque le peuple se sépara des sénateurs.

PLEXA, choses liées ensemble, d'où *perplexa* [1].

PLENTUR [2]. Les anciens employaient ce verbe sans le faire précéder d'une préposition [3].

[1] Choses embarrassées, embrouillées, obscures. — [2] Ils sont remplis. — [3] C'est-à-dire dans la forme simple, sans y joindre une préposition qui modifie le sens du mot primitif, comme dans *implentur*, par exemple.

---

appellabantur militares; nunc etiam tabu-*læ, quibus quid præsepitur, eodem* nomine dicun-*tur*.

PLEBEI ÆDILES *dicuntur* qui plebeiscito, *quum plebs tributim sine patribus* suffragium tu-*lit rogante magistratu plebeio,* sunt constitu-*ti, tribunorumque plebei collegæ s-*unt, qui una cum *tribunis primum creati sunt dissid-*ente plebe a pa-*tribus*.

PLEBEIAS TABERNAS *no-*vas vocant nos-*tra ætate, ut dicunt V tabern-*as esse, et septem⁹⁸ ferun-*tur olim fuisse. Plebeias appella-*mus a genere magistratus; eas enim faciendas curaverunt M. Junius Brutus, Q. Oppius ædiles pl.

PLEXA colligata significat, ex Græco, cui nos etiam præpositionem adicimus, quum dicimus perplexa.

PLENTUR antiqui etiam sine præpositionibus dicebant.

placer devant les soldats qui travaillaient aux retranchements; on les appelait *militares*. Maintenant on donne le même nom aux planches dont on se sert pour faire une clôture.

PLEBEI ÆDILES. On nomme édiles plébéiens ceux qui ont été nommés par un plébiscite, lorsque, sur l'appel d'un magistrat plébéien, le peuple a donné son suffrage par tribus, sans le concours des patriciens; et ils sont collègues des tribuns du peuple, lesquels furent créés pour la première fois lorsque le peuple se sépara du sénat.

PLEBEIÆ TABERNÆ. On appelle aujourd'hui pavillons neufs les pavillons du peuple, lorsqu'on dit qu'il y a cinq pavillons; mais on dit qu'ils étaient jadis au nombre de sept. On les appelle plébéiens, à cause du caractère des magistrats auxquels on les doit. En effet, ils furent construits par ordre de M. Junius Brutus et de Q. Oppius, édiles du peuple.

PLEXA, choses liées ensemble; ce mot vient du grec, et nous y joignons aussi une préposition lorsque nous disons *perplexa*.

PLENTUR. Les anciens employaient ce verbe sans le faire précéder d'une préposition.

PLOXINUM[12] capsam dixerunt.

PAX dicta est a pactione.

PENEM caudam vocabant,

PLOXINUM. On a ainsi appelé un coffre.

PAX[1]. Ce mot a été formé de *pactio*[2].

PENIS. On nommait ainsi

(1) Paix. — (2) Pacte, accord, traité.

PLERA dixisse antiquos testis est Pacuvius, quum ait : « Plera pars pessumdatur. »

PLOXINUM appellari ait Catullus[99] capsum in cisio, capsave[100] quum dixit : « Gingivas vero ploxini habet veteris. »

PLORARE, flere, inclamare nunc significat[101], et cum præpositione implorare, id est invocare : et apud antiquos[102] plane inclamare; in regis Romuli et Tatii legibus : « Si nurus[103] sacra divis parentum estod. » In Servi Tulli hæc est : « Si parentum puer[104] verberit, ast olle plorassit, paren puer[105] divis parentum sacer esto. » Id est clamarit, dix[106]....

PEDULLA quæ dicimus nea.... Græcos[107] appellare manifestum est.

PACEM a pactione conditionum putat dictam Sinnius Capito, quæ utrique inter se populo sit observanda.

PENEM antiqui caudam vocabant; a qua antiquitate etiam nunc offa porcina cum cauda in cœnis pu-

PLERA[1]. Les anciens se servaient de ce terme; c'est ce dont témoigne Pacuvius, lorsqu'il dit : *Plera pars pessumdatur*[2].

PLOXINUM. Catulle dit que l'on appelle ainsi le coffre d'une voiture ou une cassette; voici ses termes : *Gingivas vero ploxini habet veteris*[3].

PLORARE. Ce mot signifie maintenant pleurer. *Implorare*[4], avec la préposition, signifie invoquer ; mais, chez les anciens, il a simplement le sens de crier vers. On lit dans les lois du roi Romulus et de Tatius : *Si nurus.... sacra divis parentum estod*[5]. Dans les lois de Servius Tullius se trouve celle-ci : *Si parentem puer verberit, ast olle plorassit, puer divis parentum sacer esto*[6]. C'est-à-dire, s'il a crié, s'il a fixé un jour[7].

PEDULLA[8]. Ce que nous appelons ainsi est évidemment ce que les Grecs appellent πέδιλα.

PAX. Sinnius Capito pense que ce mot vient de *pactio*, c'est-à-dire de la convention des conditions que chacun des peuples contractants doit observer de son côté.

PENIS. Les anciens donnaient ce nom à la queue. C'est d'après ce vieux sens qu'aujourd'hui en-

(1) La plupart de..... — (2) La majeure partie se perd — (3) Il a la gencive d'un vieux caisson. — (4) Implorer. — (5) Si la bru.... qu'elle soit vouée aux divinités des parents. — (6) Si un enfant a frappé son père, et si celui-ci a crié, que l'enfant soit voué aux divinités des parents. — (7) S'il a porté plainte en justice. — (8) C'est une sorte de chaussure

unde et offam porcinam cum cauda offam penitam dicebant. Hinc et peniculos dicimus, quibuscum calciamenta terguntur, qui de caudarum extremitate fiunt. Penis denique a pendendo vocata est.

PROPIUS SOBRINO mihi est consobrini mei filius et patris mei consobrinus.

POSSESSIO est usus agri

la queue(1); d'où l'on appelait *offa penita* un morceau de porc avec la queue. De là on nomme *peniculi* la vergette avec laquelle on nettoie la chaussure, parce qu'elle est faite des poils qui garnissent le bout de la queue. Enfin le mot *penis* vient de *pendere*(2).

PROPIUS SOBRINO(3), c'est le fils de mon cousin et le cousin de mon père.

POSSESSIO. La possession

(1) *Penis* signifie aussi le membre viril. — (2) Pendre, être pendant. — (3) Celui ou celle qui précède le petit cousin

---

ris offa penita vocatur; et peniculi, quis calciamenta tergentur, quod e caudis extremis faciebant antiqui qui tergent ea. Dictum est forsitan [108] a pendendo. Nævius in Tunicularia : « Theodotum compellas [109], qui aras compitalibus sedens in cella circumtectuas [110] tegetibus Lares ludentis peni pinxit bubulo. » Significat peniculo grandi, id est cauda.

PROPIUS SOBRINO mihi est consobrini mei filius et consobrinæ meæ filia [111], et patris mei consobrinus et matris meæ consobrinus.

POSSESSIO est, ut definit Gallus

core on appelle *offa penita* le morceau de porc avec la queue que l'on sert dans les repas aux époques d'abstinence. On appelle aussi *peniculi* les brosses dont on se sert pour nettoyer la chaussure, parce que les anciens faisaient ces brosses avec les poils qui garnissent le bout de la queue. *Penis* vient peut-être de *pendere*. Névius dit, dans *la Faiseuse de tuniques* : — *Theodotum appellas, qui aras compitalibus sedens in cella circumtectus tegetibus Lares ludentis peni pinxit bubulo*(1). Il veut dire par là avec un grand pinceau, c'est-à-dire avec une queue.

PROPIUS SOBRINO. C'est pour moi le fils de mon cousin germain et le fils de ma cousine germaine; c'est encore le cousin germain de mon père et le cousin germain de ma mère.

POSSESSIO. Selon la définition

(1) Tu appelles Théodote, qui, lors des fêtes Compitales et près des autels, s'est tenu assis dans sa cellule, couvert de tous côtés de nattes, et a peint, avec la queue d'un bœuf, les Lares jouant.

quidam aut ædificii, non ipse fundus aut ager.

est un certain usage d'un terrain ou d'un bâtiment; mais ce n'est pas le fonds ou le terrain lui-même.

Ælius, usus quidam agri, aut ædificii, non ipse fundus aut ager; non enim possessio est.... rebus [112] quæ tangi possunt [113].... qui dicit se possidere, his vere [114] potest dicere; itaque in legitimis actionibus nemo ex his qui [115] possessionem suam vocare audet, sed ad interdictum venit, ut prætor his verbis utatur : « Uti nunc possidetis eum fundum Q. D. A., quod nec vi nec clam nec precario alter ab altero possidetis, ita possideatis [116], adversus ea vim fieri veto. »

de Gallus Élius, c'est un certain usage d'un terrain ou d'un bâtiment, et ce n'est pas le fonds ou le terrain lui-même. Car il n'y a pas de possession dans les choses qui peuvent être touchées.... Celui qui dit qu'il possède, celui-là ne peut dire qu'il possède sa chose. Aussi, dans les actions légitimes, personne, d'après le droit des Quirites, n'ose invoquer sa possession, mais il vient demander une sentence provisionnelle, afin que le préteur prononce cette formule : « Comme vous possédez maintenant le fonds dont s'agit, puisque vous ne le possédez ni de force ni clandestinement, ni à titre précaire l'un de l'autre; que vous le possédiez ainsi, et je défends que l'on emploie la force contre ces choses. »

PRÆFECTURÆ eæ appellabantur in Italia, in quibus et jus dicebantur, et nundinæ agebantur, et erat quædam earum R. P., neque tamen magistratus suos habebant; in qua his legibus [117] præfecti mittebantur quotannis qui jus dicerent; quorum genera fuerunt duo: alterum, in quas solebant ire præfecti quattor viginti sex virum nū pro [118] populi suffragio creati erant, in hæc oppida : Capuam, Cumas, Casilinum, Volturnum, Liternum, Puteolos, Acerras, Suessulam, Atellam, Calatium ; alterum in quas ibant, quos prætor urbanus quodannis [119] in quæque loca miserat legibus, ut Fundos, Formias, Cære, Venærum, Allicas [120], Pri-

PRÆFECTURÆ. On appelait en Italie préfectures les villes où se rendait la justice et où se tenaient les marchés, et qui jouissaient d'un certain droit républicain [1], sans avoir toutefois leurs magistrats propres. On y envoyait tous les ans des préposés [2] aux lois pour rendre la justice. Il y avait deux classes de préfectures : l'une, composée des villes où se rendaient quatre préfets choisis entre les vingt-six hommes élus par le suffrage du peuple : ces villes étaient Capoue, Cumes, Casilinum, Volturne, Literne, Pouzzol, Acerræ, Suessule, Atella, Calatium; l'autre, qui comprenait les villes où le préteur de Rome envoyait chaque année, et dans chacune de ces places, en vertu de ses ordonnan-

---

(1) C'est-à-dire d'une certaine indépendance — (2) Præfecti

PORTUM frequenter majores pro domo posuerunt.

PATROCINIA appellari cœpta sunt, quum plebs distributa est inter patres, ut eorum opibus tuta esset.

POSTICA LINEA in agris dividendis ab oriente ad occasum spectat.

PORTUS [1]. Les anciens se sont fréquemment servis de ce mot au lieu de *domus* [2].

PATROCINIA. On a commencé à employer le mot de patronage, lorsque le peuple fut réparti entre les sénateurs, afin d'être protégé par leur puissance.

POSTICA LINEA [3]. Dans la division des champs, c'est une ligne tirée de l'est à l'ouest.

---

[1] Port, havre, asile, refuge, demeure, maison, magasin, lieu de dépôt des marchandises, embouchure d'un fleuve. — (2) Maison. — (3) Ligne de derrière.

---

vernum, Anagniam, Frusinonem, Reate, Saturniam, Nursiam, Arpinum, aliaque complura.

PARRET, quod est in formulis, debuit et producta priore syllaba pronuntiari, et non gemino *r* scribi, ut fieret paret, quod est inveniatur ut comparet [121], apparet.

PORTUM in XII pro domo positum omnes fere consentiunt : « Cui testimonium defuerit, his tertiis diebus ob portum obvagulatum ito [122]. »

PATROCINIA appellari cœpta sunt, quum plebs distributa est inter patres, ut eorum opibus tuta esset.

POSTICAM LINEAM in agris dividendis Ser. Sulpicius appellavit ab exori-*ente sole ad occasum spe*-

ces, des officiers spéciaux : dans cette classe étaient Fundi, Formies, Cære, Venafrum, Allifas, Priverne, Anagnie, Frusinone, Réate, Saturnie, Nursie, Arpinum, et plusieurs autres villes.

PARRET. Ce mot, qui se trouve dans les formules, a dû se prononcer de manière que la première syllabe fût longue, sans que, dans le mot écrit, la lettre *r* fût redoublée ; de sorte qu'il se réduisait à *paret* ; ce cas se trouve aussi dans *comparet* [1], *apparet* [2].

PORTUS. Presque tous les auteurs s'accordent à reconnaître que dans les Douze-Tables ce mot a été employé pour *domus* : — *Cui testimonium defuerit, is tertiis diebus ob portum obvagulatum ito* [3].

PATROCINIA. On a commencé à employer le mot de patronage, lorsque le peuple fut réparti entre les sénateurs, afin d'être protégé par leur puissance.

POSTICA LINEA. Ser. Sulpicius a ainsi nommé, en termes d'arpentage, une ligne tirée du levant au

---

(1) Il comparaît. — (2) Il apparaît, il appert. — (3) Que celui auquel il manque un témoignage aille, pendant trois jours, faire vacarme devant la maison.

Festus.

POMPTINA TRIBUS a Pomptia urbe est dicta.

PAPIRIA TRIBUS a Papirio vocata.

PUPINIA TRIBUS ab agro Popinio [43].

POPILLIA TRIBUS a pro-

POMPTINA TRIBUS. Cette tribu a pris son nom de la ville de Pomptia.

PAPIRIA TRIBUS, tribu ainsi nommée de Papirius.

PUPINIA TRIBUS, tribu ainsi nommée du champ Popinien.

POPILLIA TRIBUS. La

---

ctantem.... qua.... tur.... rique.... abe.... tab.... frum.... danto....

Pomptina tribus *a Pome-*tia *ur-be est dicta, a qua etiam pa-lus Pomp-*tina *appellata est prope Terracinam.*

Papiria tribus *a Papirio vo-cata est, vel ab no-*mi ag-*ri* [123] *.... conju.... quod in d.... tur : bel-lum.... instruc-*tos exerc-*itus.... discesserat.... signum conf-erre.... rem ipsorum ar-bitrio.... po-tes-tate, ac pote-state.... exercitus suffrag....*

Pupinia tribus ab agri nomine *dicta, qui Pupinius dicitur, inter Tusculum Urbem-que situs....* mi-nit invictum.... est.

Popillia tribus *una antiquarum triginta tri-*buum, tot enim fue-*runt ante reges exactos, felici nomine ap-pellata a progenitrice Popilliorum, ut* Pinaria a sororis P-*inarii, qui Herculi prima sacra fecit, no-*mine.

couchant. [Ici une lacune que nous ne pouvons remplir. Selon toute apparence, il s'y trouvait une citation de la loi des Douze-Tables, ou de toute autre loi ancienne.]

Pomptina tribus. La tribu pomptine a tiré son nom de la ville de Pometia ; cette ville a également donné son nom aux marais Pomptins, près de Terracine.

Papiria tribus. La tribu papirienne est ainsi appelée de Papirius, ou bien du nom du territoire.... [Encore une lacune. Nous avons cru inutile de traduire les mots isolés qui ont été conservés et auxquels il eût été bien difficile de trouver un sens.]

Pupinia tribus. La tribu pupinienne a pris son nom d'un terrain appelé Pupinien, et situé entre Tusculum et Rome. [Lacune.]

Popillia tribus, l'une des trente anciennes tribus ; car elles étaient au nombre de trente avant l'expulsion des rois. Cette tribu tirait ce nom d'heureux augure de la femme à laquelle les Popillius devaient leur origine. De même la tribu pinarienne était ainsi nommée de la sœur de Pinarius, qui célébra le premier des sacrifices en l'honneur d'Hercule.

genitrice " traxit vocabulum.

PRORSI LIMITES appellantur in agrorum mensuris, qui ad orientem directi sunt.

PUGIO dictus est, quod eo punctim pugnatur.

PRÆBIA, remedia.

tribu popilienne a été ainsi nommée de la femme à laquelle remontait son origine.

PRORSI LIMITES. On appelle, en termes d'arpentage, limites droites, celles qui sont tracées vers l'orient.

PUGIO. On appelle ainsi le poignard, parce qu'il sert à frapper de pointe (1).

PRÆBIA (2), remèdes.

(1) *Punctim.* — (2) Amulette, préservatif qu'on pendait au cou des enfants. Ce mot est dérivé de *præbeo.*

POPULI com-*mune suffragium est patrum* cum plebe suffragium; *nam comitia centuriata* ex patribus et plebe *constant in centurias divisis;* at quum plebes sine patri-*bus tributis comitiis convenit*, quod plebes scivit, plebi-*scitum, non populi suffragium* appellatur.

PATRUM com-*mune suffragium....*

PRORSI LIMITES *appellantur in agrorum mensuris, qui di-rec-ti sunt ad orientem.*

PUGIO *dictus esse vi-*detur *quod eo punctim pugnetur....* no.... sue.... uoque....

PRÆBIA *dicuntur curan-*di ma-*li remedia, videlicet quæ curatio-*ni-s cau-*sa præbeantur.*

PARARE INTER SE MUNUS *di-*cebantur, *quum sine sortitione magistrati-*bus P. R. *inter se conveniret, quis ex iis munus f-*acere *provinciamve habere vellet...* ebus le.... o quoque.... rum ex....

Le suffrage commun du peuple est le suffrage des patriciens réuni à celui du peuple. Car les *comitia centuriata* (1) sont formés des patriciens et des plébéiens divisés en centuries; mais lorsque le peuple s'assemble en comices sans le concours des patriciens, ce que le peuple a résolu s'appelle pébliscite, et non suffrage du peuple.

Le suffrage commun des patriciens....

PRORSI LIMITES. Ce sont, en termes d'arpentage, les limites tirées en ligne droite vers l'est.

PUGIO. Il semble que le poignard a été ainsi nommé de ce qu'avec lui on combat de pointe. [Ici une lacune.]

PRÆBIA. Ce sont les remèdes propres à guérir un mal, c'est-à-dire ceux que l'on présente (2) pour guérir.

PARARE INTER SE MUNUS (3). On se servait de cette expression pour désigner que les magistrats du peuple romain convenaient entre eux, sans tirer au sort, de celui d'entre eux qui devait remplir telle ou telle fonction ou recevoir une

(1) Comices par centuries. — (2) *Quæ præbeantur.* — (3) Préparer entre soi les fonctions.

PRÆMETIUM, quod præ-libationis causa ante præmetitur.

PROTELARE, longe propellere, ex Græco videlicet τῆλε, quod significat longe.

PRIVATO SUMPTU se alebant milites Romani, pæne ad id tempus quo Roma est capta a Gallis.

PRÆMETIUM, blés coupés avant la moisson pour être offerts en prémices[1].

PROTELARE, repousser au loin; du grec τῆλε, qui signifie au loin.

Les soldats romains se sont entretenus à leurs propres frais[2], à peu près jusqu'à l'époque où Rome fut prise par les Gaulois.

(1) A Cérès. — (2) *Privato sumptu.*

---

sulibus æ.... atque ex ea.... s magistra.... *lege enim constitutum erat, ut certos* intra dies *magistratus designati provinc*-ias inter se pa-*rarent aut sortirentur.*

PRÆTOR *alter* inter civis, alter inter *peregrinos jus dicebat : nam quum ille, qui* lege primum frs [124] *erat, juri dicundo non sufficeret, duo ic*-circo sunt creati *prætores.*

PRÆMETIUM *dicitur, quod* ante metitur, qua-*si p̄messum, p̄libationis causa.*

PROTELARE dr̄ [125] longe propellere *ex Græco videlicet, quod* est The [126] et signi-*ficat longe.*

PRIVATO SUMPTU [127] se alebant mili-*tes Romani, antequam stipendia mererentur, quod in consuetudine mansit pæne ad* id tempus, quod fuit pau-*lo antequam Roma urbs* capta est a Gallis, *ex quo sine publico stipendio m*-ilites non fiebant.

province. [Lacune.] Car il était établi par la loi que, dans un nombre de jours fixé, les magistrats désignés devaient se distribuer à l'amiable ou tirer entre eux au sort les provinces.

PRÆTOR. Des deux préteurs, l'un rendait la justice aux citoyens, l'autre aux étrangers. Car, le préteur créé le premier par la loi n'ayant pas suffi à l'administration de la justice, on créa pour ce motif deux préteurs.

PRÆMETIUM. On appelle ainsi les blés coupés avant la moisson, comme si l'on disait *præmessum*[1], pour être offerts en prémices.

PROTELARE signifie repousser au loin, du grec τῆλε, qui signifie au loin.

Les soldats romains servaient à leurs propres frais avant qu'on leur eût alloué une solde, et cet usage fut en vigueur jusqu'à une époque un peu antérieure à celle où les Gaulois s'emparèrent de la ville de Rome. Depuis lors, on ne fit plus de soldats sans leur donner une solde aux dépens de l'État.

(1) Moissonné d'avance.

PORCI EFFIGIES inter militaria signa quintum locum obtinebat, quia, confecto bello inter quos pax fieret, cæsa porca fœdus firmare solebant [45].

POLIMENTA testiculi porcorum dicuntur, quum castrantur, a politione vestimentorum, quod similiter, ut illa, curantur.

PATER PATRIMUS dicitur, qui, quum ipse pater sit, adhuc patrem habet.

PORTICULUS est qui in portu modum dat classi. Est autem malleus [46].

Parmi les enseignes militaires, l'image du porc avait le cinquième rang, parce qu'à la suite de la guerre, la paix se faisant entre deux peuples, on avait coutume de cimenter le traité par le sacrifice d'une truie.

POLIMENTA. On appelle ainsi les testicules des porcs, lorsqu'on les châtre, par analogie avec le nettoiement [1] des vêtements, parce qu'on les nettoie de même qu'on fait des vêtements.

PATER PATRIMUS. On donne ce nom à l'homme qui, étant père, a lui-même encore son père.

PORTICULUS. C'est, dans un port, celui qui dirige la manœuvre d'une flotte. Or, c'est un maillet [2].

(1) *Politio.* — (2) Le maillet, signe de commandement maritime.

PORCI EFFIGIES *inter militari*-a signa quintum locum *obtinebat, quia confecto bel*-lo, inter quos populos *pax fiat, ea porca cæsa in fœd*-ere firmari solet.

POLIMENTA, ait *Verrius, antiqui* dicebant testiculos porcorum, quum eos castrabant, a politione segetum aut vestimentorum, quod similiter atque illa curentur.

PATER PATRIMUS dicebatur apud antiquos, qui quum jam ipse pater esset, habebat etiam tum patrem.

PORTISCULUS est, ut scribit

Parmi les enseignes militaires, l'image du porc avait le cinquième rang, parce qu'à la suite de la guerre la paix se faisant entre deux peuples, on a coutume de cimenter l'alliance en immolant une truie.

POLIMENTA. Selon Verrius, les anciens appelaient ainsi les testicules des porcs, lorsqu'ils les châtraient; ce nom leur venait du nettoiement des blés ou des vêtements, parce qu'on les nettoyait de même.

PATER PATRIMUS. Les anciens donnaient ce nom à l'homme qui, devenu père, avait alors lui-même encore son père.

PORTISCULUS. C'est, comme

PRO SCAPULIS quum dixit Cato, significavit pro injuria verberum.

PRIMANUS TRIBUNUS erat qui primæ legioni tributum scribebat.

PROPERARE aliud est, aliud festinare; qui unum quid

PRO SCAPULIS. Caton, en employant cette expression, a voulu dire, pour l'injure des coups.

PRIMANUS TRIBUNUS. c'était le tribun qui fixait la taxe de la première légion.

PROPERARE [1] n'a pas le même sens que *festinare* [2].

(1) Faire diligence. — (2) Précipiter son travail.

Ælius Stilo, qui in portu modum dat classi; id autem est malleus; cujus meminit Cato in dissuasione de rege Attalo, et vectigalibus Asiæ : « C. Licinio pr. [128] remiges scribti cives Romani sub portisculum, sub flagrum conscribti veniere passim. »

PRO SCAPULIS quum dicit Cato, significat pro injuria verberum; nam complures leges erant in cives rogatæ, quibus sanciebatur poena verberum; his significat prohib. se [129] multos suos civis in ea oratione quæ est contra M. Cælium : « Si em percussi, sæpe incolumis abii; præterea pro rep. pro scapulis atque ærario multum R. P. profuit. »

PRIMANUS TRIBUNUS apud Catonem [130], in ea quæ est contra Thermum de suis virtutibus : « Aliud est properare, aliud festinare : qui unum quodque mature

l'écrit Élius Stilon, celui qui, dans un port, commande la manœuvre d'une flotte. Ce même mot signifie maillet. Il se trouve en ce sens dans le discours prononcé par Caton pour détourner les Romains de leurs desseins à l'égard du roi Attale, et au sujet des contributions d'Asie : *C. Licinio pr. remiges scribti cives Romani sub portisculum, sub flagrum conscribti veniere passim* [1].

PRO SCAPULIS [2]. Caton emploie cette expression pour injure des coups. Car il avait été proposé contre les citoyens plusieurs lois qui autorisaient la peine du fouet. Caton fait voir qu'il a contenu beaucoup de ses concitoyens, en s'exprimant ainsi dans son discours contre M. Célius : *Si em percussi, sæpe incolumis abii; præterea pro republica pro scapulis atque ærario multum populus Romanus profuit* [3].

PRIMANUS TRIBUNUS. C'est le tribun qui fixe la taxe de la première légion.

PROPERARE. Dans le discours de Caton contre Thermus, au sujet

(1) Sous C. Licinius, préteur, on enrôla des rameurs; les citoyens romains vinrent de tous côtés enrôlés à coups de maillet et de fouet. — (2) Littéralement : Pour les épaules. — (3) Si je l'ai frappé, je m'en suis souvent tiré sain et sauf. En outre, le peuple romain a été très-utile pour la république, pour les épaules et pour le trésor.

mature transigit, is properat; qui multa simul incipit neque perficit, is festinat.

PRORSUS, porro versus.

(1) *Properat.* — (2) *Festinat.*

Celui qui achève une seule chose à temps, se presse⁽¹⁾, celui qui commence plusieurs choses à la fois et n'en achève aucune, se hâte⁽²⁾.

PRORSUS, tourné en avant.

---

transigit, is properat; qui multa simul incipit, neque perficit, is festinat. »

PRORSUS, porro versus, nisi forte ex Græco πρό. Cato de feneratione legis Juniæ ¹³¹ : « Camerni cives nostri ¹³² oppidum pulchrum habuere, agrum optimum atque pulcherrimum, rem fortunatissimam. Quum Romam veniebant, prorsus devertebantur pro hospitibus ad amicos suos. »

PROHIBERE COMITIA, dicitur vitiare diem morbo, qui vulgo quidem major, ceterum ob id ipsum comitialis appellatur. Cato, in ea oratione quam scribsit de sacrilegio commisso ¹³³ : « Domi quum auspicamus, honorem me dium immortalium ¹³⁴ velim habuisse; servi, ancillæ, si quis eorum sub centone crepuit, quod ego non sensi, nullum mihi vitium facit. Si cui ibidem servo aut

de ses qualités, on lit cette phrase : *Aliud est properare, aliud festinare : qui unum quodque mature transigit, is properat; qui multa simul incipit, neque perficit, is festinat* ⁽¹⁾.

PRORSUS, pour *porro versus* ⁽²⁾, à moins qu'il ne vienne du mot grec πρό. Caton, au sujet de l'usure, dans la loi Julia : *Camerini cives nostri oppidum pulchrum habuere, agrum optimum atque pulcherrimum, rem fortunatissimam. Quum Romam veniebant, prorsus devertebantur pro hospitibus ad amicos suos* ⁽³⁾.

PROHIBERE COMITIA ⁽⁴⁾. C'est vicier le jour par le mal qui est appelé vulgairement majeur, et que d'ailleurs, pour cette raison même ⁽⁵⁾, on appelle *comitialis* ⁽⁶⁾. Caton dit, dans le discours qu'il a écrit au sujet de l'accomplissement d'un sacrifice : *Domi quum auspicamus, honorem me deum immortalium velim habuisse; servi, ancillæ, si quis eorum sub centone crepuit, quod ego non sensi, nullum mihi vitium facit. Si cui ibidem servo aut ancillæ dormienti*

(1) Autre chose est faire diligence, autre chose est se hâter : celui qui achève chaque chose à son tour et en son temps, fait diligence; celui qui commence beaucoup de choses à la fois et n'en achève aucune, se hâte. — (2) Tourné en avant. — (3) Nos concitoyens de Camerinum ont eu une belle ville, un territoire excellent et très-beau, un état très-florissant. Lorsqu'ils venaient à Rome, ils se portaient en avant, non pas vers des hôtes, mais vers leurs amis. — (4) Littéralement : Empêcher les comices. — (5) Parce que les Romains rompaient les comices lorsque quelqu'un y tombait du haut mal — (6) Maladie des comices, ou plutôt qui dissout les comices, l'épilepsie.

PEREGRINA SACRA sunt dicta quæ ab aliis urbibus religionis gratia sunt advecta.

PECULATUS, id est furtum publicum, dici cœpit a pecore tunc quum Romani

PEREGRINA SACRA. On appelle cérémonies étrangères celles qui, par l'effet du sentiment religieux, ont été importées d'autres villes.

PECULATUS[1], c'est-à-dire vol commis aux dépens de l'État. Ce mot vient de pe-

(1) Peculat.

---

ancillæ dormienti evenit, quod comitia prohibere solet, ne is quidem [135] mihi vitium facit.

PENATORES, qui penus gestant. Cato, adversus M'. Acilium quarta : « Postquam nativitas [136] ex navibus eduxi, non ex militibus atque nautis piscatores penatores fici sedarum dedi [137]. »

PEREGRINA SACRA appellantur, quæ aut evocatis dis in oppugnandis urbibus Romam sunt conata [138], aut quæ ob quasdam religiones per pacem sunt petita, ut ex Phrygia Matris Magnæ, ex Græcia Cereris, Epidauro Æsculapi : quæ coluntur eorum more, a quibus sunt accepta.

PECULATUS furtum publicum dici cœptus est a pecore, quia ab eo initium ejus fraudis esse cœpit, siquidem ante æs aut argentum signatum ob delicta pœna gravissima erat duarum ovium et XXX bo-

evenit, quod comitia prohibere solet, ne id quidem mihi vitium facit [1].

PENATORES, ceux qui portent les provisions de bouche. Caton, dans son quatrième discours *contre M'. Acilius* : — *Postquam navitas ex navibus eduxi, non ex militibus atque nautis piscatores penatores feci, sed aurum dedi* [2].

PEREGRINA SACRA. On appelle mystères étrangers ceux que l'on a introduits à Rome par suite de l'évocation que l'on fait des dieux des villes assiégées, ou bien ceux que, pour certaines raisons religieuses, on importe par des voies pacifiques : ainsi les mystères de la Mère des dieux ont été empruntés à la Phrygie, ceux de Cérès à la Grèce, ceux d'Esculape à Épidaure : on les célèbre avec les mêmes rites qu'emploient les peuples desquels on les tient.

PECULATUS. Le vol public a été ainsi appelé du mot *pecus*; parce que dans l'origine ce délit s'est d'abord exercé sur les troupeaux : en effet, avant que l'on eût monnayé l'or ou l'argent, la peine la plus forte imposée pour un délit

(1) Lorsque nous prenons les auspices à la maison, je voudrais avoir eu l'honneur des dieux immortels. Si des esclaves de l'un ou de l'autre sexe, l'un a fait un bruit indécent sous ses guenilles, et que je ne m'en sois pas aperçu, cela ne corrompt pas mon acte religieux. Si, de même, il y arrive à un esclave ou à une servante, durant le sommeil, ce qui dissout, selon l'usage, les comices, cela même n'infirme pas mon acte. — (2) Après avoir fait sortir les marins des navires, je n'ai point fait des soldats et des matelots des pêcheurs porteurs de provisions, mais j'ai donné de l'or.

præter pecudes nihil haberent.

PLEBEIÆ PUDICITIÆ sacellum Romæ ut sacra cetera colebatur.

(1) Troupeau.

cus⁽¹⁾, et l'usage s'en est introduit à l'époque où les Romains n'avaient d'autre fortune que des troupeaux. **PLEBEIA PUDICITIA.** L'oratoire de la Pudeur Plébéienne était honoré à Rome comme les autres sanctuaires.

---

vum; ea lege sanxerunt¹³⁹ T. Menenius Lanatus et P. Sestius Capitolinus¹⁴⁰ coss. Quæ pecudes, postquam ære signato uti cœpit P. R., Tarpeia lege cautum est, ut bos centusibus, ovis decusibus æstimaretur.

consistait en une amende de deux moutons et de trente bœufs. Cette loi sanctionna cette règle sur l'avis des consuls T. Menenius Lanatus et P. Sestius Capitolinus. Lorsque le peuple romain commença à faire usage de monnaie, le bétail provenant des amendes fut estimé en numéraire en vertu de la loi Tarpéia, chaque bœuf à cent as, et chaque mouton à dix as.

POTITIUM et **PINARIUM** Hercules, quum ad aram, quæ hodieque Maxima appellatur, decimam bovum, quos a Geryone abductos abigebat Argos in patriam, profanasset, genus sacrificii edocuit; quæ familia et posteri ejus non fuerunt decumantibus usque ad Ap. Claudium censorem¹⁴¹, qui quinquaginta millia æris gravis his dedit, ut servos publicos edocerent ritum sacrificandi: quo facto Potiti, quum essent ex familia numero duodecim, omnes intererant¹⁴² intra diem XXX¹⁴³. Pinarius quod non adfuit sacrificio, postea cautum est ne quis Pinariorum ex eo sacrificio vesceretur.

POTITIUS et **PINARIUS.** Hercule, ayant offert, devant l'autel qu'on appelle aujourd'hui le Grand autel, la dîme des bœufs enlevés à Géryon et qu'il emmenait à Argos sa patrie, enseigna les rites de ce sacrifice à Potitius et à Pinarius. Cette famille et ses descendants ne firent pas faute à quiconque offrait la dîme aux dieux jusqu'au temps du censeur Ap. Claudius; celui-ci leur donna cinquante mille livres d'argent, afin qu'ils enseignassent les cérémonies de ces sacrifices à des esclaves publics; cela fait, les Potitiens, dont la famille comptait alors douze membres, moururent tous dans l'espace de trente jours. Comme Pinarius n'assista point à ce sacrifice, on interdit à l'avenir à tout membre de cette famille de manger de la viande provenant de cette offrande.

PLEBEIÆ PUDICITIÆ sacellum in vico Longo est, quod, quum Verginia, patricii generis fœmina, convivio facto¹⁴⁴ inter patres et plebem. n-*upsisset prima plebeio*

PLEBEIA PUDICITIA. L'oratoire de la Pudeur Plébéienne est dans la rue Longue; voici quelle en fut l'origine. Lorsque le mariage fut permis entre les patriciens et les

PRIMIGENIUS SULCUS dicitur, qui in condenda nova urbe tauro et vacca desi[...]tionis causa imprimitur.

PRIMIGENIUS SULCUS[1]. On appelle ainsi le sillon qui, lors de la fondation d'une ville et pour en marquer l'enceinte, est tracé par une charrue attelée d'un bœuf et d'une vache.

---

[1] Premier sillon; ou mieux, sillon de la première origine.

L. Volumnio con-*sul*-*i*, *eique ab æde Patriciæ Pudicitiæ sacris*-qui-*nterdicerent* 145 *patriciæ matronæ, conditum est, ut scribit.... quo plebeiæ matronæ, quæ uni viro nup*-sere *et spectatæ pudicitiæ essent, sacrificandi in eo ju*-*s haberent, eodem ritu, quo patriciæ sacrificant.*

plébéiens, Virginie, femme de race patricienne, épousa la première le plébéien L. Volumnius, consul; mais les matrones patriciennes lui interdirent l'entrée du temple de la Pudeur Patricienne et toute participation à leurs sacrifices. Alors, ainsi que l'écrit [1]..., fut fondé l'oratoire de la Pudeur Plébéienne; les matrones plébéiennes qui n'avaient eu qu'un seul mari, et qui étaient d'une chasteté éprouvée, avaient le droit d'y sacrifier suivant les rites usités dans les mystères des matrones patriciennes.

PORTORIUM *dictum est vectigal id quod solvitur porti*-toribus, *qui conduxerint.... dimi*-diato.... in ve-*ctigalibus autem portoria fruenda locan*-tur dua-*bus....* liusque.... *et Ti. Corun*-canius Ti. *f. censores.... intra temporis certum spatium.... quid at.... censoria ma*-jestate sp-*reta....* dam pro-pibus et.... sint.

PORTORIUM [2]. On appelle ainsi le droit que l'on paye aux receveurs [3] qui ont affermé.... [Tous les mots qui suivent n'étant pas susceptibles de former une phrase, nous n'avons pas cru devoir en donner la traduction.]

PRIMIGENIUS SULCUS *dicitur, qui in nova urbe condenda ta*-uro *et vacca designatur, ut hæc copulatio jumenti velut exe*-mplum *conjugii sit.... utrimque media* p.... lari judicio qui et ip-*se*....

PRIMIGENIUS SULCUS. C'est le premier sillon tracé lors de la fondation d'une nouvelle ville, avec une charrue attelée d'un bœuf et d'une vache ; et, par cet accouplement de ces deux animaux, on voulait donner comme un symbole du mariage. [Encore une série de mots dont on ne saurait tirer aucun sens.]

---

[1] Le nom de l'auteur cité ici ne se trouve pas dans les manuscrits. — [2] *Portorium* signifie passage, ce qu'on paye pour le transport d'une chose par terre ou par eau; douane, ou impôt sur le passage, l'entrée, la sortie. — [3] *Portitor*, batelier, receveur d'un péage, porteur.

PARILIBUS Romulus Urbem condidit, quem diem festum præcipue habebant juniores.

PRÆTEXTA PULLA nulli alii licebat uti, quam ei qui funus faciebat.

PILATES, genus lapidis [47]. Cato : « Lapis candidior quam pilates. »

PILÆ ET EFFIGIES viri-

PARILIA. Romulus fonda Rome le jour des Parilies, parce que cette fête était surtout celle de la jeunesse.

PRÆTEXTA PULLA. Nul autre que celui qui faisait des funérailles n'avait le droit de se revêtir d'une robe de deuil.

PILATES[(1)], sorte de pierre. Caton dit : *Lapis candidior quam pilates* [(2)].

Aux fêtes Compitales, on

---

(1) Marbre? pierre très-blanche. — (2) Pierre plus blanche que l'albâtre.

PARILIBUS *Ur*-bem condidit Rom-*ulus, quem diem festum præcipue* habebant junio-*res.*

PRÆTEXTA PULLA *nulli* alii licebat uti, *quam ei qui funus faciebat, si idem* jus magistratus h-*abebat vel in publico* loco publicos lud-*os edebat. Hic enim eodem jure* utitur, et scribam ha-*bet, sicut magistratus, propter eos* quos facit ludos.... Consu-libus et prætoribus vota *nuncupantibus propter ignorantiam* sacra novorum [146].... præ-*texta da*-tum est uti, emit votum *solventibus* [147].... quod item Valerius vica-*nus....* ra ex senatu, improbar-*ctur*.

PILATES, lapidis genus, cujus M. Cato [148] Originum lib. v : « Lapis candidior quam pelastes. »

PILÆ *effigies viriles et mulie-*

PARILIA. Romulus fonda Rome le jour des Parilies, parce que cette fête était surtout celle de la jeunesse.

PRÆTEXTA PULLA. Nul ne pouvait se revêtir de la prétexte de deuil, si ce n'est celui qui célébrait des funérailles, et dans le cas encore où il avait l'autorité d'une magistrature ou s'il donnait des jeux publics. En cette dernière circonstance, il a le même droit que les magistrats; et comme eux, il est assisté d'un scribe; mais ce privilége se borne à la célébration des jeux qu'il donne.... Les consuls et les préteurs, faisant des vœux à cause de leur ignorance des rites sacrés nouveaux..., avaient reçu le droit de se vêtir de la prétexte; il en était de même de ceux qui s'acquittaient d'un vœu.... [Nouvelle mutilation du texte, qui ne permet pas de traduire.]

PILATES, sorte de pierre dont Caton parle au livre v des *Origines* : — *Lapis candidior quam pelastes.*

Aux fêtes Compitales, on suspend

les et muliebres ex lana Compitalibus suspendebantur in compitis, quod hunc diem festum esse deorum inferorum, quos vocant Lares, putarent, quibus tot pilæ, quot capita servorum ; tot effigies, quot essent liberi, ponebantur, ut vivis parcerent, et essent his pilis et simulacris contenti.

suspendait dans les carrefours des mannequins et des figures d'hommes et de femmes faits de laine, parce que, selon l'opinion commune, ce jour était consacré aux dieux infernaux, que l'on appelle Lares ; on leur offrait autant de mannequins qu'il y avait de têtes d'esclaves, et autant de figures qu'il y avait d'individus libres, afin qu'ils épargnassent les vivants et se tinssent pour contents de ces mannequins et de ces simulacres.

---

bres ex lana Compitalibus in com-pitis suspenduntur, quod hunc diem festum esse deorum infero-rum putant, eorum quos voca-nt La-res, quibus tot pilæ suspen-duntur, quot capita sunt servo-rum, tot effigies, quot su-nt li-beri homines in familia, coll-o-cantur, ut vivis parcant pilis et simulacris con-tenti.

dans les carrefours des mannequins et des figures d'hommes et de femmes, parce que l'on regarde ce jour comme consacré aux dieux infernaux appelés Lares ; on suspend en leur honneur autant de mannequins que l'on compte de têtes d'esclaves, et on leur offre autant de figures qu'il y a d'hommes libres dans une famille, afin que, se contentant de ces mannequins et de ces images, ils épargnent les vivants.

PRIMIGENIÆ FORTUNÆ *œdem vovit P. Sem-ipio-nius* [149] *in prœ-lio cum Hannibale, quod ad Fortu-nam gentis suæ originem referebat, ut Ven-eris œdem C. Julius Cæsar exstruxit, eamque G-e-nit-ricem dixit. Sed ea œdis non antequam æmu-lam illam Romani imperii Carthaginensem urbem devicissent, exstructa et dedicata est, decem annis post a Q. Marcio Ralla duumviro, quum Pu-nico bello finito Sempronius quam*

PRIMIGENIA FORTUNA. P. Sempronius, dans une bataille contre Annibal, fit vœu de construire un temple à la Fortune Créatrice [1], parce qu'il rapportait l'origine de sa race à la Fortune, de même que C. Julius César construisit un temple à Vénus, à laquelle il donna le surnom de *Genitrix* [2]. Mais ce temple de la Fortune ne fut bâti et dédié que lorsque les Romains eurent triomphé de la ville de Carthage, cette rivale de leur empire, c'est-à-dire au bout de dix ans, par le décemvir Q. Marcius Ralla,

---

[1] Littéralement : Auteur de l'origine. — [2] Mère ; qui a donné naissance.

PLOTI appellantur, qui sunt planis pedibus. Unde et poeta Accius, quia Umber Sarsinas erat, a pedum planicie initio *Plotus*, postea *Plautus* est dictus. Soleas quoque dimidiatas, quibus ute-

PLOTI. On appelle ainsi ceux qui ont les pieds plats. C'est de là que le poëte Accius, qui était Ombrien de Sarsina, fut appelé *Plotus*, et dans la suite *Plautus*, parce qu'il avait les pieds plats. On nomme aussi *semiplotia*[1] les

(1) A moitié plats.

---

damnatus vo-ti debebat ædem *exstruendam locasset*.

quand la guerre punique fut terminée, et que Sempronius eut fourni les fonds pour la construction de ce temple, comme il y était obligé par son vœu.

PUERI, im-*puberes tantum sunt*; itaque ab-utitur Atta *eo nomine....* versibus docet....

PUERI[1]. On ne désigne par ce nom que les individus qui ne sont pas encore à l'âge de puberté; ainsi Atta abuse de ce nom.... apprend par ses vers.

PUERI *œneu*-m signum ad salinas *positum est.... quod* signum allatum *est....* quod sunt cona-*ti multi imitando exprime*-re, nemo unquam *potuit....* propter ipsum signum.... s sub signo abierunt.... dunt, simul ut.... ti erexerunt ad qui.... es.

On a placé près du grenier à sel l'image en bronze d'un enfant.... Cette figure a été apportée.... Beaucoup se sont efforcés d'en faire une copie exacte, mais personne n'a pu.... [Lacune qu'on ne peut remplir.]

PLENA SUE[150] Tellu-*ri sacrificabatur, quod pecudis* id genus quum seretur[151] *satis inimicum, quia rostro sem*-en fodiendo cor-*rum-peret*.

On immolait à la Terre une truie pleine, parce que cette sorte de bétail était considérée comme nuisible à la culture, en ce qu'elle détruit les semailles et fouille le sol avec son groin.

PLOTOS *appellant* Umbri, pedibus planis *natos; hinc soleas dimidiatas, qui*-bus utuntur in venando *quo planius pedem ponant, vo*-cant semiplotia et.... *unde et Acci*-us poeta, quia Umber Sarsinas erat, a pedum planitie initio Plotus, postea Plautus cœptus est dici.

PLOTI. Les Ombriens appellent ainsi les individus nés avec des pieds plats. De là on appelle *semiplotia* les souliers qui se plient en deux, et dont on se sert à la chasse, afin de pouvoir poser le pied plus à plat, et.... De là aussi le poëte Accius, qui était Ombrien de Sarsina, fut d'abord appelé *Plotus* et plus tard *Plautus*, parce qu'il avait les pieds plats.

(1) Enfants.

bantur in venando, quo planius pedem ponerent, *semiplotia* appellantur.

PORCAS quæ in agris

souliers pliés en deux et dont on se sert à la chasse, afin de pouvoir poser le pied plus à plat.

PORCÆ. Varron dit que

Postumus cognominatur post patris mortem natus. Plautus in Aulularia : « Post mediam ætatem qui mediam ducit uxorem domum, si eam senex anum prægnantem fortuito fecerit, quid dubitas quin sit paratum his nomen pueris Postumi? »

Porcas, quæ inter duci sulcos fiunt, ait Varro dici, quod porrigant [152] frumentum.

Parmulis pugnare milites soliti sunt ; quarum usum sustulit C. Marius datis in vicem earum Bruttianis.

Porcam auream et argenteam dici ait Capito Ateius, quæ et si numero hostiarum non sint, nomen tamen earum habere ; alteram ex auro, alteram ex argento factam adhiberi sacrificio Ceriali.

Pulcher bos appellatur ad eximiam pinguitudinem perductus.

Propudi ait porcus [153] dictus est, ut ait Capito Ateius, qui in sacrificio gentis Claudiæ [154] velut piamentum et exsolutio omnis contractæ religionis est.

« Parum cavisse videri » pronuntiat magistratus, quum de

Postumus, surnom donné à l'enfant né après la mort de son père. Plaute dit dans *la Marmite* : — *Post mediam ætatem qui mediam ducit uxorem domum, si eam senex anum prægnantem fortuito fecerit, quid dubitas quin sit paratum his nomen pueris Postumi* [1] ?

Porcæ. Varron dit que l'on appelle ainsi la terre qui s'élève entre deux sillons, parce qu'elle pousse en l'air le blé.

Parmulæ [2], sorte de petits boucliers dont les soldats ont coutume de se servir au combat. C. Marius en supprima l'usage, et y substitua le bouclier bruttien.

Capito Ateius dit que l'on appelle truie d'or et truie d'argent celles qui, sans être au nombre des victimes à immoler, en portent néanmoins le nom ; il ajoute que l'une est faite d'or, et l'autre d'argent, et qu'on les emploie dans les sacrifices célébrés en l'honneur de Cérès.

Un bœuf est appelé beau, lorsqu'il est arrivé au dernier degré d'engraissement.

Propudianus porcus [3]. On a donné ce nom, dit Capito Ateius, au porc qui, dans le sacrifice de la famille Claudia, est comme l'animal expiatoire, et l'acquit de toute obligation religieuse.

« Parum cavisse videri [4]. » Le magistrat prononce cette formule,

---

(1) Qu'un homme au déclin de l'âge introduise dans sa maison, comme son épouse, une femme sur le retour ; si, par cas fortuit, ce vieillard rend cette vieille enceinte, peux-tu douter que le nom de Postume ne soit acquis d'avance aux enfants ? — (2) Diminutif de *parma*, petits boucliers ovales à l'usage des fantassins. — (3) Littéralement : Porc chargé de toutes les fautes d'une maison. — (4) Littéralement : Selon les apparences, il a eu peu de précaution.

fiunt[48], ait Varro dici quod porrigant frumentum.

(1) De *porrigo*.

l'on appelle ainsi[1] les sillons que l'on fait dans les champs, parce que le blé s'en élève.

---

consilii sententia capitis quem condempnaturus est.

PISCATORII LUDI vocantur qui quodannis[155] mense junio trans Tiberim fieri solent a P. R. urbano pro piscatoribus Tiberinis, quorum quæstus non in macellum pervenit, sed fere in aream Volcani, quod id genus pisciculorum vivorum datur ei deo pro animis humanis.

PUBLICIUS CLIVUS appellatur, quem duo fratres L. M. Publicii Malteoli[156] ædiles cur., pecuaris condemnatis ex pecunia quam cœperat[157] munierunt, ut in Aventinum vehiculi, vel venire[158] possit.

PRÆDIA[159] rursus Verrius vocari ait ea remedia quæ data Cæcilia[160] uxor Tarquinii Prisci invenisse existimatur, et immiscuisse on suæ[161], qua præcincta statua ejus est in æde sanctus[162], qui deus dius fidius vocatur, ex qua zona periclitantes ramenta sumunt; ea vocari ait prædia, quod mala prohibeant.

PRISCÆ Latinæ coloniæ appellatæ sunt, ut distinguerent a novis, quæ postea a populo dabantur.

lorsque, de l'avis du conseil, il doit condamner un individu à mort.

PISCATORII LUDI. On nomme ainsi les jeux que le peuple romain de la ville a coutume de célébrer tous les ans au mois de juin sur l'autre rive du Tibre, pour les pêcheurs du Tibre, dont la pêche n'arrive pas au marché, mais va presque tout entière sur la place de Vulcain, parce que cette sorte de petits poissons vivants est offerte à ce dieu pour les âmes des hommes.

PUBLICIUS CLIVUS. La pente publicienne a pris son nom de deux frères, L. et M. Publicius Malleolus, édiles curules, qui, avec l'argent qu'ils avaient retiré des amendes prononcées contre les nourrisseurs de bestiaux, firent faire des travaux sur cette pente, afin que de Vélie on pût venir en voiture au mont Aventin.

PRÆBIA. Verrius dit que l'on appelle ainsi les remèdes que Gaïa Cécilia, femme de Tarquin l'Ancien, découvrit, dit-on, et mêla à sa ceinture; on voit sa statue, ornée de cette ceinture, dans le temple de Sancus, dieu qui est appelé *dius fidius*[1]; ceux qui sont en danger viennent prendre des raclures de cette ceinture. L'auteur que nous avons cité dit que ces remèdes sont appelés *præbia*, parce qu'ils chassent[2] le mal.

Les colonies latines ont été nommées anciennes, pour les distinguer des colonies nouvelles, c'est-à-dire des villes auxquelles le peuple donna dans la suite le rang de colonies.

---

(1) Dieu de la bonne foi. — (2) *Prohibent*, tiennent éloigné, repoussent. Remarquons, encore une fois, que le sens du mot *remedia* se rapproche ici beaucoup plus de celui d'*amulettes* que du sens du mot *remède*, tel que le conçoit la science médicale.

PRÆTOR ad portam nunc salutatur his qui in provincia [163] pro prætore aut pro consule exit ; cujus rei morem ait fuisse Cincius in libro de Consulum potestate talem : « Albanus rerum potitos [164] usque ad Tullum regem : Alba deinde diruta usque ad pœctum Murem cos. [165] populos Latinos ad capud Octentinæ [166], quod est sub monte Albano, consulere solitos, et imperium communi consilio administrare. Itaque quo anno Romanos imp̄rs [167] ad exercitum mittere oporteret jussu nominis Latini [168], complures nostros in Capitolio a sole oriente auspicis operam dare solitos; ubi aves addixissent, militem illum qui a communi Latio missus esset, illum quem aves addixerant, prætorem salutare solitum, qui eam provinciam optineret prætoris nomine. »

Maintenant on salue du nom de préteur, à la porte de la ville, le magistrat qui se rend dans une province à la place du préteur ou du consul. Voici quel était l'usage en cette circonstance, selon Cincius, dans son traité *du Pouvoir des consuls* : « Les Albains dominèrent jusqu'au règne du roi Tullus; ensuite, depuis la ruine d'Albe jusqu'au consulat de P. Decius Mus, les peuples latins eurent coutume de discuter leurs intérêts près de la tête de Férentine, qui est au dessous du mont Albain, et de gouverner leurs affaires d'après une délibération commune. En conséquence, l'année où il fallait envoyer à l'armée des généraux romains sur l'ordre du nom latin, plusieurs des nôtres observaient d'ordinaire les auspices au Capitole depuis le lever du soleil. Aussitôt que les oiseaux avaient signalé le soldat envoyé par l'assemblée des Latins, on avait coutume de saluer préteur celui que les oiseaux avaient signalé, et auquel on donnait cette mission avec le titre de préteur. »

PATRICIOS Cincius ait, in libro de Comitiis, eos appellari solitos, qui nunc ingenui vocentur.

PATRICII [1]. Cincius, dans son traité *des Comices*, dit que l'on avait coutume de donner ce nom à ceux qu'on appelle maintenant *ingenui* [2].

POSSESSIONES appellantur agri late patentes publici privatique, quia non mancipatione, sed usu tenebantur, et ut quisquam occupaverat, collidebat [169].

POSSESSIONES. On appelle possessions des terrains d'une vaste étendue, appartenant à l'État ou aux particuliers, qui étaient tenus non en vertu de la mancipation, mais en vertu de l'usage, et que chacun possédait comme il les avait occupés.

PUNICI *dicun*-tur non Pœni [170], quamvis.... *a Phœnice ori*-antur,

PUNICI. On appelle ainsi, et non *Pœni*.... [les Phéniciens établis

---

(1) Patriciens. — (2) Hommes de naissance libre

Pœni[49], quamvis a Phœnice sint oriundi.

aux Phéniciens établis en Afrique[1], et non celui de *Pœni*, quoiqu'ils soient originaires de Phénicie.

(1) C'est-à-dire aux Carthaginois.

---

et Punicum bel-*lum, non Pœnicum*, q̄q̄ *Pœni appel*-lantur : nam quæ sole-*bant per œ dici, in u abiere.*

en Afrique,] quoiqu'ils viennent de Phénicie, et l'on dit *Punicum bellum* et non *Pœnicum*, quoique l'on appelle *Pœni* les peuples qui ont soutenu cette guerre : car la diphthongue œ s'est changée, dans certains mots, en la voyelle *u*.

POTESTUR Scipio Africanus, in ea quæ est de imperio D. Bruti; et, poteratur C. Gracchus, in ea qua uous est[171] quum circum conciliabula iret.

POTESTUR[1]. Scipion l'Africain a employé ce mot dans son discours au sujet du commandement de D. Brutus, et C. Gracchus a employé *poteratur*[2] dans le discours qu'il prononça en parcourant les groupes des citoyens.

PROBRUM virginis vestalis ut capite puniretur, vir qui eam incestavisset, verberibus necaretur : lex fixa in atrio Libertatis cum multis aliis legibus incendio consumpta est, ut ait M. Cato, in ea oratione quæ de Auguribus inscribitur; adicit quoque virgines vestales sacerdotio exaugurat-*as primum, deinde....* cra.... ex.... ta... super.... scri.... viri.... cons.... in eo.... licto-*res....* ex-istim-*at....* cons-*ul....* os aut,.... nemo.... dicant.... trib. xxxv. Cicero : « *Quo exemplo legem nominatim de capite ci-vis indemnati tulisti. Vetant leges sacratæ*, vetant XII *Tabulæ, leges privis hominibus irrogari.* » *Ve-*neficos quinq-*ue et triginta tribus omnino non condem-*nant, quia ipsi in-*dicta causa occiduntur.*

Le déshonneur d'une vierge vestale devait être puni de mort, et celui qui l'avait souillée devait périr sous le fouet. La loi qui portait ces dispositions était attachée dans le vestibule du temple de la Liberté avec beaucoup d'autres lois; elle fut détruite par le feu, comme nous l'apprend M. Caton dans le discours intitulé *sur les Augures.* Il ajoute aussi que d'abord les vierges vestales étaient dégradées du sacerdoce, qu'ensuite... [Ici une lacune considérable.] Cicéron : « Par cet exemple, tu as porté nominativement une loi sur la vie d'un citoyen non condamné. Les lois consacrées, les Douze-Tables défendent que des lois soient portées par des hommes privés. » Les trente-cinq tribus ne condamnent nullement les empoisonneurs, parce qu'on les met à mort sans jugement.

PHILOLOGAM Ennius in P-*hœnice; sed hoc factum est culpa li-*

PHILOLOGA[3]. Ennius a employé cette forme dans sa *Phénice;*

(1) Pour *potest*, selon la plupart des critiques. — (2) Pour *poterat*. — (3) Qui aime à parler.

PORTUNUS, qui et Palæmon, a Romanis inter deos colebatur.

POENAS PENDERE, in eo proprie dicitur, qui ob delictum pecuniam solvit, quia penso ære utebantur.

PULLARIAM Plautus dixit manum dextram.

PORTUNUS[1], qu'on appelle aussi Palémon, était honoré par les Romains au nombre des dieux.

POENAS PENDERE[2] se dit au propre de celui qui paye de l'argent pour réparer un délit, parce que la monnaie s'évaluait au poids.

PULLARIA. Plaute a donné ce nom à la main droite.

---

(1) Divinité romaine qui présidait aux ports. — (2) Littéralement : Payer sa peine au poids.

---

brariorum qui ea quæ fe-*minini sunt, dici nolebant mascu*-lino; etiam ipsi Gra-*eci ita loquuti sunt, qui mulieres philolo*-gos, philargyros *dixerunt. Sed feminam videns libra*-rius appellari, mut-*avit formam vocabuli, quod ea* vox explanata non *recte habebatur*.... nomina etiam in vi.... dicimus tam hic lapis q-*uam hæc lapis*.

PARTICIPIA[172] appellantur, quæ *quoniam aliquam conditio*-nem rerum significant, e *nomine casus, e verbo* tempora, personas recipi-*unt, itaque verbi et nominis vim participant*....

PORTUNUS, *qui et Palæmon alio nomine dicitur, inter de*-*os, qui mari præsunt, a Romanis cole*-*batur*.

POENAS PENDERE *in eo proprie dicitur, qui ob delictum pecuniam solvit, quia penso ære uteba*-ntur.

PULLARIAM *manum dextram*

mais c'est par la faute des copistes, qui ne voulaient pas laisser la terminaison du masculin aux mots qui sont du genre féminin. Les Grecs eux-mêmes pourtant ont parlé ainsi, car ils disent d'une femme *philologos, philargyros*[1]. Mais le copiste, voyant qu'il était question d'une femme, a changé la forme du mot, parce qu'en l'expliquant, il ne la trouvait pas exacte.... Nous disons aussi bien *hic lapis* que *hæc lapis*[2].

PARTICIPIA. On appelle participes des mots qui, signifiant une certaine condition des choses, empruntent au nom les cas, au verbe les temps et les personnes, et participent, en conséquence, aux propriétés du nom et à celles du verbe.

PORTUNUS, appelé, sous un autre nom, Palémon, était honoré par les Romains parmi les dieux qui président à la mer.

POENAS PENDERE se dit au propre de celui qui donne de l'argent au poids pour compenser un délit, parce qu'on se servait jadis de monnaie évaluée au poids.

PULLARIA. Plaute, à ce qu'il

---

(1) Bavarde et avare. — (2) C'est-à-dire que *lapis* (pierre) est indifféremment employé au masculin et au féminin.

PROCEDERE dicebant interdum pro succedere, interdum pro porro cedere.

PERTUSUM DOLIUM quum dicitur, ventrem significat.

POLLIT, pila ludit.

PELLICULATIONEM Cato a pelliciendo dixit.

PROCEDERE[1] s'employait tantôt pour *succedere*[2], tantôt pour *porro cedere*[3].

PERTUSUM DOLIUM[4]. Lorsqu'on emploie cette expression, elle signifie le ventre.

POLLIT, il joue à la balle.

PELLICULATIO[5]. Caton a employé ce mot, formé de *pellicere*[6].

(1) Voici les sens de *procedere* : S'avancer, aller au delà, marcher au-devant, compter, valoir, avoir son effet, venir de, réussir, avancer, naître, se lever, paraître sur l'horizon, pousser, croître, s'étendre. — (2) *Succedere* signifie : Entrer sous ou dedans, s'avancer, s'approcher, succéder, venir après, prendre la place, réussir. — (3) Aller en avant. — (4) Tonneau percé. — (5) Séduction. — (6) Attirer par flatterie.

---

dixisse videtur Pla-*utus.... a palpandis pullis* 173.

PROCEDERE *dicebant pro succedere, et pro porro cedere.*

PERTUSUM DOLIUM *quum dicitur, ventrem significat.*

PES dr 174.... *pe-de ruit.... Ennius lib.* I An-*nalium....* m u.

POLLIT *pila ludit.... dixit....*

PELLICULATIONEM *Cato a pellicien-do, quod est inducen-do, dixit, in ea oration-e quam scribsit de....*

PAPISIOS *Cato sæpe dicit, ut antiqui s etiam in robose et arboses loco r dicebant.... properie mari opus est.*

semble, a ainsi appelé la main droite.... de *palpare pullos* (1).

PROCEDERE. On disait ainsi pour *succedere* (2) et pour *porro cedere* (3).

PERTUSUM DOLIUM. Lorsqu'on emploie cette expression, elle signifie ventre.

PES.... [Lacune qui laisse à regretter un fragment d'Ennius.]

POLLIT, il joue à la balle.... a dit....

PELLICULATIO. Caton, dans la lettre qu'il a écrite sur.... a employé ce mot formé de *pellicere* (4).

PAPISIOS. Caton dit ainsi, comme les anciens ont souvent substitué la lettre *s* à la lettre *r*, dans certains mots, disant, par exemple *robose* (5) et *arboses* (6).... [Lacune n'offrant que quelques mots intraduisibles.]

(1) Caresser de la main les petits des animaux. — (2) Succéder. — (3) Aller en avant. — (4) Attirer, séduire. — (5) Pour *robore*, ablatif de *robur*, force. — (6) Pour *arbores*, pluriel d'*arbor*, arbre.

PRÆMIOSA, pecuniosa.

PASCALES OVES Cato posuit pro pascuales.

PETREIA vocabatur quæ pompam præcedens in coloniis aut municipiis imitabatur anum ebriam, ab agri vitio, scilicet petris, appellata.

PRÆMIOSA, qui a beaucoup d'argent [1].

PASCALES OVES. Caton a dit ainsi pour *pascuales oves* [2].

PETREIA [3]. On appelait ainsi une femme qui, dans les colonies ou dans les municipes, marchait en avant de la procession [4], en imitant une vieille femme ivre, et on lui donnait ce nom d'après les inconvénients des champs, c'est-à-dire d'après les pierres.

---

(1) C'est-à-dire fort riche. — (2) Brebis que l'on fait paître. — (3) Littéralement : Pierreuse. — (4) Nous n'avons pas trouvé de mot plus convenable pour rendre ici *pompa*.

PRÆMIOSAM pro pecuniosa Cato in oratione quam scrib-sit.... impudentiam præmio-sam. »

PASCUALES oves pascales inscienter Cato, dixit in ea *quam scripsit de musta agna* : « Ali pasc-alis ovis vetuit. » Idem pellitas oves Tarentin-as appellat, in ea ora-tione quæ est.... eo precio Tarenti, plus c HS. emit pellitam ovem, q-uam ignaro [175] Tarentino qd pascatur, nominant.

PETREIA vocabatur, quæ pompam præcedens in colon-is aut municipis imitabatur anum ebriam, ab agri vitio, scilicet petris appellata.... vepræcilli [176]. C. Gracchus.... con-vertar ad illam.... impudentior.... ntur legationes.... po-test.

PRÆMIOSA. Caton a employé ce mot pour *pecuniosa* [1] dans le discours qu'il a écrit. .. : *impudentia pecuniosam* [2].

Caton a ainsi, à son insu, dans la lettre qu'il a écrite sur la brebis nouvelle, dit *oves pascales* pour *pascuales* : *Ali pascalis ovis vetuit* [3]. De même, dans le discours qui a pour objet.... il appelle *pellitas oves* [4] les brebis de Tarente : *Eo precio Tarenti, plus c HS. emit pellitam ovem, quam in agro Tarentino quod pascatur, nominant* [5].

PETREIA. On appelait ainsi une femme qui, dans les colonies ou dans les municipes, marchait en avant d'une procession, en imitant une vieille femme ivre, et on lui donnait ce nom d'après les inconvénients des champs, c'est-à-dire les pierres.... de petites épines. C. Gracchus.... je me tournerai vers elle.... plus imprudent....

---

(1) Lucratif ou qui a beaucoup d'argent. — (2) Impudence lucrative. — (3) Il a défendu de nourrir les brebis au pâturage. — (5) Brebis couvertes de peaux (pour préserver la laine). — (4) Il a acheté à Tarente, à ce prix, à plus de cent mille petits sesterces, une brebis couverte de peaux, qui tire son nom de ce qu'elle est nourrie sur le territoire de Tarente.

PERICULATUS SUM Cato est usus in dicendo.

PARSI idem Cato dixit pro peperci.

PRÆDONULOS ὑποκοριστικῶς, id est diminutive, idem Cato posuit pro prædonibus.

PRECEM, singulariter.

PULCHRALIBUS, pro pulchris.

PERICULATUS SUM[1]. Caton a employé cette expression dans un discours.

PARSI. Le même Caton a dit ainsi pour *peperci*[2].

PRÆDONULI[3]. Caton s'est servi de ce mot, comme diminutif (ὑποκοριστικῶς, comme disent les Grecs) pour *prædones*[4].

PRECEM s'est dit au singulier[5].

PULCHRALIBUS s'est dit pour *pulchris*[6].

(1) Je me suis trouvé en danger; ou, peut-être, j'ai essayé, j'ai éprouvé. — (2) J'ai épargné. — (3) Petits brigands. — (4) Brigands. — (5) Le pluriel *preces*, prières, est seul usité. — (6) Beaux [à l'ablatif ou au datif].

PERICULATUS SUM Cato ait, in ea oratione quam scribsit ad litis censorias.

PARSI, non peperci, ait Cato in eadem oratione : « Scio fortunas secundas neglegentiam prendere solere : quod uti prohibitum irem, quod in me esset, meo labori non parsi. »

PRÆDONULOS Cato hypocoristicos dixit in epistular. « Quia sæpe utiles videtur prædonuli. »

PRÆCEM singulariter, idem in ea quæ est de conjuratione.

PULCHRALIBUS atque CUPIDUS[177] idem, in ea quæ est de fundo oleario.

PERICULATUS SUM. Caton a employé ce terme dans le discours qu'il a écrit au sujet des amendes prononcées par les censeurs.

PARSI. Caton a dit ainsi, et non *peperi*, dans ce même discours : *Scio fortunas secundas neglegentiam prendere solere : quod uti prohibitum irem, quod in me esset, meo labori non parsi*[1].

PRÆDONULI. Caton a employé ce diminutif dans ses lettres : *Quia sæpe utiles videntur prædonuli*[2].

PRÆCEM. Le même auteur s'est servi de ce singulier, dans son discours sur la conjuration.

PULCHRALIBUS atque CUPIDIIS[3]. Le même encore a employé ces deux mots dans son discours sur un champ d'oliviers.

(1) Je sais que la prospérité se laisse d'ordinaire prendre à la négligence ; pour empêcher ce triste résultat, autant qu'il était en moi, je n'ai ménagé aucun effort. — (2) Parce que les petits brigands paraissent souvent utiles. — (3) De friandises et de choses délicates.

PUNCTARIOLAS leves pugnus identidem ipse dixit.

PROÆDIFICATUM dicitur, quod ex privato loco processit in publicum solum.

PRODIDISSE TEMPUS, longius fecisse.

PAVIMENTA POENICA, hoc est marmore Numidico strata.

PUNCTARIOLÆ [1]. Le même Caton a employé ce mot dans le sens de légers combats.

PROÆDIFICATUM [2]. C'est la construction qui d'une propriété particulière, s'avance sur la propriété publique.

PRODIDISSE TEMPUS, avoir prolongé le temps.

PAVIMENTA POENICA [3], lieux pavés de marbre de Numidie.

(1) Escarmouches. — (2) Littéralement : Bâti en avant. — (3) Pavés puniques.

PUNCTATORIOLAS levis pugnas appellat Cato, in ea quam dixit de re Histriæ militari.

PROÆDIFICATUM dicitur, quod ex privato loco processit in publicū solum.

PERCUNCTATUM patris familiæ nomen ne quis servum mitteret, lege sanctum fuisse ait Cato, in ea qua legem Orchiam dissuadet.

PRODIDISSE non solum in illis dr̄ [178], qui patriam hostibus prodiderunt, sed etiam tempus longius fecisse; ut Cato : « Te, C. Cæcili, diem prodisse [179] militibus legionis III, quum proditionem non haberent. »

PAVIMENTA POENICA marmore Numidico constrata significat Cato, quum ait, in ea quam habuit ne quis cos. bis fieret : « Dicere possum quibus villæ atque ædes ædificatæ, atque expolitæ maximo

PUNCTATORIOLÆ. Caton appelle ainsi les escarmouches, dans le discours qu'il a prononcé sur les opérations militaires en Istrie.

PROÆDIFICATUM. C'est un bâtiment d'un particulier qui avance sur un lieu public.

Caton, dans son discours pour détourner le peuple d'approuver la loi Orchia, dit qu'il avait été ordonné par une loi de demander le nom du père de famille, afin que personne ne pût envoyer son esclave.

PRODIDISSE ne se dit pas seulement de ceux qui ont trahi leur patrie pour ses ennemis, mais aussi de ceux qui ont tiré le temps en longueur. C'est ainsi que Caton dit : *Te, C. Cœcili, diem prodisse militibus legionis* III, *quum proditionem non haberent* [1].

PAVIMENTA POENICA. Caton entend par là des salles pavées de marbre de Numidie, lorsque, dans son discours pour empêcher que le même personnage ne devînt deux fois consul, il dit : « Je peux dire pour quels hommes ont été con-

(1) Que toi, C. Cecilius, tu as prolongé le temps pour les soldats de la troisième légion lorsque cette prolongation ne devait pas avoir lieu pour eux.

PLOLATO ÆRE apud Ennium significat scuto ante se protento.

PRIVATÆ vocabantur feriæ sacrorum propriorum, velut dies natales.

PUDICITIÆ SIGNUM

PROLATO ÆRE signifie, dans Ennius, le bouclier tendu devant soi [1].

PRIVATÆ FERIÆ. On appelle fêtes privées celles des sacrifices propres à une famille, comme sont les anniversaires de naissance.

L'image de la Pudeur était

(1) Littéralement, et à l'ablatif absolu : L'airain tendu devant soi

---

opere citro atque ebore atque pavimentis Pœnicis stent. »

« PROLATO ÆRE ASTITIT, » Ennius Achillæ in Aristarchi [180] quum ait, significat clypeo ante se protento.

POENITAM OFFAM [181] Nævius appellat absegmen carnis cum coda : antiqui autem offam vocabant abscisum globi forma, ut manu glomeratam pultem.

PRIVATÆ FERIÆ vocantur sacrorum propriorum, velut dies natales, operationis [182], denecales.

PRONUBÆ adhibentur nuptis, quæ semel nupserunt, ut matrimonia paupertatem [183] auspicantes.

PUDICITIÆ signum in foro Bovario est, ubi familiana ædisset [184] Herculis ; eam quidam Fortunæ esse existimant. Item via Latina

struits des maisons de campagne et des palais, qui s'élèvent ornés avec force travail de bois de citronnier et d'ivoire, et de pavés puniques. »

« PROLATO ÆRE ASTITIT [1]. » En s'exprimant ainsi dans l'*Achille d'Aristarque*, Ennius veut dire le bouclier tendu devant lui.

PENITA OFFA. Névius appelle ainsi une tranche de viande avec la queue : les anciens appelaient *offa* une tranche coupée en forme de boule, de même qu'une bouillie épaisse roulée en pelote avec la main.

PRIVATÆ FERIÆ. On appelle fêtes privées celles où l'on célèbre les actes religieux particuliers ; tels étaient les anniversaires de naissance, les sacrifices, les fêtes [de trois jours] pour purifier la maison où quelqu'un était mort.

PRONUBÆ. On emploie dans les mariages, pour conduire la mariée chez elle, des femmes qui ne se sont mariées qu'une fois, pour donner le présage de la perpétuité du mariage.

PUDICITIA. L'image de la Pudeur est dans le marché aux Bœufs, où se trouve le temple Émilien d'Hercule. Quelques-uns pensent

(1) Il se tient là, l'airain tendu devant lui

Romæ colebatur, quod nefas erat attingi, nisi ab ea quæ semel nupsisset.

PATRIMI et MATRIMI PUERI tres adhibebantur in nuptiis : unus, qui facem præferret ex spina alba [50], quia noctu nubebant; duo, qui nubentem tenebant.

PRIMA et SECUNDA diei hora causa ominis sponsis tribuebatur.

honorée à Rome, en ce que nulle femme ne pouvait la toucher, si ce n'est celle qui n'avait été mariée qu'une fois.

On employait dans les cérémonies du mariage trois enfants qui avaient encore leur père et leur mère : l'un pour ouvrir la marche en portant le flambeau d'aubépine, car on se mariait de nuit ; les deux autres pour tenir la mariée.

On accordait aux époux, en signe de bon présage, la première et la deuxième heure du jour.

---

ad miliarium illi [185] Fortunæ Muliebris, nefas est attingi, nisi ab ea quæ semel nupsit.

PATRIMI et MATRIMI PUERI prætextati tres nubentem deducunt: unus, qui facem præfert ex spina alba, quia noctu nubebant; duo, qui tenent nubentem.

PILENTIS et CARPENTIS per urbem vehi matronis concessum est; quod quum aurum non reperiretur, ex voto, quod Camillus voverat Apollini Delphico, contulerunt.

PRIMA aut secunda hora ducant spousalibus [186] ominis causa, ut optima ac secundissima eveniant.

que c'est le temple de la Fortune. De même, sur la voie Latine, à la quatrième pierre milliaire, est le temple de la Fortune des femmes. Il est défendu de toucher cette image à toute autre personne qu'à la femme qui ne s'est mariée qu'une fois.

Trois jeunes garçons ayant encore leur père et leur mère, et revêtus de la robe prétexte emmènent la nouvelle mariée : l'un ouvre la marche en portant un flambeau d'aubépine, parce que le mariage se faisait de nuit; les deux autres tiennent la mariée.

On accorda aux matrones le droit de se faire porter par la ville en voiture et en chariot couvert et suspendu, parce qu'elles s'étaient cotisées pour fournir l'or que Camille avait fait vœu d'offrir à Apollon de Delphes, et que l'on ne pouvait réunir pour acquitter ce vœu.

La première ou la seconde heure est consacrée aux fiançailles, en signe de bon présage, afin que le meilleur sort et le plus grand bonheur arrivent aux époux.

PRONUBÆ adhibentur nuptis, quæ semel nupserunt, causa auspicii ut singulare perseveret matrimonium.

PRÆTEXTATIS nefas erat obsceno verbo uti, ideoque *prætextatum* appellabant sermonem qui nihil obscenitatis haberet.

PALATUALIS FLAMEN ad sacrificandum ei deæ constitutus erat, in cujus tutela esse Palatium putabant.

PUER qui obscene ab ali-

PRONUBÆ. On choisit dans les mariages, pour conduire la mariée chez le marié, des femmes qui n'ont été mariées qu'une fois, afin de présager que le mariage serait toujours unique [1].

PRÆTEXTATI. Il était défendu à ceux qui portaient la robe prétexte, de se servir d'un mot obscène, d'où l'on appelait *prætextatus sermo* une conversation qui n'avait rien d'obscène [2].

PALATUALIS FLAMEN, prêtre établi pour faire les sacrifices en l'honneur de la déesse Palatua, que l'on considérait comme la patronne du mont Palatin.

Le jeune garçon qui était

(1) C'est-à-dire que les époux nouvellement unis n'auraient jamais à contracter un second mariage. — (2) Ce texte est formel; pourtant, les traducteurs rendent *prætextata verba* (dans Suétone) par paroles, conversations licencieuses, obscènes; *prætextati mores* (dans Juvénal), par mœurs licencieuses. C'est précisément le sens opposé à l'explication donnée par Paul Diacre d'après Festus.

PRÆTEXTUM SERMONEM [187] quidam putant dici, quod prætextatis nefas sit obsceno verbo uti; alii quod nubentibus depositis prætextis a multitudine puerorum obscena clamentur [188].

PALATUALIS FLAMEN constitutus est, quod in tutela ejus deæ Palatium est.

PULLUS JOVIS dicebatur Q. Fa-

PRÆTEXTATUS SERMO [1]. Quelques-uns prétendent que cette expression vient de ce qu'il est interdit à ceux qui sont revêtus de la robe prétexte de prononcer des paroles obscènes; selon d'autres, elle vient de ce que la multitude des enfants attaque, par des propos obscènes les personnes qui, au moment de se marier, ont quitté la robe prétexte [2].

PALATUALIS FLAMEN. Le prêtre de Palatua a été établi, parce que le mont Palatin est sous la protection de cette déesse.

PULLUS JOVIS. On appelait poulet

(1) Discours tenu par un individu qui porte la robe prétexte — (2) Ceci explique la contradiction que nous avons signalée dans notre note sur le même article de Paul Diacre.

quo amabatur, ejus, a quo amatus esset, *pullus* dicebatur. Unde Q. Fabius, cui Eburno cognomen erat propter candorem, quod ejus natis fulmine icta esset, *pullus Jovis* appellatus est.

l'objet d'un honteux amour de la part d'un homme, était appelé le *pullus*[1] de celui qui l'aimait. De là Q. Fabius, surnommé Eburnus[2] à cause de la blancheur de son teint, fut appelé *pullus Jovis*[3], parce que sa fesse avait été frappée de la foudre.

(1) Poulet, ou petit de quelque animal que ce soit. — (2) D'ivoire. — (3) Le poulet de Jupiter.

---

bius, cui Eburno cognomen erat propter candorem, quod ejus natis fulmine icta erat. Antiqui autem puerum, quem quis amabat, pullum ejus dicebant.

de Jupiter Q. Fabius, surnommé Eburnus à cause de la blancheur de son teint, parce que sa fesse avait été atteinte par la foudre. Or, si un jeune garçon était [honteusement] aimé d'un homme, les anciens disaient qu'il était son poulet.

PORTENTA existimarunt quidam gravia esse, ostenta bona; alii portenta quædam bona, ostenta quædam tristia appellari; portenta, quæ quid porro tendeatur[189], indicent; ostenta, quæ tantummodo ostendant; monstra, *quæ* præcipiant quoque remedia.

PORTENTA. Quelques-uns pensent que ce mot désigne les prodiges de mauvais présage, tandis que le mot *ostenta* désigne les prodiges de bon présage. Selon d'autres, parmi les présages appelés *portenta*, quelques-uns sont bons, et parmi ceux qui sont appelés *ostenta*, quelques-uns sont mauvais. On nommerait *portenta*, ceux qui marquent ce qui est tendu en avant[1]; *ostenta*, ceux qui ne font que révéler ce qui est; *monstra*, ceux qui prescrivent de plus des remèdes au mal.

POSTULARIA FULGURA, quæ votorum ut sacrificiorum[190] spretam religionem desiderant.

POSTULARIA FULGURA[2], foudres qui demandent satisfaction pour quelque vœu ou quelque sacrifice négligé.

PESTIFERA, quæ mortem, aut exsilium ostendunt.

PESTIFERA[3], les foudres qui annoncent la mort ou l'exil.

PEREMPTALIA, quæ superiora fulgura ut portenta peremunt, id est olunt[191].

PEREMPTALIA[4], les coups de foudre qui suppriment[5] les coups de foudre ou les prodiges précédents, c'est-à-dire qui en détruisent l'effet[6].

(1) L'avenir. — (2) Littéralement: Foudres qui demandent. — (3) Pernicieux. — (4) Qui enlèvent. — (5) Qui dissipent la crainte causée par les astres. — (6) Littéralement: Qui les enlèvent.

PUBLICA SACRA, quæ pro populo fiebant; *privata*, quæ pro singulis hominibus familiisque, appellabant.

PRODIT non solum in apertum exit significat, sed etiam porro it.

PORTENTA RERUM fieri dicuntur, quum solida corpora raro se ostendunt, ut cometæ, turbines, barathra, sereno cœlo facta tonitrua.

On nommait sacrifices publics ceux qui se faisaient pour le peuple, et sacrifices privés ceux qui se faisaient pour les individus et pour les familles.

PRODIT ne signifie pas seulement il sort dans l'espace, mais encore il marche en avant.

PORTENTA RERUM [1]. On dit qu'il se fait des prodiges, lorsque des corps solides se montrent rarement, tels que les comètes, les tourbillons, les abîmes, les coups de tonnerre par un ciel serein.

(1) Prodiges ; littéralement : Prodiges des choses, c'est-à-dire choses prodigieuses.

PEREGRINUS AGER est, qui neque Romanus, neque hostilius habetur [192].

PUBLICA SACRA, quæ publico sumptu pro populo fiunt, quæque pro montibus, pagis, curiis, sacellis; ad privata [193] quæ pro singulis hominibus, familiis, gentibus fiunt.

PEREMNE dicitur AUSPICARI, qui amnem, aut aquam, quæ ex sacro oritur, auspicato transit.

PRODIT *non solum in aper*-tum *exit significat, sed etiam porro it.*

PORTENTA RERUM *fieri dicuntur, quum insolita corpora aut quæ raro se ost*-endunt, *apparent, ut cometæ, turbines, barathra, tonitr*-ua *sereno cœlo facta fiunt.*

PEREGRINUS AGER. Le territoire étranger est celui qui n'appartient ni aux Romains ni aux ennemis.

On appelle sacrifices publics ceux qui se font aux frais de l'État pour le peuple, et ceux qui se font pour les montagnes, pour les villages, pour les curies, pour les chapelles. On appelle, d'autre part, sacrifices privés ceux qui se font pour les individus, pour les familles, pour les races.

PEREMNE AUSPICARI. On dit que celui-là prend les auspices d'après un courant d'eau, qui traverse, après avoir pris les auspices, une rivière, ou un cours d'eau qui prend sa source dans un lieu saint.

PRODIT ne signifie pas seulement il sort en plein air, mais encore il va en avant.

PORTENTA RERUM. On dit qu'il se fait des prodiges, lorsque des corps extraordinaires ou qui n'apparaissent que rarement, se montrent, tels que les comètes, les tourbillons, les abîmes, les coups de tonnerre par un ciel serein.

PULS potissimum dabatur pullis in auspiciis, quia ex ea necesse erat aliquid decidere, quod tripudium faceret, id est terripuvium : *puvire* enim ferire est. Bonum enim augurium esse putabant, si pulli per quos auspicabantur comedissent, præsertim si eis edentibus aliquid ab ore decidisset. Sin autem omnino non edissent, arbitrabantur periculum imminere.

PEDESTRIA AUSPICIA nominabantur, quæ dabantur a vulpe, lupo, serpente, equo ceterisque animalibus quadrupedibus.

PULS. On donnait de préférence dans les auspices de la bouillie aux poulets, parce qu'il en tombait nécessairement une partie qui faisait un certain bond, c'est-à-dire un choc sur la terre : car *puvire* signifie frapper. On regardait comme un bon augure que les poulets dont on tirait les présages mangeassent, et que surtout, pendant qu'ils mangeaient, ils laissassent tomber quelque chose de leur bec. S'ils refusaient absolument de manger, on se croyait menacé d'un danger.

PEDESTRIA AUSPICIA. On appelait auspices pédestres[1] ceux que donnaient le renard, le loup, le serpent, le cheval et les autres animaux quadrupèdes.

(1) C'est-à-dire tirés des animaux qui marchent ou rampent sur la terre, et non de ceux qui volent dans les airs.

PULS potissimum datur pullis in auspiciis, quia ex ea neces-*se est aliquid decidere, quod tripudium faciat,* id est *terripuvium: puvire enim ferire est. Malum e-nem*[194] *augurium habetur, si pulli, per quos auspicantur,* non *ederint; bonum, si comederint, præsertim si offa iis* qui pa-*vissent ex ore deciderit.*

PEDESTRIA AUSPICIA *nominantur, quæ a vulpe, lupo, serpente,*

PULS. On donne de préférence de la bouillie aux poulets dans les auspices, parce qu'il en tombe nécessairement quelque chose qui fait un certain bond, c'est-à-dire un choc sur la terre. Or *puvire* signifie frapper. On regarde comme un mauvais augure que les poulets qui servent aux auspices, ne mangent pas; c'est, au contraire, un bon augure s'ils mangent, et surtout si, en mangeant, ceux qui se trouvent effrayés laissent tomber quelque boulette de leur bec.

PEDESTRIA AUGURIA. On appelle ainsi les auspices que donnent le

PIACULARIA AUSPICIA

appellabant, quæ sacrificantibus tristia portendebant, quum aut hostia ab ara effugisset, aut percussa mugitum dedisset, aut in aliam partem corporis quam oporteret, cecidisset.

PESTIFERA AUSPICIA

esse dicebant, quum cor in extis, aut caput in jocinore non fuisset.

PIACULARIA AUSPICIA.

On nommait auspices à expier[1] ceux qui annonçaient quelque chose de triste aux sacrificateurs, lorsque, par exemple, la victime s'était échappée de l'autel, ou que, frappée, elle avait poussé un gémissement, ou encore lorsqu'en tombant, son corps portait sur une partie autre que celle qu'il fallait.

PESTIFERA AUSPICIA.

Les auspices étaient appelés pestifères[2], lorsqu'il ne se trouvait point de cœur dans les entrailles ou de tête au foie de la victime.

---

(1) C'est-à-dire qui exigent une expiation. — (2) Pernicieux.

---

equo, ce-terisque *animantibus quadrupedibus fiunt.*

PROPTERVIA ap-*pellantur* AUSPICIA, *quæ se propter viam* ostent-*ant*.... infirm....

PIACULARIA app-*ellantur* AUSPICIA, *antiqua quadam lo*-quendi co-*nsuetudine, in sacrificiis, quum aut hostia ab ara* fugit, aut *percussa mugitum dedit, aut in aliam quam* oportuit pa-*rtem corporis cecidit.*

PESTIFERA AUSPICIA sunt, quum cor *in extis non invenitur aut ca*put in jocinere.

PULLARIUM *a pullis* appella*tum* quidam putant, quia non *aliud, nisi hoc ei peculia*-re est,

renard, le loup, le serpent, le cheval et les autres animaux quadrupèdes.

PROPTERVIA AUSPICIA. Ce sont les auspices qui se présentent près de la route....

PIACULARIA AUSPICIA. On appelle ainsi, par une ancienne locution, certains auspices qui se manifestent dans les sacrifices ; si, par exemple, la victime s'échappe de l'autel, ou si elle pousse un gémissement lorsqu'elle est frappée, ou si en tombant elle porte sur une autre partie du corps qu'il n'eût fallu.

PESTIFERA AUSPICIA. Ces auspices se présentent lorsqu'il n'y a point de cœur dans les entrailles ou de tête au foie.

PULLARIUM. Quelques-uns pensent que le gardien des poulets sacrés a été ainsi appelé de *pulli*[1],

(1) Poulets.

PRÆPETES AVES dicuntur quæ se ante auspicantem ferunt. Nam *præpetere* dicebant pro anteire.

PECUNIA SACRIFICIUM fieri dicebatur, quum fruges fructusque offerebantur, quia ex his rebus constat, quam nunc pecuniam dicimus.

PRÆPETES AVES[1]. Ce sont les oiseaux qui se portent en avant de ceux qui prennent les auspices. Car on disait *præpetere* pour *anteire*[2].

On disait qu'un sacrifice se faisait avec de la monnaie[3], lorsqu'on offrait des grains et des fruits, parce que c'est en ces choses que consiste ce que nous appelons maintenant *pecunia*[4].

---

(1) Oiseaux qui volent en avant. — (2) Aller en avant de.... — (3) Le mot *pecunia* ne peut étymologiquement se rendre en français. — (4) Argent. On sait que l'on a souvent pris pour base de la valeur de l'argent le prix des denrées de première nécessité, du blé, par exemple, et réciproquement.

---

avem auspican-*di causa observare.*

PRÆPETES AVES dicuntur quæ se *ante auspicantem ferunt.* Nam antiqui præpetere *dicebant pro anteire.*

PECUNIA SACRIFICIUM FIERI *dicitur, quum frugum, fruc-*tum*que causa* ¹⁹⁵ *mola pu-ra offerebatur in sacrifi-*cio, *quia omnis res* fam-*iliaris, quam pecuniam nunc* dicimus, *ex his rebus con-*stat.

PROCURATIONES *sacra* appellantur, quæ fulgu-*ritis locis, quo fulmina sunt con-*jecta, depellendorum ma-*lorum et procurandorum* bonorum causa fiunt.

P.... vanda judicant pri.... peræ administratis, u.... stabillantur ¹⁹⁶.

PARILIA FESTA.. u pa....

parce qu'il n'a point d'autre fonction spéciale que d'observer ces oiseaux pour prendre les auspices.

PRÆPETES AVES. Ce sont les oiseaux qui se portent en avant de ceux qui prennent les auspices. Car on disait *præpetere* pour *aiteire*.

PECUNIA SACRIFICIUM FIERI[1]. Cette expression s'employait lorsque, dans les sacrifices, on offrait un gâteau de pure farine pour obtenir une bonne récolte de blé et de fruits, parce que tous les biens d'une famille, que nous comprenons maintenant sous le nom collectif de *pecunia*[2], consistent en ces choses.

PROCURATIONES[3]. On appelle ainsi les sacrifices que l'on fait dans les lieux frappés de la foudre, dans les lieux où la foudre est tombée, afin de chasser les maux et de procurer les biens.

P.... [Article dont on ne peut deviner le sujet.]

PARILIA FESTA, les fêtes des Parilies....

---

(1) Un sacrifice se fait en argent (en objets inanimés). — (2) Argent, richesse. — (3) Soin, précaution, expiation.

POLUBRUM pelluvium vas, quod nos *pelvem* vocamus.

PATRES senatores ideo appellati sunt, quia agrorum

POLUBRUM, bassin à laver les pieds, que nous appelons *pelvis* [1].

PATRES. Les sénateurs ont été nommés pères, parce

---

(1) De *pedes lavo*, je lave les pieds.

POLUBRUM *pelluvi*-um *in sacrificiis vas, quod nos pelvem dicimus.*

PUBLICI AUGURES *differunt a reliquis au*-guribus.... plu.... go ve.... rtis.... tium.... ia, tæ.... Quirinal.... extra Ur.... es faci.... fecisti.

PICUM *regem a pico ave dictum Verrius ait, ob auguria quæ ab eo capiebat. Is Fat*-uum, Faunum *ab aliis dictum, filium procrea*-vit: *et ex hoc Latinus ortus, qui suos magnis beneficiis adfecit:* ut *hic Trojanorum regem, fugientem Ar*-givos Æneam *hospitio excepit, dedit ei....* civitatem, junxit *natam connubio.... exi*-stimant quam.... formula, quæ est.... istra, ut ejus significa....

PATRES *appe*-llantur, ex quibus senatus *primum compositus; nam initio Urbis conditæ* Romulus c *viros elegit præstantissimos,* quorum consilio atque *prudentia res publica ad*-ministraretur; atque *ii patres dicti sunt, quia* agrorum partes ad-*tribuerant tenuioribus,* perinde ac liberis.

PONDO LIBRAM *dicebant, quod* solebant jam inde a Ro-*ma condita æs appendere, quum nondum ar*genti signati ul-*lus usus esset,*

POLUBRUM, bassin à laver les pieds, dont on se sert dans les sacrifices, et que nous appelons *pelvis*.

Les augures publics diffèrent des autres augures. [Lacune qu'on ne peut remplir.]

PICUS. Verrius dit que ce roi fut ainsi nommé du pic-vert, parce qu'il tirait des augures de cet oiseau. Il eut pour fils Fatuus, appelé par d'autres Faunus : celui-ci donna le jour à Latinus, qui combla ses sujets de bienfaits. Latinus, ayant reçu comme son hôte Énée, roi des Troyens, qui fuyait devant les Grecs, lui donna.... une ville, et lui unit sa fille par le mariage.... [Nouvelle lacune.]

PATRES. On appelle ainsi les personnages qui formèrent dans le principe le sénat; car dans les premiers temps de la fondation de Rome, Romulus choisit cent citoyens des plus recommandables, qui, par leurs conseils et leur sagesse, devaient administrer l'État; et ces hommes furent appelés pères, parce qu'ils avaient attribué des portions de terre aux citoyens des moindres rangs, comme ils auraient fait à leurs propres enfants.

PONDO LIBRA. On disait livre de poids, parce que, dès l'époque de la fondation de Rome, on avait coutume de peser le métal qui ser-

partes attribuerant tenuioribus ac si liberis propriis.

PECUUM Cato dixit genitivum pluralem ab eo, quod est pecu.

qu'ils avaient attribué à leurs inférieurs, comme à leurs propres enfants, des portions de territoire.

PECUUM. Caton a employé ce génitif pluriel, formé du mot *pecu* [1].

(1) Bétail.

---

quod antiquorum publicæ et privatæ *rationes etiamnunc doce*-nt.

vait aux transactions; car alors on ne connaissait pas encore l'usage des espèces monnayées : c'est ce que nous apprennent encore aujourd'hui les comptes publics et privés des anciens.

PUBLICA pondera *ad legitimam normam exacta fuisse*, ex ea causa Junius in.... *colligi*-t, quod duo Silli [197] P. et M. trib. pleb. rogarint his verbis : « Ex ponderibus publicis, quibus hac tempestate populus œtier qui solet [198] uti coæquetur sedulum, ut hi quadrantal [199] vini octoginta pondo siet : congius vini decem p. is [200]; sex sextarii congius siet in [201] : duo de quinquaginta sextarii quadrantal siet vini; sextarius æquus æquo cum librario siet : sex dequinque libræ in medio sient [202]; si quis magistratus adversus hac d. m. pondera, mediosque [203], vasaque publica modica, minora, majorave faxit, jussit vere fieri [204], dolumve adduit, quod ea fiant [205], cum quis volet magistratus multaretur [206], dum minore patri familias taxat [207], liceto; sive quis in sacrum [208] judicare voluerit, liceto. »

Junius, dans.... conclut que les poids publics furent soumis à une règle, de ce que les deux Silius, P. et M., tribuns du peuple, avaient proposé une loi en ces termes : « Que les poids publics dont le peuple avait coutume de se servir en ce temps, soient soumis avec soin à l'uniformité, de sorte que l'amphore de vin soit du poids de quatre-vingts livres, le conge du poids de dix livres; que six setiers forment le conge de vin; que quarante huit setiers forment l'amphore; que le setier soit égal à un poids égal en livres; qu'il y ait dix livres au boisseau. Si quelque magistrat a fait ou a fait faire, contrairement à cette fixation des poids et par fraude, des boisseaux, des vases publics de médiocre grandeur, plus petits ou plus grands, ou s'il a employé la fraude pour les fabriquer, un magistrat quelconque qui voudra le mettre à l'amende, en aura le droit, mais seulement pour la moindre partie de sa fortune; ou bien encore si l'on veut le vouer aux dieux infernaux, cela sera permis. »

PECUUM quum dixit M. Cato per casum genitivum, a singulari casus recti formavit, quo utebantur

PECUUM. M. Caton, en employant ce génitif pluriel, l'a formé du nominatif singulier, usité chez les

POMPEIUS FESTUS. — XIV.

PROCARE poscere est, unde et *proci*, et meretrices tur antiqui, id est pecu, ac testu, tonitru, genu, veru, quorum omnium genitivus pluraliter geminata u litt. : nunc quia dicimus pecus, ut pectus, eam quæ in usu est formam in declinationibus sequimur.

PRÆTERITI SENATORES quondam in opprobrio non erant, quod, ut reges sibi legebant, sublegebantque, quos in consilio publico haberent, ita post exactos eos consules quoque et tribunos militum [209] consulari potestate conjunctissimos sibi quoque patriciorum [210], et deinde plebeiorum legebant; donec Ovinia Tribunitia intervenit, qua sanctum est ut censores ex omni ordine optimum quemque curiati in senatu legerent [211]; quo factum est ut qui præteriti essent et loco moti, haberentur ignominiosi.

PRO CENSU CLASSIS JUNIORUM Ser. Tullius quum dixit in descriptione centuriarum, accipi debet in censu, ut ait M. Varro in lib. VI Rerum humanarum; sicuti pro æde Castoris, pro tribunali, pro testimonio.

PROCARE. Ce mot signifie demander; de là les amants anciens, qui disaient *pecu*[1], *testu*[2], *tonitru*[3], *genu*[4], *veru*[5], mots qui, au génitif pluriel, redoublent tous la lettre *u*; mais comme nous disons maintenant *pecus*[1] comme *pectus*[6], nous suivons la forme usitée dans les déclinaisons.

PRÆTERITI SENATORES [7]. Les sénateurs dont le nom était omis dans l'appel n'étaient pas autrefois déshonorés, parce que, de même que les rois choisissaient et élisaient à leur gré ceux qu'ils voulaient avoir dans le conseil de l'État, de même après l'expulsion des rois, les consuls et les tribuns militaires investis du pouvoir consulaire, choisissaient ceux des patriciens, et dans la suite ceux des plébéiens, auxquels les attachaient les liens les plus intimes. Cela dura jusqu'au temps où intervint la loi Ovinia Tribunitia, par laquelle il fut établi que les censeurs choisiraient par curie, pour entrer au sénat, les meilleurs citoyens de tout ordre. D'où il résulta que ceux dont le nom était omis dans l'appel et qu'on laissait de côté, furent considérés comme déshonorés.

PRO CENSU CLASSIS JUNIORUM [8]. Cette forme, employée par Ser. Tullius dans la fixation des centuries, doit être prise dans l'acception de *in censu* [9], comme le dit M. Varron, au liv. VI de son traité *des Choses humaines*. C'est ainsi que l'on a dit: *pro æde Castoris* [10], *pro tribunali* [11], *pro testimonio* [12].

---

(1) Troupeau. — (2) Vase de terre cuite. — (3) Tonnerre. — (4) Genou. — (5) Broche. — (6) Poitrine. — (7) Sénateurs devant lesquels on a passé sans les nommer. — (8) Dans le recensement de la classe des plus jeunes. — (9) Dans le recensement. — (10) Dans le temple de Castor. — (11) Dans le tribunal. — (12) En témoignage.

procaces, et verbum *procas*, id est poscis.

sont appelés *proci*[1] et les courtisanes *procaces*[2]; de là aussi le verbe *procas*, c'est-à-dire tu demandes.

PECULIUM servorum a pecore dictum, sicut et pecunia nobilium.

PECULIUM. Ce mot, qui désigne l'argent des esclaves, vient de *pecus*[3], ainsi que le mot *pecunia*, qui désigne l'argent des personnes notables.

---

(1) Prétendants, qui recherchent une femme. — (2) Qui provoquent. — (3) Troupeau.

PROCUM PATRICIUM in descriptione ceassium [212], quam fecit Ser. Tullius, significat procerum; ii enim sunt principes; nam proci dicuntur, qui poscunt aliquam in matrimonium, Græce μνηστῆρες [213]. Est enim procare poscere, ut quum dicitur in judice conlocando : « Si alium procas, nive eum procas, » hoc est poscis; unde etiam meretrices procaces.

PROCUS PATRICIUS. Dans la division des classes faite par Ser. Tullius, ce terme signifie *procerus*[1]. Car les individus désignés ainsi sont les principaux, les premiers. Car on appelle *proci*, en grec μνηστῆρες, ceux qui demandent une femme en mariage. En effet, *procare* signifie demander, et l'on dit ainsi en constituant un juge : *Si alium procas, nive eum procas*[2], c'est-à-dire tu demandes. De là aussi les courtisanes sont appelées *procaces*.

PRÆROGATIVÆ CENTURIÆ dicuntur, ut docet Varro Rerum humanarum lib. VI, quæ rus.... Romani [214], qui ignorarent petitores, facilius eos animadvertere possent. Verrius probabilius judicat esse, ut quum essent designati a prærogativis, in sermonem res veniret populi de dignis indignisve, et fierent ceteri diligentiores ad suffragia de his ferenda.

PRÆROGATIVÆ CENTURIÆ. Varron, au livre VI de son traité *des Choses humaines*, dit qu'on appelait centuries prérogatives celles qui.... les Romains, qui ne connaissaient pas les candidats, pussent les voir plus facilement. Selon Verrius, il est plus probable qu'on les favorisait ainsi pour que, les candidats une fois désignés par les centuries qui avaient le droit de voter les premières, le peuple en vînt à discuter le mérite ou le démérite des prétendants, et afin que chacun devînt plus diligent à porter son suffrage sur ceux-ci.

PECULIUM servorum a pecore

PECULIUM. L'argent apparte-

---

(1) Haut, grand, allongé, qui est en avant. — (2) Si tu en demandes un autre, et si tu ne demandes pas celui-ci.

PUELLI, pueri, per deminutionem. Ennius : « Pœni soliti suos sacrificare puellos. »

PRÆCIAMITATORES dicebantur, qui flamini Diali, id est sacerdoti Jovis, antecedebant clamantes, ut homines se ab opere abstinerent, quia his opus facientem videre irreligiosum erat.

PEDUM, pastorale baculum incurvum, dictum quia illo

PUELLI, enfants, diminutif de *pueri*. Ennius dit : *Pœni soliti suos sacrificare puellos*[1].

PRÆCIAMITATORES. On nommait ainsi les officiers qui marchaient devant le *flamen Dialis*, c'est-à-dire devant le prêtre de Jupiter, en criant, afin que les individus qui se trouvaient sur le passage suspendissent leur travail, parce que c'était une chose irréligieuse, que ces prêtres vissent des hommes occupés à l'ouvrage.

PEDUM, bâton recourbé à l'usage des bergers, ainsi

(1) Les Carthaginois ont coutume d'immoler en sacrifice leurs petits enfants.

---

item dictum est, ut ex pecunia [215] patrum familiæ.

PUELLI per deminutionem a pueris dicti sunt; itaque et Ennius ait : « Pœni soliti suos sacrificare puellos. » Et Lucilius : « Quumque hic tam formosus homo, ac te dignus puellus. » Et Plautus : « Olim huic puello [216] sese venum ducier. »

PRÆCIAMITATORES dicuntur qui flaminibus Diali, Quirinali, Martiali, antecedent exclamant [217] feriis publicis, ut homines abstineant se opere, quia his opus facientem videre religiosum est.

PEDUM est quidem baculum in-

nant aux esclaves est appelé ainsi de *pecus*, de même que l'on appelle *pecunia* l'argent qui appartient aux pères de famille.

PUELLI, petits enfants, diminutif de *pueri*. C'est ainsi qu'Ennius dit : *Pœni soliti suos sacrificare puellos*. Et Lucilius : *Quumque hic tam formosus homo, ac te dignus puellus*[1]. Et Plaute : *Dolet huic puello sese venum ducier*[2].

PRÆCIAMITATORES. On appelle ainsi des officiers qui, marchant devant les prêtres de Jupiter, de Quirinus, de Mars, crient dans les fêtes publiques, afin que les individus qui se trouvent sur le passage s'abstiennent de leur travail, parce que la règle religieuse défend à ces prêtres de voir des hommes travailler.

PEDUM. C'est un bâton recourbé

(1) Et comme cet homme si beau et cet petit enfant si digne de toi. — (2) Cela fait de la peine à ce petit enfant de se voir emmener pour être vendu.

oves a pedibus comprehenduntur.

PONE, gravi sono ponitur pro loci significatione.

PURE LAUTUM, aqua pura lavatum.

PURA VESTIMENTA sacerdotes ad sacrificium habe-

nommé parce qu'il sert à prendre les brebis par les pieds [1].

PONE [2]. Ce mot, lorsque la première syllabe est longue, est adverbe de lieu.

PURE LAUTUM, lavé dans l'eau pure.

PURA VESTIMENTA. Les prêtres avaient, pour les sa-

(1) *Pedibus.* — (2) Derrière, en arrière.

---

curvum, quo pastores utuntur ad comprehendendas oves, aut capras, a pedibus; cujus M. etiam Virgilius in Bucolicis, quum ait : « At tu sume pedum. » Sed in eo versu, qui est in Iphigenia Ennii : « Procede gradum, proferre pedum, nitere, cessas? » Id ipsum jaculum significari [218], quum ait Verrius, mirari satis non possum, quum sit ordo talis, et per eum significatio aperta, gradum proferre pedem cessas? nitere.

PONE gravi sono antiqui utebantur prologi significatione [219]. Sed præicientes vocabuli....

PURE LAUTUM *antiqui dicebant aqua pura* la-*vatum....* iti....

PURA VESTIMENTA *sacerdotes populi Romani ad sacri*-fici-*um habere solent, id est non ob-sita, non fulgurita, non funesta, non maculata,* ex h-*ac causa....* voca... tiata.

dont les bergers se servent pour prendre par les pieds les brebis ou les chèvres. Virgile Maron en parle dans les *Bucoliques*, lorsqu'il dit : *At tu sume pedum* [1]. Mais que dans ces vers de l'*Iphigénie* d'Ennius : *Procede gradum, proferre pedum, nitere, cessas* [2]? l'auteur ait eu en vue ce bâton, ainsi que le dit Verrius, je ne puis m'en étonner assez, puisque l'ordre des mots est celui-ci, qui rend le sens manifeste : *Gradum proferre pedem cessas? nitere* [3].

PONE. Les anciens, en faisant longue la prononciation de ce mot, l'employaient comme adverbe de lieu. Mais.... [Ici une lacune que nous ne pouvons remplir.]

PURE LAUTUM. Les anciens disaient ainsi pour lavé dans l'eau pure. [Autre lacune.]

PURA VESTIMENTA. Les prêtres du peuple romain portent d'habitude, dans les sacrifices, des vêtements purs, c'est-à-dire non usés, non touchés par la foudre, non funèbres, sans aucune tache, par la raison que.... [Nouvelle lacune.]

(1) Et toi, prends ce bâton. — (2) Cette leçon, signalée comme vicieuse par Festus, donnerait ce sens : Avance le pas; tu renonces à tendre en avant le bâton; fais un effort. — (3) Ainsi refait, ce vers signifierait : Tu renonces à porter le pied en avant pour marcher? efforce-toi.

bant, id est non obsita, non fulgurita, non funesta, non maculam habentia.

PROCULATO [1], provocato.

PRÆFERICULUM, vas æneum sine ansa patens summum, velut pelvis, quo ad sacrificia utebantur.

PATELLÆ, vasula parva picata, sacrificiis faciendis apta.

PANTICES, frus ventris.

PERIMIT, adimit, tollit; unde et peremptus, interfectus.

PROCINCTAM CLASSEM, id est paratam ad bellum mi-

(1) De *præferre*, porter devant.

crifices, des vêtements purs, c'est-à-dire non usés, non frappés de la foudre, non funestes, et sans aucune tache.

PROCULATO, qu'il provoque.

PRÆFERICULUM [1], vase d'airain sans anses et à large ouverture, tel que le bassin à laver les pieds, dont on se servait dans les sacrifices.

PATELLÆ, petits vases enduits de poix, propres à faire des sacrifices.

PANTICES, intestins.

PERIMIT, il retranche, il enlève; d'où *peremptus*, tué.

PROCINCTA CLASSIS, multitude de soldats toute

PROCULATO, *provocato; idem* pro citato *dicitur*.

PRÆFERICULUM *vas* æneum s-*ine ansis appellatur, patens summum ve*-lut pelvis, *quo ad sacrificia utebantur in sacra*-rio Opis C-*onsiviæ*.

PATELLÆ *vasula parva picata,* item sacris fa-*ciendis apta, humiles et patentes* velut capidul-*æ, sed ansis carentes*.

PANTICES, frus ventris.... pellat a quo etia.... sus.

PERIMIT, *adimit, tollit; unde et peremptus, interfectus*.

PROCINCTA CLASSIS *dicebatur*

(1) Qu'il cite.

PROCULATO, qu'il provoque; il se dit aussi pour *citato* [1].

PRÆFERICULUM. On appelle ainsi un vase d'airain sans anses et ayant une ouverture très-large, tel que le bassin à laver les pieds, dont on se servait pour les sacrifices dans l'oratoire d'Ops Consivia.

PATELLÆ, petits vases enduits de poix, également convenables pour les sacrifices; ils sont bas et larges d'ouverture, comme les gobelets; mais ils n'ont pas d'anses.

PANTICES, intestins.... [Lacune.]

PERIMIT, il ôte, il enlève; d'où *peremptus*, tué.

PROCINCTA CLASSIS. On appe-

litum multitudinem, Diali flamini videre non licuit.

POSIMERIUM, pontificale pomœrium, ubi pontifices auspicabantur. Dictum autem

prête à la guerre; il n'était pas permis au prêtre de Jupiter de la voir.

POSIMERIUM, espace en dehors et en dedans des murs, réservé aux pontifes, et où

---

exercitus ad prœlium instructus, et pa-*ratus, quem Diali flamini vi-*dere non licet : an-*tiqui enim procinctum hominem* dixerunt, ut nunc quoque *dicitur*, qui ad agendum *expedi-*tus est; procincta autem *toga Romani olim* ad pugnam ire solit-*i sunt; unde et testamen-*ta in procinctu fieri *dicuntur q̄ ante pugnam fiunt.*

Posimerium esse ait Antistius in *Commentario juris pontifi-*calis pomœrium, id est l-*ocum pro muro, ut ait* Cato; olim quidem omn-*em urbem comprehendebat p̄ter Aven-*tinum, nunc etiam intra æ-*dificia finitur; ita pomœrium est* quasi promœrium [220]; solet autem *iis solis dari* rus pomœrii proferendi [221], *qui populum Romanum agro de hostibus capto auxerunt; antiquissimum Romuli pomœrium Palatini montis radicibus terminabatur; protulit id Ser. Tullius rex;* i-tem *L. Cornelius Sulla dictator, imitatus, ut videtur, Tullium regem, proferre temptavit; sed pomœrium quum locus sit qui finem urbani auspicii fa-*ciat *intra agrum effatum certis regionibus terminatus*, ad captanda *auspicia, quem liceat proferre : ne-*mo tamen Aventinum montem prolato po-mœ-rio inclu-

lait ainsi une armée toute prête et toute disposée pour le combat; il était défendu au prêtre de Jupiter de la voir : or les anciens disaient *procinctus homo*, comme nous le disons encore aujourd'hui, pour signifier un individu tout équipé pour agir; car les Romains avaient coutume autrefois de relever leur robe avec une ceinture pour aller au combat. De là on disait que les testaments faits avant la bataille étaient faits *in procinctu* [1].

Posimerium. Antistius dit dans son *Commentaire sur le droit pontifical*, que c'est le même mot que *pomœrium*, c'est-à-dire un espace vide et en avant des murailles, comme le dit Platon. Car autrefois cet espace comprenait toute la ville excepté le mont Aventin; mais aujourd'hui ses limites sont en dedans des constructions. Le mot *pomœrium* semble donc formé de *promurium* [2]. Or, il est d'usage de ne donner le droit de porter en avant le *pomœrium* qu'à ceux qui ont enrichi le peuple romain d'un territoire conquis sur l'ennemi. Le plus ancien *pomœrium* de Romulus avait pour limite la base du mont Palatin. Le roi Servius Tullius le recula. De même le dictateur L. Cornelius Sylla, imitant, à ce qu'il paraît, le roi Tullius, tenta de le porter plus avant. Mais quoique le *pomœrium* soit un lieu borné par des régions déterminées dans les limites d'un territoire consacré, et au delà duquel on ne peut

---

(1) Au moment où l'on était ceint pour le combat. — (2) Ce qui est avant du mur.

pomœrium, quasi promurium, id est proximum muro.

ceux-ci prenaient les auspices. Ce mot est le même que *pomœrium*, et celui-ci est pour *promurium*, c'est-à-dire le plus près du mur.

---

sit; cujus rei causa hæc affertur, quod Remus *in eo auspicatus sit avesque irritas habuerit;* in sequenti tamen ætate et hic inclusus est; pomœrium si tac-*tum fulmine fuerit, periculum ab hoste imminet;* po-ntifi-*cum autem libri pomœrium omnē appellant locum* agrumq. *in quo augures magistratusque P. R. urban*-a constituerent auspicia; ii docent, quum pomœrium profer-*retur, tum augures publicos P. R. hæc verba præir*-e solitos : *Di tutelares urbis pomœrium hoc ne minus majusve faxitis, sed iis quibus terminavero region*-ibus effereatis²²²…. *dictum existimat pomœrium veluti post* mœ-*rium, quod agrum omnem complectitur* intro muris urbis²²³.

prendre les auspices de la ville, et qu'il est, par conséquent, permis d'étendre, personne cependant n'a agrandi le *pomœrium* de manière à y comprendre le mont Aventin. On en donne pour raison que ce fut sur le mont Aventin que Rémus prit les auspices et que les oiseaux lui furent contraires. Le mont Aventin toutefois y fut aussi compris dans la suite. Si la foudre est tombée sur le *pomœrium*, un danger menace l'État de la part de l'ennemi. Quant aux livres des pontifes, ils appellent *pomœrium* tout lieu et tout terrain que les augures et les magistrats du peuple romain choisissaient pour les auspices de la ville. Ces mêmes livres nous apprennent que lorsqu'on étendait le *pomœrium*, les augures publics du peuple romain marchaient en avant en prononçant ces paroles : « Dieux tutélaires de la ville ne faites point ce *pomœrium* plus grand ou plus petit, mais portez-le aux régions que j'aurai délimitées…. (1) croit que le mot *pomœrium* est formé de *post* mœ-*rium*, parce qu'il embrasse tout terrain à partir des murs de la ville.

PROMPTUM *pro eo, qd quis ære* parav-*it suo, videri ait po*-*situm… de cujus ære tute….* prompt-*um triticum in commen*-*tario tuo retulisti….* at quidam prolatum signifi-*care aiunt idem quod pro*-m*ptum; sed proprium*²²⁴ *ait…. id*

PROMPTUM (²)…. dit que ce mot semble signifier ce qu'un individu a acquis par son argent…. [Ce qui suit est tellement altéré qu'on ne peut y trouver un sens.] Mais quelques-uns prétendent que *prolatum*(³) a le même sens que *promptum*. Mais (⁴)…. dit que l'on ap-

---

(1) Ici manque le nom d'un auteur. — (2) Ici manque encore le nom d'un auteur. — (3) Porté en avant. *Promptus* a les sens qui suivent : Tiré, mis en dehors; ouvert à tout le monde, exposé, évident, manifeste; porté, disposé, prêt, actif, prompt, résolu, facile. — (4) Encore un nom d'auteur perdu.

PENUS, vocabatur locus in æde Vestæ intimus.

PUBES puer, qui jam generare potest. Is incipit esse ab annis quatuordecim; femina viripotens a duodecim.

PENUS. On appelait ainsi un lieu retiré dans le temple de Vesta.

PUBES, jeune garçon qui peut déjà engendrer. L'âge de puberté commence pour le sexe masculin à quatorze ans, et, pour les filles, à douze ans.

---

promptum, quod *in fu*-turum factum sit; cui *significatui penus contrarium* est, quum præsertim aliud *penus*, aliud *promptuarium pantolcium* [225] appelletur,... mo.

POTITUS SERVITUTE *ab antiquis dicebatur*, qui, ut ait Labeo, servitu-*tem servit*; *tales consuetudines* proxime Græci no-*ris* [226] sunt; *eodem modo* dicebatur ab antiquis *potitus hostium*.

PENUS *v*-ocatur locus intimus in æde Vestæ segetibus sæpius [227], qui certis diebus circa Vestalia aperitur; ii dies religiosi habentur.

PLANTA OLIAGINEA est virga foliata ex olea deplantata.

POMONAL est in agro Solonio, via Ostiensi ad duodecimum lapidem deverticulo a miliario octavo.

PUBES et qui **PUBEM** generare potest; his incipit [228] esse a quatuordecim annis : femina a duodecim viri potens, sive patiens, ut quidam putant.

pelle *promptum* ce qui a été fait pour l'avenir ; mais le mot *penus* [1] contredit ce sens, puisque *penus* signifie une chose tout autre que *promptuarium panis, olei, vini* [2].... [Encore une lacune.]

POTITUS SERVITUTE [3]. Les anciens désignaient par ces mots celui qui, selon l'expression de Labéon, sert sa servitude. Les coutumes de cette nature se rapprochent tout à fait des usages grecs. Les anciens disaient de même *potitus hostium* [4].

PENUS. On appelle ainsi un lieu retiré dans le temple de Vesta, entouré de nattes, et que l'on ouvre à des jours déterminés vers l'époque des fêtes de Vesta ; ces jours sont considérés comme sacrés.

PLANTA OLIAGINEA. C'est une branche d'olivier garnie de feuilles et détachée de l'arbre.

Le Pomonal est dans le champ Solonien, sur la voie d'Ostie, vers la douzième pierre milliaire, au détour du chemin, en partant de la huitième pierre milliaire.

PUBES et **PUBER**, celui qui est capable d'engendrer. L'âge de puberté commence à quatorze ans pour les hommes ; la femme est en état de recevoir l'homme ou de supporter ses approches à l'âge de douze ans, comme le pensent quelques-uns.

---

(1) Provisions de bouche. — (2) Office, endroit où l'on garde le pain, l'huile, le vin. — (3) Littéralement : Qui est au pouvoir de la servitude. — (4) Qui est au pouvoir des ennemis.

PRANDICULA, jentacula.

PRODIGUÆ HOSTIÆ vocantur, quæ consumuntur, unde homines quoque luxuriosi prodigi.

PETRONIA nomen amnis in Tiberim defluentis.

PENETRALE SACRIFICIUM, dicebatur, quod in interiore parte sacrarii confi-

PRANDICULA, déjeuners.

PRODIGUÆ HOSTIÆ. On appelle ainsi les victimes qui sont consumées en entier par le feu, d'où les hommes adonnés au luxe sont appelés prodigues.

PETRONIA, nom d'une rivière qui se jette dans le Tibre.

PENETRALE SACRIFICIUM [1]. On nommait ainsi un sacrifice qui se faisait dans

(1) Sacrifice intérieur, fait à part.

PRANDICULA antiqui dicebant, quæ nunc jentacula.

PRODIGUÆ HOSTIÆ vocantur, ut ait Veranius, quæ consumuntur, unde homines quoque luxuriosi, prodigi.

PETRONIA amnis est in Tiberim perfluens, quam magistratus auspicato transeunt, quum in campo quid agere volunt; quod genus auspicii peremne vocatur; amnem autem feminine antiqui enuntiabant.

PENETRALE SACRIFICIUM dicitur, quod interiore parte sacrari conficitur; unde et penetralia cujusque dicuntur; et penes nos, quod in potestate nostra est.

PRANDICULA. Les anciens appelaient ainsi les repas que nous nommons maintenant *jentacula* [1].

PRODIGUÆ HOSTIÆ. On appelle ainsi, comme le dit Veranius, les victimes qui sont consumées tout entières par le feu; d'où l'on nomme prodigues les hommes adonnés au luxe.

PETRONIA. C'est une rivière qui se jette dans le Tibre; les magistrats la traversent après avoir pris les auspices, lorsqu'ils veulent faire quelque chose dans la campagne; on appelle *peremne* [2] le genre d'auspices que l'on prend en cette circonstance. Or, les anciens donnaient au mot *amnis* le genre féminin.

PENETRALE SACRIFICIUM. On nomme ainsi le sacrifice qui se fait dans la partie la plus retirée du temple. De là le nom de *penetralia* donné à la partie la plus secrète de toute habitation particulière; de là encore l'expression *penes nos*, pour dire qu'une chose est en notre pouvoir.

(1) Déjeuners. — (2) De *per*, à travers, et *amnis*, courant d'eau

ciebatur. Unde et *penetralia* cujusque dicuntur, et *penes nos*, quod in potestate nostra est.

la partie la plus retirée du temple. D'où le nom de *penetralia* donné au lieu le plus secret d'une maison; de là encore l'on dit *penes nos*, pour exprimer qu'une chose est en notre pouvoir.

PURI, PROBI, PROFANI, SUI AURI dicebatur in manumissione sacrorum causa. Ex quibus puri significat, quod in usu spurco non fuerit; probi, quod recte excoctum purgatumque sit; profani, quod sacrum non fuerit, et quod omni religione solutum sit; sui, quod alienum non sit.

PURI, PROBI, PROFANI, SUI AURI[1]. On se servait de ces termes dans la manumission, par égard pour les choses saintes. On disait *puri* pour marquer que l'or n'avait pas servi à un usage immonde; *probi*, pour marquer qu'il avait été convenablement dégagé, par la fonte, de tout alliage; *profani*, pour marquer qu'il n'était pas consacré, et qu'il était libre de toute destination religieuse; *sui*, pour marquer qu'il n'appartenait pas à autrui.

PACIONEM antiqui dice-

PACIO. Les anciens appe-

(1) D'or pur, net, profané, à soi.

PURI, PROBI, PROFANI, SUI AURI dicitur in manumissione sacrorum causa; ex quibus puri significat, quod in usu porco[229] non fuerit; probique recte excoctum pugnatumque sit[230]; profani, quod sacrum non sit et quod omni religione solutum sit; sui, quod alienum non sit.

PURI, PROBI, PROFANI, SUI AURI. On se sert de ces termes dans la manumission à cause des choses saintes. On dit *puri*, pour marquer que l'or n'a pas servi à un usage impur; *probi*, pour marquer qu'il a été convenablement dégagé, par la fonte, de tout alliage; *profani*, pour marquer qu'il n'est pas consacré et qu'il est libre de toute destination religieuse; *sui*, pour marquer qu'il n'appartient pas à autrui.

PACIONEM antiqui dicebant, quam nunc pactionem dicimus; unde et pacisci adhuc, et paceo[231] in usu remanet.

PACIO. Les anciens appelaient ainsi ce que nous nommons aujourd'hui *pactio*. De là les mots *pacisci* et *paco* sont restés jusqu'aujourd'hui en usage.

bant, quam nunc pactionem dicimus, unde et *pacisci* adhuc et *paco* in usu remanserunt.

PATERAM PERPLOVERE quum dicerent significabant pertusam esse.

PASTILLUM in sacris libi genus rotundi.

PALUDATI, armati, or-

laient ainsi ce que nous appelons aujourd'hui *pactio*⁽¹⁾, d'où les mots *pacisci*⁽²⁾ et *paco*⁽³⁾ sont restés jusqu'aujourd'hui en usage.

PATERAM PERPLOVERE. Lorsque les anciens se servaient de cette expression, ils voulaient dire qu'une coupe était percée.

PASTILLUM, sorte de gâteau rond employé dans les sacrifices.

PALUDATI, armés, équi-

(1) Pacte, accord, traité. — (2) Traiter, convenir, faire un pacte, un accord. — (3) Pacifier, calmer.

___

PRESANTANEA PORCA²³² dicitur, ut ait Veranius, quæ familiæ purgandæ causa Cereri immolatur, quod pars quædam ejus sacrificii fit in conspectu mortui ejus, cujus funus instituitur.

PATERAM PERPLOVERE in sacris quum dicitur, significat pertusam esse.

PASTILLUM est in sacris libi genus rotundi.

PUILIA SAXA esse ad portum, qui sit secundum Tiberim, ait Fabius Pictor, quem locum putat Labeo dici, ubi fuerit Ficana via Ostiensi ad lapidem undecimum.

PAVERI FRUMENTA dicebat antiqui²³³, quæ de vagina non bene exibant.

PALUDATI in libris auguralibus

(1) Truie immolée en présence de...

PRÆSENTANEA PORCA⁽¹⁾. Selon Veranius, ce nom désigne la truie que l'on immole à Cérès pour purifier une famille; et il vient de ce qu'une certaine partie de ce sacrifice se fait devant le mort dont on célèbre les funérailles.

PATERAM PERPLOVERE. Lorsque cette expression est employée dans les sacrifices, elle signifie que la coupe est percée.

PASTILLUM. C'est une sorte de gâteau rond employé dans les sacrifices.

PUILIA SAXA. Fabius Pictor dit que les rochers ainsi nommés sont près du port qui est voisin du Tibre. Labéon pense que ce lieu était où fut Ficana, sur la voie d'Ostie, à la onzième pierre milliaire.

PAVERI FRUMENTA. Les anciens disaient des grains qu'ils avaient peur, lorsqu'ils ne sortaient pas bien de leur balle.

PALUDATI. Dans les livres au-

nati. Omnia enim militaria ornamenta *paludamenta* dicebant.

PROX, bona vox, ut æstimo, quasi proba vox.

PENATES alii volunt, ut habeat nominativum singularem penas, alii penatis.

PROCULIUNT, promittunt.

pés. Car on appelait *paludamenta*[1] toutes pièces de l'équipement militaire.

PROX, bonne parole[2], à ce que je puis croire, comme si l'on disait *proba vox*.

PENATES[3]. Les uns veulent que ce mot fasse *penas* au nominatif singulier; d'autres veulent qu'il fasse *penatis*.

PROCULIUNT, ils jettent en avant.

(1) Proprement : Cotte de mailles, manteau. — (2) Fort bien ! bien dit ! C'est une exclamation. — (3) Pénates, dieux domestiques.

---

significat, ut ait Veranius, armati, ornati ; omnia enim militaria ornamenta paludamenta dici.

Purimenstrio esse dicuntur, qui sacrorum causa toto mense in cærimoniis sunt, id est puri sint certis diebus carendo.

Prox, bona vox, velut quidam præsignificare videtur, ut ait Labeo de Jure pontificio lib. xi.

Penatis singulariter Labeo Antistius posse dici putat, quia pluraliter penates dicantur, quum patiatur proportio etiam penas dici, ut optimas, primas, Antias.

Proculiunt, promittunt ait significare Antistius de Jure pontificali lib. ix.

guraux ce mot signifie, comme le dit Veranius, armés, ornés ; car, selon lui, le mot *paludamenta* comprend toutes les pièces de l'équipement militaire.

Purimenstrio esse[1]. Cette expression se dit de ceux qui, à cause des cérémonies religieuses, sont tout un mois en cérémonies, c'est-à-dire se tiennent purs en observant l'abstinence en des jours déterminés.

Prox, bonne parole, comme si quelqu'un semble donner un signe d'avance, comme le dit Labéon au livre xi de son traité *du Droit pontifical*.

Penatis, selon Labéon Antistius, peut se dire au singulier, parce qu'au pluriel on dit *penates*; quoique l'analogie permette aussi de dire *penas*, comme l'on dit *optimas*[2], *primas*[3], *Antias*[4].

Proculiunt. Antistius, au livre ix de son traité *du Droit pontifical*, dit que ce mot signifie ils poussent en avant.

(1) Être soumis à un mois d'abstinence, pays. — (3) Un des plus considérables. — (2) Un des premiers, un des grands d'un (4) Un habitant d'Antium.

PROFESTUM DIEM dicebant, qui festus non erat.

PROFANUM dicitur, quod fani religione non tenetur.

PROCUBITORES, dicuntur qui noctu custodiæ causa

PROFESTUS DIES. On appelait ainsi un jour qui n'était pas jour de fête.

PROFANUM (1). C'est ce qui n'est pas lié par la religion d'un temple.

PROCUBITORES (2). On appelle ainsi ceux qui veillent

(1) Profane. — (2) Factionnaires placés en avant, védettes.

POPULARIA SACRA sunt, ut ait Labeo, quæ omnes cives faciunt, nec certis familiis adtributa sunt: Fornacalia, Parilia, Laralia, porca præcidania 234.

POLLUCERE merces *quas cuivis deo* liceat, sunt far, polenta, vinum, panis fermentalis, ficus passa, suilla, bubula, agnina, casei, ovilla, alica, sesama, et oleum, pisces quibus est squama, præter squarum 235. Herculi autem omnia esculenta, poculenta.

PROFESTUM est facere 236 tamquam profanum facere, id est quod eo die, qui dies feriarum non est, facere 237; vel, ut quidam dixerunt, pro eo facere velut feriæ non sint; aut id facere, quod feris fieri non liceat. Itaque diem profestum, diem sine feris esse.

PROFANUM est, quod fani religione non tenetur.

PROCUBITORES dicuntur feri vetites 238, qui noctu custodiæ causa

Les actes religieux populaires sont, comme le dit Labéon, ceux que font tous les citoyens et qui ne sont pas réservés à des familles déterminées; tels sont les Fornacalies, les Parilies, les Laralies, la truie *præcidanœa*.

Les denrées qu'il est permis d'offrir à tous les dieux sont la farine pure, la farine séchée au feu, le vin, le pain levé, la figue cuite au soleil, le lard, la viande de bœuf, celle de mouton, les fromages, la viande de brebis, la fromentée, le sésame, et l'huile, les poissons qui ont des écailles, à l'exception du scare. Quant à Hercule, on peut lui offrir tout ce qui se mange et tout ce qui se boit.

PROFESTUM FACERE. C'est comme faire une chose profane, c'est-à-dire ce qui est permis de faire aux jours qui ne sont pas jours de fête; ou bien, comme l'ont dit quelques-uns, faire en un jour comme s'il n'y avait pas de fête; ou bien encore, faire ce qui n'est pas permis les jours de fête. Par conséquent on appelle *dies profestus* le jour qui n'est pas consacré à une fête.

PROFANUM. C'est ce qui n'est pas soumis à la religion d'un temple.

PROCUBITORES. On appelle ainsi les vélites qui veillent la nuit en

ante castra excubant, quum castra hostium in propinquo sunt.

PROPERAM celerem strenuamque significat.

PRÆCIDERE antecidere, id est ante immolare.

PUBE PRÆSENTE est populo præsente, συνεκδοχικῶς ab his, qui puberes sunt, omnem populum significans.

la nuit en avant du camp pour le garder, lorsque le camp de l'ennemi n'est pas éloigné.

PROPERA signifie alerte et brave.

PRÆCIDERE, égorger devant, c'est-à-dire immoler devant.

PUBE PRÆSENTE(1), en présence du peuple, par synecdoche, pour désigner tout le peuple, en n'exprimant que ceux qui sont à l'âge de puberté.

---

(1) La jeunesse étant présente.

---

ante castra excubant, quum castra hostium in propinquo sunt, ut M. Cato in eo, quem de re militari scripsit.

Properam, pro celeri ac strenua dixisse antiquos testimonio est Cato, quum ait in libro de Re militari : « Tertia e fastris eductio ²³⁹ celeris prosperaque est ²⁴⁰. »

Prop... sta dolia ait dici Labeo quia.... r.... ter.... det....

Præcidere, *id est antecidere, dici-*tur *quod ante immolare.*

Pube præsenti *est populo præsente,* συνεκδοχικῶς *ab his qui puberes sunt, omnem populum si*gnifi-can-s .... qua.... susc.... dem.... deci.... conc.... agero.... eadem.... tera loc-a.... fulgura s-*acra*....

avant du camp pour le garder, lorsque le camp ennemi n'est pas éloigné, ainsi que le dit M. Caton dans le traité qu'il a écrit sur l'art militaire.

Propera. Ce mot a été employé par les anciens dans le sens de *celer* (1) et de *strenua* (2), comme le témoigne Caton dans son livre *de l'Art militaire* : — *Tertia e castris eductio celeris properaque est* (3).

Prop.... sta dolia. Labéon dit qu'on appelait ainsi les tonneaux, parce que.... [Lacune.]

Præcidere, c'est-à-dire tuer devant, est la même chose qu'immoler devant.

Pube præsenti signifie en présence du peuple, par synecdoche ; en ne désignant que ceux qui sont en âge de puberté, on veut désigner le peuple entier. [Ici une lacune considérable.]

---

(1) Prompte, active. — (2) Alerte, leste. — (3) La troisième sortie du camp est prompte et alerte.

PRIVERAS mulieres, privatas.

PROMELLERE LITEM, promovere.

PURIME TETINERO, purissime tenuero.

PRIVERAS, femmes privées.

PROMELLERE LITEM, prolonger un procès.

PURIME TETINERO, j'aurai tenu très-purement.

PECUNIA, quæ erogatur *in dolus et spectacula*, appellatur *lu*-cari edicta q-*uod e lucis capletur*.... in eodem libro.... *lucar a luce* dixi [241] existimat, *cujus opinionis est et Valerius Mes*-salla in expla-ua-*tione XII Tab.*

PIPULUM *dicebatur* ploratus.

PRIVERAS *mulieres* priv-*atas* dicebant.

PROMELLERE *est ex opinione* Ver-rii lituum provere [242].

PURIME TETINERO *dictum est pro pu*-rissime tenuer-*o.*

PEREGRINUS AGER *secundum augures* publicos est *ager pacatus extra Roman. Et Gabin.*, qui usu et jure augurum *a peregrino discernitur*.

PRODITIO DIEI *est* prodictio : namque prod-*ere prodicere interdum et in præ*-sens valet.

PATRONUS *a patre cur ab antiquis dictus* sit, manifestum : quia *ut liberi*, sic etiam clientes numerari inter do-*mus familiam quodammodo possunt.*

L'argent accordé pour les jeux publics et les spectacles est dit *pecunia lucari edicta* [1], parce qu'il provient du produit des bois sacrés.... [2] dans le même livre.... pense que le mot *lucar* [3] vient de *lux* [4]; son opinion est partagée par Valerius Messala, dans son explication des Douze-Tables.

PIPULUM [5]. On appelait ainsi l'action de pleurer.

PRIVERAS. On appelait ainsi les femmes privées.

PROMELLERE, c'est, d'après l'opinion de Verrius, prolonger un procès.

PURIME TETINERO s'est dit pour *purissime tenuero* [6].

PEREGRINUS AGER [7]. C'est, selon les augures publics, le territoire pacifié en dehors du territoire de Rome et de Gabies, qui, par l'usage et le droit des augures, est distingué du territoire étranger.

PRODITIO DIEI est la même chose que *prodictio diei* [8]; car même encore à présent *prodere* est l'équivalent de *prodicere* [9].

PATRONUS. Que le nom de patron ait été formé du nom de père [10], le motif en est évident : cela vient de ce que les clients, de même que les enfants, peuvent en quelque sorte être comptés parmi la famille d'une maison.

---

(1) Argent imposé sur les dépendances ou le produit des bois sacrés. — (2) Ici manque le nom de l'auteur cité. — (3) Argent destiné à payer les comédiens, etc. — (4) Lumière. — (5) Ce mot signifie proprement injures, outrages. — (6) J'aurai tenu très-purement. — (7) Territoire étranger. — (8) Ajournement. — (9) Fixer un jour, ajourner. — (10) *Patronus a patre.*

PRISTINA velut priustina dictum est.

PRÆSAGITIO dicta, quod præsagire est acute sentire. Unde *sagæ* dictæ anus, quæ multa sciunt, et *sagaces canes* qui ferarum cubilia præsentiunt.

PRISTINA équivaut à *priustina*[1].

PRÆSAGITIO. Le pressentiment est ainsi appelé, parce que *præsagire* signifie sentir vivement. D'où l'on appelle *sagæ* les vieilles femmes qui savent beaucoup, et *sagaces* les chiens qui sentent de loin le gîte des bêtes.

(1) Qui a été auparavant.

PRISTINA, velut prist-*ina* 243 sic.... ejus modi dictita-*bant*.... c.... s.... nte.... rum.... qui....

PRÆSAGITIO dicta est, quod præsagire est acute sentire; unde et sagæ anus d-ictæ, quæ multa sciunt, et sagaces canes, q̄ ferarum 244 cubilia præ-sentiunt.

PRISTINA, comme si l'on disait *priustina*. [Lacune.]

PRÆSAGITIO. Le pressentiment est ainsi appelé, parce que *præsagire* signifie sentir avec finesse; d'où l'on appelle *sagæ* les vieilles femmes qui savent beaucoup, et *sagaces* les chiens qui sentent de loin le gîte des bêtes.

LIVRE XV.

QUIRINALIS PORTA dicta, sive quod ea in collem

QUIRINALIS PORTA. Cette porte a été ainsi nom-

QUIRINUS *ex hac causa Romulus est appe-ll-atus, quod rex erat bellicosus, atque Roma-*ni *eo regnante curi, id est hasta, uti didicerunt.*

QUIRINALIS PORTA, *eadem quæ et Collina dicebatur, ut le-gimus*

QUIRINUS. On a donné ce nom à Romulus, parce qu'il était roi belliqueux, et que sous son règne les Romains apprirent à se servir de la lance appelée *curis*.

QUIRINALIS PORTA. La porte Quirinale est la même que la porte

Quirinalem itur, seu quod proxime eam est Quirini sacellum.

mée, soit parce qu'on y passe pour aller au mont Quirinal, soit parce que la chapelle de Quirinus se trouve très-près d'elle.

---

apud antiquos scriptores.... itum autem.... tio ita con.... *qu*-asi id suffra-*getur; quam ideo nominari ait Collina*-m Santra, pro-*xime eam quod collis Quirina*-lis est; porta-m *rursum Quirinalem ideo appel*-lant, sive quod *ea in collem Quirinalem itur, sive* quod proxime eam sacel-*lum est Quirini; unde, ut videtur,* usurpatio facta, *et duplex nomen eidem portæ* impositum est; qui.... derem fertur. Qui-*ritis Juno dea Sabinorum, cui bellantes* aqua et vino *libabant, dicta a curi, id est hasta. Eam* tamen quidm curis[1], *dictam esse statuunt, quia in* his ei sacra fiant; *cui opinioni Verrius adver*-satur; ab ejusdem autem *deæ nomine videtur ite*-m Curres[2] *Sabinæ gentis oppidum dictum, quod ea gen*-s armis erat potens.

QUIRITES *quod est nomen universi pop*-uli singulare usur-*pabatur olim, ut indici*-o est preco, qui in funeris *indictione ita pronuntiare solet*: illius Quiris[3] *leto datus. Quirites autem dicti post fœdus a Romulo et Tatio percussum, communionem et societatem populi factam indicant.*

Colline, comme nous le lisons dans de vieux auteurs. [Ici une lacune]. Santra dit qu'elle a été appelée Colline [1], parce que le mont Quirinal était tout près d'elle; d'autre part, on appelle cette même porte Quirinale, soit parce qu'on y passe pour aller au mont Quirinal, soit parce que tout près d'elle se trouve la chapelle de Quirinus. C'est de là qu'est venu, à ce qu'il semble, l'usage, et que deux noms ont été imposés à la même porte. [Lacune.] Junon Quirite [2], déesse des Sabins, à qui, en temps de guerre, on faisait des libations d'eau et de vin, avait reçu ce surnom de la lance appelée *curis*. Quelques-uns prétendent cependant qu'elle a été appelée ainsi de *curia* [3], parce que ses sacrifices se faisaient dans les curies. Verrius repousse cette opinion. C'est, du reste, de cette même déesse que la ville de Cures, dans le pays des Sabins, semble avoir pris son nom, parce que le peuple était puissant par les armes.

QUIRITES. Ce mot, qui est le nom du peuple romain pris collectivement, s'employait jadis au singulier, comme on le voit par les formules que le crieur public a coutume de prononcer lorsqu'il proclame des funérailles : *Ollus Quiris leto datus* [4]. Or les Romains furent appelés *Quirites* après l'alliance conclue entre Romulus et Tatius, et cette dénomination indique le mélange et la communauté des deux peuples.

---

(1) De *collis*. — (2) C'est-à-dire armée de la lance appelée *curis*. — (3) Curie, lieu d'assemblée des curies. — (4) Ce Quirite a été livré à la mort.

Festus.

QUIRINALIA dies, quo Quirino fiebant sacra : eadem et *stultorum feriæ* sunt appellata.

QUIRINALIS COLLIS dictus est, quia in eum commigrarunt Sabini a Curibus venientes, quamvis alii a templo Quirini dictum putent¹.

QUIRITIUM FOSSÆ di-

QUIRINALIA. C'est le jour où l'on offrait des sacrifices à Quirinus : ce même jour était aussi appelé *fête des fous*.

QUIRINALIS COLLIS. Ce nom a été donné au mont Quirinal, parce que les Sabins venus de Cures s'y établirent ; selon d'autres auteurs cependant, ce nom lui vient du temple de Quirinus.

QUIRITIUM FOSSÆ. Ces

QUIRINALIA mense februario dies, quo Quirini fiunt sacra; idem stultorum feriæ appellantur [antequam in eum commigrarent fere Sabini Curibus venientes post fœdus inter Romulum et Tatium⁴] quod quidem suorum fornacalium sacrorum cognominant⁵, eo potissimum rem divinam faciunt.

QUIRINALIS COLLIS, qui nunc dicitur, olim egonus⁶ appellabatur, ante quam in eum commigrarent fere Sabinis⁷ Curibus venientes post fœdus inter Romulum et Tatium ictum ; a quo hanc appellationem sortitus est : quamvis existiment quidam, quod in eo factum sit templum Quirino, ita dictum.

QUIRINA TRIBUS a Curensibus Sabinis appellationem videtur traxisse.

QUIRITIUM FOSSÆ dicuntur, quibus Ancus Martius circundedit

QUIRINALIA ⁽¹⁾. Jour du mois de février où l'on célèbre les fêtes de Quirinus. On l'appelle encore fête des fous. [Ce qui est placé dans le texte entre deux crochets n'appartient pas à cet article, mais paraît devoir être reporté à l'article suivant, où il est question du mont Quirinal.] Ceux qui ignorent le jour de leurs fornacales ⁽²⁾ privées, accomplissent de préférence aux fêtes Quirinales les cérémonies religieuses.

QUIRINALIS COLLIS. La colline qui porte aujourd'hui ce nom avait jadis celui d'*Agonus*, avant l'époque où les Sabins de Cures vinrent s'y établir après l'alliance faite entre Romulus et Tatius : c'est de là que cette colline reçut sa nouvelle dénomination. Quelques auteurs cependant prétendent qu'elle lui est venue de ce qu'on y construisit le temple de Quirinus.

QUIRINA TRIBUS. La tribu Quirine semble avoir tiré son nom des Sabins de Cures.

QUIRITIUM FOSSÆ. On appelle ainsi les fossés dont Ancus Martius

---

(1) Les Quirinales. — (2) Sacrifices qui avaient lieu lorsqu'on faisait sécher les blés dans les fours.

..., quod eas Ancus Martius, quum Urbem circumdedit, Quiritium opera fecit.

QUISPIAM significat aliquem; sed unde sequens pars ejus usurpari cœperit, inveniri non potest.

fossés ont été appelés ainsi, parce que Ancus Martius les fit faire par les Quirites, lorsqu'il entoura la ville de retranchements.

QUISPIAM est synonyme d'*aliquis*[1]; mais on ne peut découvrir d'où l'on a tiré la dernière partie de ce mot.

(1) Quelqu'un.

---

urbem, quam secundum ostium Tiberis posuit, ex quo etiam Ostiam; et quia populi opera eas fecerat, appellavit Quiritium.

QUINCENTUM et producta prima syllaba, et per c litteram usurpant antiqui 8, quod postea levius visum est, ita ut nunc dicimus pronuntiari.

Qui patres, qui conscripti vocati sunt in Curiam? Quo tempore regibus Urbe expulsis, P. Valerius cons. propter inopiam patriciorum ex plebe adlegit in numerum senatorum c et LX et IV, ut expleret numerum senatorum trecentorum, et duo genera appellaret esse 9.

QUISPIAM quin significet aliquis, et quæpiam aliquæ, similiter qui alia 10 ejusdem generis, ut dubium non est, ita ut unde 11 sequens pars ejus cœperit, inveniri non potest.

entoura la ville qu'il construisit près de l'embouchure du Tibre, d'où elle prit elle-même le nom d'Ostie [1]. Et comme ce prince avait fait creuser ces fossés par les bras du peuple, il les appela fossés des Quirites.

QUINCENTUM [2]. Les anciens employaient ce mot en allongeant la première syllabe, et l'écrivaient avec un c. Plus tard il parut plus facile de le prononcer comme nous le prononçons maintenant.

Quels sont les pères qui ont été appelés au sénat [3] sous le nom de *conscripti* [4]? Dans le temps où les rois venaient d'être chassés de Rome, le consul P. Valerius, voyant l'insuffisance du nombre des patriciens, adjoignit aux sénateurs cent soixante-quatorze plébéiens, pour compléter le nombre des sénateurs, qui devait être de trois cents; et de là le nom de deux races qui fut donné à ce corps [5].

QUISPIAM. Il n'est pas douteux que ce mot signifie quelqu'un, et *quæpiam* quelqu'une : et de même d'autres mots de la même espèce; mais on ne sait pas d'où l'on a tiré la seconde partie de ce terme.

(1) De *ostium*, embouchure d'un fleuve — (2) Cinq cents. On écrivit et on prononça plus tard *quingentum*. — (3) Le mot *curia* désignait le lieu où le sénat tenait ses assemblées; il désigne ici ce corps lui-même. — (4) Littéralement : Inscrits sur la liste à la suite des anciens. — (5) On sait la distinction qui existait entre les *patres majorum gentium* (des anciennes familles) et les *patres minorum gentium* (des nouvelles familles).

QUINQUATRUS² festivus dies dictus, quod post diem quintum iduum celebraretur, ut Triatrus et Sexatrus et Septimatrus et Decimatrus.

QUINQUATRUS, jour de fête ainsi nommé, parce qu'il se célébrait après le cinquième jour des ides ; on a dit de même *Triatrus*⁽¹⁾, *Sexatrus*⁽²⁾, *Septimatrus*⁽³⁾, et *Decimatrus*⁽⁴⁾.

QUINQUERTIUM Græci πένταθλον, quo die quinque

QUINQUERTIUM⁽⁵⁾. C'est ce que les Grecs appellent

(1) Troisième jour après les ides. — (2) Le sixième jour après les ides. — (3) Le septième jour après les ides. — (4) Le dixième jour après les ides. — (5) Ce mot, formé de *quinque*, cinq, et *ars*, art, désigne l'ensemble des cinq jeux publics : le pugilat, le disque, la course, le saut et la lutte.

QUINQUATRUS appellari quidam putant a numero dierum, qui ferehis celebrantur¹²; qui scilicet errant tam hercule, quam qui triduo Saturnalia, et totidem diebus Competalia ; nam omnibus his singulis diebus fiunt sacra ; forma autem vocabuli ejus, exemplo multorum populorum Italicorum enuntiata est, quod post diem quintum iduum est his dies¹³ festus, ut apud Tusculanos Triatrus, et Sexatrus, et Septematrus, et Faliscos Decimatrus. Minervæ autem dicatum eum diem existimant, quod eo die ædis ejus in Aventino consecrata est.

QUINQUATRUS. Quelques auteurs pensent que ces fêtes ont été appelées ainsi du nombre de jours durant lesquels on les célèbre. Mais, certes, ces auteurs se trompent aussi bien que ceux qui croient que les Saturnales durent trois jours de même que les Compitales. En effet, en toutes ces circonstances, les cérémonies saintes ne se célèbrent qu'un seul jour. Car le mot a été formé à l'exemple de beaucoup de peuples d'Italie, parce que cette fête arrive après le cinquième jour des ides. C'est ainsi que chez ceux de Tusculum on trouve les mots *Triatrus*, *Sexatrus*, *Septematrus*, et chez les Falisques, le mot *Decimatrus*. On considère ce jour comme consacré à Minerve, parce qu'en ce jour fut consacré sur le mont Aventin le temple de cette déesse.

QUINQUERTIUM vocabant antiqui, quem Græci¹⁴ πένταθλον, ut indicat versus hic : « Omnis æqualis vincebat quinquertio. » Livius quoque ipsos athletas sic nominat : « Quinquertiones preco¹⁵ in medium vocat. »

QUINQUERTIUM. Les anciens appelaient ainsi ce que les Grecs nomment πεντάθλον, comme on le voit par ce vers : *Omnis æqualis vincebat quinquertio*⁽¹⁾. Livius aussi appelle ainsi les athlètes eux-mêmes : *Quinquertiones præco in medium vocat*⁽²⁾.

(1) Il triomphait, dans les cinq jeux publics, de tous les hommes de son âge. — (2) Le héraut appelle l'athlète dans le cirque.

genera artium ludo exercebantur. Ipsos quoque athletas Livius quinquertiones appellat.

QUISQUILIÆ putantur dici, quidquid ex arboribus minutis surculorum foliorumque cadit, velut quidquidcadiæ.

QUINTIPOR servile nomen frequens apud antiquos a prænomine domini ductum, ut *Marcipor*, scilicet a Quinto et Marco.

πένταθλον(1), parce qu'en ce jour on s'exerçait aux cinq sortes de jeux publics. Livius appelle aussi les athlètes eux-mêmes *quinquertiones* (2).

QUISQUILIÆ(3). On croit que l'on appelle ainsi tout ce qui tombe de menu bois ou de feuilles des petits arbres; comme si l'on disait *quidquidcadiæ* (4).

QUINTIPOR(5), nom d'esclave fréquemment employé par les anciens, et tiré du prénom du maître, de même que *Marcipor*. Ces deux noms viennent de Quintus et de Marcus.

(1) On dit mieux πεντάεθλον. Ce mot grec est formé de πέντε, cinq, et ἆεθλος, lutte, combat. — (2) Littéralement : Ceux qui combattaient dans les cinq jeux, dans le *quinquertium*. — (3) Voici les divers sens donnés à ce mot, qui semble formé de *quisquis* : Bois qui tombe des arbres morts, balayures d'une maison; haillons, guenilles, ce qu'on jette dans les rues, rebut, lie du peuple, gens de rien; petits poissons de peu de valeur. — (4) Mot forgé de *quidquid* et de *cadere*, tout ce qui tombe d'une chose quelconque. — (5) La syllabe *por* semble être une altération de *puer*; en conséquence, *Quintipor, Marcipor* signifieraient esclave de Quintus, esclave de Marcus.

QUISQUILIÆ dici putantur, quidquid ex arboribus minutis surculorum, foliorumve cadit : velut quidquidcadiæ. Cæcilius : « Quisquilias volantis, venti spolia, memoranti modo 16. » Et Novius in Togularia : « Abi deturba te saxo 17, homo non, quisquiliæ. Quid est? »

QUINTIPOR servile nomen frequens aput antiquos erat, a prænomine domini ductum, ut Marcipor, gripor 18, quamvis sint,

QUISQUILIÆ. On croit que l'on appelle ainsi tout ce qui tombe de menu bois ou de feuilles des petits arbres : comme si l'on disait *quiquidcadiæ*. Cécilius dit : *Quisquilias volantis, venti spolia, memoras; i modo* (1). Et Novius, dans sa *Togularia* : — *Abi deturba te de saxo, homo non, quisquiliæ. Quid est* (2) ?

QUINTIPOR. C'était un nom d'esclave fréquemment usité chez les anciens, et tiré du prénom du maître, comme *Marcipor, Gaipor*.

(1) Tu parles de fétus volant en l'air, dépouilles laissées aux vents; va-t'en de suite. (2) Va-t'en, descends du rocher, tu n'es pas un homme, mais un fétu. Qu'est-ce?

QUIPPE significat quidni.

QUIANAM pro quare et cur ponitur. Ennius : « Quianam dictis nostris sententia flexa est? »

QUIPPE[1] signifie pourquoi non.

QUIANAM s'emploie pour *quare*[2] et pour *cur*[3]. Ennius dit : *Quianam dictis nostris sententia flexa est*[4]?

---

(1) Le mot *quippe*, employé d'abord dans le sens interrogatif, a perdu celui-ci, et conservé seulement le sens positif. Il signifie : Car, certes, véritablement. Suivi de *qui*, *quæ*, *quod*, il veut dire puisque, attendu que.... — (2) Pourquoi, par quel sujet, par quel motif? c'est pourquoi, ainsi, or donc, afin, pour. — (3) Pourquoi, à quel propos, à quoi bon? parce que. — (4) Pourquoi votre pensée a-t-elle été changée par nos paroles?

---

qui a numero natorum ex ancilla quinto loco dictum putent.

QUIPPE significare quid ni, testimonio est Ennius lib. XL[19] : « Quippe solent reges omnes in rebus secundis? » Idem lib. XVI : « Quippe vetusta virum non est satis bella moveri? » Item alii complures.

QUIANAM pro quare, et cur, positum et[20] apud antiquos, ut Nævium in carmine Punici belli : « Summe deum regnator, quianam genus isti[21]. » Et in satyra [quianam genus isti; et in satyra[22]] : « Quianam Saturnium populum pepulisti. » Et Ennium in lib. VII : « Quianam dictis nostris sententia flexa est. »

QUID NISI usurparise antiquos[23], testis est Afranius in epistula : « Me auctore mater abstinebis. Quid nisi? »

Quelques critiques néanmoins pensent que ce nom vient du nombre des enfants nés d'une servante, et désigne le cinquième.

QUIPPE est synonyme de *quidni*[1] : c'est ce dont témoigne Ennius au livre XI : *Quippe solent reges omnes in rebus secundis*[2]? Le même auteur dit au livre XVI : *Quippe vetusta virum non est satis bella moveri*[3]? Plusieurs autres écrivains emploient ce mot dans le même sens.

QUIANAM a été employé pour *quare* et pour *cur* par les anciens, par Névius, par exemple, dans son *Poëme de la guerre punique* : — *Summe deum regnator, quianam genuisti*[4], et dans la satire : [Les mots placés entre deux crochets font double emploi.] *Quianam Saturnium populum pepulisti*[5]. De même Ennius, au livre VII : *Quianam dictis nostris sententia flexa est.*

QUID NISI[6]. Cette forme a été usitée chez les anciens, comme en témoigne Afranius dans une lettre : *Me auctore mater abstinebis. Quid nisi*[7]?

---

(1) Pourquoi non? — (2) Pourquoi tous les rois n'ont-ils pas coutume dans la prospérité? — (3) N'est-ce pas assez susciter de vieilles guerres entre les hommes? — (4) Suprême dominateur des dieux, pourquoi as-tu mis au monde? — (5) Pourquoi donc as-tu repoussé le peuple de Saturne? — (6) Pour *quidni*. — (7) D'après mes conseils, tu t'abstiendras, ma mère. Pourquoi pas?

QUIETALIS ab antiquis dicebatur orcus.

QUINTIA PRATA³ trans Tiberim a Quintio Cincinnato, cujus fuerant, dicta sunt.

QUINTANA appellatur porta⁴ in castris post prætorium, ubi rerum utensilium forum sit.

QUIETALIS⁽¹⁾. Les anciens appelaient ainsi le séjour des morts.

QUINTIA PRATA. Les prés Quintiens, situés au delà du Tibre, ont été ainsi appelés de Quintius Cincinnatus, à qui ils avaient appartenu.

QUINTANA PORTA. On appelait ainsi, dans un camp, la porte située derrière le prétoire, et où se tenait le marché pour les choses de première utilité.

(1) Le séjour du repos.

QUIETALIS ab antiquis dicebatur orcus.

QUINTIA PRATA *dicta sunt, ubi Quintius Cincinnatus* sib-*i, damnato filio, venditis omnibus, quattuor ingerum* agr-*um trans Tiberim paraverat; quem agrum colentem* sen-*atus dictatorem per viatorem salutavit* Cin-*cinnatum*.... riv.... dec....

QUINTANA *appellatur in* ca-sis²⁴ *post prætorium locus, ubi prædam et* capti-*vos divendunt et utensilium forum constituunt,* quod eo *quintana via itur.*

QUINCTILIANI LUPERCI *appellati sunt a Quinctilio quodam, qui præpositus est* lu-*percis, ut a Fabio dicti sunt Fabiani* luperci, *quibus hic præpositus fuerit; fuisse autem* Romuli *tempo-*

QUIETALIS. Les anciens appelaient ainsi le séjour des morts.

QUINTIA PRATA. C'est le nom que l'on a donné à l'endroit où Quintius Cincinnatus, après avoir vendu tous ses biens à la suite de la condamnation de son fils, avait acquis au delà du Tibre un terrain de quatre arpents. C'est là que le trouva occupé aux travaux de labourage le viateur chargé par le sénat de le saluer dictateur. [Ici une lacune.]

QUINTANA. On nomme ainsi, dans un camp, un espace laissé derrière le prétoire, où l'on vend le butin et les captifs, et où l'on établit le marché pour les choses de première nécessité; ce nom lui vient de ce qu'on y arrive par la voie Quintane⁽¹⁾.

QUINCTILIANI LUPERCI. Le nom de luperques Quintiliens vient d'un certain Quintilius qui fut le chef des luperques, de même que les luperques Fabiens avaient pris ce nom de Fabius qui avait été leur chef. Or il y a un grand nombre

(1) La cinquième rue.

QUERQUERAM frigidam cum tremore a Græco κάρκαρα certum est dici, unde et carcer. Lucilius : « Jactans me ut febris querquera. » Et alibi : « Querquera consequitur capitisque dolores. » Item Plautus : « Is mihi erat bilis querquerata. »

QUERQUERA[1]. Ce mot, qui vient du grec κάρκαρα[2], signifie froid avec tremblement; cela est certain. De là vient aussi le mot *carcer*[3]. Lucilius dit : *Jactans me ut febris querquera*[4]. Et ailleurs : *Querquera consequitur capitisque dolores*[5]. Plaute dit de même : *Is mihi erat bilis querquerata*[6].

(1) Frisson. — (2) Le verbe καρκαίρω signifie je résonne, je rends un son; et encore, je vibre à la suite d'un coup, je tremble, je tressaille. — (3) Prison. — (4) Me secouant comme une fièvre qui cause des frissons. — (5) Il s'ensuit le frisson et des douleurs de tête. — (6) Il me faisait l'effet d'un débordement de bile accompagné de frisson.

---

*ribus institutos utrosque et Fa-*bianos et Quinctili-*anos, multi sunt qui tradiderint*; quorum num-*erum postea auctum esse, quia ho-*noris gratia *multi in lupercis adscribebantur.*

d'auteurs qui nous apprennent que ces deux classes de luperques, les Quintiliens et les Fabiens, furent établies du temps de Romulus. Leur nombre, ajoute-t-on, fut augmenté dans la suite, parce que, par honneur, on inscrivait beaucoup de personnages sur la liste des luperques.

QUINTANAM CLASSEM.... *Ser. Tullius* rex distribut.... fecit, quum eas ord-*inaret.... cau-*sam *de capite.... nihil præter se h.... Lu-*cilius sic meminit quod.... adeptus.

QUINTANA CLASSIS. [Cet article est tellement altéré qu'il est impossible de le rétablir.]

QUERQUERAM *febrem gravem et mag-*nam quidam querc-*u*[25] *dictam volunt, quod id genus arboris, quum gr-*ave sit ac durum, tum etiam in *ingentem evada-*t *altitudinem.* Aurelius autem Opilius frigidam a-*it dici et quum horrore tremen-*tem. *Santra eam ex G-*ræco ducit, qui tremorem ejusmodi *κά-*ρκαρον *dicunt, unde dictum esse* etiam carcerem. Plau-

QUERQUERA. Certains auteurs prétendent que l'on a ainsi nommé une fièvre forte et grave d'après le nom latin du chêne[1], parce que cet arbre, étant lourd et dur, s'élève néanmoins à une grande hauteur. Mais Aurelius Opilius dit que l'on appelle ainsi une fièvre froide et qui cause un tremblement accompagné de frisson. Santra fait venir ce mot du grec, où un tremblement de cette nature est appelé κάρκαρος, d'où, selon lui, vient

(1) *Quercus.*

QUERCUS dicitur, quod id genus arboris grave sit ac durum, tum etiam in ingentem evadat amplitudinem. *Querqueram* enim gravem et magnam quidam putant dici.

QUADRIPLATORES dicebantur, qui eo quæstu se tuebuantur, ut eas res persequerentur, quarum ex legibus quadrupli erat actio.

QUANDO REX COMITIAVIT, FAS, in fastis notari solet, et hoc videtur significare

QUERCUS. Le chêne a été appelé ainsi en latin, parce que cette espèce d'arbre est lourde et dure, et que pourtant elle prend un développement considérable. Car certains auteurs pensent que le mot *querquera* signifie une chose lourde et grande.

QUADRIPLATORES[1]. On appelait ainsi ceux qui se soutenaient par le gain qu'ils faisaient en poursuivant les affaires pour lesquelles les lois accordaient une action au quadruple.

QUANDO REX COMITIAVIT, FAS[2]. Note usitée dans les fastes, et qui semble se

---

(1) *Quadruplator* signifie qui quadruple une chose; fermier qui gagne le quart; délateur; et, de plus, délateur à qui l'on donnait le quart des biens confisqués à l'accusé. — (2) Littéralement : Lorsque le roi est venu dans l'assemblée du peuple, il est permis.

---

tus in *Frivolaria* : « *Is mihi* erat bilis, querque-*ra tussis.* » Lucilius L.... « Jactans me ut feb-*ris querquera....* ret alibi : « Querque-*ra consequitur capitisque dolores.* »

QUADRIPLATORES *dicebantur, qui eo quæst*-ius *genere* [26] *se tuebantur, ut eas res persequerentur, quæ rum ex legibus* [27] *quadrupli erat a*-ctio... ibus.... ata.... œm.... abant.... ab eo.... in.... tis.... que licto.... populo.... *cur*-ia Ca-*labra*...., m̄ legum.... populi do-*minatu.*

Q. R. C. F. *Quando rex com*-*itia sic* [28], *fas : sic notatum esse*

aussi le mot *carcer.* Plaute dit, dans *les Colifichets* : — *Is mihi erat bilis querquera tussis* [1]. Lucilius : [Lacune.] *Jactans me ut febris querquera.* [Nouvelle lacune.] *Querquera consequitur capitisque dolores.*

QUADRIPLATORES. On appelait ainsi ceux qui vivaient de l'espèce de gain qu'ils faisaient en poursuivant les affaires pour lesquelles les lois accordaient l'action au quadruple. [Ici une assez longue lacune, qu'il est impossible de remplir.]

Q. R. C. F. *Quando rex comitiassit, fas.* Cette note désignait

---

(1) Il me faisait l'effet d'un débordement de bile, d'une toux accompagnée de fièvre avec frisson.

quando rex sacrificulus divinis rebus perfectis in comitium venit [5].

QUANDO STERCUS DELATUM, FAS, eodem modo in fastis notatur dies, quo stercus purgatur ab æde Vestæ.

rapporter au moment où le roi des sacrifices vient dans l'assemblée du peuple, après l'accomplissement des cérémonies saintes.

QUANDO STERCUS DELATUM, FAS[1]. On note de la même manière dans les fastes le jour où l'on nettoie de toute immondice le temple de Vesta.

(1) Littéralement : Lorsque les immondices sont enlevées, il est permis.

---

diem in fastis i-n honorem *regis sacrorum, aiunt qui de feris* menstruis scrip-*serunt, quæ nonalibus sacris in curia a* rege dicuntur [29]; *hujus nominis causæ a multis scriptori*-bus traditæ sunt. *Quo autem die rex in comitium venit, ejus* pars ante-*rior nefas habetur, donec ille sacra facit : posterior fas, quum sacris, peractis, inde fugit ; si quis alius pro rege eo die in comitio fecerit, puta pon*-tifex, tum his dies [30] *fastus est.*

dans les fastes un jour en l'honneur du roi des sacrifices, disent les auteurs qui ont écrit sur les fêtes mensuelles, qui sont annoncées dans le sénat, aux fêtes des nones, par le roi des sacrifices. Les raisons pour lesquelles on a adopté cette formule ont été conservées par beaucoup d'écrivains. Or, le jour où le roi vient dans l'assemblée du peuple, la première partie de ce jour est considérée comme néfaste, tandis qu'il accomplit les cérémonies saintes ; mais la seconde partie de ce jour est faste, à partir du moment où, après l'achèvement du sacrifice, il s'enfuit de l'assemblée. Si en ce jour, quelque autre, le pontife, par exemple, fait dans l'assemblée du peuple le sacrifice à la place du roi, alors ce jour est faste.

Q. S. D. F. *Quando* ste-rcus delatum, fas ; eo-*dem modo in fastis notatur di*-es, qui talis est, ut *ædis Vestæ purgetur,* stercus-que in alvum Ca-*pitolinum* [31] *eversum certo loco condatur : quum id factum sit, tunc prætori liceat fari tria verb*-a.

Q. S. D. F. *Quando stercus delatum, fas.* On note de même dans les fastes le jour où l'on nettoie le temple de Vesta, et que les immondices vidées sur le penchant du Capitole sont enfouies dans un endroit déterminé : lorsque cela a été fait, il doit être permis au préteur de prononcer les trois paroles.

QUÆSTORES *dicebantur, qui quærerent de rebus* capitalibus,

QUÆSTORES. On appelait ainsi les magistrats chargés de l'enquête

QUANDO, quum gravi voce pronuntiatur, significat quod, quoniam, et est conjunctio; quando acuto accentu, est temporis adverbium.

QUATRURBEM Athenas Accius appellat, quod ex quatuor urbibus in unam illam civitatem se homines contulere.

QUANDO. Quand on prononce ce mot avec le son grave, il signifie, parce que, puisque; quand on lui donne l'accent aigu, il est adverbe de temps.

QUATRURBS [1]. Accius appelle ainsi Athènes, parce que les habitants de quatre villes se réunirent dans cette seule cité.

(1) Littéralement : Quatre villes.

---

unde, *iidem etiam.... quæstores parri-cidi appellantur.*

QUANDO, *quum gravi voce pronuntiatur, significat quod : acuta est temporis adverbium,* ut Plautus in Me-næchmis ait: «*Ideo quia mensam, quando edo, detergeo.*» Et in Pseudolo : «*Dabo, quando erit. Ducito, quando habebis.*» Et Ennius, lib. XVI : «*Nox quando mediis signis præcincta volabit.*» In XII quidem cum c littera [32] ultima scribitur, idemque significat.

QUADRATA ROMA in Palatio ante templum Appollinis dicitur, ubi reposita sunt, quæ solent boni ominis gratia in urbe condenda adhiberi, quia saxo munitus est initio in speciem quadratam; ejus loci Ennius m. quum ait : «*Et quis est erat* [33] *Romæ regnare quadratæ.*»

QUADRURBEM Athenas Accius

dans les affaires capitales, d'où ces mêmes magistrats.... sont appelés questeurs du parricide.

QUANDO, prononcé avec le son grave, signifie parce que; avec l'accent aigu, il est adverbe de temps; c'est ainsi que Plaute dit dans les *Ménechmes* : — *Ideo quia mensam, quando edo, detergeo* [1]. Et, dans le *Pseudolus* : — *Dabo, quando erit. Ducito, quando habebis* [2]. Et Ennius, au livre XVI : *Nox quando mediis signis præcincta volabit* [3]. Dans la loi des Douze-Tables, ce mot, écrit avec un *d* à la fin, a le même sens.

QUADRATA ROMA. On appelle Rome carrée un emplacement situé sur le mont Palatin, en avant du temple d'Apollon, où sont déposés tous les objets que l'on a coutume d'employer en signe de bon présage dans la fondation d'une ville. Ce nom lui vient de ce que, dans le principe, il fut entouré d'une enceinte de pierres de forme carrée. Ennius parle de ce lieu lorsqu'il dit : *Et qui se sperat Romæ regnare quadratæ* [4].

QUADRUBS. Accius a ainsi appelé

(1) Parce que j'essuie la table, quand je mange. — (2) Je donnerai, quand cela sera. Tu emmèneras quand tu auras. — (3) Quand la nuit volera, montrant sur sa ceinture les signes qui marquent le milieu de sa course. — (4) Et qui espère régner sur Rome carrée.

QUÆSO significat id quod rogo. *Quæsere* tamen Ennius pro quærere posuit.

QUADRANTAL, vocabant antiqui amphoram, quod vas pedis quadrati octo et quadraginta sextarios capiat. Plautus : « Anus hæc sitit ; quantillum sitit? modica est, capit quadrantal. »

QUÆSO a le même sens que *rogo* [1]. Cependant Ennius a employé *quæsere* pour *quærere* [2].

QUADRANTAL. Les anciens appelaient ainsi l'amphore, parce que ce vase, de quatre pieds carrés, contient quarante-huit setiers. Plaute dit : *Anus hæc sitit. Quantillum sitit? modica est, capit quadrantal* [3].

(1) Je demande. — (2) Chercher. — (3) Cette vieille femme a soif. De combien peu a-t-elle soif? Elle est modeste, elle tient une amphore.

---

appellavit, quod scilicet ex IV urbibus in unam domicilia contulerunt, Braurone, Eleusine, Piræo, Sunio.

Quæso, ut significat idem, quod rogo, ita quæsere ponitur ab antiquis pro quærere, ut est apud Ennium lib. II : « Ostia munita est ; idem loca navibus pulchris mundo facit [34], nautisque mari quæsentibus vitam. » Et in Chresponte [35] : « Ducit me uxorem liberorum sibi quæsendum gratia. » Et in Andromeda : « Liberum quæsendum causa, familiæ matrem tuæ. »

QUADRANTAL vocabant antiqui, quam ex Græco amphoram dicunt ; quod vas pedis quadrati octo et XL capit sextarios. Plautus in Curculione : « Anus hæc sitit, quantillum sitit? modica est, capit quadrantal. » Et Cato contra Oppium : « Vinum redemisti, prædia pro

Athènes, parce que les habitants de quatre villes se réunirent en une seule, à savoir ceux de Brauron, d'Éleusis, du Pirée, de Sunium.

QUÆSO. Si ce mot a le même sens que *rogo*, les anciens ont aussi employé *quæsere* pour *quærere*, comme on le voit dans Ennius, au livre II : *Ostia munita est ; idem loca navibus pulchris munda facit, nautisque mari quæsentibus vitam* [1]. Et dans son *Cresphonte* : — *Ducit me uxorem liberorum sibi quæsendum gratia* [2]. Et dans son *Andromède* : — *Liberum quæsendum causa familiæ matrem tuæ* [3].

QUADRANTAL. Les anciens appelaient ainsi la mesure que, d'après son nom grec, on appelle amphore ; ce vase, de quatre pieds carrés contient quarante-huit setiers. Plaute dit, dans le *Charançon* : — *Anus hæc sitit, quantillum sitit? modica est, capit quadrantal*. Et Caton contre Oppius : *Vinum rede-*

(1) Ostie est fortifiée, et le même roi fait un port commode pour les beaux navires et pour les nautoniers qui cherchent leur existence sur la mer. — (2) Il m'a prise pour épouse afin d'obtenir des enfants. — (3) Pour avoir des enfants, pour donner une mère à ta famille.

QUAXARE ranæ dicuntur, quum vocem mittunt.

QUARTARIOS appellabant muliones mercenarios, quod quartam partem capiebant quæstus.

QUATENUS significat qua, ut hactenus hac fine, *quatinus* vero quoniam; sed antiqui *quatenos* dicebant.

QUAXARE[1]. On dit que les grenouilles coassent, lorsqu'elles font entendre leur cri.

QUARTARII[2]. On donnait ce nom aux muletiers mercenaires, parce qu'ils prenaient le quart du gain.

QUATENUS signifie jusqu'où; comme *hactenus* signifie jusqu'ici, *quatinus* veut dire puisque; mais les anciens disaient *quatenos*.

---

(1) Coasser. — (2) *Quartarius* signifie rigoureusement qui pèse ou qui contient le quart; le quart même.

---

vini quadrantalibus sexaginta in pulli dedisti[36], vinum non dedisti. »

QUAXARE ranæ dicuntur, quum vocem mittunt.

QUARTARIOS appellabant antiqui muliones mercennarios, quod quartam partem quæstuus[37] capiebant. Lucilius: « Porro homines nequam, malus ut quartarius, cippos colligere[38] omnes.

QUATENUS significat, qua fine, ut hactenus, hac fine. At quatinus, quoniam; sed antiqui quatenoc[39] dicebant, ut Scipio Africanus in ea oratione, quam scribsit postquam ex Africa rediit: Uti negotium natum erat, quatenoc castra nostra[40] ita munita erant, ut posses partem exercitus abducere. »

misti, *prædia pro vini quadrantalibus sexaginta in publicum dedisti, vinum non dedisti*[1].

QUAXARE. On dit que les grenouilles coassent, lorsqu'elles font entendre leur cri.

QUARTARII. Les anciens appelaient ainsi les muletiers mercenaires, parce qu'ils prenaient le quart du gain. Lucilius dit: *Porro homines nequam, malus ut quartarius, cippos collisere omnes*[2].

QUATENUS signifie à quelle fin, comme *hactenus* signifie à cette fin. Mais *quatinus* signifie puisque. Les anciens disaient *quatenos*, comme le prouve Scipion l'Africain dans le discours qu'il écrivit après son retour d'Afrique: *Uti negotium natum erat, quatenos castra nostra ita munita erant, ut posses partem exercitus abducere*[3].

---

(1) Tu as racheté le vin; tu as donné en plein public des domaines pour soixante amphores de vin, tu n'as pas donné le vin. — (2) Or, ces méchants hommes, comme un mauvais muletier mercenaire, brisèrent toutes les colonnes. — (3) Comme l'affaire s'était engagée, notre camp était fortifié de telle sorte, que tu pouvais sortir avec une partie de l'armée.

QUAMDE pro quando° dicebant antiqui.

QUAM MOX, significat quam cito, sed si per se ponas mox, significat postea vel paulo post.

QUATERE suspensum et vicinum rei alicujus motum significat, ut interdum *concutere*, quum et id ipsum verbum concutere ex quatere sit compositum; *quassare*[7] autem est sæpe quatere.

QUAMDE se disait, chez les anciens, pour *quando*.

QUAM MOX signifie le plus vite possible; mais, employé seul, *mox* signifie ensuite ou peu après.

QUATERE[1]. Ce verbe désigne le mouvement répété qu'on imprime à une chose suspendue; sens que reçoit quelquefois le verbe *concutere*, qui, du reste, est composé lui-même de *quatere*. *Quassere* signifie secouer souvent.

(1) Secouer.

QUAMDE pro quam usos esse antiquos, quum multi veteres testimonio sunt, tamen hujus in primo[41] : « Jupiter, ut muro fretus magis quamde manus impe-*rat*[42]. » *In* secundo : « Quande tuas omnes legiones, ac popularis. » Et Lucretius : « Clarus ob obscuram linguam magis inter inanes, quamde gravis tergaios[43], qui vera requirunt. »

QUAM MOX significat quam cito; sed si per se ponas mox, significabit paullo post, vel postea.

QUATERE, suspensum et vicinum rei alicujus motum significat, non, ut Verrius putat, ferire[44], quum id ipsum verbum concutere ex præpositione, quæ est con, et quatere sit compositum; quassare autem est sæpe quatere.

QUAMDE. Les anciens ont dit ainsi pour *quam*[1]; c'est ce dont témoignent beaucoup de vieux auteurs, et surtout Ennius dans son livre 1er : *Jupiter, ut muro fretus magis quamde manus sua imperat*[2]. Et dans son second livre : *Quande tuas omnes legiones, ac popularis*[3]. Et Lucrèce : *Clarus ob obscuram linguam magis inter inanes, quamde gravis inter Graios, qui vera requirunt*[4].

QUAM MOX signifie le plus vite possible. Mais si *mox* est employé seul, il signifie peu après, ou ensuite.

QUATERE. Ce verbe désigne le mouvement répété qu'on imprime à une chose suspendue; il ne signifie pas, comme Verrius le pense, frapper, sens que le verbe *concutere* a quelquefois. Le verbe *concutere* lui-même est composé de la préposition *con*[5], et de *quatere*[6]. *Quassare* signifie secouer souvent.

(1) Que, terme de comparaison. — (2) Jupiter, comme il commande plus abrité derrière un mur que de sa propre main. — (3) Que toutes tes légions et tes concitoyens. — (4) Célèbre, à cause de l'obscurité de son langage, parmi les gens dépourvus d'intelligence, plus que parmi les Grecs, qui recherchent le verité. — (5) Pour *cum*, avec. — (6) Secouer.

QUERQUETULANÆ dicebantur nymphæ querqueto virescenti præsidentes.

QUERQUETULARIA PORTA[8] Romæ dicta, quod querquetum intra muros Urbis juxta se habuerit.

QUONIAM significat non solum id, quod quia, sed etiam quod postquam; hac de causa, quod Græcum ὅτε utriusque significationem obtinet.

QUERQUETULANÆ. On appelait ainsi les nymphes qui présidaient aux chênaies verdoyantes.

QUERQUETULARIA PORTA(1). On appelait ainsi une porte de Rome, parce qu'elle avait près d'elle, et dans l'enceinte des murs, un bois de chênes.

QUONIAM n'a pas seulement le sens de *quia*(2), mais encore celui de *postquam*(3); cela vient de ce que le mot grec ὅτε a également les deux sens.

(1) La porte de la Chênaie. — (2) Parce que. — (3) Après que.

QUERQUETULANÆ ut re putantur[45] significari nymphæ præsidentes querqueto virescenti, quod genus silvæ indicant fuisse intra portam, quæ ab eo dicta sit Querquetularia; sed feminas antiqui, quas sciens[46] dicimus, viras appellabant, unde adhuc permanent virgines et viragines.

QUES antiqui dexerunt, inde declinatum remanet dativo casu, quibus, nam qui adhuc item qui facit[47], ut isti istis, illi illis.

« QUI hoc censetis, illuc transite, qui alia omnia, in hanc partem. » His verbis perit[48] ominis videlicet causa, ne dicat, Qui non censetis.

QUERQUETULANÆ VIRÆ. On croit que cette expression désigne les nymphes qui président à une chênaie verdoyante. On nous apprend qu'un bois de ce genre se trouvait en dedans de la porte appelée, d'après lui, *Querquetularia;* or les anciens appelaient *viræ* les femmes que nous appelons habiles, d'où l'on a conservé les mots *virgines*(1) et *viragines* (2).

QUES. Les anciens ont dit ainsi pour *qui*(3), d'où nous est resté, au datif, le mot *quibus*(4); car *qui* fait encore *quis*(5), comme *isti*(6) fait *istis*(7), et *illi*(8) fait *illis*(9).

« Vous qui partagez cet avis, passez de ce côté; vous qui adoptez les autres avis, passez de l'autre côté. » Par cette formule, le président demande les avis, et il l'emploie à cause du bon présage, pour éviter de dire : Vous qui n'adoptez pas, etc.

(1) Vierges. — (2) Femmes fortes. — (3) Qui, lesquels. — (4) Auxquels, ou par lesquels. — (5) On *queis*. — (6) Ceux-ci. — (7) A, ou par ceux-ci. — (8) Ceux-là. — (9) A, ou par ceux-là.

QUOD significat etiam aliquid, præterquam quod in usu fere est, et Græci dicunt τί.

QUINQUE GENERA signorum observant augures,

QUOD signifie quelque chose, outre les sens de ce mot consacrés par l'usage, et les Grecs disent τί.

Les augures observent cinq sortes de signes : ceux que

QUOT SERVI, TOT HOSTES, in proverbio est, de quo Sinnius Capito existimat errorem hominibus intervenisse præpostere plurimis enuntiantibus; vero enim similius esse dictum initio, quot hostis, tot servi, tot captivi *° fere ad servitutem adducebantur; unde etiam mancipia, nec sane.... seru.... epti.... ruti.... gia.... turbat.... rent... uncii.... Sinn-*ius Capito*.... ut pst.... nificat.... omnibus a.... *an*-cillæ u.... omnis un.... me part.... *re*-gula, sed v.... s altius fixu.... ferrendum quod....

QUONIAM significat *non solum id quod quia*, sed apud antiquos *etiam id quod postquam*, hac vi-de-licet de causa, quod *Græcum* ὅτε *utrius*-que significationem optinet.

QUOD *significat etiam aliquid præ-terquam quod in usu fere est*, ut *Græci* dicunt τί.

QUINQUENNALES *in coloniis appella*-bantur, qui lustrum condērent quīto quoque año, a quo nomī-ari cœptos.

QUINQUE *genera signorum observant* augures publici, *ex cœlo, ex avibus, ex tripudiis*, ex quadripedibus, *ex diris*, ut est in Auguralibus.

QUOT SERVI, TOT HOSTES [1]. Proverbe au sujet duquel Sinnius Capiton croit qu'il s'est introduit une erreur dans les esprits par suite d'une altération qu'en subit avec le temps l'énoncé. Il pense que dans le principe on a dit avec plus de vraisemblance *quot hostis, tot servi*, tant d'ennemis, tant d'esclaves, parce que l'on réduisait en servitude presque autant de captifs qu'il y avait d'ennemis. [Ici une lacune considérable, que nous n'avons aucun moyen de remplir.]

QUONIAM n'a pas seulement le même sens que *quia*, mais chez les anciens il était de plus synonyme de *postquam*, parce qu'en grec le mot ὅτε a ces deux sens.

QUOD signifie quelque chose, outre les diverses acceptions que l'usage a consacrées pour ce mot, de même que les Grecs disent τί.

QUINQUENNALES [2]. On appelait ainsi dans les colonies ceux qui fermaient le lustre chaque cinquième année, d'où vient leur nom.

Les augures publics observent cinq sortes de signes : d'après le ciel, les oiseaux, les trépignements, les phénomènes sinistres, comme cela est dit dans les *Livres des Augures*.

---

(1) Autant d'esclaves, autant d'ennemis. — (2) Qui fait une chose tous les cinq ans.

ex cœlo, ex avibus, ex tripudiis, ex quadrupedibus, ex diris.

donnent le ciel, les oiseaux, les trépignements, les quadrupèdes, les phénomènes sinistres.

LIVRE XVI.

RUFULI appellabantur tribuni militum a consule facti, non a populo; de quorum jure quod Rutilius Rufus legem tulerat, *Rufuli,* ac post *Rutuli* sunt vocati.

RUFULI. On appelait ainsi les tribuns des soldats créés par le consul et non par le peuple; ils ont été nommés *Rufuli* et dans la suite *Rutuli,* parce que leurs attributions avaient été fixées en vertu d'une loi portée par Rutilius Rufus.

RUNA genus teli significat. Ennius : « Runata recedit, » id est pilata[1].

RUNA. Ce mot désigne une sorte de trait. On lit dans Ennius : *Runata recedit;* c'est-à-dire elle se retira armée d'un javelot.

RUFULI tribuni mil-*itum appellabantur, quos* consul faciebat, n-*on populus de quorum jure quod* Rutilius Rufus leg-*em tulerat, qua eis cavebatur multis* modis (sic enim cleva-*verant eos, ut præ*pondera-*bant hi qui populi suffragiis creabantur), Rufi* a cognomine Rutili a-*c post Rufuli appellati sunt.*

RUFULI. On appelait ainsi les tribuns des soldats nommés par le consul et non par le peuple, dont les droits avaient été déterminés par une loi que proposa Rutilius Rufus, et qui prenait à leur égard diverses précautions. (En effet, on les avait classés de manière que la prépondérance appartenait à ceux qui avaient été créés par les suffrages du peuple.) D'après le surnom de Rutilius, ils ont été appelés d'abord *Rufi* et dans la suite *Rufuli.*

RUNA *genus teli significat...* Festus.

RUNA. Ce mot désigne une sorte

RUCTARE, non ructari dicendum est. Flaccus : « Videres alios ructare ac respuere pulcherrima superbia. » Cicero tamen ructaretur dixit.

RESPARSUM VINUM dixerunt, quia vino sepulcrum spargebatur.

RUCTARE[1]. Il faut dire ainsi et non *ructari*. Flaccus : *Videres alios ructare ac respuere pulcherrima superbia*[2]. Cicéron pourtant a dit *ructaretur*[3].

RESPARSUM VINUM[4]. On a employé cette expression, parce qu'on répandait du vin sur le tombeau d'un mort.

(1) Roter. — (2) Tu eusses vu les autres roter et cracher avec le plus bel orgueil. — (3) Qu'il rotât. — (4) Vin répandu.

---

ru-nas.... æ.... *Nævi-us*.... *idem po*-suit *Ennius in L. I*: « *Runata recedit,* » *i. e. pilata*.... ad..... esen....

RUCTARE *non ructari dicendum est....* ut pro.... os igi-*tur*.... scrib-*sit*.... *Fl*-accus.... « *Videres alios ructa*-re, *ac respuere*.... *pulcherrima superbia.* » M. Ci-ce-*ro tamen*.... *ructa*-*retur dixit.*

RESPARSUM VINUM *apud anti*-quos si-*gnificat vinum rogo inspersum,* quod in sacris n-*ovendia-libus* vino mortui sepulcrum spargebatur; *quæ sacra fiebant die nono.*

ROMANI LUDI[1] *dicti sunt, ut quidam existimant, quod artificum peregrinorum opera, quum illi celebrari cœperunt, Romani nondum utebantur, quos ab Etrus-ci-s civitatibus postea adduxerunt (nondum autem erant omnes, qui nunc celebrantur ludi, sed alii aliis temporibus* sunt institu-*ti*). *Hinc ludos illos appellatos esse Rom-a-*nos. Alii aiunt *ludos Romanos sive Magnos fuisse Matris* Magnæ, ac

de trait. [Lacune.] Ennius a dit de même au livre Ier: *Runata recedit,* c'est-à-dire elle s'est retirée armée d'un javelot.

RUCTARE. Il faut dire ainsi et non *ructari*. [Lacune.] Flaccus dit : *Videres alios ructare, ac respuere*.... *pulcherrima superbia.* M. Cicéron pourtant a dit.... *ructaretur*.

RESPARSUM VINUM. Chez les anciens, cette expression désigne le vin répandu sur le bûcher, parce que dans les sacrifices appelés *novendialia*, on versait du vin sur le tombeau d'un mort. Ces sacrifices se faisaient le neuvième jour après les funérailles.

ROMANI LUDI. Les jeux Romains ont été appelés ainsi, selon quelques auteurs, parce qu'à l'époque où l'on commença à les célébrer, les Romains n'avaient pas encore recours au travail des ouvriers étrangers, qu'ils firent venir dans la suite des cités étrusques. (Tous les jeux, en effet, que l'on célèbre aujourd'hui n'existaient pas encore; mais ils furent successivement institués à différentes époques.) De là, dit-on, ces jeux furent nommés jeux Romains. D'autres pré-

RUBIDUS apud Plautum panis vocatur parum coctus; item scorteæ ampullæ rugosæ *rubidæ* dici solent.

ROMANA PORTA² apud Romam a Sabinis appellata est, quod per eam proximus eis aditus esset.

RUBIDUS⁽¹⁾. Dans Plaute, ce mot désigne du pain peu cuit; de même on appelle ordinairement *rubidæ*⁽²⁾ des flacons de cuir mal poli.

ROMANA PORTA. Les Sabins ont appelé porte de Rome une porte qui est pour eux l'entrée la plus proche de cette ville.

(1) Rougeâtre. — (2) Roussâtres.

---

po-*pulum universum stipem sparsisse* in conferendis *sumptibus, unde ludos eos esse dic*-ros² Romanos. Alii *dictos* censent, quod ead. *exercitia cursu,* e-quitando, jactu *proponerentur, quæ Romanis mi*-lilibus³ : paribusq. etiam *compositis eadem, quæ in bello, a* ludentibus fierent.

tendent que les jeux Romains ou les Grands jeux étaient ceux de la Grande-Déesse, et que tout le peuple se cotisait pour en couvrir les frais, d'où ils ont été appelés jeux Romains. D'autres encore pensent que ce nom leur vient de ce qu'on s'y livrait à la course, à l'équitation, au jet du javelot, en un mot aux mêmes exercices imposés aux soldats romains, et de ce que des couples étant assortis, les lutteurs y figuraient les évolutions d'usage dans les combats.

RUBIDUS *panis appellat*-ur pa*rum coctus*⁴, quum *hujusmodi panis rufo colore esse soleat.* Plautus in Casina : « *In furnum calidum condit*-o, atque ibi torreto *me pro pane rubido.* » It-em scorteæ ampullæ vetustate rugosæ, et coloris ejusdem, rubidæ dici solent.

RUBIDUS. On appelle ainsi le pain mal cuit, parce que le pain de cette nature est ordinairement de couleur roussâtre. Plaute dit dans *Casine* : — *In furnum calidum condito, atque ibi torreto me pro pano rubido*⁽¹⁾. De même on a coutume d'appeler *rubidæ*⁽²⁾ des flacons de cuir que leur vétusté a couverts de rides, et qui sont de la même couleur.

ROMANAM PORTAM vulgus appellat, ubi ex epistylio defluit aqua; qui locus ab antiquis appellari solitus est Statuæ Cinciæ, quod in eo fuit sepulcrum ejus familiæ; sed porta Romana instituta est a Romulo infimo clivo Victoriæ, qui locus gradibus in quadram forma-

ROMANA PORTA. Le vulgaire appelle porte Romaine l'endroit où l'eau coule de l'épistyle. Les anciens nommaient d'ordinaire ce lieu les Statues Cinciennes, parce que l'on y voyait le tombeau de la famille Cincia. Mais la porte Romaine fut construite par Romulus au bas de la descente de la Victoire;

(1) Enferme-moi dans un four chaud, et la fais-moi rôtir comme un pain mal cuit.

RUTABULUM a proruendo igne vocatum, quo panes coquuntur. Invenitur tamen positum et pro virili membro.

RUTILIUM rufum significat, cujus coloris studiosæ etiam antiquæ mulieres fuerunt, unde et *rutiliæ*³ dictæ sunt.

RUTABULUM. Le fourgon du boulanger a été nommé ainsi, parce qu'il sert à remuer le feu [1] qui cuit le pain. Ce même mot se trouve employé pour désigner le membre viril.

RUTILIUS signifie roux; dans l'antiquité même les femmes ont recherché cette couleur, d'où le nom de *rutiliæ* [2].

---

(1) *A proruendo igne.* — (2) Ou plutôt *rutilæ*.

---

tus est; appellata autem Romana a Sabinis præcipue quod ea proximus aditus erat Romam.

RUTABULUM est, quo rustici in proruendo igne, panis conquendi gratia⁵. Novius in Pico⁶ : « Quid ego facerem, otiosi rodebam⁷ rutabulum. » Nævius⁸ obscenam viri partem describens : « Vel quæ sperat se nupturam viri adolescentulos⁹, ea licet senile tractet retritum rutabulum. »

RUTA CÆSA¹⁰ dicuntur, quæ venditor possessionis, sui usus gratia concidit, ruendoque contraxit¹¹.

RUTILIUM¹² rufum significat, cujus coloris studiosæ etiam antiquæ mulieres fuerunt, unde traxerunt cognomina rutilias¹³, ut indicat frequenter Afranius.

cet endroit est disposé en carré et garni de degrés. Elle était appelée Romaine surtout par les Sabins, parce qu'elle était pour eux l'entrée de Rome la plus voisine.

RUTABULUM, c'est le fourgon dont les campagnards se servent pour remuer le feu, afin de faciliter la cuisson du pain. Novius dit dans son *Économe* : — *Quid ego facerem, otiosus rodebam rutabulum* [1]. Névius dit en décrivant les parties honteuses de l'homme : *Vel quæ sperat se nuptum datam viro adolescentulo, ea licet senile tractet retritum rutabulum* [2].

RUTA CÆSA [3]. On nomme ainsi les parties meubles que le vendeur d'une possession a retranchées [4] pour son usage, et qu'il a retirées de la masse en les renversant.

RUTILIUS signifie roux, couleur que, même dans l'antiquité, les femmes ont recherchée, d'où elles ont pris le surnom de *rutilæ*, comme on le voit fréquemment dans Afranius.

---

(1) Que faire? oisif, je rongeais le fourgon. — (2) Ou qui espère être donnée en mariage à un homme très-jeune, quoiqu'elle manie le membre usé d'un vieillard. — (3) De *ruo* et *cædo*. — (4) S'est réservées.

RUTRUM dictum, quod eo arena eruitur.

ROTUNDAM faciebant ædem Vestæ ad pilæ similitudinem, quod eamdem credebant terram esse.

RUTRUM [1]. Le hoyau a été ainsi nommé, parce qu'il sert à remuer [2] le sable.

ROTUNDA. On donnait la forme ronde au temple de Vesta, par analogie avec celle d'une balle, parce que l'on croyait que cette déesse était la même que la terre.

(1) Ce mot signifie bêche, hoyau; truelle; rabot; outil de maçon, de vinaigrier, de boueur; perche entée dans le milieu d'un chauteau, d'un fond de tonneau : elle sert à remuer la chaux et le mortier, les lies de vin, à evacuer les boues. — (2) *Ruere*.

RUTRUM tenentis juvenis est effigies in Capitolio ephebi more Græcorum harenam ruentis, exercitationis gratia, quod signum Pompeius Bithynicus ex Bithynia supellectilis regiæ Romam deportavit.

RUTUNDAM ædem Vestæ [14] Numa Pompilius rex Romanorum consecrasse videtur, quod eamdem esse terram, qua vita hominum sustentaretur, crediderit : eamque pilæ forma esse, ut sui simili templo dea coleretur.

RUSCUM est, ut ait Verrius, amplius paullo herba, et exiruis virgultis fructibusque [15], non dissimile junco, cujus coloris rebus uti mulieres solitæ [16], commemorat Cato Originum lib. VII : « Mulieres opertæ auro, purpuraque, ars inhæret [17] diadema, coronas aureas ruscea facile [18], galbeos lineas [19], pelles, redimicula. »

RUTRUM. On voit au Capitole l'image d'un jeune homme à l'âge de puberté, tenant une bêche et remuant le sable à la manière des Grecs, pour s'exercer. Pompée le Bithynique apporta à Rome cette statue qui avait fait partie du mobilier du palais des rois de Bithynie.

RUTUNDA. Numa Pompilius, roi des Romains, semble avoir consacré à Vesta un temple de forme ronde, parce qu'il croyait cette déesse la même que la terre qui subvient à la vie des hommes; et il lui donna la figure d'une balle, afin que cette déesse fût honorée dans un temple fait à son image.

RUSCUM [1]. C'est, selon Verrius, une plante un peu plus grande que l'herbe et plus petite que les buissons et les arbrisseaux, assez semblable au jonc. Caton, au livre VII de ses *Origines*, nous apprend que les femmes se servaient habituellement d'objets de la couleur de cette plante; voici ses expressions : *Mulieres opertæ auro, purpuraque, arsinea, rete, diadema, coronas aureas, rusceas fasces, galbeas lineas, pelles, redimicula* [2].

(1) Brusc, myrte sauvage. — (2) Les femmes couvertes d'or, de pourpre; elles portent l'*arsineum* [ornement de tête], le filet, le diadème, des couronnes d'or, des touffes de myrte sauvage, des robes de lin, des fourrures, des bandelettes.

RUPITIA damnum dederit significat.

RUDUS vel RAUDUS[1] quum dicitur, res rudis et imperfecta significatur; hominem quoque imperitum *rudem* vocamus.

RUPITIA signifie qu'il ait causé du dommage.

RUDUS ou RAUDUS[1]. Lorsqu'on emploie ce mot, il signifie une chose grossière et imparfaite; nous appelons aussi *rudis*[2] un homme maladroit.

(1) Brut, qui n'est pas travaillé. Le substantif *rudus*, *ruderis* signifie décombres de bâtiments, plâtras, terreau, monnaie de cuivre. — (2) Brut, raboteux, qui n'est pas cultivé, ignorant, inhabile, incommode, fâcheux, dur, grossier.

RUPITIAS in XII significat damnum dederit.

RODUS vel RAUDUS significat rem rudem, et imperfectam; nam saxum quoque raudus appellant poetæ, ut Accius in Melanippo : « Constituit[20], cognovit, sensit, conlocat sese in locum celsum; hinc manibus rapere roudus saxeum grandem et gravem[21]; » et in Chrysippo : « Neque quisquam[22] a telis vacuus, sed uti cuique[23] obviam fuerat, ferrum alius saxio rudem[24]. » Vulgus quidem in usu habuit, non modo pro ære imperfecto, ut Lucilius, quum ait : « Plumbi paxillum, rodus linique matexam[25]; » sed etiam pro signato, quia in mancipando, quum dicitur : « Rudusculo libram ferito[26], » asse tangitur libra. Cincius de Verbis priscis sic ait : « Quemadmodum omnis fere materia non deformata rudis appellatur, sicut vestimentum rude, non perpolitum : sic æs infectum ru-

RUPITIAS. Dans la loi des Douze-Tables, ce mot signifie qu'il ait causé du dommage.

RODUS ou RAUDUS signifie une chose grossière et imparfaite. Car les poëtes appellent aussi une pierre *raudus*, comme Accius dans son *Mélanippe* : — *Constitit, cognovit, sensit, conlocat sese in locum celsum. Hinc manibus rapere raudus saxeum grande et grave*[1]; et dans son *Chrysippe* : — *Neque erat quisquam a telis vacuus, sed uti cui quid obviam fuerat, ferrum alius, alius saxeum raudus sumpserat*[2]. Le vulgaire aussi a employé ce mot non-seulement dans le sens de cuivre non travaillé, comme Lucilius, lorsqu'il dit : *Plumbi pauxillum rodus linique metaxam*[3]; mais aussi dans le sens de cuivre monnayé, parce que dans la mancipation on touche la balance avec un as lorsqu'on prononce ces mots : *Rudusculo libram ferito*[4]. Cincius, dans son traité *des Mots anciens*, s'exprime ainsi : « De même que presque toute matière non transformée par le travail est appelée

(1) Il s'est arrêté, il a connu, il a senti; il se place dans un lieu élevé, pour saisir de là, avec ses mains, un quartier de rocher gros et pesant. — (2) Et il n'y avait personne qui fût dépourvu de projectiles, mais chacun avait pris le premier objet qui s'était offert à lui, l'un de fer, l'autre un quartier de pierre. — (3) Un très-petit morceau de plomb, et un peloton de fil. — (4) Qu'il frappe la balance avec un morceau de cuivre.

RUDENTES restes nauticæ et asini quum vocem mittunt.

RUSPARI est crebro quærere.

RUSTICA VINALIA xiv⁵ kalendas septembris celebrabant, quo die primum vina in Urbem deferebant.

RUDENTES. On nomme ainsi les cordages d'un vaisseau, et les ânes lorsqu'ils braient⁽¹⁾.

RUSPARI. C'est chercher souvent⁽²⁾.

RUSTICA VINALIA. Les fêtes champêtres où l'on faisait à Jupiter des libations de vin nouveau, se célébraient le quatorzième jour avant les calendes de septembre, jour où l'on apportait le premier vin nouveau à Rome.

(1) *Rudere* signifie rugir comme un lion et braire comme un âne. — (2) Fureter.

---

dusculum; apud ædem Apollinis æs conflatum jacuit, id adrudus appellabant.... in æstimatione censoria æs infectum rudus appellatur. » Rudiari ab eodem dicuntur, quod saga nova poliunt. Hominem imperitum rudem dicimus.

rudis⁽¹⁾, de même on appelle *rude*⁽²⁾ tout vêtement qui n'est pas d'un travail fini; de même on appelle *rudusculum* le cuivre non travaillé. Du cuivre fondu était posé sur la terre près du temple d'Apollon; on l'appelait *adrudus*... dans l'estimation censorienne, le cuivre non travaillé est appelé *rudus*. » Le verbe *rudiari* vient de ce même mot, pour dire que le tailleur met la dernière main aux manteaux neufs des soldats. Nous donnons l'épithète de *rudis* à un homme maladroit.

RUDENTES restes nauticæ, et asini, quum voces mittunt.

RUSPARI est quærere cribro²⁷, ut hoc versu indicatur : « Et ego ibo, ut latebras ruspans rimeram aptimas²⁸. »

RUSTICA VINALIA appellantur mense augusto xiii kalend. sept. Jovis dies festus, quia Latini bellum gerentes adversus Mezentium,

RUDENTES. On nomme ainsi les cordages d'un vaisseau, et les ânes lorsqu'ils braient.

RUSPARI. C'est chercher souvent, comme on le voit par ce vers : *Et ego ibo, ut latebras ruspans rimer maritimas*⁽³⁾.

RUSTICA VINALIA. On appelait ainsi dans le mois d'août, le 13 des calendes de septembre, un jour consacré à Jupiter, parce que

(1) Brute. — (2) Grossier. — (3) Et moi j'irai pour fouiller en furetant les endroits cachés de la mer.

R pro S littera sæpe antiqui posuerunt ; ut majosibus, meliosibus, lasibus, fesiis, pro majoribus, melioribus, laribus, feriis.

R. Les anciens ont souvent employé cette lettre pour S ; ainsi ils disaient *majosibus*, *meliosibus, lasibus, fesiis*, pour *majoribus, melioribus, laribus, feriis*[1].

RORARIOS milites vocabant, qui levi armatura primi prœlium committebant, quod, ut ante imbrem fere rorare solet, sic illi ante gravem armaturam quod prodibant, rorarii dicti.

RORARII[2]. On appelait ainsi les soldats armés à la légère qui engageaient les premiers le combat, parce que, de même que d'ordinaire, une sorte de rosée précède une forte pluie, de même on nommait ces soldats *rorarii*, parce qu'ils entraient en lutte avant les troupes pesamment armées.

ROBUM rubro colore et quasi rufo significari, ut bovem quoque rustici appellant, manifestum est. Unde et materia, quæ plurimas venas ejus coloris habet, dicta est *robur*. Hinc et homines valentes et boni coloris *robusti*. *Robus* quoque in carcere dicitur is locus, quo præcipitatur male-

ROBUS. Ce mot signifie évidemment de couleur rouge et comme roux, ainsi que les paysans nomment le bœuf. D'où la matière qui a un grand nombre de veines de cette couleur est appelée *robur*[3]. De là aussi on donne la qualification de *robusti*[4] aux hommes forts et de bonne couleur. On appelle encore dans une prison *robus*,

---

(1) Plus grands, meilleurs; lares, fêtes Tous ces mots sont au datif ou à l'ablatif pluriel. — (2) Littéralement : Qui tombent comme la rosée ; c'est ce que nous appelons aujourd'hui tirailleurs. — (3) *Robur* signifie : Chêne le plus dur, toute chose faite de bois de chêne ; cachot, massue, la tige la plus dure d'une plante; dureté, force, vigueur du corps, homme d'une grande force; fermeté, vigueur d'âme, tétanos, maladie des nerfs. — (4) *Robustus* signifie : De bois de chêne ; robuste, vigoureux, etc.

---

omnis vini libationem ei deo dedicaverunt; eodem autem die Veneri templa sunt consecrata, alterum ad Circum Maximum, alterum in luci libitia densi²⁹, quia inpius³⁰ deæ tutela sunt horti.

les Latins, en guerre avec Mézence, vouèrent à ce dieu les libations de tout vin. Ce même jour ont été consacrés les temples de Vénus, l'un près du Grand Cirque, l'autre dans le bois sacré de Libitine, parce que les jardins sont sous la protection de cette déesse.

ficorum genus, quod ante arcis robusteis includebatur.

le lieu où l'on précipite cette espèce de malfaiteurs qu'antérieurement on enfermait dans des cages de chêne [1].

ROBIGALIA dies, festus vii kalend. maias, quo Robigo deo [6] suo, quem putabant robiginem avertere, sacrificabant.

ROBIGALIA, jour de fête, le septième avant les calendes de mai, où les Romains sacrifiaient à leur dieu *Robigo*, qui, dans leur croyance, détournait la rouille des blés.

RORARIUM vinum, quod rorariis dabatur.

RORARIUM, le vin que l'on donnait aux vélites.

ROGATIO [7] est, quum populus consulitur de uno pluribusve hominibus, quod non ad omnes pertineat et de una pluribusve rebus, de quibus non omnibus sanciatur. Nam

ROGATIO [2], se dit lorsque le peuple est consulté au sujet d'un ou de plusieurs individus, ce qui ne concerne pas tout le monde, et au sujet d'une ou de plusieurs choses, sur lesquelles la sanction n'est pas

---

(1) *Arcæ, robusteæ.* — (2) *Rogatio* signifie : Prière, requête, supplique ; projet de loi, la particulière adoptée.

RUSTUM ex *rubus* ubi incubare posset auspicii repetendi causa.

RUSTUM [1] vient de *rubus*, buisson où on pouvait se coucher pour prendre les auspices.

ROGATIO est, quum populus consulitur de uno pluribusve hominibus, quod non ad omnis pertineat, et de una, pluribusve rebus, de quibus non omnibus sanciatur; nam quod in omnis homines, resve populus scivit, lex appellatur. Itaque Gallus Ælius ait : « Inter legem et rogationem hoc interest : rogatio est genus legis ; quæ lex, non continuo ea rogatio est ; non potest [31] non esse lex, si modo justis comitiis rogata est. »

ROGATIO se dit lorsque le peuple est consulté au sujet d'un ou de plusieurs individus, ce qui ne concerne pas tous les citoyens ; et au sujet d'une ou de plusieurs choses, sur lesquelles la sanction n'est pas donnée pour tous. Car la résolution prise par le peuple pour tous les citoyens ou pour les affaires générales s'appelle loi. Aussi Gallus Élius dit : « Il y a entre la loi et la rogation cette différence : la rogation est une espèce de loi ; la loi n'est pas toujours une rogation. La rogation ne peut pas ne pas être une loi, si toutefois elle a été portée dans des comices régulièrement tenus. »

quod in omnes homines resve populus scivit, lex appellatur.

ROMULUS et **REMUS** a virtute, hoc est robore, appellati sunt.

ROMAM Romulus de suo

donnée pour tous. Car la résolution prise par le peuple pour tous les citoyens ou pour les affaires générales, s'appelle loi.

ROMULUS et **REMUS** ont été ainsi appelés de *robur*, force, énergie.

ROMA. Romulus appela

ROMULUM quidam a ficu ruminali, alii quod lupæ ruma nutritus est, appellatum esse ineptissime dixerunt; quem credibile est a virium magnitudine, item fratrem ejus, appellatos.

ROMAM appellatam esse Cephalon Gergithius [32] (qui de adventu Æneæ in Italiam videtur conscripsisse) ait ab homine quodam comite Æneæ; eum enim occupato monte, qui nunc Palatius [33] dicitur, urbem condidisse, atque eam Rhomam nominasse. Apollodorus in Euxenide ait, Ænea et Lavinia natos Mayllem, Mulum, Rhomumque, atque ab Rhomo urbi tractum nomen. Alcimus [34] ait, Tyrrhenia Æneæ natum filium Romulum fuisse, atque eo ortam Albam Æneæ neptem, cujus filius nomine Rhodius [35] condiderit urbem Romam. Antigonus [36], Italicæ historiæ scribtor, ait, Rhomum quemdam nomine, Iove conceptum, urbem condidisse in Palatio Romæ eique [37] dedisse nomen

ROMULUS. Quelques auteurs ont fort niaisement prétendu que Romulus avait tiré son nom du figuier ruminal; d'autres ont soutenu avec tout aussi peu de raison qu'il avait été nommé ainsi parce qu'il avait été nourri par la mamelle [1] d'une louve. Il est croyable qu'il tira son nom, ainsi que son frère, du grand développement de sa force.

ROMA. D'après Céphalon Gergithius, qui paraît avoir écrit sur l'arrivée d'Énée en Italie, Rome fut ainsi appelée du nom d'un homme qui avait suivi Énée; ce personnage fonda la ville après avoir pris possession du mont appelé aujourd'hui Palatin, et la nomma Rhoma. Apollodore dit, dans son *Euxenis*, que d'Énée et de Lavinie naquirent Maylles, Mulus et Rhomus, et que ce fut ce dernier qui donna son nom à la ville. Alcimus avance qu'Énée eut de Tyrrhénie un fils appelé Romulus, que de celui-ci vint Alba, petite-fille d'Énée; et que le fils de cette princesse, appelé Rhomus, fonda la ville de Rome. Antigone, qui a écrit une histoire d'Italie, prétend qu'un personnage du nom de Rhomus, fils de Jupiter, fonda une ville sur le mont Palatin et lui donna le nom de

nomine appellavit, sed ideo ainsi Rome de son nom; il l'ap-

Historiæ Cumanæ compositor [38], Athenis quosdam profectos Sicyonem Thespiadasque [39], ex quibus porro civitatibus, ob inopiam domiciliorum, compluris profectos in exteras regiones, delatos in Italiam, eosque multo errore nominatos Aborigines [40], quorum subjecti qui fuerint Cæximparum [41] viri, unicarumque virium imperio montem Palatium, in quo frequentissimi consederint, appellavisse a viribus regentis Valentiam : quod nomen adventu Euandri Æneæque in Italiam cum magna Græce loquentium copia interpretatum, dici cœptum Rhomem. Agathocles [42], Cyzicenarum rerum conscribtor, ait, vaticinio Heleni impulsum Æneam, Italiam petivisse portantem suam secum neptem Ascani filiam nomine Rhomam, eamque, ut Italia sint Phryges potiti et his regionibus [43] maxime, quæ nunc sunt vicinæ urbi, prima omnium consecrasse [44] in Palatio Fidei templum, in quo monte postea quum conderetur urbs, visam esse justam vocabuli Romæ noiñ causam [45], eam, quæ priore, unde ea locum [46] dedicavisset Fidei. Ait quidem Agathocles complures esse auctores, qui dicant Æneam sepultum in urbe Berecynthia proxime flumen Nolon [47], atque ex ejus progenie quemdam nomine Rhomum venisse in Italiam, et urbem Romam nominatam condidisse. Caltinus [48], Agathoclis Siculi qui res gestas conscribsit,

Rome. L'auteur de l'histoire de Cumes raconte que certains individus, partis d'Athènes pour Sicyone et Thespies, n'ayant pu trouver à s'établir dans ces villes, un grand nombre d'entre eux les quittèrent pour se diriger vers les pays étrangers, furent poussés en Italie, et furent appelés Aborigènes à cause de leurs longues courses. Il ajoute que ceux qui furent soumis au méchant Cacus et à un gouvernement tout fondé sur la force physique, appelèrent le mont Palatin, où ils se fixèrent en plus grand nombre, Valentia, d'après la force de leur chef. Lorsqu'Évandre et Énée arrivèrent en Italie avec un grand nombre d'hommes qui parlaient grec, ce nom aurait été traduit en cette langue, et aurait commencé à se transformer en celui de Rhoma. Agathocle, qui a écrit sur les affaires de Cyzique, dit qu'Énée, poussé par la prophétie d'Helenus, se dirigea vers l'Italie emportant avec lui sa petite-fille, née d'Ascagne et nommée Rhoma, et que, lorsque les Phrygiens se furent rendus maîtres de l'Italie et surtout des contrées qui sont maintenant les plus voisines de la ville, cette princesse fonda la première de toutes un temple de la Bonne-Foi sur le mont Palatin. L'auteur ajoute que lorsque dans la suite on fonda la ville sur ce même mont, on jugea équitable de lui donner le nom de Roma, qui la première avait consacré ce même lieu à la Bonne-Foi. Agathocle affirme qu'il y a beaucoup d'auteurs qui disent qu'Énée fut enseveli dans la ville de Bérécynthie, près du fleuve Nolon, et que l'un de ses descendants nommé Rhomus vint en Italie, où il fonda une ville appelée Roma. Callias,

Romam, non Romulam, ut ampliore vocabuli significatu	pela Roma et non Romula, afin qu'en supprimant la forme

arbitratur e manu Trojanorum fugentium [49] Ilio capto, cuidam fuisse nomen Latino [50], eumque habuisse conjugem Rhomam, a quo, ut Italia sit potitus, urbem condiderit, quam [51] Rhomam appellavisse. Lembos, qui appellatur Heraclides, existimat, revertentibus ab Ilio Achivis, quemdam tempestate dejectos [52] in Italiæ regiones sequutos Tiberis decursum pervenisse, ubi nunc sit Roma, ibique propter tædium navigationis, impulsas captivas auctoritate virginis cujusdam tempestivæ nomine Rhomes, incendisse classem, atque ab ea necessitate ibi manendi urbem conditam ab iis, et potissimum ejus nomine eam appellatam, a cujus consilio eas sedes sibi firmavissent. Galitas scribit [53], quum post obitum Æneæ imperium Italiæ pervenisset ad Latinum, Telemachi Circæque filium, hisque ex Rhome [54] suscepisset filios, Romum, Romulumque, urbi conditæ in Palatio causam fuisse appellandæ potissimum Rhomæ. *Diocles Peparethius ait Iliam, Numitor-is A-lbani regis filiam, gemellos edidisse, quos in i-ma Tiberis ripa, jussu Amulii tyranni, exp-ositos, quum juxta ficum postea appellatam a* Rom-*ulo ruminalem jacerent, a lupa* lac-*tatos et a pico Martio nutritos esse: post repertos a Faustulo Accam Larentiam, ejus uxorem, educasse*; pler-*ique*	qui a composé l'histoire d'Agathocle le Sicilien, pense que parmi les Troyens qui s'enfuirent après la prise d'Ilium, il se trouvait un homme du nom de Latinus, qui avait pour femme Rhoma; et que cette dernière, après que Latinus se fut rendu maître de l'Italie, appela Rhoma la ville dont elle fut la fondatrice. Lembos, qui est appelé Héraclides, admet que lorsque les Achéens revinrent d'Ilium, quelques-uns d'entre eux, jetés par une tempête dans les régions d'Italie, suivirent le cours du Tibre, arrivèrent à l'endroit où est maintenant Rome; que là leurs captives, fatiguées de leur navigation, et excitées par l'autorité d'une vierge d'un âge mûr, nommée Rhoma, incendièrent la flotte, et que, forcés de rester en cet endroit, les Achéens y fondèrent une ville à laquelle ils donnèrent de préférence le nom de la vierge dont le conseil leur avait assuré ces demeures. Clinias a écrit qu'après la mort d'Enée, la souveraineté de l'Italie ayant passé à Latinus, fils de Télémaque et de Circé, et ce prince ayant eu de Rhoma deux fils, Romus et Romulus, ce fut là la cause principale qui fit donner le nom de Rhoma à la ville fondée sur le mont Palatin. Dioclès de Péparèthe dit qu'Ilia, fille de Numitor, roi d'Albe, mit au monde deux jumeaux, qui, par ordre du tyran Amulius, furent exposés sur la rive la plus basse du Tibre. Comme ils étaient couchés près d'un figuier, appelé plus tard ruminal, du nom de Romulus, ils furent allaités par une louve et nourris par le pic-vert consacré à Mars; ensuite ils furent trouvés par Faustulus et élevés par Acca Larentia, femme de ce-

prosperiora patriæ suæ ominaretur.

du diminutif, le vocable ayant un sens plus étendu, annonçât un sort plus prospère à sa patrie.

---

tamen conscio et alimenta præ-bente *Nu-*mito-re *nutritos aiunt, quod Ilia ex Marte se* pepe-*risse eos asseverabat, ac secreto litteris, omni* deni-*que liberali disciplina Gabis institutos* atque *exccultos esse :* ac *quum in exercendo corpore pri-*mam p-*ueritiam transigerent et inter æquales* omnes pr-*æstarent robore, Romulum et Rhomum* nomin-*atos esse. Alii dicunt, quod matre virgine vestali compressa a viro incesto procreati essent, ex-*positos *in ripa Tiberis esse : ibi lupam iis præbuisse ru-*mam, *monte vicino descendentem : hinc, postquam reperti* sunt, educa-*tique a Faustulo, Romulus et Romus a ruma no-*minati *poti-s-simum dicuntur. Quos ferunt, quum, qua matre* essent procreati, *intellexissent, Numitori avo primum* restituisse reg-*num, deinde de urbe condenda* per auguria de-cre-*visse, uter eam conderet no-mi-*naretque, ac deorum *manifesta approbatione Ro-*mulum urbem con-*didisse, sed eam nominasse Romam* potius, quam Romu-*lam suo de nomine, ut amplio-*re vocabuli signifi-*catu prosperiora patriæ suæ omninaretur*[55]. *Romam antea Romulam appel-*latam, Terentius quidem *Varro censet, ab Romulo, deinde* detortam *vocabuli formam in Romam, existimat* credibile ; ceterum cau-*sam in li-*

lui-ci. Plusieurs auteurs cependant soutiennent qu'ils furent nourris au su de Numitor, qui fournit pour eux des aliments, parce qu'Ilia assurait qu'elle les avait eus du dieu Mars, et qu'ils furent secrètement instruits et formés à Gabies dans les lettres, et, en un mot, dans toute la science des Grecs ; et comme ils passaient leur première enfance dans les exercices du corps, et l'emportaient sur tous ceux de leur âge par leur force, on les nomma Romulus et Rémus. Selon d'autres, ils furent exposés sur la rive du Tibre, parce qu'ils étaient le fruit d'un inceste, à savoir les enfants d'une vierge vestale violée par un homme. Là, une louve descendue de la montagne voisine, leur présenta la mamelle ; ce qui fit que, après qu'ils eurent été trouvés et élevés par Faustulus, ils furent nommés Romulus et Romus, du mot *ruma*, qui signifie mamelle. Lorsqu'ils eurent appris de quelle mère ils étaient nés, ils commencèrent, assure-t-on, par rendre le trône à Numitor, leur aïeul. Ensuite, quand il s'agit de fonder une ville, ils s'en rapportèrent aux augures pour décider lequel des deux la fonderait et lui donnerait son nom. Par suite de l'approbation manifeste des dieux, Romulus fonda la ville ; mais il la nomma Roma plutôt que Romula d'après son nom, afin qu'en supprimant la forme du diminutif, ce vocable ayant un sens plus étendu, présageât un sort plus prospère à sa patrie. Terentius Varron pense, il est vrai, que Rome fut dans le principe appelée Romula, d'après Romulus, et il juge croyable que

ROMULIA TRIBUS² dicta quod ex eo agro censebantur, quem Romulus ceperat ex Veientibus.

RUMEX⁹ genus teli simile spari Gallici.

RUMITANT, rumigerantur. Nævius : « Simul alius aliunde rumitant inter sese. »

RUMINALIS dicta est ficus,

ROMULIA TRIBUS. La tribu romulienne était ainsi appelée, parce qu'elle se recrutait sur le territoire enlevé par Romulus aux Véiens.

RUMEX, sorte de trait semblable au dard gaulois.

RUMITANT, ils font courir des bruits. Névius dit : *Simul alius aliunde rumitant inter sese* [1].

RUMINALIS. On a ainsi

---

[1] Ils bavardent entre eux, apportant les nouvelles, l'un d'un côté, l'autre de l'autre.

---

bris sacrorum se inve-nisse ait Verrius, *cur verum Romæ nomen taceatur.*

Romanam portam ante-*a Romulam voci*-tatam ferunt, quæ fuerit *ab Romulo appellata.*

Romuliam tribum *appellatam ait Dio*-ny-sius ³⁶ *ab Romulo, quod in agro ab eo ca*-pto *de Veientium populo, ea tribus cen*-se-*batur. Sed Terentius Varro dictam ait, quod pro*-xima *Romæ esset....* næ.... usdam.... ep.... ama.... Cap-*ito*-lio.... nium....de....que....requisi-*tum....* ap-pellatam.... est quæ....

Rumex *genus teli simile spari Gallici, cujus* m̄. Lucili-*us :* « *Tum spara, tum rumices portantur, tragula porro.* »

Rumitant *significat rumigera*-nt, *ut* Næ-*vius :* « *Simul alius aliunde rum*-itant inter *se.* »

Ruminalem *ficum appel*-latam

plus tard ce nom s'altéra en celui de Rome. Du reste, Verrius prétend avoir trouvé dans les livres sacrés la raison pour laquelle on tait le véritable nom de Rome.

Romana porta. La porte Romaine fut primitivement appelée Romula, parce qu'elle avait pris son nom de Romulus.

Romulia tribus. La tribu romulienne a été ainsi appelée par Romulus, dit Denys, parce qu'elle se recrutait sur le territoire conquis par ce prince sur la nation des Véiens. Mais Terentius Varron dit qu'elle avait été ainsi nommée, parce qu'elle était la plus voisine de Rome. [Ici se trouve une lacune assez considérable.]

Rumex, sorte de trait semblable au dard gaulois, et dont Lucilius fait mention : *Tum spara, tum rumices portantur, tragula porro* [1].

Rumitant signifie ils font courir des bruits, comme dit Névius : *Simul alius aliunde rumitant inter se.*

Ruminalis. Varron dit qu'on

---

[1] Alors on porte et les dards et les javelots, et l'on présente en avant les demi-piques.

quod sub ea arbore lupa mammam dederat Remo et Romulo. Mamma autem *rumis* dicitur, unde et rustici appellant hædos *subrumos*, qui adhuc sub mammis habentur.

RUMEN est pars colli, qua esca devoratur, unde rumare dicebatur, quod nunc ruminare.

RUMENTUM, abruptio.

appelé un certain figuier, parce que c'était au pied de cet arbre qu'une louve avait offert sa mamelle à Romulus et à Rémus. Or la mamelle s'appelle *rumis*, et les gens de la campagne appellent *subrumi* les chevreaux qui se tiennent encore sous la mamelle.

RUMEN [1]. C'est cette partie du cou par laquelle la nourriture s'absorbe, d'où l'on disait *rumare* pour *ruminare* [2], forme aujourd'hui usitée.

RUMENTUM [3], interruption.

[1] C'est le haut du ventricule des animaux qui ruminent. — [2] Ruminer. — [3] Ce mot vient de *rumpo*, je romps. Il désigne l'interruption qu'éprouvait ou augure par le chant d'un oiseau.

---

ait Varro *prope Curiam sub Veter*-ibus quod sub ea ar-bore *lupa a monte decurrens* Remo et Romulo *mammam præbuerit; mamm-a* autem rumis di-*cebatur; unde rustici hædos lactent*-es subrumios vo-*cant* [57], *quia adhuc sub mammis habentur;* alibi autem sunt [58] *qui dictam putent, quod sub ea pecus* ruminari solitum *esset*.

RUMEN *est pars colli*, qua esca devoratur, *unde rumare dicebant*, quod nunc ruminare.

RUMENTUM *in augur*-alibus si-gnificare vi-*detur interruptio abrupti*-ove : « Dum verba ancilibus movendis præit, si int-erim

donna ce nom à un figuier situé près de la salle du sénat au-dessous de *Veteres*, parce que ce fut sous cet arbre qu'une louve accourue de la montage présenta sa mamelle à Rémus et à Romulus. Or la mamelle était appelée *rumis*; d'où les gens de la campagne appellent *subrumii* les chevreaux qui tettent encore, parce qu'ils se tiennent encore sous les mamelles. Selon d'autres, ce figuier fut nommé ruminal, parce qu'on avait coutume de faire paître [1] le bétail sous son ombrage.

RUMEN. C'est cette partie du cou par laquelle la nourriture s'absorbe, d'où l'on disait *rumare*, pour *ruminare*, forme aujourd'hui usitée.

RUMENTUM. Dans la science des augures, ce mot signifie interruption ou suspension : *Dum verba ancilibus movendis præit, si in-*

[1] Faire ruminer, c'est-à-dire manger.

RHEGIUM appellatur id municipium, quod in freto Siciliæ est, quoniam id a rumpendo dictum est.

REDIBITUR tum [10] id pro-

RHEGIUM. C'est le nom de ce municipe, qui est sur le détroit de Sicile; et il lui vient de rompre [1].

REDIBITUR signifie pro-

(1) Du grec ῥήγνυμι, je romps.

---

vis canerit [59].... o, augurio rumentum *estod*. »

RHEGIUM *per rh signifi*-care oportere ait Verrius id municipium, quod in freto e regno Siciliæ [60] est : quoniam id dictū est a rumpendo, quod est Græce ῥατα ται [61], eo quidem magis, quia in Gallia Cisalpina, ubi forum Lepidi fuerat, Regium vocatur.

RHONDESICADIONQUE quum dixit Lucilius, quo nomina riparum [62] posuit, tam infestum sibi corpus, et valitudinem referens, quam levis sed saluti [63] navigantium.

RHINOCEROTEM quidam esse aiunt bovem Ægyptium [64].

REDEMPTORES proprie atque antiqua consuetudine dicebantur, qui; quum quid publice faciendum, ut præbendum [65] condixerant, effecerantque, tum demum pecunias accipiebant; num antiquitus emere pro accipere ponebatur. At hi nunc dicuntur redemptores, qui quid conduxerunt præbendum utendumque.

REDIBITUR tū [66] id proprie dr̄,

terim avis canerit.... o, *augurio rumentum estod* [1].

RHEGIUM. Ce nom écrit par *rh* doit, selon Verrius, désigner le municipe qui est situé sur le détroit du côté de la Sicile : en effet, il a été nommé ainsi du grec ῥανῆναι, qui signifie rompre, d'autant plus qu'une ville de la Gaule Cisalpine, située sur l'emplacement où était jadis le *forum Lepidi*, s'appelle Regium [2].

RHONCHES ICADIONQUE. Lucilius s'est servi de ces mots comme surnoms de pirates, en faisant allusion à son corps et à sa santé, aussi cruels pour lui que ces pirates l'étaient pour le salut des navigateurs.

RHINOCEROS. Quelques auteurs disent que le rhinocéros est une espèce de bœuf d'Égypte.

REDEMPTORES [3]. On appelait proprement ainsi, par un vieil usage, les entrepreneurs qui, s'étant engagés à faire un travail ou des fournitures pour l'État, ne recevaient l'argent qu'après avoir rempli leurs obligations. Car anciennement le mot *emere* [4] s'employait pour *accipere* [5]. Mais aujourd'hui on appelle *redemptores* ceux qui ont affermé une chose pour le service et l'usage.

REDHIBITUM [6]. On nomme pro-

(1) Si le chef des Saliens les précède en récitant les paroles sacrées pour leur faire agiter les anciles, et si en ce moment un oiseau se met à chanter.... qu'il y ait interruption pour l'augure. — (2) Aujourd'hui Reggio, ville du duché de Modène. — (3) *Redemptor* signifie : Entrepreneur de constructions, fermier des revenus publics, etc. — (4) Acheter. — (5) Recevoir. — (6) Rendu par suite de redhibition.

prie dicitur, quod redditum est improbatumque, quod et qui dedit rursus coactus est habere id, quod ante habuit.

REDIVIA sive RELUVIUM dicitur, quum circa ungues cutis se solvit, quia luere [11] est solvere.

REDHOSTIRE est gratiam

prement ce qui a été rendu et refusé comme mauvais; ce mot exprime aussi que celui qui a donné est forcé d'avoir une seconde fois ce qu'il a eu précédemment.

REDIVIA ou RELUVIUM. Cette expression désigne la peau qui se détache autour des ongles; car *luere* signifie détacher.

REDHOSTIRE, c'est ren-

---

quod redditū est, inprobatumq. et qui dedit, idemque rursus coactus est [67] habere id, quod ante habuit.

REDIVIAM quidam, alii reluvium appellant, quum circa unguis cutis se resolvit, quia ruere [68] est, solvere. Titinius in Setina : « Lassitudo conservum, rediviæ flagri. » Et Livi. [69] : « Scabra in legendo, reduviosave offendens. »

REDHOSTIRE, referre gratiam. Navius in Lupo [70] : « Vel Veiens regem salutant jubæ Albanum mulium comitem senem sapientem, contra redhostis Menalus [71]. » Et Accius in Amphitryone : « Cedo ecquid te redhostitium cum eas sem objectet facilius [72]. » Nam et hostire, pro æquare posuerunt. Ennius in Cresphonte : « Audis at-

prement ainsi ce qui a été rendu et refusé comme mauvais; de sorte que celui qui a donné est forcé de reprendre ce qui lui avait déjà appartenu.

REDIVIA [(1)]. Quelques-uns appellent ainsi, et d'autres *reluvium*, la peau qui se fend en se détachant autour des ongles, parce que *luere* signifie détacher. Titinius dit, dans la pièce intitulée *Setina* : — *Lassitudo conservum, reduviæ flagri* [(2)]. Et Lévius : *Scabra in legendo, reduviosave offendens* [(3)].

REDHOSTIRE, rendre grâces. Névius, dans *le Loup* : — *Ubi Veiens regem salutat : jubeo Albanum Amulium comiter senum sapientem, contra redhostit Mœnalus* [(4)]. Et Accius, dans son *Amphytrion* : — *Cedo ecquid, redhostit, ut cum ea se oblectet facilius* [(5)]. Car on a employé *hostire* dans le sens de rendre la pareille. Ennius, dans son *Cresphonte* : — *Audi atque auditis hostimentum adjungito* [(6)].

---

(1) On écrit aussi *redavia* et *reduvia*; c'est un petit ulcère qui vient à la naissance des ongles, une envie. — (2) La fatigue des compagnons d'esclavage, les parcelles de peau enlevées par le fouet. — (3) Rencontrant, en cueillant, des choses rudes et qui écorchent la peau. — (4) Si le Véien salue le roi, il dit : Je commande honnêtement l'Albain Amulius, sage vieillard, et Ménale rend la pareille. — (5) Je cède quelque chose; il rend la pareille, afin de se délecter plus facilement avec elle. — (6) Écoute, et rends la pareille à ce que tu as entendu.

referre, nam et *hostire* pro æquare posuerunt.

dre grâces ; car on s'est aussi servi du mot *hostire* pour signifier égaler [ou égaliser](1).

(1) Rendre la pareille, user de représailles.

---

que auditis 73 hostimentum adjungito. » Et in Hectoris lytris : « Quæ mea cominus machæra, atque hasta hospius manu 74 ; et Pacuvius in Teucro : « Nisi coerceo protervitates 75, atque hostio ferociam. »

REDANTRUARE dicitur in Saliorum exultationibus, quum præsul ampiruavit 76, quod est, motus edidit, ei referuntur invicem idem motus. Lucilius : « Præsul ut ampiruet, inde vulgus redamplavit at 77. » Pacuvius : « Proærerenda gratia 78 : simul quum videam Graios nihil mediocriter redamptruare, opibusque summis persequi. »

REDIVIVUM est ex vetusto renovatum. Cicero lib. I in Verrem : « Utrum existimatis minus operis esse unam columnam efficere ab integro novam nullo lapide redivivo. »

REDARGUISSE 79 per e litteram Scipio Africanus Pauli filius dicitur enuntiasse, ut idem etiam pertisum ; cujus m. Lucilius, quum ait : « Quo facetior videare, et scire plusquam ceteri, pertisum

Et, dans la *Rançon d'Hector* : — *Quæ mea cominus machæra, atque hasta hostibit e manu* (1). Et Pacuvius, dans son *Teucer* : — *Nisi coerceo protervitatem, atque hostio ferocium* (2).

REDANTRUARE. On emploie ce terme dans les danses des Saliens, parce que, lorsque leur chef a fait une pirouette, c'est-à-dire lorsqu'il a fait certains mouvements, on lui répond par les mêmes mouvements. Lucilius dit : *Præsul ut amptruat inde : ita volgus redamptruat ollim* (3). Pacuvius : *Promerenda gratia : simul quum videam Graios nihil mediocriter redamptruare, opibusque summis persequi* (4).

REDIVIVUM (5), c'est ce qui est renouvelé de l'ancien. Cicéron, dans sa première *Verrine*, dit : *Utrum existimatis minus operis esse unam columnam efficere ab integro novam nullo lapide redivivo* (6).

REDERGUISSE (7). On dit que Scipion l'Africain, fils de Paul, a prononcé ce mot avec la lettre *e*, de même qu'il avait dit *pertisum* (8). Lucilius rappelle ce fait, lorsqu'il dit : *Quo facetior videare, et scire plusquam ceteri, pertisum homi-*

(1) Il répondra aussitôt à ce que je lui aurai fait sentir par mon épée et par ma lance. — (2) Si je ne réprime son insolence et si je ne réponds à son orgueil. — (3) Si le prêtre principal danse de là, le vulgaire lui répond par les mêmes mouvements. — (4) Il faut mériter sa faveur, d'autant que je vois les Grecs ne répondre médiocrement à aucune avance, et vous accabler des plus grandes politesses. — (5) *Redivivus* signifie : Qui renaît, rajeunit, qui revient à la vie ; *redivivus lapis*, une pierre taillée de nouveau ou remise en œuvre. — (6) Ou croyez-vous qu'il en coûte plus de travail pour faire une seule colonne tout à fait neuve, sans remettre une seule pierre en œuvre ? — (7) Avoir réfuté, avoir repris, blâmé. — (8) Pour *pertæsum*, ennuyé, rebuté.

REUS dictus est a re¹², quam promisit ac debet.

REUS STIPULANDO est idem, qui stipulatur.

REUS PROMITTENDO¹³, qui suo nomine alteri quid pro altero promisit.

REUS⁽¹⁾. L'accusé est ainsi appelé de *res*⁽³⁾, parce qu'il a promis et doit une chose.

REUS STIPULANDO⁽³⁾, c'est l'équivalent de *qui stipulatur*⁽⁴⁾.

REUS PROMITTENDO⁽⁵⁾, celui qui a promis quelque chose à un autre pour un tiers.

(1) Ce mot signifie : Défendre en justice; responsable, lié par..., caution, répondant. Il s'étendait généralement à tous ceux qui avaient quelque contestation, soit en matière criminelle, soit en matière civile. Il ne se prend jamais pour *coupable* dans les bons auteurs, mais seulement pour *accusé*. — (2) Chose, affaire, etc. — (3) Lié par une stipulation. — (4) Qui stipule. — (5) Lié par une promesse.

---

hominem, non pertæsum dicere ferum nam⁸⁰ genus. »

REDIMICULUM vocant mulieres catellam, qua maxime utuntur ornatus causa.

REUS nunc dicitur, qui causam dicit : et item qui quid promisit sponditve⁸¹ ac debet; at Gallus Ælius libro II Significationum verborum, quæ ad jus pertinent, ait : « Reus est, qui cum altero litem contestatam habet, sive his egit⁸², sive cum eo actum est. Reus stipulando est idem qui stipulator dicitur, quippe suo nomine⁸³ ab altero quibus pepulatus est, non his qui⁸⁴ alteri adstipulatus est. Reus promittendo est, qui suo nomine alteri quid promisit, qui pro altero⁸⁵ quid promisit. » At Capito Actus⁸⁶ in eadem quidem opinione est : sed exemplo adjuvat interpretationem. Numa in secunda tabula⁸⁷ secunda lege in qua scri-

nem non pertæsum fortunam, genus⁽¹⁾.

REDIMICULUM⁽²⁾. Les femmes appellent ainsi une petite chaîne, dont elles se servent surtout comme d'ornement.

REUS. On appelle maintenant ainsi celui qui plaide ; et aussi celui qui a promis quelque chose, qui s'est engagé comme caution, et qui doit. Mais Gallus Élius dit, au livre II de son traité *de la Signification des mots qui appartiennent au droit* : « On appelle *reus* celui qui a une contestation judiciaire avec une autre personne, soit comme demandeur, soit comme défendeur. Ce *reus stipulando* est le même que le *stipulator*⁽³⁾, ou celui qui a reçu en son nom une stipulation d'une autre personne, et non celui qui s'est joint à la stipulation d'un autre. On appelle *reus promittendo* celui qui a promis en son nom quelque chose à un autre, et non celui qui a promis quelque chose pour autrui. » Capitus Ateio, de son côté, est de la

(1) Pour paraître plus agréable, et pour avoir l'air de savoir plus que les autres, c'est un genre de dire *pertisum* et non *pertæsum fortunam*, en parlant d'un homme qui est fatigué du sort. — (2) C'est une parure de femme ou de prêtre, une coiffure. — (3) Celui qui stipule.

RITUS mos vel consuetudo [14]. Rite autem significat bene ac recte.

RITUS, usage ou coutume [1]. Mais Rite signifie bien et exactement [2].

(1) Et aussi cérémonies, forme, manière. — (2) De plus : avec les formes, les cérémonies, les formalités ordinaires ; selon l'usage ; heureusement.

---

ptum est : « Quid horum fuit unu[88] judici arbitrove reove, eo die diffensus esto, » nunc uterque actorum reique in judicio me vocatur[89]; itemque accusator de vi accitur[90] more vetere, et consuetudine antiqua.

même opinion ; mais il appuie son explication sur un exemple : en effet, dans la seconde des Douze-Tables, à la seconde loi où il est écrit : *Si quid horum fuat unum judici arbitrove reove, eo die diffensus esto* [1]; ici l'un et l'autre, le demandeur et le défendeur sont appelés au jugement de la cause ; et de même l'accusateur est appelé de la voie publique, en vertu de l'ancien usage et de la vieille coutume.

Rivus vulgo appellatur tennis fluor aquæ, non spe consiliove[91] factus, verum naturali suo impetu ; sed hi rivi[92] dicuntur, qui manu facti sunt, sive super terram fossa, sive super specu[93], cujus vocabuli origo ex Græco[94] pendet.

Rivus [2]. On appelle ordinairement ainsi un faible cours d'eau, et qui n'est point fait artificiellement par un conduit ou par une tranchée, mais se produit par son impulsion naturelle : mais on appelle aussi *rivi* les cours d'eau faits de main d'homme, soit au moyen d'un fossé à la surface de la terre, soit au-dessous d'une caverne ; ce mot vient du grec ῥεῖν [3].

Repanda locantur Pompina flumin-a [95], *id est purganda : retæ enim vocantur arbores, quæ ap-ud fluvios eminent, aut ex ipsis alveis extant.*

Retanda [4]. On loue pour les curer les eaux Pomptines ; or on appelle *retæ* les arbres qui s'élèvent au bord des rivières, ou qui surgissent de leur lit même [5].

Ritus est mos vel consuetudo : rite autem be-ne a-c recte significat.... istic. Plautus in Menœchmis : « *Certe hæc mulier can-te-rin-o ritu astans somniat* ».... homi.... ina.... telo.... alio.... *facit* men-tionem.... *te-lorum*.... solitum est.... remo....

Ritus signifie usage ou coutume : *rite* signifie bien et exactement. [Lacune.] Plaute dit dans les *Menechmes* : — *Certe hæc mulier canterino ritu astans somniat* [6]. [Encore une lacune ; mais celle-ci est plus considérable.]

(1) Si l'une de ces choses arrive à un juge, à un arbitre ou à un plaideur, qu'il soit ajourné pour ce jour. — (2) Ruisseau. — (3) Couler. — (4) Pluriel neutre de *retandus*, dont il faut nettoyer le lit pour rendre la navigation libre. — (5) Et qui, par conséquent, gênent la navigation. — (6) Assurément cette femme, si bien appuyée contre cette perche, est en train de rêver.

RETRACTARE est rursus tractare.

RABIDUS a rabie, qui morbus caninus est.

RAVI COLORIS appellantur qui sunt inter flavos et cæsios, quos Plautus appellat *ravistellos*. « Quis, inquit, hæc est mulier et ille ravistellus qui venit? »

RATES vocantur tigna colligata, quæ per aquam aguntur. Quo vocabulo interdum etiam naves significantur.

RETRACTARE[1], c'est manier de nouveau.

RABIDUS[2] vient de *rabies*, rage, qui est une maladie des chiens.

RAVI COLORIS. On dit qu'ils sont d'un jaune roux, de ceux qui tiennent le milieu entre les roux et les blonds[3], et que Plaute appelle *ravistelli*[4]. Il dit : *Quis hæc est mulier et ille ravistellus qui venit*[5]?

RATES[6], ce sont des poutres attachées ensemble, et que l'on pousse sur l'eau. Ce mot désigne aussi quelquefois les navires.

(1) Retoucher, remanier, refaire, renouveler, revoir, examiner de nouveau, corriger; rétracter, révoquer, reprocher, blâmer, s'excuser sur..., se retirer dans... . — (2) Enragé — (3) *Cæsius* est habituellement traduit par bleu, qui a les yeux bleus ou verdâtres, ce qui est en général un des caractères des individus qui ont la chevelure blonde. — (4) Un peu roux. — (5) Quelle est cette femme, et ce blondin qui vient par ici? — (6) Ou *ratis*, radeau, train de bois

---

RETRACTARE *est rursus tracta*re.

RABIDUS *a rabie dictus, qui morbus caninus est.* Catullus *in Galliambis:* « *Abit in quiete mol*-li rabidus *furor animi.* »

RAVI COLORIS appellantur *qui sunt inter flavos et cæsios.... ravo sub con.... Quod genus hominum* Plautus appellat ravistellos : « *Sed quis hæc est mulier et ille ravistellus, qui venit?* »

RATES *vocantur tigna inter se colligata, quæ per aquam agantur, quo quidem vocabulo interdum etiam na-ves ipsæ significantur.*

RETRACTARE, c'est manier de nouveau.

RABIDUS vient de *rabies*, rage, qui est une maladie des chiens. Catulle dit dans ses *Galliambes* : *Abit in quiete molli rabidus furor animi*[1].

RAVI COLORIS. On dit qu'ils sont d'un jaune roux de ceux qui tiennent le milieu entre les roux et les blonds. [Lacune.] Plaute appelle cette sorte d'hommes *ravistelli* : — *Sed quis hæc est mulier et ille ravistellus qui venit?*

RATES. Ce sont des poutres liées ensemble et que l'on peut pousser à travers l'eau; ce mot désigne quelquefois aussi les navires eux-

(1) La rage furieuse de l'âme s'en va en un mou repos

RABULA dicitur in multis intentus negotiis paratusque ad radendum quid auferendumque, vel quia est in negotiis agendis acrior, quasi rabiosus.

RODUSCULANA PORTA appellata, quod rodis et impolita sit relicta, vel quia raudo, id est ære, fuerit vincta.

RABULA[1]. On appelle ainsi un individu dont l'attention est attirée par beaucoup d'objets, et qui est prêt à enlever et à emporter quelque chose, ou bien parce qu'il est trop âpre à faire des affaires et comme enragé[2].

RODUSCULANA PORTA[3], porte de Rome ainsi nommée, parce qu'on l'avait laissée ébauchée et non polie, ou bien parce qu'elle était attachée avec du cuivre appelé *raudus*.

(1) Mauvais avocat, criailleur. — (2) *Rabiosus*. — (3) Littéralement : Porte de cuivre non travaillé.

Afranius in epistula : « ....*Vento per*-culsam ratem. » Item *eodem nomine signi*-ficarint[96] etiam remos. *Attius in Neopto*-lemo : « Atque ego rep-*ercutio ratibus mare*. » Et alio loco : « Sed jam pro-*pellunt cœruleum ra*-tes salum. »

RADERE g-*enas vetitum est in lege* XII, id est unguibus *lacerare malas*.

RABULA dicitur in multis intus neg-*otis*[97] *paratusque ad ra*-dendum quid, auferund-*umque. Vel est ita dictus*, quia acrior sit in neg-*otis agendis et quasi rabio*-sus....

RAUDUSCULANA PORTA *videtur appellata, qu*-od *rudis et impolita sit relicta, vel quia* ære *fuerit vincta : nam* æs, *ut Varro ait in libris Antiqui*-tatum, *raudus dicebatur, atque ex eo dici in ma*-cipa-*tione* : « *Raudusculo libram*

mêmes. Afranius, dans la lettre :.... *Vento perculsam ratem*[1]. On a même donné cette dénomination aux rames. Attius dit, dans son *Néoptolème* : — *Atque ego repercutio ratibus mare*[2] ; et, dans un autre endroit : *Sed jam propellunt cœruleum rates salum*[3].

RADERE. Il est défendu, par une loi des Douze-Tables, d'égratigner les joues, c'est-à-dire de déchirer les joues avec les ongles.

RABULA. On appelle ainsi un individu dont l'attention est attirée par beaucoup d'objets, et qui est tout prêt à enlever et à emporter quelque chose. Ou bien, on lui a donné ce nom, parce qu'il est trop âpre à faire des affaires et comme enragé....

RAUDUSCULANA PORTA. Cette porte de Rome semble avoir été ainsi nommée parce qu'elle a été laissée inachevée et non polie, ou bien parce qu'elle était attachée avec du cuivre : car le cuivre, comme nous l'apprend Varron dans ses livres *des Antiquités*,

(1) Vaisseau battu par le vent. — (2) Et moi je frappe la mer à coups de rames. — (3) Mais déjà les rames repoussent l'onde salée et verdâtre.

RASORES fidicines dicti, quia videntur chordas ictu radere.

RATITUM QUADRANTEM dictum putant, quod in eo et triente [16] ratis fuerit effigies, ut navis in asse.

RASORES[1]. On a appelé ainsi les joueurs d'instruments à cordes, parce qu'ils semblent racler les cordes avec l'archet.

RATITUS QUADRANS[2]. On croit que le quart de l'as a été nommé ainsi, parce que, comme sur le tiers de l'as, on y voyait la figure d'un radeau, de même que l'as portait l'empreinte d'un navire.

(1) Littéralement : Racleurs. — (2) Quart d'as au radeau.

---

ferito. ».... se li.... genus.... enim.... u, atque.... vene.... P. *Valer*-ius. M. *Horatius*.... *Val*-erio....

RASORES *antiqui fidicines appel*-labant, *qui, ut ait Verrius, eo nomine dicti vid*-entur, quia *radere ictu chordas viderentur artifi*-cio quodam.

RATITUM QUADRANTEM *Tarquitius in libro, quem inscribsit de*.... *et Oppius Aurelius*[98] *dictum putant, quod* in *eo, et tri*-ente *ratis fuerit effigies, ut navis in as*-se : *unde Lucilius quadrantem quoque ratitum* dixit. *Meminit etiam trientis ratiti Antonius, qui ex hac causa ratitos dici* trientes putat, *quod*.... *par*-s assis sit, *quin*.... nulla sic, sed se.... *sex*-tans; nec hac re ra.... na ac legionum unam.... *si*-gnificat; quod hi pe.... *ra*-tio quum bis putaretur, *es*-sent.

s'appelait *raudus,* d'où cette formule dans la mancipation : *Rodusculo libram ferito* [1]. [Ici une lacune.]

RASORES. Les anciens appelaient ainsi les joueurs d'instruments à cordes, et, selon Verrius cette dénomination semble leur avoir été appliquée parce qu'ils paraissaient racler par un certain procédé, et en les frappant, les cordes de l'instrument.

RATITUS QUADRANS. Tarquitius, dans le livre auquel il a donné pour titre...., et Opilius Aurelius pensent que le quart d'as était dit au radeau, parce que, de même que le tiers d'as, il portait l'image d'un radeau, comme l'as portait celle d'un vaisseau. De là Lucilius a aussi employé l'expression de *ratitus quadrans*. Antoine mentionne aussi le tiers d'as au radeau, et il pense que les tiers d'as au radeau ont été nommés ainsi parce que. [Ici une lacune considérable.]

(1) Qu'il frappe la balance avec une pièce de cuivre

488 POMPEIUS FESTUS. — XVI.

RAVIM [17] dicebant pro raucitate, unde et verbum *ravio*, *ravias*.

RATUS SUM significat puto, item *ratus* certus et firmus.

RAVILLÆ a ravis oculis,

RAVIS. Ce mot s'employait pour *raucitas*[(1)], d'où le verbe *ravio*[(2)], *ravias*[(3)].

RATUS SUM signifie je pense; de même *ratus* signifie certain et assuré[(4)].

RAVILLÆ. On a ainsi ap-

(1) Enrouement, son rauque. — (2) Je m'enroue, je crie jusqu'à m'enrouer. — (3) Que tu t'enroues. — (4) Fermement convaincu d'une chose.

RAVIM anti-*qui dicebant pro raucitate*. Plautus : « *Ubi si quid pos-cam, usq. ad ravim poscam prius.* » Item : « *Experjuravi hercle*[99] *omnia ad raucam rav*-im. » Et in Artemone : « *Et.... Cæcilius* in Hypobolimæo : «*Prius ad ravim.... ntam feceris.* »

RATUS SUM, significat putavi, sed alioqui pro firmo, certo ponitur ratus et ratum. Ennius : « *Occiduntur, ubi potitur ratus Romulus prædam.* » Et Accius in Menalippo [100] : « *Neque ratum est, quod dicas, neque quæ agitas, dicendi est locus.* »

R. duobus in compluribus orationibus, quum de actis disserti cujus etiam [104], perscribi solet, id est rationum relatarum, quod his tabulis docentur judices, quæ publice data, atque accepta sint.

RAVILIÆ [102] a ravis oculis, quemadmodum a cæsiis cæsullæ.

RAVIS. Les anciens disaient ainsi pour *raucitas*. Plaute : *Ubi si quid poscam, usque ad ravim poscam prius*[(1)]. Et ailleurs : *Expurgabo hercle omnia ad raucam ravim*[(2)]. Et dans *Artemon* : *Et.* [Lacune. Cécilius, dans l'*Enfant supposé* : — *Prius ad ravim.... ntam feceris*[(3)].

RATUS SUM signifie j'ai pensé; du reste, on emploie *ratus* et *ratum* pour assuré, certain. Ennius : *Occiduntur, ubi potitur ratus Romulus prædam*[(4)]. Et Accius, dans son *Mélanippe* : — *Neque ratum est, quod dicas, neque quæ agitas, dicendi est locus*[(5)].

RR. Dans un grand nombre de discours, lorsqu'on discute les actes de quelqu'un, on emploie d'ordinaire une abréviation représentée par ces deux lettres ; elle signifie *rationum relatarum*[(6)], parce que ces tables apprennent aux juges ce qui a été donné et reçu au nom de l'État.

RAVILLÆ[(7)]. On a ainsi appelé certaines femmes, la couleur verdâtre de leurs yeux, comme on a appelé *cæsullæ* celles qui ont les yeux bleus.

(1) Et si je demande quelque chose, je le demanderai plutôt jusqu'à m'enrouer. — (2) Par Hercule, je rendrai tout jusqu'au dernier degré d'enrouement. — (3) Tu feras plutôt.... jusqu'à l'enrouement. — (4) Ils sont tués, dès que Romulus est décidément maître de sa proie. — (5) Ce que tu dis n'est pas certain, et ce n'est pas le lieu de dire ce que tu prétends faire. — (6) Des comptes rendus. — (7) Femmes aux yeux verdâtres.

quemadmodum a cæsiis *cæsullæ*.

pelé certaines femmes, de la couleur verdâtre de leurs yeux, comme on a appelé *cæsullæ* celles qui ont les yeux bleus [1].

RATUMENA PORTA a nomine cujusdam aurigæ sic appellata.

RATUMENA PORTA. Porte de Rome ainsi appelée du nom d'un certain cocher.

RECIPERATIO est, quum inter civitates peregrinas lex convenit, ut res privatæ red-

RECIPERATIO. Le recouvrement a lieu lorsqu'une loi est convenue entre des États

---

[1] *A cæsiis.*

Ratumenna porta a nomine ejus appellata est, qui ludicro certamine quadrigis victor, clarusci generis juvenis vehis [103], consternatis equis excussus Romæ perit, qui equi feruntur non ante constitisse, quam pervenirent in Capitolium, conspectumque fictilium quadrigarum, quæ erant in fastigio Jovis templi, quas faciendas locaverant Romani vegenti cuidam [104] artis figulinæ prudenti; quæ bello sunt reciperatæ : quia in furnace adeo creverant, ut eximi nequirent; idque prodigium portendere videbatur, in qua civitate eæ fuissent, omnium eam futuram potentissimam.

Ratumenna porta, porte de Rome ainsi appelée du nom d'un jeune homme de race étrusque et de Véies, qui, vainqueur dans les jeux, à la course du quadrige, vit ses chevaux s'abattre, fut renversé de son char, et périt à Rome. On raconte que ses chevaux ne s'arrêtèrent que lorsqu'ils furent arrivés au Capitole, et à la vue des quadriges d'argile placés sur le faîte du temple de Jupiter : les Romains avaient confié l'exécution de ces quadriges à un Véien habile dans l'art de travailler l'argile. Ils furent recouvrés par la guerre : on les avait jetés dans une fournaise ; mais ils y avaient tellement grandi, qu'il avait été impossible de les détruire. Ce prodige semblait présager que la ville qui les posséderait deviendrait plus puissante que toutes les autres.

Reciperatio est, ut ait Gallus Ælius, quum inter populum, et reges nationesque et civitates peregrinas lex convenit, quomodo per reciperatores reddantur res

Reciperatio. Lorsqu'entre le peuple romain, et les rois des nations ou des États étrangers, une loi ou un traité a réglé la manière dont des commissaires nommés à cet effet [1], doivent rendre les biens

---

[1] On appelait *reciperator* le commissaire qui jugeait des déplacements de limites entre le peuple romain et les villes voisines.

dantur singulis recuperenturque.

RECIPROCARE pro ultro citroque poscere usi sunt antiqui, quia procare est poscere, unde eque ¹⁸ gremiis sublectare, ac figere.

RECELLERE, reclinare; *excellere* in altum extollere.

étrangers, en vertu de laquelle les biens privés doivent être rendus à chaque individu et recouvrés par lui.

RECIPROCARE. Les anciens ont employé ce mot dans le sens de demander de part et d'autre ; car *procare* signifie demander,... agiter l'eau par un mouvement de flux et de reflux, la soulever de ses profondeurs, et entre-choquer ses vagues [1].

RECELLERE, pencher en bas ou en arrière ; *excellere*, élever en l'air.

---

[1] Nous avons complété cet article de Paul Diacre d'après Festus.

---

reciperenturque, resque privatas inter se persequantur.

Reciprocare pro ultro citroque poscere usi sunt antiqui, quia procare est poscere. Pacuvius in Teucro : « Rapido, reciproco, percito, augusto citare, » rectem ¹⁰⁵, « Reciprocare ; unde eque gremiis subjectare, adfigere ¹⁰⁶. Plautus in Astraba : « Quasi tollenono ¹⁰⁷ aut pilum Græcum reciproceis plana uta ¹⁰⁸.

Recellere, reclinare, et excellere, in altum extollere.

particuliers enlevés de part et d'autre pendant la guerre, et en remettre la possession aux propriétaires légitimes, à la suite d'une enquête sur ces mêmes biens, alors, dit Gallus Élius, a lieu ce qu'on appelle *reciperatio* (recouvrement).

Reciprocare. Les anciens ont employé ce mot dans le sens de demander de part et d'autre ; car *procare* signifie demander. Pacuvius a dit, dans son *Teucer* : — *Rapio, reciproco, percito animo, ultro citro* [1]. Et, dans son *Oreste* : — *Reciprocare undam, eque gremiis subjectare, ac figere* [2]. Plaute dans l'*Etrier* : — *Quasi tolleno aut pilum Græcum reciprocas plagas ita* [3].

Recellere, pencher en bas ou en arrière ; *excellere*, élever en l'air.

---

[1] J'enlève, et, l'âme vivement agitée, je réclame de côté et d'autre. — [2] Agiter l'eau par un mouvement de flux et de reflux, la soulever du sein de ses abîmes, et en entre-choquer les vagues. — [3] Et comme une machine à soulever les poids, ou comme un pilon grec, de même tu rends les coups.

RECINIUM omne vestimentum quadratum, unde *reciniati* mimi.

RICÆ et RICULÆ [19] vocantur parva ricinia, ut palliola ad usum capitis facta.

RECTÆ appellantur vestimenta virilia, quæ a stantibus et in altitudinem texuntur.

RECINIUM[(1)], tout vêtement carré, d'où le nom de *reciniati*[(2)] donné aux mimes.

RICÆ et RICULÆ. On appelle ainsi des petits manteaux carrés; tels que les voiles faits pour couvrir la tête.

RECTÆ. On désigne sous ce nom les vêtements d'homme, qui sont tissés en hauteur par des ouvriers qui, pour faire ce travail, se tiennent debout.

---

(1) Robe de deuil, ou aiguille pour les cheveux. — (2) Revêtus de la robe appelée *recinium*, et que portaient les dames romaines.

RECINIUM omne vestimentum quadratum; hi qui [109] XII interpretati sunt, esse dixerunt vir toga [110] mulieres utebantur, prætextum [111] clavo purpureo; unde reciniati mimi planipedes; quam rem diligenter exsequitur Santra lib. II de Antiquitate verborum.

RECONDUCTÆ FECERIT, et [112] condere urbem, facere, ædificare, ut Cincius testatur in libro de Verbis priscis.

RICÆ et RICULÆ vocantur parva ricinia, ut palliola ad usum capitis facta. Gran quidem [113] ait esse muliebre cingulum capitis, quo pro vitta flaminica redimiatur.

RECTÆ appellantur vestimenta virilia, quæ patres liberis suis conficienda curant ominis causa:

RECINIUM, tout vêtement carré, comme l'ont expliqué ceux qui ont interprété la loi des Douze-Tables. Selon Verrius, c'est la robe prétexte ornée d'une bande de pourpre, que portaient les femmes; d'où l'on a appelé *reciniati* les mimes qui jouent les petites farces. Santra a traité avec soin ce sujet dans son second livre de l'Antiquité des mots.

RECONDUIT[(1)], REFECERIT[(2)], comme on dit *condere, facere, ædificare urbem*[(3)], ainsi que le montre Cincius dans son traité *des Mots anciens*.

RICÆ et RICULÆ. On appelle ainsi des petits manteaux carrés, tels que les voiles faits à l'usage de la tête. Granius, à la vérité, dit que c'est un bandeau à l'usage des femmes, et dont l'épouse du flamine se ceint le front en guise de bandelettes.

RECTÆ. On appelle ainsi des vêtements d'homme que les pères font faire pour leurs enfants en

---

(1) Il aura fondé de nouveau. — (2) Il aura refait. — (3) Fonder, faire, bâtir une ville

RIENES antiqui vocabant nefrundines, quia Græci eos νεφρούς dicunt. Plautus : « Glaber erat tanquam rien. »

REFRIVA dicebant[20], quæ ex segete causa auspicii domum ad sacrificium referebant.

RIENES. Les anciens appelaient ainsi les reins, parce que les Grecs les nomment νεφροί. Plaute dit : *Glaber erat tanquam rien*[1].

REFRIVA. Ce mot désignait ce qu'on apportait chez soi de la récolte, pour en tirer un auspice et en faire une offrande.

(1) Il n'avait pas plus de poil qu'un rein.

---

ita usurpata, quod a stantibus et in altitudinem texuntur.

REMANCIPATAM Gallus Ælius esse ait, quæ mancipata sit ab eo, cui in manum convenerit.

RIENES (quos nunc vocamus) antiqui nefrundines appellabant, quia Græci νεφρούς eos vocant. Plautus in Satyrione : « Male tibi evenisse video, glaber erat tanquam rien. »

REFRIVA FABRA[114] dicitur, via ait Cincius[115] quoque, quæ ad sacrificium referri solet domum ex segete auspici causa, quasi revocant fruges, ut domum datantes tevirtio[116] ad rem divinam faciendam. Ælius dubitat, an ea sit, quæ prolata in segetem domum referatur, an quæ refrigatur, quod est torreatur; sed opinionem Cinci adjuvat, quod in sacrificiis publi-

signe de bon présage : ce nom leur a été donné, parce qu'ils sont tissés en hauteur par des ouvriers qui, pour faire ce travail, se tiennent debout.

REMANCIPATA[1]. Gallus Elius dit qu'on entend par ce mot l'esclave qui a été vendue par celui aux mains duquel elle est tombée.

RIENES. Les reins, qu'aujourd'hui nous nommons ainsi, étaient nommés par les anciens *nefrundines*, parce que les Grecs les appellent νεφροί. Plaute, dans son *Satyrion* : — *Male tibi evenisse video, glaber erat tanquam rien*[2].

REFRIVA FABA[3]. On appelle ainsi, comme le dit aussi Cincius, une fève que l'on a coutume de rapporter, pour en faire une offrande, de la moisson chez soi, afin d'en tirer un auspice, comme si elle rappelait les fruits de la terre, afin qu'ils enrichissent la maison : telle est la vertu de cette fève employée dans les cérémonies saintes. Elius ne peut décider si c'est celle que l'on rapporte à la maison après qu'elle est arrivée au degré de

(1) Vendue une seconde fois. — (2) Je vois qu'il t'est advenu mal ; il n'avait pas plus de poil qu'un rognon. — (3) Quelques dictionnaires écrivent *refrina*, et supposent que ce mot est contracté de *referina*, qui viendrait de *referre*, rapporter.

REMEARE, redire, ut *commeare* ultro citroque ire, unde *commeatus* dari dicitur, id est tempus, quo ire et redire commode quis possit.

REMELIGINES et REMORÆ a morando dictæ. Plautus : « Quid nunc illæ tamdiu intus²¹ remorantur remeligines. » Et Lucilius : « Quænam vox ex te resonans meo gradu remoram facit ? »

REMEARE, revenir, de même que *commeare* signifie aller de côté et d'autre : d'où l'expression *commeatus dari*, pour dire que l'on a donné à une personne le temps d'aller et revenir sans trop de gêne.

REMELIGINES et REMORÆ⁽¹⁾. Ces mots viennent de *morari*⁽²⁾. Plaute dit : *Quid nunc illæ tamdiu intus remorantur remeligines*⁽³⁾. Et Lucilius : *Quænam vox ex te resonans meo gradu remoram facit*⁽⁴⁾?

(1) Ces deux mots signifient également obstacle, retard. — (2) Retarder. — (3) Et pourquoi maintenant ces retards arrêtent-ils si longtemps à l'intérieur ? — (4) Et quelle voix résonnant de ta bouche retarde mes pas ?

---

cis, quum puls fabata dis datur, nominatur refriva.

maturité où elle doit être cueillie, ou celle que l'on fait sécher en la torréfiant. Mais ce qui vient à l'appui de l'opinion de Cincius, c'est que dans les sacrifices publics, lorsque la bouillie de fèves est offerte aux dieux, elle est appelée *refriva*.

REMEARE, redire : ut commeare, ultro citro ire; unde commeatus dari dicitur, id est tempus, quo ire, redire quum possit¹¹⁷. Afranius ut in ea mancipato¹¹⁸ : « Vetuit me sine mercede prosum paucius¹¹⁹ remeare in ludum. »

REMEARE, revenir; on dit de même *commeare*, aller de côté et d'autre. De là l'expression *commeatus dari* pour marquer que l'on a donné à une personne le temps d'aller quelque part et d'en revenir. Afranius, dans son *Emancipée* : — *Vetuit me sine mercede prosum Paccius remeare in ludum*⁽¹⁾.

REMELIGENS et REMORÆ memorando dictæ sunt in Plauto in Patina¹²⁰ : « Nam quid illæ nunc tam divinitus¹²¹ remorantur remeligines. » Ab Afranio in Prodito : « Remeligo a Laribus missa sum hanc¹²², quæ cursum cohib-eam....

REMELIGINES et REMORÆ. Ces deux mots, qui signifient retards, viennent de *remorari*, retarder, et se trouvent dans la *Casine* de Plaute : *Nam quid illæ nunc tamdiu intus remorantur remeligines*. Afranius a dit, dans *le Trahi* : — *Remeligo a laribus missa sum*

(1) Paccius m'a défendu, j'en réponds, de retourner au jeu sans récompense

REMURINUS AGER dictus, quia possessus est a Remo, et habitatio Remi Remona. Sed et locus in summo Aventino *Remoria* dicitur, ubi Remus de Urbe condenda fuerat auspicatus.

REMORES AVES in auspicio dicuntur, quæ acturum aliquid remorari compellunt.

REMURINUS AGER. On a ainsi nommé un certain terrain, parce qu'il avait été possédé par Rémus; et la demeure de Rémus a été nommée Remoria. Mais on appelle aussi *Remoria* un emplacement situé au haut de l'Aventin, et où Rémus avait pris les auspices pour la fondation de Rome.

REMORES AVES[1]. On appelle ainsi dans les auspices les oiseaux qui déterminent une personne à ajourner ce qu'elle a dessein de faire.

---

(1) Oiseaux qui arrêtent, qui retardent.

ñman.... *Plautus Trin*-inno [123]. « *Quæ in rebus multis obstant odios*-æque su-*nt, remoramque faciunt rei privatæ et publi*-cæ. » *Lucilius* : « *Quænam vox ex te resonans meo gr*-adu *remoram facit.* »

R͟E͟M͟U͟R͟I͟N͟U͟S͟ A͟G͟E͟R͟ dictus, *quia possessus est a Remo, et habitatio Remi* Remu-*ria fuit. Sed etiam locus in Aventino ad sum-*mum cu-*lmen montis Remoria dicitur, quam inde voci-*tatam a-*iunt, quod Remus cum Romulo disceptans de* Urb-*e condenda in eo loco fuerit auspicatus....* rum qu.... estis est....

R͟E͟M͟O͟R͟E͟S͟ item in usp-*icio* [124] *aves dicuntur, quæ acturum aliquid* remora-*ri compellunt*.

hæc, quæ cursum cohibeam [1]. [Lacune.] Plaute, dans le *Trinumus* : — *Quæ in rebus multis obstant odiosæque sunt, remoramque faciunt rei privatæ et publicæ* [2]. Lucilius : *Quænam vox ex te resonans meo gradu remoram facit*.

R͟E͟M͟U͟R͟I͟N͟U͟S͟ A͟G͟E͟R͟, terrain ainsi appelé parce qu'il fut possédé par Rémus; Rémus eut aussi pour habitation Remuria. D'autre part, on appelle *Remoria* un emplacement situé au sommet du mont Aventin, et on dit que ce nom lui a été donné parce que Rémus, lors de sa discussion avec Romulus au sujet de la fondation de Rome, prit les auspices en ce lieu. [Lacune.]

R͟E͟M͟O͟R͟E͟S͟. On appelle ainsi dans les auspices les oiseaux qui déterminent une personne à ajourner ce qu'elle a dessein de faire.

---

(1) C'est moi qui ai été envoyé par les dieux lares comme obstacle, pour arrêter ta course. — (2) Qui embarrassent et sont très-gênantes en beaucoup de choses, et entravent les intérêts privés et les intérêts publics.

RIMARI est valde quærere, ut in rimis quoque.

REMILLUM dicitur quasi repandum.

REMORBESCAT in morbum recidat.

REFUTARE * redarguere, compositum a fando, versa *a* littera in *u*.

RENANCITUR significat reprehenderit. Unde adhuc nos dicimus *nanciscitur* et *nanctus*²², id est adeptus.

RIMARI, c'est chercher avec soin, et, pour ainsi dire, jusque dans les fentes [1].

REMILLUM [2]. Ce mot est synonyme de *repandum* [3].

REMORBESCAT, qu'il retombe dans la maladie.

REFUTARE, rétorquer. Mot composé de *fari* [4], en changeant l'*a* en *u*.

RENANCITUR signifie il aura ressaisi; d'où nous disons encore maintenant *nanciscitur* [5], et *nanctus*, c'est-à-dire acquis.

(1) *In rimis.* — (2) Recourbé comme une rame. — (3) Recourbé. — (4) Parler. — (5) Il trouve.

RIMARI, quære-*re valde, ut in rimis quoque*.... qui te rimat-*ur*.... Ennius, lib. XI, « .... utrique. »

REMILLUM *dicitur quasi repandum*. Lucilius : « Suda.... remilium ¹²⁵ ; » et Afra-*nius in*....: « *Coxendice pergam*.... »

REMORBESCAT En-*nius posuisse videtur pro in mor*-bum recidat.

REFUTARE *significat redargue*-re. Pacuvius in Hem-*iona* ¹²⁶ : « ...quas gloria et.... *va*-rietas humanum »..... *compositum a fando versa a* littera iu *u* : tan-*quam au in u mutatum est in* recludere.

RENANCITUR¹²⁷ *Verrius*.... significare ait rep-*rehenderit. Unde*

RIMARI, chercher avec soin, comme quelqu'un qui cherche jusque dans les fentes. | Lacune qui devait être remplie par une citation du livre XI des *Annales* d'Ennius.]

REMILLUM. Ce mot s'emploie dans le sens de *repandum*. Lucilius : [La citation qui se trouvait ici ne peut être rétablie.] Et Afranius. [Lacune.]

REMORBESCAT. Ennius semble avoir employé ce mot pour *in morbum recidat* [1].

REFUTARE signifie rétorquer un argument. Pacuvius, dans son *Hermione*. [Lacune.] Ce mot est formé de *fari*, par le changement d'*a* en *u*. De même, dans *recludere* [2], au a été changé en *u*.

RENANXITUR. Verrius.... dit que ce mot signifie il aura repris [3].

(1) Qu'il retombe dans la maladie, qu'il fasse une rechute. — (2) Ouvrir. — (3) Ou qu'il ait repris.

REOR, existimo, et quæcumque ab eo declinantur.

REMULCO est, quum scaphæ remis navis magna trahitur.

RIGIDUM et præter modum frigidum significat et durum.

REGIFUGIUM sacrum dicebant, quo die rex Tarquinius fugerit e Roma.

REOR, je pense, et toutes les acceptions qui découlent de ce mot.

REMULCO[1], se dit lorsqu'un grand vaisseau est traîné à force de rames par une petite embarcation.

RIGIDUM. Ce mot signifie tout à la fois excessivement froid et extrêmement dur.

REGIFUGIUM. On appelait ainsi une fête établie pour célébrer le jour où Tarquin s'enfuit de Rome.

(1) Je remorque.

---

adhuc nos dicimus nanciscitur; *et nanctus, id est adeptus.*

REOR, existimo, et quæc-*umque ab eo declinantur,* quorum passiva aucto-*ritas est.*

REMULCO *dicitur, quum scaphæ remis navis magn*-a tra-*hitur.*

RIGIDUM *et præter modum frigidum si*-gnificat*, et durum....* ugido.... rigido.... *rigi*-do ferro.

REGIFUGIUM *dies notatur in fastis a. d.* VI *kal. mart., non* IX *kal. apr., qui creditur sic dictus, quia eo die Tarquinius rex fugerit e comitio :* quod fal-*sum esse arguit....* et Tul-*lius*[128]*, qui hoc die.... Pontifices e*-t Salios adesse *scribunt regi sacrorum, quum facit sacri-*ficium in *comitio, quo facto statim fugit. Quod verum ag*-noverit esse*, qui legerit in fastis duos dies ta*-les no-*tari Q. R. C. F., quod recte sic legitur :* qu-*ando rex comitiassit fas,* i. e. *quum rex in comitio fuer*-at :

De là nous disons encore aujourd'hui *nanciscitur* et *nanctus*, c'est-à-dire acquis.

REOR, je pense, et tous les mots qui dérivent de *reor*, et dont la valeur est passive.

REMULCO se dit lorsqu'un grand vaisseau est traîné à force de rames à la suite d'un petit navire.

RIGIDUM. Ce mot a deux sens : il signifie excessivement froid et extrêmement dur. [Lacune.]

REGIFUGIUM. Ce jour est marqué dans les fastes au VI avant les calendes de mars, et non au IX avant les calendes d'avril. On croit qu'on lui a donné ce nom, parce que ce fut ce même jour que le roi Tarquin s'enfuit de l'assemblée publique; cela a été démontré faux par [Lacune.] et par Julius qui [Encore une lacune.] écrivent qu'en ce jour les pontifes et les Saliens assistent le roi des sacrifices, qui fait en ce même jour un sacrifice dans l'assemblée publique, et prend la fuite dès que le sacrifice a été accompli. On reconnaîtra la vérité de cette dernière opinion, si on re-

POMPEIUS FESTUS. — XVI.

REGIA domus, ubi rex habitat[23].

REGLESCIT, apud Plautum, significat crescit.

REGIA. La maison où habite le roi.

REGLESCIT, dans Plaute, est synonyme de *crescit*[1].

(1) Il croît.

---

his *enim tantum feris regi in co-mitium venire* nec in *aliis ullis licet: qui mos videtur adscitus ex E*-truria. Alter eorum dierum reperitur in fastis a. d. IX kal. jun. is[129] itidem notatur Q. R. C. F. Uterque dies legi debet cum NP., non N., quod post regis fugam fit e nefasto fastus.

marque que dans les fastes deux jours portent cette indication : Q. R. C. F., ce qui doit être lu ainsi : *Quando rex comitiassit fas*, c'est-à-dire lorsque le roi s'est rendu à l'assemblée publique. Car en ces fêtes seulement et en nulle autre, il est permis au roi des sacrifices de venir dans l'assemblée. Cette coutume paraît importée d'Etrurie. Le second de ces jours se trouve dans les fastes au IX avant les calendes de juin ; il porte également la note Q. R. C. F. L'un et l'autre de ces jours doivent porter le caractère NP., et non le caractère N., parce qu'après la fuite du roi, ils deviennent fastes de néfastes qu'ils avaient été jusqu'au moment de cette fuite.

REGIA *dicitur ædis, in quam tan-*quam in fanum a pon-*tifice convocati sacerdotes conveni-*ant, quod in ea sa-*cra fiant a rege sacrorum sol-*ita usurpari.

REGIA. On appelle ainsi un édifice ou les prêtres convoqués par le pontife se réunissent comme dans un temple, parce qu'on y accomplit les cérémonies saintes réservées d'ordinaire au roi des sacrifices.

REGIÆ FERIÆ *dictæ videntur, q-*uæ fiunt fori, co-*mitiique lustrandi causa...* civitate aliquem... *pot-*estate; sed non ....um, qui homini talis ....eptus fulguris fit, ...uli, quo regiæ fe-*riæ....*

REGIÆ FERIÆ. On a, ce semble, appelé fêtes royales, celles qui se célèbrent pour purifier le forum et le lieu où s'assemblent les comices. [Lacune.]

REGLESCIT, quum dixit *Plautus, significat crescit, ho-*c versu: « Vix super.... va-*e misero mihi ac.... reglescit.* » Factum est a *gliscit*: inde etiam glires dicti videntur, quibus corpus pinguitudine adcrescit.

REGLESCIT. Plaute, en employant ce mot, l'a pris comme synonyme de *crescit*, dans ce vers :... [Il est impossible de rétablir le vers de Plaute cité en cet endroit.] Ce mot est formé de *gliscit* : c'est de là aussi, à ce qu'il semble, qu'on a donné le nom de *glires*[1] à ceux qui prennent de l'embonpoint.

(1) *Glis, gliris* (de *glisco*, croître) signifie proprement loir, petit quadrupède rongeur qui dort tout l'hiver.

Festus.

Reapse est reipsa. Pacuvius : « Si non est ingratum reapse, quod feci. »

Reapse, pour *reipsa*⁽¹⁾. Pacuvius dit : *Si non est ingratum reapse, quod feci*⁽²⁾.

(1) En réalité. — (2) Ne serait-ce pas au fond désagréable, ce que j'ai fait ?

Reapse est reipsa. Pacuvius in Armorum judicio : « Si non est ingratum reapse quod feci bene. »

Regimen pro regimento usurpant poetæ. Ennius lib. XVI : « Primus senex bradyn ¹³⁰ in regimen bellique peritus. »

Relegati dicuntur proprie, quibus ignominiæ, aut pœnæ causa necesse est ab urbe Roma, aliove quo loco abesse lege senatuique consulto ¹³¹, aut edicto magistratuus ¹³², ut etiam Ælius Gallus indicat.

Religiosus est non modo deorum sanctitatem magni æstimans, sed etiam officiosus adversus homines; dies autem religiosi, quibus, nisi quod necesse est, nefas habetur facere : quales sunt sex et triginta atri qui appellantur, et alii senes, atque hi ¹³³, quibus Mundus patet; esse Gallus Ælius ¹³⁴, quod homini ita facere non liceat, ut si id faciat, contra deorum voluntatem videatur facere; quo in genere sunt hæc : in ædem Bonæ Deæ virum introire : adversus mysticiæ ¹³⁵ legem ad populum ferre : die nefasto apud prætorem lege agere. Inter sacrum autem, et sanctum, et religiosum differen-

Reapse, pour *reipsa*. Pacuvius dit, dans le *Jugement des armes* : — *Si non est ingratum reapse quod feci bene* ⁽¹⁾.

Regimen. Les poëtes emploient ce mot pour *regimentum* ⁽²⁾. Ennius (liv. XVI) : *Primus senex bradys in regimen bellique peritus* ⁽³⁾.

Relegati. On appelle proprement relégués ceux qui, par leur ignominie ou par le châtiment qu'ils ont encouru, sont forcés de quitter la ville de Rome ou quelque autre lieu en vertu d'une loi, d'un sénatus-consulte ou d'un édit d'un magistrat, comme d'ailleurs Elius Gallus le fait voir.

Religiosus ⁽⁴⁾. Cette qualification ne s'applique pas seulement à l'homme qui professe un profond respect pour la sainteté des dieux, mais encore à celui qui se montre prêt à rendre service aux hommes. Les jours consacrés par la religion (ou plutôt désignés comme funestes) sont ceux où il n'est pas permis de faire autre chose que ce qui est absolument nécessaire : tels sont les trente-six jours appelés noirs, le jour de la bataille d'Allia, et ceux durant lesquels le Monde est ouvert. Gallus Elius appelle religieux (ou plutôt contraire à la religion) tout acte qu'il n'est absolument pas permis à l'homme de faire, de telle sorte que s'il le fait, il semble agir contre la volonté des dieux. Parmi les actes de cette espèce, on compte

(1) Si réellement ce que j'ai bien fait n'est pas désagréable. — (2) Gouvernement, conduite. — (3) Le premier vieillard actif au gouvernement et habile à la guerre — (4) *Religiosus* signifie religieux, pieux, scrupuleux, consciencieux, intègre, consacré, saint, vénérable, superstitieux, qui porte malheur, etc.

REPOTIA postridie nuptias apud novum maritum cœna-

REPOTIA (¹). Le lendemain du jour des noces on soupe

(1) On appelait ainsi le repas du lendemain des noces, et le repas de l'anniversaire en mémoire des noces. De *re*, pour *rursus*, de nouveau, et *potare*, boire.

---

tias bellissime refert : sacrum ædificium, consecratum deo : sanctum murum, qui sit circum oppidū : religiosum sepulcrum, ubi mortuus sepultus, aut humatus sit, satis constare ait; sed ita portione ¹³⁶ quadam, et temporibus eadem videri posse ¹³⁷; siquidem quod sacrum est, idem lege aut instituto majorum sanctum esse putant ¹³⁸, violari id sine pœna non possit; idem religiosum quoque esse, qui non iam ¹³⁹ sit aliquid, quod ibi homini facere non liceat; quod si faciat, adversus deorum voluntatem videatur facere; similiter de muro, et sepulcro debere observari, ut eadem et sacra, et sancta, et religiosa fiant, sed quo modo, quod ¹⁴⁰ supra expositum est, quum de sacro diximus.

les suivants : qu'un homme s'introduise dans le temple de la Bonne-Déesse; qu'une loi soit soumise au peuple au mépris des auspices; qu'une action judiciaire soit portée devant le préteur un jour néfaste. Quant à ce qui différencie les mots *sacer* (¹), *sanctus* (²) et *religiosus*, cet auteur le fait très-bien sentir : Un édifice est sacré, il est consacré à un dieu; saint est le mur qui entoure une ville; sanctifié par la religion est le tombeau où un mort a été enseveli ou enterré. Ces distinctions, dit Gallus Elius, sont assez connues. Mais comme, eu égard aux circonstances et au temps, ces mots peuvent, en apparence, avoir la même valeur, il croit que ce qui est sacré a également été rendu saint par la loi ou par les institutions des anciens, de sorte qu'on ne peut le violer sans châtiment; il ajoute que c'est également un lieu sanctifié par la religion, parce qu'il est des choses qu'il n'est pas permis à un homme d'y faire; et que, s'il y fait une de ces choses défendues, il semble la faire contre la volonté des dieux. Il pense qu'il faut observer la même règle au sujet du mur et du tombeau, de telle sorte que les caractères de la consécration, de la sainteté et de la religion se réunissent en la même chose, de la manière toutefois que nous l'avons exposé plus haut, lorsque nous avons parlé de de ce qui est sacré.

REPOTIA postridie nuptias apud novum maritum cœnatur, quia quasi reficitur potatio. Pacuvius

REPOTIA. Le lendemain des noces on soupe chez le nouveau mari, parce que le banquet est

(1) Sacré. — (2) Saint.

tur, quia quasi reficitur potatio.

REPAGULA sunt, quæ patefaciendi gratia ita figuntur³⁴, ut e contrario oppangantur. Hæc et *repages* dicuntur.

REPUDIUM, quod fit ob rem pudendam, appellatum.

chez le nouveau mari, parce qu'on recommence en quelque sorte à boire.

REPAGULA [¹]. Ce sont des barres pour ouvrir les portes, placées de telle sorte qu'elles soient appliquées en sens opposé de celui où la porte doit s'ouvrir. On les appelle aussi *repages*.

REPUDIUM [²]. On appelle ainsi la répudiation qui a lieu pour un motif honteux.

---

(1) Barres de fermetures placées derrière les portes ; barrières. — (2) *Re* pour *contra*, en opposition avec, ou pour *longe*, loin de, et *pudor*, pudeur.

---

in Iliona : « Ab eo depulsum mamma pædagogandum accipit appottalis libet¹⁴¹. »

REPAGULA sunt, ut Verrius ait, quæ patefaciundi gratia qua¹⁴² ita figuntur, ut ex contrario quæ oppanguntur¹⁴³. Cicero in Verrem lib. IV¹⁴⁴ : « Postea convolsis repagulis, effractisque valvis demoliri signum, ac vectibus labefactare conantur. » Quæ poetæ interdum repages appellant.

REPUDIUM Verrius ait dictum, quod fit ob rem pudendam. Accius : « Repudio ejecta ab Argis jam dudum exsulo. »

en quelque sorte recommencé. Pacuvius, dans *Ilione* : — *Ab eo depulsum mamma pædagogandum accipit repotiali lacte* [¹].

REPAGULA. Ce sont, comme le dit Verrius, des barres pour ouvrir les portes, placées de telle sorte qu'elles soient appliquées en sens opposé de celui où la porte doit s'ouvrir. Cicéron *contre Verrès* (discours IV) : *Postea convolsis repagulis, effractisque valvis demoliri signum, ac vectibus labefactare conantur* [²]. Les poètes appellent quelquefois ces barres *repages*.

REPUDIUM. Verrius dit qu'on appelle ainsi la répudiation qui a lieu pour un motif honteux. Accius : *Repudio ejecta ab Argis jam dudum exsulo* [³].

---

(1) Et sa mamelle reçoit cet être chassé par lui, pour l'élever au moyen du lait du lendemain. — (2) Ensuite, ayant renversé les barrières et brisé les portes, ils s'efforcent de renverser la statue, et de l'abattre à coups de leviers. — (3) Chassée d'Argis par la répudiation, je suis depuis longtemps exilée.

REPEDARE, recedere.

REPASTINARI ager is dicitur, cujus natura fodiendo mutatur.

RELUERE, solvere, repignerare.

REPEDARE⁽¹⁾, revenir sur ses pas.

REPASTINARI. On dit d'un champ qu'il est biné, parce qu'en le fouillant on en change la nature.

RELUERE, dégager, retirer un gage.

---

(1) De *retro*, en arrière, et de *pes*, pied ; littéralement : Reporter ses pieds (ses pas) en arrière.

REPEDARE, recedere. Pacuvius : « Paulum recede ¹⁴⁵, gnate, a vestibulo gradum. »

REPASTINARI ager is dicitur, ut Verrius existimat, cujus natum mutatur ¹⁴⁶ fodiendo, quum aut silvester ex quo dicatur ¹⁴⁷, aut lapis mollitur frangendo, ut fiat pascui ¹⁴⁸, vel pecoribus herba, vel hominibus satione. Cato in ea quam scribsit de suis virtutibus contra Thermum : « Ego jam a principio in parsimonia, atque in duritia, atque industria omnem adolescentiam meam abstinui ¹⁴⁹ agro colendo, saxis Sabinis, silicibus repastinandis, atque conserendis. » Afranius in Repudiato : « Repastina serati senex ¹⁵⁰ fugis. »

RELUERE, resolvere, repignerare. Cæcilius in Carine : « Ut aurum, et vestem, quod matris fuit, reluat, quod viva ipsi opposuit pignori ¹⁵¹. »

REPEDARE, revenir sur ses pas. Pacuvius : *Paulum repeda, gnate, a vestibulo gradum* ⁽¹⁾.

REPASTINARI. On dit, selon Verrius, d'un champ, qu'il est biné, lorsque sa nature est changée par les fouilles, ou bien lorsqu'on arrache les souches d'arbres qui l'embarrassent, ou qu'on l'adoucit en brisant les pierres qui s'y trouvent, pour le rendre propre à produire des vivres, soit de l'herbe pour le bétail ou du blé pour les hommes. Caton, dans le discours qu'il a écrit sur ses mérites contre Thermus, dit : *Ego jam a principio in parsimonia, atque in duritia, atque industria omnem adolescentiam meam abstinui agro colendo, saxis Sabinis, silicibus repastinandis, atque conserendis* ⁽²⁾. Afranius, dans *le Répudié* : — *Repastinasse ætatem tu senex fugis* ⁽³⁾.

RELUERE, dégager, retirer un gage. Cécilius, dans *Carine* : — *Ut aurum, et vestem, quod matris fuit, reluat, quod viva ipsa opposuit pignori* ⁽⁴⁾.

---

(1) Mon fils, retire-toi un peu du vestibule. — (2) Et moi, dès le principe, j'ai soutenu toute ma jeunesse par l'économie, et par la fatigue, et par le travail, cultivant la terre, défrichant les rochers du pays des Sabins et les champs couverts de pierres, et les ensemençant. — (3) Toi, vieillard, tu évites de revenir sur ta vie. — (4) Pour dégager l'or et les étoffes qui avaient appartenu à sa mère, et que celle-ci, durant qu'elle vivait encore, avait mis en gage.

RESIGNARE antiqui dicebant pro rescribere, ut adhuc *subsignare* dicimus pro subscribere.

RESIGNARE [1]. Les anciens employaient ce mot pour *rescribere* [2]; de même nous disons encore *subsignare* [3] pour *subscribere* [4].

RESULTARE, sæpe resilire.

RESULTARE, rebondir souvent.

RESTIBILIS ager fit, qui biennio continuo seritur farreo spico, id est aristato, quod ne fiat, solent, qui prædia locant, excipere.

RESTIBILIS [5]. On appelle ainsi un champ qui est ensemencé deux années de suite d'épis de froment, ou de froment en épis. Ceux qui louent des domaines établissent d'ordinaire que cela ne doit pas se faire.

(1) *Resignare* signifie décacheter, ouvrir, rompre le cachet; affaiblir, détruire (l'authenticité d'un acte, par exemple); violer; dévoiler, découvrir; rendre, restituer. — (2) Répondre à une lettre, à un discours, à un ouvrage; rappeler sous les drapeaux les soldats licenciés; écrire de nouveau, etc. — (3) Ajouter en écrivant, citer, noter; s'engager par écrit à....; hypothéquer, obliger, engager. — (4) Souscrire, écrire dessous; soutenir une accusation, se joindre à l'accusateur; intenter un procès, accuser; favoriser, appuyer, servir; tenir compte, note de.... — (5) Qu'on peut rétablir ou remettre en état.

Resignare, antiqui pro rescribere ponebant, ut adhuc subsignare dicimus pro subscribere. Cato de spoliis, ne figerentur, nis quæ de ho-*ste capta essent* : « *Sed tum, ubi ii dimissi sunt, rev-ertantur resignatis vectigalibus.* »... nar.... requi.... alia a.... quod n.... reb.... indi.... tertium.... ranorum.... positi.... nisi a.... vocaba.... cretum....

Resignare. Les anciens employaient ce mot pour *rescribere*, comme nous disons encore *subsignare* pour *subscribere*. Caton, en parlant sur les dépouilles, demande qu'on ne suspende dans les temples que celles qui ont été prises sur l'ennemi; il dit : *Sed tum, ubi ii dimissi sunt, revertantur resignatis vectigalibus* [1]. [Il y a ici une lacune considérable.]

Resultare, sæpe resilire.

Resultare, rebondir souvent.

Restibilis ager dicitur, qui bie-*nnio continuo seritur farreo spi*-co, id est arist-*ato; quod ne fiat, solent qui prædia lo*-cant, exciper-*e*.

Restibilis. On appelle ainsi un champ qui est ensemencé deux années de suite d'épis de froment, ou de froment en épis. Ceux qui louent des domaines établissent d'ordinaire que cela ne doit pas se faire.

(1) Mais alors, dès que ceux-ci ont été congédiés, qu'ils reviennent après que les impôts ont été rétablis.

RESES, ignavus, quia resídet.

RESECRARE, solvere religione, utique quum reus populum comitiis oraverat per deos, ut eo periculo liberaretur, jubebat magistratus cum resecrare. Plautus : « Resecroque mater, quod dudum obsecraveram. »

RESES, fainéant, parce qu'il reste assis [1].

RESECRARE, dégager de la malédiction religieuse. Si, par exemple, un accusé suppliait dans les comices, au nom des dieux, pour être délivré du danger qu'il courait, le magistrat ordonnait de le relever des imprécations. Plaute : *Resecroque mater, quod dudum obsecraveram* [2].

(1) *Residet*. — (2) Et mère, je révoque la malédiction que j'avais prononcée jadis.

RESES et RESIDUUS *dicitur ignavus, quia* residet. Accius *in*.... «residuos, sumn-o deditos*¹³²*. » .... *Afranius* in Rosa: « Prætere-a.... » Pacuvius in Arm-*orum judicio* : « .... Tuque te desider-*e mavis residem, at contra* nos hic esse in *labore*.... »

RESECRARE, resol-*vere religione*.... *uti quum* reus populum *co-mitis oraverat per deos*, ut eo periculo li-*beraretur, jubebat magi*-stratus cum resec-*rare*.... se liberarent, inst-*abat*.... innocensque esset, cau-*sabatur*.... est, ne eidem iterim ¹⁵³.... animadvertisti.... quumque comitia esse.... aut.... jure.... ut.... dica....*Plautus* : « Resecroque, mater, quod *dud*-um ob-*secraveram*. ».... resec-*ror*....

RESES et RESIDUUS. On appelle ainsi le lâche, parce qu'il reste assis. Accius, dans.... [Lacune.] *Residuos, somno deditos* [1]. Afranius, dans *la Rose*.... [Lacune.] Pacuvius, dans *le Jugement des armes* [2] : — *Tuque te desidere mavis residem, at contra nos hic esse in labore* [3].

RESECRARE, relever d'une obligation religieuse.... si, par exemple, dans les comices, un accusé priait le peuple au nom des dieux de le délivrer du danger auquel il était exposé, le magistrat ordonne de relever la malédiction prononcée contre lui.... [Ici une lacune considérable.] Plaute : *Resecroque, mater, quod dudum obsecraveram* [4]....

(1) Paresseux, livrés au sommeil. — (2) C'est-à-dire, dans sa pièce sur le jugement rendu par les Grecs au sujet des armes d'Achille. — (3) Et tu aimes mieux rester assis dans l'oisiveté, tandis que nous sommes ici occupés au travail. — (4) Et je révoque, ô ma mère ! la malédiction que j'avais précédemment prononcée. La différence de ponctuation dans Paul Diacre et dans Festus produit une différence notable dans le sens de cette citation.

RES COMPERENDINATA significat judicium in tertium diem constitutum.

RAVA VOX, rauca et parum liquida, proxime canum latratum sonans, unde etiam causidicus pugnaciter loquens *rabula*[25].

ROSEA in agro Reatino campus appellatur, quod in eo arva rore humida semper seruntur.

RES COMPERENDINATA. On entend par là un jugement remis au troisième jour.

RAVA VOX, voix rauque et peu claire, dont le son ressemble assez à l'aboiement des chiens; d'où encore on appelle *rabula* un avocat qui parle avec une sorte d'ardeur furieuse.

ROSEA. On appelle ainsi un champ du territoire de Réate, parce qu'on y ensemence toujours la terre tandis qu'elle est humide de rosée.

Res conperendinata signif-cat.... ju-dicium in tertium diem constitutum.

Ravam vocem significare ait.... raucam et parum liquidam, proxime canum latratum son-antem : unde etiam causidicum pugnaciter loquen-tem rabulam appellabant, ut est apud Lucilium.... t ravi-llœ.... ravist-elli, nisi a ravi potius dictos velimus, ut est apud P-lautum, qui ait in Aulularia : « Ubi si quid poscamus quod[154] ad ravim poscam prius. » Et ali-bi : « Expurga-bo hercle omnia ad raucam ravim. »

Rosea in agro Reatino camp-us appellatur, quod in eo arva rore hum-ida semper serent[155].

Res comperendinata. On entend par là.... un jugement remis à trois jours.

Rava vox. Selon [1]..., cette expression désigne une voix rauque et peu claire, dont le son ressemble assez à l'aboiement des chiens; d'où l'on appelait aussi *rabula* un avocat qui parle avec une sorte d'ardeur furieuse, comme on lit dans Lucilius.... femmes aux yeux verdâtres.... blondins.... à moins que l'on n'aime mieux faire venir ce mot de *ravis*[2], comme on le voit dans Plaute, qui dit, dans la *Marmite* : — *Ubi si quid poscam, usque ad ravim poscam prius*[3]. Et ailleurs : *Expurgabo hercle omnia ad raucam ravim*[4].

Rosea. On appelle ainsi un champ du territoire de Réate, parce qu'on y ensemence toujours la terre tandis qu'elle est humide de rosée.

---

(1) Il manque ici le nom d'un auteur. — (2) Enrouement. — (3) Si je demande une chose, je la demande plutôt jusqu'à m'enrouer. — (4) Par Hercule, je rendrai tout jusqu'au dernier degré d'enrouement.

REDICULI FANUM extra portam Capenam fuit, quia accedens ad Urbem Hannibal ex eo loco redierit quibusdam perterritus visis.

RESERARI a sera dictum est.

REMANT[16], repetant. Ennius : « Rivos camposque remant. »

REDICULI FANUM. Le temple du dieu Rediculus était hors de la porte Capène, parce qu'Annibal, arrivé jusqu'à cet endroit en approchant de Rome, rebroussa chemin, effrayé par certaines visions.

RESERARI[1]. Ce mot vient de *sera*[2].

REMANT, ils reviennent vers. Ennius dit : *Rivos camposque remant*[3].

(1) Être ouvert. — (2) Serrure. — (3) Ils reviennent vers les fleuves et les champs.

REDICULI FANUM *extra portam* Capenam Cornifi-*cius.... statuit pro*-pterea appel-*latum esse, quod accedens ad U*-rbem Hannibal, *ex eo loco redierit, quibus*-dam visis perterritus.

RESERARI.... *ait* dici ab eo, quæ[156] de-*mota sera a januæ* cardine patefiant *fores : inde quæ patefacta et* declusa sint, re-*serata* dici; *seræ* neque dicantur fustes[157], *qui opponuntur clausis* foribus. Pacuvius in.... : « Pandite valvas, *removete seras*, ut complectar. »

REMANANT, reptent[158]. Ennius lib. I : « Desunt rivos camposque remant[159].

REFERT quum dicimus, errare nos ait Verrius; esse enim rectum rei fert, dativo scilicet, non ablativo casu; sed esse jam usu possessum.

REDICULI FANUM. Cornificius.... a établi que le temple de Rediculus, situé hors de la porte Capène, a été ainsi nommé, parce qu'Annibal, arrivé à cet endroit en approchant de Rome, rebroussa chemin, effrayé par certaines visions.

RESERARI[1]..... dit que ce mot vient de ce que les battants s'ouvrent si l'on détache la serrure du gond d'une porte; que de là on appelle *reserata* les choses ouvertes et non fermées. Car on appelle *seræ* les bâtons fixés contre les portes fermées. Pacuvius, dans... : *Pandite valvas, removete seras, ut complectar*[2].

REMANANT, ils retournent vers. Ennius, au liv. I : *Destituunt rivos camposque remanant*[3].

REFERT. Lorsque nous disons ainsi, nous nous trompons, à ce que prétend Verrius; car le mot exact est *rei fert*[4], *rei* étant au datif, et non à l'ablatif. Mais, ajoute cet auteur, l'usage a consacré cette faute.

(1) Ici manque encore le nom d'un auteur. — (2) Ouvrez les battants de la porte, et ôtez les barres qui la ferment, afin que j'embrasse.... — (3) Ils quittent les ruisseaux et viennent dans les champs — (4) Il importe à la chose.

RIDICULUS, qui in rebus turpibus ridetur.

RETRICIBUS quum ait Cato, aquam eo nomine significat, qua horti irrigantur.

RECEPTITIUS SERVUS est, qui ob vitium redhibitus est.

RIDICULUS, celui dont on se moque en des choses honteuses.

RETRICIBUS[1]. Caton, en se servant de ce mot, entend désigner l'eau qui sert à arroser les jardins.

RECEPTITIUS SERVUS, c'est un esclave rendu au vendeur en raison de quelque défaut.

---

(1) On appelait *retrices* des canaux situés hors de Rome, dont on tirait de l'eau pour arroser les prés et les jardins.

Ridiculus proprie dicitur, qui in rebus turpibus ridetur.

« Rideo, inquit Galba canterio » proverbium est, quod Sinnius Capito ita interpretatur, nisi qui principio 160 rei alicujus inchoatæ deficiunt animo. Sulpicius Galba, quum in provinciam exiens, ad portam ipsam canterium suum animadvertisset cecidisse : Rideo (inquit), canteri, te jam lassum esse, quum tam longum iter iturus, vix id sis ingressus.

Retricibus quum ait Cato in ea quam scribsit, quum edissertavit Fulvii Nobilioris censuram, significat aquam eo nomine, quæ est supra viam Ardeatinam inter lapidem secundum et tertium; qua inrigantur horti infra viam Ardeatinam et Asinariam usque ad Latinam.

Recepticium servum Cato in suasione legis Voconiæ quum ait, significat, qui ob vitium redhibitus sit : « Ubi irata facta est, ser-

Ridiculus. On appelle proprement ainsi celui dont on se moque en des choses honteuses.

« Rideo, inquit Galba canterio[1] » est un proverbe que Sinnius Capiton interprète ainsi : Si des hommes perdent courage dès le premier moment où ils ont commencé une chose. Sulpicius Galba, se mettant en route pour la province qui lui était échue, vit son cheval tomber à la porte même de la ville : Je ris, dit-il, ô cheval, de te voir déjà fatigué, ayant un si long voyage à faire, et l'ayant à peine commencé.

Retricibus. Caton, en employant ce mot dans le discours qu'il a écrit pour discuter les actes de la censure de Fulvius Nobilior, a entendu désigner le cours d'eau qui est au-dessus de la voie d'Ardée, entre la seconde pierre milliaire et la troisième, et qui sert à arroser les jardins au-dessous de la voie d'Ardée et de la voie Asinaire jusqu'à la voie Latine.

Recepticius servus. Caton, en employant cette expression dans son discours en faveur de la loi Voconia, entend parler d'un esclave

---

(1) Je ris, dit Galba à son cheval.

ROGAT est consulit populum vel petit ab eo, ut id sciscat, quod ferat.

RESTAT Ennius posuit pro distat.

RURI ESSE, non rure dicendum testis est Terentius, quum ait : « Ruri se continebat. »

ROGAT, c'est-à-dire il consulte le peuple, ou il lui demande d'approuver ce qu'il propose.

RESTAT. Ennius a employé ce mot pour *distat*[1].

RURI ESSE[2]. Il faut dire ainsi, et non *rure*[3], témoin Térence lorsqu'il dit : *Ruri se continebat*[4].

(1) Il est distant, éloigné, séparé; il diffère, etc. — (2) Être à la campagne. — (3) Par conséquent au datif, et non à l'ablatif. — (4) Il se tenait à la campagne.

---

vum recepticium sectari atque flagitare virum jubet[161]. »

Rogat est consulit populum, vel petit ab eo, ut id sciscat, quod ferat. Unde nos quoque in consuetudine habemus pro petere, et orare. Cato in dissuasione, ne lex Bæbia derogaretur, ait : « Hoc potius agam, quod hic rogat. »

Restat pro distat ait Ennius ponere, quum his dicat[162] : « Impetus aut longe[163] mediis regionibus restat. »

Ruri esse, non rure dicendum, testis est Terentius in Phormione[164], quum ait : « Ruri se continebat[165], ibi agrum de nostro patre. »

Religioni est quibusdam porta Carmentali egredi ; et in æde Jani, quæ est extra eam, senatum ha-

rendu au vendeur en raison de quelque défaut : *Ubi irata facta est, servum recepticium sectari atque flagitare virum jubet*[1].

Rogat, c'est-à-dire il consulte le peuple, ou il lui demande d'approuver ce qu'il propose. D'où il est passé en usage, parmi nous, d'employer *rogare* comme synonyme de *petere*[2] et *orare*[3]. Caton, dans son discours pour empêcher qu'il ne soit dérogé à la loi Bébia, dit : *Hoc potius agam, quod hic rogat*[4].

Restat. Selon Verrius, Ennius emploie ce mot pour *distat*, lorsqu'il dit : *Impetus haud longe mediis regionibus restat*[5].

Ruri esse. Il faut dire ainsi, et non *rure*, témoin Térence, dans le *Phormion*, lorsqu'il dit : *Ruri se continebat, ibi agrum de nostro patre*[6].

C'est pour certaines personnes une crainte religieuse (ou plutôt superstitieuse) de sortir par la porte

(1) Dès qu'elle s'est mise en colère, elle ordonne à son mari de poursuivre et de réclamer l'esclave rendu pour des défauts. — (2) Demander. — (3) Prier. — (4) Je ferai plutôt ce que celui-ci demande. — (5) Le choc ne s'arrête pas bien loin du milieu de l'espace. — (6) Il se tenait à la campagne, et là il surveillait une terre venue de notre père.

RETIARIO pugnanti adversus murmillonem[27] cantatur : « Non te peto, piscem peto, quid me fugis Galle? » quia murmillonicum genus armaturæ Gallicum est, ipsique murmillones ante Galli appellabantur, in quorum galeis piscis[28] effigies inerat. Quod genus pugnæ institutum est a Pittaco, uno ex septem sapientibus, qui adversus Phrynonem dimicaturus propter controversias finium, quæ erant inter Atticos et Mitylenæos, rete occulte lato impedivit Phrynonem.

RETIARIUS. Lorsque le rétiaire combat le myrmillon, on chante : « Ce n'est pas toi que je veux ; je veux le poisson ; pourquoi me fuis-tu, Gaulois? » parce que le *murmillonicum*[(1)] est une sorte d'armure gauloise, et qu'autrefois on appelait *murmillones* des Gaulois qui portaient l'image d'un poisson sur leur casque. Ce genre de combat a été institué par Pittacus, l'un des sept sages, qui, devant se battre avec Phrynon pour quelques différends élevés au sujet des limites entre les Athéniens et les Mityléniens, embarrassa Phrynon dans un filet qu'il avait secrètement apporté.

(1) Sorte de bouclier à l'usage de ceux qui combattaient du haut des murs.

---

beri : quod ea egressi sex et trecenti Fabii apud Cremeram omnes interfecti sunt, quum in æde Jani S. C. factum esset, uti proficiscerentur.

Carmentale; c'est encore une chose de mauvais augure que de tenir le sénat dans le temple de Janus, qui est en dehors de cette porte ; parce que les trois cent six Fabius sortis par cette porte furent tous tués à Cremera, et que le senatus-consulte, qui ordonnait leur départ, avait été fait dans le temple de Janus.

RETIARIO pugnanti adversus murmillonem, cantatur : « Non te peto, piscem peto ; quid me fugis Galle? » quia murmillonicum genus armaturæ Gallicum est; ipsique murmillones ante Galli appellabantur, in quorum galeis piscis effigies inerat. Hoc autem genus pugnæ institutum videtur a Pittaco, uno ex septem sapientibus,

RETIARIUS. Lorsque le rétiaire combat le myrmillon, on chante : « Ce n'est pas toi que je veux ; je veux le poisson ; pourquoi me fuis-tu, Gaulois? » parce que le *murmillonicum* est une sorte d'armure gauloise, et qu'autrefois on appelait *murmillones* des Gaulois qui portaient l'image d'un poisson sur leur casque. Ce genre de combat a été institué par Pittacus, l'un des sept sages, qui, devant

RESIGNATUM ÆS dicitur militi, quum ob delictum aliquod jussu tribuni militum, ne stipendium ei detur, in tabulas refertur. *Signare* enim dicebant pro scribere.

RESIGNATUM ÆS.[1] On fait subir une retenue à un soldat lorsque, pour quelque délit et par ordre du tribun des soldats, son nom est porté sur les contrôles pour qu'on ne lui paye pas sa solde. Car on disait *signare* pour *scribere*[2].

RITUALES nominantur

RITUALES. On appelle ri-

(1) Littéralement : Argent inscrit pour être retenu. — (2) Écrire.

---

qui adversus Phrynonem dimicaturus propter controversias finium quæ erant inter Atticos et Mitylenæos, rete occulte lato [166] impedivit Phrynonem.

se battre avec Phrynon pour quelques différends élevés au sujet des limites entre les Athéniens et les Mityléniens, embarrassa Phrynon dans un filet qu'il avait secrètement apporté.

RESIGNATUM ÆS dicitur militi, quum ob delictum aliquod jussu tr. militum [167] in tabulas refertur : resignare enim [168] antiqui pro scribere interdum ponebant.

RESIGNATUM ÆS. On fait subir une retenue à un soldat lorsque, pour quelque délit et par ordre du tribun des soldats, son nom est porté sur les tablettes avec défense de lui payer sa solde; car les anciens employaient quelquefois *signare* pour *scribere*.

RITUALES nominantur Etruscorum libri, in quibus præscribtum est quo ritu condantur urbes, aræ, ædes sacrentur, qua sanctitate muri, quo jure portæ, quomodo tribus, curiæ, centuriæ distribuantur, exercitus constituantur, ordinentur, ceteraque ejusmodi ad bellum ac pacem pertinentia.

RITUALES. On appelle rituels les livres des Étrusques où sont contenues les prescriptions qui indiquent suivant quels rites il faut fonder les villes, consacrer les autels et les temples, avec quelles cérémonies saintes il faut construire les murs, par quel droit sanctifier les portes, comment on doit distribuer les tribus, les curies, les centuries, établir et ordonner les armées, en un mot, toutes les autres choses qui regardent la guerre et la paix.

RUTILÆ CANES, id est non procul a rubro colore, immolantur, ut ait Ateius Capito canario sacri-

RUTILÆ CANES. On immole des chiennes rousses, c'est-à-dire dont la couleur tire sur le rouge, comme

Etruscorum libri, in quibus scriptum est quo ritu urbes condantur, aræ ædesque sa-

tuels les livres des Étrusques où se trouvent consignés les rites que l'on doit observer

ficio [169] pro frugibus deprecandæ sævitiæ causa sideris caniculæ [170].

le dit Ateius Capiton, dans le sacrifice appelé *Canarium* (1) pour les biens de la terre et pour détourner la mauvaise influence de l'astre de la canicule.

RELIGIONIS præcipuæ habetur censo-*ria majestas, cujus in li-bris de Vita P. R.* Varro exe-*mpla hæc profert. M. Fulvius Nobili*-or, cum M. *Æmilio Lepido censor factus, quum ei* admodum i-*nimicus antea extitisset, sæpeque ju*-dicia cum e-*o ipsi fuissent, a R. P. aliena existimans odia,* quæ in pri-*vata vita exercuerat, eo delato mune*-re, homini *inimicitias statim remisit : quod ejus animi* judicium fu-*it omnibus gratum et probatum. A. Postu*mius, Q. F-*ulvius censores facti, postquam Fulvius duo filios* amiserat *in Illyrico militantes et propter gravem mor*-bum oculo-*rum censuram gerere non poterat, Postumius ut libri Sibyl*-*lini adirentur auctor fuit, atque ut pu*blice supp-*licaretur pro valetudine collegæ.* Ti. Sempron-*ius, quum a Rutilio tr. pl. censoria* fides labefa-*ctaretur, ob parietem dirutum iratus* quum esset æ-*dis suæ,* collega suo *C. Claudio a* populo condempnat-*o, fecit, ut eædem illæ, eodem quæ in* lo-co erant, cond-*empnatum absolverent centuriæ.* L. Æmili Paulus[171] *et Q. Philippi religiosa censura* fuit. Laboravit *Paulus morbo gravi et pœne* amissione capi-*tis*

La majesté des censeurs est considérée comme entourée d'un grand caractère de sainteté, et l'on regardait comme de très-mauvais augure toute atteinte que pouvait souffrir la personne à la dignité d'un censeur. Voici des exemples qu'en donne Varron dans ses livres *de la Vie du peuple romain.* M. Fulvius Nobilior, fait censeur avec M. Émilius Lepidus, dont il avait été précédemment l'ennemi déclaré, et avec lequel il avait eu souvent des démêlés judiciaires, jugea que les haines qu'il avait montrées dans la vie privée étaient étrangères à la république, et une fois qu'il fut investi de ces fonctions, il renonça aussitôt à son inimitié contre son collègue ; et ce jugement de son cœur fut agréable à tous, et universellement applaudi. A. Postumius et Q. Fulvius avaient été nommés censeurs. Fulvius ayant perdu deux fils dans la guerre d'Illyrie, et ne pouvant, à cause d'une maladie d'yeux, remplir les fonctions de censeur, Postumius proposa de consulter les livres Sibyllins, et de faire des prières publiques pour la santé de son collègue. Tib. Sempronius, voyant la foi des censeurs ébranlée par Rutilius, tribun du peuple, irrité de ce qu'un pan de mur de sa maison avait été abattu, et son collègue C. Claudius ayant été condamné par le peuple, fit si bien que les mêmes centuries qui avaient

---

(1) De chien.

crentur, curiæ, tribus et centuriæ distribuantur.

dans la fondation des villes, dans la consécration des autels et des temples, dans la distribution des curies, des tribus et des centuries.

---

in eo honore. Religiosa item et P. Cornelii Sc-*ipionis Nasicæ, cui collega* M. P-opilius, *post cons-ulem qui fratrem vidit, censura* fuit: vadatus *enim quum esset....* a P. R. *liberatum* constat. M. Valerius Messala, C. Cassius Longinus censores, *quod in eorum magistratu subversa pudici-*tia fuerat, famosi *extiterunt; nam palmam, quæ* in Capitolio, in ara ipsa Jovis optimi maximi bello Per-*sico nata fuerat, tum prostratam ferunt, ibique esse ena-*tam ficum, infamesque *fecisse illos, qui sine* ullo pudicitiæ resp-*ectu fuerant, censores.* L. Cornelii Lentuli C. *Censorini sequitur censura,* Lentulus judicio pu-*blico repetundarum dampnatus* fuerat; plurimi itaque *timebant, ne censor pœnas repeteret; sed ille nulli gravis fuit.* P. *Africani* L. Mummii *censura insignis: sed in qua segniti-æ* in agen-*do notetur Mummius; is Asellum nulla* soluta pœ-*na ex ærariis exemit, Africani irrisa se-*veritate, *qui illum fecerat ærarium. Sed et* Q. Fulvii Nobilioris et ejus collegæ Ap. Claudii Pulc-ci [172] fuit no-*bilissima censura, nobilitati* tribus notis *inustis severissimis.* Q. *Pompei et* Q. *Cæ-*cilii Metelli *Macedonici censura lectus se-*natus; ad sum-*mum senatores amoti sunt* tres, et eo

condamné Claudius, l'absolvirent dans le lieu même où elles se trouvaient. La censure de L. Émilius Paulus et de Q. Philippe fut de mauvais augure: Paulus, dans cette dignité, souffrit d'une violente maladie et faillit perdre la tête. Sinistre fut aussi la censure de P. Cornelius Scipion Nasica qui eut pour collègue M. Popilius, lequel vit ensuite son frère consul: car ayant été obligé de donner caution.... il est certain qu'il fut libéré par le peuple romain. M. Valerius Messala et C. Cassius Longinus, censeurs, furent déshonorés, parce que, durant leur magistrature, la pudeur avait reçu des atteintes. Car le palmier, né durant la guerre de Persée au Capitole, sur l'autel même de Jupiter très-bon et très-grand, fut, dit-on, alors renversé, et à sa place il poussa un figuier, ce qui rendit infâmes les censeurs qui avaient été sans aucun respect pour la pudeur. Ensuite vient la censure de L. Cornelius Lentulus et de C. Censorinus. Lentulus avait été condamné comme concussionnaire par un jugement public. Plusieurs craignaient donc que le censeur ne voulût se venger; mais il ne fut inquiétant pour personne. La censure de P. l'Africain et de L. Mummius fut remarquable; mais Mummius doit y être signalé pour la négligence qu'il mit dans ses actes. Il retira, sans lui faire subir de châtiment, du nombre des hommes déchus du droit de suffrage, Asellus, en se moquant de la sévérité de l'Africain, qui avait privé cet Asellus du droit de

312

REDINUNT, redeunt.

REGIUM est, quod aut est, aut fuit regis. *Regale* est dignum rege.

REDINUNT pour *redeunt*[1].

REGIUM, c'est ce qui appartient ou a appartenu à un roi. *Regale*, ce qui est digne d'un roi.

(1) Ils reviennent.

---

lu-*mine, qui aliorum offunderent* claritatem.

suffrage. La censure de Q. Fulvius Nobilior et de son collègue App. Claudius Pulcher fut également très-remarquable, trois réprimandes très-sévères ayant été infligées à la noblesse. Durant la censure de Q. Pompeius et de Q. Cécilius Metellus Macedonicus, le sénat fut choisi; on éloigna en tout trois sénateurs, avec autant d'éclat qu'ils en avaient mis à ternir la pureté des autres.

REDINUNT *significat redeunt*: Ennius *in Annalibus*:...«*Red*-inunt *in patriam.* » *Item prodinunt, ferinunt pro prod*-eunt feri-*unt*....

REDINUNT signifie *redeunt*. Ennius, dans ses *Annales*.... : *Redinunt in patriam* (1). De même on disait *prodinunt, ferinunt*, pour *prodeunt* (2), *feriunt* (3)....

REGIUM est, *quod aut est, aut fuit regis, ut servus regis et domus regia, quæ fuit olim* Numæ Pompilii : *nunc pro fano habetur. Regale est di*-gnum rege.

REGIUM, c'est ce qui appartient ou a appartenu au roi, comme l'esclave du roi et la maison royale qui appartint jadis à Numa Pompilius; maintenant elle est considérée comme un temple. *Regale* est ce qui est digne d'un roi.

ROMANOS, *in lib.* XI *Annal., Græco*-s *appellat* Enni-*us quum ait* : « *Contendunt Græ*-cos, Graios *memo*-*rare solent sos*.... *lin*-gua longos per *temporis tractus*.... *H*-ispani. Non Ro-*man*.... *quum* Romulus Ur-*bis conditor*.... inæ *loquutus sit*;... *gentis fuerit*.... *pronuntia*-*tione mutata*.... *ind*-icat origo ejus,.... *u*-surpatio.

ROMANI. Ennius, au liv. XI des *Annales*, appelle les Romains Grecs, lorsqu'il dit : *Contendunt Græcos, Graios memorare solent, sos* (4).... [Ici se trouve une lacune qu'il nous est impossible de remplir.]

« **RIGIDO TUM CÆRULA SURO** » *quum ait* Ennius *locatus* vide-

« **RIGIDO TUM CÆRULA SURO** (5). » Ennius semble employer cette

(1) Ils retournent dans leur patrie. — (2) Ils s'avancent. — (3) Ils frappent. — (4) On les prétend Grecs ; on a coutume de rappeler les Grecs. — (5) Alors avec une perche très-roide [ou agité] la surface verdâtre. C'est probablement une périphrase pour désigner la rame.

REAQUE EAPSE, re ipsa. **REAQUE EAPSE**, en effet, réellement.

---

tur[173].... *cœru-*li; est enim a manis no-*mine*[174]; *eodem verbo de eadem* re usus est et lib. II : « .... *pont-*i cærula prata, » cæ-*rula prata mare dixit.* Et alibi : « Inde Parum, *cui cœrula vi valida ass-*ulabant[175], » Parum insulam refert. Item : « Unum surum surus ferre tamen defendere possunt[176] » suri autem sunt rustes[177], et hypocoristicos surculi.

REQUE EAPSE Scipio Africanus, Paulli filius, quum pro æde Castoris dixit, hac compositione usus est : « Quibus de hominibus ego sæpe, atque in multis locis opera, factis, consiliis, reque eapse sæpe[178] bene meritus spem[179], » id est et re ipsa.

RESPUBLICÆ multarum civitatum pluraliter dixit C. Gracchus in ea, quam conscripsit de lege .p. Enni[180] et peregrinis, quum ait : « Eæ nationes, cum aliis rebus, per avaritiam, atque stultitiam, res publicas suas amiserunt. »

« RECTO FRONTE CETEROS SEQUI SI NORIT. » Cato in dissertatione consulatus; antiquæ id consuetudinis fuit, ut quum ait Ennius quoque : « A stirpe supremo; » et, « Ilia

expression par forme de badinage.... *cœruli.* Or ce mot est emprunté au nom de la mer. Il s'est encore servi du même mot dans le même sens au livre II : « .... *ponti cœrula prata* [1]. Il a appelé la mer les prés verdâtres. Et ailleurs : *Inde Parum, cui cœrula vi valida assultabant* [2]; il parle de l'île de Paros. De même : *In unum surum ad surum ferte : tamen defendere possent* [3]. Or on appelle *suri* des bâtons, et on dit au diminutif *surculi* [4].

REQUE EAPSE. Scipion l'Africain, fils de Paul, dans son discours pour le temple de Castor, s'est servi de cette forme : *Quibus de hominibus ego sæpe, atque in multis locis opera, factis, consiliis, reque eapse bene meritus siem* [5], c'est-à-dire de fait, réellement.

RESPUBLICÆ. C. Gracchus, dans le discours qu'il a écrit sur la loi de Pennus et sur les étrangers, s'est servi de ce mot au pluriel, en parlant de plusieurs États, lorsqu'il a dit : *Eæ nationes, cum aliis rebus, per avaritiam, atque stultitiam, respublicas suas amiserunt* [6].

« RECTO FRONTE CETEROS SEQUI SI NORIT [7], » dit Caton dans son examen du consulat. Ceci était un ancien usage [8], comme lorsque Ennius dit aussi : *A stirpe supremo* [9]. Et : *Ilia dia nepos* [10]; et : *Lupus*

---

(1) Les prés verdâtres de la mer. — (2) De là [ils arrivent à] Paros, dont les bords étaient assaillis avec une force énergique par les flots verdâtres. — (3) Pressés en un seul faisceau, pieu contre pieu : cependant ils pourraient défendre. — (4) Petite branche. — (5) Et moi, j'ai bien mérité de ces hommes souvent et en beaucoup de lieux, par mes œuvres, mes actes, mes conseils, et en réalité. — (6) Ces nations, indépendamment d'autres causes, ont perdu leur État par l'avarice et la sottise. — (7) S'il sait suivre les autres le front droit. — (8) C'est-à-dire, c'était un vieil usage d'employer au masculin certains mots qui sont du genre féminin, et réciproquement. — (9) De la souche extrême, pour *stirpe supremo.* — (10) Ilia, divine petite-fille. *Nepos* pour *neptis.*

RECIPIE, recipiam.

REDEMPTITAVERE, ut domitavere.

REPULSIOR Cato dixit comparative a repulso.

RATISSIMA quoque ab his, quæ dicimus rata, unde etiam *rationes* dictæ.

RECIPIE, pour *recipiam*[1].

REDEMPTITAVERE[2]. On dit ainsi comme l'on dit *domitavere*[3].

REPULSIOR. Caton a employé ce comparatif de *repulsus*[4].

RATISSIMA[5] se dit aussi des choses que nous appelons *rata*[6]; d'où le mot *rationes*[7].

(1) Je recevrai. — (2) Ils payèrent la rançon. — (3) Ils domptèrent. — (4) Repoussé. — (5) Très-arrêtées, très-positives. — (6) Approuvées, arrêtées. — (7) Comptes.

---

dia nepos; » et, « Lupus feta; » et, « Nulla metus. » Etiam in commentariis sacrorum pontificalium frequenter est hic ovis, et hæc agnus, ac porcus[181]; quæ non ut vitia, sed ut antiquam consuetudinem testantia, debemus accipere.

RECIPIE apud Catonem, pro recipiam, ut alia ejusmodi complura.

REDEMPTITAVERE item, ut clamitavere, Cato idem in ea qua egit de signis et tabulis : « Honorem temptavere[182], » ait, « l. efacta benefactis[183] non redemptitavere. »

REPULSIOR secunda conlatione dixit Cato in ea quæ est contra Cornelium apud populum : « Hæc quis incultior[184], religiosior, desertior, publicis negotiis repulsior. »

RATISSIMA quoque ab his quæ[185] rata dicimus; unde etiam rationes dictæ. Cato in Q. M. Thermum :

feta[1], et encore : *Nulla metus*[2]. On trouve aussi fréquemment dans les *Mémoires des cérémonies pontificales* : — *Hic ovis*[3], et *hæc agnus*[4], *hæc porcus*[5]. Nous devons considérer ces formes non comme des fautes, mais comme des preuves d'un antique usage.

RECIPIE se trouve dans Caton pour *recipiam*, ainsi que beaucoup d'autres formes du même genre.

REDEMPTITAVERE. Caton a encore employé ce mot, comme *clamitavere*[6] dans le discours qu'il prononça sur les statues et les tableaux; il dit : *Honorem emptitavere*[7]; et *Malefacta benefactis non redemptitavere*[8].

REPULSIOR. Caton a employé ce mot au second rapport[9] dans le discours prononcé devant le peuple contre Cornelius : *Ecquis incultior, religiosior, desertior, publicis negotiis repulsior*[10].

RATISSIMA. Nous appliquons aussi ce superlatif aux choses auxquelles nous appliquons le positif

(1) Louve pleine, pour *lupa feta*. — (2) Nulle crainte, pour *nullus metus*. — (3) Cette brebis, pour *hæc ovis*. — (4) Cet agneau, pour *hic agnus*. — (5) Ce porc, pour *hic porcus*. — (6) Ils ont crié. — (7) Ils ont acheté l'honneur. — (8) Ils n'ont pas racheté leurs méfaits par des bienfaits. — (9) C'est-à-dire au comparatif. — (10) Quel homme plus inculte, de plus funeste augure, plus abandonné, plus antipathique aux affaires publiques.

RAPI simulatur virgo ex gremio matris, aut, si ea non est, ex proxima necessitudine, quum ad virum traditur, quod videlicet ea res feliciter Romulo cessit.

Lorsqu'on remet une jeune fille à son mari, on fait semblant de l'arracher des bras de sa mère, ou, si elle n'a plus de mère, des bras de sa plus proche parente, en souvenir de ce qu'un enlèvement de ce genre réussit fort bien à Romulus.

RAPI solet fax, qua præ-

On a coutume d'enlever le

« Erga remp. multa beneficia ratissima atque gratissima. »

rata, d'où vient encore le mot *rationes*. Caton, dans son discours contre Q. Thermus : *Erga rempublicam multa beneficia ratissima atque gratissima*[1].

REGILLIS, tunicis albis, et reticulis luteis utrisque *re*-ctis, textis susum versum a stantibus pridie nuptiarum diem virginis indutæ[186] cubitum ibant ominis causa, ut etiam in totis virilibus dandis[187] observari solet.

La veille du mariage, les vierges allaient se coucher revêtues de robes faites exprès pour cette circonstance, de tuniques blanches, de réseaux d'un jaune clair, tissus de haut en bas par des ouvriers debout, et cela en signe de bon présage, comme on avait coutume de l'observer aussi lorsqu'on donnait la robe virile.

RAPI simulatur virgo[188] ex gremio matris : aut, si ea non est, ex proxima necessitudine, quum ad virum traditur[189], quod videlicet ea res feliciter Romulo cessit.

Lorsqu'on remet une jeune fille à son mari, on fait semblant de l'arracher des bras de sa mère, ou, si elle n'a plus de mère, des bras de sa plus proche parente, en souvenir de ce qu'un enlèvement de ce genre réussit fort bien à Romulus.

RAPI solet fax[190], qua prælucente nova nupta deducta est, ab utrisque amicis[191], ne aut uxor eam sub lecto viri ea nocte ponat, aut vir in sepulcro comburendam curet, quo utroque mors propinqua alterius utrius captari putatur.

On a coutume d'enlever le flambeau à la lueur duquel la nouvelle mariée a été conduite dans sa chambre par les amis des deux côtés, de peur que l'épouse ne le place cette nuit sous le lit de l'époux, ou que celui-ci ne le fasse brûler sur un tombeau : dans l'un ou l'autre cas, on y verrait un signe de mort prochaine pour l'un des deux nouveaux mariés.

---

[1] Beaucoup de bienfaits très-reconnus et très-agréables envers la république.

lucente nova nupta deducta est ab utrisque amicis, ne aut uxor eam sub lecto viri ea nocte ponat, aut vir in sepulcro comburendam curet, quo utroque mors propinqua alterius utrius [29] captari putatur.

RECEPTUS MOS est, quem sua sponte civitas alienum adscivit.

flambeau à la lumière duquel la nouvelle mariée a été conduite dans sa chambre par les amis des deux côtés, de peur que l'épouse ne le place cette nuit sous le lit de l'époux, ou que celui-ci ne le fasse brûler sur un tombeau : dans l'un ou l'autre cas, on y verrait un signe de mort prochaine pour l'un des deux nouveaux mariés.

RECEPTUS MOS. On appelle coutume admise, celle qu'un État a introduite de sa propre volonté du dehors.

Ritus est mos comprobatus in administrandis sacrificiis.

Receptus mos est, quem sua sponte civitas alienum adscivit.

Religiosi dicuntur, qui faciendarum, prætermittendarumque rerum divinarum secundum morem civitatis dilectum habent nec se superstitionibus inplicant.

Renovativum fulgur vocatur, quum ex aliquo fulgure functio fieri cœpit, si factum est simile fulgur, quod idem significat.

Referri diem prodictam, id est anteferri, religiosum est, ut ait Veranius in eo, qui est auspiciorum de comitiis, idque exemplo comprobat L. Julii et P. Licinii censorum [192], qui id fecerint sine

Ritus. Le rite est une coutume acceptée dans l'accomplissement des sacrifices.

Receptus mos. On appelle coutume admise, celle qu'un État a introduite de sa propre volonté du dehors.

Religiosi. On appelle ainsi les hommes qui ont le choix des choses divines qu'il faut faire ou omettre selon la coutume de l'Etat, et qui ne se laissent pas embarrasser dans les superstitions.

Renovativum fulgur [1]. On appelle ainsi un coup de foudre qui, lorsqu'un coup de foudre a commencé un présage, succède à ce premier coup, lui est semblable, et a le même sens.

Referri [2] **diem prodictam.** Qu'un jour fixé soit avancé, c'est un sacrilége, ainsi que Veranius le dit dans son traité *des Augures relatifs aux comices*; et il s'appuie sur l'exemple des censeurs L. Julius et P. Licinius qui avancèrent

---

(1) Littéralement : Coup de foudre qui renouvelle, qui répète. — (2) *Referri* est ici pour *anteferri*.

REGALIA EXTA appellabant, quæ potentibus insperatum pollicebantur honorem, humilioribus hereditates, filiofamiliæ dominationem.

ROSCII appellabantur in omnibus perfecti artibus, quod

REGALIA EXTA (1). On nomme ainsi les entrailles des victimes, qui annoncent aux puissants un honneur inespéré, aux petits des successions, au fils de famille les droits de maître.

ROSCII. On appelait ainsi les personnes parfaites dans

(1) Entrailles royales ou dignes d'un roi.

---

ullo decreto augurum, et ob id lustrum parum felix fuerit.

REGALIA EXTA appellantur, quæ potentibus insperatum honorem pollicentur : privatis et humilioribus hereditates; filio familiæ dominationem.

RESPICERE autem et 193 in auspicando, unde quis avem prospexit, quum eodem revertitur.

RELIGIOSUM AC SACRUM est, ut templa omnia, atque ædes, quæ etiam sacratæ dicuntur; ad quod per se 194 religiosum est, non utique *sacrum est, ut sepulcra*, quod ea non *sacra, sed religiosa sunt*.

REUS, quum pro u-*troque ponatur, ut ait Sin*-nius in eo, qu-*em.... scribsit, qui aut di*-cit pro se a *ut contra te agit : uterque juramen*-to tuo uti p-*otest*.

ROSCII *vulgo appella*-ri solent, in *omnibus perfecti artibus, quod*

ainsi un jour sans aucune décision des augures; raison pour laquelle ce lustre ne fut pas très-heureux.

REGALIA EXTA. On nomme ainsi les entrailles des victimes qui annoncent aux puissants un honneur inespéré, aux petits des successions, au fils de famille les droits de maître.

RESPICERE AVEM (1). Dans les auspices, cette expression signifie qu'une personne voit revenir un oiseau au même endroit où elle l'a d'abord aperçu.

RELIGIOSUM AC SACRUM. On appelle religieux et sacrés les édifices tels que les temples et les oratoires, que l'on appelle aussi *sacratæ* (2). Mais il est des choses religieuses par elles-mêmes et non sacrées : tels sont les tombeaux qui ne sont pas sacrés, mais seulement religieux.

REUS (3). Ce mot s'emploie dans les deux sens (4), comme le dit Sinnius, dans le livre qu'il a écrit sur.... : Celui qui plaide pour lui et agit contre toi; l'un et l'autre peuvent se servir de ton serment.

ROSCII. On appelle vulgairement ainsi ceux qui sont parfaits dans

(1) Porter une seconde fois ses regards sur un oiseau, le voir une seconde fois. — (2) Consacrées par certaines cérémonies. — (3) Plaideur. — (4) C'est-à-dire comme demandeur et comme défendeur.

Roscius quidam perfectus unus in arte sua, id est comœdia, judicatus sit.

RICA est vestimentum quadratum, fimbriatum, purpureum, quo flaminicæ pro palliolo utebantur. Alii dicunt, quod ex lana fiat sucida [30] alba, quod conficiunt virgines ingenuæ, patrimæ matrimæ,

tous les arts, parce qu'un certain Roscius fut jugé seul parfait dans son art, qui était celui du comédien.

RICA, c'est un vêtement carré, garni de franges, couleur de pourpre, dont les femmes des flamines se servaient en guise de petit manteau. Selon d'autres, ce nom lui vient de ce qu'il est fait de laine blanche encore humide,

---

Roscius comœdus in *sua arte unus tam perfectus fuit, ut ei* nihil deesset *ad absolutionem perfectionemque, ut lib.* I de Oratore ait Cicero.

RUSTICA VINALIA mense augusto, *ut est in Fastis, Veneri fiebant,* quod eodem illo *die œdis ei deæ consecrata* est, jumentaque et olitores ab opere cessant, *quia* omnes horti *in tutela Veneris esse putantur.*

RAUCOS appella-*tos esse ait Verrius videri* ab ariditate, *sive a similitudine quadam spi*-carum aristæ; in sp-*icis enim flava frumenta rava appe*-*llari idem Verrius* docet.

RICA est *vestimentum quadratum,* fimbriatum, pur-*pureum, quo flaminicæ pro* palliolo, mitrave *utebantur, ut....* existimat.

tous les arts, parce que le comédien Roscius fut seul si parfait dans son art, qu'il ne lui manquait rien pour avoir le plus haut degré de perfection, comme le dit Cicéron au liv. 1er de l'*Orateur*.

RUSTICA VINALIA. Les fêtes champêtres où l'on faisait des libations de vin nouveau se célébraient au mois d'août, comme on le voit dans les Fastes, en l'honneur de Vénus, parce que le temple de cette déesse avait été consacré ce même jour; alors les bêtes de somme et les jardiniers se reposent de tout travail, parce que, selon l'opinion commune, tous les jardins sont sous la protection de Vénus.

RAUCI. Verrius dit que les hommes à voix rauque semblent avoir été appelés ainsi à cause de la sécheresse de leur gosier, ou d'une certaine ressemblance avec les épis de blé; car ce même Verrius nous apprend que les grains dorés enfermés dans les épis sont appelés *rava* [1].

RICA, c'est un vêtement carré, garni de franges, de couleur de pourpre, dont les femmes des flamines se servaient en guise de petit

---

[1] Jaunes roux.

cives, et inficiatur cæruleo colore.

et confectionné par des vierges libres, ayant encore leur père et leur mère, citoyens, et teint ensuite de couleur bleue claire.

Titi-*us autem ait, quod ex lana fiat* sucida alba vesti-*mentum dici ricam, idque esse* triplex, quod conf-*iciant virgines inge*-nuæ; patrimæ, m-*atrimæ, cives, quod* confec-tum lavetur aqua pe-*renni et tingendo fiat cœru*-leum.

manteau ou de mitre, comme le pense (1).... Mais Titius dit que ce nom de *rica* a été donné à ce vêtement, parce qu'il est fait de laine blanche encore humide, et qu'il y en a trois espèces, celles que font les vierges libres, les femmes qui ont encore leur père et leur mère, et les citoyens. Lorsqu'il est achevé, ajoute-t-il, on le lave dans une eau courante, et on le teint de couleur bleuâtre.

RESPICI avis *tum dicitur, quum peracto sacri*-ficio, *quasi finis* inp-*etratus est*.... comitia perfecta, sum.... *sacer*-dotes suo more, alisque.... *religio*-nem luci, in quo sacra fa-c.... *ca*-latoribus ingeniculato.... vinum in caput infun-*debatur solenni cum precatione.*

RESPICI. On dit qu'un oiseau est revu, lorsque le sacrifice achevé, son objet est comme obtenu.... comices terminés.... les prêtres selon leur usage.... [Lacune importante.].... du vin leur était [ou lui était] versé sur la tête avec des prières solennelles.

REMISSO *exercitu simul etiam augur, quo consul in bello u*-sus *est in auspicando, una discedere* jubetur, quod *tunc illo discedente* cer-tum est, exer-*citum etiam esse remissum, ita tamen,* ut quum opus sit, *augurem consul denuo ad se posce*-re possit; nam *consules et censores non* in perpetuum *auguribus præsentibus* utu-ntur, ut ait.... *sed in re gerenda sunt iis in auspi*-cio, quas po-*poscerint* [195], *augures; a quo prius se*-cures *habitæ sunt, eum et in augure legendo priorem* esse ait Antis-*tius Labeo*.... *qu*-oque *lege signi-fic....* auspi-cando di-

Lorsque l'armée est licenciée, l'augure dont le consul s'est servi pendant la guerre pour prendre les auspices, reçoit aussi l'ordre de se retirer, parce qu'alors, par sa retraite, il est constant que l'armée est licenciée; les choses toutefois se font de telle sorte que le consul peut ensuite, s'il en a besoin, rappeler auprès de lui l'augure. Car les consuls et les censeurs n'emploient pas continuellement des augures présents auprès de leur personne, comme le dit (2)...; mais lorsqu'il s'agit d'un acte de leurs fonctions, les augures qu'ils désignent se tiennent à leur disposition. Antistius Labeo dit que le premier qui fit porter devant lui

---

(1) Ici manque le nom d'un auteur cité. — (2) Ici manque encore le nom d'un auteur.

REPERTUM dicitur quasi repartum et reparatum.

REPERTUM[1]. Ce mot semble être une altération de *repartum*[2] et de *reparatum*[3].

RICTUS, RIXÆ, RIXOSÆ, RINGITUR dici videntur, quia in diversum rumpantur, contrariaque sint recto, quod vocabulum dictum videtur a regendo.

RICTUS[4], RIXÆ[5], RIXOSÆ[6], RINGITUR[7]. Ces mots semblent venir de ce que les choses auxquelles ils s'appliquent se brisent en sens divers, et sont contraires au droit. Le mot *rectum*[8] semble venir de *regere*[9].

(1) Trouvé. — (2) Abrégé de *reparatum*. — (3) Recouvré. — (4) Ouverture de la bouche ou de la gueule. — (5) Combats, querelles. — (6) Querelleuses, qui aiment à se battre. — (7) Il rechigne, il se fendille; il enrage en lui-même; il s'indigne. — (8) Droit. — (9) Régir, gouverner, conduire, diriger, corriger, avertir, maintenir, serrer.

---

citur, ut.... *in libro de* Officio augu-*rum*.... in consilio fa-*cere ac remanere, quo se*-det *loco;* pullis.... *solistim*-um facit auspi*cium*.... *ve*-lit, intra pome-*rium*.. *tem*-plo consistit.

les haches, fut aussi le premier qui se choisit un augure. [Ici une lacune très-regrettable.]

REPERTUM *dicitur, quum quid amissum recipe*-*re contigit, quasi repartum et re*-paratum.

REPERTUM. Ce mot se dit lorsqu'on a le bonheur de recouvrer une chose perdue. C'est comme si l'on disait *repartum* et *reparatum*.

RICTUS, RINGI, RIXÆ, RIXOSÆ dici videntur, quia *in diversum rumpantur,* contrariaque sint *recto, quod vocabulum a* regendo, ut commo.... dictum videri po-*test*.

RICTUS, RINGI, RIXÆ, RIXOSÆ. Ces mots semblent venir de ce que les objets auxquels ils s'appliquent se rompent en divers sens, et sont contraires au droit. Le mot *rectum* vient de *regere*. [Lacune.]

LIVRE XVII.

SUSQUE DEQUE significat plus minusve.
SONIVIO, sonanti.
SUPPUM antiqui dicebant, quem nunc supinum dicimus.

SUSQUE DEQUE signifie plus ou moins [1].
SONIVIO, qui retentit [2].
SUPPUS. Les anciens disaient ainsi pour *supinus* [3], employé aujourd'hui.

(1) Ou mieux, sens dessus dessous. — (2) Datif ou ablatif de *sonivius*. Ce mot signifie : Qui fait du bruit en tombant. — (3) *Supinus* signifie : Renversé, couché sur le dos, à l'envers ; qui va en pente, situé sur le penchant ; négligent, nonchalant ; orgueilleux ; qui va à reculons, rétrograde.

S.... *in salia*-ri carmine appellatur.... pia pro sedilibus di.... *ad*-huc in consuetudi-*ne*.
SUSQUE DEQUE *fre*-quens est, pro plus minusve ; *proprie est sursum deorsumq.*, quod antiquis usque dice-*bant*¹ pro *et sursum*.

S.... [Cet article est tellement altéré, qu'il est impossible d'y trouver un sens.]
SUSQUE DEQUE. Cette locution s'emploie souvent pour plus ou moins ; mais elle signifie proprement sens dessus dessous, parce que les anciens disaient aussi *susque* pour *sursum* [1].

SONIVIO significat in car-*mine*... *a*-ugurali, sonanti.
SINE SACRIS HEREDITAS in proverbio dici solet, *quum aliquid obvenerit* sine ulla incommodi appendice : quod olim sacra non solum publica curiosissime administrabant, sed etiam privata ; relictusque heres sic pecuniæ², etiam sacrorum erat ; ut ea diligentissime administrare esset necessarium.

SONIVIO signifie retentissant dans le chant.... augural.
SINE SACRIS HEREDITAS [2]. On disait ainsi proverbialement, lorsque quelque chose échéait à quelqu'un sans aucun accessoire gênant ; parce qu'autrefois on s'acquittait avec le plus grand soin, non-seulement des sacrifices publics, mais aussi des sacrifices privés ; et l'héritier n'héritait pas seulement de la fortune, mais aussi des sacrifices : de sorte qu'il devait nécessairement s'en acquitter avec la plus rigoureuse exactitude.

SUPPUM antiqui dicebant, quem

SUPPUS. Les anciens disaient

(1) En haut, en l'air. — (2) Héritage sans sacrifices, c'est-à-dire sans obligation de célébrer des sacrifices.

SERVILIUS LACUS Romæ a conditore vocatus.

SONTICUM, justum. Nævius : « Sonticam esse oportet causam, quamobrem perdas mulierem. »

(1) Il faut qu'elle soit juste, la cause qui le fait perdre une femme.

---

nunc supinum dicimus ex Græco, videlicet pro adspiratione ponentes litteram *s*, ut quum idem hylas dicunt, et nos silvas; item ἓξ sex, et ἑπτά septem; ejus vocabuli meminit etiam Lucilius : « Si vero das, quod rogat, et si suggeri suppus⁴. »

SEMPRONIA HORREA qui locus dicitur, in eo fuerunt lege Gracchi, ad custodiam frumenti publici.

STATUA est ludi ejus, qui quondam fulmine ictus in Circo, sepultus est in Janiculo; cujus ossa postea ex prodigiis, oraculorumque responsis senatus decreto intra urbem relata in Volcanali, quod est supra Comitium, obruta sunt; superque ea columpna, cum ipsius effigie, posita est.

SERVILIUS LACUS appellabatur eo⁵, qui eum faciendum curaverat in principio vici Jugari, continens basilicæ Juliæ, in quo loco fuit effigies hydræ posita a M. Agrippa.

SONTICUM MORBUM in XII signi-

SERVILIUS LACUS, bassin de Rome, ainsi nommé de son fondateur.

SONTICUM, juste. Névius dit : *Sonticam esse oportet causam, quamobrem perdas mulierem* ⁽¹⁾.

---

ainsi pour *supinus* employé aujourd'hui. Ils avaient formé ce mot du grec ⁽¹⁾, en ajoutant la lettre *s* pour remplacer l'aspiration, de même que les Grecs disent *hylas* et nous *silvas* ⁽²⁾. De même *sex* pour ἓξ ⁽³⁾; et *septem* pour ἑπτά ⁽⁴⁾. Lucilius consigne aussi ce mot : *Si vere das, quod rogat, et si suggeri suppum* ⁽⁵⁾.

SEMPRONIA HORREA. On appelle ainsi, un emplacement destiné par une loi de Gracchus à la garde des blés de l'Etat.

On voit encore la statue de ce joueur qui, frappé jadis de la foudre dans le Cirque, fut enseveli sur le Janicule. Plus tard des prodiges et les réponses des oracles déterminèrent le sénat à décréter que les ossements fussent rapportés dans l'intérieur de la ville et ensevelis dans le Volcanal, qui est au-dessus de la place où s'assemblent les comices. Et sur ce nouveau tombeau on plaça une colonne surmontée de la statue de cet infortuné.

SERVILIUS LACUS. Ce lac artificiel a été ainsi nommé de Servilius qui l'avait fait creuser à l'entrée de la rue *Jugaria*; il était attenant à la basilique Julienne, à l'endroit où M. Agrippa fit placer la figure de l'hydre.

SONTICUS MORBUS. Elius Stilon

(1) Ὕπτιος. — (2) Forêts. — (3) Six. — (4) Sept. — (5) Mais si tu donnes ce qu'il demande, ou si tu lui fournis le terne au jeu de dés.

SACRA VIA in urbe Roma appellatur, quod in ea fœdus ictum sit inter Romulum ac Tatium.

SOLITAURILIA hostia-

SACRA VIA. La voie Sacrée, à Rome, fut ainsi appelée, parce que le traité entre Romulus et Tatius y fut conclu.

SOLITAURILIA. Ce mot

---

licare ait Ælius Stilo certum cum justa causa, quem nonnulli putant esse, qui noceat, quod sontes significat nocentes. Nævius ait : « Sonticam esse oportet causam, quam ob rem perdas mulierem. »

SACRAM VIAM quidam appellatam esse existimant, quod in ea fœdus ictum sit inter Romulum, ac Tatium; quidam, quod eo itinere utantur sacerdotes idulium sacrorum conficiendorum causa; itaque ne eatenus quidem, ut vulgus opinatur⁶, Sacra appellanda est a regia ad domum regis sacrificuli, sed etiam a regis domo ad sacellum Streniæ, et rusus a regia usque in arcem; nec appellari⁷ debere ait Verrius, sed disjuncte, ut ceteras vias Flaminiam, Appiam, Latinam; ut ne Novamviam quidem, sed Novam viam.

SCITA PLEBEI appellantur ea, quæ plebs suo suffragio sine patribus jussit, plebeio magistratu rogante.

SOLITAURILIA hostiarum trium

dit que dans la loi des Douze-Tables ce terme signifie une maladie certaine, avec une juste cause; selon l'opinion de quelques-uns, il signifie qui nuit, parce que le mot *sontes* a le même sens que *nocentes*[1]. Névius dit : *Sonticam esse oportet causam*[2], *quamobrem perdas mulierem.*

SACRA VIA. Quelques-uns pensent que la voie Sacrée fut ainsi nommée parce que l'alliance entre Romulus et Tatius y fut conclue. Selon d'autres, ce nom lui est venu de ce que les prêtres y passent pour aller faire les sacrifices iduliens. Il ne faut donc point, comme le vulgaire le suppose, l'appeler Sacrée depuis le palais du roi jusqu'à la maison du roi des sacrifices, mais aussi depuis la maison du roi jusqu'à l'oratoire de Strenia, et encore depuis la maison du roi jusqu'à la citadelle. Verrius dit qu'il ne faut pas l'appeler *Sacravia* d'un seul mot, mais séparer les deux mots, comme on le fait pour les autres voies, Flaminia, Appia, Latine; de même qu'il faut écrire *Nova via* (la voie Neuve, en deux mots), et non *Novavia* (en un seul mot).

SCITA PLEBEI. On appelle plébiscites les résolutions prises par le peuple sans le concours du sénat, sur la proposition d'un magistrat du peuple.

SOLITAURILIA. Ce mot signifie

---

(1) Nuisibles, qui nuisent, coupables. empêchement légitime sur une maladie. — (2) *Sontica causa* signifie proprement excuse

rum trium diversi generis immolationem significant, tauri, arietis, verris, quod omnes hi solidi integrique sint corporis. *Solum* enim lingua Oscorum significat totum et solidum. Unde tela quædam *solliferrea* vocantur tota ferrea, et homo bonarum artium *sollers*, et quæ nulla parte laxata cavaque, *solida* nominantur.

signifie le sacrifice de trois victimes d'espèce différente, d'un taureau, d'un bélier, d'un verrat, parce que ces animaux sont tous entiers de corps et non châtrés. Car, dans la langue des Osques, *solum* signifie tout entier, non diminué. De là on appelle *solliferrea* certaines armes offensives tout entières de fer; *sollers* un homme habile dans les beaux-arts, et *solida* les corps qui ne sont ni ramollis ni creux dans aucune de leurs parties.

---

diversi generis immolationem significant, tauri, arietis, verris, quod omnes eæ solidi, integrique sint corporis; contra aci.... verbices maiales qui s quia sollum Osce totum et solidum significat. Unde tela quædam solii ferrea vocantur [9] tota ferrea, et homo bonarum artium sollers, et quæ nulla parte laxata cavaque sunt, solida nominantur; atque harum hostiarum omnium inviolati sunt tauri [10], quæ pars scilicet creditur [11] in castratione; sunt quidem qui portent [12], ex tribus hostiis præcipue nomen inclusum cum solido tauri, quod amplissima sit earum; quidam dixerunt omnium trium vocabula confixa [13], suis, ovis, tauri, adeffecisse id, quod uno modo appellarentur universæ; quod si a sollo, et tauris earum hostiarum ductum est nomen antiquæ consuetudinis, per unum L

le sacrifice de trois victimes d'espèce différente, d'un taureau, d'un bélier, d'un verrat, parce que tous ces animaux sont entiers de corps et non châtrés (il en est autrement des bœufs, des moutons et des cochons). Ce terme vient de qu'en langue osque *sollum* signifie tout entier, non diminué. De là on appelle *solliferrea* certaines armes offensives tout entières de fer ; *sollers* un homme habile dans les beaux - arts, et *solida* les corps qui ne sont ni ramollis ni creux dans aucune de leurs parties. Quant aux trois victimes dont nous avons parlé, elles ont toutes intactes les parties que l'on coupe dans la castration. Quelques-uns pensent que de ces trois victimes le nom du taureau seul a été joint au mot *solidus* [(1)], parce que le taureau est la plus grande d'entre elles. Selon d'autres, les noms mêlés des trois victimes, du verrat, du bélier, du taureau, ont fait que toutes ont été confon-

(1) Entier.

SOCORDIAM quidam pro ignavia posuerunt; Cato pro stultitia posuit. Compositum autem videtur ex se, quod est sine, et corde.

SEMIS, SEMODIUS, SEMUNCIA ex Græco trahuntur, sicut et alia nonnulla, quæ S litteram pro aspiratione eorum habent, ut ἑπτὰ septem, ὕλαι silvæ. Sic ista ab eo, quod illi dicunt ἥμισυ, declinata sunt.

SOCORDIA. Quelques-uns ont employé ce mot pour *ignavia* [1]; Caton l'a employé pour *stultitia* [2]. Il semble composé de *se*, abréviation de *sine* [3], et de *cor* [4].

SEMIS [5], SEMODIUS [6], SEMUNCIA [7]. Ces mots sont tirés du grec, comme plusieurs autres, où la lettre s remplace le signe de l'aspiration [8] des Grecs; tels que ἑπτὰ *septem* [9], ὕλαι *silvæ* [10]. De même les mots que nous venons de citer sont dérivés du grec ἥμισυ [11].

(1) Lâcheté, poltronnerie, inaction, paresse. — (2) Sottise. — (3) Sans. — (4) Cœur. — (5) Demi, moitié (en général); et encore, moitié de l'as romain. — (6) Demi-boisseau, demi-muid. — (7) Demi-once, et vingt-quatrième partie d'un tout; et encore, six pour cent par an; de plus, dans Caton, demi-bât. — (8) L'esprit rude. — (9) Sept. — (10) Forêts. — (11) Moitié.

---

enuntiari non est mirum, quia nulla tunc geminabatur littera in scribendo; quam consuetudinem Ennius mutavisse fertur, ut pote Græcus Græco more usus, quod illi æque scribentes ac legentes duplicabant mutas, semi-*vocales et liquidas.*

SOCORDIAM quidam *pro ignavia posuerunt*; M. Cato pro *stultitia posuit Originum lib.* VII quum ait :.... *ob im-*mensam timiditatem et socordiam causa erat, ne quid neg-*otii publici*.... gere-*retur*; conpos-*itum autem videtur ex se, quod est sine, et corde*....

SEMIS, SEMODIUS, SEMUNCIA :

dues dans la même dénomination [1]. Si ce nom, de l'ancien langage est formé de *sollum* et de *taurus*, il n'est pas étonnant qu'il ne soit rendu que par une seule *l*, car alors on ne redoublait aucune lettre en écrivant. Ennius, dit-on, changea cet usage; comme il était Grec, il suivit l'usage des Grecs qui, en écrivant et en lisant, redoublaient les lettres muettes, les demi-voyelles et les lettres liquides.

SOCORDIA. Quelques-uns ont employé ce mot pour *ignavia*; M. Caton l'a employé pour *stultitia*, lorsqu'il dit au liv. VII des *Origines* :.... par son immense timidité et par sa sottise, il était cause que.... rien ne se fit des affaires publiques. Du reste, ce mot paraît composé de *se*, abréviation de *sine*, et de *cor*.

SEMIS, SEMODIUS, SEMUNCIA.

(1) De sorte qu'en décomposant d'une certaine manière le mot *solitaurilia*, on y retrouverait les mots *sus, ovis, taurus*.

SUPERVACANEUM, supervacuum.

STRUFERTARIOS dice-

SUPERVACANEUM, superflu [1].

STRUFERTARII. On ap-

(1) Et de plus, inutile.

---

qua ra-tione ex Græ-co trahuntur etiam alia, quæ S litteram pro aspiratione eorum habent, ut- ἑπτὰ septem, ὗλαι silvæ, sic ista ab eo, quod illi ἥμισυ dicunt, declinata sunt.

SUBLICIUM PONTEM quidam putant appellatum esse a sublicis, peculiari vo-cabulo Volsco-rum, quo appellant tigna in latitudinem extensa, unde pontem non ali-ter Formiani vocant.... librorum : qu-æ ab aliis auctoribus sublices voca-ntur; quidam, quod sub eo aqua liquens laberetur, sublicium dicunt, in qua opinio-ne fuit .... et meminit Sublici pontis Nævius, qui ait in belli Punici libro : «.... quam liquidum.... amnem, » et alii tab-ulas.... no-men retinet Sublicius pons.... Sallustius libro qua-rto Historiarum : « Ne inrumiendi p-ontis ¹⁴ Sublicii.... sublicibus cavata.... es-sent. »

De même que d'autres mots sont tirés du grec et remplacent l'aspiration grecque par la lettre s, comme septem de ἑπτὰ, silvæ de ὗλαι ; de même les mots que nous venons de citer sont dérivés du mot grec ἥμισυ.

SUBLICIUS PONS. Selon quelques-uns, le pont Sublicien a été ainsi nommé de sublicium [1], mot particulier à la langue des Volsques, où il désigne des poutres étendues en largeur ; de là vient que les habitants de Formies ne donnent pas d'autre nom à un pont :.... d'autres auteurs appellent ces poutres sublices. Quelques personnes pensent, au contraire, que le pont Sublicius a été ainsi appelé de liquere [2], parce que l'eau s'écoule claire sous lui. Cette opinion a été adoptée par.... et Névius fait aussi mention du pont Sublicius, lorsqu'il dit dans son livre de la Guerre punique : .... [Ici une lacune que nous ne pouvons restituer] Salluste, au liv. IVe de ses Histoires : ... [Cette citation de Salluste est également trop altérée pour que nous puissions lui donner un sens.]

SUPERVACANEUM, ut videtur, se-cludit Verrius ab v-acuo, quod vacuum quidem dicatur id t-antummodo, quod supersit abundeque sit fami-liæ; quod autem inutile, super-vacaneum : sed non probatur ea distinctio.

SUPERVACANEUM. Verrius, à ce qu'il semble, sépare ce mot de vacuum [3], parce que l'on appelle uniquement vacuum ce qui est en excès et en abondance dans une famille, tandis que l'on appelle supervacaneum ce qui est inutile ; mais cette distinction n'a pas été approuvée.

STRUFERTARIOS appellabant an-

STRUFERTARII. Les anciens ap-

(1) Ou sublicia, qui signifie aussi pilotis. — (2) Couler clair. — (3) Vide, employé ici dans le sens d'inutile.

bant, qui quædam sacrificia ad arbores fulgoritas faciebant, a ferto scilicet quodam sacrificii genere.

SILICERNIUM erat genus farciminis, quo fletu familia purgabatur. Dictum autem silicernium, quia cujus nomine ea res instituebatur, is jam silentium cerneret. Cæcilius : « Credidi silicernium ejus me esse esurum. »

pelait ainsi des hommes qui faisaient certains sacrifices devant les arbres frappés de la foudre, du mot *fertum*⁽¹⁾ qui désigne un genre d'offrande.

SILICERNIUM. C'était une sorte de repas⁽²⁾ qui purgeait une famille de son deuil. Or, ce repas est appelé *silicernium*, parce que celui en l'honneur de qui il se faisait, voyait déjà le silence. Cécilius dit : *Credidi silicernium ejus me esse esurum*⁽³⁾.

(1) C'était un gâteau fait de farine, de miel et de vin, qu'on offrait dans les sacrifices. — (2) *Farcimen* veut proprement dire boudin, saucisse, hachis contenu dans un intestin. Ici il doit signifier repas. En confrontant cet article de Paul Diacre avec l'article corrélatif de Festus, on verra combien le premier a altéré le second. — (3) J'ai cru être sur le point de prendre part au festin de ses funérailles.

---

tiqui.... *ut ait*.... *ho*-mines conductos mercede, qui ad arbores ful-goritas noxarum com-missarum causa sacrificia quædam struæ et ferto¹⁵ solennibus verbis f-aciunt. « Precor te Jupp-iter uti mihi volens propitius sies. » Quod n-ullo etiam fiebat adhibito strufertario.

SUBERIES, arboris genus ex qua cortex natatorius detrahitur. Lucilius.... ti hibernacu-li.

SILICERNIUM dicitur cœna funebris, quam Græci περιδειπνον¹⁶ v-ocant; sed.... V-errius existimat, cibi genus, q-uod nos farcimen dicimus, quo purgabatur letum familia¹⁷, silicernium dici, quod, cujus n-omine ea res instituebatur,.... i-s jam silentium

pelaient ainsi.... comme dit.... des hommes soldés qui font, devant les arbres frappés de la foudre, et pour l'expiation des fautes commises, certaines cérémonies saintes, en offrant deux espèces de gâteaux, l'un appelé *strues* et l'autre *fertum*, et en récitant des paroles consacrées : « Je te prie, Jupiter, de m'être volontiers propice. » Ces mêmes offrandes se faisaient aussi sans l'emploi des *strufertarii*.

SUBERIES⁽¹⁾, sorte d'arbre dont on détache une écorce qui surnage sur l'eau. Lucilius.... [Lacune.]

SILICERNIUM, c'est le repas funèbre que les Grecs appellent περίδειπνον⁽²⁾, mais.... Verrius pense qu'une sorte de mets que nous appelons *farcimen*, et que l'on servait lorsqu'une famille purgeait son deuil, était nommée *silicernium*, parce que celui en l'honneur de qui ce mets était

(1) Le liège. — (2) Quasi δεῖπνον τῶν περιόντων μετὰ τὸν ἀπογεγονότα.

SUDUM, siccum, quasi scudum, id est sine udo.

SECURUS, sine cura.

SUBLESTA, infirma et tenuia. Plautus : « Gravior paupertas fit, fides sublestior, » id est infirmior. Idem vinum ait « sublestissimum, » quia infirmos faciat vel corpore vel animo.

SUDUM, sec ; comme *seudum*, pour *sine udo* (1).

SECURUS, sans souci (2).

SUBLESTA, choses faibles, sans force. Plaute dit : *Gravior paupertas fit, fides sublestior* (3), c'est-à-dire plus faible. Le même poëte appelle le vin *sublestissimum* (4), parce qu'il affaiblit les hommes soit de corps, soit d'esprit.

(1) Sans humidité. — (2) *Sine cura.* — (3) La pauvreté devient plus lourde, la bonne foi plus légère. — (4) Très-léger ; c'est l'emploi de l'effet pour la cause.

---

cerneret. Cæcilius Ob-olostate : « Cre-*didi silicernium ejus* messe esurum 18. »

SUDUM *Verrius ait sig*-nificare sub-*udum; sed auctor*-um omnium fere *exempla poscunt, ut sud*-us siccum significet; *itaque sudum quasi seudum, id* est sine udo, ut se-*curus sine cura.*

SUBLESTA *antiqui* dicebant infir-*ma et tenuia.* Plautus in Persa : « Ad paupertatem si immigrant infamiæ, gravior paupertas fit, fides sublestior, » id est infirmior. Idem in Nervolaria vinum ait « sublestissimum, » quia infirmos faciat vel corpore, vel animo.

SATUR, et VIR, et CARO non habent 19.

SUPELLECTILIS recto casu, et *senis* ratione dicebantur, quæ nunc

servi.... voyait déjà le silence (1). Cécilius dit dans *l'Usurier :* — *Credidi me silicernium ejus esse esurum.*

SUDUM. Verrius dit que ce mot est contracté de *subudum* (2). Mais on est forcé d'admettre, par les exemples de tous les auteurs que *sudus* signifie sec. Ainsi *sudum* est pour *seudum*, c'est-à-dire *sine udo*, de même que *securus* est formé de *sine cura*.

SUBLESTA. Les anciens appelaient ainsi les choses faibles et sans force. Plaute dit dans *le Perse* : — *Ad paupertatem si immigrant infamiæ, gravior paupertas fit, fides sublestior* (3), c'est-à-dire plus faible. Le même auteur, dans *la Chaîne*, appelle le vin *sublestissimum*, parce qu'il affaiblit les hommes, soit de corps, soit d'esprit.

SATUR (4), VIR (5), et CARO (6) n'ont point d'analogie (7).

SUPELLECTILIS (8) et SENIS (9) se disaient, l'un au nominatif, et

(1) Le silence éternel, le silence de la mort. — (2) Humide. — (3) Si les hontes passent du côté de la pauvreté, la pauvreté devient plus lourde, la probité plus légère. — (4) Rassasié — (5) Homme. — (6) Chair. — (7) C'est-à-dire que dans ces mots le génitif n'est pas analogue au nominatif, en ce sens que le génitif prend une syllabe de plus que le nominatif. — (8) Génitif de *supellex*, meubles, mobilier, etc. — (9) Génitif de *senex*, vieillard.

SECUS, aliter; haud secus, non aliter.	SECUS, autrement; *haud secus*, non autrement.

contraria videntur esse finitioni portionis [20] : quia omnia vocabula X littera finita per declinationes obliquorum casuum syllabam accipiunt; hæc autem duo desciverunt ab ea [21], ut alta compium [22], quæ non ideo infirmare debent præceptum.

l'autre par relation; ces mots semblent maintenant être contraires aux proportions de la terminaison : parce que tous les mots qui se terminent par la lettre *x* s'allongent d'une syllabe dans la déclinaison des cas obliques. Mais ces deux mots, comme plusieurs autres, sont en dehors de cette règle. Ce sont des exceptions qui ne doivent pas infirmer la règle.

SCURRÆ vocabulum Verrius ineptissime aut ex Græco tractum ait, quod est σκυροαζαιν [23], aut a sequendo, cui magis adsentitur, quod et tenuioris fortunæ homines, et ceteri alioqui, qui honoris gratia persequerentur quempiam, non antecedere, sed sequi sint soliti; quia videlicet dicat Lucilius : « Cornelius P. noster Scipiadas dicto [24], tempusque intorquet in ipsum oti et delicis, luci effictæ [25], atque cinædo; et sectatori adeo ipsi suo [26]. quo rectius dicas; ibat forte domum, sequimur multi, atque frequentes. » Quum sequutos videri velit, ob eorum jurgia, non ob adsuetum officium.

SCURRA [1]. Verrius dit, par une très-grande erreur, que ce mot a été tiré soit du grec σκυροπαικτεῖν [2], ou de *sequi* [3], étymologie qui lui plaît mieux, parce que les hommes d'une condition inférieure et d'autres qui accompagnent un personnage pour lui faire honneur, ont coutume de marcher non pas devant lui, mais derrière lui. Il s'appuie de ce que Lucilius dit : « Notre Cornelius Publius (je veux parler du descendant des Scipions), lorsqu'il tourmente le temps lui-même par les délices de l'oisiveté, avec celui qui fuit la lumière et avec le jeune effronté, et pour parler plus juste, avec son complaisant (avec son bouffon), il se rendait par hasard chez lui, et nous le suivons en grand nombre et avec empressement. » Il veut voir dans les gens qui le suivaient non des hommes qui lui rendaient les hommages accoutumés, mais des gens qui le poursuivaient de leurs railleries.

SECUS Valgius putat ex Græco quod est ἑκάς dictum; absurde scilicet : significat enim aperte aliter, exemplis omnium fere, qui eam vocem usurpant.

SECUS. Valgius pense que ce mot vient du grec ἑκάς [4]; mais il se trompe, car, par les exemples de presque tous les auteurs qui l'ont employé, ce mot signifie manifestement autrement.

(1) Bouffon. — (2) Fermer avec une pierre dure. — (3) Suivre. — (4) Loin, de loin. Festus.

STIPEM esse nummum signatum testimonio est et de eo [1], quod datur in stipendium militi, et quum spondetur pecunia, quod stipulari dicitur.

SOBRINUS est patris mei consobrini filius et matris meæ consobrinæ filius.

STIPES. Ce mot signifie argent monnayé ; ce qui le prouve, c'est qu'on nomme *stipendium* l'argent donné en solde à la troupe, et qu'on dit *spondere* pour promettre de l'argent, ce qu'on appelle stipuler.

SOBRINUS, c'est le fils du cousin de mon père, et le fils de la cousine de ma mère.

Stipem esse nummum signatum, testimonio est et de eo quæ [27] datur stipendium militi, et quum spondetur pecunia, quod stipulari dicitur.

Sobrinus est, ut ait Gallus Ælius, patris mei consobrini filius, et matris meæ consobrinæ filius. Femina isdem de causis appellat fratrem, et fratrem patruelem, et consobrinum, et propius consobrino [28], et sobrina ; iidem gradus in sobrina quoque sunt.

Sororium tigillum [29] appellatur hac de causa ; ex conventione Tullii Hostilii regis, et Metti Fufitii [30] ducis Albanorum, Trigemini Horatii, et Curati [31] quum dimicassent, ut victores sequeretur imperium, et Horatius noster exsuperasset, victorque domum reverteretur, obvia soror, cognita morte sponsi, sui fratris manu occisi, aversata est ejus osculum, quo nomine Horatius interfecit eam ; et quanquam a patre absolutus sceleri erat [32], accusatus tamen parricidii apud duumviros, damnatusque provocavit ad populum, cujus judicio

Stipes signifie argent monnayé ; ce qui le prouve, c'est qu'on nomme *stipendium* l'argent donné en solde à la troupe, et qu'on dit *spondere* pour promettre de l'argent, ce qu'on appelle stipuler.

Sobrinus, c'est, selon Gallus Elius, le fils du cousin de mon père, et le fils de la cousine de ma mère. Par la même cause, la femme donne les noms de *frater*, *frater patruelis*, *consobrinus* au parent qui est plus proche que le cousin et que la cousine issus de germain. Il y a les mêmes degrés de parenté pour la cousine issue de germain.

Sororium tigillum. Voici pourquoi le joug de la sœur a été ainsi nommé. Le roi Tullus Hostilius et Metius Sufetius, chef des Albains, étaient convenus que trois frères de chaque armée, les trois Horaces d'un côté, les trois Curiaces de l'autre, se battraient, et que l'empire resterait à la nation dont les champions auraient été vainqueurs. Horace, notre champion, l'ayant emporté et rentrant victorieux, dans ses foyers, sa sœur alla au-devant de lui, et ayant appris la mort de son fiancé, tué de la main de son frère, elle repoussa les baisers de celui-ci ; et pour cette raison Horace la tua. Et quoiqu'il eût

SORORIARE mammæ dicuntur puellarum, quum primum tumescunt.

SURREGIT et SORTUS² pro surrexit, et quasi possit fieri surrectus, frequenter posuit Livius.

SORORIARE⁽¹⁾ se dit des mamelles des jeunes filles lorsqu'elles commencent à se gonfler.

SURREGIT et SORTUS. Lucilius a souvent employé cette forme pour *surrexit*, comme si *sortus* pouvait faire *surrectus*⁽²⁾.

(1) Littéralement : Grandir à l'envi, comme deux sœurs. — (2) C'est-à-dire pour il s'est levé; et pour *surrectus*, levé, participe de *surgo*.

---

victor, duo tigilla tertio superjecto, quæ pater ejus constituerat, velut sub jugum missus, subit, consecratisque ibi aris Junoni Sororiæ, et Jano Curiatio, liberatus omni noxia sceleris est auguriis adprobantibus. Ex quo sororium id tigillum est appellatum.

été absous de ce crime par son père, il fut accusé de parricide devant les duumvirs. Condamné, il interjeta appel au peuple. Par le jugement de celui-ci, le vainqueur dut passer, comme sous le joug, sous une solive placée par son père en travers sur deux autres solives; puis, après qu'on eut consacré en ce lieu des autels à Junon Sororia et à Janus Curiatius, il fut déclaré absous de toute culpabilité du crime avec l'approbation des augures. Depuis ce temps, ce joug a été appelé le joug de la sœur.

SORORIÆ³³ mammæ dicuntur puellarum, quum primum tumescunt, ut fraterculare puerorum. Plautus, in Fribolaria³⁴ : « *Fraterculabant mulieri papillæ primum ; sed illud volui dicere, sororiabant, quid opus est verb-is pluribus*³⁵ ? »

SORORIARE se dit des mamelles des jeunes filles lorsqu'elles commencent à se gonfler; de même que, dans le même cas, *fraterculare*⁽¹⁾ se dit des mamelles des jeunes garçons. Plaute dans *les Colifichets* : — *Fraterculabant mulieri papillæ primum: sed illud volui dicere, sororiabant : quid opus est verbis pluribus*⁽²⁾?

SURREGIT et SORTUS an-*tiqui* ponebant pro *surrexit* et ejus parti-*cipio, quasi sit surrectus,* qui-bus L. Livill-*us*³⁶ *frequenter usus* est.

SURREGIT et SORTUS. Les anciens employaient souvent ces mots pour *surrexit* et pour son participe, qui serait dans ce cas *surrectus*. L. Livius a fait un fréquent usage de ces formes.

(1) Grandir à l'envi comme deux frères. — (2) Les mamelles de cette femme commençaient à pousser comme deux frères ; je voulais dire comme deux sœurs. Qu'est-il besoin de plus de mots ?

SORS et patrimonium significat. Unde *consortes* dicimus; et dei responsum et quod cuique accidit in sortiendo.

SORACUM est, quo ornamenta portantur scenicorum.

SOBRIUM VICUM Romæ dictum putant³, vel quod in eo taberna nulla fuerit, vel quod in eo Mercurio lacte, non vino supplicabatur.

SORS signifie aussi patrimoine ; d'où le mot *consortes*⁽¹⁾. *Sors* signifie aussi la réponse d'une divinité, et ce qui échoit à chacun dans un partage au sort.

SORACUM, c'est le chariot sur lequel on transporte le bagage des comédiens.

SOBRIUS VICUS⁽²⁾. On croit que cette rue de Rome a été ainsi nommée, soit parce qu'il ne s'y trouve point de taverne, soit parce que l'on y faisait, en l'honneur de Mercure, des libations de lait, et non de vin.

(1) Qui partagent, consorts. — (2) La voie Sobre.

SORS et *patrimonium signif*icat, unde con-*sortes dicimus*, et deis resp-*onsum*³⁷, *et quod cuique* accidit in so-*rtiendo*.

SORACUM *est*, quo ornamen-*ta portantur sceni*-corum. Plau-*tus in Persa* : « *Libro*-rum iccillum habeo plenum *soracum*³⁸.

SOBRIUM VICUM *dictum putant*.... et Ælius, quod *in eo nullus tabernæ* locus neque caup-*onæ fuerit*; alii, quod in eo M-*ercurio lacte, non* vino, solitum *sit supplicari*.

SONIVIUM TRIPUDIUM, *ut ait Appius* Pulcher, quod *sonet, quum pullo exci*-dit plus³⁹, quadr-*upedive*....

SORS signifie patrimoine, d'où le mot *consortes* ; il signifie de plus la réponse d'une divinité, et la part qui échéait à quelqu'un dans un partage au sort.

SORACUM, c'est le chariot sur lequel on transporte le bagage des comédiens. Plaute dit dans *le Perse* : — *Librorum eccillum habeo plenum soracum*⁽¹⁾.

SOBRIUS VICUS. On croit.... et Elius, que la voie Sobre a été ainsi nommée, parce qu'on n'y donnait place ni aux tavernes ni aux cabarets. Selon d'autres, ce nom lui vient de ce qu'on avait coutume d'y faire en l'honneur de Mercure des libations de lait, et non de vin.

SONIVIUM TRIPUDIUM. Ce frémissement accompagné de bruit, comme dit Appius Pulcher, a lieu lorsque la bouillie tombe du bec d'un poulet ou de la bouche d'un quadrupède.

(1) J'ai de livres ce chariot plein.

SONS, nocens; *insons*, innocens.

SODALES dicti, quod una sederent et essent, vel quod ex suo datis' vesci soliti sint, vel quod inter se invicem suaderent, quod utile esset.

SODES, si audes, uti *sis* pro si vis, et *illico* pro in loco. Terentius in Andria : « Dic, sodes, quis heri Chrysidem habuit? »

SURUM dicebant, ex quo per deminutionem fit surcu-

SONS, coupable; *insons*, innocent.

SODALES. Les camarades ont été ainsi appelés parce qu'ils s'assoient et mangent ensemble; soit parce que d'ordinaire ils se nourrissent de mets donnés de leur fonds, soit parce qu'ils se conseillent réciproquement ce qui est utile.

SODES, pour *si audes*[1], comme *sis* pour *si vis*[2], et *illico* pour *in loco*[3]. Térence, dans l'*Andrienne* : — *Dic, sodes, quis heri Chrysidem habuit*[4]?

SURUS[5], mot dont on a fait le diminutif *surculus*[6].

(1) S'il te plaît. — (2) Si tu veux. — (3) Sur-le-champ. — (4) Dis, s'il te plaît, qui a eu Chrysès hier ? — (5) Pieu. — (6) Rejeton.

SONS, nocens, ut ex c-*ontrario insons in*-nocens.

SODALIS *quidam dictos esse putant, quod una s-ederent essentque*; alii, quod ex suo *datis vesci soliti essent*; alii, quod inter se *invicem suade-*rent, quod utile *ess-et; eosdem, quod coeant* crebro, congre vocar-*i*⁴⁰ *a Græco* vocabulo, quod est-γέρρα.

SODES, si audes, uti si-*s pro si vis, et illico* pro in loco. Terentius *in Andria* : « *Dic*, sodes, quis heri Chry-*sidem habuit?* »

SURUM dicebant, ex quo per

SONS, coupable, comme, par opposition, *insons* signifie innocent.

SODALIS. Selon quelques-uns, les camarades ont été ainsi appelés, parce qu'ils s'assoient et mangent ensemble; selon d'autres, parce que d'habitude ils se nourrissent de vivres donnés de leur propre fonds; selon d'autres encore, parce qu'ils se conseillent mutuellement ce qui est utile. Comme ils se réunissent souvent, on croit aussi qu'on les appelle *congerræ*[1] du mot grec γέρρα[2].

SODES, pour *si audes*, comme *sis* pour *si vis*, et *illico* pour *in loco*. Térence, dans l'*Andrienne* : — *Dic, sodes, quis heri Chrysidem habuit?*

SURUS, mot dont on a fait le di-

(1) Mieux, *congerra*, camarade de plaisir. — (2) Claie.

lus. Ennius : « Unus surus surum ferret, tamen defendere possent. »

SUREMIT, sumpsit : « Inque manus suremit hastam. » *Surempsit*, sustulerit.

SUMMUSSI, murmuratores. Nævius : « Odi, inquit, summussos, proinde aperte dice, quid sit. » Terentius mussare pro tacere posuit, quum ait :

Ennius dit : *Unus surus surum ferret, tamen defendere possent*[1].

SUREMIT, il a pris : *Inque manus suremit hastam*[2]. *Surempsit*, pour *sustulerit*[3].

SUMMUSSI, gens qui murmurent. Névius dit : *Odi summussos, proinde aperte dice, quid sit*[4]. Térence a employé *mussare* dans le sens de se taire, lorsqu'il dit : *Sile,*

(1) Un seul pieu porterait un autre pieu, et cependant ils pourraient defendre. — (2) Et il prit sa lance dans ses mains. — (3) Il aura enlevé. — (4) Je déteste ceux qui murmurent ; dis donc tout haut de quoi il s'agit.

---

*deminutionem surculus fac-*tum est. Plau-*tus in*.... *surus* non est tibi. » *Surum dicebant pal*um, item : nam qui....cus surculis, ...m , tum poli-*ebant*.... aut asulæ.... *Ennius* : « *In unum surus surum*⁴¹ *ferte : tamen defende*-re possent. »

Suremit, *sumpsit*.... « *Inque manum su*-*remit hastam*. » *Et* : « *Puerum* surempsit, ».... *puerum* sustule-*rit*.

« **Syrium** non *Scyr*-ium » dixit : .... est, quod cum.... cio nobilissi-*mi*.... atque ob eam.... issimus semper....*i*-nstituit, quum.... imus sumere-*tur is*, qui esset.... ipso dignior.... Σκύριον καὶ οὐκέτι Σύριον.... t. quod si mon.... tem nonnum-*quam*.... Socratem ; quas .... *conjece*-rat in librum.... *quem* inscripserat Scy-*rium*.... gratia id appel-*la*....

Summussi dicebantur *murmura-*

minutif *surculus*. Plaute, dans....: *Surus non est tibi*[1]. On appelait *surus* un poteau.... [Lacune.] Ennius dit : *In unum surum ad surum ferte : tamen defendere possent*[2].

Suremit, il a pris : *Inque manum suremit hastam* ; et : *Puerum surempsit*, il aura enlevé un enfant.

Il a dit *Syrius* et non *Scyrius*.... [Lacune considérable].... Scyrius et plus Syrius.... [La lacune continue].... il avait entassé dans le livre.... qu'il avait intitulé *Scyrius*.

Summussi. On appelait ainsi les

(1) Tu n'as pas même un pieu — (2) Apportez ensemble pieu contre pieu ; et certes ils pourraient defendre.

« Sile, cela, occulta, tege, tace, mussa. »

SUM pro eum usus est Ennius.

SOLLO Osce dicitur id quod nos totum vocamus. Livius, *solliferreum*, genus teli, id est totum ferreum. *Sollers* etiam in omni re prudens, et *sollemne*, quod omnibus annis præstari debet.

cela, occulta, tege, tace, mussa [1].

SUM. Ennius a employé ce mot pour *eum* [2].

SOLLO. Chez les Osques, ce mot a le même sens que chez nous le mot *totum* [3]. Livius appelle une sorte d'arme offensive *solliferreum*, c'est-à-dire tout entière de fer. De là viennent *sollers*, habile en toutes choses, et *sollemne*, ce qui doit être fait tous les ans.

(1) Silence, cache, mets à l'ombre, couvre, tais-toi, sois muet. — (2) Lui. — (3) Tout

---

tores.... Nævius : « Odi, inquit, *summussos, pro*-inde aperte dice, *quid siet, quod* times. » Ennius in sexto *Annalium* : « *I*-ntus in occulto mussa-*bant.* » Et *Enniu*-s in Andromacha : « Di-*cere.... no*-n est : nam mussare si.... *Juventiu*-s in Agnorizomene [42] : « Quod potes, sile, cela, occulta, tege, tace; mussa, mane. »

Sum, pro eum usus est Ennius lib. I : « At tu non ut sum summa servare [43] decet rem. » Et lib. II : « At se se [44] sum quæ dederat in luminis oras. »

Sollo Osce dicitur id quod nos totum vocamus. Lucilius : « Suasa quoque omnino dirimit [45], non sollo dupundi, » id est, non tota ; idem Livius. Sollicuria, in omni re curiora [46]; et solliferreum genus teli, totum ferreum. Sollers etiam

gens qui murmurent ... Névius dit : *Odi summussos, proinde aperte dice, quid siet, quod times* [1]. Ennius, au livre VI des *Annales* : — *Intus in occulto mussabant* [2]. Ennius dit encore dans *Andromaque* : — *Dicere.... non est : nam mussare si* [3].... Juventius, dans son *Anagnorizomène* : — *Quod potes, sile, cela, occulta, tege, tace; mussa, mane* [4].

Sum. Ennius, au livre Ier, a employé ce mot pour *eum* : *At te non ut sum summam servare decet rem* [5]. Et au livre II : *Ad sese sum quæ dederat in luminis oras* [6].

Sollo. Chez les Osques, ce mot a le même sens que chez nous le mot *totus*. Lucilius : *Vasa quoque omnino redimit non ullo dupundi* [7], c'est-à-dire *non tota*. Le même Lucilius appelle *sollicuria* une femme soigneuse de toutes choses, et *solliferreum* une sorte d'arme offensive

(1) Je déteste ceux qui murmurent; dis donc tout haut l'objet de ta crainte. — (2) Ils murmuraient en dedans et en secret. — (3) Cette citation est tellement tronquée, que l'on ne peut lui donner un sens. — (4) Silence ! cache, dissimule, couvre, tais tout ce que tu peux; sois muet, reste coi. — (5) Mais il ne te convient pas, comme à lui, de sauver la masse des choses. — (6) Vers elle, qui l'avait lancé dans les espaces du jour. — (7) Il rachète aussi tout à fait les vases à moins de deux livres.

SOLLA sedilia, in quibus singuli tantum possunt sedere, ideoque *soliar* sternere dicuntur, qui sellisternium habent, et *solaria* vocantur Babylonica, in quibus eadem sternuntur.

SOLUM terram dicunt.

SOLLA, siéges où ne peut s'asseoir qu'une seule personne; aussi l'on dit de ceux qui sont chargés du *sellisternium*[1], qu'ils étendent le coussin appelé *soliar*, et l'on nomme *soliaria Babylonica*[2] les siéges sur lesquels on étend ces coussins.

SOLUM. On appelle ainsi la terre.

(1) Pour *lectisternium*, cérémonie qui consistait à placer les images des dieux sur de petits lits rangés autour de l'autel, comme autour d'une table. — (2) Siéges babyloniens.

---

in omni re prudens; et sollemne, quod omnibus annis præstari debet.

SOLLA appellantur [47] sedilia, in quibus non plures singulis possint sedere, ideoque soliar sternere dicuntur, qui sellisternium habent, et solaria vocantur [48] Babylonica, quibus eadem sternuntur; quæ, ut ait Verrius, omnia ducta sunt solo [49]; alvei quoque cavandi gratia [50] instituti, quo singuli descendunt, solla dicuntur; quæ ascendendo [51] potius dicta videntur, quam a solo.

SOLLISTIMUM, App. Pulcher in Auguralis disciplinæ lib. I ait, esse tripudium, quod aut excidit ex eo [52], quod illa fert : saxum ve solidum, aut arbos viviradix ruit, quæ nec præ vitio, humani [53] cædantur ve, jaciantur ve, pellantur ve.

SOLUM, terram. Ennius lib. III :

tout entière en fer. *Sollers* aussi veut dire habile en toutes choses; et *sollemne*, ce qui doit être fait tous les ans.

SOLLA. On appelle ainsi des siéges où une seule personne peut s'asseoir : aussi l'on dit de ceux qui sont chargés du *sellisternium* qu'ils étendent le coussin appelé *soliar,* et l'on nomme *soliaria Babylonica* les siéges sur lesquels on étend ces coussins. Tous ces mots, comme le dit Verrius, sont tirés de *solus*[1]. Les siéges institués pour se laver le corps, et où se met une seule personne, sont appelés *solia*[2]. Leur nom paraît venir de *sedere*[3] plutôt que de *solus*[1].

SOLLISTIMUM. App. Pulcher, au livre Ier de la *Science augurale,* dit que c'est un tressaillement qui a lieu lorsqu'un oiseau laisse tomber de son bec ce qu'il y porte, ou lorsqu'un rocher tout entier ou un arbre à racine vive, qui ne succombe ni sous une infirmité, ni sous la force de l'homme, sont arrachés ou repoussés de terre.

SOLUM, la terre. Ennius, au

(1) Seul. (2) Où l'on se met seul. — (3) Être assis, s'asseoir.

SOLEA vel ea dicitur, quæ solo pedibus subicitur, vel genus piscis, vel materia robustea, super quam paries craticius exstruitur.

SOLOX⁵, lana crassa, vel pecus lana non tectum⁶. Titinnius : « Lana soloci ad purpuram data; » et Lucilius : « Pascali pecore ac montano, hirto atque soloce. »

SOS pro eos antiqui dicebant, ut Ennius : « Constitit inde loci propter sos dea diarum⁷. »

SOS interdum pro suos po-

SOLEA. On appelle ainsi la semelle placée sous la plante des pieds; de plus une espèce de poisson, et encore une poutre de chêne sur laquelle on élève une cloison.

SOLOX, laine grasse, ou troupeau qui n'est pas couvert. Titinnius dit : *Lana soloci ad purpuram data*⁽¹⁾; et Lucilius : *Pascali pecore ac montano, hirto atque soloce*⁽²⁾.

SOS. Les anciens disaient ainsi pour *eos*⁽³⁾; Ennius, par exemple : *Constitit inde loci propter sos dea diarum*⁽⁴⁾.

SOS. On employait quel-

(1) La laine grasse une fois donnée pour être teinte en pourpre. — (2) Par les troupeaux des prés et des montagnes, au poil hérissé et à la laine grasse (c'est-à-dire chèvres et moutons). — (3) Eux. — (4) A cet endroit la déesse des déesses s'arrêta près d'eux.

« Tarquinio dedit imperium simul et sola regni. » Et aliubi⁵⁴ : « Sed sola terrarum postquam permensa parumper. »

SOLEA, ut ait Verrius, est non solum ea, quæ solo pedis subicitur, sed etiam pro materia robustea, super quam paries craticius extruitur.

SOLOX, lana crassa, et pecus, quod passim pascitur non tectum. Titinius in Barrato⁵⁵ : « Ego ab lana soloci ad purpuram data. » Et Lucilius : « Pastali pecore⁵⁶ ac montano, hirto atque soloce. »

Sos pro eos antiqui dicebant,

livre III : *Tarquinio dedit imperium simul et sola regni*⁽¹⁾; et ailleurs : *Sed sola terrarum postquam permensa parumper*⁽²⁾.

SOLEA. Ce mot, selon Verrius, ne désigne pas seulement la semelle placée sous la plante des pieds, mais aussi une poutre de chêne sur laquelle on élève une cloison.

SOLOX, laine grasse, et troupeau qui paît çà et là, sans être à couvert. Titinius dit, dans le *Barbu* : — *Ego ab lana soloci ad purpuram data*⁽³⁾; et Lucilius : *Pascali pecore ac montano, hirto atque soloce*.

Sos. Les anciens disaient ainsi

(1) Il donna à Tarquin l'empire, et en même temps le sol du royaume. — (2) Mais après que l'on eut un peu parcouru le sol de la terre. — (3) Moi, depuis la laine grasse donnée pour être teinte en pourpre.

nebant; per dativum casum idem Ennius effert : « Postquam lumina sis oculis, » pro suis.

SULTIS, si vultis. Plautus : « Sequimini me hac sultis ; » et Cato : « Audite, sultis, milites. »

quefois cette forme pour *suos*[1]; on la trouve au datif dans Ennius : *Postquam lumina sis oculis*[2] pour *suis*.

SULTIS, pour *si vultis*[3]. On lit dans Plaute : *Sequimini me hac sultis*[4]; et dans Caton : *Audite, sultis, milites*[5].

(1) Siens ; leurs. — (2) Après que la lumière à ses yeux.... — (3) Si vous voulez. — (4) Suivez-moi par ici, si vous le voulez bien. — (5) Écoutez, si vous le voulez bien, soldats.

---

ut Ennius lib. II : « Constitit inde loci propter sos dea diarum. » Lib. III : « Circum sos quæ sunt magnæ gentes opulentæ. » Lib. VII : « Dum censent terrere minis, hortantur be sos ⁵⁷ » Lib. XI : « Contendunt Graios Græcos memorare solent sos. » Interdum pro suos ponebant, ut quum per dativum casum idem Ennius effert : « Postquam lumina sis oculis bonus Ancus reliquit. »

SULTIS, si voltis. Plautus in Frivolaria : « Sequimini me hac sultis legiones omnes lavernæ. » Et in Rudente : « Curate hæc sultis magna diligentia. » M. Cato pro L. Cæsetio : « Audite sultis milites, si quis vestrum in bello superfuerit, si quis non invenerit pecuniam, egebit. »

SOLARI sine præpositione dixisse antiquos testis est Pacu-

pour *eos*; Ennius, par exemple, au livre II : *Constitit inde loci propter sos dea diarum*. Et au livre III : *Circum sos quæ sunt magnæ gentes opulentæ*[1]; et encore au livre XII : *Dum censent terrere minis, hortantur ibei sos*[2]; de plus, au livre XI : *Contendunt Graios Græcos memorare solent sos*[3]. Quelquefois on employait cette forme pour *suos*, comme on le voit par Ennius, qui la donne, en ce sens, au datif : *Postquam lumina sis oculis bonus Ancus reliquit*[4].

SULTIS, pour *si voltis*. Plaute, dans *les Colifichets* : — *Sequimini me hac sultis legiones omnes lavernæ*[5]; et dans le *Cordage* :—*Curate hæc sultis magna diligentia*[6]. M. Caton *pour L. Césetius* : — *Audite sultis milites, si quis vestrum in bello superfuerit, si quis non invenerit pecuniam, egebit*[7].

SOLARI[8]. Les anciens ont employé ce verbe sans y joindre de

(1) Les grandes et puissantes nations qui sont autour d'eux. — (2) Tandis qu'ils s'imaginent effrayer par leurs menaces, ils les encouragent alors même. — (3) Ils les prétendent Grecs, et ont coutume de les appeler Grecs. — (4) Après que le bon Ancus eut laissé la lumière à ses yeux. — (5) Suivez-moi par ici, si vous le voulez bien, vous toutes, légions de la déesse Laverne (c'était la déesse des voleurs). — (6) Soignez, s'il vous plaît, ces choses, avec la plus grande attention. — (7) Écoutez, si vous voulez, soldats, si quelqu'un de vous a survécu à la guerre; si un homme ne trouve point d'argent, il est pauvre. — (8) Consoler.

SOLATUM, genus morbi.

SOLIPUGNA, genus bestiolæ maleficæ, quod acrius concitatiusque fit fervore solis, unde etiam nomen traxit.

SOSPES, salvus. Ennius tamen sospitem pro servatore posuit.

SOLATUM, sorte de maladie [1].

SOLIPUGNA [2], espèce de petite bête malfaisante, ainsi nommée parce que la chaleur du soleil la rend plus vive et plus mauvaise.

SOSPES, sain et sauf. Ennius cependant a employé *sospes* dans le sens de sauveur.

(1) Coup de soleil. — (2) C'est une sorte de fourmi. Ce mot est formé de *sol*, soleil, et de *pungere*, piquer.

---

vius, quum ait : « Solatur, auxiliatur, hortaturque me. »

SOLATUM genus morbi maxime a rusticantibus dicitur, cujus meminit etiam Afrani-*us in*.... ar-quato med-*eri*.... *ver*-tigine.

SOLIPUGNA, *genus bestiolæ* maleficæ, q-*uod acrius concitatius-que* fit fervore so-*lis, unde etiam nomen* traxit.

SOSPES *significat apud* omnes ferre 58 auc-*tores salvum*; sic Afranius in ep-*istola* : « Di te sospitem servent tuis. » *Virgilius lib.* VIII. *Æneid.* : « Maxime Teuc-*rorum ductor, quo sospite* nunquam. » En-*nius in*.... parentem et pa-*trem di servate* sospitem. » Ac-*cius in*.... « *Si* rite ad patri-*am sospes pervenis*-set. » Ennius vi-*detur servatorum signi*-ficare quum dix-*it* : « *Quo sospite liber.* » Ceterum s-*ospitare Verrius* ait esse bona spe *afficere, aut bonam* spem non falle-*re*.

préposition [1] ; c'est ce que prouve Pacuvius, lorsqu'il dit : *Solatur. auxiliatur, hortaturque me* [2].

SOLATUM, sorte de maladie ainsi nommée surtout par les gens de la campagne, et dont parle aussi Afranius dans.... [Lacune.]

SOLIPUGNA, espèce de petite bête malfaisante, ainsi nommée parce que la chaleur du soleil la rend plus vive et plus mauvaise.

SOSPES, signifie chez presque tous les auteurs sain et sauf; c'est en ce sens qu'Afranius l'emploie dans une lettre : *Di te sospitem servent tuis* [3]. Virgile de même, au livre VIII de l'*Énéide*: —*Maxime Teucrorum ductor, quo sospite nunquam* [4]. Ennius, dans.... : *Parentem et patrem di servate sospitem* [5]. Accius, dans.... : *Si rite ad patriam sospes pervenisset* [6]. Ennius semble employer ce mot dans le sens de sauveur, lorsqu'il dit : *Quo sospite liber* [7]. Du reste, Verrius dit que *sospitare* signifie animer d'un bon espoir, ou ne pas tromper un bon espoir.

(1) *Cum*. — (2) Il me console, il m'aide, et il m'exhorte. — (3) Que les dieux te gardent sain et sauf pour les tiens. — (4) Le plus grand chef des Troyens, tant que tu vécus, jamais... — (5) Dieux, conservez sain et sauf celui qui m'a donné le jour, mon père. — (6) S'il était, comme cela se devait, arrivé sain et sauf dans sa patrie. — (7) Libre, grâce à lui.

SOSPITARE est bona spe afficere, aut bonam spem non fallere.

SUCCROTILLA VOX, tenuis et alta. Titinnius : « Feminina fabulare⁸ succrotilla vocula. »

SUCCINGULUM, balteum.

SOSPITARE, c'est inspirer une bonne espérance, ou ne pas la tromper.

SUCCROTILLA VOX, voix grêle et haute : Titinnius dit : *Feminina fabulare succrotilla verba* ⁽¹⁾.

SUCCINGULUM, baudrier.

(1) Raconte des paroles d'une voix faible et criarde, comme est celle de la femme.

SUCCROTILLA tenuis diceba-*tur et alta vox.* Titinnius in.... « *Fe-*minina fabulare succro-*tilla vocula. » Afra-*nius in episto-*la :* « *Loquebatur succro-*tilla voce serio. » *Plautus in de-*scribendis mulie-*rum cruribus* gracilibus in Syr-o : « *Cum extortis* talis, cum sodellis cr-*usculis* ⁵⁹. » *Bel-*le, quæ non pedibu-*s valerent.*

SUCULA est machinæ *genus teretis* materiæ, et foratæ, *ac crassæ*, quam, ut uber scrofæ, *porculi circum-*stant sic, versant-*esque ductario* fune volunt ⁶⁰; eodem no-*mine nostri* stellas ruin que ⁶¹ dicunt, quas appellarunt a pluvi-a Hyadas Græ-*ci; nostri forsitan exi-*stimantes a subus *dici sæculo parum elo-*quenti, dixerint *eas Suculas.*

SUCCINGULUM ap-*pellabant antiqui bal-*teum. Plautus : « *Ab Hippolyte succingul-*um Hercu-

SUCCROTILLA. On appelait ainsi une voix grêle et haute. Titinnius, dans.... *Feminina fabulare succrotilla vocula.* Afranius, dans une lettre : *Loquebatur succrotilla voce serio* ⁽¹⁾. Plaute, en décrivant les jambes grêles des femmes, dans le *Syrien : — Cum extortis talis, cum todillis crusculis* ⁽²⁾. Cela est très-bien, puisqu'elles n'ont pas de force dans les pieds.

SUCULA ⁽³⁾, sorte de machine d'un bois poli, foré et épais, autour de laquelle se tiennent, comme autour de la mamelle d'une truie, des barres de bois appelées *porculi*, qui la font tourner en la mouvant sur elle-même par le câble qui doit amener un fardeau. Nos auteurs appellent encore ainsi les cinq étoiles, que les Grecs ont appelées Hyades, du mot qui, dans leur langue, désigne la pluie. Les nôtres, pensant peut-être que dans un siècle peu éloquent on avait donné à ces étoiles le nom de truies, les ont appelés *Suculæ.*

SUCCINGULUM. Les anciens appelaient ainsi le baudrier. On lit dans Plaute : *Ob Hippolyte succin-*

(1) Il parlait sérieusement d'une voix fluette. — (2) Avec les talons tournés en dehors, avec des petites jambes bien grêles. — (3) *Sucula* signifie proprement jeune truie (animal). De plus, truie, rouleau autour duquel se roule le câble d'une machine à presser ou à enlever : treuil de moulinet, de cabestan. Dans Plaute, *sucula* désigne une sorte de robe de dessous.

SUCERDA, stercus suillum. Titinnius : « Quid habes nisi unam arcam sine clavi, eo condis sucerdas? »

SCISCITO, sententiam dico.

SUCCIDANEA HOSTIA dicebatur, quæ secundo loco cædebatur, scilicet sic appellata a succedendo.

SUGGILLATUM dicitur ex

SUCERDA, fiente de porc. Titinius dit : *Quid habes nisi unam arcam sine clavi, eo condis sucerdas*[1]?

SCISCITO, je donne mon avis.

SUCCIDANEA HOSTIA. On appelait ainsi la victime que l'on immolait la seconde : ce nom lui est venu de *succedere*[2].

SUGGILLATUM[3]. Ce mot

(1) Qu'as-tu, en effet? un coffre sans clef, bon à serrer de la fiente de porc. — (2) Succéder, venir après. — (3) Meurtrissure?

---

lis [62] *æque magno neu*-tiquam abs-tu-*lit periculo.* »

SUCERDÆ stercus su-*illum dicitur....* us : « Simus *sucerdæ.* » *Titinnius* : « Q-uid habes nisi unam arcam sine cla-vi, eo condis *sucerdas?* » *Sicut a su*-e sucerda, *ita ab ove ovicerda*; homo opicer-*da* [63].... *homi*-nem, quem Sol.... t.

SUBURANAM TRIBUM olim.... Succisanam *appellatam* [64] *esse puta*-nt ex nomine.... m imam illam quoque.... *Suc*-cusanam dictam.... *mi*-ratum esse.... pagi Succusa-*ni, in quo milites* exercerentur.

SUCCIDANEA HOSTIA appellatur, quæ *secundo loco cædi*-tur, quod quasi *sub priore cædatur* : quidam a suc-*cedendo, non a succi*-dendo dictam *putant.*

SUGGILLATUM dici existimant *ex*

gulum Hercules æque magno neu-tiquam abstulit periculo [1].

SUCERDÆ. On appelle ainsi la fiente de porc.... : *Simus sucerdæ* [2]. Titinnius dit : *Quid habes nisi unam arcam sine clavi, eo condis sucerdas?* De même que *sucerda* vient de *sus* [3], *ovicerda* [4] vient de *ovis* [5].... [Lacune.]

SUBURANA TRIBUS. On croit que cette tribu a été anciennement appelée *Succusana*.... [Lacune]... du village de Succusanum, où les soldats allaient s'exercer.

SUCCIDANEA HOSTIA. On appelle ainsi la victime qui est immolée la seconde, parce qu'elle est, en quelque sorte égorgée, sous [6] la première : d'autres font venir ce nom de *succedere* [7], et non de *succidere* [8].

SUGGILLATUM. On croit que ce

(1) Hercule n'a pas couru un si grand danger pour enlever le bandrier d'Hippolyte. — (2) Que nous soyons des fientes de porc. — (3) Porc. — (4) Fiente de mouton. — (5) Mouton. — (6) C'est-à-dire après, *sub*. — (7) Succéder. — (8) Tuer après.

Græco, quod ea pars, quæ est sub oculo, kylon ab eis dicitur.

SYCOPHANTAS appellatos hac de causa dicunt. Atticos quondam juvenes solitos aiunt in hortos irrumpere ficosque deligere. Quam ob causam lege est constitutum, ut, qui id fecisset, capite truncaretur; quam pœnam qui persequerentur ob parvola detrimenta, sycophantas appellatos.

SOLCUS dictus a Græco, qui ab illis ὁλκὸς appellatur.

vient du grec. Les Grecs appellent, en effet, κύλον⁽¹⁾ cette partie qui est sous l'œil.

SYCOPHANTÆ⁽²⁾. Voici, dit-on, l'origine de cette dénomination. On raconte que jadis de jeunes Athéniens avaient coutume d'envahir les jardins et d'y cueillir des figues. Il fut donc établi par une loi que quiconque se rendrait coupable de ce délit, aurait la tête tranchée, et l'on appela sycophantes ceux qui réclamaient l'application d'une peine si grave pour un si mince dommage.

SOLCUS⁽³⁾ vient du grec. Les Grecs disent ὁλκός.

---

(1) Dessous des paupières. — (2) Sycophantes, dénonciateurs. — (3) Pour *sulcus*, sillon.

Græco vocabulo, quod ea pars, quæ *est sub oculo*, κύλον ab iis dicitur.

Sycophantas *qui–dam ex hac causa appellatos dicunt*. Atticos quondam *juvenes solito-s*, aiunt, in hortos *alienos* inrumpere, ficosque *deligere. Quam o-b causam lege factum*⁶⁵, qui id fecisset, capite esset ei⁶⁶; quam pœnam qui persequerentur ob parvola detrimenta, sycophantas appellatos.

Sulci appellantur, qua aratrum ducitur, vel sationis faciendæ causa, vel urbis condendæ; vel fossura rectis lateribus⁶⁷, ubi arbores serantur; fulmen quoque,

mot vient du grec, parce que les Grecs appellent κύλον cette partie du visage qui est au-dessous de l'œil.

Sycophantæ. Voici comment quelques auteurs racontent l'origine de ce mot. Jadis des jeunes gens d'Athènes avaient, disent-ils, coutume d'envahir les jardins d'autrui et d'y cueillir des figues. On établit donc par une loi que quiconque commettrait ce délit serait condamné à perdre la tête; et ceux qui, pour une perte si légère, exigeaient l'application d'une peine si terrible, furent appelés sycophantes.

Sulci. On appelle ainsi les sillons que trace la charrue, soit pour y répandre la semence, soit pour marquer l'enceinte d'une ville que l'on fonde; c'est encore une fosse à côtés droits, pour y planter des

SUASUM colos appellatur, qui fit ex stillicidio fumoso in vestimento albo. Plautus : « Suaso infecisti propudiosa pallulam. » Sunt qui omnem colorem suasum velint appellare, quod quasi persuadetur in alium ex albo transire.

SUASUM. On appelle ainsi une couleur faite avec de la suie liquide sur une étoffe blanche. Plaute dit : *Suaso infecisti propudiosa pallulam*[1]. Quelques-uns veulent que toute couleur soit appelée *suasum*, parce que l'étoffe se laisse, en quelque sorte, persuader de passer du blanc à une autre couleur.

[1] Effrontée, tu as sali ton voile d'une teinte de suie.

---

qua ejus vestigium, similiter appellatur ; quod vocabulum quidam ex Græco fictum, quia illi dicant ὁλκόν.

SUASUM, colos appellatur, qui fit ex stillicidio fumoso in vestimento albo. Plautus : « Quia tibi suaso infecisti propudiosa pallulam. » Quidam autem legunt in suaso ; nec desunt, qui dicant, omnem colorem, qui fiat inficiendo, suasum vocari, quod quasi persuadetur in alium ex albo transire.

SALTUM Gallus Ælius lib. II Significationum quæ ad jus pertinent, ita definit : « Saltus est, ubi silvæ et pastiones sunt, quarum causa casæ quoque : si qua particula in eo saltu pastorum, aut custodum causa aratur, ea res non peremit nomen saltui[68], non magis, quam fundi, qui est in agro culto, et ejus causa habet ædificium, si qua particula in eo habet silvam. »

arbres. Ce mot, selon quelques-uns, est tiré du grec ὁλκός.

SUASUM. On appelle ainsi une couleur faite avec de la suie liquide sur une étoffe blanche. Plaute dit : *Quia tibi suaso infecisti propudiosa pallulam*. Mais quelques-uns lisent *in suaso*. Il y a d'ailleurs des critiques qui prétendent que le mot *suasum* s'applique à toute couleur donnée par la teinture, parce que l'étoffe se laisse, en quelque sorte, persuader de passer du blanc à une autre couleur.

SALTUS. Gallus Elius, au livre II *de la Signification des termes qui appartiennent au droit*, définit ainsi ce mot : « On appelle *saltus* un terrain où se trouvent des bois et des pâturages, et par suite des pâturages, des cabanes : et si quelques parcelles de ce terrain sont cultivées pour la commodité des bergers ou des gardiens, le terrain ne perd pas pour cela le nom de *saltus*, pas plus que le fonds de terre, qui consiste en terres labourées, pour l'exploitation desquelles on a construit un bâtiment, ne perd le nom de *fundus*, s'il s'y trouve une partie de bois. »

SUPERESCIT, supererit. Ennius : « Dum quidem unus homo Romæ [10] superescit. »

SUB JUGUM MITTI dicuntur hostes, quum duabus

SUPERESCIT, pour *supererit*[1]. Ennius : *Dum quidem unus homo Romæ superescit*[2].

SUB JUGUM MITTERE[3], c'est planter deux lances en

---

(1) Il restera — (2) Tant qu'il restera un homme dans Rome. — (3) Faire passer sous le joug.

Superescit significat supererit. Ennius : « Dum quidem unus homo Romanus toga superescit. » Et Acer in Chrysippo [69] : « Quin hinc superescit [70], Spartam atque Amyclas trado ; » sed per se super significat quidem supra, ut quum dicimus, super illum cedit [71] ; verum ponitur etiam pro de, Græca consuetudine, ut illi dicunt, ὑπέρ. Plautus in Milite glorioso : « Mea opera super hac vicina, quam ego nunc concilio tibi. » In Phasmate : « Ehe-m vix tandem percipio, super rebus nostris loqui te. » Pacuvius in Medo : « Qua super re interfectum esse Hippotem dixisti ? » Cato contra Annium : « Nemo antea fecit super tali re cum hoc magistratu utique rem. » Afranius in Virgine : « Aliis de rebus in qua cœpisti [72] super. »

Supercilium dicitur, quod supra cilium sit, id est integimentum oculi superius.

Sub jugum mitti dicuntur hostes victi, ereptis omnibus armis telisque, cum hastis defixis duabus in terra, tertiaque ad summum

Superescit a le même sens que *supererit*. Ennius : *Dum quidem unus homo Romanus toga superescit*[1]. Et Accius, dans son *Chrysippe* : — *Quin huic si superescit, Spartam atque Amyclas trado*[2]. *Super* signifie par lui-même au-dessus de, comme lorsque nous disons : *super illum sedit*[3] ; mais il s'emploie aussi pour *de*[4], par analogie avec l'usage des Grecs qui emploient en ce sens le mot ὑπέρ. Plaute dit, dans le *Soldat glorieux* : — *Mea opera super hac vicina, quam ego nunc concilio*[5]. Et dans *le Revenant* : — *Ehem vix tandem percipio, super rebus nostris loqui te*[6]. Pacuvius, dans le *Mède* : — *Qua super re interfectum esse Hippotem dixisti*[7] ? Caton contre Annius ; — *Nemo antea fecit super tali re cum hoc magistratu utique rem*[8]. Afranius, dans la *Vierge* : — *Aliis de rebus nec qua cœpisti super*[9].

Supercilium. On appelle sourcil ce qui est au-dessus du cil, c'est-à-dire le voile supérieur de l'œil.

Sub jugum mittere, se dit des ennemis vaincus, auxquels, après avoir arraché toutes leurs armes offensives et défensives, et après

---

(1) Tant qu'il restera un seul homme romain portant la toge. — (2) Et pourvu qu'il survive à celui-ci, je livre Sparte et Amyclée. — (3) Il s'assit au-dessus de lui. — (4) Au sujet de. — (5) Mes soins au sujet de cette voisine que je dispose maintenant en ta faveur. — (6) Hé ! je m'aperçois à peine, enfin, que tu parles de nos affaires. — (7) Et pour quelle cause as-tu dit qu'Hippos a été tué ? — (8) Sur d'autres choses que celles dont tu as commencé à t'occuper. — (9) Quant aux autres choses, tu n'as rien non plus entrepris pour elle

hastis in terra defixis tertiaque super ligata inermes sub eas coguntur transire.

SUBICES Ennius pro subjectis posuit.

SUPERSTITES antiquitus appellati sunt testes.

terre, en attacher une troisième en travers et au-dessus, et forcer les ennemis à passer dessous sans armes.

SUBICES. Ennius a employé ce mot pour *subjecti*[1].

SUPERSTITES. Anciennement on appelait ainsi les témoins.

(1) Soumis, sujets; placés au-dessous de.

---

earum deligata, speciei am[73] jubentur subeuntes transire.

SUBICES[74] Ennius in Achille pro subjectis posuit, quum dixit nubes : « Per ego deum[75] subices humidas, inde oritur[76] imber sonitu sævo spiritu. »

SUPERSTITES[77], testes *præsentes* significat; cujus rei testimonium est, quod superstitibus præsentibus, ii, inter quos controversia est, vindicias sumere jubentur. Plautus in Artamone : « Nunc mihi licet quid vis loqui, nemo hic adest superstes. » Volgari quidem consuetudinem[78] poni-*tur pro iis, qui restent* superque sint; *ita superstites* liberi parenti-*bus dicuntur....* « *Quamobrem progredi cuperem ulterius viven-do, quanquam o-mnes superstites mihi* velim. »

avoir planté en terre deux lances sur lesquelles une troisième est attachée en travers, on ordonne de passer sous cette sorte de machine en courbant la tête.

SUBICES. Ennius, dans son *Achille*, a employé ce mot pour *subjecti*, lorsqu'en parlant des mages, il dit : *Per ego deum sublimas subices humidas, unde oritur imber sonitu sævo spiritu* [1].

SUPERSTITES PRÆSENTES. Cette expression signifie témoins présents. Les parties entre lesquelles le différend est élevé reçoivent l'ordre de prendre jouissance de la chose au sujet de laquelle le témoignage est requis, les témoins étant présents. Plaute dans *Artamon* : — *Nunc mihi licet quid vis loqui, nemo hic adest superstes* [2]. Dans l'usage vulgaire, le mot *superstes* désigne ceux qui restent et sont toujours. C'est ainsi que l'on dit que les enfants restent après leurs parents [3].... *Quamobrem progredi cuperem ulterius vivendo, quanquam omnes superstites mihi velim* [4].

(1) Je t'en conjure par le dieu, élève ces nuages humides, placés au-dessous de toi, d'où la pluie, poussée par un souffle puissant, s'échappe avec un bruit formidable. — (2) Maintenant je puis tout dire, il n'y a point ici de témoins. — (3) C'est-à-dire survivent à leurs parents. — (4) C'est pour cela que je désirerais aller plus loin et vivre plus longtemps, quoique je voulusse que vous restiez tous après moi.

SUPERVAGANEA dicebatur ab auguribus avis, quæ ex summo cacumine vocem emisisset, dicta ita, quia super omnia vagatur, aut canit.

SUPERCILIA in Junonis tutela esse putabant[11], quod his protegantur oculi, per quos luce fruimur, quam tribuere putabant Junonem; unde et *Lucina*[12] dicta est.

SUPPERNATI dicuntur,

SUPERVAGANEA[1]. Les augures ont appliqué cette épithète à l'oiseau qui a fait entendre un cri du sommet d'un arbre, et ils l'ont nommé ainsi, parce qu'il vague ou chante au-dessus de tout.

SUPERCILIA. On croyait que les sourcils étaient sous la protection spéciale de Junon, parce qu'ils protégent les yeux, au moyen desquels nous jouissons de la lumière; celle-ci, pensait-on, était un bienfait de Junon; d'où cette déesse a été aussi nommée Lucine.

SUPPERNATI. On appelle

(1) Qui se fait entendre d'en haut.

SUPERVAGANEA *avis vo-*catur *ab Au-guribus, quæ ex sum-*mo *cacumin-e vocem emisit, quia* quasi in altis-*simis superque om-nia* vagatur, a-*ppellata.*

SUPERCILIA *in* Junonis tu-*tela putabant, in qua dicun-*tur mu*liere-s quoque, quod iis prote-gan-*tur oculi, per q-*uos luce fruimur,* quam tribuat J-*uno; unde ipsa dea* Lucina quoque *dicta videtur.*

SUPPERNATI *dicu-*ntur, *quibus femi-*na sunt succisa *in modum suilla-*rum pernaru-*m. Ennius in Annalibus* : « His pernas succ-*idit iniqua superbia* Pœni. » Et Catu-*llus ad Coloniam* : « *In* fossa Liguri ja-*cet suppernata se-*curi. »

SUPERVAGANEA. Les augures ont appliqué cette épithète à l'oiseau qui a fait entendre un cri du sommet d'un arbre, parce qu'il vague, pour ainsi dire, au haut des airs et au-dessus de toutes choses.

SUPERCILIA. On croyait les sourcils sous la protection de Junon, ainsi que les femmes, parce que les sourcils protégent les yeux au moyen desquels nous jouissons de la lumière, dont Junon est la dispensatrice. C'est pour cela, à ce qu'il semble, que cette déesse a aussi été appelée Lucine.

SUPPERNATI. On désigne par ce mot ceux à qui l'on a coupé les cuisses à la manière des jambons de porcs. Ennius, dans ses *Annales* : — *His pernas succidit iniqua superbia Pœni.* Et Catulle, *à la ville de Colonia* : — *In fossa Liguri jacet suppernata securi*[1].

(1) Elle gît dans un fossé, les cuisses coupées par la hache de Ligurie.

quibus femina sunt succisa in modum suillarum pernarum. Ennius : « His pernas succidit iniqua superbia Pœni. »

ainsi les hommes à qui l'on a coupé les cuisses de la même manière que l'on coupe les jambons au porc. Ennius dit : *His pernas succidit iniqua superbia Pœni*[1].

SUPPREMUM modo significat summum, modo extremum, modo maximum.

SUPPREMUM signifie tantôt le plus élevé, tantôt le dernier, tantôt le plus grand.

(1) A eux l'inique orgueil du Carthaginois a coupé les cuisses.

SUPPREMUM *modo significat* summum, ut *quum dicit*... : « Suppreme bel-*li atque armorum arbiter* potens. » Plautus : « Me antidhac suppre-mum habuisti semitem[79] *consiliis* tuis. » Alias extre-*mum significat, ut* in legibus XII : « Solis *occasus diei* suppre-ma tempestas esto »... « suppremo criminu necte tuo. »... « Ab illo sepeliri die s-uppremo. » .... « Et quasi suppremo l-*iventia* tempora voltu. » Cato d-e.... dolentis nunquam cuiquam *reo apud prœtorem denegasse supp*-remam advoca-*tionem alias pro* maximo, quum duas *oves et triginta bov*-es suppremam mul-*tam dicerent.*

SUBSIDUM dice-*batur*[80], *quando mi*-lites subside-*bant in extrema acie, lab*-entique aciei *succurrebant; quod* genus militum *constabat ex iis, qui* emeruerant *stipendia; locum t*-amen retine-*bant in exercitu;* quæ erat ter-*tia acies triarioru*-m, ut Plautus *in Fri*-

SUPPREMUM signifie tantôt souverain, comme lorsque[1].... dit : *Suppreme belli atque armorum arbiter potens*[2]. Plaute : *Me antidhac suppremum habuisti comitem consiliis tuis*[3]; tantôt dernier, comme dans les lois des Douze-Tables : *Solis occasus diei supprema tempestas esto*[4].... *suppremo crimine necte tuo*[5].... *Ab illo sepeliri die suppremo*[6].... *Et quasi suppremo liventia tempora voltu*[7]. Caton sur.... qu'il n'a jamais refusé à nul accusé sa dernière assistance auprès du préteur; tantôt ce terme s'emploie dans le sens de *maximus*[8] lorsque, par exemple, on appelait *supprema multa*[9] l'amende de deux brebis et de trente bœufs.

SUBSIDIUM[10]. Ce mot se disait lorsque des soldats se tenaient en réserve aux derniers postes de l'ordre de bataille, et venaient au secours de l'armée au moment où elle pliait. La réserve se composait des soldats qui avaient acquis déjà leurs droits à la retraite; ils gardaient néanmoins leur rang

(1) Ici manque le nom d'un auteur. — (2) Puissant et souverain arbitre de la guerre et des armes. — (3) Tu m'as eu jusqu'ici pour compagnon assidu de tes projets. — (4) Que le coucher du soleil marque la dernière division du jour. — (5) Enveloppe dans ta dernière accusation. — (6) Être enseveli par lui au dernier jour. — (7) Et ses temps qui pâlissent par la dernière expression de son visage. — (8) Le plus grand. — (9) La plus haute, la plus forte amende. — (10) *Subsidium* signifie : Corps de réserve, renfort, secours de troupes, garnison, aide, secours, refuge, station, abri pour les vaisseaux.

SUBSILLES dicebantur quædam lamellæ sacrificiis necessariæ.

SORORIUM TIGILLUM appellabatur locus sacer in honorem Junonis, quem Horatius quidam statuerat causa sororis a se interfectæ ob suam expiationem.

SUBSTILLUM, tempus

SUBSILLES. On nommait ainsi certaines petites feuilles de métal nécessaires dans les sacrifices.

SORORIUM TIGILLUM(1). On donnait ce nom à un lieu sacré dédié à Junon, établi par un certain Horace pour expier la mort de sa sœur qu'il avait tuée.

SUBSTILLUM(2), c'est le

---

(1) Le joug de la sœur. — (2) De *sub*, qui signifie ici un peu, et de *stellare*, tomber goutte à goutte.

---

volaria : « *A-*gite nunc, subs-*idite omnes, quasi solent* triario⁸¹. » Si-*mili modo dicti præ-*sidiari⁸², ante eos *collocati qui er-*ant, aut in ali-*o loco præpos-*iti.

SUBSOLANEÆ⁸³....s appellantur;.... rei solum conferunt.... q-ui infimum ....i in terram, super.... dum imum ....s innititur.

SUBSILLES *sunt, quas a-*lii ipsii-les⁸⁴ vo-*cant, lamellæ in sacri-*s, quæ ad rem *divinam conferre dicuntur* maxime, *specie virum et muli-*erum.

SUBSTILLUM *antiqui appellaba-*nt tempus ante *pluviam, jam* p-*æne* uvidum, dum *et post pluvia-*m⁸⁵, non persiccum, quod

dans l'armée. C'était le troisième rang des triaires, comme on le voit dans *les Colifichets* de Plaute : *Agite nunc, subsidite omnes, quasi solent triarii* (1). *Præsidiarii* (2) se disait d'une manière analogue de ceux qui étaient placés en avant des autres, ou postés dans un autre endroit.

SUBSOLANEÆ (3). [Cet article est trop altéré pour qu'il soit possible de lui donner un sens.]

SUBSILLES, c'est ce que d'autres appellent *ipsullices*, à savoir de petites lames de métal employées dans les sacrifices, et que l'on dit contribuer beaucoup à l'efficacité des cérémonies saintes ; ou bien se sont de petites figures qui représentent des hommes ou des femmes (4).

SUBSTILLUM. Les anciens appelaient ainsi le moment, déjà humide, qui précède la pluie, et celui qui, venant après, n'est pas

---

(1) Allons maintenant, vous tous, en réserve comme les triaires. — (2) *Præsidiarius* signifie : De garnison, qui sert à défendre, etc — (3) Qui sont sous le sol. — (4) Dans ce cas, c'étaient des sortes de figures qui représentaient les personnes dont on voulait se faire aimer, et qu'employait la magie.

ante pluviam jam pæne uvidum, et post pluviam non persiccum, quod jam stillaret, aut nondum desisset.

SUBSCUDES [13] appellantur tabellæ, quibus tabulæ inter se configuntur, quia, quo immittuntur, succiditur. Pacuvius : « Nec ulla subscus cohibet compagem. »

SUB CORONA venundari dicuntur captivi, qui venundabantur coronati. Cato : « Ut populus potius ob rem bene gestam supplicatum eat, quam re male gesta coronatus veneat. »

moment, déjà presque humide, qui précède la pluie, et celui qui la suit et n'est pas tout à fait sec, parce qu'il tombe déjà des gouttes, ou qu'il n'a pas encore cessé d'en tomber.

SUBSCUDES [1]. On appelle ainsi de petits morceaux de bois au moyen desquels les planches s'emboîtent, parce que le point où ils s'engagent l'un dans l'autre est comme scié par le bas. Pacuvius dit : *Nec ulla subscus cohibet compagem* [2].

SUB CORONA. On dit que les captifs sont vendus sous la couronne, lorsqu'on les vend la tête ornée d'une couronne. Caton dit : *Ut populus potius ob rem bene gestam supplicatum eat, quam re male gesta coronatus veneat* [3].

---

(1) C'est ce qu'on appelle queues d'aronde. — (2) Et nulle queue d'aronde ne tient les ais réunis. — (3) Afin que le peuple aille rendre hommage aux dieux pour les remercier d'un succès, plutôt que de se voir vendu, la tête couronnée, à la suite d'un revers.

---

jam stillaret, aut nondum desiset [88].

SUBSCUDES *ap-*pellantur cuneratæ ta-*bellæ* [87], *quibus* tabulæ inter se con-*figuntur, qui-*a, quo eæ immittuntur, *succuditur.* Pac-uvius in Niptris : « Nec ulla subscus cohibet compagem alvei. » Plautus in Astraba : « Terebratus multum sit, et subscudes addite. »

SUB CORONA venire [88] dicuntur,

tout à fait sec, parce qu'il tombe déjà des gouttes, ou qu'il n'a pas encore cessé d'en tomber.

SUBSCUDES. On appelle ainsi des morceaux de bois en forme de coins, au moyen desquels les planches s'emboîtent, parce que, pour arriver à ce résultat, on les pousse l'un dans l'autre à coups de marteau. Pacuvius dit (*in Niptris*) : *Nec ulla subscus cohibet compagem alvei* [1]. Plaute, dans le *Bât* : — *Terebratus multum sit, et subscudes addite* [2].

SUB CORONA. On dit être vendu

---

(1) Et nulle queue d'aronde ne tient réunis les ais du navire. — (2) Qu'il soit perforé comme il faut, et ajoutez des queues d'aronde.

SUBLIMEM est in altitudinem elatum, id autem dicitur a limine superiore, quia supra nos est.

SUCCENTURIARE est explendæ centuriæ gratia supplere. Cæcilius : « Nunc meæ malitiæ, astutia, opus est, succenturia. »

SUBLIMIS signifie élevé en hauteur; ce mot vient de *limen superius* [1], parce que cette partie de la porte est au-dessus de nous.

SUCCENTURIARE, c'est lever des recrues pour compléter une centurie. Cécilius dit : *Nunc meæ malitiæ, astutia, opus est, succenturia* [2].

(1) La partie supérieure d'une porte. — (2) Maintenant il faut que l'astuce vienne suppléer à ma méchanceté.

---

quia captivi coronati solent venire, ut ait Cato in eo, qui est de re militari : « Ut populus suus[89] sua opera potius ob rem bene gestam coronatus supplicatum eat, quam re male gesta coronatus veniat[90]. » Id autem signum est nihil præstari a populo, quod etiam Plautus significat in Hortulo : « Præco ibi adsit cum corona; cuique liceat veniat[91]. »

Sublimem est in altitudinem elatum, ut Ennius in Thyeste : « Aspice hoc sublime candens, quem vocant omnes Jovem. » Virgilius in Georgicis, lib. I : « Hic vertex nobis semper sub[92]. »

Sublimavit dixit[93], id est in altum extulit, Originum lib. II : « In maximum decus atque in excelsissimam claritudinem sublimavit. » Id autem dicitur a limine superiore, quia supra nos est.

Succenturiare est explendæ

sous la couronne, parce que d'ordinaire on met une couronne sur la tête des captifs lorsqu'on les vend, comme le dit Caton, dans son livre sur l'*Art militaire* : — *Ut populus sua opera potius ob rem bene gestam coronatus supplicatum eat, quam re mala gesta coronatus veneat* [1]. Or, ce signe marque que rien n'est payé par le peuple, ce que Plaute indique aussi dans *le Jardinet* : — *Præco ibi adsit cum corona; quiqui liceat, veneat* [2].

Sublimis signifie élevé en hauteur, comme on le voit par Ennius, dans son *Thyeste* : — *Aspice hoc sublime candens, quem vocant omnes Jovem* [3]. Virgile, au livre I des *Géorgiques* : — *Hic vertex nobis semper sublimis* [4].

Sublimavit, c'est-à-dire il a élevé en haut. Caton a employé ce mot au livre II des *Origines* : — *In maximum decus atque in excelsissimam claritudinem sublimavit* [5]. Ce mot vient de *limen superius*, parce que cette partie de la porte est au-dessus de nous.

Succenturiare, c'est lever.

(1) Afin que le peuple aille plutôt, couronné à ses frais, rendre grâce aux dieux pour un succès, que se laisser vendre, une couronne sur la tête, à la suite d'un revers. — (2) Qu'on fasse venir le crieur avec une couronne; qu'on le vende à tout prix. — (3) Vois au-dessus de nous cette blanche lumière, que tous appellent Jupiter. — (4) Ce pôle qui est toujours au-dessus de nous. (5) Il a élevé au plus grand honneur et à la plus haute illustration

SUBRUMARI dicuntur hædi, quum ad mammam admoventur, quia ea rumis vocatur, vel quia rumine trahunt lacte sugentes.

SUBULO Tusce tibicen dicitur.

SUBURA regio Romæ a pago Succusano vocabulum traxit, quod ei vicinum fuit.

SUBRUMARI se dit des chevreaux, lorsqu'on les approche de la mamelle, parce que celle-ci est appelée *rumis*, ou bien parce qu'en suçant ils tirent le lait du pis.

SUBULO, en langue étrusque, signifie joueur de flûte.

SUBURA, quartier de Rome qui a pris son nom du village de Succusa, dont il était voisin.

---

centuriæ gratia supplere, subicere. Plautus in Saturione : « Subcenturia, centum require, qui te delectet domi[94]. » Et Cæcilius in Triumpho : « Nunc meæ militiæ[95] astutia opus est subcenturia. »

SUBRUMARI dicuntur hædi, quum ad mammam admoventur, quia ea his vocabantur[96], vel quia rumine trahunt lacte sugentes.

SUBULO Tusce tibicen dicitur; itaque Ennius : « Subulo quondam marinas propter adstrabat plagas[97]. »

SUBURAM Verrius alio libro a pago Succusano dictam ait : hoc vero maxime probat eorum auctoritate[98], qui aiunt, ita appellatam et regionem urbis et tribum a stativo præsidio, quod solitum sit succurrere[99] Exquilis, infestantibus eam partem urbis Gavinis[100]; indicioque esse, quod adhuc ea tribus per c litteram, non b, scribatur.

encadrer des recrues pour compléter une centurie. Plaute, dans *Saturion* : — *Subcenturia, centum require, qui te delectent domi* [1]. Et Cécilius, dans le *Triomphe* : — *Nunc meæ malitiæ, astutia, opus est, subcenturia*.

SUBRUMARI se dit des chevreaux, lorsqu'on les approche de la mamelle, parce que celle-ci était appelée *rumis*, ou parce qu'en suçant ils tirent le lait du pis.

SUBULO, en langue étrusque, signifie joueur de flûte. Aussi lit-on dans Ennius : *Subulo quondam marinas propter adstabat plagas* [2].

SUBURA. Verrius, dans un autre de ses livres, dit que ce quartier a pris son nom du village de Succusa. Cela appuie surtout l'autorité de ceux qui disent que ce quartier de la ville et cette tribu ont été ainsi nommés d'une garnison permanente habituée à voler au secours des Esquilies, lorsque ceux de Gabies venaient ravager cette partie de Rome, et qu'on trouve une preuve de ceci en ce que le nom de cette tribu s'écrit encore par la lettre *c* et non par la lettre *b*.

---

[1] Fais des recrues, lève cent hommes qui te récréent chez toi. — [2] Jadis un joueur de flûte se tenait près des plages de la mer.

SUBVERBUSTAM[15] verubus ustam significat.

SUBOLES ab olescendo, id est crescendo, dictæ, ut adolescentes et adultæ et indoles. Lucretius : « Sive virum suboles, sive est muliebris origo. »

SUBUCULA et genus libi dicitur ex alica et oleo et melle, et genus vestimenti.

SUB VOS PLACO, supplico.

SUBVERBUSTA signifie brûlée à la broche.

SUBOLES[1] vient d'*olescere*, c'est-à-dire croître, de même qu'*adolescentes*[2], *adultæ*[3] et *indoles*[4]. Lucrèce dit : *Sive virum suboles, sive est muliebris origo*[5].

SUBUCULA. On appelle ainsi une sorte de gâteau fait de farine et d'huile, et de plus, une sorte de vêtement[6].

SUB VOS PLACO, pour *supplico*[7].

(1) Pour *soboles*, race, lignée, descendance. — (2) Adolescents. — (3) Personnes adultes. — (4) Caractère, naturel. — (5) Soit qu'il descende d'une race de héros, ou que son origine remonte aux femmes. — (6) C'était une espèce de tunique. — (7) Je vous supplie.

SUBVERBUSTAM veribus ustam significat Plautus quum ait : « Ucerosam[101], conpeditam, subverbustam, sordidam. »

SUBOLES ab olescendo, id est crescendo, ut adolescentes quoque, et adultæ, et indoles dicitur Lucretius lib. v : « Sive virum suboles, sive est muliebris origo. » Virgilius : « Cara deum suboles, magnum Jovis incrementum. »

SUBUCULAM Ælius Stilo et Cloatius iisdem fere verbis demonstrant vocari, quod diis detur ex alica et oleo et melle ; nam de tunicæ genere notum est omnibus.

SUB VOS PLACO, in precibus fere quum dicitur, significat id, quod supplicio[102], ut in legibus :

SUBVERBUSTA Plaute a employé ce mot dans le sens de brûlée à la broche, lorsqu'il dit : *Ulcerosam, compeditam, subverbustam, sordidam*[1].

SUBOLES vient d'*olescere*, c'est-à-dire croître, de même qu'*adolescentes*, *adultæ* et *indoles*. Lucrèce dit au livre v : *Sive virum suboles, sive est muliebris origo*. Et Virgile : *Cara deum suboles, magnum Jovis incrementum*[2].

SUBUCULA. Elius Stilon et Cloatius font voir presque dans les mêmes termes que ce mot signifie ce que l'on donne aux dieux du froment, de l'huile et du miel ; car tout le monde sait que ce mot désigne aussi une sorte de tunique.

SUB VOS PLACO. Lorsque cette formule à peu près s'emploie dans les prières, elle a le même sens

(1) Pleine d'ulcères, flétrie par les fers, comme brûlée à la broche, hideuse de saleté. — (2) Descendant chéri des dieux, illustre rejeton de Jupiter.

SUFFISCUS folliculus testium arietinorum, quo utebantur pro marsupio, a fisci similitudine dictus.

SUBACTUS modo significat mollitus, modo victus, modo compulsus, ut quum dicimus, pecus sub arborem subactum; modo coactus.

SUPPLICIA veteres quædam sacrificia a supplicando vocabant.

SUFFISCUS, enveloppe des testicules du bélier, dont on se servait en guise de bourse, et qu'on appelait ainsi à cause de sa ressemblance avec un sac.

SUBACTUS signifie tantôt amolli, tantôt vaincu, tantôt poussé ensemble, comme lorsque nous disons : *Pecus sub arborem subactum*[1]; tantôt forcé.

SUPPLICIA[2]. Les anciens appelaient ainsi certains sacrifices, de *supplicare*[3].

---

(1) Troupeau poussé à se réunir sous un arbre. — (2) Supplications, en ce sens. — (3) Supplier.

---

transque dato, edendo que plorato [103].

SUFFISCUS dicebatur folliculus testium arietinorum, qui celebris u-*sus erat pro marsu*-pio, forsitan *dictus suffiscus* a fisci similitu-*dine*.

SUBACTI, molliti; alia-*s compulsi et coacti*, ut quum dicim-*us pecus sub arborem* subactum; *alias victi*.

SUPPLICIUM a supp-*liciis differt, ut usus ar*-guit quod *ex consuetudine loquendi* hæc deorum, *illud hominum sit; nam ut su*-matur supp-*licium de aliquo....* id est de pœ-*na agatur ejus, ut jubeatur* cædi. Supp-*licia autem sunt, quæ caduceato*-res portent : *ea sumebantur ex* verbena falic-*is*

que *supplico*; comme l'on dit dans les lois : *Transque dato, endoque plorato* [1].

SUFFISCUS. On appelait ainsi l'enveloppe des testicules du bélier, dont on se servait communément en guise de bourse, et ce nom lui venait peut-être de sa ressemblance avec un sac.

SUBACTI, amollis; quelquefois, poussés ensemble et forcés, comme lorsque nous disons : *Pecus sub arborem subactum*; d'autres fois, vaincus.

SUPPLICIUM diffère de *supplicia*, comme on le voit par l'usage, en ce que dans le langage ordinaire, le mot *supplicia* s'applique aux dieux, et le mot *supplicium* aux hommes. Car pour qu'un supplice soit infligé à quelqu'un.... c'est-à-dire pour qu'on lui fasse subir un châtiment, afin que l'ordre soit donné de le mettre à mort[2]. Mais

---

(1) Qu'il transfère, et qu'il implore; par tmèse, pour *et translato, et implorato*. — (2) Cette phrase est tronquée.

SUFES consul lingua Pœnorum. Calidius : « Senatus, inquit, censuit, referentibus sufetis. »

SUFES[1], consul dans la langue des Carthaginois. Calidius dit : *Senatus censuit, referentibus sufetis*[2].

[1] Suffète. — [2] Le sénat a résolu, sur la proposition des suffètes

---

arboris[104], *nec enim ex* alia sup-*plicia, fas erat, quam de ver*-bo*nis sumi*[105]. Sin-*nius Capito ait, quum civ*-is *necaretur, i*-nstitu*tum fuisse, ut* Semoniæ[106] *res s*-acra *fieret verve*-ce *bidente, ut, eo sacrificio pœ*-na *salutis c*-ivibus[107], *caput ipsum damnati, patrim*-oniumque, *cui deo deberetur, id fieret sa*-crum; *atque inde fuisse* solitum, ut, *quia tunc in publicum suppli*-candi *causa prodiret rex sacro*-rum, *ut id vo*-caretur supplicium; *id vero semper ela*-tum[108] *a multis; quo exem*-plo *docet suppli*-cia *dicta supplicamenta* : nunc fere *suppli*-cia pro pœnis dicun-tur.

les *supplicia* sont des rameaux que portent les hérauts, et que l'on détachait d'un arbre d'heureux augures; or il n'est pas permis de faire ces rameaux d'autre matière que de verveine[1]. Sinnius Capiton dit que lorsqu'un citoyen était mis à mort, l'usage était de faire un sacrifice à Semonia[2], et de lui immoler une brebis de deux ans, afin que les citoyens étant par ce sacrifice absous de tout châtiment, la tête même du condamné et son patrimoine fussent voués à la divinité à laquelle ils étaient dus. L'exécution d'un condamné, ajoute-t-il, fut nommé supplice, parce que, lorsqu'elle avait lieu, le roi des sacrifices venait en public pour prier les dieux. Cela a été rapporté souvent par beaucoup d'auteurs : par cet exemple, il montre que les prières appelées d'abord *supplicia* ont été nommées ensuite *supplicamenta*; maintenant on n'emploie plus guère le mot *supplicia* que pour désigner le châtiment infligé aux criminels.

Sufes dic-*tus Pœnorum magistratus, ut Oscor*-um *Meddix tuticus*. Calidius in oration-*e in* Q. Gal-lium[109] : « Nonne *vobis, j*-udices, *scintillam et fumus prosequi et fumum flamma videtur. Sinatus cen*-suit[110], *referentibus* sufetis. »

Sufes. Le premier magistrat des Carthaginois a été ainsi appelé, comme on a donné à celui des Osques le nom de *Meddix tuticus*. Calidius dit, dans son discours contre *Q. Calidius* : — *Nonne vobis, judices, scintillam et fumus prosequi et fumum flamma videtur. Senatus censuit referentibus sufetis*[3].

[1] Tout ce passage tend à établir que *supplicium*, au singulier, signifie supplice, châtiment infligé à un homme, tandis que *supplicia*, au pluriel, signifie supplications, prières adressées aux dieux. — [2] Dieu du salut. — [3] Ne vous semble-t-il pas, ô juges, que la fumée suit l'étincelle, et la flamme la fumée. Le sénat a décidé, d'après la proposition des suffètes.

SUB VITEM HASTAS JACERE dicitur veles, quum eas sub manu sursum mittit. Lucilius : « Ut veles bonus sub vitem qui summisit hastas. » Veles autem velitis facit.

SUB VITEM PROELIARI dicuntur milites, quum sub vinea militari pugnant. Lucilius : « Neque prodire in altum, prœliari procul sub vite. »

SUB VINEAM JACERE dicuntur milites, quum astantibus centurionibus jacere coguntur sudes.

SUB VITEM HASTAS JACERE[1] se dit du vélite lorsqu'il jette les javelots en l'air en les faisant passer sous sa main. Lucilius dit : *Ut veles bonus sub vitem qui summisit hastas*[2]. *Veles* fait au génitif *velitis*.

SUB VITEM PROELIARI[3] se dit des soldats lorsqu'il faut recourir au cep de vigne du centurion pour les forcer à combattre. Lucilius dit : *Neque prodire in altum, prœliari procul sub vite*[4].

SUB VINEAM JACERE. On dit des soldats qu'ils jettent sous la vigne, lorsque, sous la surveillance des centurions, ils sont forcés de lancer des pieux à distance.

---

(1) Lancer les javelots par-dessous le cep de vigne, c'est-à-dire de celui que portaient les centurions romains, et avec lequel ils châtiaient leurs soldats. — (2) Comme le bon vélite a envoyé les javelots par-dessous le cep de vigne. — (3) Combattre sous la vigne, c'est-à-dire parce qu'on y est forcé à coups de cep donné par le centurion. — (4) Ni s'avancer en pleine mer, combattre au loin sous le cep.

SUB VITEM HASTAS *jacere dicitur veles, quum eas sub... manu.... sursum mitti*-t. Lucilius : « Ut veles bonus sub vite-m qui subsit has-tas [!!!]. »

SUB VITEM PROELIARI dicuntur milites, quum sub vinea militari pug-nant. Lucilius : « Ne-que prodire in altum, prœliari proc-ul sub vite. »

SUB VINEAM JACERE *dicun*-tur milites, quum adstantibus cen-

SUB VITEM HASTAS JACERE se dit du vélite, lorsqu'il jette les javelots en l'air en les faisant passer sous sa main. Lucilius dit : *Ut veles bonus sub vitem qui subsicit*[1] *hastas.*

SUB VITEM PROELIARI se dit des soldats lorsqu'il faut recourir au cep de vigne du centurion pour les forcer à combattre. Lucilius dit : *Neque prodire in altum, prœliari procul sub vite.*

SUB VINEAM JACERE. On dit des soldats qu'ils jettent sous la vigne,

(1) De *subs*, sous (pour *sub*), et *jacio*, je jette.

SUPPARUS vestimentum puellare lineum, quod et subucula, id est camisia, dicitur. Afranius : « Puella non sum, supparo si induta sum. »

SUPAT, jacit; unde *dissipat*, disicit; et *obsipat*, obicit; et *insipat*, hoc est inicit.

SUTELÆ, dolosæ astutiæ a similitudine suentium dictæ.

SUPPARUS, vêtement de lin réservé aux jeunes filles; on l'appelle aussi *subucula*, c'est-à-dire chemise. Afranius dit : *Puella non sum, supparo si induta sum* [1].

SUPAT, il jette; d'où *dissipat*, il jette de côté et d'autre, et *obsipat*, il jette en avant, et *insipat*, il jette dans.

SUTELÆ. On a ainsi appelé les artifices et les fourberies, par analogie avec ceux qui cousent.

[1] Je ne suis pas jeune fille, quoique je sois revêtue du *supparus*.

---

tur-ionibus, ja-*cere coguntur sudes.*

SUPPARUS *dicebatur puellare* vestimen-*tum lineum, quod et* s-ubucula ap-*pellabatur. Titinnius i*-n Fullonia.... omne quod.... *sup*-parum puni-*ceum vestimentum ita vo*-cat Nevi [112] *de bello Puni*-co. Et in Nautis, *vocat Neptuno v*-estem consec-*ratam supparum; at nunc supparos appellamus vela li*-na jam crucem *expansa* [113]; *supparus autem vi*-detur puella-*re vestimentum, quod Afran*-ius ait : « Puella *non sum, supparo si in*-duta sum.

SUPA, *significat jacit* [114]; *unde dissip*-at, disicit; *et obsipat, obi*cit; *et in*-sipat, insipit; *et insipit far in aulam,* inicit far in ollam.

SUTELÆ *dolosæ* astutiæ, a simili-*tudine suentium di*-ctæ sunt.

lorsque, sous la surveillance des centurions, ils sont forcés de lancer des pieux à distance.

SUPPARUS. On appelait ainsi un vêtement de lin réservé aux jeunes filles; on l'appelle aussi *subucula*. Titinius dit dans *l'Apprêteuse d'étoffes* : —[Ici une lacune.] Névius, dans sa *Guerre punique*, donne ce nom à un vêtement d'un rouge éclatant. Et, dans *les Matelots*, il appelle *supparus* un vêtement consacré à Neptune. Mais maintenant nous appelons *suppari* des voiles de lin déployées en croix; toutefois, *supparus* semble désigner un vêtement réservé aux jeunes filles, puisque Afranius dit : *Puella non sum, supparo si induta sum.*

SUPAT signifie il jette, d'où *dissipat*, il jette de côté et d'autre, et *obsipat*, il jette devant; et *insipit*, il jette dans, et *insipit far in aulam*, il jette la farine dans la marmite.

SUTELÆ. On a ainsi appelé les artifices et les forberies, par analogie avec ceux qui cousent.

SUSPECTUS et a suspicor venit et a suspicio.

SUOPTE, suo ipsius, ut *meopte*, meo ipsius, *tuopte*, tuo ipsius.

SUSPECTUS[1] vient à la fois de *suspicor*[2] et de *suspicio*[3].

SUOPTE, de son propre; comme *meopte*, de mon propre; *tuopte*, de ton propre.

(1) *Suspectus*, substantif, signifie action de regarder en haut, élévation, hauteur où s'étend la vue, admiration, estime. *Suspectus*, participe de *suspicio*, signifie suspect, soupçonné. — (2) Soupçonner, se défier. — (3) Regarder en haut, admirer, soupçonner, se défier.

SUSPECTUS *est diversæ* significationis : *a suspicor enim* et *suspicio* parti–*m venit*; *ita*–que non mirum, si *non una significati*–*o* dari potest.

« SUTRIUM QUASI EANT, » *ut-i*-que in proverbium *abiit ex hac causa*. Gallico tu–*multu quon*–dam edictum est, legiones Sutrii ut præsto essent cum cibo suo; quod usurpari cœptum est in iis, qui suis rebus, opibusque officii id præstarent[115], quibus deberent. Plautus : « Sed facito dum merula per versus, quod cantat colas cum suo cuique facito veniant, quasi eant Sutrium[116]. »

SUOPTE, ipsius[117], ut meopte, meo ipsius, tuopte, tuo ipsius.

SUILLUM GENUS invisum Veneri prodiderunt poetæ ob interfectum ab apro Adonim, quem diligebat dea ; quidam autem, quod immundissimi sint sues ex omni mansueto pecore, et ardentissimæ libidinis; ita, ut opprobrium mu-

SUSPECTUS. Ce mot a divers sens, car il vient à la fois de *suspicor* et de *suspicio*. Il n'est donc pas étonnant qu'on ne puisse lui donner une seule et même signification.

SUTRIUM QUASI EANT[1]. Voici l'origine de ce proverbe. Jadis, dans le tumulte des Gaulois[2], il fut résolu par un édit que les légions se tinssent prêtes à Sutrium avec les vivres nécessaires. On employa ensuite cette locution en parlant de ceux qui devaient fournir quelque chose de leur fortune et de leurs ressources à ceux à qui ils devaient. Plaute dit : *Sed facito dum meminerint versus, quos cantat Colax cum cibo suo quisque facito veniant, quasi eant Sutrium* [3].

SUOPTE, de son propre ; comme *meopte*, de mon propre ; *tuopte*, de ton propre.

SUILLUM GENUS. Les poëtes ont dit que l'espèce des porcs est odieuse à Vénus, parce qu'Adonis, aimé de cette déesse, avait été tué par un sanglier. Selon d'autres, parce que les cochons sont les plus immondes de tous les animaux privés, et les plus ardents à l'amour.

(1) Comme s'ils allaient à Sutrium. — (2) On sait qu'on appelait ainsi la levée en masse contre les Gaulois. — (3) Mais fais, tandis qu'ils se rappellent les vers que chante Colax, fais qu'ils viennent chacun avec ses vivres, comme s'ils allaient à Sutrium.

STRUES genera liborum erant, digitorum conjunctorum non dissimilia, qui continebantur in transversum superjecta panicula.

STRUICES dicebant omnium rerum instructiones.

STRUERE antiqui dicebant pro augere, unde instruere.

STRUES. Ce sont des espèces de gâteaux assez semblables à des doigts réunis, et étaient renfermés dans une enveloppe jetée par-dessus et en travers.

STRUICES. On appelait ainsi des amas de toutes choses.

STRUERE. Les anciens employaient ce mot dans le sens d'augmenter, d'où le verbe *instruere* [1].

(1) Fournir, équiper, préparer, établir, bâtir, ranger, disposer, mettre en ordre, dresser, former, etc.

---

lieribus inde tractum sit, quum subare et subire dicuntur [118].

Sus Minervam in proverbio est, ubi quis id docet alterum, cujus ipse inscius est; quam rem in medio, quod aiunt, positam Varro et Euhemerus ineptis mythis involvere maluerunt, quam simpliciter referre.

Strues genera liborum sunt, digitorum conjunctorum non dissimilia, qui superjecta panicula in transversum continentur.

Struices antiqui dicebant exstructiones omnium rerum. Plautus : « Cerialis cænas dat. Ita mensas exstruit, tantas struices concinnat patinarias. » Et Livius : « Quo Castalia, per struices saxeas lapsu accidit. »

Struere, antiqui dicebant pro adicere, augere, unde industrios quoque M. Cato : « Jure, lege,

De sorte que l'on a tiré de là une injure pour les femmes, lorsqu'on leur applique les verbes *subare* [1] et *surire* [2].

Sus Minervam [3]. Proverbe pour dire qu'une personne prétend apprendre à une autre ce qu'elle ne sait pas elle-même. Varron et Evhémère ont mieux aimé envelopper de mythes absurdes ce proverbe mis, comme ils disent, en circulation, que le rapporter simplement.

Strues. Ce sont des espèces de gâteaux assez semblables à des doigts réunis, et renfermés dans une enveloppe jetée par-dessus et en travers.

Struices. Les anciens appelaient ainsi des amas de toutes choses. Plaute dit : *Cerialis cœnas dat. Ita mensas exstruit, tantas struices concinnat patinarias* [4]. Et Livius : *Quo Castalia, per struices saxeas lapsu accidit* [5].

Struere. Les anciens employaient ce mot dans le sens d'ajouter, augmenter, d'où M. Caton

(1) Être en chaleur. — (2) Être en rut. — (3) Un pourceau en remontre à Minerve. (4) Cerialis donne à souper. Tant il dresse de tables, tant il arrange d'amas de ragoûts — (5) Où Castalie finit par tomber à travers des amas de rochers.

STROPPUS, quod Græce dicitur στρόφιον, pro insigni habebatur in capitibus sacerdotum; alii id coronam esse dixerunt.

STRUTHEUM membrum virile a salacitate passeris, qui Græce στρουθὸς dicitur, a mimis præcipue appellatur.

STROPPUS, que l'on appelle en grec στρόφιον; c'est un ornement de tête réservé aux prêtres; selon d'autres, c'est une couronne.

STRUTHEUM, nom donné au membre viril, principalement par les mimes, d'après la lubricité du moineau, appelé στρουθὸς en grec.

---

libertate, republ. communiter uti oportet : gloria atque honore, quomodo sibi quisque struxit. » Aut in XII [119]; quod est : « Si calvitur, pedem ve struit : manum endo jacito, » alii putant significare retrorsus ire : alii in aliam partem : alii fure [120]; alii gradum augere : alii minuere; ac vix pedem pedi præfert [121], otiose it, remoratur.

STROPPUS est, ut Ateius Philologus [122] existimat, quod Græce συρόφιον [123] vocatur; et quod sacerdotes pro insigni habent in capite; quidam coronam esse dicunt, aut quod pro corona insigne in caput inponatur, quale sit strophium; itaque apud Faliscos idem festum esse [124], qui vocetur Struppearia, quia coronati ambulent; et a Tusculanis, quod in pulvinari inponatur Castoris, struppum vocari.

STRUTHEUM in mimis præcipue

a aussi dit *industrii* [1] : *Jure, lege, libertate, republica communiter uti oportet : gloria atque honore, quo modo sibi quisque struxit* [2]. Quant à ces mots des Douze-Tables : *Si calvitur, pedemve struit : manum endo jacito* [3]; les uns pensent que cela signifie aller en arrière [4]; d'autres, aller d'un autre côté; ceux-ci, fuir; ceux-là, hâter le temps; d'autres, ralentir sa marche, lorsqu'un individu met à peine un pied devant l'autre, marche lentement, s'arrête.

STROPPUS. C'est, selon l'opinion d'Ateius Philologus, ce qui, en grec, est appelé στρόφιον ; à savoir, un ornement de tête que portent les prêtres. Selon d'autres, c'est une couronne ou un ornement qui tient lieu de la couronne, tel qu'est le *strophium* [5]; par conséquent, le jour de fête appelé chez les Falisques *Struppearia*, est manifestement ainsi nommé, parce qu'alors ils se promènent une couronne sur la tête. On ajoute que les habitants de Tusculum appellent *struppus* ce que l'on place sur le coussin [6] de Castor.

STRUTHEUM. On nomme ainsi,

---

(1) Habiles, qui savent arranger. — (2) Il faut jouir en commun du droit, de la loi, de la liberté, de la république; mais de la gloire et des honneurs, selon que chacun a su en acquérir. — (3) S'il trompe, ou s'il cherche à échapper, qu'il lui jette la main dessus. — (4) C'est-à-dire revenir sur ses pas. — (5) Gorgerette; couronne à l'usage des prêtres; câble. — (6) *Pulvinar*, dans le *lectisternium*.

STRENAM appellabant, quæ dabatur die religioso ominis boni gratia, a numero, quo significatur alterum tertiumque venturum similis commodi, veluti trenam, præposita s littera, ut antiquis frequens usus erat.

STREBULA lingua Umbrorum appellabant partes carnium sacrificatarum.

STRENA[1]. On appelait ainsi un présent que l'on faisait en un jour consacré par la religion, en signe de bon présage, du nom de nombre qui marque qu'il en viendra un second et un troisième de même avantage, comme si l'on disait *trena*[2], en faisant précéder ce mot de la lettre s, ce qui était fréquemment usité chez les anciens.

STREBULA[3]. On appelait ainsi dans la langue des Ombriens certaines parties des viandes offertes en sacrifice.

---

(1) Étrennes — (2) Trois, troisième. — (3) Selon Varron, c'est la chair des cuisses des taureaux offerts en sacrifice.

---

vocant obscenam partem virilem; a salacitate videlicet passeris, qui Græce struthos dicitur.

STRENAM vocamus, quæ datur die religioso, ominis boni gratia, a numero, quo significatur alterum, initiumque venturum [125] similis commodi, veluti trenam, præposita S littera, ut in loco, et lite solebant antiqui.

STREBULA[126] Umbrico nomine Plautus appellat coxendices hostiarum, quas Græci μηρία dicunt, quæ in altaria in-*poni solebant, ut Plau*-tus ait in Fri-*volaria* : «.... agnina tene.... *stre*-bulis.»

surtout dans les farces, la partie honteuse de l'homme. Ce nom lui vient de la lubricité du moineau, appelé στρουθός en grec.

STRENA. Nous appelons ainsi un présent que l'on fait en un jour consacré par la religion, en signe de bon présage, du nom de nombre qui marque qu'il en viendra un second et un troisième de même avantage, comme si l'on disait *trena*, en faisant précéder ce mot de la lettre *s*; ce que les anciens avaient coutume de faire dans les mots *locus* et *lis*.

STREBULA, mot de la langue des Ombriens dont Plaute se sert pour désigner les cuisses des victimes, que les Grecs appellent μηρία, et que l'on avait coutume de déposer sur les autels, comme le dit Plaute dans les *Colifichets* :... *agnina tene.... strebulis*[1].

---

(1) Cette citation est trop altérée pour pouvoir être traduite.

STLATA, genus navigii latum magis, quam altum, et a latitudine sic appellatum, sed ea consuetudine, qua *stlocum* pro locum et *stlitem* pro litem dicebant.

STLEMBUS, gravis, tardus, sicut Lucilius pedibus stlembum dixit equum pigrum et tardum.

STLATA[1], sorte de navire plus large que profond, et ainsi appelé de sa largeur[2]. On disait *stlata* par une modification semblable à celle que l'on trouve dans les mots *stlocus* pour *locus*[3] et *stlis* pour *lis*[4].

STLEMBUS, lourd, tardif, dans le sens où Lucilius appelle *stlembus* un cheval lent et paresseux.

(1) Brigantin, galiote, bâtiment de course. — (2) *A latitudine*. — (3) Lieu. — (4) Discussion, procès.

STLATA *genus erat navigii* latum mag-*is quam altum, sic* appellatum *a latitudine, sed ea* consuetudin-*e, qua stlocum pro locum, et stli*-tem antiq-*ui pro litem dicebant.*

STLEMBUS *gravis,* tar-*dus, sicut Lucilius* «.... Apulidæ pe-*di*bus stlembi» *dicit* quum refer-*t equum pigrum et tardum.*

STELIONEM g-*enus aiunt lacertæ*[127], *quod* Verrius dic-*tum ait, quia virus in-*stillet cibo, p-*otius, quam, ut putant* a-bi[128] *a stellarum similitudine, quia varium est.*

STIPEM *dicebant* pe-cuniam signa-*tam, quod stiparetur;* ideo stipular-*i dicitur is, qui in-*terrogat a-*lterum, spondeatne stipem, id est* æs.

STIRPEM *in masculino gene-*re antiqui *usurparunt pro eo quod est* fe-mina, met-*aphorico* voca-

STLATA. C'était une sorte de navire plus large que profond, ainsi nommé à cause de sa largeur. On disait *stlata* par une modification analogue à celle que les anciens employaient lorsqu'ils disaient *stlocus* pour *locus* et *stlis* pour *lis*.

STLEMBUS, lourd, lent, comme dit Lucilius :.... *Apulidæ pedibus stlembi*[1], en parlant d'un cheval paresseux et lent.

STELLIO. C'est, dit-on, une sorte de lézard. Selon Verrius, ce nom lui vient de ce qu'il distille du poison sur sa nourriture, et non, comme d'autres le prétendent, parce que, en raison de la variété de ses couleurs, il ressemble à une réunion d'étoiles.

STIPS. On appelait ainsi une pièce monnayée, parce qu'on la foule en la fabriquant; d'où l'on dit *stipulari*[2] en parlant d'une personne qui en somme une autre de déclarer si elle s'engage à payer de l'argent[3].

STIRPS. Les anciens employaient au masculin, comme synonyme de femme, et par forme de méta-

(1) Les chevaux d'Apulie sont lourds des jambes. — (2) Stipuler, faire promettre à quelqu'un en contractant. — (3) *Stips*.

STIPATORES, corporis custodes, quos antiqui latrones vocabant. Stipati enim ferro circumdant corpora regum.

STIPES, fustis terræ defixus.

STIPATORES(1), gardes du corps, ceux que les anciens appelaient *latrones*(2). Car ils entourent armés(3) de fer la personne des rois.

STIPES(4), bâton fiché en terre.

(1) *Stipator* signifie, de plus, emballeur ; qui accompagne, fait cortége, est de la suite. — (2) Pour *latero*, de *latus*, côté. *Latro* signifie soldat de la garde, garde du corps ; militaire à la solde ; maraudeur, brigand, voleur. C'est encore le nom d'une pièce d'un jeu des anciens qui a beaucoup de rapports avec notre jeu d'échecs. — (3) *Stipati.* Le verbe *stipare* signifie épaissir, rendre épais ; remplir, entasser ; environner, faire cortége ; et *stipari*, s'attrouper. — (4) *Stipes*, pieu, tronc d'arbre, souche, tison, arbre, baguette ; et au figuré, stupide, une vraie souche.

---

buli usu, quæ nunc in *femineo profertur gene-*re. Livius : « t.... quo-*rumdam* Rom-*anorum....* conditam Rom-*am....* » Idem Li-vius : « Ostrymon.... Graio stirpe ex-*ortum.* » Ennius Annal. : « Nomine Pyrrh-*us* 129, *uti memorant*, a stirpe supremo. ».... « Satis est, revoca fratre-*m* eodem stirpe gna-*tum*, plaudite. » Quam Gall-*us* Ælius sic de-finit : « Stirpest gent-*is propagatio*, *ut* qui 130 a quoque est progna-*tus.* » Stirpes autem *per translationem....* dicuntur a stirpibus iis, quæ ab imis arbori-*bus nascuntur*.

STIPATORES appel-*lantur corporis cu*-stodes, quos *antiqui latrones dice*-bant, i. mer-*cenarios*, qui cu-m ferro, ve-*lut stipati*, circumdan-t regum cor-*pora*.

STIPES, *fustis terræ* defixus : Afra-*nius in....* : « Porro honeste .... *stip-*ite hostium.... *vostram impl-*oro fidem, qui.... am silvam : « Et.... Ennius : «.... hostili in me la-*ctu* 131.... *la-tus*, ut revolso *sti-*

phore, ce mot qui est aujourd'hui du genre féminin. Livius dit :.... [Lacune.] Ce même Livius dit encore : Ostrymon.... *Graio stirpe exortum*(1). Ennius, dans ses *Annales* : — *Nomine Burrus uti memorant, a stirpe supremo*(2).... *Satis est, revoca fratrem eodem stirpe gnatum, plaudite*(3). Gallus Elius définit ce mot en ces termes : *Stirps* est l'ordre de génération d'une famille, selon qu'un de ses membres a été engendré par un autre. Or, on appelle ces successions *stirpes*, par métaphore, d'après les rejetons(4) qui naissent au bas des arbres.

STIPATORES. On donne ce nom aux gardes du corps, que les anciens appelaient *latrones*, c'est-à-dire aux mercenaires, qui, réunis comme en troupe et armés de fer, entourent la personne des rois.

STIPES, bâton fiché en terre. Afranius, dans :.... [Citation trop altérée pour qu'on la puisse interpréter.].... et.... Ennius.... : [Autre citation intraduisible pour la même cause.].... à moins qu'il

(1) Ostrymon.... issu d'une famille grecque. — (2) Nommé Burrus, comme on le rapporte, et issu du sang le plus noble. — (3) C'est assez ; rappelle ton frère né du même sang ; applaudissez. — (4) *Stipites*.

STRITAVUM antiqui dicebant pro tritavo.

STRIGORES, densarum virium homines.

STRIGÆ appellantur ordines rerum inter se continuate collocatarum a stringendo dictæ.

STRITAVUS. Les anciens disaient ainsi pour *tritavus* (1).

STRIGORES, hommes forts et trapus.

STRIGÆ (2). On appelle ainsi des séries d'objets placés à la suite les uns des autres; ce mot vient de *stringere* (3).

(1) Ascendant au sixième degré — (2) Les acceptions de *striga* sont encore : Sillon qui s'étend en longueur ; espace entre les rangs des escadrons de cavalerie. — (3) Serrer étroitement, fortement ; resserrer ; cueillir, détacher avec la main ; tailler, abattre, émonder ; effleurer, raser ; blesser légèrement ; serrer en tirant.

---

pite.... qui jactu vali-*do....* par-mam. » Nisi si *stipitem ponere* voluit pro *telo vel hasta*. Accius in Bacchis : « Ec-*quem stipitem abi*-egum [132], aut al-*neum....* us. » Ennius.... *stipi*-tes abiegno.... c stipitem.... *intere*-mit eum, qua .... *a*-rripit.

STRITAVUM *antiqui diceb*-ant pro tri-*tavo*, *qui est pater ata*-vi, et ataviæ ; *ut stlitem pro lite*.

STRIGORES in Ne-*lei carmine pro st*-rigosis positum *invenitur, id est densa*-rum virium ha-*mini-bus* [133] : « *Strigo*-res exerciti. »

STRIGÆ *appellabantur* ordines rerum *inter se continu*-atæ conlo-cata-*rum* [134], *a stringe*-ndo dictæ.

STRIGEM (*ut ait Verri*-us) Græci syrnia ap-*pellant* [135], quod maleficis mulieribus nomen inditum est, quas volaticas etiam vo-

n'ait voulu employer le mot *stipes* dans le sens de javelot ou de lance. Accius, dans *les Bacchus* : — *Ecquem stipitem abiegnum aut alneumus....* (1). Ennius.... [Encore une citation trop incomplète pour qu'on puisse lui donner un sens.]

STRITAVUS. Les anciens disaient ainsi pour *tritavus*, qui est le père du quadrisaïeul et de la quadrisaïeule; de même qu'ils disaient *slis* pour *lis*.

STRIGORES. On trouve ce mot employé dans le chant de Nélée pour *strigosi* (2), qui signifie hommes forts et trapus : *Strigores exerciti* (3).

STRIGÆ. On appelait ainsi des séries d'objets placés à la suite les uns des autres; ce mot vient de *stringere*.

STRIX (4). C'est, selon Verrius, ce que les Grecs appellent στρίγξ (5), nom donné aux femmes adonnées aux maléfices, et que l'on nomme

(5) Et quelle souche de chêne ou d'aune. — (2) *Strigosus* se rend ordinairement par maigre, élancé, fatigué, harassé. Ce serait donc le sens contraire de celui que Festus donne ici à ce mot. — (3) Des hommes trapus bien exercés. — (4) Ce mot signifie cannelure; oiseau de nuit, spectre, fantôme, sorcière. — (5) Στρίγξ, en grec, a les mêmes acceptions que *strix* en latin.

STATUS DIES[16] vocatur judicii causa constitutus.

SATURA et cibi genus dicitur ex variis rebus condi-

STATUS DIES, jour fixé pour un jugement.

SATURA[1]. On appelle ainsi une sorte de mets composé de

(1) Proprement : Macédoine, ragoût.

---

cant. Itaque solent his verbis eas veluti avertere Græci : « Συρρίντα πομπεῖεν νύκτικο μᾰν στριντατολάον ὄρνιν ἄνω νυμίον ὠκυπόρους ἐπὶ νῆας[136]. »

STATULIBER est, qui testamento certa conditione proposita jubetur esse liber; et si per heredem est[137], quo minus statuliber præstare possit, quod præstare debet, nihilominus liber esse videtur.

STATUS DIES[138] vocatur qui judicii causa est constitutus cum peregrino; ejus enim generis ab antiquis hostes appellabantur, quod erant pari jure cum populo R., atque hostire ponebatur pro æquare. Plautus in Curculione : « Si status condictus cum hoste intercedit dies, tamen est eundum, quo imperant ingratis. »

STAGNUM quidam dici putant, quod in eo aqua perpetuo stet; alii, quod is locus a Græcis συεινὸς[139] dicitur, quia bene contineat aquam.

SATURA, et cibi genus ex variis

aussi *volaticæ*[1]. Aussi les Grecs ont-ils coutume de les éloigner en quelque sorte par cette formule : Συρρίντα πομπεῖεν νύκτικο μᾰν στριντατολάον ὄρνιν ἄνω νυμίον ὠκυπόρους ἐπὶ νῆας[2]

STATULIBER, c'est celui qui est mis en liberté par testament à charge de certaine condition. Et s'il arrive par le fait de l'héritier que l'esclave ainsi mis en liberté ne peut s'acquitter de l'obligation qui lui est imposée, il n'en est pas moins libre.

STATUS DIES[3]. On appelle ainsi le jour fixé pour une affaire judiciaire avec un étranger. Car les hommes de ce genre étaient appelés *hostes* par les anciens, parce qu'ils étaient égaux en droit avec le peuple romain, et que le mot *hostire* s'employait comme synonyme d'*æquare*[4]. Plaute, dans le *Charançon* : — *Si status condictus cum hoste intercedit dies, tamen est eundum, quo imperant ingratis*[5].

STAGNUM. Quelques critiques pensent que l'étang a été ainsi nommé parce que l'eau y reste constamment immobile. Selon d'autres, ce mot vient de ce qu'un étang est appelé en grec στεγνὸς[6], parce qu'il retient fort bien l'eau.

SATURA, c'est une sorte de mets

(1) Empoisonneuses, lamies, démons. — (2) *Voir* la note 136, à la fin du volume. — (3) Ce mot sert à expliquer un article de la loi des Douze-Tables ; ce qui fait que les mots *status dies* ne pourraient se comprendre si l'on n'ajoutait d'abord aux mots *status dies*, le mot *cum hoste* ; de sorte que l'on traduirait : Jour fixé avec un étranger, avec un hôte. — (4) Rendre égal. — (5) Si un jour fixé et assigné avec un hôte ou un étranger intervient, cependant il faut aller malgré soi où l'on ordonne d'aller. — (6) Στεγνὸς signifie épais, couvert, qui reste au fond, etc.

tum, et lex multis aliis conferta legibus, et genus carminis¹⁷, ubi de multis rebus disputatur.

STATÆ MATRIS simulacrum in Foro colebatur.

STALAGMIUM, genus ornamenti aurium. Cæcilius : « Ex aure ejus stalagmium domi habeo. »

matières diverses, et une loi formée de la réunion de beaucoup d'autres lois, et une sorte de poëme où l'on traite d'un grand nombre de sujets.

STATA MATER⁽¹⁾. La statue de cette déesse était révérée dans le Forum.

STALAGMIUM⁽²⁾, sorte d'ornement des oreilles : *Ex aure ejus stalagmium domi habeo*⁽³⁾.

(1) Cette déesse est la même que Vesta. — (2) Pendant d'oreille de forme ronde. — (3) J'ai chez moi un pendant détaché de son oreille.

---

rebus conditum est, et lex tis alis legibus conferta ¹⁴⁰; itaque in sanctione legum adscribitur : « Neve per saturam abrogato; aut derogato. » T. Annius Luscus in ea, quam ¹⁴¹ quam dixit adversus Ti. Gracchum : « Imperium quod plebes per saturam dederat, id abrogatum est. » Et C. Lælius in ea, quam pro se dixit ¹⁴² : « Dein postero die, quasi per saturam sententiis exquisitis in deditionem accipitur. »

STATÆ MATRIS simulacrum in Foro colebatur; postquam id collastravit ¹⁴³, ne lapides igne corrumperentur, qui plurimis ibi fiebant ¹⁴⁴ nocturno tempore, magna pars populi in suos quique vicos rettulerunt ejus deæ cultum.

STALAGMIUM, genus inaurium videtur significare Cæcilius in Ca-

composé d'éléments différents; c'est encore une loi formée de la réunion de beaucoup d'autres lois. C'est pour cela qu'on ajoute dans la sanction des lois cette formule : *Neve per saturam abrogato, aut derogato*⁽¹⁾. T. Annius Luscus dit dans son discours *contre Tib. Gracchus* : — *Imperium quod plebes per saturam dederat, id abrogatum est*⁽²⁾. Et C. Lélius, dans son discours pour lui-même : *Dein postero die, quasi per saturam sententiis exquisitis in deditionem accipitur*⁽³⁾.

STATA MATER. La statue de cette déesse était révérée dans le Forum. Après que Cotta eut fait paver cette place, afin que les pierres ne fussent pas altérées par les feux nombreux qu'on y allumait pendant la nuit, une grande partie du peuple rapporta le culte de cette déesse dans ses quartiers respectifs.

STALAGMIUM. Cécilius, dans *la Pleureuse*, semble désigner par

(1) Qu'il n'abroge point par intercalation, ou qu'il n'y déroge point. — (2) Le pouvoir que le peuple avait donné par une loi où s'en trouvaient comprises plusieurs autres, ce pouvoir est abrogé. — (3) Ensuite le lendemain, les avis ayant été recherchés comme pêle-mêle, il est reçu à merci.

STOLIDUS, stultus.

STUPRUM pro turpitudine antiqui dixerunt, unde est in carmine : « Fœde stupreque castigor cottidie. »

STOLIDUS, sot.

STUPRUM(1). Les anciens ont employé ce mot dans le sens de honte(2); de là on lit dans un chant : *Fœde stupreque castigor cottidie*(3).

(1) *Stuprum* signifie proprement attentat à la pudeur d'une fille ou d'une veuve, et, de plus, commerce illicite, honte, infamie. — (2) Ou plutôt ici, traitement ignominieux. — (3) Je suis chaque jour châtié d'une manière ignoble et ignominieuse.

---

rine, quum ait : « Tum ex aure ejus stalagmium domi habeo. »

STOLIDUS, stultus. Ennius lib. I : « Nam vi depugnare sues stolidi solidi¹⁴⁵ sunt. » Et in Alexandro : « Hominem appellat, quid lascivi stolide¹⁴⁶ non intellegit. » Et Cæcilius in Hypobolimæo : « Abi hinc, tu stolide, illi ut tibi sit pater ? » Et in Andronico¹⁴⁷ : « Sed ego stolidus, gratulatum me oporteat prius¹⁴⁸. »

STUPRUM pro turpitudine antiquos dixisse apparet in Nelei carmine : « Fœde stupreque castigor cotidie. » Et in Appii Sententiis : « Qui animi compotem esse, nequid fraudis, stuprique ferocia pariat. » Nævius : « Seseque ii perire mavolunt ibidem, quam cum stupro redire ad suos popularis. » Item : « Sin illos deserant fortissimos viros¹⁴⁹, magnum stuprum populo fieri pergentis¹⁵⁰. »

STUPPAM linum inpolitum appellant Græci Dorii.

ce mot une sorte de pendant d'oreille, lorsqu'il dit : *Tum ex aure ejus stalagmium domi habeo.*

STOLIDUS, sot. Ennius dit (liv. Iᵉʳ) : *Nam vi depugnare sues stolidi soliti sunt*(1). Et dans son *Alexandre :* — *Hominem appellat; quid lascivis, stolide? Non intellegit*(2). Et Cécilius dans *l'Enfant supposé :* — *Abi hinc, tu stolide, illi ut tibi sit pater*(3) *?* Et dans son *Androgyne :* — *Sed ego stolidus, gratulatum med oportebat prius*(4).

STUPRUM. On voit par le poëme de Nélée que les anciens ont employé ce mot dans le sens de honte : *Fœde stupreque castigor cotidie.* Et dans les *Pensées* d'Appius : *Qui animi compotem esse, nequid fraudis, stuprique ferocia pariat*(5). Névius : *Seseque ii perire mavolunt ibidem, quam cum stupro redire ad suos popularis*(6). Et de même : *Sin illos deserant fortissimos virorum, magnum stuprum populo fieri per gentis*(7).

STUPPA(8). Les Grecs Doriens appellent ainsi le lin brut.

(1) Car les sots ont l'habitude de combattre par la force les pourceaux. — (2) Il appelle un homme : qu'as-tu à plaisanter, imbécile ? Il ne comprend pas. — (3) Va-t'en d'ici, nigaud; prétends-tu qu'il soit son père comme il est le tien ? —(4) Mais, sot que je suis! il me fallait le féliciter d'abord. — (5) Être maître des mouvements de son âme, afin que la présomption n'engendre ni dommage ni honte. — (6) Et ils aiment mieux périr là même, que de revenir couverts de honte au milieu de leurs concitoyens. — (7) Que si, au contraire, ils abandonnent ces braves, les plus courageux des hommes, il en résulterait un grand déshonneur pour le peuple parmi les nations. — (8) Étoupe, en grec στύπη.

STURA, flumen in agro Laurenti est.

STERILAM, sterilem.

STULTORUM FERIÆ appellabantur Quirinalia, quod eo die sacrificabant hi, qui sollemni die aut non potuerunt rem divinam facere, aut ignoraverunt.

STURA, fleuve du territoire de Laurente.

STERILAM, pour *sterilem*[1].

STULTORUM FERIÆ. On appelait fêtes des fous les Quirinales, parce qu'en ce jour ceux-là sacrifiaient qui n'avaient pu s'acquitter des obligations religieuses au jour consacré, ou qui n'avaient pas su qu'ils eussent à le faire.

(1) Stérile.

STURA flumen in agro Laurenti est, quod quidam Asturam vocant.

SUBER, arbor ac suberies, q-*ua natabant in* thermi [151].

STERILAM *mulierem appellabant, quam* Græci στεῖραν *dicunt, quæ non* cipi-*t semen* [152] *genitale.*

SEPLASIA aut SEPLASIUM, *ubi unguentum* memoraba-*tur pretiosum. Pomponius in* Adelph-*is :* « *Di te perdant in-*feri, Anti-*pho, quod unde hoc unguen-*tum *sit,* q-*uæris; dic mihi, lepidum unde* ung-*uentum, nisi quod ex Seplasia, est?* »

STULTORUM FERIÆ *appellabantur Quirina-lia. qui erat dies festus* Quiprini [153], qu-*od eo die omnes* sa-*crificant ii, qui Fornacalibus aut* non potuer-*unt rem divinam* face-*re, aut* ign-*oraverunt* solemnem fornacaliu-*m suorum diem* commissumque *piaculum expia-*

STURA, fleuve du territoire de Laurente, que quelques-uns appellent *Astura*.

SUBER, sorte d'arbre, et le liége dont on se sert pour nager dans les thermes.

STERILA. On appelait ainsi la femme que les Grecs nomment στεῖρα[1]; celle qui ne retient pas la semence génératrice.

SEPLASIA ou SEPLASIUM, place [de Capoue] où se vendaient, dit-on, les parfums précieux. Pomponius, dans ses *Adelphes :* — *Di te perdant inferi, Antipho, quod unde hoc unguentum sit, quæris; dic mihi, lepidum unde unguentum, nisi quod ex Seplasia, est*[2]?

STULTORUM FERIÆ. On appelait ainsi les Quirinales, qui étaient la fête de Quirinus, parce qu'en ce jour sacrifiaient tous ceux qui n'avaient pu accomplir aux Fornacales leurs devoirs religieux, ou qui n'avaient pas su le jour consacré à leurs Fornacales privées; et ils expiaient alors, selon l'usage, la

(1) Stérile. — (2) Que les dieux te confondent, Antiphon, toi qui demandes d'où vient ce parfum; dis-moi d'où peut venir un parfum agréable, si ce n'est de la place Seplasia?

SANQUALIS avis, quæ ossifraga dicitur.

SANQUALIS, le même oiseau que l'on appelle *ossifraga*⁽¹⁾.

(1) Orfraie.

---

bant ex more; at-*que stulti videbantur ii*, quibus p-*ermittebatur post ferias feriari.*

Sanctum *ait dici Opilius Au*re-lius, *quod nec sacrum est nec religiosum.* At Ælius *Gallus, quod utrumque esse* videatur, *et sacrum et religiosum* : plerique autem, *quod qui violaverit, ei pœna sit, multa-ve sancita....* se ponetur pro.... *unde* et sanctio dict-*a legum....* et rogatio : qui con....

Sanqualis avis a-*ppellatur, quæ in Com*-mentariis augura-*libus* ossifra-ga dicitur, quia in *Sangi dei* tutela est.

Saccomorum *genus est arboris, quam dicta*-m Pomponius *ait ex fico atque m*-or¹⁵⁴, quod ficus ea *sit et morus* : *unde* nomen per m-*oron et ficum de*-ductum est.

Iol dicitur¹⁵⁵, *quod solus sit. Id*-em modo So-*l, modo Apollo :* « Tu es Apollo, *tu Sol in cœlo.* »

Sacrem *porcum dici ait Ver*ri-us, *ubi jam a partu habetur purus, a qu*-a re appel-*latum esse sacrum dici*-t ; *ita id adi*-*cit quod non opus est* : omisit voca-*buli*

faute qu'ils avaient commise. Et ils avaient l'air de sots, ceux auxquels il était permis de célébrer une fête après la fête.

Sanctum. Opilius Aurelius dit qu'on appelle saint, ce qui n'est ni sacré ni consacré par la religion ; mais Elius Gallus pense que ce mot s'applique à ce qui est à la fois sacré et consacré par la religion : toutefois la plupart croient que c'est toute chose dont la violation entraîne pour celui qui en est l'auteur une peine ou une amende déterminée par la loi ⁽¹⁾.... [Lacune.] .... d'où le mot *sanctio*⁽²⁾, appliqué aux lois.... [Autre lacune.]

Sanqualis, nom donné à l'oiseau qui, dans les *Mémoires des augures*, est appelé *ossifraga*, parce qu'il est sous la protection du dieu Sangus

Saccomorum ⁽³⁾, genre d'arbre ainsi nommé, selon Pomponius, de *ficus* ⁽⁴⁾ et de *morus* ⁽⁵⁾, parce qu'il tient du figuier et du mûrier ; d'où son nom a été formé de ceux du mûrier et du figuier ⁽⁶⁾.

Sol. Le soleil a été ainsi appelé parce qu'il est seul ⁽⁷⁾. On le nomme tantôt soleil, tantôt Apollon : *Tu es Apollo, tu Sol in cœlo* ⁽⁸⁾.

Sacris ⁽⁹⁾. Verrius dit qu'on appelle ainsi le porc, lorsqu'on le regarde comme déjà purifié des souillures de la mise bas ; d'où, dit-il, on l'a appelé sacré. Il ajoute

---

(1) *Sancita*. — (2) Sanction. — (3) Ou mieux, *sycomorus*, le sycomore. — (4) Figuier. — (5) Mûrier. — (6) C'est-à-dire des mots grecs συκῆ, figue, et μόρον, mûrier. — (7) Seul de son espèce. — (8) Tu es Apollon ; tu es le Soleil dans le ciel. — (9) *Sacris* signifie proprement, propre aux sacrifices. Par *sacres porci*, Varron entend des cochons de lait sevrés depuis huit jours.

SACRIMA appellabant mustum, quod Libero sacrificabant pro vineis et vasis et ipso vino conservandis; sicut *prœmetium* de spicis, quas primum messuissent, sacrificabant Cereri.

SACRIFICULUS REX appellatus est, qui ea sacra,

SACRIMA. On appelait ainsi le vin nouveau offert à Bacchus pour la conservation des vignes, des vases et du vin lui-même; de même que l'on offrait à Cérès le *prœmetium*, c'est-à-dire les prémices des épis moissonnés les premiers.

SACRIFICULUS REX. On a donné ce titre au prêtre

---

formam. Plautus : « *Adu*-lescens, qui-*bus hic pretis porci* veneunt sa-*cres, sinceri?* — *Nummo.* — Nummum *a me accipe; jube te plari*¹⁵⁶ *de mea pecunia.* » *Et in Rudent*-e : « Sunt domi *agni et porci sacres.* » *C*-ato adver-*sus* Q. *Minucium The*-rmum, *post censuram : Porcum sac*-rem *in sin.... aliq*-uando pro.... ne sacrem.... primis fiet....

SACRIMA est, *ut....* et *Clo*-atius dicunt, *mustum indi*-tum in amphoram *Meditrinalibus sacri*-ficii causa, pro *vineis vasisque et vino*, quæ quasi sacra *ea re fiunt : quod Lib*-ero fit, ut præ-*metium , quod* Cereri.

SACRIFICULUS REX *appellatur*, qui ea sacra, quæ *facere rege*-s sueverant, *facit; primus memorat*-ur *post reges ex-actos Sulpicius Corn*-utus ¹⁵⁷.

ainsi une chose qui n'est pas nécessaire; mais il a laissé de côté la forme du mot. Plaute : *Adulescens, quibus hic pretis porci veneunt sacres, sinceri?* — *Nummo.* — *Nummum a me accipe. Jube te piari de mea pecunia*⁽¹⁾. Et dans le *Cordage :* — *Sunt domi agni et porci sacres* ⁽²⁾. Caton, dans son discours contre Q. Minucius Thermus, après sa censure :.... [Lacune considérable.]

SACRIMA, c'est, comme le disent ⁽³⁾.... et Cloatius, du vin nouveau mis dans une amphore aux Méditrinales pour en faire des offrandes, pour la conservation des vignes, des vases et du vin, qui, par là, deviennent en quelque sorte sacrés : cette offrande se fait à Bacchus, de même que le *prœmetium* ⁽⁴⁾ se fait à Cérès.

SACRIFICULUS REX. On donne ce titre au prêtre chargé de faire les sacrifices que les rois avaient coutume d'accomplir. Sulpicius Cornutus fut, selon la tradition, revêtu le premier de cette dignité, après l'expulsion des rois.

---

(1) Jeune homme, à quel prix vend-on ici des cochons propres aux sacrifices, et bien purs? — Un écu. — Reçois de moi un écu. Va te faire purifier avec mon argent. — (2) Il y a à la maison des cochons et des agneaux propres aux sacrifices. — (3) Il manque ici le nom d'un auteur. — (4) Prémices de la moisson. On dit aussi *prœmessum*.

quæ reges facere assueverant, fecisset.

chargé de faire les sacrifices que les rois avaient coutume d'accomplir.

SACELLA dicuntur loca diis sacrata sine tecto.

SACELLA[1]. On nomme ainsi des lieux consacrés aux dieux, mais non couverts d'un toit.

SACROSANCTUM dicebatur, quod jurejurando interposito erat institutum, ut, si quis id violasset, morte pœnas penderet.

SACROSANCTUM[2]. On appelait ainsi une chose établie avec la sanction d'un serment, de sorte que, si quelqu'un la violait, il était puni de mort.

SACRATÆ LEGES dicebantur, quibus sanctum erat, ut, si quis adversus eas fecisset, sacer alicui deorum esset cum familia pecuniaque.

SACRATÆ LEGES[3]. On donnait ce nom à des lois par lesquelles il était établi que quiconque ferait un acte contraire à leurs prescriptions, serait dévoué à quelqu'un des dieux avec sa famille et sa fortune.

(1) Chapelle. — (2) Inviolable, doublement sacré. — (3) Lois consacrées.

Sacella di-*cuntur loca* diis sacrata sine tecto.

Sacella. On nomme ainsi des lieux consacrés aux dieux, mais non couverts d'un toit.

Sacrosanctum [158] dicitur, quod jure jurando interposito est institutum, si quis id violasset, ut morte pœnas penderet; cujus generis sunt trib. pleb. ædilesque ejusdem ordinis; quod adfirmat M. Cato in ea, quam scripsit, ædilis plebis sacro sanctos esse.

Sacrosanctum. On donne cette qualification à une institution sanctionnée par serment, et dont la violation est punie de mort. De cette nature sont les tribuns du peuple et les édiles du même ordre. C'est ce qu'affirme M. Caton dans le discours qu'il a écrit pour démontrer que les édiles plébéiens sont inviolables.

Sacratæ leges sunt, quibus sanctum est, qui quid adversus eas fecerit, sacer alicui deorum sicut familia[159], pecuniaque; sunt qui esse dicant sacratas, quas

Sacratæ leges. Ce sont des lois par lesquelles il est établi que quiconque agira contre leurs prescriptions sera dévoué à quelqu'un des dieux avec sa famille et son patrimoine. Quelques auteurs pré-

SECLUSA SACRA dicebant, quæ Græci μυστήρια appellabant.

SCENA sive SACENA, dolabra pontificalis.

SARISSA, hasta Macedonica.

SACER MONS trans Anienem fluvium ultra tertium miliarium appellatur, quia Jovi fuerat consecratus.

SECLUSA SACRA[1]. On nommait ainsi les cérémonies religieuses que les Grecs appelaient μυστήρια[2].

SCENA ou SACENA, la hache des prêtres.

SARISSA, la lance macédonienne.

SACER MONS. Le mont Sacré, situé au delà du fleuve Anio, et au delà de la troisième pierre milliaire, parce qu'il avait été consacré à Jupiter.

(1) Pratiques religieuses secrètes. — (2) Mystères.

---

plebes jurata in monte Sacro sciverit.

Seclusa sacra dicebantur, quæ Græci mysteria appellant.

Scena ab aliis, a quibusdam sacena appellatur dolabra pontificalis.

Sarissa est hastæ Macedonicæ genus.

Sacer mons [160] appellatur trans Anienem, paulo ultra tertium miliarium; quod eum plebes, quum secessisset a patribus, creatis trib. plebis, qui sibi essent auxilio, discedentes Jovi consecraverunt. At homo sacer is est, quem populus judicavit ob maleficium; neque fas est eum immolari, sed, qui occidit, parricidii non damnatur, nam lege tribunicia prima [161] ca-

tendent que l'on appelle spécialement ainsi les lois que le peuple conjuré promulgua sur le mont Sacré.

Seclusa sacra. On nommait ainsi les cérémonies secrètes que les Grecs appellent mystères.

Scena. Les uns donnent ce nom et les autres celui de *sacena* à la hache des prêtres.

Sarissa, c'est une sorte de lance particulière aux Macédoniens.

Sacer mons. On appelle mont Sacré un mont situé de l'autre côté de l'Anio, un peu au delà de la troisième pierre milliaire, parce que le peuple, lors de sa séparation d'avec le sénat, et après la création des tribuns du peuple, établis pour lui venir en aide, le consacra à Jupiter au moment de s'en retirer. Mais on donne l'épithète de *sacer* [1] à l'homme que le peuple a jugé pour un crime; il n'est pas permis de l'immoler, mais celui

(1) Dévoué aux dieux.

SACRANI[18] appellati sunt Reate orti, qui ex Septimontio Ligures Siculosque exegerunt, dicti Sacrani, quod vere sacro sint nati.

SACRANI. On a appelé ainsi des colons originaires de Réate, qui chassèrent du Septimontium[1] les Liguriens et les Sicules; ce nom leur venait de ce qu'ils étaient nés au printemps sacré.

(1) C'est-à-dire des sept montagnes qui furent plus tard enfermées dans la ville de Rome.

---

vetur, « Si quis eum, qui eo plebei scito sacer sit, occiderit, parricida ne sit; » ex quo quivis homo malus, atque improbus sacer appellari solet. Gallus Ælius ait[162] sacrum esse[163], quocumque modo atque instituto civitatis consecratum sit, sive ædis, sive ara, sive signum, sive locum[164], sive pecunia, sive quid aliud, quod diis dedicatum atque consecratum sit: quod autem privati suæ religionis causa aliquid earum rerum Deo dedicent, id pontifices Romanos non existimare sacrum; at si qua sacra privata suscepta sunt, quæ ex instituto pontificum stato die, aut certo loco facienda sint, ea sacra appellari, tanquam sacrificium; ille locus, ubi ea sacra privata facienda sunt, vix videtur sacer esse.

qui le tue n'est pas condamné comme parricide : car la première loi tribunitienne porte cette disposition : *Si quis eum, qui eo plebei scito sacer sit, occiderit, parricida ne sit*[1]. De là, dans le langage familier, on appelle *sacer* tout homme méchant et mauvais. Gallus Elius dit que l'on appelle *sacer* tout ce qui a été consacré d'une manière quelconque et par une loi de l'Etat, que ce soit un temple, un autel, une statue, un emplacement, de l'argent, ou toute autre chose qui a été dédiée et consacrée aux dieux; il ajoute que la partie de leurs biens que des particuliers vouent aux dieux par un principe de religion privée n'est point considéré comme sacré par les pontifes romains. Mais si quelque acte religieux des particuliers a été accepté, de manière à être accompli par l'ordre des pontifes en un jour fixé ou en un lieu déterminé, cet acte est appelé *sacer*, comme un sacrifice; le lieu où doivent se faire ces cérémonies religieuses des particuliers ne paraît guère devoir être regardé comme *sacer*.

SACRANI[165] appellati sunt Reate orti, qui ex Septimontio Ligures Siculosque exegerunt, nam vere sacro nati erant.

SACRANI. On a appelé ainsi des colons originaires de Réate, qui chassèrent du Septimontium les Liguriens et les Sicules; car ils étaient nés au printemps sacré.

(1) Si quelqu'un tue un individu devoué aux dieux par ce plébiscite, qu'il ne soit point parricide.

SAGMINA dicebant herbas verbenas, quia ex loco sancto arcebantur legatis proficiscentibus ad fœdus faciendum bellumque indicendum, vel a sanciendo, id est confirmando. Nævius : « Scopas [19] atque verbenas sagmina sumpserunt. »

SAGACES appellantur sollertis acuminis, unde etiam canes indagatores sagaces sunt appellati.

SAGMINA. On désignait par ce mot les feuilles de verveine que l'on faisait apporter d'un lieu saint, lorsque des ambassadeurs partaient pour faire une alliance ou pour déclarer la guerre ; ce mot venait peut-être de *sancire*[1], c'est-à-dire confirmer. Névius dit : *Scopas atque verbenas sagmina sumpserunt*[2].

SAGACES. On applique cette qualification aux hommes d'un esprit fin et subtil, d'où l'on a aussi appelé *sagaces* les chiens quêteurs.

(1) Sanctionner. — (2) Ils prirent la mille-feuille et les feuilles de verveine.

SAGMINA vocantur verbenæ, id est herbæ puræ, quia ex loco sancto arcebantur a consule, prætoreve, legatis proficiscentibus ad fœdus faciendum, bellumque indicendum, vel a sanciendo, id est confirmando. Nævius [166] : « Jus sacratum Jovis jurandum sagmine [167]. »

SAGACES appellantur multi ac sollertis acuminis. Afranius in Brundisina : « Quis tam sagaci corde, atque ingenio unico ? » Lucretius lib. II : « Nec minus hæc animum cognoscere *posse sagacem*. » *Sagacem* etiam canem dixit.... « Invictus ca-*nis* atque *sagax* et vi-ribus fretus. » *Saga* quoque dicitur mulier peri-*ta sacrorum*, et *sagus* sapiens pro-

SAGMINA. On appelle ainsi la verveine, c'est-à-dire les plantes pures, parce que le consul ou le préteur les faisait apporter d'un lieu sacré, lorsque des ambassadeurs partaient pour contracter une alliance ou pour déclarer la guerre ; ce mot vient peut-être de *sancire*, qui signifie confirmer. Névius dit[1] : *Jovis sacratum jusjurandum*[2].

SAGACES. On désigne par ce mot les hommes de beaucoup d'esprit et d'un esprit vif. Afranius, dans *l'Habitante de Brindes* : — *Quis tam sagaci corde, atque ingenio unico*[3] ? Lucrèce, au livre II : *Nec minus hæc animum cognoscere posse sagacem*[4]..... [5] a de plus appliqué l'épithète de *sagax* à un chien : *Invictus canis atque sagax et viribus fretus*[6]. *Saga* se dit encore d'une femme instruite des cho-

(1) Les manuscrits venus jusqu'à nous ne donnent point les vers de Névius, conservés par Paul Diacre. — (2) Le serment sacré de Jupiter. — (3) Quel homme d'un cœur assez subtil, d'un esprit unique ? — (4) Et qu'un esprit délié ne peut pas moins connaître ces choses. — (5) Le nom d'un auteur manque ici. — (6) Un chien invaincu, d'un fin odorat et fort de sa vigueur.

SAGA quoque dicitur mulier perita sacrorum, et vir sapiens, producta prima syllaba propter ambiguitatem evitandam.

SAGA. On appelle encore ainsi une femme instruite dans les choses saintes, et un homme d'expérience, en allongeant la première syllabe, pour éviter l'ambiguïté.

---

ducta prima syllaba, forsitan *prop-ter ambiguitatem* evitandam.

SANATES *quasi sana-*ti *appel*la-*ti, id est sanatæ mentis* Ser. Sulpicius *Rufus....* et Opillus *Aurelius* [168] *ita existimant* dici inferio-*ris superiorisque loci gentes*, ut Tiburte-*s supra Romam, aliosque qui cum* populo Tibur-*ti convenerant in agro* Tiburti, ide-*mque ad se maritimos quosdam infe-*riorisque loc-*i populos perduxerant. Hinc* in XII : « *Nex-i solutique*, ac forti sanati-*sque idem jus esto*, » id est bonor-*um et qui defecerant sociorum. Sunt qui et infe-*riores *dici putant colonias*, quæ sunt *deductæ in priscos Latinos, quas Tarquinius rex in-*egerit *secundum mare....* infra Romam in c-*ivitates Latinorum*, eosque sanat-*is, quod Priscus* præter opinio-*nem eos debellavis-*set, sanavisse-*tque ac cum iis pa-*cisci potuisset, no-*minatos esse, ut ait* Cincius lib. II de *Officio jurisconsulti*; ne Valerius quidem *Messala* in XII explanati-*one rem expedivit; hic ta-*men in eo libro, qu-*em de dictis in-*volute inscribi [169], For-*ctos Sanatisque*

ses saintes, et *sagus* est l'équivalent de *sapiens*[1]. Dans *sagus* on fait longue la première syllabe, peut-être pour éviter toute ambiguïté[2].

SANATES. Certains personnages ont été appelés ainsi, comme si l'on disait *sanati*, individus dont l'esprit a été rendu à la santé. Serv. Sulpicius Rufus.... et Opilius Aurelius pensent que l'on appelle ainsi les peuplades de la plaine et de la montagne, tels que les Tiburtins au-dessus de Rome, et d'autres qui s'étaient réunis au peuple de Tibur sur le territoire de Tibur, et qui avaient attiré à eux des hommes des bords de la mer et des régions basses. De là, il est dit dans les Douze-Tables : *Nexi solutique, ac forti sanatisque idem jus esto*[3], c'est-à-dire aux gens de bien et à ceux des alliés qui avaient manqué. Quelques auteurs prétendent que l'on appelle aussi colonies inférieures celles qui furent conduites chez les anciens Latins; celles que le roi Tarquin envoya le long de la mer.... au-dessous de Rome dans les cités des Latins, et que ces peuples furent appelés *Sanates*, parce que Tarquin l'Ancien les avait domptés contre toute espérance. les avait ramenés à la raison, et avait pu faire un pacte avec eux, ainsi que le dit Cincius, dans son second livre *sur les Devoirs du jurescon-*

---

(1) Qui sait. — (2) Pour que l'on ne confonde pas *sagus*, devin, avec *sagus* ou *sagum*), saie, sorte de manteau. — (3. Que ceux qui sont engagés et ceux qui sont dégagés, que les forts par nature et ceux qui ont ensuite été rendus forts (c'est-à-dire, comme on le verra plus loin dans un autre article, ceux qui ont constamment persévéré dans l'alliance de Rome et ceux qui y sont rentrés après une courte défection) aient le même droit.

SARPTA VINEA, putata, id est pura facta, unde et virgulæ abscisæ *sarmenta* : *sarpere* enim antiqui pro purgare ponebant.

SARTE ponebant pro integre. Ob quam causam opera

SARPTA VINEA, vigne taillée, c'est-à-dire rendue nette ; d'où l'on appelle *sarmenta*[1] les petites branches qu'on en a coupées. Car les anciens employaient *sarpere*[2] dans le sens de nettoyer.

SARTE. On employait ce mot pour *integre*[3]. C'est pour

---

[1] Sarments, bois de la vigne. Ordinairement on fait venir *sarmentum* de *serere*, planter. — [2] Tailler (la vigne). — [3] *Sarte* est un terme augural ; *integre* signifie entièrement, dans l'état d'intégrité.

---

duas gentis finitimas *fuisse censet, de quibus le*-gem hanc scrip-*tam esse, qua cautu*-m, ut id jus manifesto, quod populu-s R., haberent; neque alios, quam Forctos, et Sana-tes eam legem significare exis-timat hoc significatu; multi sunt, quibus id, quod his pla-cuit, displi-ceat, et qui explicen-t; sant forcti 170, quasi dictum esset sa-nati insani.

sulte. Valerius Messala lui-même, dans son explication des Douze-Tables, n'a pas éclairci cette matière. Cet écrivain toutefois, dans le livre qu'il intitule d'une manière assez obscure, *Des paroles*, pense que les *Forcti* et les *Sanates* étaient deux nations voisines, au sujet desquelles avait été rédigée la loi par laquelle il était établi qu'elles devaient avoir manifestement le même droit que le peuple romain, et il croit que cette loi n'a en ce sens en vue nuls autres que les *Forcti* et les *Sanates*. Il est beaucoup de critiques auxquels ne plaît pas ce qui plaît à ceux-là, et qui expliquent *sanates forcti* par *Sanati insani*[1].

SCARPTA VINEA *putata i*-d est pura *facta*; *virgulæ enim re*-lictæ inpe-*dimenta vitibus sol*-ent esse, quæ *ideo abscinduntur*; inde etiam *sarmenta script*-ores dici pu-*tant*; *sarpere enim a*-ntiqui pro pur-*gare dicebant*.

SARPTA VINEA, vigne taillée, c'est-à-dire rendue nette. En effet, les petites branches qu'on laisse à la vigne nuisent d'ordinaire à sa fécondité, aussi a-t-on soin de les couper. C'est encore de là que les auteurs font venir le mot *sarmenta*. Car les anciens disent *sarpere* dans le sens de nettoyer.

SARTE 171 in Augu-*ralibus pro inte*-gre ponitur : « *Sane sartequ*-e *audire, vi*-*dereque*. » *Ob quam caus*-am opera pu-*blica, quæ*

SARTE. Ce mot est employé, dans les livres auguraux, pour *integre* : — *Sane sarteque audire, videreque*[2]. C'est pour cette rai-

---

[1] Gens mal sains (d'esprit) rendus sains. — [2] Entendre et voir sainement et complètement

publica, quæ locantur, ut integra præstantur, *sarta tecta* vocantur. Etenim *sarcire* est integrum facere.

SARRA, Epiros [20] insula.

SARDARE, intelligere. Nævius : « Quod bruti nec satis sardare queunt. »

cette raison qu'on appelle *sarta tecta*[1] les bâtiments publics loués à condition d'être rendus en bon état. En effet, *sarcire*[2] signifie rétablir dans son intégrité.

SARRA, île d'Épire.

SARDARE, comprendre. Névius dit : *Quod bruti nec satis sardare queunt*[3].

(1) Bâtiments tenus en bon état. — (2) Raccommoder, rajuster, refaire. — (3) Ce que les hommes grossiers ne peuvent assez comprendre. *Sardare* vient de *sardus* Les Sardes, en effet, avaient la réputation d'être très-fins.

---

locantur, ut i-ntegra præs-*tentur, sarta tecta vo*-cantur ; et-*enim sarcire et integrum* facere.

SARRA *insula erat, q*-uæ nunc Epiros *facta est*.

SARDARE intellegere *significat*. Næ-vius belli Pu-*nici libro*.... « *Quo*-d bruti nec satis *sardare queunt*. »

« SARDI VENALES ALIUS ALIO NEQUIOR : » ex hoc natum *proverbium vi*-detur, quod ludis *Capitolinis, qui* fiunt a vicinis *prætextatis* [172], *au*-ctio Velentium [173] *fieri solet, in qua novissimus idemque dete*-rrimus producitur *a præcone* senex cum toga paretexta [174], bullaque aurea, quo cultu reges soliti sunt esse E-*truscorum*, qui Sardi appellantur, quia Etrusca gens orta est Sardibus ex Lydia. Tyrrhenus enim inde profectus cum magna manu eorum, occupavit eam partem Italiæ, quæ nunc vocatur Etruria. At Sinnius Capito ait, Ti. Gracchum

son qu'on appelle *sarta tecta* les bâtiments publics loués à condition d'être rendus en bon état. En effet, *sarcire* signifie rétablir dans son intégrité.

SARRA était une île qui est maintenant devenue l'Épire.

SARDARE signifie comprendre. Névius dit dans le livre.... *de la Guerre punique* : — *Quod bruti nec satis sardare queunt*.

SARDI VENALES ALIUS ALIO NEQUIOR[1]. Ce proverbe semble être venu de ce que, dans les jeux Capitolins, célébrés par les campagnards revêtus de la robe prétexte, on fait d'habitude une vente à l'encan de Véiens, dans laquelle le crieur public amène pour le mettre en vente le dernier (et c'est aussi le plus pitoyable), un vieillard revêtu de la robe prétexte et portant une bulle d'or. C'étaient là les ornements habituels des rois des Etrusques, que l'on appelait *Sardi*, parce que la nation étrusque est originaire de Sardes en Lydie. Car Tyrrhenus, parti de cette ville avec un grand nombre de ses habitants, s'établit

(1) Des Sardes que l'on vend, l'un est pire que l'autre.

SARCITO, damnum solvito.

SARGUS, piscis genus in mari Ægyptio.

SARCITO, qu'il paye le dommage.

SARGUS(¹), sorte de poisson de la mer d'Égypte.

(1) Sorte de muge.

---

consulem, collegam P. Valerii Faltonis [175], Sardiniam, Corsicamque subegisse, nec prædæ quicquam aliud quam mancipia captum, quorum vilissima multitudo fuerit.

SARCITO in XII Ser. Sulpicius ait significare damnum solvito, præstato.

SARDANAPALUS, rex Assyriorum, fuit unicæ luxuriæ inter mulieres, epulasque versatus semper, atque omni tempore.

SARGUS, piscis genus, qui in Ægyptio mari fere nascitur. Lucilius : « Quem præclarus helops, quem Ægypto sargus movebit. »

SATURNIA Italia, et mons, qui nunc est Capitolinus, Saturnius appellabatur, quod in tutela Saturni esse existimantur. Saturni quoque [176] dicebantur, qui castrum in imo clivo Capitolino incolebant, ubi ara dicata ei deo ante bellum Trojanum videtur, quia apud eam supplicant apertis capitibus; nam Italici auctore Ænea velant capita, quod is, quum rem divinam faceret in litore Laurentis agri Veneri matri, ne ab Ulyxe cognitas interrumperet sacrificium, caput

dans cette partie de l'Italie qui porte aujourd'hui le nom d'Etrurie. Mais Sinnius Capiton dit que le consul Tib. Gracchus, collègue de P. Valerius Falto, soumit la Sardaigne et la Corse, et que de tout le butin l'on ne prit que les captifs, dont il y eut une multitude de très-peu de valeur.

SARCITO. Servius Sulpicius dit que dans les Douze-Tables ce mot signifie qu'il paye le dommage, qu'il en rende la valeur.

SARDANAPALE, roi des Assyriens, fut singulièrement débauché, passant tout son temps au milieu des femmes et des festins.

SARGUS, sorte de poisson qui naît aux environs de la mer d'Égypte. Lucilius dit : *Quem præclarus helops, quem Ægypto sargus movebit* (¹).

SATURNIA. On donnait ce nom à l'Italie, et l'on appelait aussi *Saturnius* le mont que l'on nomme aujourd'hui Capitolin, parce qu'on les considère comme placés sous la protection de Saturne. On nommait encore *Saturnii* ceux qui habitaient le fort construit tout au bas du Capitole, où l'on voit un autel consacré à Saturne antérieurement à la guerre de Troie, parce qu'ils font leurs prières devant cet autel, la tête découverte. Car les Italiques, suivant la prescription d'Énée, se voilent la tête, parce que ce prince, rendant les hon-

(1) Qu'émouvra le brillant hélops, et le muge, qui vit dans les mers d'Égypte.

SATEURNUS[1], Saturnus.

SAS, suas. Ennius : « Virgines nam sibi quisque domi Romanus habet sas. »

(1) Ses. — (2) Car chaque Romain conserve chez lui ses vierges.

---

adoperuit, atque ita conspectum hostis evitavit.

SATURNO dies festus celebratur mense decembri, quod eo ædis est dedicata : et is culturæ agrorum præsidere videtur, quo etiam falx est ei insigne; versus quoque antiquissimi, quibus Faunus fata cecinisse hominibus videtur, saturnii appellantur; quibus et a Nævio bellum Punicum scriptum est, et a multis aliis plura composita sunt; qui deus in saliaribus Saturnus[177] nominatur, videlicet a sationibus.

SAS Verrius putat significare eas, teste Ennio, qui dicat in lib. I : « Virgines nam sibi quisque domi Romanus habet sas. » Quum suas magis videatur significare; sicuti[178] ejusdem lib. IV fatendum est eam significari, quum ait : « Nec quisquam philosophiam[179], quæ doctrina Latina lingua non habet, sapientia quæ peribetur[180], in somnis vidit prius, quam sam discere cœpit. » Idem quum ait[181]

SATEURNUS, pour *Saturnus*.

SAS, pour *suas*[1]. Ennius dit : *Virgines nam sibi quisque domi Romanus habet sas*[2].

neurs religieux à Vénus, sa mère, sur le rivage du territoire de Laurente, et craignant d'interrompre le sacrifice s'il était reconnu par Ulysse, se voila la tête et évita ainsi d'être vu par l'ennemi.

SATURNE. La fête de Saturne se célèbre au mois de décembre, parce que c'est en ce mois que le temple de ce dieu fut bâti; et il semble présider à la culture des terres, d'où vient aussi qu'on lui donne la faux pour attribut. De plus, on appelle saturniens les vers les plus anciens, dans lesquels Faune paraît avoir prédit l'avenir aux hommes. C'est en vers saturniens que Névius a écrit son poëme sur la guerre Punique; et beaucoup d'autres auteurs ont employé ces mêmes vers pour la composition de nombreux ouvrages. Dans les chants saliens, ce dieu est appelé *Sateurnus*, nom qui vient de *sationes*[1].

SAS. Verrius pense que ce mot est employé pour *eas*, et cite en témoignage Ennius, qui dit en son livre Iᵉʳ : *Virgines nam sibi quisque domi Romanus habet sas*. Pourtant *sas* paraît plutôt être mis pour *suas*. Mais en tout cas, il faut avouer qu'au livre IV du même auteur, ce mot signifie *eam*[2]. lorsqu'il dit : *Nec quisquam sophiam, quæ doctrina Latina lingua non habet, sapientia quæ peribetur, in somnis vidit prius, quam sam discere cœpit*[3]. Il en

(1) Semailles. — (2) Elle. — (3) Et personne,... avant d'avoir commencé à l'apprendre, n'a vu dans ses songes la sagesse.

SAM, eam. Idem Ennius : « Nec quisquam philosophiam in somnis vidit prius, quam sam discere cœpit. »

SAPSA, ipsa. Idem Ennius : « Quo res sapsa loco sese ostentat. »

SCÆVA RES dicitur mala, quasi sinistra; σκαιόν enim Græce sinistrum dicitur.

SAPERDA, genus pessimi piscis.

SAM, pour *eam*[1]. Le même Ennius : *Nec quisquam philosophiam in somnis vidit prius, quam sam discere cœpit*[2].

SAPSA, pour *ipsa*[3]. de même Ennius : *Quo res sapsa loco sese ostentat*[4].

SCÆVA RES[5], chose de mauvais présage, comme si l'on disait chose qui se présente à gauche; car en grec σκαιός signifie qui est du côté gauche.

SAPERDA[6], sorte de poisson de très-mauvaise qualité.

(1) Cette, elle. — (2) Et nul homme n'a vu dans ses songes la philosophie (ou la sagesse), si auparavant il n'a commencé à l'apprendre. — (3) Elle-même. — (4) Où la chose elle-même se montre. — (5) Chose sinistre. *Scæva*, substantif masculin, signifie proprement gaucher, qui se sert de la main gauche. — (6) Poisson de mer, dont on ne peut déterminer aujourd'hui l'espèce.

---

sapsam pro ipsa nec alia, ponit in lib. XIII : « Quo res sapsa loco sese ostentatque, jubetque. » Et Pacuvius in Teucro : « Nam Teucrum regi sapsa res restibiliet. »

Scævam, volgus quidem et in bona, et in mala re vocat : quum aiunt bonam, et malam *scœvam; at scriptores* in mala pone-*re* consueverunt, ut apud Græcos σκαιόν invenitur positum; pro sinistro sca-*evum* usurpavit *Hos*-tius in belli Hi-*strici libro*.... sentit : scæv.... obit : penitus....

Saperda, genus pessimi p-*iscis;*

est de même lorsque ce poëte dit *sam* pour elle-même et non une autre, ce qui a lieu dans son livre XIII : *Quo res sapsa loco sese ostentatque jubetque*[1]; et Pacuvius, dans son *Teucer:* — *Nam Teucrum regi sapsa res restibiliet*[2].

Scæva. Le vulgaire emploie ce mot et en bonne part et en mauvaise part, lorsqu'il dit une chose de bon augure et une chose de mauvais augure qui se présente à gauche. Mais les écrivains ont l'habitude de prendre ce terme en mauvaise part, comme on trouve σκαιόν employé par les Grecs. Hostius, dans son livre de la *Guerre d'Istrie*, s'est servi de *scœvus* dans le sens de *sinister* [3].... [Lacune.]

Saperda, sorte de poisson de

(1) Du côté où la chose se révèle elle-même et impose sa nécessité. — (2) Car la force des choses elle-même rendra Teucer au roi. — (3) Gauche, qui est à gauche, du côté gauche; favorable, heureux, de bon augure; sinistre, funeste, de mauvais présage.

580 POMPEIUS FESTUS. — XVII.

SANDARACA, genus coloris. Naevius : « Merula sandaracino ore. »

SAMBUCA, organi genus,

SANDARACA(¹), sorte de couleur. Névius dit : *Merula sandaracino ore*(²).

SAMBUCA(³), sorte d'in-

(1) Du grec σάνδυξ. sandaraque, oxyde minéral d'un rouge orangé fort vif; rouge orange qui se fait avec la céruse brûlée. — (2) Le merle au bec couleur de sandaraque. (Peut-être s'agit-il ici d'une sorte de poisson appelé aussi *merula*.) — (3) Espèce de harpe.

---

*sapientem etia*m significat, qu-*um ait Varro* : « *Videmur nobis* sa-*perdœ*; quu-*m simus* σαπροί. »

SANDERACAM *ait esse genus coloris*, quod Græci sa-*ndycem appellant*. Naevius : « Meru-*la san-deracino ore.* »

« SABINI QUOD VOLUNT SOMNIANT, » *vetus* proverbium e-*sse et inde manasse ait* Sinnius Capit-*o, quod quotiescumque sacri*ficium propte-*rviam fieret, homi*nem Sabinum at *illud adhibere*¹⁸³ *solebant*; nam his pr-*omittebat*¹⁸⁴ *se pro illis somniatu*-rum; *idemque postquam evigilasset, sacra* facientibus *narrat omne quicquid* in quiete vi-*disset, quod quidem esset ex sacri*-ficii religione; *unde venisse dicitur* in proverbium, *Sabinos solitos quod* vellent so-mn-*iare*; *sed quia propter aviditatem* bibendi q-*uœdam anus mulieres* id somnium cap-*tabant, vulgatum est* illud quoque : anus *quod volt som*-niat; fere enim quo-*d vigilantes a*-nimo volvimus, *idem dormientibus ap*-parere solet.

SAMBUCA *organi dicitur* genus,

très-mauvaise qualité. Ce mot signifie aussi sage, par exemple, lorsque Varron dit : *Videmur nobis saperdœ, quum simus* σαπροί (¹).

SANDERACA. Il dit que c'est une sorte de couleur que les Grecs appellent *sandyx*. Névius : *Merula sanderacino ore.*

« SABINI QUOD VOLUNT SOMNIANT (²). » Sinnius Capiton dit que c'est un vieux proverbe; et, selon lui, il vient de ce que chaque fois qu'il se faisait un sacrifice au sujet d'un voyage, on avait coutume d'y employer un Sabin, car ce Sabin promettait de faire un songe pour les voyageurs. A son réveil, il racontait à ceux qui faisaient le sacrifice tout ce qu'il avait vu durant le temps de son repos, ce qui d'ailleurs n'avait rien de commun avec la sainteté du sacrifice. C'est de là, dit-on, qu'est venue cette locution proverbiale : que les Sabins rêvent ce qu'ils veulent. Mais comme un goût déréglé pour la boisson poussait quelques vieilles femmes à rechercher ces rêves, on employa aussi cette locution populaire : une vieille femme rêve ce qu'elle veut; car d'ordinaire nous voyons à peu près en songe l'image de ce qui occupe notre esprit tandis que nous sommes éveillés.

SAMBUCA. On appelle ainsi une

(1) Nous paraissons sages à nos propres yeux, tandis que nous ne sommes rien Σαπρός signifie proprement, pourri, moisi, rance; bagatelle; sans valeur; usé, cassé. En général σαπρόν désigne absolument toute chose qui ne peut servir à l'usage pour lequel on l'a prise. — (2) Les Sabins rêvent ce qu'ils veulent.

a quo *sambycistriæ* dicuntur. Machina quoque, qua urbs expugnatur, similiter vocatur : nam ut in organo chordæ, sic in machina intenduntur funes.

SAMNITES ab hastis appellati sunt, quas Græci σαύνια²² appellant : has enim ferre assueti erant; sive a colle Samnio, ubi ex Sabinis adventantes consederunt.

strument, d'où vient le mot *sambycistriæ*⁽¹⁾. C'est aussi une machine qui sert à battre en brèche les murs d'une ville : car de même que les cordes se tendent sur l'instrument de musique en question, de même les câbles se tendent sur cette machine⁽²⁾.

SAMNITES. Les Samnites ont pris ce nom d'une sorte de javelot que les Grecs aplent σαύνιον : en effet, ils avaient coutume de porter de ces javelots; ou bien encore ce nom leur est venu de la colline Samnienne, où ils s'établirent en arrivant du pays des Sabins.

(1) Joueuses de harpe — (2) Cette machine est le pont de cordes.

---

a quo samby-*cistriæ quoque* dicuntur; per similitu-*dinem etiam* eam machinam¹⁸⁵ appella-*runt, qua urbes expugna*-nt; nam ut in *organo chordæ, sic in m*-achina funes *intenduntur*.

SAMNITIBUS nomen *inditum esse tradit....* s¹⁸⁶ propter genus *hastæ,* quod σαύνια appellent Græci; *alii aiun*-t Sabinis vere *sacro voto, hoc genus* hominum *extra fines ejectum* Comio Castronio *duce occupasse c*-ollem, cui nomen *Samnio : inde dictos.*

sorte d'instrument de musique, d'où vient aussi le mot *sambycistriæ*. On a encore, par analogie, donné ce nom à une machine de guerre qui sert à battre les murs d'une ville ; car de même que les cordes se tendent sur l'instrument de musique dont il est question, de même les câbles se tendent sur cette machine.

SAMNITES. Les Samnites, selon⁽¹⁾..., ont été ainsi nommés d'une sorte de javelot que les Grecs appellent σαύνιον. D'autres disent que cette race d'hommes ayant été, par suite d'un vœu fait au printemps sacré, rejetée par les Sabins hors des limites de leur territoire, s'établit, sous la conduite de Comius Castronius, sur une colline appelée Samnienne : de là leur nom.

(1) Ici manque le nom d'un auteur.

SALARIA VIA Romæ est appellata, quia per eam Sabini sal a mari deferebant.

SALACIAM dicebant deam aquæ, quam putabant salum ciere, hoc est mare movere. Unde Ovidius : « Nymphæque salaces²³, » quo vocabulo poetæ pro aqua usi sunt. Pacuvius : « Hinc sævitiam salaciæ fugimus. »

SALUTARIS PORTA ap-

SALARIA VIA. La voie Salarienne[1] à Rome a été ainsi appelée, parce que les Sabins y passaient pour apporter le sel[2] des bords de la mer.

SALACIA[3]. On donnait ce nom à la déesse de l'eau, qui, selon l'opinion commune, mettait la mer en mouvement. D'où Ovide a dit : *Nymphæque salaces*[4] ; les poëtes ont employé ce mot pour désigner l'eau. Pacuvius dit : *Hinc sævitiam salaciæ fugimus*[5].

SALUTARIS PORTA[6],

---

(1) Littéralement : La voie au sel. — (2) *Sal.* — (3) De *salum*, la mer | la mer agitée, le roulis ; la couleur des eaux de la mer] ; et de *ciere*, mettre en mouvement, soulever. — (4) Et les Nymphes de la mer. — (5) De là nous avons évité la fureur de l'onde. — (6) La porte du Salut.

SALARIAM VIAM *incipere ait a port-*a, quæ nunc Col-*lina a colle Quirina-*li dicitur. *Salaria autem propterea a-*ppellabatur, *quod impetratum fuer-*it, ut ea liceret *a mari in Sabinos sa-*lem portari.

SALACIA¹⁸⁷ *dicta est, quod sa-*lum ciet; *an-tiquitus autem eo* vocabulo poe-*tæ pro aqua ipsa usi* sunt. Pacuvius *in....* « *Sæviti-*am Salaciæ.... vescimur.... nemo ut me.... um sæptam....

SALUTARIS PORTA ap-*pellata est ab æde Sa-*lutis, quod ei *proxima ; vel ita ob sa-*lutationes vo-*catur.*

THYMELICI *qui n-*unc ludi, scenicos olim dicebant, *quo-*s pri-

SALARIA VIA.... [1] dit que cette voie commence à la porte qui est maintenant appelée Colline, de la colline Quirinale. Elle était nommée *Salaria,* parce qu'il fut permis d'y passer pour porter le sel de la mer dans le pays des Sabins.

SALACIA. Cette déesse a reçu ce nom, parce qu'elle soulève la mer[2] ; anciennement les poëtes ont employé ce mot pour désigner l'eau elle-même. Pacuvius, dans....
[Ici se trouve une lacune assez considérable.]

SALUTARIS PORTA. Cette porte a été ainsi appelée du temple du Salut, dont elle était voisine, ou bien encore à cause des salutations qui s'y faisaient.

Les jeux que l'on nomme maintenant Thyméliens[3] étaient an-

---

(1) Ici manque encore le nom de l'auteur cité. — (2) *Salum ciet.* — (3) On appelait *thymale* (du grec θύω, je sacrifie) la tribune où se plaçaient les bouffons dans les entr'actes, et quelquefois l'orchestre. L'adjectif *thymelicus* désigne ce qui concerne la scène, et l'on nommait *thymelici* les bouffons et les musiciens du théâtre.

pellata est ab æde Salutis, quæ ei proxima fuit.

porte de Rome, ainsi nommée du temple du Salut, dont elle était voisine.

---

mum fecisse C.... lium, M. Popillium [188] M. f., *curules a*-ediles, memoriæ *prodiderunt* historici; solebant *his prodire mimi* in orchestra, dum *in scena actus fabulæ componeren-tur, cum gestibus ob*-scenis. « Salva res est, *dum cantat* senex, » quare parasiti Apollinis in scena dictitent, causam Verrius in lib. v, quorum prima est P littera, reddidit; quod C. Sulpicio, C. Fulvio [189] cos., M. Calpurnio Pisone pr. Urb. faciente ludos, subito ad arma exierint, nuntiatio adventus [190] hostium, victoresque in theatrum redierint solliciti, ne intermissi religionem adferrent, instaurati qui essent [191] : inventum esse ibi C. Pompinium [192], libertinum mimum magno natu, qui ad tibicinem saltaret; itaque gaudio non interruptæ religionis editam vocem nunc quoque celebrari; at in hoc libro refert Sinnii Capitonis verba, quibus eos ludos Apollinares Claudio, et Fulvio cos. factos dicit ex libris Sibyllinis, et vaticinio M. vatis [193] institutos, nec nominatur ullus Pomponius : ridiculeque de ip. appellatione [194] parasitorum Apollinis hic causam reddit, quum in eo præterisset; ait enim ita appellari, quod C. Volumnius, qui ad tibicinem saltarit, secundarum partium fuerit, qui fere omnibus mimis parasitus inducatur. Quam

ciennement appelés scéniques. Les historiens nous apprennent qu'ils furent célébrés pour la première fois par C....lius et M. Popilius m. f., édiles curules. Dans ces jeux les mimes avaient coutume de s'avancer sur l'orchestre, avec des gestes indécents, tandis que les pièces se jouaient sur la scène. *Salva res est, dum cantat senex* [1]. Verrius, dans son livre v, où il explique les mots qui commencent par la lettre P, a dit pourquoi les parasites d'Apollon (c'est-à-dire les acteurs) répètent souvent ces paroles sur la scène. Sous le consulat de P. Sulpicius et de Cn. Fulvius, M. Calpurnius Pison, préteur de Rome, célébrant des jeux, les citoyens coururent tout à coup aux armes à la nouvelle de l'approche de l'ennemi; victorieux, ils revinrent au théâtre, dans la crainte que l'interruption des jeux ne fût une chose de mauvais augure, et qu'il ne fallût les recommencer. Ils y trouvèrent C. Pomponius, fils d'affranchi, comédien très-âgé, qui dansait aux accords de la flûte. Le cri de joie qu'ils poussèrent en voyant que cette solennité religieuse n'était pas interrompue, se répète donc encore aujourd'hui. Mais, dans ce livre, Verrius rapporte les paroles de Sinnius Capiton. Celui-ci dit que ces jeux en l'honneur d'Apollon furent célébrés sous le consulat de Claudius Fulvius, et établis en vertu des livres Sibyllins et d'un oracle du devin Marcius; et il n'est nullement question d'un Pomponius. Il rend ici ridiculement raison de l'appellation même

---

(1) Les affaires sont sauves tant que le vieillard chante.

SPONDERE putatur dictum, quod sponte sua, id est voluntate, promittatur.

SPONDERE⁽¹⁾. On croit que ce verbe se dit de toute promesse faite par quelqu'un de son propre mouvement⁽²⁾, c'est-à-dire de sa propre volonté.

(1) Promettre, etc. — (2) *Sponte sua.*

---

inconstantiam Verrii nostri non sine rubore rettuli.

de parasites d'Apollon, après avoir omis cette explication à sa véritable place; car il dit qu'on les appelle ainsi, parce que C. Volumnius, qui avait dansé au son de la flûte, jouait le second rôle, celui de parasite, qui est donné à presque tous les mimes. Ce n'est pas sans rougir que j'ai rapporté cette légèreté de notre Verrius.

SALIOS a sallendo¹⁹⁵ et saltando dictos esse quamvis dubitari non debeat, tamen Polemon ait Arcada quemdam fuisse, nomine Salium, quem Æneas a Mantinea¹⁹⁶ in Italiam deduxerit, qui juvenes Italicos ἐνόπλιον saltationem docuerit. At Critolaus Saonem ex Samothrace, cum Ænea deos Penates qui Lavinium transtulerit, saliare genus saltandi instituisse; a quo appellatos Salios, quibus per omnis dies, ubicumque manent, quia amplæ ponuntur cenæ, siquæ aliæ magnæ dum¹⁹⁷, saliares appellantur.

SALII. Quoique l'on ne doive pas douter que les Saliens aient été nommés ainsi de *salire*⁽¹⁾ et de *saltare*⁽²⁾, cependant Polémon dit qu'il y eut un certain Arcadien nommé Salius, qu'Enée emmena de Mantinée en Italie, et qui apprit aux jeunes Italiens la danse appelée ἐνόπλιον⁽³⁾. Mais, selon Critolaüs, ce fut Saon de Samothrace, le même qui transporta avec Enée les dieux pénates à Lavinium, qui institua la danse salienne. D'où le nom des Saliens. Comme chaque jour et en quelque lieu qu'ils demeurent, on leur sert des repas copieux, on appelle *saliares*⁽⁴⁾ tous autres grands repas que l'on peut faire.

SPONDERE Verrius putat dictum, quod sponte sua, id est voluntate, promittatur; deinde oblitus inferiore capite sponsum et sponsam ex Græco dictam ait, quod ii σπον-

SPONDERE. Verrius pense que ce verbe se dit d'une promesse, parce qu'on la fait spontanément, c'est-à-dire de sa propre volonté. Mais, dans le chapitre suivant, il oublie cette étymologie, lorsqu'il

(1) Sauter. — (2) Danser. — (3) Ἐνόπλιος signifie qui est en armes, qui fait quelque chose en armes, armé; ἐνόπλιον signifie donc ici une danse exécutée par des hommes armés.
(4) Digne des Saliens; magnifique, superbe. C'est en ce sens que Martial dit: *Saliares cœnare cœnas*, faire des repas de Saliens, des repas exquis et abondants.

SALENTINI a salo sunt appellati.

SALENTINI. Les Salentins ont pris leur nom de *salum* [1].

(1) La mer.

δὰς interpositis rebus divinis faciant.

dit que les mots *sponsus* [1] et *sponsa* [2] viennent du grec, parce que le nouvel époux et la nouvelle épouse, ayant recours aux choses divines, font des libations [3].

SALMACIS nomine Nympha Cœli et Terræ filia fertur causa fontis Halicarnasi aquæ appellandæ fuisse Salmacidis, quam qui bibisset, vitio impudicitiæ molesceret ; ob eam rem, quod ejus aditus angustatus parietibus, occasionem largitur juvenibus petulantibus antecedentium puerorum, puellarumque violandarum, quia non patet refugium. Ennius : « Salmaci da spolia sine sanguine, et sudore. »

SALMACIS. C'est, dit-on, de cette Nymphe, fille du Ciel et de la Terre, qu'a pris le nom de Salmacis une source d'Halicarnasse. Celui qui buvait de l'eau de cette source s'amollissait dans l'impudicité. Aussi comme les abords en sont resserrés entre des murs, l'occasion est donnée aux jeunes gens dont les passions sont vives de violer les jeunes garçons et les jeunes filles qui s'y rendent devant eux, parce qu'il n'y a point là de moyen de fuir pour les victimes. Ennius dit : *Salmaci da spolia sine sanguine, et sudore* [4].

SALIAS virgines Cincius ait esse conducticias, quæ ad Salios adhibeantur cum apicibus paludatas, quas Ælius Stilo scribsit sacrificium facere in Regia cum pontifice paludatas cum apicibus in modum Saliorum.

SALIÆ. Cincius dit que les Saliennes sont des vierges salariées, ornées de bonnets en pointe et garnis d'une houppe, que l'on adjoint aux Saliens. Elius Stilon a écrit qu'elles font le sacrifice dans le palais des rois avec le pontife, et qu'alors elles ont la tête couverte d'un bonnet en pointe et orné d'une houppe, comme est celui des Saliens.

SALICEM idem virgulti genus, non arboris dicit, et ridicule interpretatur dictam, quod ea celeritate crescat, ut salire videatur.

SALIX [5]. Le même auteur dit que c'est une sorte d'arbuste, et non d'arbre ; et l'étymologie qu'il donne à ce mot est ridicule ; il prétend, en effet, qu'il vient de ce que le saule croît avec une telle rapidité, qu'il semble sauter [6] hors du sein de la terre.

SALENTINOS a salo dictos, Cretas, et Illyrios, qui cum Lo-

SALENTINI. On a, dit-on, appelé Salentins, de *salum*, les

---

(1) Fiancé ou époux. — (2) Fiancée ou épouse. — (3) En grec σπονδαί. — (4) Donne à Salmacis tes dépouilles sans sueur ni sang. (5) Saule. (6) Salire.

SECULARES LUDI apud Romanos post centum annos fiebant, quia seculum centum annos extendi existimabant.

SCUTILUM, tenue et ma-

SECULARES LUDI. Les jeux Séculaires se célébraient chez les Romains tous les cent ans, parce qu'ils croyaient que l'étendue du siècle était de cent ans.

SCUTILUM[1], tout ce qui

(1) De σκύτος, peau. *Scutilus* signifie proprement qui n'a que la peau sur les os.

---

crensibus navigantes societatem fecerint, ejus regionis Italiæ, quam d-*icunt ab eis.*

Sᴀʟɪɴᴜᴍ in mensa pro aquali solitum esse poni ait cum patella, quia nihil aliud sit sal, quam aqua.

Sᴇᴄᴜʟᴀʀᴇs ʟᴜᴅɪ Tarquinii Superbi regis *in agro facti sunt, ex quo eum* Marti consecravit P. Va*lerius Poplicola* cos., quod populus R. in l-*oco eo antea sacra fecerat et* aram quoque Diti ac *Proserpinæ consecraverat, in* extremo Mart-*io campo, quod Terentum ap*-pellatur; demissam *infra terram pedes fere* viginti, in qua *pro malis avertendis populus* R. facere sacr-*a solitus erat.* Centesimo secundo et nonagesi-*mo anno abhinc ii ludi instaurati sunt* Popillio Lænate *consule, quum populus* R. ho-stis furulis[198] est *operatus tribus diebus totidem-*que noctibus, ac de-*inde institutum est, cen-*tum post annos ut *denuo fierent ii ludi, unde* Se-culares appella-*ti sunt, quod centum annorum spatium* seculi habetur.

Sᴄᴜᴛɪʟᴜᴍ, *tenue et macrum*

Crétois et les Illyriens, qui, dans leurs courses maritimes, s'unirent aux Locriens de cette contrée de l'Italie qui a reçu d'eux son nom.

Sᴀʟɪɴᴜᴍ. Verrius dit que l'on a coutume de placer sur la table une salière au lieu d'une aiguière avec un plat[1], parce que le sel n'est autre chose que de l'eau.

Sᴇᴄᴜʟᴀʀᴇs ʟᴜᴅɪ. Les jeux Séculaires du roi Tarquin le Superbe furent célébrés dans le champ depuis l'époque où le consul Valerius Publicola consacra ce champ à Mars, parce que précédemment le peuple romain avait fait des sacrifices en ce lieu, et avait, de plus, consacré à Pluton et à Proserpine, à cette extrémité du champ de Mars que l'on appelle Terentum, un autel enfoncé d'environ vingt pieds sous terre, et sur lequel le peuple romain avait coutume de faire des sacrifices pour détourner les malheurs. Ces jeux furent établis cent quatre-vingt-douze ans plus tard, sous le consulat de Popillius Lénas, après que le peuple romain eut fait pendant trois jours et trois nuits des sacrifices de victimes noires[2]; ensuite on décida que ces jeux auraient de nouveau lieu au bout de cent ans, d'où ils ont été appelés Séculaires, parce que l'on prend un espace de cent ans pour un siècle.

Sᴄᴜᴛɪʟᴜᴍ, mince et maigre (ce

(1) Ou une cuvette, une soucoupe. — (2) *Furvus* signifie proprement de couleur de deuil.

crum et in quo tantum exilis pellicula cernitur.

SQUALIDUM, incultum et sordidum, quod proxime similitudinem habeat squamæ piscium, sic appellatum.

SQUARROSI ab eadem squamarum similitudine dicti, quorum cutis exsurgit ob as-

est mince et maigre, et où l'on ne voit qu'une peau très-faible.

SQUALIDUS, sale et malpropre. Ce mot vient de ce que la malpropreté rend la peau très-semblable aux écailles [1] des poissons.

SQUARROSI. On appelait ainsi les hommes qui ont la peau rude au toucher. Ce mot

---

(1) *Squama.*

---

dicitur, *ex* Græco, ut quum dici-mus *scutilum hominem, exi-*lem aliquem demo-*nstramus, in quo pellicula tantum. In* pompa aliud di-*cimus scutilum, ut videatur scu-*tilum de scrutil-*o derivatum detrita R littera, sitque is,* qui virtute po-*test scrutari; sed ex* Græco nomen factum scutilo, quum co-*riarium significamus.*

SQUALIDUM *in-*cultum et sord-*i-dum* ait Verrius *significare, sic dic-*tum, quod proxime *ad similitudinem squamæ pi-*scium accedit, *certe eorum, qui in profunditate ab-*diti paludum, *squ-alent maxime. Unde Ennius* in Telepho : « Quam ve-*stitus* [199], *squalida sæptus* stola. »

SQUARROSOS *ab eadem squamarum piscium* similitudine ait dic-*tos, quorum cutis exsur-*gat ob adsiduam in-*luviem. Lucilius* :

mot vient du grec); ainsi lorsque nous disons *scutilus homo,* nous désignons un homme maigre, qui n'a que la peau sur les os. S'il s'agit d'une marche religieuse [1], le mot *scutilum* a un autre sens : dans ce cas, *scutilum* semble dérivé de *scrutilum* [2] par la suppression de la lettre R, et ce mot désigne une personne qui, par une faculté particulière, peut pénétrer au fond des choses [3]. Mais le mot *scutilo* [4] vient du grec lorsqu'il désigne un corroyeur.

SQUALIDUS. Ce mot qui signifie sale et malpropre, vient, selon Verrius, de *squama,* parce qu'une peau malpropre a une grande ressemblance avec les écailles de poisson, ou du moins avec les écailles des poissons qui, vivant cachés dans les profondeurs des marais, sont plus sales que tous les autres. D'où Ennius dit dans son *Télèphe* : — *Convestitus, squalida sæptus stola* [5].

SQUARROSI. Le même auteur dit que l'on appelle ainsi, de *squama,* écaille de poisson, les individus dont la peau est raboteuse, parce que, semblable à ces

---

(1) D'une procession — (2) Qui peut rechercher, qui scrute. *Scrutillus* signifie encore un ventre de porc farci — (3) Ou plutôt, dans le cas dont il s'agit, éclairer, reconnaître le chemin que l'on doit suivre. — (4) Corroyeur. — (5) Recouvert, enveloppé d'une robe sale.

siduam illuviem. Lucilius : « Varonum ac rupicum squarrosa incondita rostra. »

vient encore de ce que, dans cet état, la peau ressemble aussi à des écailles de poisson, s'élevant en quelque sorte par couches, par suite de la crasse qui s'y est amassée. Lucilius dit : *Varonum ac rupicum squarrosa incondita rostra*[1].

SCHOENICULÆ appellantur meretrices propter usum unguenti schœni, quod est pessimi generis.

SCHOENICULÆ. On donne ce nom aux courtisanes, parce qu'elles font usage de la pommade de racine de jonc[2], qui est de l'espèce la plus mauvaise.

SCORTA appellantur meretrices, quia ut pelliculæ subiguntur. Omnia namque ex

SCORTA[3]. On appelle ainsi les courtisanes, parce qu'elles sont foulées[4] comme des

---

(1) Les museaux crasseux et mal léchés des manants et des rustauds. — (2) *Unguenti schœni*. Ce dernier mot vient du grec σχοῖνος, qui désigne une sorte de jonc odorant. — (3) *Scortum* signifie proprement peau, cuir. — (4) Nous n'avons pas osé dire tannées. Peut-être faudrait-il traduire tout autrement ici le mot *subiguntur*; dans tous les cas, l'idée qu'il exprimerait ne pourrait qu'être fort indécente.

« *Varo*-num ac rupicum squarrosa, *incondita* rostra. »

écailles, elle s'élève, pour ainsi dire, par couches, à cause de la crasse qui s'y amasse. Lucilius dit : *Varonum ac rupicum squarrosa, incondita rostra.*

Schoeniculas app-*ellare videtur mere*-triculas Plautus propter usum un-*guenti schœni*, quod est pessimi generis. Itaque *dixit* : *Diobolares schœniculæ, mi*-raculæ, cum extritis *talis, cum todillis crusculis.* » Idem : « Prosedas pistorum *amicas, reliquias halicarias*, miseras schœno dili-*butas, servilicolas, sordid*-as. »

Schoeniculæ. Plaute semble donner ce nom aux courtisanes, parce qu'elles font usage de la pommade de jonc, qui est de l'espèce la plus mauvaise. Aussi a-t-il dit : *Diobolares schœniculæ, miraculæ, cum extritis talis, cum todillis crusculis*[1]. Le même poète dit : *Prosedas pistorum amicas, reliquias halicarias, miseras schœno dilibutas, servilicolas, sordidas*[2].

Scorta appel-*lantur meretrices*

Scorta. On appelle ainsi les

---

(1) Courtisanes à deux oboles, petits monstres aux talons usés, aux jambes grêles. — (2) Courtisanes assises devant les boutiques, amies des boulangers, rebuts des froumentées, misérables toutes graissées de pommade de jonc, faisant la cour aux esclaves, sales et malpropres.

pellibus facta *scortea* appellantur.

SCORTES, id est pelles testium arietinorum, ab eisdem pellibus dictæ.

SCANDULACA, genus herbæ frugibus inimicæ, quod eas velut hedera implicando necat.

SCAPTENSULA, locus ubi argentum effoditur in Macedonia, dictus a fodiendo. Namque Græce σκάπτειν fodere dicitur. Lucretius : « Quales exspiret Scaptensula subter odores. »

peaux. Car on appelle *scortea*[1] toutes les choses faites de peau.

SCORTES, c'est-à-dire peaux des testicules du bélier, ainsi appelées de ces mêmes peaux.

SCANDULACA [2], sorte d'herbe funeste aux blés, parce qu'elle les fait périr en grimpant autour d'eux à la façon du lierre.

SCAPTENSULA [3], endroit de la Macédoine, d'où l'on tire de l'argent. Ce nom vient d'un mot qui signifie fouiller. Car en grec σκάπτειν veut dire fouir. Lucrèce dit : *Quales exspiret Scaptensula subter odores*[4].

---

(1) De cuir, fait de cuir ou de peau. *Scortea*, substantif féminin, ou *scorteum*, substantif neutre, signifie manteau, casaque de cuir préparé pour la pluie, et aussi carquois. — (2) Liseron, plante grimpante. — (3) Ce mot vient de σκάπτω, je fouis, et ὕλη, matières. — (4) Des odeurs telles qu'à Scaptensula il s'en échappe des entrailles de la terre.

---

*ex cons-*uetudine rusticorum, *qui, ut est in atellanis apud anti-*quos, solebant di-*cere, se attulisse pro scorto* delicularum [200] : *omnia namque ex pellibus facta scortea appellantur.*

SCORTES, *id est pelles testium arie-*tenorum [201] *ab isdem scorteis pellibus Verrius dictas* esse ait.

SCANDULACA, *genus herbæ frugibus i-*nimicæ, quod eas *velut hedera implicando n-*ecat.

SCAPTENSULA [202], *locus ubi argentum effoditur* in Macedonia,

courtisanes, d'après la coutume des gens de la campagne, qui disaient d'ordinaire, comme on le voit chez les anciens, dans les atellanes, qu'ils apportaient une petite peau au lieu d'un cuir : car on appelle *scortea* toutes les choses faites de peau.

SCORTES, c'est-à-dire peaux des testicules des béliers. Verrius dit qu'on les a appelées ainsi de ces mêmes peaux ou cuirs.

SCANDULACA, sorte d'herbe pernicieuse pour les blés, parce qu'elle les fait périr en grimpant autour d'eux à la façon du lierre.

SCAPTENSULA, endroit de la Macédoine où il y a des mines d'ar-

SPARA, parvissimi generis jacula a spargendo dicta. Lucilius : « Tum spara, tum murices portantur, tragula porro. »

SPARA[1], dards de la plus petite espèce, ainsi appelés de *spargere*[2]. Lucilius dit : *Tum spara, tum rumices portantur, tragula porro*[3].

(1) Pluriel de *sparum* (on dit aussi *sparus* au masculin). — (2) Répandre *Sparum*, selon d'autres critiques, vient de σπείρω, semer. — (3) Alors les dards, les javelots, la pique sont présentés en avant.

---

ita dictus a fodiendo, quod est Græce σκάπτειν. *Lucretius* : « *Quales exspiret Scap-tensula subter odores.* »

gent. Ce nom vient d'un mot qui signifie fouiller. Car en grec σκάπτειν veut dire fouir. Lucrèce dit : *Quales exspiret Scaptensula subter odores.*

Spara, parvissimi *generis jacula, ab eo quod s-*pargantur dicta. *Lucilius Satirarum l….* : « Tum spara, tum mu-*rices* 203 portantur, tragula p-orro. »

Spara, dards de la plus petite espèce, ainsi nommés parce qu'on les répand en quelque sorte. Lucilius dit, au livre…. de ses *Satires* : — *Tum spara, tum rumices portantur, tragula porro.*

Scitum populi *dicebatur, quod sine plebe cunc-*tus patricius *ordo, rogante patricio, suis suf-*fragiis jussit ; *quæ autem aliquo interrogante ex patribus et plebe suffragante scita essent, eæ jam leges scrib-tæ dicebantur ; sed plebeisci-*tum est, quod TR. PL. *sine patriciis plebem ro-*gavit, id est consu-*luit, plebesque scivit.* Plebes autem est *omnis populus præter senatores et* præter patricios.

Scitum populi[1]. Cette expression s'employait lorsque, sans le concours des plébéiens, l'ordre des patriciens avait porté par ses suffrages seuls un décret sur la proposition d'un patricien. Les résolutions prises sur la proposition de l'un des membres du sénat et avec les suffrages des plébéiens, étaient appelées lois écrites[2]. Mais le plébiscite est toute résolution proposée au peuple par un tribun du peuple, sans le concours des patriciens (ou sur laquelle un tribun a consulté les plébéiens), et décrétée par l'assemblée populaire. Or, on appelle *plebes* tout le peuple à l'exception des sénateurs et des patriciens.

Scitæ alias, *quæ sunt* bona facie, alias, bonis *artibus mulieres, a p-*oetis usurpantur. Te-*rentius in Phormione* : « Satis, inquit, scita et 204. » *Idem in Heautontimoru-*meno : « At si scias, quam

Scitæ[3]. Les poëtes appellent ainsi, tantôt les femmes de bonne mine, tantôt les femmes bien élevées. Térence dit, dans le *Phormion* : — *Satis scita est*[4]. Le même, dans *le Bourreau de soi-même* : — *At si scias, quam scite*

(1) Décret du peuple tout entier, de la nation. — (2) *Leges scriptæ*. — (3) Gentilles, jolies, gracieuses ; et aussi habiles, d'un esprit cultivé. — (4) Elle est assez gentille.

SPIRA dicitur et basis columnæ unius tori aut duorum, et genus operis pistorii et funis nauticus ab eadem omnes similitudine. Ennius vero hominum multitudinem *spiram* vocavit.

SPIRA [1]. On appelle ainsi la base d'une colonne à une seule ou à deux moulures; de plus une sorte de pâtisserie; et aussi un câble de navire. Toutes ces acceptions viennent de la même analogie. Mais Ennius appelle *spira* une multitude d'hommes.

(1) *Spira* (du grec σπεῖρα) signifie ligne spirale; tour, entortillement en ligne spirale; base d'une colonne; sorte de petit pain; gâteau tortillé; sorte d'ornement de femme; bride ou cordon qui passe sous le menton; nœud des veines des arbres où paraissent diverses lignes spirales.

---

scite *in mentem vener*-it. » Ennius in libro VI : « Lumen.... scitus agaso. »

in mentem venerit [1]. Ennius, au livre VI : *Lumen.... scitus agaso* [2].

SCENAM genus *fuisse ferri* manifestum est, sed futurum securis [205], an dolabra sit, ambigitur; quam Cincius in libro, qui est ei de Verbis priscis [206], dolabram ait esse pontificiam. Livius in Lydio : « Corruit quasi ictus scena, haut multo secus. »

SCENA [3]. Il est évident que c'était une sorte de fer, mais on ne sait pas si c'était une hache ou un couteau. Cincius, au livre II des *Mots anciens*, dit que c'était le couteau du pontife. Livius dit dans *Lydius* : — *Corruit quasi ictus scena, haut multo secus* [4].

SCRIPTUM est id [207] quod in palustribus locis nascitur leve et procerum, unde tegetes fiunt. Inde proverbium est in eas natum res, quæ nullius impedimenti sunt, in scirpo nodum quærere. Ennius : « Quærunt in scirpo, soliti quod dicere, nodum. » Et Plautus in Aulularia : « Quasi pueri qui nare discunt, scirpo induetur ratis [208]. » Novius [209] in Phœnissis : « Sume arma; i. ante occidam [210] clava scirpia [211]. »

SCIRPUS [5]. C'est la plante qui naît dans les endroits marécageux, et qui sert à faire les nattes. De là est venu ce proverbe appliqué aux choses qui ne présentent aucune difficulté : *In scirpo nodum quærere* [6]. Ennius dit : *Quærunt in scirpo, soliti quod dicere, nodum* [7] ; et Plaute, dans *la Marmite* : — *Quasi pueri qui nare discunt, scirpea induitur ratis* [8]. Névius, dans les *Phéniciennes* : — *Sume arma, jam te occidam clava scirpea* [9].

SPIRA dicitur, et basis columnæ

SPIRA. On appelle ainsi la base

(1) Mais si tu savais comme cela m'est bien venu à l'esprit. — (2) Lumière....; habile palfrenier — (3) Dans un autre sens, *scena* signifie scène théâtrale, etc — (4) Il tombe comme frappé du couteau, ou à peu près de même. — (5) Jonc. — (6) Chercher un nœud dans un jonc. — (7) Ils cherchent, comme on dit vulgairement, un nœud dans un jonc — (8) De même qu'on met une nacelle de jonc aux enfants qui apprennent à nager. — (9) Prends tes armes ; je vais te tuer avec ma massue de jonc

SPECTU sine præpositione Pacuvius posuit.

SPETILE, caro quædam proprii cujusdam habitus infra umbilicum suis.

SPICIT quoque sine præpositione dixerunt antiqui.

SPECTU [1]. Pacuvius a employé ce mot sans y joindre de préposition.

SPETILE [2], chair d'une apparence toute particulière qui se trouve au-dessous du nombril du cochon.

SPICIT [3]. Les anciens ont également dit ainsi sans joindre à ce mot une préposition.

---

(1) Pour *aspectus* ou *conspectus*, aspect, etc. — (2) On écrit mieux *spectile*. — (3) Pour *aspicit* ou *conspicit*, il regarde, etc.

---

unius tori, aut duorum, et genus operis pistori [212]; et funis nauticus in orbem convolutus, ab eadem omnes similitudine. Pacuvius : « Quid cessatis, socii, eicere spiras sparteas? » Ennius quidem hominum multitudinem ita appellat, quum ait : « Spiras legionibus nexunt. »

SPECTU, sine præpositione Pacuvius in Duloreste usus est, quum ait : « Amplus, rubicundo colore, et spectu propervo [213] ferox. »

SPETILE vocatur infra umbilicum suis, quod est carnis, proprii cujusdam habitus, exos, qua etiam antiqui per se utebantur. Plautus enumerandis villis obsonis [214] in Carbonaria sic m. : « Ego pernam, sumen, sueres spectile, galium [215] glandia. »

SPICIT quoque sine præposi-

d'une colonne à une ou à deux moulures et, de plus, une espèce de pâtisserie; et encore un cordage de navire roulé en rond : toutes ces acceptions dérivent de la même analogie [1]. Pacuvius dit : *Quid cessatis, socii, eicere spiras sparteas* [2] ? Ennius, il est vrai, désigne par ce mot une multitude d'hommes, lorsqu'il dit : *Spiras legionibus nexunt* [3].

SPECTU. Pacuvius, dans *Oreste esclave*, a employé ce mot sans préposition, lorsqu'il dit : *Amplus, rubicundo colore, et spectu protervo ferox* [4].

SPETILE. On appelle ainsi la chair qui se trouve au-dessous du nombril du cochon; elle a un caractère particulier, elle est sans os, et les anciens en faisaient usage telle qu'elle était. Plaute, lorsqu'il énumère, dans *les Charbonniers*, les mets tirés du cochon, parle ainsi de cette chair : *Ego pernam, sumen sueris spectile, callum, glandia* [5].

SPICIT. Les anciens ont égale-

---

(1) C'est-à-dire de la ressemblance de ces objets avec la ligne spirale. — (2) Que tardez-vous, compagnons, à jeter à la mer vos cordes de jonc roulées en spirale? — (3) Ils entremêlent leur multitude dans les légions. — (4) Énorme, de couleur rouge, fier de son aspect méchant. — (5) Moi, je veux un jambon, une tétine, un flanchet, un filet, un riz.

SPIRILLUM barba capræ appellatur.

SPINTIRNIX, genus avis turpis figuræ; ea Græce dicitur, ut ait Santra, σπινθαρίς.

SPIRILLUM. On appelle ainsi la barbe de chèvre.

SPINTIRNIX[1], sorte d'oiseau hideux à voir. Selon Santra, il s'appelle en grec σπινθαρίς[2].

(1) On ne ne sait pas aujourd'hui quel est cet oiseau, considéré, du reste, comme de mauvais augure. — (2) Ou plutôt σπινδαρίξ, oiseau de passage, qui met le feu aux maisons. Dans le cas où l'on écrirait σπινθαρίς, ce mot viendrait de σπινθήρ, étincelle.

---

tione dixerunt antiqui. Plautus : « Flagitium est, si nihil mittetur, quæ superclio spicit[216], » et spexit. Ennius lib. VI : « Quos ubi rex.... ulo spexit de contibus celsis[217]. »

SPIRILLUM vocari ait Opillius Aurelius capræ barbam.

SPINTYRNIX est avis genus turpis figuræ. « Occursatrix artificum, perdita spinturnix. » Ea Græce dicitur (ut ait Santra) σπινθαρίς.

SPICUM masculine antiqui dicebant, ut hunc stirpem et hanc amnem; versus est antiquus : « Quasi messor per messim unumquemque spicum collegit. »

SPERES antiqui pluraliter dicebant, ut Ennius lib. II : « Et simul effugit speres ita funditus nostras. » Et lib. XVI : « Spero, si speres quicquam prodesse potis sunt. »

SPECTIO in auguralibus ponitur pro aspectione, et nuntiatio, quia

ment dit ainsi sans préposition. Plaute : *Flagitium est, si nihil mittetur, quo supercilio spicit*[1]. Ils ont dit encore *spexit*[2]. Ennius, au livre VI : *Quos ubi rex.... ulo spexit de montibus celsis*[3].

SPIRILLUM. Opilius Aurelius dit que l'on appelle ainsi la barbe de chèvre.

SPINTYRNIX, sorte d'oiseau hideux à voir : *Occursatrix artificum, perdita spinturnix*[4]. Cet oiseau, selon Santra, s'appelle en grec σπινθαρίς.

SPICUS[5]. Les anciens disaient ainsi au masculin, comme ils disaient *hunc stirpem*[6] et *hanc amnem*[7]. Voici un vers ancien : *Quasi messor per messim unumquemque spicum collegit*[8].

SPERES[9]. Les anciens employaient ce pluriel, témoin Ennius, au livre II : *Et simul effugit speres ita funditus nostras*[10]. Et au livre XVI : *Spero, si speres quicquam prodesse potissunt*[11].

SPECTIO[12]. Ce mot est employé dans les livres auguraux pour

(1) C'est un crime si l'on n'envoie rien du côté qu'il regarde en fronçant le sourcil. — (2) Il a regardé. — (3) Dès que le roi.... les vit du haut des montagnes. — (4) Celle qui va au-devant des ouvriers, le hideux oiseau, l'oiseau perdu. — (5) Pour *spica*, épi. — (6) Pour *hanc stirpem*, cette souche. — (7) Pour *hunc amnem*, ce fleuve ou ce courant d'eau. — (8) Comme le moissonneur dans la moisson a ramassé épi par épi. — (9) Pluriel de *spes*, espérance. — (10) Et en même temps, il a si complétement échappé à toutes nos espérances. — (11) J'espère, si les espérances peuvent servir à quelque chose. — (12) Observation.

SCRAPTÆ[21], nugatoriæ ac despiciendæ mulieres.

SCRAPTÆ, femmes de rien et méprisables.

---

omne jus [218] sacrorum habent, auguribus, spectio dum taxat, quorum consilio rem gererent magistratus [219], non ut possent impedire nuntiando, quæ quum vidissent satis [220]; spectio sine nuntiatione data est, ut ipsi auspicio rem gererent, non ut alios impedirent nuntiando.

aspectio; il y a vue et avertissement pour ceux qui ont dans son entier le droit des choses saintes, pour les augures; et il n'y a que vue simple pour ceux par le conseil desquels les affaires se font, pour les magistrats, de sorte qu'ils ne peuvent rien empêcher en annonçant tout ce qu'ils ont vu. Mais on leur a concédé la vue sans avertissement pour qu'ils agissent eux-mêmes en vertu de l'auspice, et non pour qu'ils empêchent, par leurs avertissements, les autres d'agir.

SCRIPTURARIUS ager publicus appellatur, in quo ut pecora pascantur, certum æs est : quia publicanus scribendo conficit rationem cum pastore.

SCRIPTURARIUS [1], terrain public où l'on paye un droit en argent pour y faire paître les troupeaux; parce que le fermier de l'Etat établit par écrit ses comptes avec le berger.

SCRIBAS proprio nomine antiqui, et librarios, et poetas vocabant; at nunc dicuntur scribæ quidem librarii, qui rationes publicas scribunt in tabulis. Itaque quum Livius Andronicus bello Punico secundo scribsisset carmen, quod a virginibus est cantatum, quia prosperius resp. populi R. geri cœpta est, publice adtributa est et [221] in Aventino ædis Minervæ, in quia liceret scribis, histrionibusque consistere ac dona ponere, in honorem Livii, quia his et scribebat [222] fabulas, et agebat.

SCRIBÆ [2]. Les anciens appelaient proprement de ce nom et les copistes de livres et les poëtes. Mais maintenant on appelle scribes les copistes qui transcrivent les comptes publics sur les registres. Aussi, lorsque, dans la seconde guerre punique Livius Andronicus eut écrit un poëme qui fut chanté par les jeunes filles en l'honneur des premiers succès de la république romaine, il fut fondé par l'Etat, en l'honneur de Livius, un temple de Minerve sur le mont Aventin, où il fut permis aux écrivains et aux acteurs de se présenter et de faire des offrandes, parce que Livius faisait des pièces de théâtre, et y jouait lui-même un rôle.

SCRAPTÆ dicebantur nugatoriæ, ac despiciendæ mulieres, ut ait

SCRAPTÆ. On appelait ainsi des femmes de rien et méprisables,

---

[1] Sujet à un impôt. *Scripturarius*, substantif masculin, fermier de l'impôt sur les pâturages, commis de ce fermier; receveur de l'impôt sur les pâturages; archiviste — [2] Scribes, écrivains, copistes, secretaires, greffiers.

SCRUTILLUS, venter suillus condito farre expletus.

SPINTER, armillæ genus, quo mulieres utebantur brachio summo sinistro.

SCRUPI dicuntur aspera saxa et difficilia attrectatu, unde scrupulosam rem dicimus, quæ aliquid in se habet asperi.

SCRUTILLUS, ventre de cochon farci de farine assaisonnée.

SPINTER, sorte de bracelet dont les femmes ornaient le haut de leur bras gauche.

SCRUPI. On appelle ainsi des roches rudes et qu'il est difficile d'escalader; d'où nous donnons la qualification de *scrupulosa*[1] à une chose qui a en elle quelque chose de rude.

(1) *Scrupulosus* signifie : Pierreux, raboteux, plein de cailloux ; scrupuleux, exact jusqu'au scrupule, travaillé avec trop de soin, vétilleux.

---

unus, ab his [223] quæ screa iidem appellabant, id est quæ quis excreare solet, quatenus id faciendo se purgaret. Titinius in Prilla : « Rectius mecastor Piculetæ Postumæ lectum hodie stratum vidi scrattiæ muli-*eris*. »

SCRUTILLUS *appel*-labatur venter suillus, co-*ndito farre expletus*. Plautus : « Venter sullus [224], di.... *scr*-inillum [225] ego me hodie.... esa farte biberem....

SPINTHER vocabatur *armillæ genus quod mulie*-res antiquæ gere-*re solebant brachio summo sinistro*. Plautus : « Ju-*beasque spinther novum* reconcinnarier. »

SCRUPI *dicuntur aspera* saxa, et difficili-*a attrectatu, rupesque navigato-ri* insuetæ, aut.... lere. Ennius in An-*dromeda* : « Scru-

comme le dit Verrius ; ce mot vient de ce qu'on appelait *screa*[1] les matières que toute personne crache d'ordinaire, afin de se purifier par cette action[2]. Titinius, dans *Prilla* : — *Rectius mecastor Piculetæ Postumæ lectum hodie stratum vidi scrattiæ mulieris*[3].

SCRUTILLUS. On appelle ainsi un ventre de cochon rempli de farine assaisonnée. Plaute dit :.... [Citation trop altérée pour que nous puissions la traduire.]

SPINTHER, c'était le nom d'une sorte de bracelet qu'anciennement les femmes portaient en haut du bras gauche. Plaute dit : *Jubeasque spinther novum reconcinnarier*[4].

SCRUPI. On nomme ainsi des roches rudes et difficiles à gravir, et des rochers dont les navigateurs n'approchent pas d'ordinaire, ou.... [Ici une lacune.]

(1) Crachat (du grec χρέμπτομαι, je tousse pour cracher). — (2) Peut-être cracher de dégoût, détourner le dégoût en crachant. — (3) Par Castor, j'ai vu mieux fait aujourd'hui le lit de Piculeta Postuma, femme qui, ne vaut pas un crachat. *Scrattiæ*, dans Plaute, désigne la lie des courtisanes. — (4) Et que tu ordonnes de rajuster un bracelet neuf.

SCRAUTUM pelliceum, in quo sagittæ reconduntur, appellatum ab eadem causa, qua scortum. Σκύτος enim Græce pellis dicitur, unde *scuticæ* et *scuta*, quia non sine pellibus sunt.

SCELERATUS CAMPUS appellatur proxime portam Collinam, in quo virgines vestales, quæ incestum fecerunt, defossæ sunt.

SCRAUTUM⁽¹⁾ étui de peau où l'on serre les flèches. Ce mot a la même étymologie que *scortum*. Σκύτος, en effet, signifie peau en grec. De là viennent encore les mots *scuticæ*⁽²⁾ et *scuta*⁽³⁾, car les choses qu'ils désignent sont faites ou garnies de peau ou de cuir.

SCELERATUS CAMPUS. Le champ du Crime se trouvait près de la porte Colline. On y enterrait vives les vestales qui avaient commis un inceste⁽⁴⁾.

---

(1) Carquois. — (2) Fouets, chambrières. — (3) Boucliers. — (4) C'est-à-dire, qui avaient violé le vœu de chasteté.

---

peo inves-tita saxa atque hostreis ²²⁶ *squamæ scaprent.* » Unde scrupolosam *rem dicimus, quæ aliquid habet* in se asperi. Cornelius Sisenna, Histor. lib. IV : « His tum inject-*us est levis scrupulus et quædam dubitatio* »....

Sᴄʀᴀᴜᴛᴜᴍ vocabatur *pelliceum, in quo sagittæ reconduntur, ab ea-dem causa, qua scortum; nam utri-*quia pellibus nomen ²²⁷, a σκ-ύτος, *quod Græce pellis; unde* scyticæ ²²⁸, *et scuta, quod et hæc non sine pellibus sunt.*

Sᴄᴇʟᴇʀᴀᴛᴜs ᴄᴀᴍᴘᴜs ²²⁹ app-*ellatur prope portam Col*-linam, *in quo virgin-es vestales, quæ incestum* fecerunt, defossæ sunt v-*ivæ*.

Ennius dit, dans son *Andromède :* — *Scrupeo investitæ saxo atque ostreis squamæ scaprent* ⁽¹⁾. De là nous appelons *scrupulosa* une chose qui a en elle quelque chose de rude. Cornelius Sisenna dit au livre IV de ses *Histoires :* — *His tum injectus est levis scrupulus et quædam dubitatio* ⁽²⁾....

Sᴄʀᴀᴜᴛᴜᴍ. On appelait ainsi un étui de cuir où l'on serre les flèches. Ce mot a la même origine que *scortum*; car l'un et l'autre de ces mots viennent du nom de la peau, qu'en grec on appelle σκύτος. D'où encore les mots *scuticæ* et *scuta*, car ces objets sont également garnis de peau.

Sᴄᴇʟᴇʀᴀᴛᴜs ᴄᴀᴍᴘᴜs. Ce nom désigne un terrain voisin de la porte Colline, où l'on enterrait vives les vestales qui avaient commis un inceste.

---

(1) Les écailles recouvertes d'une sorte de pierre raboteuse se hérissent comme si elles étaient garnies d'huîtres. — (2) Alors ils furent saisis d'un léger scrupule et d'une certaine hésitation.

SCELERATUS VICUS Romæ appellatur, quod, quum Tarquinius Superbus interficiendum curasset Servium regem, socerum suum, corpus ejus jacens filia carpento supervecta sit, properans in possessionem domus paternæ.

SCELERATA PORTA, quæ et Carmentalis dicitur, vocata, quod per eam sex et trecenti

SCELERATUS VICUS. La rue du Crime à Rome était ainsi nommée, parce que Tarquin le Superbe, ayant fait tuer le roi Servius, son beau-père, la fille de celui-ci, impatiente de prendre possession de la maison paternelle, fit passer le char qui la portait sur le cadavre de son père, gisant dans cette rue.

SCELERATA PORTA [1]. Ce nom a été donné à la porte que l'on appelle aussi Car-

(1) Littéralement : Porte coupable, impie.

SCRIBONIANUM *app*-ellatur antea atria puteal [230], *quod fecit Scribonius, cui negotium da*-*tum a senatu fuerat, ut* conquireret sacella att-*acta; isque illud pro*-curavit, quia in eo loco *attactum fulmine* sacellum fuit; quod igno-*raverant contegere,* ut quidam, fulgur conditum; *quod quum scitur, quia ne*-fas est integi : semper forami-*ne ibi aper*-to cœlum patet.

SCELERATUS VICUS [231] *appellatur* quod quum Tarquinius Superbus interfici-*endum curas*-set Ser. Tullium regem soce-*rum suum, corpus ejus jacens filia carp*-ento supervecta sit, pro-*perans in possessionem* domus paternæ.

SCELERATA PORTA *eadem ap*-

SCRIBONIANUM PUTEAL. On appelle ainsi le couvercle du puits situé devant les portiques, et que fit faire Scribonius. Celui-ci avait reçu du sénat la mission de faire une enquête sur les chapelles qui avaient été frappées par la foudre. Et il fit établir ce couvercle de puits, parce qu'en ce lieu il y avait eu une chapelle atteinte par la foudre. On n'avait su, selon certains auteurs, comment couvrir la foudre qui s'y trouvait cachée; car on sait qu'il est défendu de couvrir les lieux ainsi frappés : par le moyen d'une petite ouverture, on voit constamment le ciel de dessous cette voûte.

SCELERATUS VICUS. La rue du Crime est ainsi nommée, parce que Tarquin le Superbe, ayant fait tuer le roi Servius, son beau-père, la fille de celui-ci, impatiente de prendre possession de la maison paternelle, fit passer le char qui la portait sur le cadavre de son père, gisant dans cette rue.

SCELERATA PORTA. Quelques-

Favii[25] cum clientium millibus quinque egressi adversus Etruscos ad amnem Cremeram omnes sunt interfecti.

SCHEDIA genus navigii inconditum, id est trabibus

mentale, parce que les trois cent six Fabius, qui sortirent par elle avec cinq mille cliens pour marcher contre les Etrusques, furent tous tués près du fleuve Cremera.

SCHEDIA[1], sorte de navire construite sans art, c'est-

(1) Radeau. On dérive ordinairement *schedia* du grec σχεδὸν, près.

---

p-ellatur a quibusdam, *quæ et Carmentalis* dicitur, quod ei proximum Car-*mentæ sacellum fuit; Scele*-rata autem, quod per eam *sex et trecenti Favi c*-um clientium millibus *quinque egressi adversus E*-truscos, ad amnem *Cremeram omnes sunt inter*-fecti; qua ex cau-*sa factum est, ut ea porta int*-rare, egredive *mali ominis habeatur.*

SCHEDIA, genus navigii *in-conditi, trabibus tantum inter* se connexis fac-*ti, quo mercimonia circum*-ferunt post amissam *navem; eodem vocabulo Lucili*-us quoque poemata *levia et versus, non sat*-is perfectis [232] qui essent, *appellavit schedia, quum* dixit: « Qui schedium fa-*ciunt inconditum et....* »

SEXAGENARIOS *de ponte olim deiciebant,* cujus causam Manilius hanc refert, *quod Romam* qui incoluerint *primi Aborigines, aliquem h*-ominem sexaginta an*norum qui esset, immolare* Diti Patri quot-*annis soliti fuerint;* quod facere eos de-*stitisse adventu Her*-culis; sed religio-*sa veteris ritus observatione sc*-irpeas

uns donnent ce nom à la porte qui est appelée aussi Carmentale, parce qu'il existait près d'elle une chapelle de Carmenta. Le nom de *Scelerata* lui vient de ce que les trois cent six Fabius qui sortirent par elle avec cinq mille clients, pour aller combattre les Etrusques, furent tous tués près du fleuve Cremera. Cela fut cause que l'on regarda comme un mauvais présage d'entrer ou de sortir par cette porte.

SCHEDIA, sorte d'embarcation construite sans art, formée seulement de pièces de bois liées les unes aux autres, et sur laquelle on emporte les marchandises quand le vaisseau est perdu. Lucilius donne ce même nom de *schedia* à des poésies fugitives et à des vers qui ne sont pas assez achevés, lorsqu'il dit : *Qui schedium faciunt inconditum et*[1]....

SEXAGENARII. On précipitait jadis du haut du pont des hommes âgés de soixante ans. Voici la cause que Manilius donne à ce fait : Les premiers Aborigènes qui avaient habité Rome, avaient, dit-il, la coutume d'immoler chaque année à Pluton un homme âgé de soixante ans. A l'arrivée d'Hercule, ils renoncèrent à cette coutume; mais, par suite d'une religieuse obser-

(1) Qui font un poème composé de pièces arrangées sans goût, et....

tantum inter se nexis factum, unde mala poemata schedia appellantur.

à-dire formée seulement de pièces de bois liées les unes aux autres, d'où l'on donne le nom de *schedia*⁽¹⁾ aux mauvais poëmes.

(1) C'est-à-dire, composé de pièces rapportées, juxtaposées.

---

hominum ef-*figies de ponte in Ti-berim antiquo* modo *mittere insti-tuisse*; *alii dicun*-t, morante in Italia *Hercule, quod quidam ej*-us comitum habitave-*rint secundum rip*-am haberi ²³³, atque *Arga-eos se a patria voca*-verint arvi ²³⁴, quorum pro-*pagatam memori*-am redintegrari eo ge-*nere sacri; alii, e Græci*-a legatum quondam *Arga-eum temporibus antiqu*-is Romæ moratum esse; is ut *diem obieri*-t, institutum esse a sacerdotibus, ut *effigies s*-cirpea ex omnibus, quumque publicæ.... *nu*-ntiavisset, per flumen ac mare in patriam remitteretur; sunt, qui dicant, post Urbem a Gallis liberatam, ob inopiam cibatus, cœptos sexaginta annorum homines jaci in Tiberim, ex quo numero unus, filii pietate occultatus, sæpe profuerit patriæ consilio, sub persona filii; id ut sit cognitum, ei juveni esse ignotum, et sexagenariis vita concessa; latebras autem ejus, quibus arguerit senem ²³⁵, id est cohibuerit, et celaverit, sanctitate dignas esse visas, ideoque arcæa appellata; sed exploratissimum illud est causæ, quo tempore primum per pontem cœperunt comitiis suffragium ferre, juniores conclamaverunt, ut de ponte deicerentur sexagenarii, qui jam nullo

vance de ce rite antique, ils décidèrent que l'on jetterait, pour rappeler le vieil usage, du haut du pont dans le Tibre des mannequins de jonc représentant des hommes. Selon d'autres, cet usage remonte au séjour d'Hercule en Italie, et vient de ce qu'une partie de ses compagnons s'établirent le long des bords du Tibre, et s'appelèrent Argéens du nom d'Argos, leur patrie; leur souvenir, propagé à travers le temps, serait rappelé par ce genre de sacrifice. D'autres encore racontent qu'aux anciens temps, un nommé Argée, envoyé des Grecs, séjourna à Rome. Cet ambassadeur étant mort, les prêtres ordonnèrent que son image, faite en jonc, serait, lorsque.... [Lacune.] renvoyée par le fleuve et par la mer dans sa patrie. Quelques-uns disent que Rome ayant été délivrée des Gaulois, le manque de vivres poussa les Romains à jeter dans le Tibre les hommes âgés de soixante ans : l'un d'eux, caché par la piété de son fils, rendit souvent des services à la patrie par l'organe de ce fils. Dès que ce mystère fut connu, on pardonna au jeune homme et l'on donna la vie au sexagénaire. Quant à la cachette où il avait tenu éloigné⁽¹⁾ le vieillard, c'est-à-dire où il l'avait tenu à l'écart et caché, elle parut digne d'être consacrée par la religion, et fut appelée *arcæa*⁽²⁾. Mais le motif très-constaté de cette coutume est qu'au temps où pour la première

(1) *Arcuerit*. — (2) De *arcere*, éloigner, écarter.

SEXUS, natura vel habitus, ex Græco ἕξις vocatur[25].

SIMPLUDIAREA[27] funera, quibus ludos adhibebant.

SEXUS[1]. Ce mot, qui désigne la nature ou l'habitude extérieure, vient du grec ἕξις[2].

SIMPLUDIARIA. On appelait ainsi les funérailles où l'on célébrait des jeux.

(1) Sexe. — (2) Habitude du corps ; manière dont le corps se comporte, dont il est constitué.

---

publico munere fungerentur, ut ipsi potius sibi quam illi deligerent imperatorem : cujus sententiæ est etiam Sinnius Capito ; vanam autem opinionem de ponte Tiberino confirmavit Afranius in Repudiato.

fois on traversa le pont pour aller donner son suffrage dans les comices, les hommes dans la force de l'âge s'écrièrent tous qu'il fallait repousser du pont les sexagénaires, qui ne s'acquittaient plus d'aucune des charges publiques, afin que préférablement à eux ils choisissent eux-mêmes celui qui devait les gouverner : cette opinion est celle de Sinnius Capiton. Quant à l'opinion mal fondée sur le pont du Tibre, Afranius l'a soutenue dans son *Répudié*.

SECUS aliter significat.

SEXU, natura habituque, ex Græco, quam illi vocant ἕξιν. Afranius in Privigno : « Sic agit[236] orbus virili sexu adoptavit sibi. » Pacuvius in Atalanta : « Triplicem virili sexu partum procreat. »

SECUS signifie autrement.

SEXU, de nature et d'habitude du corps; ce mot vient du grec ἕξις. Afranius dit, dans le *Beaufils* : — *Sic aiunt orbus virili sexu adoptavit sibi*[1]. Et Pacuvius, dans son *Atalante* : — *Triplicem virili sexu partum procreat*[2].

SIMPLUDIAREA funera sunt, quibus adhibentur D. T. ludi[237], corbitoresque ; quidam ea dixerunt esse, quibus neutrum genus interesset ludorum ; nam indictiva sunt, quibus adhibentur non ludi modo, sed etiam desultores, quæ sunt amplissima.

SIMPLUDIARIA. Ce sont les funérailles où l'on n'admet le concours que des danseurs et des bateleurs. Quelques auteurs prétendent que ce sont celles que l'on fait sans jeux d'aucune espèce. En effet, on appelle *indictiva*[3] les funérailles où l'on ne se contente pas de célébrer des jeux, mais où l'on appelle aussi les bateleurs ; ces dernières étaient les plus riches.

SEX SUFFRAGIA appellantur in equitum centuriis, quæ sunt adfectæ[238] ei numero centuriarum,

SEX SUFFRAGIA. On appelait les six suffrages, dans les centuries des chevaliers, celles que le roi

(1) Ainsi, dit-on, privé d'enfants mâles, il adopta pour lui. — (2) Elle met au monde trois enfants du sexe masculin. — (3) Annoncées publiquement.

SESTERTIUS dicitur quarta pars denarii, quo tempore is decussis valebat, id est dupondius et semis.

SEX MILLIUM ET DUCENTORUM hominum primus Gaius Marius legionem conscripsit, quum antea quatuor millium fuisset, unde etiam appellabatur *quadrata*.

SIBUS, callidus sive acutus.

SED pro sine inveniuntur posuisse antiqui.

SESTERTIUS, c'est le quart du denier, au temps où le denier valait dix as, c'est-à-dire deux livres et un demi-as.

Gaïus Marius leva le premier une légion de six mille deux cents hommes; avant lui elle était de quatre mille hommes, d'où elle était aussi appelée *quadrata*[1].

SIBUS[2], rusé ou fin.

SED[3]. On trouve que les anciens ont employé ce mot pour *sine*[4].

(1) Carrée, composée de quatre fois un nombre donné. — (2) *Voyez* p. 367, au mot *Persibus*. — (3) *Sed* (conjonction) signifie mais, toutefois. Il est aussi employé pour *se*; ou *sine ted*, pour *sine te*, sans toi. — (4) Sans.

---

quas Priscus Tarquinius rex constituit.

Sestertius dicitur quarta pars denarii, quo tempore his decussis valebat [239] : id est dupundius, S.

Sinistræ aves sinistrumque est [240] sinistimum auspicium, i. quod sinat fieri. Varro lib. v Epistolicarum quæstionum ait : « A deorum sede quum in meridiem spectes, ad sinistra [241] sunt partes mundi exorientes, ad dexteram occidentes; factum arbitror, ut sinistra meliora auspicia, quam dextera esse existimentur. » Idem fere sentiunt Sinnius Capito et Cincius.

Tarquin l'Ancien ajouta au nombre de ces centuries.

Sestertius, c'est le quart du denier, au temps où celui-ci valait dix as, c'est-à-dire deux livres, etc., S.

Sinistræ aves, oiseaux de bon augure[1], et *sinistrum* ou *sinistimum auspicium*, heureux auspice[2], c'est-à-dire qui permet qu'une chose se fasse[3]. Varron dit au livre v de ses *Questions épistolaires* : — *A deorum sede quum in meridiem spectes, quod ad sinistram sunt partes mundi exorientes, ad dexteram occidentes; factum arbitror, ut sinistra meliora auspicia, quam dextera esse existimentur*[4]. Sinnius Capito et Cincius sont à peu près du même avis.

(1) Ce même mot signifie oiseau de mauvais augure. — (2) Cette expression a, de plus, le sens directement contraire, celui de mauvais présage. — (3) Festus laisserait-il à entendre qu'ici *sinister* vient du verbe *sinere*, permettre? — (4) Si de la demeure des dieux tu regardes vers le midi, de manière que les régions orientales du monde soient à ta gauche, et les régions occidentales à ta droite, je crois qu'il se fait que les auspices qui se présentent à gauche sont considérés comme meilleurs que ceux qui se présentent à droite.

SYBINAM appellant Illyrii telum venabuli simile. Ennius : « Illyrii restant licis sybinisque fodentes. »

SEDICULUM, sedile.

SUDICULUM genus flagelli dictum, quod vapulantes sudantes facit.

SECTARIUS vervix, qui gregem agnorum præcedens ducit.

SECESPITAM alii securim, alii dolabram æneam, alii cultellum esse putant.

SICILICUM[18] dictum, quod semunciam secet.

SECESSIONES[19], narrationes.

SICILES, hastarum spicula lata. Ennius : « Incedit veles vulgo sicilibus latis. »

SECTIO, persecutio juris.

SECUNDÆ RES non a

SYBINA. Les Illyriens appellent ainsi un trait semblable à un épieu. Ennius dit : *Illyrii restant licis sybinisque fodentes* [1].

SEDICULUM[2], siége.

SUDICULUM[3]. On nomme ainsi une espèce de fouet, parce qu'il fait suer ceux qui en sont battus.

SECTARIUS[4], le bélier qui marche en tête d'un troupeau de moutons.

SECESPITA[5]. Selon quelques-uns, c'est une hache; selon d'autres, une doloire de cuivre; selon d'autres encore, un couteau.

SICILICUM, la quatrième partie d'une once; ce nom lui vient de ce qu'elle coupe[6] en deux parties la demi-once.

SECESSIONES[7], narrations.

SICILES[8], fers larges et pointus des pertuisanes. Ennius dit : *Incedit veles vulgo sicilibus latis*[9].

SECTIO[10], poursuite, exécution du droit[11].

SECUNDÆ RES. Cette ex-

---

(1) Les Illyriens résistent, perçant l'ennemi à coups de dards et d'épieux. — (2) *Sedicula* ou *sediculum*, petit siége. On trouve aussi *sedecula*. — (3) De *sudare*, suer. — (4) Littéralement : Qui se fait suivre, que le troupeau suit. — (5) De *seco*, je coupe — (6) *Quod secet.* — (7) Du verbe *secere*, synonyme de *dicere*, dire, raconter. — (8) De *secare*, couper. On trouve aussi *sicilius*. — (9) Le vélite marche ordinairement armé d'une pertuisane aiguë et large. — (10) Voici les sens de *sectio* : Coupure, entaille, incision, section, division ; encan de biens confisqués ; partage du butin entre les soldats, pillage qu'on leur abandonne. — (11) Poursuite judiciaire.

numero dicuntur, sed quia, ut velimus, sequantur.

SINCINIAM, cantionem solitariam.

SECTORES et qui secant dicuntur et qui empta sua persequuntur.

SICYONIA ³⁰, genus calciamenti. Lucilius : « Et pedibus læva sicyonia demit honesta. »

SIMULTAS, id est odium, dicta ex contrario, quia minime sint simul; potest et a simulatione dicta existimari, quia simulata loquuntur ad invicem.

SEMENTIVÆ feriæ fuerant institutæ, quasi ex is fruges grandescere possint.

SIMPULUM ³¹, vas parvulum non dissimile cyatho,

pression désigne les choses favorables; et on les appelle ainsi, non pas du nom de nombre *secundus*⁽¹⁾, mais parce qu'elles suivent⁽²⁾ le cours que nous désirons.

SINCINIA, chant à une seule voix⁽³⁾.

SECTORES⁽⁴⁾. Ce sont et ceux qui coupent quelque chose, et ceux qui veulent se mettre en possession⁽⁵⁾ des biens qu'ils ont achetés.

SICYONIA, sorte de chaussure. Lucilius dit : *Et pedibus læva sicyona demit honesta*⁽⁶⁾.

SIMULTAS, c'est la même chose que la haine, et celle-ci est nommée *simultas* par opposition, parce que les individus qui se haïssent ne sont nullement ensemble⁽⁷⁾; on peut croire aussi que *simultas* vient de *simulatio*⁽⁸⁾, parce que les individus qui se haïssent parlent l'un de l'autre avec dissimulation⁽⁹⁾.

SEMENTIVÆ. Les fêtes des semailles ont été instituées afin que les fruits de la terre poussent en quelque sorte d'eux-mêmes.

SIMPULUM, petit vase assez semblable au *cyathus*⁽¹⁰⁾,

---

(1) Second, deuxième. — (2) *Quia sequantur.* — (3) Ou bien encore sans accompagnement. — (4) *Sector* signifie qui coupe, taille, fend; qui achète les biens confisqués, qui enchérit. — (5) Littéralement : Qui poursuivent. — (6) Et de sa main gauche elle ôte de ses pieds ses belles pantoufles à la sicyonienne. — (7) *Minime simul*, ne sont nullement d'accord. — (8) Feinte, dissimulation, fausseté. — (9) Sans franchise, avec l'aveuglement de la passion. — (10) En grec κύαθος. Ce mot signifie tout à la fois une coupe, une tasse, une sorte de mesure, une sorte de poids.

quo vinum in sacrificiis libabatur; unde et mulieres rebus divinis deditæ *simpulatrices*.

SENACULUM[32], locus senatorum.

SENTINARE, satagere, dictum a sentina navis, quam quis, ut aqua liberet, evacuare contendit; itaque sentinare est subtiliter periculum vitare. Cæcilius : « Capit

dont on se servait pour faire les libations de vin dans les sacrifices. D'où l'on a donné le nom de *simpulatrices* aux femmes qui s'adonnent aux choses divines.

SENACULUM, lieu où se tiennent les sénateurs.

SENTINARE, se donner beaucoup de mouvement. Ce mot vient de la sentine d'un navire, que l'on s'efforce de vider pour en retirer l'eau; en conséquence *sentinare* signifie se soustraire adroite-

---

SENTINARE, satagere, dictum a sentina, quam multæ [242] aquæ navis quum recipit, periclitatur. Cæcilius in Æthrione : « Cum Mercurio capit consilium, postquam sentinat satis. »

SENATORES a senectute dici satis constat; quos initio Romulus elegit centum, quorum consilio rempublicam administraret; itaque etiam patres appellati sunt, et nunc quum senatores adesse jubentur [243], « Quibusque in senatu sententiam dicere licet. » Quia hi, qui post lustrum conditum ex junioribus magistratum ceperunt, et in senatu sententiam dicunt, et non vocantur senatores ante, quam in senioribus sunt censi.

SENTINARE, se donner beaucoup de mouvement. Ce mot vient de *sentina*[1], parce que si le navire prend beaucoup d'eau, il est en danger. Cécilius dit, dans son *Æthrion*: — *Cum Mercurio capit consilium, postquam sentinat satis*[2].

SENATORES. L'on sait assez que les sénateurs sont ainsi nommés à cause de leur grand âge[3]. Dans le principe, Romulus les choisit au nombre de cent, pour gouverner l'Etat par leurs conseils. C'est pour cela qu'ils sont appelés *patres*[4]; et maintenant, lorsque les sénateurs reçoivent l'ordre de se réunir, on ajoute ces mots à la formule de convocation : *Quibusque in senatu sententiam dicere licet*[5]. Parce que ceux qui, parmi les plus jeunes, après la clôture du lustre, ont été revêtus de quelque magistrature, et donnent leur avis dans le sénat, ne prennent le titre de sénateurs que lorsque le cens les a classés parmi les anciens.

---

(1) Sentine, partie la plus basse d'un navire, où s'écoulent les ordures. — (2) Il prend conseil de Mercure, après s'être donné assez de mouvement. — (3) *Senectus*, vieillesse. — (4) Pères. — (5) Et à ceux qui ont le droit de donner leur avis dans le sénat.

consilium, postquam sentinat satis. »

SENTES, spinæ. Afranius : « Quam senticosa verba pertorquet turba! » hoc est spinosa.

ment à un danger. Cécilius dit : *Capit consilium, postquam sentinat satis*[1].

SENTES, épines. Afranius : *Quam senticosa verba pertorquet turba*[2], c'est-à-dire que de paroles épineuses, piquantes.

---

(1) Il prend conseil après s'être donné assez de mouvement. — (2) Quelles paroles piquantes lance la foule.

SENATUS DECRETUM A CONSULTO Ælius Gallus sic distinguit, ut id dicat particulam quamdam esse senatus consulti, ut cum provincia alicui decernitur, quod tamen ipsum senatus consulti est.

SENIS crinibus nubentes ornantur, quod his ornatus 244 vetustissimus fuit; quidam quod eo vestales virgines ornentur, quarum castitatem viris suis sponœ-*ant nuptæ*245 a ceteris.

SENTES quum constet esse spinas, et Afranius in Abducta dixerit : « Quam senticosa verba pertorquet turba, » pro spinosis accipi debet.

SENIUM a senili acerbitate, et vitiis dictum posuit Cæcilius in Hymnide : « Sine suam senectutem ducat utique ad senium sorbitio 246. »

SENONAS GALLOS Verrius ait

SENATUS DECRETUM A CONSULTO[1]. Elius Gallus distingue ce décret, en ce sens qu'il y voit une petite partie du sénatus-consulte, comme lorsqu'une province est attribuée à un citoyen, ce qui cependant est de l'essence du sénatus-consulte.

Les femmes, lorsqu'elles se marient, sont ornées de six tresses de cheveux, parce que ce genre d'ornement est le plus antique. Selon d'autres cela vient de ce que les vierges vestales se parent de cet ornement, et que les nouvelles mariées s'engagent envers leurs époux à leur conserver une chasteté semblable à celle des vestales.

SENTES. Il est certain que ce mot signifie épines; et lorsque Afranius dit, dans la *Femme séduite :* — *Quam senticosa verba pertorquet turba*, il faut entendre le mot *senticosa* dans le sens de *spinosa*[2].

SENIUM[3]. Cécilius, dans son *Hymnis*, a employé ce mot par analogie avec la mauvaise humeur et avec les incommodités de la vieillesse : *Sine suam senectutem ducat utique ad senium sorbilo*[4].

SENONÆ GALLI. Verrius dit que,

---

(1) Résolution tirée d'un sénatus-consulte. — (2) Épineuses, piquantes comme des épines. — (3) *Senium* signifie vieillesse; décours de la lune; vieux fou; tristesse, mélancolie, langueur, ennui, humeur chagrine; antiquité; respect dû à ce qui est ancien. — (4) Laisse-le traîner sa vieillesse jusqu'à son dernier degré par la boisson.

SCENSAS Sabini cœnas dicebant. Quæ autem nunc prandia sunt, *cœnas* dicebant, et pro cœnis *vespernas* appellabant.

SCENSAS. Les Sabins disaient ainsi pour *cœnas*. Car ils appelaient *cœnæ* les repas que nous nommons aujourd'hui *prandia*[1], et *vespernæ* ceux que nous appelons *cœnæ*[2].

(1) Le dîner, le repas du milieu du jour. — (2) Le repas du soir, le souper.

---

existimari appellari, quia novi venerint ex Transalpina regione, ac primum appellatos ξένους, postea Seno-*nas*.

suivant l'opinion commune, les Gaulois Sénonais ont été ainsi nommés, parce qu'ils étaient venus récemment du pays d'au delà des Alpes[1], et que d'abord ils furent appelés ξένοι[2], et dans la suite Sénonais.

SEPTENTRIONES septem stellæ appell-*antur, ut duæ sint pro bubus junctis, quos* trio-*nes a terra rustici* appellent, quod jun-*cti simul terram arent* quasi terriones; *reliquos axem dixerunt*, quod id astrum Græ-ci Ἄμαξαν *dicunt, idque habet* partem quan-*dam temonis specie*; unde ait Ennius : « Supera-*t Temo stellas*. » Sed et physici eum situm *septem stellarum* conten temp-*lati*[247] *septentriones dici* aiunt, quod ita sunt *septem stellæ sitæ, ut ternæ proximæ quæque efficiant tria tri*gona.

SEPTENTRIONES[3]. On appelle de ce nom sept étoiles, disposées de telle sorte que deux d'entre elles semblent deux bœufs attelés ensemble, que les gens de la campagne appellent *triones*[4], mot qui vient de *terra*[5], parce qu'attelés ensemble ils labourent la terre comme si l'on disait *terriones*[6]. On appelle les autres l'axe, parce que les Grecs appellent cet astre Ἄμαξα[7], et que l'une de ses parties ressemble à un timon. D'où Ennius dit : *Superat Temo stellas*[8]. Mais les physiciens qui ont contemplé cette disposition de ces étoiles, disent qu'on les appelle *septentriones*, parce que ces étoiles sont disposées de telle sorte que, prises trois à trois, placées près les unes des autres, elles forment trois triangles.

SCENSAS *Sabini dicebant, quas* nunc cœnas ; *quæ autem* nunc

SCENSÆ. Les Sabins donnaient ce nom aux repas que nous appe-

(1) Par rapport aux Romains. — (2) Étrangers. — (3) Pôle arctique, nord, septentrion; pays septentrionaux; Grande-Ourse, constellation boréale; *septentrio minor*, Petite-Ourse, le Chariot; brise, vent du nord. — (4) De labour. — (5) Terre, ou de *tero*, je foule, je broie. — (6) Qui foulent la terre. — (7) Le Chariot. — (8) Le Chariot dépasse les étoiles.

SEGNITIA dicitur, quod sit sine nitendo quid utile aut

SEGNITIA[1]. On appelle ainsi la lâcheté, parce qu'elle

(1) Lenteur, indolence, paresse, négligence.

---

prandia, cœnas habebant, et pro *cœni-s vespernas antiqui.*

SIGNA, ut rerum, ita *quoque numinum dicuntur,* aut lapides, aut *fictilia, aut si alia ejusmodi* adhuc aliqua et *quæ e marmore scul*-pantur etiam ; sed po-*sita in honorem alicujus* simulacra ad effigi-*em ejus statuæ.*

SEQUESTER is dicitur, qui inter aliquos, *qui certant, medius, ut* inter eos convenerit, *ita tenet depositum ali*-quid, ut ei reddat, qui [248] id *deberi jure sibi con*-stiterit. Cato in ea ora-*tione, quam habuit* de Indigitibus : « Sinunt *miseros perire,* ut bona rapiant; aut, *si superstites petant,* seques prodent [249]. » Et Pla-*utus Mercatore* : « *Imo sic sequestro mihi data est.* »

SEPULCHRUM est, ut ait Gallus Æl-*ius, locus in quo* mortuus sepultus est, quod anti-*qui bustum appel*-labant ; hisque cippis [250], aut ali-*qua alia re mor*-tui causa designatus est, intra *quos fines* se-pultura est facta.

SEGNITIA *dicitur, quod sit sine*

lons maintenant *cœnæ.* Ce dernier mot désignait chez les anciens les repas nommés aujourd'hui *prandia,* et *vespernæ* ceux que nous appelons *cœnæ.*

SIGNA. Ce mot désigne et les images des choses et celles des dieux, soit de pierre, soit de terre cuite, ou toutes autres de même nature ou sculptées sur le marbre. Mais les images faites à la ressemblance d'une personne et élevées en son honneur s'appellent statues.

SEQUESTER. C'est une personne qui sert de médiatrice entre d'autres personnes qui sont en litige, et qui, suivant les conventions établies, retient un dépôt qu'elle doit remettre à celle qui établira son droit à le recevoir. Caton dit, dans le discours prononcé par lui au sujet des indigents : *Sinunt miseros perire, ut bona rapiant; aut, si superstites petant, sequestro dent* [1]. Et Plaute, dans le *Marchand* : — *Imo sic sequestro mihi data est* [2].

SEPULCHRUM. Le sépulcre est, comme dit Gallus Elius, le lieu où un mort a été enseveli, et que les anciens appelaient *bustum* [3]. Ce lieu est marqué par des tertres, ou par toute autre chose destinée à rappeler la mémoire du mort; la sépulture a eu lieu dans l'espace ainsi délimité.

SEGNITIA. La paresse a été ainsi

(1) Ils laissent périr les malheureux, afin de ravir leurs biens; ou si les survivants les réclament, afin de les mettre en séquestre. — (2) Bien plus, elle m'a été donnée en séquestre. *Sequester,* substantif, signifie séquestre, dépositaire, gardien d'une chose litigieuse; médiateur, arbitre; solliciteur de procès. *Sequester,* adjectif, qui est mis en dépôt, en séquestre; médiateur. *Sequestra pax,* trêve; *sequestra stupri,* entremetteuse. — (3) Lieu où se brûle et s'enterre le mort; bûcher, pile de bois sur laquelle on brûlait les morts; action de brûler le mort; restes du corps brûlé; tombeau, sépulcre.

honestum. Terentius : « Enimvero, Dave, nihil loci est segnitiæ neque socordiæ. »

SIGNARE significat modo scribere, modo annulo signa imprimere ³³, modo pecora signis notare.

SEPTIMONTIUM appellabant diem festum, quod in septem locis faciebant sacrificium, Palatio, Velia, Fagutali, Subura, Cermalo, Oppio et Cispio.

empêche tout effort [1] utile et honorable. Térence dit : *Enimvero, Dave, nihil loci est segnitiæ neque socordiæ* [2].

SIGNARE signifie tantôt écrire, tantôt marquer d'une empreinte avec un anneau, tantôt faire une marque au bétail.

SEPTIMONTIUM [3]. On appelait ainsi un jour de fête où l'on faisait des sacrifices en sept endroits différents, au mont Palatin, à Vélies, au Fagutal, à Subura, sur les monts Cermale, Oppius et Cispius.

(1) *Quod sit sine nitendo* ; littéralement, parce qu'elle est sans s'efforcer. — (2) En effet, Dave, il ne s'agit pas ici de lenteur et de paresse. — (3) De *septem*, sept, et de *mons*, montagne. Les Romains célébraient cette fête tous les ans, après qu'ils eurent renfermé la septième montagne dans Rome.

---

nitendo quid utile aut honestum ; Terentius : « *Enimvero, Dave, nihil loci est* segnitiæ, *neque so-cor-diæ.* »

SIGNARE *nunc ja-m* dicitur signis notare, *ut in pecoribus fit ; sed antiqui eo pro scribe-re utebantur, unde et subsigna-re, et* consignare *invenitur positum, pro subscrib-ere, et conscri-bere.*

SEPTIMONTIUM *dies ap-*pellatur mense *decembri.... post eum, qui dicitur in* Fastis Agonalia, *quod eo die in septem m-*ontibus fiunt *sa-crificia, Palatio, Velia, F-a-*

nommée, parce qu'elle ne permet aucun effort utile ou honorable. Térence dit : *Enimvero, Dave, nil loci est segnitiæ, neque socordiæ.*

SIGNARE signifie de nos jours marquer, comme on le fait pour le bétail ; mais les anciens se servaient de ce mot dans le sens d'écrire, d'où l'on trouve *subsignare* [1] et *consignare* [2] employés pour *subscribere* [3] et *conscribere* [4].

SEPTIMONTIUM. On appelle ainsi un jour du mois de décembre.... Il vient après celui qui, dans les Fastes, est désigné par le nom d'Agonales, et ce nom lui a été donné parce qu'alors on fait des sacrifices

(1) Ajouter en écrivant ; citer, noter, prendre note ; s'engager par écrit à.... ; hypothéquer, obliger, engager. — (2) Signer, contre-signer, cacheter, sceller ; autoriser ; consigner ; déposer ; montrer, déclarer, faire connaître. — (3) Souscrire, écrire dessous ; soutenir une accusation, se joindre à l'accusateur, intenter un procès, accuser, favoriser, appuyer, soutenir ; tenir compte, note de. — (4) Écrire plusieurs choses ; enrôler.

SIPARIUM, genus veli mi-micum [34].

SIPARIUM [1], sorte de voile de théâtre.

(1) Rideau, voile de théâtre, ferme qui coupe le théâtre par le milieu.

---

gutali, Subura, *Cermalo, Oppio,* Cispio.

sur les sept collines, sur le Palatin, à Vélie, sur le Fagutal, à Subura, sur les monts Cermale, Oppius, Cispius.

SIFUS *usurpatum est pro tub*-is ipsis, id quod Græ-ce *dicitur σίφων. In le*-ge rivalicia sic est, quæ lata fuit rogant-e populum Ser. Sulpi-cio.... « *Mon*-tani, paganive, si-*fis aquam dividunto :* donec eam inter se *diviserint, prætori*-s judicatio esto. »

SIFUS. Ce mot a été employé pour tuyaux; c'est ce que les Grecs appellent σίφων. Dans la loi sur les cours d'eau, qui fut rendue sur la proposition de Ser. Sulpicius.... *Montani, paganive, sifis aquam dividunto: donec eam inter se diviserint, prætoris judicatio esto* [1].

SIPARIUM, *quo in scena mimi* utuntur; dictum ait *Verrius a muliebri vesti*-mento, quod vocetur *supparum. Supparum ap*-pellant dolonem, *velum minus in navi, ut* acation, majus; *supparum autem dictum ait Sinnius* Capito velut se-*paratum et disjunctum a reg*-ione interioris *navis.*

SIPARIUM, voile dont les acteurs se servent sur la scène. Verrius dit que ce nom lui vient du vêtement de femme appelé *supparum* [2]. On appelle *supparum* la voile du hunier, la plus petite des deux voiles sur un navire, comme on nomme la plus grande *acation* [3]. Selon Sinnius Capito, on a employé *supparum* avec la signification de séparé, et comme détaché de la partie intérieure du navire.

« SEPULTUM MORTE, MOROQUE [251] » quum ait.... d-e L. Terentio, Tusci vici *magistro, significat,* vivum de saxo Tarpeio *desiluisse, quum eo v-*enisset commissatum, quod *vini vi facere es-*set coactus.

SEPULTUM MORTE MEROQUE [4]. Lorsque.... [5] dit cela de L. Terentius, maître du quartier des Toscans, à Rome, il veut dire qu'il se précipita tout vivant du haut de la roche Tarpéienne, où il était venu assister à un repas, et qu'il fut poussé à ce suicide par la force du vin.

SEPLASIA *forum Capuæ, in* quo plurimi unguenta-*rii erant;* hujus m. m. Cicero [253]. « Seplasia m-*ehercule, ut dici* audiebam,

SEPLASIA, place de Capoue, où il y avait beaucoup de marchands de parfums. M. Cicéron en fait mention : « Comme je l'entendais dire,

(1) Que les gens de la montagne et ceux de la campagne divisent l'eau par des conduits, et que, jusqu'à ce qu'ils l'aient divisée, que la juridiction du préteur s'applique. — (2) Manteau ou voile de femme; voile de perroquet (terme de marine); drapeau; chemisette de femme. — (3) Petite voile d'un navire, artimon; esquif. — (4) Enseveli par la mort et par le vin. — (5) Il manque ici le nom d'un auteur.

SELIQUASTRA, genus sedilium.

SILUS appellatur naso sursum versus et repandus, unde galeæ quoque a similitudine silæ dictæ sunt.

SELIQUASTRA, sorte de siége.

SILUS[1]. On appelait ainsi l'individu qui a le nez retroussé et les narines larges. D'où, par similitude, on a appelé les casques[2] *silæ*.

---

(1) Camus, camard. — (2) Ou plutôt la visière.

---

te ut primum aspe-*xit, Campanum* consulem repudiavit. »

SATICULA *oppidum*[253] in Samnio captum est : quo *postea coloni-*am deduxerunt triumviri M. Valerius Corvus, Junius Scæva, P. Fluvius Longus[254] ex S. C. kal. januariis P. Papirio Cursore[255], Junio II cos.

SEGESTA, quæ nunc appellatur, oppidum in Sicilia est, quod videtur Æneas condidisse[256] præposito ibi Egesto, qui eam Egestam nominavit; sed præposita est ei S littera, ne obsceno nomine appellaretur, ut factum est in Malevento, quod Beneventum dictum est, et in Epidamno, quod usurpatur Dyrrachium.

SELIQUASTRA sedilla antiqui generis appellantur D littera in L conversa, ut etiam in sella factum est, et subsellio, et solio, quæ non minus a sedendo dicta sunt.

SILUS appellatur naso s. rusus versus[257] repando; unde galeæ

Seplasia, par Hercule, dès qu'elle t'a vu, t'a repoussé comme consul de Campanie. »

SATICULA. Cette place du Samnium fut prise : dans la suite, une colonie y fut menée par les triumvirs Valérius Corvus, Junius Scéva, P. Fulvius Longus, en vertu d'un sénatus-consulte, aux calendes de janvier, sous le consulat de L. Papirius Cursor et de Junius (celui-ci étant consul pour la seconde fois).

SEGESTA. Le lieu ainsi nommé est une ville de Sicile, qui, selon toute apparence, fut fondée par Énée, lequel en remit le commandement à Egeste, qui lui donna son nom. Mais on le fit précéder de la lettre S, afin que la ville n'eût pas un nom de mauvais augure[1]. C'est ce qui eut également lieu pour Maleventum, que l'on appela Beneventum, et pour Epidamne, que d'ordinaire on nomme Dyrrachium.

SELIQUASTRA. On appelle ainsi des siéges d'une forme antique, par le changement de la lettre D en L, comme cela s'est fait dans les mots *sella*[2], *subsellium*[3] et *solium*[4], qui ne dérivent pas moins de *sedere*[5].

SILUS. On appelle ainsi l'individu qui a le nez retroussé et les

---

(1) Mauvais jeu de mots : on ne voulait pas que le nom de la ville rappelât le mot *egestas*, qui signifie indigence, besoin, misère. — (2) Siége pour s'asseoir, selle pour être à cheval. — (3) Banc, siége. — (4) Trône. — (5) Être assis.

SERILLA, navigia Histrica, quæ lino ac sparto condensan-

SERILLA(¹), navires d'Istrie, garnis de lin et de sparte,

(1) *Serilla* (substantif pluriel neutre) signifie proprement câble, cordages.

---

quoque a similitudine silæ dicebantur.

SILVI sunt appellati Albani reges, a Laviniæ filio, quem post excessum Æneæ gravida relicta, timens periculum, et suæ vitæ, et ejus, quem utero gerebat, in silvis latens, enixa est; qui restitutus in regnum est post mortem Ascanii, prælatus Iulio [258] fratris filio, quum inter eos de regno ambigeretur.

SERTOREM [259] quidam putant dictum a prendendo, quia quum cuipiam adserat manum, educendi ejus gratia ex servitute in libertatem, vocetur adsertor; quum verisimilius sit, dictum, qui sereret quid; ac potius adsertorem a serendo cepisse nomen, quum aliquem serat petendo in libertatem eamdem, qua ipse sit, id est jungat, quia fruges quum seruntur, terræ jungit; quod totum Verrius ἀπιθάνως introduxit.

SEGES dicitur ea pars agri quæ arata et consita est, a serendo videlicet.

SERILLA Verrius appellari putat navigia Histricia [260] ac Liburnica, quæ lino ac sparto condensantur,

narines très-ouvertes; d'où les casques étaient aussi nommés *silæ*, à cause de leur ressemblance avec un nez de cette forme.

SILVI. On a donné ce nom aux rois d'Albe, du fils de Lavinie. Laissée enceinte de ce fils à la mort d'Enée, et craignant quelque danger pour sa propre vie et pour celle de l'enfant qu'elle portait dans son sein, Lavinie alla se cacher dans les forêts, où elle accoucha. Le jeune prince fut rétabli sur le trône après la mort d'Ascagne, de préférence à Iule, fils de son frère, le souverain pouvoir étant en litige entre eux.

SERTOR. Le répondant a été ainsi nommé de l'action de prendre, parce qu'en portant la main(1) sur un individu pour le faire passer de l'esclavage à la liberté, il est appelé *adsertor* (²). Cependant il est plus vraisemblable que ce nom désigne celui qui plante quelque chose; et que l'*adsertor* a pris son nom de *serere* (³), parce qu'il implante par sa demande un individu dans la liberté dont il jouit lui-même, c'est-à-dire parce qu'il l'y joint : car en plantant les végétaux, le planteur les joint à la terre. Verrius a introduit tout cela dans son livre sans aucune probabilité.

SEGES (⁴). On appelle ainsi cette partie de terrain qui est labourée et ensemencée, du verbe *serere* (³).

SERILLA. Verrius pense que l'on désigne par ce nom des navires dont se servent les Istriens et les

---

(1) *Adserat manum.* — (2) Libérateur, défenseur, protecteur ; qui entraine comme esclave. — (3) Planter ; et sous d'autres formes, réunir. — (4) Toutes sortes de végétaux sur pied ou pendants par les racines ; moisson, grains encore sur terre ; terre labourée, ensemencée ou non ; abondance.

tur, a conserendo et contexendo dicta.

SULTIS, si vultis. Ennius :
« Pandite sulti' genas et corde relinquite somnum. »

ainsi nommés de *conserere*⁽¹⁾ et de *contexere*⁽²⁾.

SULTIS, pour *si vultis*⁽³⁾. Ennius dit : *Pandite sulti' genas et corde relinquite somnum*⁽⁴⁾.

(1) Entrelacer, joindre, lier, entremêler. — (2) Faire un tissu, ourdir. — (3) Si vous voulez. — (4) Épanouissez, si vous voulez, vos visages (littéralement, vos joues), et quittez de bon cœur le sommeil.

---

a conserendo et contexendo dicta; quia dicat Pacuvius in Niptris : « Nec ulla subcus ²⁶¹ cohibet compagem alvei : sed suta lino, et sparteis scrillibus ²⁶², » quum περιφραστικῶς et ficto vocabulo usus sit pro funiculis, qui sparto conseruntur.

« Sero sapiunt Phryges, » proverbium est natum a Trojanis, qui decimo denique anno velle cœperant Helenam, quæque cùm ea erant rapta, reddere Achivis.

Sispitem Junonem, quam vulgo Sospitem appellant, antiqui usurpabant, quum ea vox ex Græco videatur sumpta, quod est σῶζειν.

Sultis, si voltis significat, composito vocabulo, ita ut alia sunt ²⁶³, si audes ; sis, si vis ; plicet in loco ; scis licet ²⁶⁴, scias licet ; equidem equo, ego quidem ²⁶⁵. Ennius : « Pandite sulti' genas, et corde relinquite somnum. »

Liburniens, et qui sont garnis de lin et de sparte : ce nom leur viendrait de *conserere* et de *contexere*. Pacuvius dit en effet dans les *Bains* : — *Nec ulla subscus cohibet compagem alvei : sed suta lino et sparteis serilibus* ⁽¹⁾, s'exprimant par périphrase, et se servant d'un mot forgé pour désigner les cordages qui sont faits de jonc.

« Les Phrygiens ne deviennent sages que tard. » Ce proverbe est venu des Troyens, qui ne commencèrent qu'au bout de dix ans à vouloir rendre aux Grecs Hélène et les trésors qu'ils avaient enlevés avec elle.

Sispes ⁽²⁾. Les anciens appelaient ainsi Junon, que l'on nomme communément *Sospes*, et ce mot semble tiré du grec σῶζειν ⁽³⁾.

Sultis signifie *si voltis*, par une sorte de contraction, comme cela se fait en d'autres mots : *sodes* pour *si audes* ⁽⁴⁾ ; *sis*, pour *si vis* ⁽⁵⁾ ; *ilicet* ⁽⁶⁾ pour *ire licet* ⁽⁷⁾ ; *illico* ⁽⁸⁾ pour *in loco* ⁽⁹⁾ ; *scilicet* pour *scis licet* ou *scias licet* ⁽¹⁰⁾ ; *equidem* ⁽¹¹⁾ pour *ego quidem* ⁽¹²⁾. Ennius dit : *Pandite sulti' genas, et corde relinquite somnum.*

(1) Nul crampon ne tient unies les parties de la coquille [du navire], mais elles sont jointes avec du lin et des cordages de jonc. — (2) Sain et sauf ; qui n'a pas été endommagé ; qui sauve et garantit d'un danger ; heureux. Pour désigner Junon préservatrice, on dit aussi *Juno Sospita*. — (3) Sauver, conserver, préserver. — (4) Si tu oses. — (5) Si tu veux. — (6) D'abord, aussitôt, allez. — (7) Il est permis de vous en aller. — (8) Là, en ce lieu ; sur-le-champ, aussitôt. — (9) En ce lieu. — (10) Sans doute, c'est cela, justement, à savoir ; c'est-à-dire : Il t'est permis de savoir ; sache que. — (11) Certes, certainement, à la vérité. — (12) Moi, certes

SERIUS Accius a sero comparavit, ait enim : « Ne, si forte paulo, quam tu, veniam serius. »

SPONDERE ponebatur pro dicere, unde et *respondere* adhuc manet, sed postea usurpari cœptum est in promissu.

SERIUS⁽¹⁾. Accius a formé ainsi le comparatif de *sero*⁽²⁾, car il dit : *Ne, si forte paulo, quam tu, veniam serius*⁽³⁾.

SPONDERE était employé pour *dicere*⁽⁴⁾, d'où nous est encore resté le mot *respondere*⁽⁵⁾ ; mais avec le temps on a donné au verbe *spondere* le sens de promettre.

(1) Plus tard. — (2) Tard. — (3) Que si j'arrive par hasard un peu plus tard que toi, il ne.... — (4) Dire. — (5) Répondre.

Setius a sero ²⁶⁶ videtur dictum, Accius in Amphitryone : « Si forte paulo, quam tu, veniam setius ²⁶⁷. »

Sedum, alii sadum appellant herbam, quam Opillius Aurelius sesuvium vocari ait, eamque in tegulis seri, nec quamobrem id fiat, indicat.

Specus feminino genere pronuntiabant antiqui, ut metus et nepos; tam hercules, quam masculino stirpis, ut frons ²⁶⁸, ut Ennius : « Tum causa sub monte alte specus inius patebat ²⁶⁹. » Et Pacuvius in Chryse : « Est ibi sub eo saxo penitus strata harena ingens specus. »

Spondere antea ponebatur pro dicere, unde et respondere adh-*uc manet*, sed postea usurpari cœptum est *de promissu ex interrogatio*-ne alterius.

Serius. Ce mot semble venir de *sero*. Accius dit, dans son *Amphitryon* : — *Si forte paulo, quam tu, veniam serius.*

Sedum. Quelques-uns appellent ainsi, et d'autres *sadum*⁽¹⁾, une herbe que, selon Opillius Aurelius, on nomme *sesuvium*, et que l'on sème sur les tuiles; mais il ne donne pas la raison pour laquelle on le fait.

Specus⁽²⁾. Les anciens faisaient ce mot du genre féminin, de même que les mots *metus*⁽³⁾ et *nepos*⁽⁴⁾ ; de même, par Hercule, qu'ils employaient au masculin les mots *stirps*⁽⁵⁾ et *frons*⁽⁶⁾, comme on le voit par Ennius : *Tum cava sub montei late specus intus patebat*⁽⁷⁾, et par Pacuvius, dans *Chrysès* : — *Est ibi sub eo saxo penitus strata harena ingens specus*⁽⁸⁾.

Spondere se disait autrefois pour *dicere*, d'où est resté jusqu'à présent le mot *respondere* ; mais avec le temps on prit ce mot dans le sens de promettre sur sommation.

(1) La joubarbe. — (2) Antre, caverne. — (3) Crainte. — (4) Petite-fille (ou petit-fils), nièce. — (5) Souche, race. — (6) Front. — (7) Alors sous la montagne et dans son intérieur s'ouvrait au loin un antre creux. — (8) Il y a là, sous ce rocher, une immense caverne tout à fait garnie de sable.

SUBDITUS judex dicitur, qui loco mortui datur iis qui cum habuerant judicem in aliqua re vel lite.

SUBDITUS[1]. On appelle substituée, la personne qui est donnée en place d'un juge mort à ceux qui avaient le défunt pour juge dans une affaire ou dans un procès.

(1) Mis dessous; substitué, mis à la place d'un autre; supposé, soumis, sujet.

Subditus *dicitur is qui in de-*mor-*tui*, in demortuis [270] ju-*dicis locum judex* datur his qui [271] eum h-*abuerant judicem, dunta*-xat in eamdem rem, *vel litem.*

Subditus. On appelle substituée la personne qui est donnée, en place d'un juge mort, à ceux qui avaient le défunt pour juge, mais seulement pour la même affaire ou pour le même procès.

Saturno sacrificium fit capi-*te aperto. Ejus autem sacro* Metellus pont. *quum ut Claudius augur jussis*-set adesset, ut eum *tunc adhiberet* Ser. Sul-picii Ser. F. inaug-*urationi : ille autem excusa*-ret se, sacra sibi fam-*iliaria obstare, quibus sup*-plicandum esset capite *operto : Saturno autem* esset futurum, ut cum ap-*erto capite res sacra* facienda esset: pont-*ifex illum multavit :* Claudius provocavit; *sed quum reconciliatus pon*-tifici esset Claudius, fa-*miliæ sacris peractis,* Saturno sacra fecit rel-*igione solutus.*

On sacrifie à Saturne la tête découverte. Le pontife Metellus avait ordonné que l'augure Claudius assistât à ce sacrifice, pour participer à l'inauguration du flamine Ser. Sulpicius Ser.; mais Claudius s'en excusa sur ce qu'il en était empêché par les cérémonies saintes qui lui étaient particulières, et dans lesquelles il devait faire les supplications la tête couverte, tandis qu'il était nécessaire de célébrer la tête découverte les mystères de Saturne; le pontife le condamna à l'amende : Claudius interjeta appel. Mais s'étant réconcilié avec le pontife, Claudius, après l'accomplissement des cérémonies de sa famille, se trouvant dégagé de ses obligations religieuses, fit le sacrifice à Saturne.

Saxum Tarpeium appel-*latam aiunt partem mon*-tis, qui ob sepultam Ta-*rpeiam ibi virginem, quæ* eum montem Sabinis *prodere pacta erat, ita* nominatus est; vel *ab eo quod quidam nomine* L. Tarpeius Romulo *regi quum propter rap*-tas virgines adversaretur, *in ea parte, qua* sa-xum est, de noxio pœna *sumpta est. Quapropter* noluerunt funestum

On appela, dit-on, roche Tarpéienne la partie du mont qui avait été appelée ainsi, parce qu'on y ensevelit Tarpéia, cette jeune fille qui s'était engagée à livrer cette montagne aux Sabins. Ou bien encore ce nom venait de ce qu'un certain L. Tarpéius, s'étant déclaré l'ennemi de Romulus, à cause de l'enlèvement des jeunes Sabines, fut puni de son crime sur cette partie du mont où se trouve la roche. Aussi ne voulut-on

SCAPTIA TRIBUS a nomine urbis Scaptiæ [35] appellatur.

SABATINA, a lacu Sabate dicta.

SABINI, a cultura deorum dicti, id est ἀπὸ τοῦ σέϐεσθαι.

SILERE tacere significat, ficto verbo a S littera, quæ initium et nota silentii est.

SCAPTIA TRIBUS. La tribu Scaptienne est ainsi nommée de la ville de Scaptia.

SABATINA, tribu ainsi nommée du lac Sabas.

SABINI. Les Sabins ont été ainsi nommés à cause du culte qu'ils rendent aux dieux, c'est-à-dire de σέϐεσθαι [1].

SILERE signifie se taire. C'est un mot composé avec la lettre S, qui est la première du mot et le signe du silence même.

(1) Vénérer, adorer.

---

locum *cum altera parte* Capitolii conjungi.

SCAPTIA TRIBUS *a no*-mine urbis Scaptiæ *appellata, quam Latini* incolebant.

STELLATINA *tribus dicta, non a campo* eo qui in Campania est, sed eo qui *prope abest ab urbe Ca-*pena, ex quo Tusci profecti, St-*ellatinum illum* campum appellaverunt.

SABATINA, *a lacu Saba-*te.

SABINI dicti, ut ait Varro.... quod ea gens p̄p̄ præcipue colat de-os, id est ἀπὸ τοῦ σέϐεσθαι.

SILERE tangere *significat* [272], *ficto verbo a S littera, quæ initium et nota silentii est.*

SELLÆ CURULIS locus *in Circo datus est Valerio dicta-*tori, posteriusque [273] *ejus honoris causa, ut pro-*xime *sacellum Mur-ciæ spe-*

pas que ce lieu funeste fût joint au Capitole.

SCAPTIA TRIBUS. La tribu Scaptienne a été ainsi nommée de la ville de Scaptia, qui était habitée par les Latins.

STELLATINA TRIBUS. La tribu Stellatine a tiré ce nom, non pas de ce territoire qui est dans la Campanie, mais de celui qui est peu éloigné de la ville de Capène, et d'où les Toscans étant partis, appelèrent ce territoire Stellatinum.

SABATINA, tribu ainsi nommée du lac Sabas.

SABINI. Les Sabins, dit Varron..., ont été ainsi nommés, parce que cette nation honore tout particulièrement les dieux, c'est-à-dire de σέϐεσθαι.

SILERE signifie se taire. C'est un mot composé avec la lettre S, qui est la première du mot silence, et le signe du silence même.

SELLA CURULIS. On assigna dans le Cirque et par marque d'honneur, au dictateur Valerius et à ses descendants, une place réser-

SANQUALIS PORTA appellatur proxima ædi Sanci.

STIRICIDIUM, quasi stillicidium, quum stillæ concretæ frigore cadunt. *Stiria* enim principale est, *stilla* diminutivum.

SANQUALIS PORTA, porte voisine du temple de Sancus.

STIRICIDIUM, pour *stillicidium* (1), lorsque les gouttes tombent concrétées par le froid. Car *stiria* (2) est le mot principal; *stilla* (3) est le diminutif.

(1) De *stiria* (*stilla*), goutte, et *cadere*, tomber. Gouttière, eau de pluie; larmier, auvent, saillie du toit qui empêche les eaux de pluie de couler le long du mur; épaisseur du feuillage des arbres, que la pluie ne peut percer. — (2) Goutte d'eau qui tombe ou qui pend; et, de plus, roupie. — (3) Petite goutte qui tombe. Nous remarquerons, en passant, que le diminutif *stilla* est plus usité, dans les auteurs que nous connaissons, que *stiria*.

---

*ctarent, unde aspi-*ciebant *spectacula magistratus.*

vée où ils devaient occuper une chaise curule, de telle sorte qu'ils se trouvaient assis en face de l'oratoire de Murcia, d'où les magistrats assistaient aux spectacles.

SONTICA CAUSA dicitur a morbo *sontico, propter quem, quod est g-*erendum, agere *desistimus.* M. *Porciu-*s lato de re²⁷⁴ : « A. Atili, quid *dicam causæ exstiti-*sse, timidus ne *sis. An impedimento t-*ibi causam sonticam *fuisse?* »

SONTICA CAUSA. On appelle ainsi, de *morbus sonticus* (1), une cause légitime d'excuse. En effet, lorsque devant nous une personne éprouve les atteintes d'épilepsie, nous renvoyons à un autre jour ce que nous devions faire. M. Caton, dans son discours *sur les Jeux Floraux* : — *A. Atili, quid dicam causæ exstitisse, timidus ne sis. An impedimento tibi causam sonticam fuisse* (2)?

SANQUALIS PORTA *appellata est proxima ædi Sanci, id-*eoque eodem est nomine, *quo avis Sanqualis appellatur.*

SANQUALIS PORTA, porte voisine du temple de Sancus, a reçu pour cette raison le même nom qui a été donné à l'oiseau *sanqualis* (3).

STIRICIDIUM, *qu-*asi stillicidium, quum stel-*læ concretæ* ²⁷⁵ *frigore c-*adunt. Cato pro C.... « N-*ihilominus voluit semper de stiricidio*

STIRICIDIUM, pour *stillicidium*, lorsque tombent les gouttes concrétées par le froid. Caton, pour C...: — *Nihilominus voluit semper de stiricidio in re*

(1) Le haut mal, l'épilepsie. — (2) Quel motif dirai-je qu'il y a eu, M. Atilius, pour que tu ne sois point timide? Dirai-je que tu as été empêché par une cause légitime? (Que quelqu'un devant toi est tombé du haut mal.) — (3) L'orfraie.

POMPEIUS FESTUS. — XVII.

SERVORUM DIES FESTUS erat idibus augusti, quod eo die rex Tullius, filius ancillæ, ædem Dianæ dedicavit.

SACRAMENTUM dicitur, quod jurisjurandi sacratione interposita geritur.

SIREMPS dicitur quasi similis res ipsa. Habetúr hoc in libris Catonis.

La fête des esclaves avait lieu aux ides d'août, parce qu'en ce jour le roi Tullius, fils d'un esclave, dédia le temple de Diane.

SACRAMENTUM [1]. C'est un acte qui se fait avec la sanction du serment.

SIREMPS [2], c'est comme si l'on disait une chose semblable à elle-même. Ce mot se trouve dans les livres de Caton.

---

[1] Serment en général, et en particulier, le serment militaire. (*Voyez*, de plus, la note 1 de la page 620.) — [2] On dit aussi *sirempse* (contration de *similis reipsa*), semblable en tout, de la même manière en tout. C'est ainsi qu'on trouve dans Plaute : *Sirempse legem jussit esse* : « Il a ordonné que la loi s'exécutât tout à fait, et en tout de la même manière »

---

in re præsenti cognosce-*re atque statu*-ere. »

SERVORUM DIES FESTUS vulgo existimatur idus aug., quod eo die Ser. Tullius, natus servus, ædem Dianæ dedicaverit in Aventino, cujus tutelæ sint cervi, a quo celeritate fugitivos vocent cervos.

SACRAMENTO dicitur quod *jurisjurandi sacrati*-one interposita actum *est; unde quis sacramen*-to dicitur interrogari, quia *jusjurandum interponitur*. Cato in Q. Thermum *de* x *hominibus* : « *Atque etiam ad*-erant, ne mala fide apparere-t scelera nefaria fie-*ri*, poscentes, ut sacramen-to traderentur, lege æst-*imarentur*. »

SIREMPS ponitur pro eadem,

præsenti cognoscere atque statuere [1].

On considère vulgairement le jour des ides d'août comme la fête des esclaves, parce qu'en ce jour Servius Tullius, fils d'un esclave, dédia sur le mont Aventin le temple de Diane, déesse tutélaire des cerfs, d'où l'on appelle *cervi* les fugitifs, à cause de la rapidité de leur course.

SACRAMENTUM. C'est un acte fait avec la sanction du serment. De là on dit qu'une personne est interrogée sous la foi sacrée, parce qu'on lui demande le serment. Caton contre Thermus, *sur les Décemvirs :* — *Atque etiam aderant, ne mala fide appareret scelera nefaria fieri, poscentes, ut sacramento traderentur, lege æstimarentur* [2].

SIREMPS s'emploie pour *eadem* [3

---

[1] Néanmoins il voulut toujours, dans une affaire urgente, connaître et statuer d'après les gouttières (d'après l'eau qui tombe des gouttières). — [2] Il y avait même là des hommes qui, pour ne pas donner à croire que des crimes odieux se commettaient en mauvaise intention, demandaient qu'ils fussent soumis à verser l'argent exigé comme garantie du serment et que la somme fût, en conséquence, fixée conformément à la loi. — [3] La même chose.

SPATIATOREM pro erra-
torem Cato posuit.

SPATIATOR ⁽¹⁾. Caton a
employé ce mot dans le sens
d'homme errant.

STATA dicebantur sacrifi-
cia, quæ certis diebus fiebant.

STATA⁽²⁾ SACRIFICIA. On
appelait ainsi des sacrifices

(1) Littéralement : Qui veut de l'espace ; par extension, qui a toujours envie de courir ; vagabond, errant, coureur. — (2) *Status* est le participe de *sisto*, et alors il signifie qui est présenté. Il est également le participe de *sto*, et alors il signifie arrêté, déterminé, régulier, périodique. Nous ne parlons pas d'autres sens de relation.

---

vel, proinde *ac ea, quasi similis res ipsa.* Cato in dissuadendo le-gem.... *re*-licta est : « Et præterea rogas, *quemquam adversus ea si populus condempnave-rit, uti siremps lex s*-iet ; quasi adversus le-*ges fecisset.* »

ou *proinde ac ea* ⁽¹⁾, comme si l'on disait *similis res ipsa* ⁽²⁾. Caton, dans son discours pour empêcher l'adoption de la loi.... qui nous a été conservée : *Et præterea rogas, quemquam adversus ea si populus condempnaverit, uti siremps lex siet, quasi adversus leges fecisset* ⁽³⁾.

SPICIUNT antiquos di-*xisse sine præposi*-tione, testis est Cato in ea quam *habuit in Q. Thermum de* septem hominibus ³⁷⁶ : « Ut solent *evitare son*-ivios, nisi qui sempiterni sunt, quos *quum occurrant*, ne scipiunt ³⁷⁷, neque ratos esse volunt.

SPICIUNT ⁽⁴⁾. Les anciens ont employé ce verbe sans y joindre de préposition ⁽⁵⁾ : c'est ce que prouve Caton dans le discours qu'il prononça contre Thermus au sujet des décemvirs : *Ut solent evitare sonivios, nisi qui sempiterni sunt, quos quum occurrant, nec spiciunt, neque ratos esse volunt* ⁽⁶⁾.

SPATIATOREM, erratorem Cato in An. Cælium ³⁷⁸ si se appellavis-set : « In coloniam me, hercules, scribere nolim, si trium virum sim, spatiatorem atque fescennınum. »

SPATIATOR. Caton demande dans son discours *contre M. Célius*, s'il l'a appelé ainsi, c'est-à-dire vagabond : *In coloniam me, hercules, scribere nolim, si trium virum sim, spatiatorem atque fescenninum* ⁽⁷⁾.

STATA SACRIFICIA sunt, quæ certis diebus fieri debent. Cato in ea quam scribsit de L. Veturio, de sacrificio commisso, quum ei

STATA SACRIFICIA. On appelle ainsi des sacrifices qui doivent se faire en des jours déterminés. Caton, dans le discours qu'il écri-

(1) Une chose semblable à une autre. — (2) Une chose semblable à elle-même. — (3) Et, en outre, tu demandes que si le peuple condamne une personne pour avoir contrevenu à ces dispositions, que ces dispositions aient force de loi, comme si la personne condamnée avait agi contrairement aux lois. — (4) Ils regardent, ils observent. — (5) Comme la préposition s'y trouve jointe dans *aspiciunt, conspiciunt, despiciunt, prospiciunt*, etc. — (6) De même qu'ils ont coutume d'éviter ceux qui font du bruit, à moins que le mouvement qui cause ce bruit ne soit continuel ; lorsqu'ils les rencontrent, ils ne les observent point, et ne veulent point les considérer comme décisifs. — (7) Je ne voudrais point, par Hercule, si j'étais l'un des triumvirs, représenter dans une colonie un vagabond et un bouffon.

Cato : « Sacra stata, solemnia, sancta deseruisti. »

qui se faisaient en des jours déterminés. Caton dit : *Sacra stata, solemnia, sancta deseruisti*[1].

SOLEMNIA SACRA dicuntur, quæ certis temporibus fiunt.

SOLEMNIA SACRA [2]. On nomme ainsi des cérémonies saintes qui se font à des époques fixes et déterminées.

SERRA PROELIARI dicitur, quum assidue acceditur

SERRA PROELIARI [3]. Cette expression s'emploie

(1) Tu as délaissé les cérémonies religieuses fixées à des jours déterminés, solennelles et saintes. — (2) Sacrifices solennels. *Solemnis* vient de *solus*, entier, et *annus*, année. Il signifie, par conséquent, qui se fait tous les ans, régulièrement à des époques précises et invariables. Ici encore nous omettons les sens accessoires, et leur justification. — (3) Littéralement : Se battre à la scie, c'est-à-dire se tirer mutuellement, avec vigueur, sans relâche, c'est-à-dire sans se céder mutuellement; reculer et avancer en luttant avec fureur.

---

equum ademit : « Quod tu, quod in te fuit, sacra stata, solemnia, capite sancta [279], deseruisti. »

vit contre L. Verrius, au sujet du sacrifice commencé, lorsqu'il lui ôta son cheval [1] : *Quod tu, quod in te fuit, sacra stata, solemnia, caste sancta, deseruisti* [2].

SOLEMNIA SACRA dicuntur, quæ certis temporibus annisque fieri solent.

SOLEMNIA SACRA. On appelle ainsi des cérémonies saintes que l'on a coutume de faire en des saisons et des années déterminées.

SERRA PROELIARI dicitur quum assidue acceditur, recediturque, neque ullo consistitur tempore. Cato de Re militari : « Sine forte opus sit [280] cuneo, aut globo, aut forcipe, aut turribus, aut serra, uti adoriare. »

SERRA PROELIARI. On dit combattre à la scie, lorsque les adversaires avancent et reculent sans relâche et ne s'arrêtent pas un seul instant. Caton, *sur l'Art militaire :* — *Sive forte opus sit cuneo, aut globo, aut forcipe, aut turribus, aut serra, uti adoriare* [3].

STERCUS ex æde Vestæ XVII kal. jul. defertur in angiportum medium fere clivi Capitolini, qui locus clauditur porta Stercoraria : tantæ sanctitatis majores nostri esse judicaverunt !

STERCUS. Les immondices sont enlevées du temple de Vesta le 16 avant les calendes de juillet, pour être portées dans le cul-de-sac qui se trouve à mi-côte du Capitole, et qui est fermé par la porte Stercoraire [4] : tant nos anciens portaient haut la sainteté de ce temple !

(1) C'est-à-dire lorsqu'il le dégrada du rang de chevalier. — (2) Parce que tu as, autant qu'il a été en toi, déserté les sacrifices déterminés, solennels, chastement saints. — (3) Soit que pour attaquer, il soit besoin du coin, de la masse compacte, des tenailles des tours ou de la scie. — (4) La porte aux immondices.

recediturque, neque ullo consistitur tempore.

SACRAMENTUM æs signi-

pour dire qu'en combattant l'on avance et l'on recule sans relâche, et que l'on ne s'arrête sur aucun mouvement.

SACRAMENTUM [1]. Ce

(1) Consignation faite sous serment, dépôt d'argent que les plaideurs faisaient entre les mains du pontife. On appelait *sacramentum justum* la consignation faite par un plaideur, et qui lui était rendue s'il gagnait son procès; et *sacramentum injustum*, le dépôt fait par un plaideur qui perdait sa cause; dans ce cas, le dépôt était confisqué et employé pour les sacrifices.

SUMMISSIOREM aliis ædem Honoris et Virtutis C. Marius fecit, ne is forte officeret auspiciis publicis, augures eam demoliri cogerent.

C. Marius, en faisant construire le temple de l'Honneur et de la Vertu, voulut qu'il fût moins élevé que les autres, afin qu'il ne fît point obstacle aux auspices publics, cas où les augures en eussent exigé la démolition.

SEX Vestæ sacerdotes constitutæ sunt, ut populus pro sua quaque parte haberet ministram sacrorum, quia civitas Romana in sex est distributa partis; in primos secundosque Titienses, Ramnes, Luceres.

On institua six prêtresses de Vesta, afin que le peuple eût, pour chacune de ses parties, une prêtresse chargée de s'acquitter des fonctions saintes, parce que la cité romaine est divisée en six parties. Au premier et au second rang étaient les Titiens, les Ramnes, les Lucères.

SALINUM cum sale in mensa ponere figulis religioni habetur, quod quondam in Esquilina regione figulo, quum fornax plena vasorum coqueretur, atque ille proxime eam convivatus, super modum potus, somno esset oppressus cum convivis suis, præteriens quidam petulans, ostio patente, ex mensa salinum conjecit in fornacem : atque ita, incendio excitato, figulus cum suis concrematus est.

Les potiers de terre regardent comme une chose de mauvais augure, de placer sur la table une salière avec du sel : voici d'où leur vient cette opinion. Jadis, dans le quartier des Esquilies, tandis que le four d'un potier était chauffé pour cuire les vases dont il était rempli, le potier donnait tout près du four un festin; ayant bu avec excès, il s'endormit avec ses convives; la porte était ouverte; un étourdi vint à passer, prit sur la table la salière, et la jeta dans le four : ayant ainsi causé un incendie, le potier fut brûlé avec les siens.

SACRAMENTUM, æs significat, quod pœnæ nomine penditur, sive eo quis interrogatur; sive contenditur; id in aliis rebus quinqua-

SACRAMENTUM. Ce mot désigne l'argent payé à titre d'amende ou à celui qui est interrogé comme témoin, ou à celui avec lequel on

ficat, quod pœnæ nomine penditur.

mot désigne l'argent payé à titre d'amande.

---

ginta assium est, in aliis rebus quingentorum inter eos, qui judicio inter se contenderent; qua de re lege L. Papirii tr. pl. sanctum est his verbis : « Quicumque prætor post hoc factus erit [281], qui inter cives jus dicet, tres viros capitales populum rogato, hique tres viri *capitales* quicuq. *posthac fa*-cti erut, sacrameta ex-*igunto*, judicātoque, eodemque jure sunto, uti ex legibus, plebeique scitis exigere, judicareque esse [282], esseque oportet. » Sacramenti autem nomine id æs dici cœptum est, quod et propter ærarii inopiam, et sacrorum publicorum multitudinem, consumebatur id in rebus divinis.

élève une contestation. La somme qui doit être déposée est en certains cas de cinquante as, et en certains autres de cinq cents, entre les personnes qui ont une contestation judiciaire. Voici, à cet égard, la prescription textuelle de la loi du tribun du peuple L. Papirius : « Quiconque, à l'avenir, sera nommé préteur pour rendre la justice aux citoyens, doit demander au peuple trois hommes chargés de connaître des causes criminelles; et ceux qui seront, à l'avenir, désignés pour être ces trois hommes, doivent exiger la somme fixée pour garantir le serment, juger, et être investis des mêmes droits, ainsi qu'il faut exiger, juger et être en vertu des lois et des plébiscites. Or, dans l'origine, cet argent fut nommé *sacramentum*, parce qu'il était employé aux choses de la religion, le trésor public étant insuffisant et les sacrifices publics très-multipliés.

SEXTANTARII ASSES in usu esse cœperunt ex eo tempore, qd [283] propter bellū punicū secundū, qd cum Hannibale gestum est, decreverunt patres, ut ex assibus qui tum erant librarii, fierent sextantarii, per quos quum solvi cœptum esset, et populus ære alieno liberaretur, et privati, quibus debitum publice solvi oportebat, non magno detrimento adficerentur.

SEXTANTARII ASSES. Les as de deux onces ont commencé à être en usage au temps où, à cause de la seconde guerre punique, soutenue contre Annibal, le sénat décréta que les as, qui étaient alors d'une livre, seraient transformés en as de deux onces; cette conversion, dès qu'elle serait appliquée aux payements, devait avoir pour résultat de libérer le peuple de ses dettes, et de ne pas causer un grand dommage aux particuliers qui devaient être payés de ce qui leur était dû par le trésor public.

« SEPTUENNIO QUOQUE » anno usus est [284], ut priore numero, sed

SEPTUENNIO QUOQUE [1]. Ennius s'est servi de cette expression,

---

(1) Chaque septième année.

SCHOLÆ dictæ sunt ex Græco, a vacatione, quod, ceteris rebus omissis, vacare

SCHOLÆ. Les écoles ont été ainsi nommées d'un mot grec [1] qui signifie loisir [2],

(1) Σχολὴ, repos, vacances, trêve donnée à toute affaire, lenteur dans l'action; et d'autre part, ouvrage fait dans les villes; dissertation faite dans les moments de loisir, temps donné à un travail quelconque; et, de plus, le lieu même où nous faisons une chose, l'école. — (2) Le mot *vacatio*, dont se sert ici Paul Diacre, signifie exemption, dispense; le vide, espace vide.

---

id non permansit in usu, nec amplius processit in majorem.

comme d'un nombre premier, mais elle ne s'est pas conservée dans l'usage, et on ne l'a pas appliquée aux nombres plus forts [1].

SENACULA tria fuisse Romæ, in quibus senatus haberi solitus sit, memoriæ rodidit Nicostratus [285] in libro qui inscribitur de Senatu habendo: unum, ubi nunc [286] est ædis Concordiæ inter Capitolium et Forum; in quo solebant magistratus D. T. [287] cum senioribus deliberare; alterum [288], ad portam Capenam; tertium, citra ædem Bellonæ, in quo exterarum nationum legatis, quos in urbem admittere nolebant, senatus dabatur.

SENACULA [2]. Nicostrate, dans le livre qu'il a intitulé *de la Manière de tenir le sénat*, nous apprend qu'il y avait à Rome trois endroits où le sénat avait coutume de s'assembler: l'un, sur l'emplacement où est maintenant le temple de la Concorde entre le Capitole et le Forum: là les magistrats délibéraient seulement avec les plus âgés; le second, près de la porte Capène; le troisième, en deçà du temple de Bellone, où le sénat recevait les ambassadeurs des nations étrangères, auxquels on ne voulait point permettre d'entrer dans la ville.

SCHOLÆ dictæ sunt, non ab otio ac vacatione omni, sed quod, ceteris rebus omissis, vacare liberalibus studiis pueri debent, ut etiam ludi appellantur, in quibus minime luditur, ne tristi aliquo nomine fug-*iant pueri suo fungi mu*-nere.

SCHOLÆ. Les écoles ont été nommées ainsi non pas de l'oisiveté et de toute absence d'occupation, mais parce qu'à l'exclusion de tout autre travail, les enfants doivent se livrer aux études libérales; c'est ainsi qu'on les appelle même *ludi* [3], et pourtant on n'y joue nullement; mais ce nom leur est donné pour que les enfants ne s'effrayent pas d'un nom plus triste, et ne soient pas tentés de se soustraire à l'accomplissement de leurs devoirs.

SUBICI ar-*ies dicitur, qui pro*

SUBICI [4]. On dit d'un bélier,

(1) C'est-à-dire que le mot *septuennium* n'a pas été admis dans la langue, et que, de plus, on n'a pas formé les mots *octuennium* (espace de huit ans), *novennium* (espace de neuf ans), etc. — (2) Lieux où se tient le sénat. — (3) Jeux. — (4) Pour *subjici*, être jeté, poussé sous, être substitué.

liberalibus studiis pueri debent.

parce que les enfants doivent se livrer [1] aux études libérales à l'exclusion de toute autre occupation.

(1) *Vacare* signifie être vide, être exempt, être vacant, en parlant d'une place, d'un emploi ; être de loisir, en paix, occuper ses loisirs à vaquer à....

---

occiso datur, quod fit (ut ait Cincius *in libro de Officio juris*-consulti) exemplo At-*heniensium, apud quos* expiandi gratia aries *inigitur ab eo qui invitus scelus admisit*, pœnæ p-*endendæ loco*.

qu'il est substitué, lorsqu'il est donné pour expier le meurtre d'un homme ; cela se fait (comme le dit Cincius, dans son traité *des Devoirs du jurisconsulte*) à l'exemple des Athéniens, chez lesquels, dans un but d'expiation, un bélier est poussé [au sacrifice] par celui qui a commis un crime involontaire, et qui veut ainsi remplacer le châtiment qu'il eût encouru.

SPECIEM quam nos dicimus, εἶδος *Græci dixerunt; Pla*-ton quidem *ideam; nobis species pro eadem po*-nitur.

SPECIES [1]. Nous appelons ainsi ce que les Grecs ont nommé εἶδος [2], et Platon idée. Chez nous le mot *species* s'emploie dans le même sens.

SESTERTII NOTAM.... *ait signa continere* dupundi et semissis; *unde sestertius dictus quasi se*-mis-tertius. Sed auctos es-*se postea asses in sestertio; apud* antiquos autem *denarii denorum assium e*-rant, et valebant decussem, *qui tum dicebantur quadriga*-ti, bigati; quinquessi-*s autem quinarium.... auctor est*, numerum æris perduct-*um esse ad* XVI *asses lege Fla*-minia minus solvendi, quu-*m Hannibalis bello premere*-tur P. R.

SESTERTII NOTA.... [3] dit que l'empreinte du sesterce contient les signes de la pièce des deux livres et du demi-as ; d'où l'on a dit *sestertius* pour *semistertius* [4]. Mais il ajoute que dans la suite les as s'élevèrent à la valeur du sesterce. Chez les anciens, en effet, les deniers valaient dix as, et les pièces de monnaie que l'on appelait alors *quadrigati* [5], *bigati* [6], valaient dix as. Quant à la pièce de cinq as, elle s'appelait *quinarius....* [7] nous apprend que l'unité fondamentale de la monnaie fut élevée jusqu'à seize as, par la loi Flaminia, pour que l'on eût moins à payer, à l'époque où le peuple romain était pressé par la guerre d'Annibal.

(1) Forme, figure extérieure des corps ; mine, air, physionomie, ressemblance, beauté, image, représentation ; vue, aspect ; montre, ornement, apparence, prétexte ; fantôme, spectre, vision nocturne ; espèce, division du genre ; cas particulier. — (2) Ce mot a presque tous les mêmes sens que le *species* latin. — (3) Il manque ici le nom d'un auteur. — (4) Deux unités, plus la moitié d'une troisième, c'est-à-dire deux et demie. — (5) Monnaie marquée à l'empreinte d'un char à quatre chevaux. — (6) Monnaie marquée à l'empreinte d'un char à deux chevaux. — (7) Le nom d'un auteur cité manque encore ici.

SILATUM antiqui pro eo quod nunc jentaculum dicimus, appellabant, quia jejuni vinum sili conditum ante meridiem absorbebant.

SILATUM [1]. Les anciens donnaient ce nom au repas que nous appelons aujourd'hui *jentaculum* [2], parce qu'encore à jeun ils buvaient avant midi du vin dans lequel on avait fait infuser du séséli.

---

(1) C'est le vin même dans lequel on a fait infuser une sorte de fenouil appelée séséli. — (2) Déjeuner, ce qu'on mange à déjeuner.

SOLIDA SELLA, ait *Verrius*, se-*dere tum quis* jubetur, quum mane surg-*ens auspicandi gratia evigi*-lavit, quod antiqui exprese [289] *nulla plane inte*-riore parte ex-cava-*tas ad auspiciorum usum fa*-ciebant sedes; quas s-*edes ob eam causam, quod* in his nihil erat con-*cavum, solidas appella*-bant, inquit Verrius, quod *solidum idem esset quod totum*; absurde, ut mihi videtur, *si quidem omne, quod* sit totum, ait dictum solidum.

SOLIDA SELLA [1]. Selon Verrius, on fait asseoir une personne sur un siége massif, lorsque se levant de grand matin, elle s'est éveillée pour prendre les auspices, parce que les anciens faisaient, pour s'en servir dans les auspices, des siéges qui n'étaient en aucune façon creusés dans aucune de leurs parties intérieures. Et précisément parce que ces siéges n'avaient aucune partie creuse, on les appelait *solidæ*, par la raison que *solidum* a le même sens que *totum* [2]. Cela est absurde, à mon sens, car il dit que tout ce qui est tout entier est massif.

SILATUM *antiqui* pro eo quod nunc jantaculum [290] dicim-*us, ap*-*pellabant*, quia jejuni vinum soli [291] condi-*tum ante meridiem* obsorbebant.

SILATUM. Les anciens donnaient ce nom au repas que nous appelons aujourd'hui *jentaculum*, parce qu'encore à jeun ils buvaient avant midi du vin dans lequel on avait fait infuser du séséli.

SUFFRAGATORES *dicebantur apud* majores, hi qui vulgo in usu erant *candidatis : nam quo me*-*li*-us apparerent juncta suffra-*gia, suffragator,* quem quisque fieri vellet, notabat *apposito punc*-to scribtis candidatorum hominu-*m nominibus.* Varro in lib. VII Rerum humanarum *hæc tradidit.*

SUFFRAGATORES [3]. On donnait ce nom, chez les anciens, aux individus qui d'ordinaire étaient au service des candidats : car, afin que les suffrages parussent être mieux réunis, le *suffragator* marquait d'un point sur la liste des candidats celui dont il voulait l'arrivée à l'emploi vacant. C'est ce que nous apprend Varron au livre VII *des Choses humaines.*

---

(1) Siége massif. — (2) Tout entier. — (3) *Suffragator* signifie tout à la fois celui qui donne son suffrage, sa voix, et celui qui demande un suffrage en faveur d'un autre.

STRUPPI vocabantur in pulvinaribus fasciculi de verbenis facti, qui pro deorum capitibus ponebantur.

SECESPITA[36], cultrum ferreum, oblongum, manubrio eburneo rotundo, solido, vincto ad capulum argento auroque fixum, clavis æneis, ære Cyprio, quo flamines, flaminicæ, virgines pontificesque ad sacrificia utebantur. Dicta autem est secespita a secando.

STRUPPI. On appelait ainsi dans les cérémonies du lectisternium de petits bouquets de verveine que l'on plaçait devant la tête des dieux [1].

SECESPITA, couteau de fer, oblong, à manche d'ivoire rond, massif, fixé par une virole d'or ou d'argent qui le rattache à la garde; les clous sont de cuivre de Cypre. Les flamines et leurs épouses, vierges et pontifes s'en servaient pour les sacrifices. Ce couteau a été appelé *secespita* du verbe *secare* [2].

(1) C'est-à-dire de leurs statues. — (2) Couper.

STRUPPI vocantur in pulvinaribus *fasciculi de verbenis facti, qui pro deo*-rum capitibus ponuntur.

SEPTEM DIES, *vel simpliciter sept*-em calo, Antistius Labeo ait, proclamare ma-gistratum publicum, *si nonæ septimanæ futuræ sunt.*

SECESPITAM esse Antisti-*us Labeo ait cultrum fe*-rreum, oblongum, mani-*brio eburneo rotund*-o, solido, vincto ad ca-*pulum auro argentoque*, fixum clavis æneis, æ-re *Cyprio, quo flami*-nes, flaminicæ, virgi-*nes pontificesque ad sa*-crificia utuntur. Ea.... in sacrario utuntur.... rediculo æneo [290] olim.... tubæ relictæ sunt,.... a tangere licet; est.... sed et aliis in locis, et.... quædam; ita secespitæ di-*cuntur a secando.*

STRUPPI. On appelle ainsi, dans les cérémonies du lectisternium, de petits bouquets de verveine que l'on plaçait devant la tête des dieux.

SEPTEM DIES, ou simplement *septem calo* [1]. Antistius Labéon dit que le magistrat public proclame cette formule quand les nones doivent tomber le 7 du mois.

SECESPITA. Antistius Labéon dit que c'est un couteau de fer, oblong, à manche d'ivoire rond, massif, fixé par une virole d'or ou d'argent qui le rattache à la garde; les clous sont de cuivre de Cypre. Les flamines et leurs épouses, les vierges et les pontifes s'en servent dans les sacrifices. [Lacune assez considérable, et qu'on ne peut restituer.] .... Ainsi les *secespitæ* tirent leur nom de *secare*.

(1) J'annonce les sept jours.

Festus.

SECIVUM libum est quod secespita secatur.

SUFFIMENTA dicebant, quæ faciebant ex faba milioque molito mulso sparso. Ea diis eo tempore dabantur, quo uvæ calcatæ prelo premebantur.

SERPSIT antiqui pro serpserit usi sunt. Inde serpulæ dictæ, quas nunc serpentes dicimus, ex Græco, quia illi ἑρπετὰ, nos pro aspiratione eorum S littera posita, ut ἓξ sex, ἑπτὰ septem.

SECIVUM[1], gâteau que l'on coupe avec le couteau nommé *secespita*.

SUFFIMENTA[2]. On appelle ainsi une sorte de préparation composée de fèves et de millet moulu sur lequel on avait répandu du vin nouveau. On en faisait des offrandes aux dieux à l'époque où le raisin était foulé et écrasé par le pressoir.

SERPSIT. Les anciens ont employé cette forme pour *serpserit*[3]. De là on appelait *serpulæ* les reptiles que nous appelons maintenant *serpentes*[4], d'après les Grecs qui disent ἑρπετά[5]; nous remplaçons leur aspiration par la lettre S, comme dans *sex* pour ἓξ[6], *septem* pour ἑπτά[7].

---

(1) On écrit aussi *secivum*, *secium* et *secius panis*. — (2) Ce mot se traduit ordinairement par *parfum*. — (3) Qu'il ait rampé. — (4) Serpents, et aussi vermine — (5) Reptiles en général, mais plus communément serpents. — (6) Six. — (7) Sept.

Secivum est, quod secespita secatur *libum seu placenta, quæ soleat necessariis sa-crificiis adhiberi.*
Suffimenta sunt, quæ *faciebant ex faba milio-que molito, mulso spar-so. Ea diis dabantur eo tempo-re, quo uvæ calcatæ prelo premuntur.*

Serpsit antiqui pro serpserit, *unde videntur serp-ulæ dictæ, quas nunc ser-pentes dicimus, ex Gr-æco, quia illi* ἑρπετὰ, *nos*

Secivum, pain ou gâteau que l'on coupe avec le couteau nommé *secespita*, et que l'on emploie dans les sacrifices indispensables.

Suffimenta. Ce sont des préparations que l'on faisait avec des fèves et du millet moulu, sur lequel on a répandu du vin nouveau. On en faisait des offrandes aux dieux à l'époque où le raisin était foulé et écrasé par le pressoir.

Serpsit. Les anciens ont employé cette forme pour *serpserit*[1]. C'est de là que vient, à ce qu'il semble, le nom de *serpulæ*[2] donné

---

(1) De *serpere*, ramper, se glisser; *serpere* lui-même vient du grec ἕρπω — (2) Serpents, reptiles en général.

SUFFIBULUM, vestimentum album, prætextum, quadrangulum, oblongum, quod in capite vestales virgines sacrificantes habebant, idque fibula comprehendebatur.

SUFFIBULUM[1], vêtement blanc, orné d'une bordure, carré, oblong, que les vierges vestales portaient sur la tête au moment des sacrifices, et qui était retenu par une fibule.

(1) De *sub*, sous, et *fibula*, agrafe.

---

pro aspiratione eorum S littera posita, ut ἒξ *sex*, ἑπτὰ *septem*.

aux animaux que nous appelons aujourd'hui *serpentes*[1], d'après les Grecs, qui disent ἑρπετά; nous remplaçons leur aspiration par la lettre S, comme dans *sex* pour ἒξ, *septem* pour ἑπτά.

SUFFIBULUM est vestimentum al-*bum*, *prætextum*, *qua*-drangulum, oblongum, quod in ca-*pite virgines ve*-stales quum sacrificant semper *habere solent*, idque fibula comprehenditur.

SUFFIBULUM, vêtement blanc, orné d'une bordure, carré, oblong, que les vierges vestales portent toujours sur la tête lorsqu'elles font un sacrifice; il est retenu par une fibule.

SILENTIO SURGERE *ait* dici, ubi qui post mediam *noctem auspicandi* causa ex lectulo suo si-*lens surr*-exit, et liberatus a lecto, in solido *se posuit*, *se*-detque, ne quid eo tempore deiciat, *cavens*, *donec* se in lectum reposuit : hoc enim est *proprie si*-lentium, omnis vitii in auspiciis vacuitas. Veranius ait, non utique ex lecto, sed ex cubili, ne rursus se in lectum [198] reponere necesse esse.

SILENTIO SURGERE[2]. Cette expression, dit...[3], s'emploie en parlant d'un homme qui, après le milieu de la nuit, s'est levé silencieux de son lit pour prendre les auspices, et qui, dégagé de son lit, s'est placé sur un siége massif et s'y tient assis, prenant garde de ne rien renverser en ce moment jusqu'à ce qu'il ait repris place dans son lit : car on appelle proprement silence l'absence de tout trouble dans les auspices. Veranius dit qu'il s'agit ici d'une personne qui se lève non pas précisément de son lit, mais d'une couche quelconque, et qu'il n'est pas nécessaire pour elle de retourner dans son lit.

SARPIUNTUR VINEÆ, id est putantur, ut in XII : « Quandoque sarpta, donec dempta erunt. »

SARPIUNTUR VINEÆ[4]. Cette expression se trouve dans les lois des Douze-Tables : *Quandoque sarpta, donec dempta erunt* [5].

(1) Serpents, reptiles en général. — (2) Se lever en silence. — (3) Ici manque le nom d'un auteur. — (4) Les vignes sont taillées. — (5) Les branches taillées de temps en temps, jusqu'à ce qu'elles soient entièrement coupées.

SUMMANALIA liba farinacea in modum rotæ ficta.

SANATES dicti sunt, qui supra infraque Romam habitaverunt; quod nomen ideo his est inditum, quia, quum defecissent a Romanis, brevi post in amicitiam quasi sanata mente redierunt.

SUMMANALIA[1], gâteaux de farine auxquels on donnait la forme d'une roue.

SANATES[2]. On a appelé ainsi les peuples qui habitèrent au-dessus et au-dessous de Rome, et ce nom leur fut donné, parce qu'après avoir fait défection aux Romains, ils rentrèrent bientôt dans leur amitié, revenus, pour ainsi dire, à la santé de la raison.

(1) Ces gâteaux sont ainsi nommés, parce qu'ils s'offraient de préférence à Summanus (Pluton). — (2) *Sanates* serait donc synonyme de *sanatus*, guéri, ramené à la santé.

SUMMANALIA, liba farinacea in modum rotæ finctæ [294].

SUFFUERAT, sub eodem tecto fuerat.

SCRIPTUM LAPIDEM esse ait, et ita vocari, Antistius Labeo, in agro Menullino [295] divinam rem faceret.

SE QUAMQUE, seorsum quamque.

SANATES dicti sunt, qui supra, infraque Romam habitaverunt. Quod nomen his fuit, quia quum defecissent a Romanis, brevi post redierunt in amicitiam, quasi sanata mente; itaque in XII cautum est, ut idem juris esset Sanatibus quod Forctibus, id est bonis, et qui nunquam defecerant a P. R.

SUMMANALIA, gâteaux de farine auxquels on donnait la forme d'une roue.

SUFFUERAT[1], il s'était trouvé sous le même toit.

SCRIPTUS LAPIS. Antistius Labéon dit qu'il y avait une pierre écrite[2], et à laquelle on donnait précisément ce nom, sur le territoire de Médullie. [Lacune.].... faisait les cérémonies saintes.

SE QUAMQUE, pour *seorsum quamque*[3].

SANATES. On a appelé ainsi les peuples qui habitèrent au-dessus et au-dessous de Rome, et ce nom leur fut donné parce qu'après avoir fait défection aux Romains, ils rentrèrent peu de temps après dans leur amitié, revenus, pour ainsi dire, à la santé de la raison. Aussi les lois des Douze-Tables établissent-elles que le même droit doit exister pour les *sanates* que pour les *forctes*[4] : ce dernier mot désigne les peuples bons et sincères, qui n'avaient jamais fait défection au peuple romain.

(1) De *sub*, sous, et *esse*, être. — (2) C'est-à-dire une pierre sur laquelle était gravée une inscription. — (3) De côté, séparément, à part. — (4) C'est le même mot que *fortes*, énergiques, persévérants.

SEX VESTÆ SACERDO-
TES constitutæ erant, ut populus pro sua quisque parte haberet ministram sacrorum, quia civitas Romana in sex erat distributa partes : in primos secundosque Titienses, Ramnes, Luceres.

SUBLUCARE ARBORES, est ramos earum supputare, et veluti subtus lucem mittere; conlucare autem succisis arboribus locum luce implere.

SPURCUM VINUM dicebant, quum aqua admixta, aut igne tactum erat, mu-

On avait établi six prêtresses de Vesta, afin que le peuple eût pour chacune de ses parties une de ces vierges chargées des fonctions saintes; car la cité romaine était divisée en six parties : au premier et au second rang étaient les Titiens, les Ramnes, les Lucères.

SUBLUCARE ARBORES[1], c'est tailler les branches inférieures des arbres, et envoyer, en quelque sorte, la lumière sous eux; *conlucare*[2], au contraire, c'est remplir un espace de lumière, en coupant les arbres qui le garnissent.

SPURCUM VINUM[3]. On appelait ainsi le vin auquel on avait mêlé de l'eau, ou qui

(1) De *sub*, sous, et *lux*, lumière. — (2) De *cum*, avec, et *lux*, lumière. Au fond, les deux verbes signifient, avec des nuances différentes, éclaircir. — (3) Littéralement : Vin sale, plein d'ordures; par conséquent, vin frelaté.

SUBLUCARE ARBORES est ramos earum supputare, et veluti subtus lucem mittere; conlucare autem, succisis arboribus locum implere luce.

SPURCUM VINUM est, quod sacris adhiberi non licet, ut ait Labeo Antistius lib. x Commentarii juris pontifici, cui aqua admixta est de fructum ve [296] aut igne tactum est, mustum ve antequam defervescat.

SUBLUCARE ARBORES, c'est couper les branches inférieures des arbres, et envoyer, en quelque sorte, la lumière sous eux; *conlucare*, au contraire, c'est remplir un espace de lumière, en coupant les arbres qui le garnissent.

SPURCUM VINUM, c'est le vin qu'il n'est point permis d'employer aux sacrifices, ainsi que le dit Antistius Labéon, au livre x de son *Commentaire sur le droit pontifical*. C'est du vin auquel on a mêlé de l'eau, ou bien du vin dit *defrutum*, c'est-à-dire qui a subi l'action du feu, ou encore du vin nouveau pris avant la fermentation.

stumve antequam defervescat.

SACRIFICIUM, quod fiebat Romæ in monte Palatio, *Palatuar* dicebant.

SISTERE FANA quum dicerent, significabatur lecti-

avait senti le feu, ou encore le vin nouveau avant la fermentation.

On appelait *Palatuar* le sacrifice qui se faisait à Rome sur le mont Palatin.

SISTERE FANA. Lorsqu'on employait cette expres-

Septimontio, ut ait Antistius Labeo, hisce montibus feriæ. Palatio, cui sacrificium quod fit, Palatuar dicitur; villæ, cui item sacrificium; Faguali, Suburæ, Cermalo, Oppio Cælio [297] monti, Cispio monti. Oppius autem appellatus est, ut ait Varro Rerum humanarum lib. XIII, ab Opita [298] Oppio Tusculano, qui cum præsidio Tusculanorum missus ad Romam tuendam, dum Tullus Hostilius Veios oppugnaret [299], consederat in Carinis, et ibi castra habuerat; similiter Cisitum [300] a Lævo Cispio Anagnino, qui ejusdem rei causa eam partem Esquiliarum, quæ jacet ad vicum Patricium versus, in qua regione est ædis Mefitis, tuitus est.

Sistere fana quum in urbe condenda dicitur, significat loca in oppido futurorum fanorum constituere; quam Antistius Labeo ait [301] in Commentario XV juris pontifici, fana sistere esse lectisternia certis locis et dis habere.

Septimontium [1]. C'est, comme le dit Antistius Labéon, la fête des montagnes dont les noms suivent : Palatin, où on célèbre un sacrifice dit *Palatuar*; Vélie, où se fait de même un sacrifice; le Fagutal; Subura; le Cermalus; le mont Oppius; le mont Cispius. Le mont Oppius avait été ainsi nommé, comme nous l'apprend Varron au livre VIII des *Choses humaines*, d'Opitre Oppius de Tusculum, qui, envoyé avec un secours de Tusculans à la défense de Rome, tandis que Tullus Hostilius assiégeait Véies, s'était établi aux Carènes, et y avait dressé son camp. Varron nous apprend encore que le mont Cispius prit de même son nom de Lévius Cispius d'Anagni, qui, pour le même motif, vint défendre cette partie des Esquilies qui s'étend vers le quartier des Patriciens, du côté où est le temple de Mefitis.

Sistere fana. Lorsque dans la formation d'une ville on emploie ces termes, ils signifient que l'on marque définitivement les emplacements où l'on doit élever plus tard les temples de la cité. Antistius Labéon dit, au livre XV du *Commentaire sur le droit pontifical*, que l'expression *fana sistere* signifie célébrer le *lectisternium* en des lieux fixés et en l'honneur de dieux déterminés.

---

[1] Littéralement : fête des sept montagnes.

sternia certis in fano locis componere.

SERPULA SERPSERIT quum legitur apud Messalam, significat serpens irrepserit.

SOLINO intelligitur consulo.

sion, elle signifiait faire le *lectisternium* dans des parties déterminées d'un temple.

SERPULA SERPSERIT. Cette expression, qu'on lit dans Messala, signifie *serpens irrepserit* [1].

SOLINO a la même signification que *consulo* [2].

(1) Le serpent se sera glissé dans.... — (2) Délibérer, conseiller, juger, estimer, prendre des mesures, aviser, pourvoir, veiller à...., consulter, prendre conseil; interroger, s'informer.

SUBIGERE ARIETEM in eodem libro Antistius esse ait dare arietem, qui pro se agatur, cædatur.

« BENE SPONSIS, BENEQUE VOLUERIS »[302] in precatione augurali Messala augur ait significare spoponderis, volueris.

« SERPULA SERPSERIT, » ait idem Messala, serpens irrepserit.

SOLINO idem ait esse consulo.

SUAD TED idem ait esse, sic te.

STELLAM significare ait Ateius Capito lætum et prosperum, auctoritatem sequutus P. Servilii auguris, stellam[303] quæ extamella ærea[304] adsimilis stellæ locis inauguratis infigatur.

SINISTRUM in auspicando significare ait Ateius Capito lætum et prosperum auspicium, aut silentium, dubi[305] duntaxat vacat vitio; igitur silentio surgere quum dici-

SUBIGERE ARIETEM [1]. Antistius dit, dans le même livre, que c'est donner un bélier qui doit être exécuté, tué en place de celui qui le donne.

BENE SPONSIS, BENEQUE VOLIS. L'augure Messala dit que dans la prière des augures, ces mots sont employés pour *spoponderis* [2], *volueris* [3].

«SERPULA SERPSERIT.» Le même Messala dit que ces mots sont l'équivalent de *serpens irrepserit*.

SOLINO, selon le même auteur, a la même signification que *consulo* [4].

SUAD TED, dit le même auteur, a le même sens que *sic te* [5].

STELLA [6]. Atéius Capiton, s'appuyant en cela sur l'autorité de l'augure P. Servilius, dit qu'une lame d'airain découpée en forme d'étoile et attachée aux endroits inaugurés, est un joyeux et favorable auspice.

SINISTRUM [7]. Atéius Capiton dit que dans l'action de prendre les auspices, ce mot signifie un auspice favorable et heureux; tandis que le mot *silentium* [8] marque

(1) Substituer un bélier à un homme (comme victime expiatoire). — (2) Tu auras promis formellement. — (3) Tu auras voulu. — (4) Je veille à...., etc. — (5) Ainsi toi. — (6) Étoile. — (7) Ce mot, ici, signifie favorable. — (8) Silence.

STIPATORES, id est custodes cujusque corporis, dicti sunt a stipe, quam accipiebant mercedis nomine.

SOLICITARE est solo ci-

STIPATORES, c'est-à-dire les gardes du corps, étaient ainsi appelés de *stips*[1], parce qu'ils recevaient une paye à titre de salaire.

SOLICITARE[2], c'est faire

(1) Monnaie, profit. — (2) Solliciter.

---

tur significat non interpellari, quo minus rem gerat; ad sinistrum [306] hortari quoque auspicia ad agendum, quod animo quis proposuerit.

seulement que l'auspice n'a rien d'irrégulier. Lors donc que l'on dit *silentio surgere*[1], cela signifie que l'on n'est pas empêché d'agir. Le mot *sinistrum*, au contraire, marque que les auspices encouragent même ceux qui les consultent à faire l'acte qu'ils se sont proposé dans leur esprit.

Satis verbum Verrio melius fuit præterire, ut mihi videtur; quam tam absuri qui [307] opiniones suas de eo restare [308]; quas sciens præterii, tam hercules, quam de scabro, quod proximum sequebatur.

Satis[2]. Verrius eût mieux fait, à mon avis, d'omettre ce mot que de déduire ses opinions si absurdes à cet égard; je ne les ai pas consignées ici à dessein, tout aussi bien, par Hercule, que celles qu'il donne sur le mot *scabrum*[3], qui, dans son livre, venait immédiatement après le mot *satis*.

Stipatores ait dictos a stipe, quam mercedis nomine accipiant custodes cujusque corporis; unde et stipam, quam amphoræ [309] quum exstruuntur, firmari solent; etiam stipites, qui ob eamdem causam destituantur.

Stipatores. Cet auteur dit que l'on appelle ainsi, de la solde[4] qu'ils reçoivent à titre de rémunération, les gardes du corps de quelque personnage que ce soit; c'est encore de là, dit-il, que l'on appelle *stipa*[5] la paille qui sert à assurer les amphores quand on les dresse, et *stipites* les bâtons que l'on enfonce en terre pour soutenir quelque chose.

Sollicitare quidam dictum putant, vel-*ut citare ex solo, quod est ex suo loco ac sententia movere. Solum autem* quin significet locum, quis *dubitet? quum exsules* quoque dicantur loco p-*atriæ suæ pulsi.*

Sollicitare. Quelques auteurs pensent que ce mot est formé de *citare ex solo*[6], ce qui est détourner quelqu'un de sa place et de son opinion. Qui doute, en effet, que *solum* signifie lieu? puisque d'ailleurs on appelle *exsules*[7] les individus chassés du sol de leur patrie.

(1) Se lever dans le silence. — (2) Assez. — (3) *Scaber* signifie rude au toucher et malpropre. (4) *Stips*. (5) Paille, matière à emballage (6) Faire sortir du sol. — (7) Exilés.

tare, id est ex suo loco movere. Solum autem quin significet locum, quis dubitet, quum exsules quoque dicantur loco patriæ suæ pulsi?

sortir du sol, c'est-à-dire faire changer de place. Or, qui doutera que *solum* signifie lieu, lorsque l'on appelle aussi *exsules*[1] les individus chassés des lieux où est leur patrie?

(1) De *ex*, hors de, et *solum*, sol.

LIVRE XVIII.

TERENTUM locus in campo Martio dictus, quod eo loco ara Ditis patris terra occultaretur.

TERENTUM, endroit du champ de Mars, ainsi nommé, parce que l'autel de Pluton y était caché sous terre.

TAPPETE ex Græco sum-*psit* « *Strata tape-tæ*[1] » Ennius quum ait; « T-*apete glabrum* » *dixit* Turpi-lius in Demetrio. Le[2].... *tapetem* veterem; sic tappet-e....

TAPETE. Ennius a pris du grec ce mot[1], lorsqu'il dit : *Strata tapete*[2]. Turpilius a dit, dans *Demetrius* : — *Tapete glabrum*[3]. [Lacune.].... vieux tapis. Ainsi tapis....

TERENTUM in campo Martio loc-*um Verrius ait ab eo* dicendum fuisse, quod t-*erra ibi per ludos* Secularis Ditis patris *aram occulens tera*-tur ab equis quadrigari-*is, ut eorum levis motilitas*[3] *æquiperet mo*-*tus solis atque lu*-næ. Quod quam aniliter rela-*tum sit, cui*-vis manifestum est.

TERENTUM. Verrius dit que cet endroit du champ de Mars a été ainsi appelé, parce que la terre qui, pendant les jeux Séculaires, y recouvre l'autel de Pluton, est foulée par des chars attelés de quatre chevaux, afin que leur légèreté et l'aisance avec laquelle ils se meuvent représente, en quelque sorte, les mouvements du soleil et de la lune. Mais chacun voit clairement combien cette assertion ressemble à un conte de bonne femme.

(1) Τάπης. — (2) Couverte d'un tapis. — (3) Tapis sans poil, tapis râpé.

TAURII appellabantur ludi in honorem deorum inferorum facti. Instituti autem videntur hac de causa. Regnante Superbo Tarquinio quum magna incidisset pestilentia in mulieres gravidas, quæ fuerat facta ex carne divendita populo taurorum, ob hoc diis inferis instituti et Taurii vocati sunt.

TAURII. On désignait sous ce nom des jeux célébrés en l'honneur des dieux infernaux. Voici, selon toute apparence, le motif qui les fit établir. Sous le règne de Tarquin le Superbe, une violente maladie contagieuse exerça ses ravages sur les femmes enceintes; elle avait pour cause la mauvaise qualité de la viande des taureaux que l'on vendait au peuple. On institua donc en l'honneur des dieux infernaux des jeux que l'on appela Tauriens.

TALASSIONEM in nu-

TALASSIO[1]. Varron dit

---

[1] *Thalassio* ou *thalassius* signifie, dans Martial et dans Catulle, Hyménée, dieu du mariage; et encore, épithalame, chanson nuptiale.

TAURI LUDI *in-*stituti dis inferis ex *hac causa videntur.* Tarquinio regnante, quum *magna incidisset* pestilentia in mulieres *gravidas atque earum* fetu si facti sunt ex car-*ne divendita populo* taurorum immolatorum; ob *hoc ludi Tauri* appellati sunt, et fiunt *in circo Flaminio,* ne intra muros evocentur di *inferi. Sed Taurios* ludos Varro ait vocari, quod *eis ludis discipu-*lus pendens a doctore in cr-*udo corio tauri* solitus sit inpelli, atque us-*que eo inibi cogi* docere, quoad consisteret *atque virtu-*te talorum constaret pedu-*m firmitas.*

TAURI LUDI. Voici, selon toute probabilité, le motif qui a fait instituer les jeux Tauriens en l'honneur des dieux infernaux. Sous le règne de Tarquin, une violente maladie contagieuse ayant frappé les femmes enceintes et les enfants qu'elles portaient dans leur sein, on les fit avec la chair des taureaux immolés, que l'on vendait au peuple. C'est pour cette raison qu'on les appela jeux Tauriens, et ils se célèbrent dans le cirque de Flaminius, afin que les dieux infernaux ne soient point évoqués dans l'enceinte de la ville. Mais, selon Varron, les jeux Tauriens ont été ainsi nommés, parce que, durant leur célébration, un écolier, soutenu en l'air par son maître, est d'ordinaire poussé contre une peau de taureau non tannée, et est forcé d'essayer de se maintenir sur cette peau jusqu'à ce qu'il puisse s'y tenir debout, et que la solidité de ses jambes soit prouvée par la force de ses talons.

TALASSIONEM in nuptiis Varro

TALASSIO. Varron dit que dans

ptiis Varro ait signum esse lanificii. Talassionem enim vocabant quasillum, qui alio modo vocatur calathus, vas utique ipsis lanificiis aptum.

que dans les cérémonies du mariage, c'est le symbole des travaux de la laine. En effet, on appelait *talassio* un panier autrement nommé *calathus*[1], et qui était propre à l'art d'apprêter la laine.

(1) Corbeille, panier à ouvrage, coupe.

---

ait *signum esse lani-*ficii, τάλαρον, id est quassillum, i-*nde enim so*litum appellari Talassionem; at.... historiarum scribtor, Talassium ait *nomine* virum, rapta virgine unicæ p-*ulchritu-*dinis, quod ei id conjugium fuerit fe-*lix, boni* hominis gratia⁶ nunc redintegrari.

TRIGINTA *lictoribus l-*ex Curiata fertur, quo Hanni-*bal*⁷ *in propinquitate* Romæ quum esset, nec ex præsidi-*is discedere liceret,* Q. Fabius Maximus Verru-*cosus,* M. Claudius Ma-rcellus cos. ⁸ facere in-*stituerunt, ut nota-*vit Ælius in XII*Signi-ficationum verborum.*

TRISULCUM *fulgur* ⁹ fuit *ab antiquis dictum,* q-uia id aut incendit, a-*ut discutit, aut te-*rebrat.

TOGATARUM *est genus prætextatarum, qd. est h-*ominum fastigio ¹⁰ ; quæ *prætextatæ dicuntur,* quod togis prætextis rem-*publicam* illi administren-t ; tabernarium, quia *in iis cum hominibus ex-*cel-

les cérémonies du mariage, c'est le symbole des travaux de la laine, en grec τάλαρον, c'est-à-dire panier à ouvrage, d'où on l'appelle d'habitude *talassio*. Mais.... [1], qui a écrit des histoires, dit qu'un homme nommé Talassius ayant enlevé une jeune fille d'une rare beauté et ayant trouvé le bonheur dans cette union, on répéta plus tard son nom comme signe d'heureux présage.

Une loi curiate se porte en présence de trente licteurs, parce qu'au moment où Annibal se trouvait aux portes de Rome, et qu'il n'était pas permis de s'éloigner des postes militaires, les consuls Q. Fabius Maximus Verrucosus et M. Claudius Marcellus introduisirent les premiers cet usage, comme Elius l'a indiqué, au livre XII de son *Traité de la signification des mots.*

TRISULCUM [2]. Les anciens ont appliqué cette épithète à la foudre, parce qu'elle brûle, renverse, ou perfore.

TOGATÆ [3]. C'est un genre de pièces de théâtre où les personnages portent la robe prétexte, et où l'on met en scène des hommes du rang le plus élevé. On les appelle *prætextatæ* [4], parce que les hommes du haut rang gouver-

(1) Ici manque le nom d'un auteur. — (2) Qui a trois pointes. — (3) Littéralement : Où l'on porte la toge. On donnait généralement ce nom aux pièces dont les sujets étaient romains. — (4) Littéralement : Où l'on porte la robe prétexte.

TAURAS[1] vaccas steriles dici existimatur hac de causa, quod non magis pariant, quam tauri.

TODI, genus avium parvarum. Plautus : « Cum extortis talis, cum todillis crusculis. »

TUBILUSTRIA[2] dies appellabant, in quibus agna tubas lustrabant[3].

TAURÆ. On croit que l'on appelle ainsi les vaches stériles, parce qu'elles ne vêlent pas plus que les taureaux.

TODI[1], sorte d'oiseaux de de petite taille. Plaute a dit : *Cum extortis talis, cum todillis crusculis*[2].

TUBILUSTRIA[3]. On appelait ainsi les jours où les trompettes étaient purifiées avec de l'eau lustrale.

(1) Il nous est impossible de déterminer quelle est cette sorte d'oiseaux. — (2) Aux talons tournés en dehors, aux petites jambes grêles. — (3) De *tuba*, trompette, et *lustrare*, purifier.

---

lentibus etiam humiles *permixti sunt, fu-res,* p-lagiarii, servi denique et *omnes, qui ex tab-*ernis honeste prodeant *homines.*

TAURAS, vaccas steriles appellari, ait *Verriu-*s, quæ non magis rapiant[11], *quam tauri;* sed *veri-*similius sit ex Græco dic-*tas, quia steriles vaccas* ταύ-ρας appellant.

TODI sunt *aves parvæ, pede exil-*i, quarum m. Plautus in Sy-*ro :* « *Cum extor-*tis talis, cum todillis cru-*sculis.* »

TUBILUSTRIA quibus diebus adscriptum in *Fastis est, in atr-*io Sutorio agna tubæ *lustrantur, quos* tubos[12] appellant, quod ge-

nent l'État revêtus de robes prétextes. On appelle *tabernariæ*[1] des pièces où se trouvent mêlés à ces personnages élevés des individus de bas étage, des voleurs, des receleurs d'esclaves[2], des esclaves enfin, et tous les hommes qui sortent honnêtement des tavernes.

TAURÆ. Verrius dit qu'on appelle ainsi les vaches stériles, parce qu'elles ne vêlent pas plus que les taureaux ; mais il est plus vraisemblable que cette dénomination vient du grec ταύραι : dans cette langue, en effet, ce mot signifie vaches stériles.

TODI. Ce sont des oiseaux de petite taille, aux pattes grêles, dont parle Plaute dans son *Syrien :* — *Cum extortis talis, cum todillis crusculis.*

TUBILUSTRIA. La purification des trompettes est fixée dans les Fastes aux jours où dans le vestibule des Cordonniers on purifie avec l'eau lustrale les trompettes

(1) Littéralement : De taverne. — (2) *Plagiarius* signifie qui vend ou achète une personne qu'il sait de condition libre, qui recèle un esclave fugitif, qui lui fournit les moyens de fuir, ou lui conseille la fuite ; et, de plus, plagiaire, qui s'attribue les ouvrages d'autrui, qui les pille. On dit également *plagiator.*

TUDITANTES significat negotium tundentes, id est agentes. Lucretius⁴ : « Nec tuditantia rem cessant extrinsecus ullam. »

TUDITES mallei a tundendo dicti. Inde et cuidam cognomen *Tuditano* fuit, quod caput malleo simile habuerit.

TULLIOS alii dixerunt esse silanos, alii rivos, alii vehementes projectiones sanguinis arcuatim fluentis, quales sunt

TUDITANTES[1] signifie qui battent les affaires, c'est-à-dire qui les font. Lucrèce dit : *Nec tuditantia rem cessant extrinsecus ullam*[2].

TUDITES. Les marteaux sont nommés ainsi du verbe *tundere*[3]. C'est de là que le surnom de *Tuditanus*[4] fut donné à un certain individu, parce qu'il avait la tête semblable à un marteau.

TULLII[5]. Selon les uns, ce sont les tuyaux de fontaine, selon les autres des ruisseaux, selon d'autres encore de forts

(1) Affairés, qui se donnent beaucoup de mal. — (2) Et toujours en mouvement, ne s'arrêtent en rien au dehors. — (3) Battre, frapper. — (4) Qui frappe avec le marteau, ou plutôt, ici, qui ressemble à un marteau. — (5) De *tulo* pour *tollo*.

---

nus *lustrationis ex* Arcadia Pallanteo trans-*latum esse dicunt*.

TUDITANTES, tundentes, *negotium ag*-entes significare ait Cincius…. *En*-nius lib. II : « Hæc inter se totum vi¹³ illi tuditantes. » Et Lucretius item libro II : « Nec *tuditantia* rem cessant extrinsecus ullam. »

TUDITES *mall*-eos appellant antiqui a tunden-*do, quamv*-is alii cruribus¹⁴ tudites. Inde Ateius *Philolog*-us existimat Tuditano cognomen *inditum, quod* caput malleoli simile habuerit.

TULLIOS *al*-ii dixerunt esse silanos, alii rivos, alii vehementes projectiones sanguinis arcuatim

que l'on appelle *tubi*[1], et ce genre de purification a été apporté d'Arcadie au mont Palatin.

TUDITANTES, qui frappent avec le marteau. Cincius dit que ce mot signifie affairés…. Ennius dit, au livre II : *Hæc inter sese tota vi illi tuditantes*[2]. Et Lucrèce, également au livre II : *Nec tuditantia rem cessant extrinsecus ullam*.

TUDITES. Les anciens désignent par ce mot les marteaux, du verbe *tundere*; quoique d'autres fassent venir *tudites* de *tudes*[3]. De là Ateius Philologus croit que Tuditanus a reçu ce surnom, parce que sa tête avait la forme d'un marteau.

TULLII. Selon les uns, ce sont des tuyaux de conduite pour les eaux; selon d'autres, des ruisseaux,

(1) Tubes, tuyaux. — (2) Faisant vivement ces choses entre eux, en s'y livrant de toutes leurs forces. — (3) Maillet, mailloche.

Tiburi in Aniene. Ennius : « Sanguine tepido tullii efflantes volant. »

TOPPER⁵ cito, ut illud Nelei : « Topper fortunæ commutantur hominibus. »

jets de sang coulant en arc, semblables aux cascades qui, à Tibur, se jettent dans l'Anio. Ennius dit : *Sanguine tepido tullii efflantes volant*[1].

TOPPER, promptement, comme on le voit dans ce vers du chant de Nélée : *Topper fortunæ commutantur hominibus*[2].

---

(1) Et des jets d'un sang chaud poussés au dehors semblent s'élancer avec la rapidité du vol. — (2) Les destinées des hommes changent en un clin d'œil.

---

fluentis, quales sunt Tiburi in Aniene. Ennius in Ajace : « Ajax misso sanguine tepido tulii¹³ efflantes volant. »

TOPPER significare ait Artorius cito, fortasse, celeriter, temere. Cito, sic in Nelei carmine : « Topper fortunæ commutantur hominibus. » Citius, sic C. Nævius : « Capesset flammam Volcani ; » cito, sic in eodem : « Namque nullum pejus macerat humanum¹⁶, quamde mare sævum. Viret cui sunt¹⁷ magnæ, topper confringent inportunæ unde¹⁸, » fortasse, sic Cœlius lib. VII : « Ita uti sese quisque vobis studeat æmulari in statu fortunæ reipubl., eadem re gesta, topper nihilo minore negotio acto, gratia minor esset. » Fortasse, sic Accius in Io : « Topper, ut fit, patris ten eicit iras¹⁹. » Ennius vero²⁰ sic : « Topper for-

selon d'autres encore, de forts jets de sang coulant en arc, semblables aux cascades qui, à Tibur, tombent dans l'Anio. Ennius dit, dans son *Ajax* : — *Animam misso sanguine tepido tullii efflantes volant*[1].

TOPPER. Artorius dit que ce mot signifie vite, peut-être, avec rapidité, au hasard. Vite comme, dans le chant de Nélée : *Topper fortunæ commutantur hominibus*. Plus vite, dans C. Névius, par exemple : *Capesset flammam Volcani*[2]. Vite, tout à coup, comme dans le même auteur : *Namque nullum pejus macerat homonem, quamde mare sævum. Vires cui sunt magnæ, topper confringent importunæ undæ*[3]. Peut-être, ainsi que dans Célius, au livre VII : *Ita uti sese quisque studeat æmulari in statu fortunæ reipublicæ, eadem re gesta, topper nihilo minore negotio acto, gratia minor esset*[4]. Peut-être, comme l'emploie Accius dans son *Io* : — *Topper, ut fit, patris ted ejicit ira*[5].

---

(1) Les jets volent, en quelque sorte, en poussant l'âme au dehors, avec le sang chaud qu'ils rejettent. — (2) Il saisira la flamme de Vulcain. — (3) Car rien ne fatigue plus un homme que la mer en furie. Les ondes déchaînées brisent bien vite celui qui a une grande force. — (4) Que dans l'état de fortune de la république chacun se livre à l'émulation, de sorte que n'ayant peut-être pas moins fait qu'un autre, la récompense soit moins grande. — (5) Peut-être, comme cela arrive, la colère de ton père te repousse.

TORRENS et participium et nomen est.

TORRENS[1] est à la fois un substantif et un participe.

[1] *Torrens* substantif signifie torrent; adjectif ou participe, il signifie ardent, brûlant, qui brûle, brûlé, impétueux.

---

tasse valet in Ennii et Pacuvii scriptis. » Apud Ennium est : « Topper quam nemo melius scit. » Pacuvius : « Topper tecum sit potestas²¹ faxsit, si mecum velit. » Ad in antiquissimis²² scriptis celeriter, ac mature; in Odyssia vetere : « Topper facit homines utrius fuerint²³. » « Topper citi ad ædis venimus Circæ, simul duona eorum portant²⁴ ad navis; millia alia in isdem inserinuntur. »

TIBICINES²⁵ etiam hi appellantur, qui sacerdotes viri speciosi publice sacra faciunt, tubarum lustrandarum gratia.

TORRENS participialiter pro exurens ponitur, ut est apud Pacuvium in Antiopa : « Flammeo vapore torrens terræ fetum exusserit. » Significat etiam fluvium, subitis imbribus concitatum, qui alioqui siccitatibus exarescit, quius aquam²⁶ ipsam, quæ fluit, flumen recte dici ait Ælius Gallus lib. II quæ ad jus pertinent. Ceterum volgi consuetudine utrumque jam dici flumen, et perennem fluvium et torrentem.

Voici comment s'exprime Sinnius : *Topper* signifie peut-être, dans les écrits d'Ennius et de Pacuvius. » On lit dans Ennius : *Topper quam nemo melius scit* [1]. Et dans Pacuvius : *Topper tecum si potestas faxsit, si mecum velit* [2]. Mais dans les ouvrages les plus anciens, ce mot signifie rapidement et à propos. On lit dans la vieille *Odyssée* : — *Topper facit homines veris sueres* [3]. — *Topper citi ad œdis venimus Circœ, simul duona coram portant ad navis; millia alia in isdem inserinuntur* [4].

TUBICINES [5]. On appelle encore ainsi des prêtres, hommes de belle apparence, qui font des sacrifices aux frais de l'Etat pour purifier les trompettes.

TORRENS. Comme participe, ce mot signifie brûlant; c'est ainsi que Pacuvius l'emploie dans son *Antiope* : — *Flammeo vapore torrens terræ fetum exusserit* [6]. Il signifie aussi un cours d'eau produit par des pluies subites, qui se dessèche dans les temps de sécheresse; et son eau elle-même, tandis qu'elle coule, prend avec raison le nom de *flumen* [7], selon Elius Gallus, au second livre de son ouvrage sur les matières relatives au droit. Du reste, dans l'usage vulgaire, on applique le nom de *flumen* au cours d'eau qui ne tarit jamais, aussi bien qu'au torrent.

[1] Peut-être sait-il mieux que personne. — [2] Peut-être avec toi, si le pouvoir le permet, s'il veut avec moi. — [3] Elle transforma aussitôt les hommes en pourceaux. — [4] Nous arrivons à l'instant à la demeure de Circé, et en même temps ils portent des présents aux navires. On place dans ceux-ci mille autres choses. — [5] Qui sonne de la trompette ou qui purifie les trompettes. — [6] Brulant d'une vapeur mêlée de flamme, il dévore le fruit de la terre. — [7] Fleuve.

TORUM[8], torridum, aridum.

TURMA[7] equitum dicta, quasi terima, quod ter deni equites ex tribus tribubus Titiensium, Ramnium, Lucerum fiebant[8]. Itaque primi singularum decuriarum decuriones dicti, qui ex eo singulis turmis sunt etiamnunc terni.

TORUS, brûlé, aride.

TURMA. On appelle ainsi une compagnie de cavalerie, comme si l'on disait *terima*[(1)], parce que trois fois dix cavaliers étaient réunis des trois tribus des Titiens, des Ramnes et des Lucères. En conséquence, on appelle décurions les premiers de chaque décurie, qui, d'après cela, sont encore aujourd'hui appelés ternaires dans chaque compagnie de cavalerie.

TORRERE a torro deductum, proprie significat siccare

TORRERE. Ce mot, dérivé de *torrus*[(2)], signifie pro-

[(1)] Trois fois dix. — [(2)] Ou *torus*. — *Voyez* ce mot quelques lignes plus haut.

TORUM, ut significet torridum, aridum, per unum quidem R antiqua consuetudine, scribitur; sed quasi per duo R, scribatur, pronuntiari oportet : nam antiqui nec mutas, nec semivocales litteras geminabant, ut fit in Ennio, Arrio, Annio.

TURMAM equitum dictam esse ait Curiatius quasi terimam : quod terdeni equites ex tribus tribubus Titiensium, Ramnium, Lucerum fiebant. Ita primi singularum decuriarum decuriones dicti, qui ex eo in singulis turmis sunt etiam nunc terni.

TORUM, qui signifie desséché, aride, s'écrit, il est vrai, par un seul *r*, par suite de l'antique usage; mais on doit prononcer ce mot comme s'il s'écrivait par deux *r* : car les anciens ne redoublaient pas les lettres muettes, ni les demi-voyelles, comme cela se fait dans Ennius, Arrius, Annius.

TURMA. Curiace dit que l'on appelle ainsi une compagnie de cavalerie, comme si l'on disait *terima*. Cela vient de ce que l'on choisissait trente cavaliers dans les trois tribus des Titiens, des Ramnes et des Lucères. C'est ainsi que l'on a nommé décurions les premiers de chaque décurie, et qu'à présent encore, depuis ce temps, on appelle ternaires les premiers de chaque compagnie de cavalerie.

TORRERI a torro deductum, proprie significat siccare, atque arefacere; sed usurpatum est jam pro eo quod sit igne urere. Plautus : « In una edet opera[27] in

TORRERI. Ce mot, qui vient de *torrus*, signifie proprement sécher, rendre aride. Mais depuis longtemps on l'emploie dans le sens d'être brûlé par le feu. Plaute dit :

atque arefacere, sed usurpatum est jam pro eo quod sit igne urere.

TURRANI Etrusci dicti a Turreno duce Lydorum, a cujus gentis præcipua crudelitate etiam tyranni sunt dicti.

TORVITAS a ferocia taurorum, quasi tauri acerbitas, est vocata.

(1) L'air dur des taureaux.

prement dessécher et rendre aride; mais depuis longtemps on l'emploie dans le sens de brûler par le feu.

TURRANI. Les Etrusques ont été ainsi nommés de Turrenus, chef des Lydiens; c'est encore de l'extrême cruauté de cette race que les tyrans ont pris ce nom.

TORVITAS. Ce mot, dans lequel on reconnaît l'expression *tauri acerbitas*[1], a été formé pour rappeler l'aspect farouche des taureaux.

---

furnum calidum condito, atque ibi torreto. »

TURANNOS, Etruscos appellari solitos ait Verrius, a Turrheno, duce Lydorum, a cujus gentis præcipua crudelitate etiam tyrannos dictos.

TYRIA MARIA in proverbium deductum est; quod Tyrio oriundi Pœni adeo potentes maris fuerunt, ut omnibus mortalibus navigatio esset periculosa. Afranius in Epistola : « Hunc serrium[28] autem maria Tyria conciet. »

TORVITAS a ferocia taurorum dicta est. Pacuvius in Armorum judicio : « Feroci ingenio torvus prægrandi gradu. » Et : « Quum recordor ejus ferocem et torvam confidentiam. »

Una, edepol, opera in furnum calidum condito, atque ibi torreto[1].

TURANNI. Verrius dit que d'ordinaire on appelle ainsi les Etrusques, de Turrhenus, chef des Lydiens, et il ajoute que le nom de tyrans vient de l'extrême cruauté de cette même race.

TYRIA MARIA. L'expression de mers tyriennes est passée en proverbe, parce que les Carthaginois, originaires de Tyr, furent si puissants sur mer, que la navigation était dangereuse pour tous les mortels. Afranius dit dans sa lettre : *In hunc servum autem maria Tyria conciet*[2].

TORVITAS. Ce mot vient de l'air farouche des taureaux. Pacuvius dit, dans le *Jugement des armes :* — *Feroci ingenio torvus prægrandi gradu*[3] ; et : *Quum recordor ejus ferocem et torvam confidentiam*[4].

(1) Par Pollux, jette d'un seul coup dans un four chaud, et fais-y brûler. — (2) Or, il soulève les mers tyriennes contre cet esclave. — (3) Poussé par un esprit farouche, l'air menaçant, marchant à grands pas. — (4) Lorsque je me rappelle son audace superbe et farouche.

TURBELAS apud Plautum turbas significat.

TUTULUM⁹ dicebant flaminicarum capitis ornamentum vitta purpurea innexa crinibus et in altitudinem exstructum. Ennius : « Fictores, argeos et tutulatos. »

TUOR, video; *tueor* defendo.

TURBELÆ[1], dans Plaute, est l'équivalent de *turbæ*[2].

TUTULUM. On appelait ainsi un ornement de tête particulier aux femmes des flamines; il est accompagné d'une bandelette de pourpre mêlée aux cheveux, et élevé en hauteur. Ennius dit : *Fictores, argeos et tutulatos*[3].

TUOR, je vois, et *tueor*, je défends.

---

(1) On a quelquefois écrit *turbellæ*. — (2) Foule. — (3) Ceux qui font les gâteaux dans les sacrifices, les simulacres en jonc (que les prêtres jetaient tous les ans dans le Tibre), et ceux qui portent une touffe de cheveux sur la tête.

TURBELAS dixisse antiquos, quas nunc turbas appellamus, testis est Plautus in Pseudolo : « Quo alto²⁹ et quantas soleam turbelas dare. »

TUTULUM vocari aiunt flaminicarum capitis ornamentum, quod fiat vitta purpurea innexa crinibus, et exstructum in altitudinem. Quidam, pileum lanatum forma metali figuratum, quo flamines ac pontifices utantur, eodem nomine vocari. Ennius : « Libaque, fictores, argæos, et *tutulatos*.

TUOR, video; TUEOR, defendo *in usu olim fuit*; sed jam promiscue utuntur, *et ponitur tue-*or pro video, et contueo-*r* pro conspicio.

TURBELÆ. Les anciens ont dit ainsi pour *turbæ*[1], témoin Plaute, dans *le Trompeur* : — *Quo pacto et quantas soleam turbelas dare*[2].

TUTULUS. On dit que l'on appelle ainsi un ornement de tête particulier aux femmes des flamines; il se compose d'une bandelette de pourpre mêlée aux cheveux, qu'elle tient élevés en touffe sur le haut de la tête. Selon d'autres, on désigne par le même nom un bonnet de laine en forme de pyramide, dont se servent les flamines et les pontifes. On lit dans Ennius : *Libaque, fictores, argœos, et tutulatos*[3].

TUOR, je vois; TUEOR, je défends. Jadis ces deux mots avaient ces deux sens distincts; mais maintenant on les emploie indifféremment dans l'un et l'autre sens; et *tueor* s'emploie pour je vois, et *contueor* pour je regarde.

---

(1) *Turba* signifie trouble, mouvement tumultueux, confusion; troupe, foule en désordre, tourbe, multitude, tas, amas. — (2) Comment et à quel point j'ai coutume de causer du grabuge. — (3) Et les gâteaux et ceux qui les préparent, les images d'osier et ceux qui portent une touffe de cheveux sur la tête.

TUSCUS VICUS Romæ est dictus, quod ibi habitaverunt Tusci, qui recedente ab obsidione Porsena remanserunt.

TUSCI a Tusco rege, filio

TUSCUS VICUS. On appela à Rome quartier des Toscans la partie de la ville où restèrent les Toscans, lorsque Porsena se retira après avoir levé le siége.

TUSCI. Les Toscans ont

TUGURIA a tecto appellantur *domicilia rusticorum* sordida. Afranius in V-*irgine* : « *Sordidum tugurium est*, turpe. » Cæcilius in Hypo-bolimæo : « *Habitab-at in tugurio, nullo o-perculo.* » Quo nomine *Messalla* in explanatione XII ait etiam.... *signifi-*cari.

TUSCUM VICUM ce-*teri quidem omnes scrip-*tores dictum aiunt ab iis, qui Porsena rege *descendente* ³⁰ ab obsi-*dione e Tuscis remanserint* Romæ, locoque his dato, *habitaverint; aut quod* Volci-*entes fratres Cæles et Vi-*benn-*a, quos dicunt regem* Tarquinium Romam secum max-*ime adduxisse, eum coluc-*rint. M. Varro, quod ex Cœ-*lio in eum locum deducti* sint.

TOXICUM dicitur cerva-*rium venenum, quo quidam perungere sagit-tas soliti sunt. Sed* Cæcilius in Gamo : « *Ut hom-inem amoris toxico transegerit.* » Afra-*nius in.... uxorium istud toxicum mittite.* »

TUSCOS quidam dictos aiunt a

TUGURIA. On appelle ainsi, de *tectum* (¹), les cabanes malpropres des gens de la campagne. Afranius, dans la *Vierge* : — *Sordidum tugurium est, turpe* (²). Cécilius, dans l'*Enfant supposé* : — *Habitabat in tugurio, nullo operculo* (³). Messala, dans son explication des Douze-Tables, dit que l'on entend par le même mot....

TUSCUS VICUS. Tous les autres auteurs disent que l'on appelle quartier des Toscans la partie de Rome qui fut assignée à ceux des Toscans qui restèrent dans la ville, et s'y établirent lorsque Porsena s'en retira après avoir levé le siége; ou bien encore que ce quartier reçut ce nom, parce qu'il fut habité par les deux frères Célès et Vibenna, venus de Volcium, et que le roi Tarquin emmena, dit-on, de préférence avec lui à Rome. Mais M. Varron assure que ce lieu fut ainsi nommé parce qu'on y amena des habitants du mont Célius.

TOXICUM. On désigne par cette appellation un certain poison (⁴) dans lequel certains peuples ont coutume de tremper leurs flèches. Mais Cécilius dit dans *le Mariage* : — *Ut hominem amoris toxico transegerit* (⁵). Afranius, dans... : *Uxorium istud toxicum mittite* (⁶).

TUSCI. Quelques-uns pensent

---

(1) Toit. — (2) C'est une cabane sale, malpropre. — (3) Il demeurait dans une tanière que ne couvrait aucun toit. — (4) Les Gaulois, pour faire la chasse aux cerfs. — (5) Dès qu'elle aura imprégné cet homme du poison de l'amour. — (6) Envoyez ce poison préparé par une épouse.

Herculis[10], sunt dicti, vel a sacrificando studiose, ex Græco velut Θυσκόοι.

été ainsi nommés du roi Tuscus, fils d'Hercule, ou bien parce qu'ils se livrent avec soin aux sacrifices, de sorte qu'en grec leur nom pourrait être Θυσκόοι(1).

TUSCULUM dictum, quod aditum difficilem habeat, id est δύσκολον.

TUSCULUM. Ce lieu a reçu ce nom, parce qu'il est de difficile accès, en grec δύσκολον(2).

THOMICES[11] Græco no-

THOMICES. On donne ce

---

(1) De θύειν, sacrifier. — (2) Difficile, pénible, etc.

Tusco *rege*, *Hercu*-lis filio. Alii quod unici studii si-*nt sacrificiorum* ex Græco, velut Θυσκόοι.

que les Toscans ont pris ce nom du roi Tuscus, fils d'Hercule; selon d'autres, il leur serait venu de ce qu'ils portent un soin tout particulier aux sacrifices, comme si l'on disait en grec Θυσκόοι.

Tusculum *vel* ab eadem causa sacrificiorum, v-*el quod aditum dif*-ficilem habeat, id est δύσκολον.

Tusculum. Ce lieu a pris ce nom soit de cette même cause des sacrifices, soit de ce qu'il est d'un abord difficile, ce qui se rend en grec par δύσκολον.

Tumulum Ælius sic definit : « *Tumulus* est *cumulus are*-næ editus secundum mare fluctibus in *altum ele*-vatus; » unde similiter et manufac-*tus* et *na*-turalis proprie dici potest.

Tumulus, genre d'éminence qu'Elius définit ainsi : « Le *tumulus* est un amas de sable élevé près de la mer, et projeté en hauteur par les flots. » D'après cela on peut appliquer proprement ce mot et à une éminence faite de main d'homme et à une éminence naturelle.

Tumultuarii milites, dicuntur lecti ob subitum ti-*morem*, *un*-de etiam tumultum dici ait Verrius, quia *non aliunde* is ornatur[31], quam ab Italicis et Gallicis h-*ominibus*, *qui immin*-ent Italiæ, itaque nullum *tumultum*, *præter*-quam Gallicum, aut domesti-*cum dicebant*.

Tumultuarii milites. On appelle soldats tumultuaires ceux qui sont levés sous l'empire d'une terreur soudaine; d'où, selon Verrius, vient aussi le mot tumulte, parce que le tumulte n'a pas d'autre cause que l'attaque imprévue des peuples d'Italie ou de Gaule qui menace l'Italie, de sorte qu'on ne connaissait pas d'autre tumulte que le tumulte gaulois et le tumulte domestique.

Thomices *Græco* nomine appel-

Thomices. On donne ce nom,

mine¹² appellantur et cannabi impolito et sparto leviter tortæ restes, ex quibus funes fiunt. Pulvilli quoque, quos in collo habent, ne a resti lædantur, thomices vocantur.

TONGERE nosse est, nam Prænestini tongitionem dicunt notionem. Ennius : « Alii rhetorica tongent. »

TESCA¹³, loca augurio designata. Cicero aspera ait esse et difficilia.

nom, pris du grec⁽¹⁾, à des ficelles légèrement torses de chanvre grossier et de sparte, dont on se sert pour faire les câbles. Le mot *thomices* désigne aussi les petits coussins que portent au cou les hommes qui traînent les fardeaux, pour n'être pas blessés par la corde.

TONGERE est la même chose que connaître, car les Prénestins appellent *tongitio* la connaissance. Ennius dit : *Alii rhetorica tongent* ⁽²⁾.

TESCA⁽³⁾, lieux désignés pour prendre les augures. Cicéron dit que ce sont des lieux escarpés et de difficile abord.

(1) Le mot grec est θάμιγξ ou θάμιξ. — (2) D'autres connaitront les choses de l'art oratoire. — (3) Plus généralement on écrit *tesqua*; c'est un substantif pluriel neutre.

---

lantur *e cannabo impolito* et sparto leviter tortæ *restes, ex quibus funes* fiunt. Lucilius : « *Vidimus vinctum thomice cann*-abina. » Opillus Aure-*lius*³² *scribsit, moll*-em pulvillum, quem in *collo habent, ne l*-ædat, thomicem vocari.

TONGERE *Ælius Sti*-lo ait noscere esse, *quod Prœnestini tongi*tionem dicant pro no-*tionem*; *significat et la*-tius dominari. Ennius : « *Alii rhetorica* tongent. » Et vincere *etiam quandoque* videtur significare.

TESCA *Verrius ai*-t loca augurio desig-*nata, quo sit term*-ino finis in terra auguri. Op-*ilius au*-

pris du grec, à des ficelles légèrement torses de chanvre grossier et de sparte, dont on se sert pour faire les câbles. Lucilius dit : *Vidimus vinctum thomice cannabina* ⁽¹⁾. Opilius Aurelius écrit que l'on appelle *thomix* un coussin assez mou que portent au cou les hommes qui traînent un fardeau, afin que la corde ne les blesse pas.

TONGERE. Elius Stilon dit que ce mot signifie connaître, parce que les Prénestins disent *tongitio* pour connaissance. Il a aussi le sens de dominer au loin. Ennius dit : *Alii rhetorica tongent*. Tongere semble de plus avoir quelquefois le sens de vaincre.

TESCA. Verrius dit que ce sont des endroits désignés pour prendre les augures, et qui servent de

(1) Nous l'avons vu garrotté avec une corde de chanvre.

TONSILLA, palus dolatus in acumen et cuspide præferratus, qui navis religandæ causa in litore figitur. Accius : « Tacete, et tonsillas litore in lecto edite. »

TONSILLA, pieu taillé en pointe, et garni de fer à son extrémité supérieure, que l'on enfonce en terre sur le rivage pour y amarrer les navires. On lit dans Accius : *Tacete, et tonsillas litore in lecto edite* [1].

(1) Taisez-vous, et placez des amarres dans un endroit bien choisi du rivage.

---

tem *Aureli*-us loca consecrata ad *augurandum scrib*-sit ; sed sancta loca undique *sæpta doce*-nt pontificis libri [33], in quibus *scribtum* est : « *Templum*-que sedemque tescumque *sive deo sive deæ* dedicaverit, ubi eos ac-*cipiat volentes* propitiosque. » Hostius belli *Histrici lib.* I : « Per gentis alte ætherias, atque *avia tesca*, perque violabis [34] templa antiqua deum. » Cicero v-ero aspera, difficilia aditu *dixit quum ait* : « *Lo*-ca aspera, saxa tesca [35] tuor. » *Accius in Philo*-cteta : « Quis tu es mortalis, *qui in deserta*, et tesqua te adportas loca ? »

ternes et de limites au terrain sur lequel les augures doivent être pris. Opilius Aurelius, de son côté, a écrit que ce sont des lieux consacrés pour y prendre les augures. Mais les livres pontificaux nous apprennent que ce sont des lieux saints entourés de toutes parts d'une clôture. On lit dans ces livres : *Templumque sedemque tescumque sive deo sive deæ dedicaverit, ubi eos accipiat volentes propitiosque* [1]. Hostius dit, dans sa *Guerre d'Istrie*, livre Ier : *Per gentis alte œtherias, atque avia tesca, perque volabis templa antiqua deum* [2]. Selon Cicéron, ce sont des lieux escarpés, d'un accès difficile ; il dit, en effet : *Loca aspera, saxea tesca tuor* [3]. Accius, dans son *Philoctète* : — *Quis tu es mortalis, qui in deserta et tesqua te adportas loca* [4] ?

TONSILLAM ait esse Verrius palum dolatum *in acumen et* cuspide præferratum, ut existi-*mat qu*-em cumfigi [36] in litore navis re-*ligandæ* causa. Pacuvius in Medio : « Acces-*si A*-eam, et tonsillam pegi læto in litore [37]. » *Accius in* Phi-

TONSILLA. Verrius dit que c'est un pieu taillé en pointe, et, à ce qu'il pense, garni d'une pointe en fer, que l'on enfonce sur le rivage pour y amarrer les barques. Pacuvius dans *le Mède* : — *Accessi Æam, et tonsillam pegi lecto in litore* [5]. Accius, dans les *Phini*-

(1) Il aura dédié un temple, une demeure et un lieu clos, soit à un dieu, soit à une déesse, où il puisse recevoir des marques de leur bienveillance et de leur faveur. — (2) Tu voleras dans les hautes régions, à travers les races éthérées, à travers les lieux inaccessibles et les temples antiques des dieux. — (3) Je vois ces lieux escarpés, ces roches inaccessibles. — (4) Quel mortel es-tu, toi qui portes tes pas dans les déserts, dans ces lieux inabordables ? — (5) J'ai approché d'Æa, et j'ai planté un pieu (c'est-à-dire j'ai amarré ma barque) sur un rivage convenable.

TONSA, remus, quod quasi tondeatur ferro. Ennius : « Pone petunt, exin referunt ad pectora tonsas. »

TYMBREUS Apollo a monte Tymbreo dictus, qui est in agro Trojano.

TONSA, rame, nommée ainsi, parce qu'elle est comme tondue[1] par le fer. Ennius dit : *Pone petunt, exin referunt ad pectora tonsas*[2].

TYMBREUS, surnom donné à Apollon du mont Tymbrée, qui est dans le territoire de Troie.

(1) C'est-à-dire taillée, découpée. — (2) Ils se portent en arrière, puis rapprochent les rames de leur poitrine.

---

nidis : « Tacete, et tonsillas lito-*re in la*-edo ³⁸ edite. »

TONSAM Ennius significat remum, quod quasi tondeatur ferro quum ait lib. VII : « Poste recumbite ³⁹, vestraque pectora pellite tonsis. » Item : « Pone petunt ⁴⁰, exin referunt ad pectora tonsas. » Et in Asota ⁴¹ : « Alius in mari vult magno tenere tonsam. »

THYMBREUM Apollinem Virgilius a monte Thymbreo appellavit, qui est in agro Trojano.

TOLENNO est ⁴² genus machinæ, quo trahitur aqua, alteram partem prægravante pondere, dictus a tollendo.

TOLERARE, patienter ferre. Accius in Neoptolemo : « Aut quisquam ⁴³ potis est tolerare acritudinem. » Ennius lib. II : « Ferro se cæde ⁴⁴, quam dictis his, toleraret. »

des : — *Tacete, et tonsillas litore in lecto edite*.

TONSA. Ennius entend par ce mot la rame, parce qu'elle est comme tondue par le fer. Il dit, en effet, au livre VII : *Pone recumbite, vestraque pectora pellite tonsis* [1]. Et de même : *Prona petunt, exin referunt ad pectora tonsas* [2]. Et, dans le *Sotas* : — *Alius in mari vult magno tenere tonsam* [3].

THYMBREUS. Virgile a donné ce surnom à Apollon, du mont Thymbrée, qui est dans le territoire de Troie.

TOLLENO [4]. C'est une sorte de machine à élever l'eau, au moyen d'un contre-poids qui rend l'une de ses deux parties plus lourdes. Ce mot vient de *tollere* [5].

TOLERARE [6], supporter patiemment. Accius, dans son *Néoptolème* : — *Haut quisquam potis est tolerare acritudinem* [7]. Ennius, au livre II : *Ferro se cædi, quam dictis his, toleraret* [8].

(1) Rejetez-vous en arrière, et frappez de vos rames vos poitrines. — (2) Ils se penchent en avant ; puis [en se relevant] ils ramènent leurs rames contre leurs poitrines. — (3) Un autre veut manier la rame sur la mer immense. — (4) Grue, cabestan, toute machine à élever des poids ; machine à élever l'eau ; bascule. — (5) Lever, élever, porter en haut, etc. — (6) Porter, soutenir ; tolérer, supporter, souffrir, endurer ; entretenir, soulager. — (7) Personne n'est capable de supporter patiemment l'aigreur. — (8) Il aimerait mieux être déchiré par le fer que par ces paroles.

TOLES, tumor faucium, quæ per diminutionem dicuntur *tonsillæ*.

TAXAT et TAXATIO a verbo tango dicuntur, unde et *taxatores* a scenicis dicuntur,

TOLES, gonflement de la gorge, que par diminution on appelle *tonsillæ*[1].

TAXAT[2] et TAXATIO[3]. Ces deux mots viennent du verbe *tango*[4], d'où les comé-

---

(1) *Tonsillæ* signifie amygdales, glandes à l'entrée de la gorge, et de plus, une inflammation, un gonflement des amygdales. — (2) *Taxare* signifie toucher, manier, serrer souvent; taxer de, qualifier de; taxer, apprécier, évaluer : mais *taxat* est plutôt ici l'équivalent de *duntaxat*. — (3) Taxe, imposition, appréciation, prix; clause, condition d'un acte. — (4) Toucher, se mettre en contact, manier; émouvoir, agiter, intéresser, duper, filouter, tromper; railler, piquer, effleurer un sujet.

Toles, tumor in faucibus, quæ per deminutionem tonsillæ dicuntur.

Tullianum, quod dicitur pars quædam carceris, Ser. Tullium regem ædificasse aiunt.

Taxat verbum ponitur in his quæ⁴⁵ finiuntur, quoad tangi liceat; in litibus quoque, arbitrove⁴⁶ quum proscribitur, quoad ei jussit⁴⁷ statuendi, taxatio dicitur, quæ fit certæ summæ; a tangendo autem dici etiam scænici testimonio sunt, qui taxatores dicuntur, quod alter alterum maledictis tangit.

Tabernacula dicuntur a similitudine tabernarum, quæ ipsæ, quod ex tabulis olim fiebant, dictæ sunt, non ut quidam putant, quod tabulis cludantur.

Toles, gonflement dans la gorge, que par diminution on appelle *tonsillæ*.

Tullianum. La partie de la prison de Rome ainsi nommée a été construite, dit-on, par le roi Servius Tullius.

Taxat[1]. Ce mot s'emploie pour les choses qui sont finies; il marque le point jusqu'où il est permis de toucher. Dans les procès aussi et dans les jugements, lorsqu'on prescrit jusqu'où le droit permet de statuer, cela s'appelle *taxatio*, et ce mot signifie la fixation d'une somme. Ces termes viennent de *tangere*; c'est ce que l'on voit d'ailleurs par les comédiens, qui appellent *taxatores* ceux qui se renvoient mutuellement des injures.

Tabernacula[2]. Les tentes sont ainsi appelées par analogie avec les cabanes, qui elles-mêmes ont été appelées *tabernæ*[3], parce qu'anciennement elles étaient faites de planches, et non point, comme le pensent quelques-uns, parce qu'elles étaient fermées avec des planches.

---

(1) Pour *duntaxat* [ce mot vient de *dum taxetur hoc unum*], seulement; au moins, jusque-là; pourvu que. — (2) Tente, pavillon, loge, cabane; petite cabane. — (3) Maison de planches, boutique, étalage, taverne, auberge.

qui alterutrum maledictis tangunt.

TAGIT simpliciter dicitur, quod *attigit*, *contigit* facit compositum.

TABLINUM, locus proximus atrio a tabulis appellatus.

diens appellent *taxatores* [1] ceux qui se lancent les uns aux autres des injures.

TAGIT. C'est la forme simple du verbe qui, par composition, fait *attigit* [2], *contigit* [3].

TABLINUM [4], lieu voisin de l'atrium, ainsi nommé des tablettes qui le garnissent.

---

(1) Qui touchent par des injures. — (2) *Attingere* signifie toucher, manier, confiner, appartenir, concerner, se mettre en rapport, s'adonner; effleurer; toucher; rencontrer; appliquer. — (3) Les sens de *contingere* sont : Toucher, atteindre, arriver à ; être voisin, contigu, confiner à ; provenir, naître de. — (4) *Tablinum* est la syncope de *tabulinum* ; c'est un cabinet plein de tablettes, une bibliothèque, un registre, des archives, une galerie de tableaux, une chambre d'été faite en planches.

TAGIT Pacuvius in Teucro : « Ut ego, si quisquam me tagit. » Et tagam idem in Hermiona : « Aut non cernam, nisi tagam, » sine dubio antiqua consuetudine usurpavit; nam nunc ea sine præpositionibus non dicuntur, ut contigit, attigit.

TABLINUM proxime Atrium locus dicitur, quod antiqui magistratus in suo imperio tabulis *reponendis eum destinaverant*.

TABEM eam, quæ faceret tabescere, apud antiquos usurpatum. Sallustius quoque frequenter, ut in Catilina, quum ait : « Uti tabes plerosque civium animos invaserat. » Et in lib. IV Historiarum :

TAGIT [1]. Pacuvius a employé cette forme dans son *Teucer* : — *Ut ego, si quisquam me tagit* [2]. Le même auteur a employé *tagam* [3] dans son *Hermione* : — *Aut non cernam, nisi tagam* [4]. Il a écrit ainsi, sans aucun doute, conformément à un usage ancien. Car aujourd'hui ce verbe ne s'emploie plus sans l'adjonction d'une préposition, comme l'on dit *contigit* [5], *attigit* [6].

TABLINUM. On appelle ainsi un lieu voisin de l'atrium, parce que les anciens magistrats l'avaient destiné à y déposer les tablettes, c'est-à-dire les registres de leur administration [7].

TABES [8]. Les anciens ont employé ce mot pour désigner la cause qui fait dessécher. Salluste s'est fréquemment servi de ce terme, lorsque, par exemple, il dit, dans son *Catilina* : — *Ubi tabes plerosque civium animos, invase-*

---

(1) Il touche. — (2) Afin que moi, si quelqu'un me touche. — (3) Que je touche. — (4) Je ne verrai point, si je ne touchais. — (5) Il est échu. — (6) Il touche à. — (7) Remarquons que Paul Diacre a pris le mot *tablinum* dans son acception la plus générale, tandis que Festus ne l'a pris que dans un sens très-particulier. — (8) *Tabes* signifie liquéfaction ; la matière fondue ; pus, humeur corrompue, corruption, poison ; phthisie, langueur, consomption ; maladie qui fait sécher un arbre ; envie, jalousie.

TAGAX[14] furunculus a tangendo dictus. Lucilius : « Et mutonis manum perscribere posse tagacem. »

TAMINIA[15], uva silvestris, dicta quod tam mira sit quam minium.

TAGAX [1], filou, ainsi appelé de *tangere*[2]. Lucilius dit : *Et mutoni' manum perscribere posse tagacem*[3].

TAMINIA, raisin sauvage, ainsi nommé parce qu'il est aussi beau de couleur que le minium.

---

(1) Fripon, larron, escroc. Il se trouve dans Cicéron. — (2) Toucher. — (3) Et le priape peut laisser des marques sur une main friponne.

« Qui quidem mos, ut tabes, in Urbem coierit. » Et Corvinus[48] pro Liburnia : « Propter hanc tabem atque perniciem domus totius. »

TABELLIS pro chartis utebantur antiqui, quibus ultro citro, sive privatim sive publice opus erat, certiores absentes faciebant. Unde adhuc tabellarii dicuntur : et tabellæ missæ ab imperatoribus.

TAGAX, furunculus, a tangendo. Cujus vocabuli Lucilius meminit : « Et mutoni' manum perscribere posse tagem[49]. »

TAGES nomine Genii filius, nepos Jovis, puer dicitur disciplinam dedisse aruspicii duodecim populis Etruriæ.

TAMINIA uvæ silvestris genus videtur Verrio dicta, quod tam mira sit quam minium.

rat[1]. Et, dans le IVe livre de ses *Histoires* : — *Qui quidem mos, ut tabes, in Urbem coierit*[2]. De même Corvinus, dans son discours pour la Liburnie : *Propter hanc tabem atque perniciem domus totius*[3].

TABELLÆ[4]. Les anciens se servaient de tablettes au lieu de feuilles de papier, pour donner de part et d'autre des nouvelles aux absents. C'est de là que le nom de *tabellarii*[5] s'est conservé jusqu'à présent. Les généraux d'armée envoyaient aussi des tablettes.

TAGAX, filou, vient de *tangere*. Ce mot se trouve dans Lucilius : *Et mutoni' manum perscribere posse tagacem.*

TAGES. On dit que Tagès, fils de Genius, petit-fils de Jupiter, donna, encore enfant, la science de l'aruspice aux douze peuples d'Etrurie.

TAMINIA. Selon Verrius, on a donné ce nom à une sorte de raisin sauvage, parce que la couleur en est aussi admirable que celle du minium.

---

(1) Dès que cet élément de corruption eut envahi les esprits de la plupart des citoyens. — (2) Et comme cette coutume, semblable à un poison, s'était répandue dans Rome. — (3) A cause de ce poison et de cette peste de toute une maison. — (4) Tablettes, surface mince enduite de cire, sur lesquelles on écrivait ; lettre ; livre, ouvrage ; engagement par écrit, contrat. (5) Courriers, messagers, porteurs de lettres, ceux qui tiennent des registres.

TALUS prænomen erat Sabinorum.

TANNE, eo usque. Afranius : « Tanne arcula tua plena est aranearum. »

TALIPEDARE est vacillare pedibus et quasi talis insistere.

TALUS était un prénom chez les Sabins.

TANNE, tant, jusqu'à ce point. Dans Afranius : *Tanne arcula tua plena est aranearum*[1].

TALIPEDARE[2]. C'est vaciller sur ses pieds et s'appuyer en quelque sorte sur ses talons.

(1) A ce point ! ton petit coffre est rempli d'araignées. — (2) Aller clopin, clopant, être mal affermi sur ses jambes, avoir la marche peu assurée.

TALUS[50] in Sabinorum nominibus prænominis loco videtur fuisse.

TALENTORUM non unum genus : Atticum est sex millium denarium ; Rhodium et cistophorum quatuor millium, et quingentorum denarium ; Alexandrinum XII denarium[51] ; Neapolitanum sex denarium ; Syracusanum trium denarium ; Rheginum victoriati.

TAMNE eo usque, ut Ælius Stilo et Opillus Aurelius[52] interpretantur. Itaque Afranius : « Tamne arcula tua plena est aranearum. »

THALEÆ nomen dictum est[53] alii ab ætatis flore aiunt, alii, quod carmina semper floreant.

TALIPEDARE antiqui dicebant pro vacillare pedibus lassitudine, quasi qui trahit pedes, ut talis videatur insistere aut identidem tollere pedes....

TALUS. Dans les noms des Sabins, ce mot semble avoir été employé comme surnom.

TALENTUM. Le talent n'est pas d'une seule espèce : le talent attique est de six mille deniers ; celui de Rhodes est de quatre mille cistophores et de sept mille cinq cents deniers ; celui d'Alexandrie est de douze mille deniers ; le talent de Naples compte six mille deniers ; celui de Syracuse trois ; celui de Rhegium est l'équivalent du victoriat.

TAMNE est l'équivalent de *eo usque*[1], selon l'explication d'Elius Stilon et d'Opilius Aurelius ; aussi lit-on dans Afranius : *Tamne arcula tua plena est aranearum.*

THALEÆ. Le nom de Thalie vient, selon les uns, de la fleur de l'âge ; selon d'autres, de ce que les poëmes ont toujours leur fraîcheur.

TALIPEDARE. Les anciens entendaient par ce mot vaciller par suite de la fatigue des pieds ; comme si l'on disait que celui qui marche ainsi traîne les pieds, de telle sorte qu'il semble s'appuyer sur les talons ou lever de temps en temps les pieds.

(1) Jusque-là, à ce point

TAMMODO antiqui dicebant pro modo.

TALIA, folliculum cepæ.

TARMES, genus vermiculi carnem exedens.

TAENPOTON appellarunt Græci genus scribendi deorsum versus, ut nunc dextrorsus scribimus.

TARTARINO horrendo et terribili.

TAM significationem habet

TAMMODO. Les anciens employaient cette forme pour *modo*[1].

TALIA, pelure d'oignon.

TARMES, sorte de petit ver qui ronge la chair.

TAENPOTON. Les Grecs ont appelé ainsi une sorte d'écriture de haut en bas[2], comme nous écrivons maintenant de gauche à droite.

TARTARINUS[3], horrible et terrible.

TAM[4] a le sens propositif,

---

(6) A l'instant, seulement, etc. — (2) Écriture verticale. — (3) Du Tartare, qui appartient au Tartare, qui vient des enfers. — (4) Autant, aussi, tellement, si, tant.

TAMMODO antiqui ponebant pro modo, ut Attius : « Tammodo, inquit, Prænestinus.... »

TALIAM Cornificius posuit, unde et Talassus. Taliam alii folliculum cepæ.

TÆPOCON soliti sunt appellare Græci genus scribendi deorsum versus, ut nunc dextrorsum scribimus.

TARTARINO quum dixit Ennius, horrendo et terribili Verrius vult accipi, a Tartaro, qui locus apud inferos.

TAME in carmine positum est pro tam.

TAURIUM ÆS dicunt, quod in ludos Tauricos consumitur.

TAM significationem habet, quum

TAMMODO. Les anciens employaient ce mot pour *modo*, comme Attius : *Tammodo, inquit, Prænestinus*[1].

TALIAM. Cornificius a écrit ainsi[2], d'où l'on a écrit aussi *Talassus*[3]. Selon d'autres, on appelle *talia* la pelure d'oignon.

TOEPORCHON. Les Grecs ont appelé d'ordinaire ainsi une manière d'écrire de haut en bas, comme nous écrivons maintenant de gauche à droite.

TARTARINUS. Dans le cas où Ennius a employé ce mot, Verrius veut qu'on lui donne le sens d'affreux et de terrible, du Tartare, qui est un lieu des enfers.

TAME a été employé en poésie pour *tam*.

TAURIUM ÆS[4]. On appelle ainsi l'argent consacré aux frais des jeux Tauriens.

TAM a le sens propositif, lors-

---

(1) Seulement, dit-il, le Prénestin. — (2) Pour *Thalia*. — (3) Pour *Thalassus*. — (4) L'argent des taureaux.

propositivam, cui subjungimus quam, ut : tam bonus Chœrilus, quam malus Homerus. Tam etiam pro tamen usi sunt.

TANDEM quum significet aliquando, interdum tamen pro supervacuo ponitur, ut ait Terentius : « Itane tandem uxorem duxit? » Cicero etiam duplicat temporalem significationem, quum ait : « Tandem aliquando. »

et nous lui adjoignons comme corrélatif le mot *quam*; par exemple : *Tam bonus Chœrilus, quam malus Homerus*[1]. On s'est aussi servi de *tam* pour *tamen*[2].

TANDEM signifie quelquefois; pourtant il arrive qu'on l'emploie comme forme explétive; c'est ainsi que Térence dit : *Itane tandem uxorem duxit*[3]? Cicéron double sa signification de temps, lorsqu'il dit : *Tandem aliquando*[4].

(1) Chérile est aussi bon, qu'Homère est mauvais. [C'est évidemment le contraire qu'il fallait dire.] — (2) Cependant. — (3) Ainsi donc il a pris femme? — (4) Enfin une fois.

---

ponimus præpositivam quamdam[56], cui subjungimus quam[57], ut quum dicimus, tam egregium opus tam parvo pretio venisse, id est sic ut apud Græcos quoque οὕτως ἀγαθόν. Item ex contrario ei dicimus, quam malus Homerus, tam bonus Cherylus[58] poeta est. At antiqui tam etiam pro tamen usi sunt, ut Nævius : « Quid si taceat[59], dum videat, tam etiam sciat, quid scriptum sit. » Ennius : « Illæ meæ tam potis pacis potiri. » Titinius : « Bene quum facimus, tam male subimus, ut quidam[60] perhibent viri. » Item : « Quanquam estis nihili, tam escator[61] simul vobis consului. »

TANDEM quom significat ali-

que nous l'employons en lui donnant pour corrélatif *quam*; [Lacune.] lorsque nous disons, par exemple, qu'un si bel ouvrage a été vendu à si bas prix; en ce cas *tam* a le même sens que l'expression grecque οὕτως ἀγαθόν[1]. De même nous disons par contraire : *Quam malus Homerus, tam bonus Chœrilus poeta est*[2]. Mais les anciens ont aussi employé *tam* pour *tamen*. Névius, par exemple : *Qui si taceat, dum videat, tam etiam sciat, quid scriptum est*[3]. Ennius : *Illæ meæ tam potis pacis potiri*[4]. Titinius : *Bene quum facimus, tam male cupimus, ut quidem perhibent viri*[5]. Et de même : *Quanquam estis nihili, tam ecastor simul vobis consului*[6].

TANDEM signifie un jour; ce-

(1) Tant c'est une bonne chose! — (2) Autant Homère est mauvais poëte, autant Chérile est bon poëte. — (3) S'il se tait en voyant, qu'il sache cependant ce qui est écrit. — (4) Si capable de jouir de ma paix. — (5) Lorsque nous faisons bien, nous désirons pourtant mal, comme le montrent les hommes. — (6) Quoique vous soyez des gens de rien, j'ai, par Castor, veillé néanmoins à tous vos intérêts.

TAMA dicitur, quum labore viæ sanguis in crura descendit et tumorem facit. Lucilius : « Inguen ne existat; papulæ, tama, ne boa noxit. »

TAMA. Ce mot marque l'état où l'on se trouve lorsque, par la fatigue de la marche, le sang descend dans les jambes et y cause une enflure. Lucilius dit : *Inguen ne existat; papulæ, tama, ne boa noxit*[1].

(1) Pour qu'il ne se forme pas un bubon à l'aine, pour n'être pas incommodé de pustules, de tumeurs, et d'enflures aux jambes.

---

quando, interdum tamen ex supervacuo ponitur, ut apud Ter. in Phormione, quum ait : « Ita ne tandem uxorem duxit Antipho injussu meo? » Non enim hic tempus ullum significat. At Cicero etiam duplicat temporalem significationem, quum ait : « Tandem aliquando. »

pendant il arrive qu'on l'emploie comme forme explétive; c'est ainsi que Térence dit, dans *Phormion* : — *Ita ne tandem uxorem duxit Antipho injussu meo*[1]. Car ici *tandem* n'a nulle signification de temps. Mais Cicéron double cette signification de temps, lorsqu'il dit : *Tandem aliquando*.

TAURI VERBENÆQUE in commentario sacrorum significat ficta farinacea.

TAURI VERBENÆQUE[2]. Cette locution, dans le commentaire sur les choses saintes, désigne des images faites de pâte.

TAMA dicitur, quum labore viæ sanguis in crura descendit et tumorem facit. Lucilius : « Inguen ne existat; papulæ, tama, ne boa noxit. »

TAMA. Ce mot marque l'état où l'on se trouve lorsque, par la fatigue de la marche, le sang descend dans les jambes et y cause une enflure. Lucilius dit : *Inguen ne existat; papulæ, tama, ne boa noxit*.

TÆNIAS Græcam vocem sic interpretatur Verrius, ut dicat ornamentum esse laneum capitis honorati, ut sit apud Cæcilium in Androgyno : « Sepulchrum plenum tæniarum, ita ut solet. » Et alias : « Dum tæniam, qui volnus vinciret. » Ennius in Alexandro : « Volans de cœlo cum corona et tæniis. » Accius in Neoptolemo :

TÆNIÆ[3]. Verrius explique ce mot grec de cette manière : il dit que c'est un ornement de laine placé sur une tête honorée, comme on le voit dans l'*Androgyne* de Cécilius : *Sepulchrum plenum tæniarum, ita ut solet*[4]. Et ailleurs : *Dum tæniam, quæ volnus vinceret*[5]. Ennius, dans son *Alexandre* : — *Volant de cœlo cum corona et tæniis*[6]. Accius, dans son *Néoptolème* : — *Tumulum de-*

(1) Ainsi donc Antiphon s'est marié sans mon ordre. — (2) Les taureaux et les feuilles de verveine. — (3) Bandelettes. — (4) Un sépulcre rempli de bandelettes, comme c'est l'usage. — (5) Tandis [qu'est préparée] une bandelette qui doit bander la plaie. — (6) Volant du haut du ciel avec la couronne et les bandelettes.

TÆDULUM, fastidiosum, sive quod omnibus est tædio.

TÆDULUS, fastidieux, ou qui est ennuyeux pour tout le monde.

« Decorare est satius, quam urbem exeneis⁶². »

TÆDULUM antiqui interdum pro fastidioso; interdum, quod omnibus tædio esset, ponere soliti sunt.

TATIUM occisum ait Lanivii ab amicis eorum legatorum, quos interfecerant Tinini⁶³ latrones, sed sepultum in Aventiniensi laureto⁶⁴. Quod ad significationem verborum non magis pertinet, quam plurima alia et præterita jam, et deinceps quæ referentur.

TAURORUM specie simulacra fluminum, id est cum cornibus formantur; quod sunt atrocia ut tauri.

TALIONIS mentionem fieri in XII ait Verrius hoc modo : « Si membrum rupit, ni cum eo pacit, talio esto. » Neque id quid significet, indicat, puto quia notum est; permittit enim lex parem vindictam.

TARQUITIAS SCALAS, quas rex Tarquinius Superbus fecerit, abominandi ejus nominis gratia ita appellatas esse ait volgo existimari.

TARPEIÆ esse effigiem ita appellari putant quidam in æde Jovis Mettellina⁶⁵, ejus videlicet in ne-

corare est satius, quam urbem tœniis (¹).

TÆDULUS. Les anciens ont employé ce mot quelquefois pour fastidieux; quelquefois dans le sens d'ennuyeux pour tout le monde.

....(²) dit que Tatius fut tué à Lavinium par les amis de ces ambassadeurs que les brigands tatiens avaient tué, mais qu'il fut enseveli dans un bois de lauriers sur le mont Aventin. Cela n'a pas trait à la signification des mots plus que beaucoup d'autres choses que nous avons déjà passées en revue ou que nous rapporterons dans la suite.

On représente les images des fleuves sous la figure de taureaux, c'est-à-dire avec des cornes, parce que les fleuves sont redoutables comme les taureaux.

TALIO. Verrius dit que dans la loi des Douze-Tables il est fait mention de la peine du talion en ces termes : *Si membrum rupit, ni cum eo pacit, talio esto* (³). Et il ne dit pas ce que cela signifie, parce que, je pense, la chose est connue. Car la loi permet de se venger par représailles.

TARQUITIÆ SCALÆ. Les échelles Tarquitiennes, faites par Tarquin le Superbe, furent ainsi appelées, selon l'opinion du vulgaire, pour rendre abominable le nom de ce prince.

TARPEIA. Quelques auteurs croient que les mots *Tarpeiæ esse effigiem* (⁴) s'appliquent au temple

---

(1) Il vaut mieux décorer de bandelettes un tombeau qu'une ville. — (2) Il manque ici le nom d'un auteur, probablement celui de Verrius. — (3) S'il a brisé un membre, et qu'il ne se soit pas arrangé avec le blessé, que la peine du talion soit appliquée. — (4) Il y a l'image de Tarpéia.

TAPULLA[16] dicta est lex quædam de cónviviis.

TAPULLA[1]. On a donné ce nom a une loi relative aux festins.

TERMONEM Ennius terminum dixit.

TERMO. Ennius a dit ainsi pour *terminus*[2].

(1) *Tapulla* signifie le roi du festin, et, de plus, la loi qu'il imposait. — (2) Terme, borne, limite, bout, fin, extrémité.

---

moriam virginis, quæ pacta a Sabinis hostibus ea, quæ in sinistris manibus haberent, ut sibi darent, intromiserit eos cum rege Tatio, qui postea in pace facienda caverit a Romulo, ut ea Sabinis semper pateret.

de Jupiter situé dans le portique de Metellus, et rappellent la mémoire de cette jeune fille qui, à condition que les Sabins, ennemis de Rome, lui donneraient ce qu'ils portaient au bras gauche, leur livra une porte de la ville, et les y introduisit avec leur roi Tatius. Celui-ci, lorsqu'il fit la paix, convint avec Romulus que cette porte resterait toujours ouverte aux Sabins.

« **Tam perit quam extrema faba.** » In proverbio est, quod ea plerumque aut proteritur, aut decerpitur a præetereuntibus.

« **Tam perit quam extrema faba**[1]. » Ce proverbe vient de ce que la dernière fève est écrasée ou cueillie par les passants.

Tappulam legem convivalem ficto nomine conscripsit iocoso carmine Valerius Valentinus, cujus m. Lucilius hoc modo : « Tappulam[66] rident legem concere opimi[67]. »

Tapulla. Valerius Valentinus, dans un poëme badin, a donné ce nom imaginaire à la loi imposée aux convives. Ce mot se trouve également dans Lucilius : *Tapullam rident legem congerræ Opimi*[2].

Termonem Ennius Græca consuetudine dixit, quem nos nunc terminum hoc modo : « Ingenti vadit cursu, qua redditus termo est. » Et : « Hortatore bono prius, quam finibus termo. »

Termo[3]. Ennius, à l'imitation des Grecs, a employé cette forme pour *terminus*, lorsqu'il dit : *Ingenti vadit cursu, qua redditus termo est*[4]. Et ailleurs : *Hortatore bono prius, quam finibus termo*[5].

Trientem tertium pondo coronam auream dedisse se Jovi donum scripsit T. Quintius dict-*ator*, quum per novem dies totidem ur-

Trientem tertium pondo, etc. Le dictateur T. Quintius a écrit qu'il a offert à Jupiter une couronne de ce poids, parce qu'en

(1) Il périt tout de même que la dernière fève. — (2) Les compagnons de débauche d'Opimius se moquent de la loi Tapulla. — (3) Au génitif, *termonis*. — (4) Il se porte d'une course rapide vers le point où est placé le terme. — (5) Il y a plutôt un terme pour un bon conseiller que pour les limites d'un champ.

TERSUM DIEM, serenum.

TERES, rotundus in longitudine.

TERSUS [1] DIES, jour serein.

TERES, rond en longueur [2].

(1) *Tersus*, participe de *tergo*, signifie proprement nettoyé, net. — (2) C'est-à-dire ovale.

---

bes et decimam Præneste cepisset; id significare ait Cincius in Mystagogicon lib. II duas libras pondo et trientem, qua consuetudine hodieque utimur, quum lignum bes alterum dicimus, id est pedem et bessem latitudinis habens; et sestertium, id est duos asses et semissem tertium; item si tres asses sunt et quadrans, quartus *quadrans dicitur*.

TERSUM DIEM pro sereno dictum ab antiquis nec [68] se habere rei auctorem ait.

TERETINATIBUS, qui a flumine Terede dicti, existimantur et syllaba ejus tertia mutata, et pro Terede Teram scribi debuisse.

TRIPUDIUM *cernitur in auspiciis in exultatione tripudiat-ium pullorum* [69], *dictum* a terra pavienda: nam pavire est ferire, a quo et pavimenta; id ex Græco, quod illi παίειν, quod nos ferire.... num intactus usur....

TAMINARE, violare *sacra*: hinc *attaminare* et contaminare dictum, videlicet.... ilintate.

TERES est in longitudine rotun-

neuf jours il avait pris neuf villes, et le dixième jour Préneste. Cincius, au livre II des *Mystagogiques*, dit que cette expression signifie deux livres et un tiers; nous suivons encore aujourd'hui cet usage lorsque nous disons d'un morceau de bois *bes alterum*, pour marquer qu'il a un pied et huit pouces de large; et *sestertium* pour désigner deux as et demi. De même si l'on a trois as et un quart, on dit *quartus quadrans* [1].

TERSUS DIES. Les anciens appelaient ainsi un jour serein. Mais il [2] dit qu'il n'a point d'autorité à l'appui de ceci.

TERETINATIBUS. Les Térétinates sont ainsi appelés du fleuve Térès; mais on croit que dans les cas autres que le nominatif, il faut changer la dernière syllabe du nom de ce fleuve et écrire *Tera* au lieu de *Terede*.

TRIPUDIUM. Le trépignement se voit dans les augures par les bonds des poulets qui trépignent; ce mot vient de *terram pavire* [3], car *pavire* signifie frapper, d'où vient aussi le mot *pavimenta* [4]. Pavire vient du grec, car dans cette langue παίειν a le même sens que chez nous *ferire* [5].... [Lacune.]

TAMINARE, souiller les choses saintes; de là les mots *attaminare* [6] et *contaminare* [6].... [Lacune.]

TERES [7], c'est ce qui est arrondi

(1) Littéralement: Le quatrième nombre de la somme est un *quadrans*. — (2) Leçon évidemment interpolée. — (3) Frapper la terre. — (4) Pavés. — (5) Battre, frapper. — (6) Souiller, salir, tacher en touchant; corrompre, profaner. — (7) Long et rond comme un cylindre, rond, uni, poli.

Festus.

TERMENTUM, apud Plautum, detrimentum.

TEMPESTATEM pro tempore frequenter dixerunt antiqui.

TEMPESTA, tempestiva.

TINIA, vasa vinaria.

TENSA ¹⁷ vehiculum argenteum, quo exuviæ deorum ludis Circensibus in Circum ad pulvinar vehebantur.

TEMERARE, violare sacra et contaminare, dictum videlicet a temeritate.

TERMENTUM. Plaute a dit ainsi pour *detrimentum*⁽¹⁾.

TEMPESTAS⁽²⁾. Les anciens ont fréquemment employé ce mot pour *tempus*⁽³⁾.

TEMPESTA, pour *tempestiva*⁽⁴⁾.

TINIA, vases à contenir du vin.

TENSA, chariot d'argent sur lequel, à l'époque des jeux du Cirque, on portait dans le Cirque les ornements des dieux pour les placer sur les coussins.

TEMERARE, violer les choses saintes et les souiller; ce mot vient de *temeritas*⁽⁵⁾.

(1) Action d'user en frottant, détriment, perte, dommage. — (2) Temps, saison, bon ou mauvais temps; tempête, orage, ouragan; ruine, destruction, danger, péril, malheur. — (3) Le temps, la durée; temps fixé, moment, instant; heure du jour; partie du ciel; occasion, conjoncture, circonstance; temps de verbe. — (4) *Tempestivus* signifie qui arrive, qui se fait à propos; opportun; mûr, en maturité; qui mûrit en sa saison. — (5) Témérité, inconsidération, imprudence, étourderie, indiscrétion.

---

datum, quales asseres natura ministrat.

TERMENTUM pro eo quod nunc dicitur detrimentum, utitur Plautus in Bacchidibus.

TENSAM ait vocari Sinnius Capito vehiculum, quo exuviæ deorum ludicris Circensibus in Circum ad pulvinar vehuntur; fuit et ex ebore, ut apud Titinnium in Barbato, et ex argento.

TERTIUM, QUARTUM differre ait.

en longueur, comme la nature nous fournit les soliveaux.

TERMENTUM. Plaute, dans *les Deux Bacchis*, se sert de ce mot pour *detrimentum*, aujourd'hui usité.

TENSA. Sinnius Capiton dit que l'on appelle ainsi un chariot sur lequel, à l'époque des jeux du Cirque, on porte dans le Cirque les ornements des dieux pour le placer sur le coussin. Ce chariot était fait d'ivoire et d'argent, comme on le voit dans *le Barbu* de Tinnius.

TERTIUM⁽¹⁾, QUARTUM⁽²⁾. Sin-

(1) En troisième lieu. (2) En quatrième lieu.

TEMETUM, vinum, unde temulentus et temulentia.

TINTINNIRE et **TINTINNABANT** Naevius dixit pro sonitu tintinnabuli.

TEMETUM(1), vin; d'où viennent les mots *temulentus*(2) et *temulentia*(3).

TINTINNIRE(4) et **TINTINNABANT**(5). Névius a employé ces mots pour exprimer le bruit de la sonnette.

---

(1) Vin généreux. — (2) Ivre. — (3) Ivresse. — (4) Tinter, sonner, retentir comme les métaux. — (5) Ils sonnaient.

---

a tertio, quarto, quintus 70 : quod quid factum sit significat.

TEMETUM, vinum; Plautus in Aulularia : « Cererin', Strobile, has facturi nuptias? — Qui? — Quia temeti nihil allatum video. » Pomponius in Decima : « Non multi temeti, sed plurimi. » Novius in duobus Dossenis : « Sequimini preminate 71, sequere temeti timor. » Idem in Funere : « Agite, exite, temulentum tollite. » Et in Surdo : « Filias habeo temulentas, sed eccas video incedere. » Afranius in Consobrinis : « Pol magis istius temulentae, futilis. »

TINTINNARE est apud Naevium hoc modo : « Tantum ibi molae crepitum faciebant, tintinnabant compedes. » Et apud Afranium : « Ostiarii impedimenta tintinnire audio 72. »

TRIBUTORUM conlationem, quum sit alia in capite, illud 73 ex censu, dicitur etiam quoddam temerarium, ut post Urbem a Gallis ca-

nius dit que ces mots diffèrent de *tertio*(1), *quarto*(2), qui signifie l'ordre où une chose a été faite.

TEMETUM, vin. Plaute, dans *la Marmite* : — *Cererin', Strobile, has facturi nuptias? — Qui? — Quia temeti nihil allatum video*(3). Pomponius dans *la Dîme* : — *Non multi temeti, sed plurimi*(4). Novius dans *les Deux Dossenus* : — *Sequimini, i prae, mi nate, sequere temeti timor*(5). Le même, dans *les Funérailles* : — *Agite, exite, temulentum tollite*(6). Et dans *le Sourd* : — *Filias habeo temulentas, sed eccas video incedere*(7). Afranius, dans *les Cousins* : — *Pol magis istius temulentae, futilis*(8).

TINTINNARE. Voici comment ce mot se trouve employé dans Névius : *Tantum ibi molae crepitum faciebant, tintinnabant compedes*(9). Et dans Afranius : *Titinnire janitoris impedimenta audio*(10).

TRIBUTA. La levée des impôts, qui se fait tantôt par tête(11), tantôt selon le cens(12), est, dit-on aussi, une chose faite au hasard et sans

---

(1) Troisièmement. — (2) Quatrièmement. — (3) Va-t-on, Strobilus, célébrer ces noces en l'honneur de Cérès ? — Pourquoi ? — Parce que je vois qu'il n'y a pas apporté de vin. — (4) Non pas beaucoup de vin, mais le plus de vin possible. — (5) Vous suivez ; marche devant, mon fils ; suis, crainte du vin. — (6) Agissez, sortez, enlevez cet ivrogne. — (7) J'ai des filles ivres ; mais je les vois venir. — (8) Par Pollux, plus étourdi que cette femme ivre. — (9) Tant les meules y craquaient, tant les fers y résonnaient. — (10) J'entends résonner les entraves du portier. — (11) La capitation. — (12) En proportion du revenu.

TENTIPELLIUM genus calciamenti ferratum, quo pelles extenduntur.

TENTIPELLIUM, sorte de chaussure garnie de fer, qui tend les peaux.

---

ptam conlatum est, quia proximis xv annis census alius non erat [74]. Item bello Punico secundo M. Valerio Lævino, M. Claudio Marcello cos. [75], quum et senatus et populus id ærarium, quod habuit, detulit.

règle fixe. C'est ainsi qu'après la prise de Rome par les Gaulois se fit la contribution, parce que, dans les quinze années qui suivirent ce malheur, il ne s'était pas exercé de cens. Il en fut de même dans la seconde guerre punique, sous le consulat de M. Valerius Lévinus et de M. Claudius Marcellus, lorsque le sénat et le peuple portèrent au trésor tout l'argent qu'ils possédaient.

TENTIPELLIUM Artorius putat esse calciamentum ferratum, quo pelles extenduntur, indeque Afranium dixisse in Promo : « Pro manibus credo habere ego illos tentipellium. » Titinium ait Verrius existimare, id medicamentum esse, quo rugæ extendantur, quum dicat : « Tentipellium inducitur [76], rugæ in ore extenduntur [77] : » quom ille τροπικῶς dixerit.

TENTIPELLIUM[1]. Artorius pense que c'est une sorte de chaussure garnie de fer, qui tend les peaux, et que de là Afranius a dit dans *le Chef* : — *Pro manibus credo habere ego illos tentipellium*[2]. Verrius dit que, selon l'opinion de Titinius, c'est une sorte de préparation pharmaceutique qui sert à étendre les rides[3], lorsqu'il dit : *Tentipellium inducis, rugæ in ore extenduntur tuæ*[4]. Titinius se serait exprimé ainsi par forme de trope.

TIGNUM non solum in ædificiis, quo utuntur, appellatur, sed etiam in vineis, ut est in XII : « Tignum junctum ædibus, vineæve, et concapit [78] ne solvito. »

TIGNUM. On appelle ainsi non-seulement la solive dont on se sert dans la construction des maisons, mais encore la perche qui sert d'appui à la vigne, comme on lit dans les Douze-Tables : *Tignum junctum ædibus, vineæve e concape ne solvito*[5].

TELA proprie dici videntur ea, quæ missilia sunt; ex Græco videlicet translato eorum nomine, quoniam illi τηλόθεν missa dicunt, quæ nos eminus; sicut arma ea,

TELA[6]. On nomme proprement ainsi, à ce qu'il semble, les projectiles. Ce mot est tiré du grec; les Grecs, en effet, disent envoyés τηλόθεν[7], dans le cas où

---

(1) De *tendere*, tendre, et *pellis*, peau. — (2) Je crois les avoir au lieu de mains comme chaussure propre à tendre les peaux. — (3) Pour les effacer. — (4) Tu te frottes d'un onguent propre à tendre les peaux; les rides s'étendent sur ta figure — (5) Qu'on ne détache pas la solive jointe à un édifice, ni le pieu auquel est attachée une vigne. — (6) Traits, dards, javelots, flèches, épées, armes offensives, etc. — (7) Τηλόθεν et *eminus* signifient également de loin.

TEGILLUM, cuculiunculum ex scirpo factum. Plautus : « Tegillum mihi arct, id si vis, dabo. »

TIBERIS, fluvius dictus a Tiberino rege Albanorum, quod in eo cecidisset.

TIBRIS, a Tibri, rege [18] Tuscorum.

TIBICINES in aedificiis dici existimantur a similitudine tibiis canentium, qui ut cantantes sustineant, ita illi aedificiorum tecta.

TIPPULA, bestiolæ genus sex pedes habentis, sed tantæ levitatis, ut super aquam currens non desidat. Plautus : « Neque tippulæ levius pondus est, quam fides lenonia. »

TEGILLUM [1], petit capuchon fait en sparterie. Plaute dit : *Tegillum mihi aret, id si vis, dabo* [2].

TIBERIS. Ce fleuve a été ainsi nommé de Tiberinus, roi des Albains, parce que ce prince y était tombé.

TIBRIS. Ce fleuve a pris ce nom de Tibris, roi des Tusques.

TIBICINES. On croit qu'on a ainsi nommé les étais dans les constructions par analogie avec les flûtes des chanteurs, parce que, comme les flûtes soutiennent la voix des chanteurs, de même les étais soutiennent les toits des édifices.

TIPPULA, sorte de petite bête [3] à six pattes, mais si légère, qu'en courant sur l'eau, elle ne fait que l'effleurer. Plaute dit : *Neque tippulæ levius pondus est, quam fides lenonia* [4].

(1) Diminutif de *tectum*, dont voici les sens : Toit, couverture de maison; abri, couverture; plafond; maison; robe de villageoise; troupeau qu'on recouvrait de peaux pour en conserver la laine. — (2) Ce capuchon est trop sec pour moi; si tu le veux, je te le donne. — (3) C'est une sorte d'araignée à six pattes, qui court sur l'eau des sources. — (4) Et l'araignée des eaux n'est pas plus légère que la foi d'une courtisane.

---

quæ ab humeris dependentia retinentur manibus, quoniam quidem non minus in nobis eam partem corporis armum vocari existimandum est, quam *in brutis animalibus*.

TIGILLUM SORORIUM.

nous disons lancés *eminus*. De même on appelle *arma* les instruments d'attaque ou de défense qui, attachés à l'épaule sont retenus par la main, parce qu'il faut croire que cette partie de notre corps, l'épaule, a été nommée *armus* chez nous tout aussi bien que chez les bêtes brutes.

TIGILLUM SORORIUM. Le poteau de la sœur. [Lacune.]

TESTICULARI est jumentis maribus feminas, vel mares feminis admovere, licet alii dicant *testilari*[18].

TIFATA, iliceta. Romæ autem *Tifata curia*. *Tifata* etiam locus juxta Capuam.

THIASITAS[19], sodalitas.

TITULI milites appellantur quasi tutuli, quod patriam tuerentur, unde et Titi prænomen ortum est.

TITIENSIS tribus a prænomine Tatii regis appellata esse videtur. *Titia* quoque curia ab eodem rege est dicta.

TETINI, pro tenui.

THRÆCES, gladiatores, a similitudine parmularum Thraciarum.

TRYGA antiqui vinum appellabant, unde *trygetus* adhuc dicitur.

TITIVILLITIUM nullius significationis est, ut apud Græcos βλίτυρι et σκινδαψός. Plautus : « Non ego istuc

TESTICULARI, faire approcher les femelles des mâles, accoupler les mâles et les femelles; d'autres, cependant, disent *testilari*.

TIFATA, bois plantés de chênes verts. A Rome il y avait une *curia Tifata*[1]. *Tifata*[2] est de plus un lieu voisin de Capoue.

THIASITAS, société.

TITULI[3]. On appelle ainsi les soldats, comme si l'on disait *tutuli*[4], parce qu'ils défendent la patrie; d'où est venu aussi le prénom de *Titus*[5].

TITIENSIS. La tribu Titienne semble avoir été nommée ainsi du prénom du roi Tatius. La curie Titienne a également pris son nom de ce roi.

TETINI, pour *tenui*[6].

THRÆCES, gladiateurs ainsi nommés, en raison de la ressemblance de leurs boucliers avec ceux des Thraces.

TRYGA[7]. Les anciens donnaient ce nom au vin, d'où l'on dit encore *trygetus*[8].

TITIVILLITIUM[9]. Ce mot n'a aucun sens; pas plus que n'en ont chez les Grecs les mots βλίτυρι[10] et σκινδαψός[11].

---

(1) La curie aux Chênes. — (2) La Chênaie. — (3) Les véritables sens du mot *titulus* sont ceux-ci : Titre, dignité ; inscription, écriteau, affiche; prétexte, signe, indice; affiche, étiquette. — (4) Comme on l'a vu plus haut, *tutulus* désigne une touffe de cheveux sur le sommet de la tête; et, de plus, la partie la plus élevée d'une ville. Il vient de *tueri*, défendre. — (5) Ce nom signifierait donc défenseur. — (6) J'ai tenu. — (7) En grec τρύγη, productions d'automne. — (8) Vendanges. *Tryga* et *trygus* viennent du grec τρύξ, τρυγός, qui signifie lie de vin. — (9) On le fait venir de *texo villas*, et on l'interprète par bourre d'étoffe; rien ; zeste, fétu. — (10) Probablement de βλίτον, blette, sorte de légume sans saveur. — (11) Sorte de plante semblable au lierre, instrument de musique, mot dépourvu de sens.

verbum empsiculem titivillitio. »

TRABS proprie dicitur duo ligna compacta.

TRAGUS, genus conchæ mali saporis.

TRABICA, navis, quod sit trabibus confixa. Pacuvius : « Labitur trabica in alveos. »

TRACHALI appellantur muricum ac purpuræ superiores partes. Unde Arimineses maritimi homines cognomen traxerunt *Trachali.*

TROJA et regio Priami et lusus puerorum equestris dicitur et locus in agro Laurente, quo primum Italiæ Æneas cum suis constitit.

TRIFAX, telum longitudinis trium cubitorum, quod catapulta mittitur. Ennius : « Aut permaceret paries percussus trifaci. »

TRIBUTUM dictum, quia ex privato in publicum tribuitur.

On lit dans Plaute : *Non ego istuc verbum empsiculem titivillitio*[1].

TRABS[2]. Ce mot désigne proprement deux morceaux de bois joints ensemble.

TRAGUS[3], sorte de coquillage d'un mauvais goût.

TRABICA, navire formé de planches réunies. Pacuvius : *Labitur trabica in alveos*[4].

TRACHALI. Ce sont les parties supérieures du *murex*[5] et de la pourpre. C'est de là que les Ariminiens, habitants des bords de la mer, ont pris le surnom de *Trachali.*

TROJA. C'est le nom du pays de Priam ; de jeux équestres des adolescents ; d'un lieu du territoire de Laurente, où Énée, arrivant en Italie avec les siens, s'établit d'abord.

TRIFAX, trait long de trois coudées, lancé par la catapulte. On lit dans Ennius : *Aut permaceret paries percussus trifaci*[6].

TRIBUTUM. Le tribut est ainsi nommé, parce qu'il est accordé[7] par la fortune privée à la fortune publique.

---

(1) Je ne donnerais pas un zeste de cette parole. — (2) Poutre, grosse solive ; portail de maison ; toit ; vaisseau, navire ; arbre énorme ; météore igné, qui a la forme d'une poutre. — (3) Sorte de jonc marin ; sorte d'éponge dure ; coquillage de mauvaise odeur ; odeur des aisselles. — (4) Le vaisseau glisse sur les ondes. — (5) On appelle *murex* le poisson à coquille dont les anciens tiraient la couleur de pourpre ; la couleur de pourpre elle-même ; un vase à parfums ; la conque des Tritons ; une pointe de rochers ; une pointe déchirante. — (6) Ou que la muraille s'affaiblisse, frappée par le dard triangulaire. — (7) *Quod tribuitur*

THOCUM, genus sellæ habetur apud Plautum.

TRITOGENIA Minerva a ripa Tritonis fluminis dicta, quod ibi primitus sit visa.

TRUO, avis onocrotalus. Cæcilius irridens magnitudinem nasi : « Pro dii immortales, unde prorepsit truo ? »

TREPIT, vertit; unde *trepido* et *trepidatio*, quia turbatione mens vertitur.

TRIUMPHALES CORONÆ sunt[20], quæ imperatori victori aureæ præferuntur, quæ temporibus antiquis propter paupertatem laureæ fuerunt.

TEMPLUM significat et ædificium deo sacratum, et tignum, quod in ædificio transversum ponitur.

TRANSTRA et tabulæ navium dicuntur et tigna, quæ ex pariete in parietem porriguntur.

THOCUM. Ce mot, dans Plaute, désigne une sorte de siége.

TRITOGENIA[1]. Minerve a reçu ce nom des bords du fleuve Triton, parce que c'est là qu'on la vit pour la première fois.

TRUO[2], l'oiseau onocrotale. Cécilius, se moquant de l'excessive longueur du nez, dit : *Pro dii immortales, unde prorepsit truo*[3] ?

TREPIT[4], il tourne; d'où les mots *trepido*[5] et *trepidatio*[6], parce que la crainte fait tourner, bouleverse l'âme.

TRIUMPHALES CORONÆ. Les couronnes triomphales sont les couronnes d'or que l'on porte devant le général en chef victorieux; dans les anciens temps, où l'État était pauvre, elles étaient de laurier.

TEMPLUM[7]. Ce mot désigne un édifice consacré à la divinité et une poutre placée en travers dans un édifice.

TRANSTRA[8]. On appelle ainsi et les planches d'un navire, et les poutres qui s'étendent d'un mur à l'autre.

---

(1) Née du Triton. — (2) Le butor. — (3) Par les dieux immortels, d'où s'est glissé en avant ce bec de butor ? — (4) Du grec τρέπω. — (5) Agir avec précipitation, s'agiter en désordre; prendre l'alarme; se précipiter, se hâter, courir en tumulte; trembler, avoir peur, palpiter. — (6) Précipitation, agitation tumultueuse, désordre, alarme; tremblement; maladie. — (7) Espace du ciel désigné et consacré par les augures pour y observer le vol des oiseaux; le ciel; temple, lieu consacré à la divinité; tout lieu fermé ou entouré; asile, retraite; tombeau; statue dans un temple; traverse d'un toit. — (8) Poutres qui traversent une maison; bancs des rameurs.

TROMENTINA TRIBUS a campo Tromento dicta.

TRAGULA, genus teli dicta quod scuto infixa trahatur.

THEMIN deam putabant esse, quæ præciperet hominibus id petere, quod fas esset, eamque id esse existimabant, quod et fas est.

TERMES, ramus desectus ex arbore, nec foliis repletus, nec nimis glaber.

TENUS significat finem; ut quum dicimus *hactenus*.

TROSSULI equites dicti, quod oppidum Tuscorum Trossulum sine opera peditum ceperint.

TACITURNUS, qui facile tacet : *tacitus* etiam argutus, quia potest aliquando tacere.

TENITÆ 21 credebantur esse sortium deæ, dictæ quod tenendi haberent potestatem.

TERMINO sacra faciebant,

TROMENTINA TRIBUS. Tribu ainsi nommée du territoire de Tromentum.

TRAGULA[1], genre de trait ainsi nommé parce que le soldat dans le bouclier duquel il s'est fixé, le traîne avec lui.

THEMIS. On voyait en Thémis la déesse qui ordonnait aux hommes de rechercher ce qui est juste et permis; et on croyait qu'elle était la justice elle-même.

TERMES[2], branche coupée d'un arbre, sans être ni complètement garnie, ni complètement dégarnie de feuilles.

TENUS[3]. Ce mot marque la fin; comme lorsque nous disons *hactenus*[4].

TROSSULI. Ce nom fut donné aux cavaliers, parce que, sans le secours des fantassins, ils prirent Trossulum, ville des Tusques.

TACITURNUS[5], celui qui se tait facilement ; *tacitus*[6] désigne aussi un individu fin, parce qu'il peut se taire quelquefois.

TENITÆ[7]. On croyait que c'étaient les déesses des sorts, ainsi nommées parce qu'elles avaient le pouvoir de tenir.

TERMINUS. On faisait des

---

(1) Hallebarde, demi-pique; tramail, filet. — (2) Branche d'olivier; branche en général, avec les feuilles et les fruits. — (3) Jusqu'à. — (4) Jusqu'ici. — (5) Taciturne, silencieux ; où il ne se fait pas de bruit; qui n'en fait pas — (6) Dont on ne parle pas, qu'on passe sous silence ; qui ne dit mot ; sans bruit, paisible ; secret, caché ; ce qui n'a pas besoin d'être exprimé. — (7) Les Parques. Ce nom leur vient de *tenere*, tenir.

quod in ejus tutela fines agrorum esse putabant. Denique Numa Pompilius statuit, eum, qui terminum exarasset, et ipsum et boves sacros esse.

TERMINUS quo loco colebatur, super eum foramen patebat in tecto, quod nefas esse putarent, Terminum intra tectum consistere.

sacrifices au dieu Terme, parce que, selon l'opinion commune, les limites des champs étaient sous sa protection. Enfin Numa Pompilius ordonna que celui qui, en labourant, aurait renversé un terme, serait voué aux dieux, lui et ses bœufs.

TERMINUS. Dans le lieu où l'on honorait le dieu Terme, on pratiquait une ouverture dans le toit au-dessus de l'endroit où se trouvait l'image du dieu, parce qu'on regardait comme une chose défendue par la religion que le dieu Terme fût placé dans un lieu couvert.

LIVRE XIX.

VICINIA [1], vicinorum conversatio.

VESPERNA apud Plautum cœna intelligitur.

VESTICEPS puer, qui jam vestitus est pubertate, econtra *investis*, qui necdum pubertate vestitus est.

VICINIA [1], fréquentation entre voisins.

VESPERNA. Dans Plaute, ce mot signifie le repas du soir.

VESTICEPS [2], jeune homme qui est déjà revêtu de sa puberté; par contraire, le mot *investis* [3] désigne celui qui n'est pas encore revêtu de sa puberté.

---

(1) Voisinage; les voisins; rapport, liaison qu'il y a entre les voisins; rapport, ressemblance. — (2) De *vestis*, poil follet, et *capere*, prendre. *Vesticeps*, dans Apulée, signifie corrompu. — (3) Nu; qui n'est point en âge de puberté; imberbe; vierge; dépouillé, privé de....

VEIA apud Oscos¹ dicebatur plaustrum, unde *veiarii* stipites in plaustro, et vectura *veiatura*.

URBANAS tribus³ appellabant, in quas Urbs erat dispertita a Servio Tullio rege, id est Suburana, Palatina, Exquilina, Collina.

VESTIS generaliter dicitur, ut stragula, forensis, muliebris : *vestimentum* pars aliqua, ut pallium, tunica, penula.

VESCUS, fastidiosus. Ve enim pro pusillo utebantur. Lucretius vescum dixit edacem, quum ait : « Nec, mare quæ impendent, vesco sale saxa peresa. »

VESCOR, pascor.
VESPERUGO⁴, Vesper stella. Plautus⁵ : « Nec Vesperugo, nec Vergiliæ occidunt. »
VESPÆ et VESPILLO-

VEIA. C'était, chez les Osques le nom du chariot, d'où *veiarii*, les montants du chariot et *veiatura*, le transport par chariot.

URBANÆ. On appelait tribus urbaines celles entre lesquelles le roi Servius Tullius avait réparti la ville de Rome : c'étaient les tribus Suburane, Palatine, Esquiline, Colline.

VESTIS[1] désigne en général toute espèce de vêtement, comme l'habit du jour[2], l'habit de ville[3], l'habillement des femmes[4] : *vestimentum*[5] désigne particulièrement telle ou telle pièce du vêtement, comme le manteau, la tunique, la casaque.

VESCUS[6], fastidieux. En effet, *ve*[7] s'employait anciennement dans le sens de petit. Lucrèce s'est servi de *vescus* pour mangeur, dévorant[8], lorsqu'il a dit : *Nec, mare quæ impendent, vesco sale saxa peresa*[9].

VESCOR[10], je me nourris.
VESPERUGO, étoile de Vénus[11]. Plaute : *Nec Vesperugo, nec Vergiliæ occidunt*[12].
VESPÆ[13] et VESPILLO-

---

(1) *Vestis* signifie vêtement, habit, tapis, toile, poil follet, barbe naissante. — (2) *Stragula*, habit de jour, qui servait la nuit de couverture. — (3) *Forensis*, l'habit avec lequel on peut paraître dans le Forum. — (4) *Muliebris*. — (5) *Vestimentum*, étoffe quelconque qui servait de tapis, de couverture, de vêtement. — (6) *Vescus*, de *ve*, particule augmentative, et d'*esca*, signifie bon à manger, mangeable ; de *ve*, particule diminutive, il signifie dégoûté ; maigre, mal portant. — (7) Cette particule est tantôt privative, tantôt augmentative. Il ne faut pas la confondre avec *ve* conjonction, synonyme de *vel*. — (8) Qui mange, qui ronge. — (9) Ni les rochers suspendus sur la mer, et rongés par une eau dévorante. — (10) Manger, se nourrir, vivre de....; voir, contempler. — (11) Et aussi chauve-souris. — (12) Ni l'étoile de Vénus, ni les Pléiades ne se couchent. — (13) Guêpes; grosses mouches

NES dicuntur, qui funerandis corporibus officium gerunt, non a minutis illis volucribus, sed quia vespertino tempore eos efferunt, qui funebri pompa duci propter inopiam nequeunt. Hi etiam *vespulæ* vocantur. Martialis : « Qui fuerat medicus, nunc est vespillo Diaulus.

VESPICES frutecta densa dicta a similitudine vestis.

VELATI appellabantur vestiti et inermes, qui exercitum sequebantur, quique in mortuorum militum loco substituebantur. Ipsi sunt et *ferentarii*, qui fundis ac lapidibus pugnabant, quæ tela feruntur, non tenentur. Cato eos ferentarios dixit, qui tela ac potiones militibus pugnantibus ministrabant.

VELITATIO dicta est ultro citroque probrorum objectatio, ab exemplo velitaris pugnæ. Plautus[6] : « Nescio quid velitati estis inter vos. »

NES[1]. On appelle ainsi ceux qui sont chargés d'enterrer les cadavres, non point d'après ces petits insectes ailés [les guêpes], mais parce qu'ils emportent le soir[2] ceux qui en raison de leur pauvreté ne peuvent être ensevelis avec les cérémonies habituelles. Ces hommes sont encore appelés *vespulæ*. Martial : *Qui fuerat medicus, nunc est vespillo Diaulus*[3].

VESPICES. On appelle ainsi les halliers, les buissons épais, par analogie avec le le vêtement[4].

VELATI[5]. On donnait ce nom à ceux qui, vêtus et sans armes, suivaient l'armée et prenaient la place des soldats morts. Ce sont les mêmes que les *ferentarii*[6], qui combattaient avec la fronde et avec des pierres, projectiles qui se portent et ne sont point retenus. Caton a désigné par le nom de *ferentarii* les individus qui fournissaient aux soldats des projectiles et des rafraîchissements.

VELITATIO[7]. C'est un assaut d'injures, ainsi nommé par analogie avec la manière de combattre des vélites. Plaute : *Nescio quid velitati estis inter vos*[8].

(1) Ceux qui, la nuit, portaient en terre ceux qui n'avaient pas le moyen de se faire enterrer. — (2) *Vesper*. — (3) Diaulus, qui avait été médecin, fait métier maintenant de porter les pauvres en terre. — (4) Parce qu'ils recouvrent la terre comme le vêtement couvre l'homme. — (5) Soldats surnuméraires. — (6) Qui portent ; soldats armés de traits et de frondes. — (7) Escarmouche, léger combat ; querelle, assaut de langues. — (8) Je ne sais quels mauvais propos vous avez échangés entre vous

VETERNOSUS dicitur, qui gravi premitur somno. Cato veternosum hydropicum intelligi voluit, quum ait : « Veternosus quam plurimum bibit, tam maxime sitit. »

VETERATORES⁷ callidi dicti a multa rerum gerendarum vetustate. Gannius⁸ : « Mulieri non astutæ facile veterator persuasit. »

VETERINAM bestiam jumentum Cato appellavit a vehendo. Opilius veterinam dici putat quasi venterinam⁹, vel uterinam¹⁰, quod ad ventrem onus religatum gerat.

VITULANS, lætans gaudio, ut pastu vitulus. Ennius : « Is habet coronam vitulans victoria. »

VIDUERTAS, calamitas, dicta quod viduet bonis.

VITILIGO in corpore hominis macula alba, quam Græci ἀλφὸν vocant, a quo nos album; sive a vitio dicta, etiamsi non lædit; sive a vi-

VETERNOSUS[1]. C'est celui qui est accablé par un lourd sommeil. Caton a voulu par *veternosus* entendre un hydropique, lorsqu'il dit : *Veternosus quam plurimum bibit, tam maxime sitit*[2].

VETERATORES [3]. Les rusés ont été ainsi nommés à cause de la grande ancienneté de ce qu'ils ont à faire. Gannius : *Mulieri non astutæ facile veterator persuasit*[4].

VETERINA BESTIA. Caton a donné cette qualification aux bêtes de somme d'après le verbe *vehere* [5]. Opilius croit que la bête de somme est appelée *veterina* comme si l'on disait *venterina*[6] ou *uterina*[7], parce qu'elle porte un fardeau rattaché à son ventre [8].

VITULANS, livré à l'allégresse, comme est le veau bien repu. Ennius : *Is habet coronam vitulans victoria*[9].

VIDUERTAS[10], calamité, ainsi nommée parce qu'elle prive[11] des biens.

VITILIGO[12], tache blanche sur le corps de l'homme, que les Grecs appellent ἀλφὸν [13], d'où nous avons fait *album*[13]; ou bien ce nom lui vient de

---

(1) Sujet à la léthargie; endormi, languissant. — (2) Plus un hydropique boit, plus il a soif. — (3) *Veterator*, vieux routier, fin matois, qui a de vieilles ruses. — (4) Un homme rusé persuade sans peine une femme sans malice. — (5) Porter, charrier, traîner. — (6) De *venter*, ventre. — (7) De *uterus*, sein. — (8) Le bât est attaché aux flancs et, par conséquent, retenu aux deux côtes du ventre. — (9) Il a une couronne, tout joyeux de sa victoire. — (10) Calamité, dommage causé aux biens de la terre. — (11) Parce qu'elle nous rend comme veufs des biens de la terre. — (12) Ce mot désigne plus particulièrement les taches de lèpre. — (13) Blanc.

tello " propter ejus membranæ candorem, qua nascitur involutus. Lucilius : « Hæc odiosa mihi vitiligo est, num dolet, inquit. »

VEL colligatio quidem est disjunctiva, sed non earum rerum, quæ natura disjuncta sunt, in quibus aut conjunctione rectius utimur, ut : aut dies est aut nox, sed earum, quæ non sunt contra, e quibus quæ eligatur, nihil interest, ut Ennius : « Vel tu dictator, vel equorum equitumque magister Esto vel consul. »

VIBICES ", plagæ verberum in corpore humano, dictæ quod vi fiunt.

VIBRISSÆ, pili in naribus hominum, dicti quod his evulsis caput vibratur.

VIBRISSARE [13] est vocem in cantando crispare. Titinnius : « Si erit tibi cantan-

vitium[1], quoiqu'elle ne blesse pas ; soit encore de *vitellus*[2], à cause de la blancheur de la membrane dans laquelle le veau se trouve enveloppé lorsqu'il vient au monde. Lucilius : *Hæc odiosa mihi vitiligo est, num dolet, inquit*[3].

VEL[4] est une liaison disjonctive ; mais elle ne marque pas la distinction de ces choses qui sont disjointes par la nature, cas où nous employons mieux la conjonction *aut*[5], comme dans cette phrase : *Aut dies est aut nox*[6] ; mais bien la distinction des choses qui ne sont pas contraires entre elles, et entre lesquelles il est indifférent de choisir, comme dans Ennius : *Vel tu dictator, vel equorum equitumque magister Esto vel consul*[7].

VIBICES, marques des coups sur le corps humain, ainsi nommées parce qu'elles se font par la violence[8].

VIBRISSÆ[9], poils qui se trouvent dans les narines de l'homme, ainsi nommés parce qu'en les arrachant on fait balancer[10] la tête.

VIBRISSARE[11], c'est faire vibrer sa voix en chantant. Titinnius : *Si erit tibi can-*

---

(1) Vice, défaut. — (2) Petit veau, et aussi jaune d'œuf. — (3) Cette tache blanche m'est odieuse; fait-elle mal ? dit-il. — (4) Ou, ou bien ; même ; à la fois. — (5) Ou ; *aut* s'emploie quelquefois par forme interrogative. — (6) Il est ou jour ou nuit. — (7) Sois ou dictateur, ou maître des chevaux et des cavaliers, ou consul. — (8) *Vi*, par la force. Selon d'autres, ce mot vient du grec ἰβυκες, piqûres. — (9) On dit aussi *vibrissi*. — (10) *Vibrare*, brandir, agiter, darder, lancer, décocher, s'agiter ; étinceler. — (11) Fredonner.

dum, facito usque ex vibrisses. »

tandum, facito usque ex vibrisses [1].

VIGET dictum a vi agendo, sed non in agendis hostilibus

VIGET [2] est formé de *vi agere* [3]; ce verbe marque

(1) S'il te faut chanter, fais en sorte de faire vibrer ta voix jusqu'au bout. — (2) *Vigere*, être en vigueur, être dans sa force; prospérer; être en vogue, en honneur. — (3) Agir avec force.

VICI appellari incipiunt ex agris, qui ibi villas non habent, ut Marsi aut Peligni, sed ex vicis partim habent remp. et jus dicitur, partim nihil eorum et tamen ibi nundinæ aguntur negotii gerendi causa, et magistri vici, item magistri paci[1] quotannis fiunt; altero, quum id genus ædificiorum definitur, quæ continentia sunt his opidis, quæ[2] itineribus regionibusque distributa inter se distant, nominibusque dissimilibus discriminis causa sunt dispartita; tertio, quum id genus ædificiorum definitur, quæ in oppido prive, id est, in suo quisque loco proprio ita ædificat, ut in eo ædificio pervium sit, quo itinere habitatores ad suam quisque habitationem habeat accessum : qui non dicuntur vicani sicut ii, qui aut in oppidi vicis, aut hi, qui in agris sunt, vicani appellantur.

VICI. On commence à donner le nom de bourgs à des localités de la campagne, et qu'habitent des hommes qui n'y ont point de domaines, comme les Marses et les Pélignes, mais qui ont, du sein de ces bourgs, une sorte d'état où se rend aussi la justice; ou bien encore ils n'ont rien de ces droits, et pourtant il s'y tient des marchés pour faire des affaires; et chaque année l'on y nomme des maîtres du bourg ou des maîtres du canton. Dans un second sens, le mot *vicus* désigne les constructions qui se trouvent contiguës dans les villes, et qui sont séparées entre elles et distribuées par rues et par quartiers, et sont désignées par des noms différents, afin de pouvoir être distinguées les unes des autres. Dans un troisième sens, le mot *vicus* s'applique à cette sorte de construction qu'une personne fait dans une ville pour son propre compte privé, c'est-à-dire sur son propre fonds, de telle façon que, dans cette construction, il y avait un passage, un chemin qui donne à chacun des habitants un accès à son habitation; ces habitants ne sont pas appelés *vicani*, comme l'on appelle *vicani*[1] ceux qui vivent dans les quartiers de la ville ou dans les localités rurales.

VIGET dictum videtur a vi agendo, sed non vi agendis hostilibusque[3] rebus, verum his, quæ

VIGET. Ce mot semble venir de *vi agere*, mais non dans le sens de faire des choses dignes d'un

(1) Habitants d'un bourg, d'un village.

rebus, verum his, quæ concitato animo ad bonum tendunt.

que l'on agit avec énergie, non point pour faire des actes hostiles, mais bien pour faire avec ardeur quelque chose qui tend au bien.

VIATORES appellabantur,

VIATORES [1]. On appelait

(1) *Viator*, voyageur, passant; officier envoyé à la campagne pour en faire venir ceux qui devaient se trouver au sénat; huissier, licteur; conducteur des chevaux qui remontent un bateau.

---

celer-*iter*.... et concitato animo ad bonam frugem ten-*dunt*....

ennemi; dans le sens, au contraire, de faire vite et avec ardeur des choses qui tendent au bien.

VOISGRAM avem quæ se vellit. Augures hanc eamdem fucillantem appellant....

VOISGRA, oiseau qui s'arrache les plumes. Les augures l'appellent aussi *fucillans*.

VIGINTI QUINQUE POENAS in XII significat viginti quinque asses.

VIGINTI QUINQUE POENAS. Cette expression, dans les Douze-Tables, signifie vingt-cinq as.

VICTIMAM Ælius Stilo ait esse vitulum ob ejus vigorem; alii autem, quæ vincta ducatur ad altare : aut quæ ad hostis victos⁴ immoletur.

VICTIMA. Élius Stilon dit qu'on appelle victime un veau à cause de sa vigueur; selon d'autres, la victime est ainsi appelée de *vincire*, parce qu'elle est conduite garrottée à l'autel, ou bien de *vincere*, parce qu'on l'immole à la suite d'une victoire remportée sur les ennemis.

VECTIGAL æs appellatur, quod ob tributum et stipendium, et equestre, et ordinarium, populo debetur.

VECTIGAL [1]. On appelle ainsi l'argent qui est dû au peuple à titre de tribut et de solde tant de cavalerie qu'ordinaire.

VIÆ sunt et publicæ, per *quas ire, agere, veher-e* omnibus licet : privatæ, quibus vetitum uti.... præter eorū, quorū sunt privatæ. In XII est : « *Amsegetes* vias muniunto : dionisam, lapides sunt⁵, qua volet⁶ jumenta agito. »

VIÆ. Il y a des voies publiques, qui sont celles où tout le monde peut aller, agir, porter; et des voies privées, dont l'usage est interdit à tous, excepté à ceux dont elles sont la propriété. On lit dans les Douze-Tables : *Amsegetes vias muniunto : donicum lapides sunt : ni munierint, qua volent jumenta agito* [2].

VIATORES appellantur, qui ma-

VIATORES. On appelle ainsi les

(1) Droit d'entrée, péage; impôt; frais de voiture; droit de transport; rente, revenu. —
(2) Que l'on garnisse de pierres les chemins qui bordent les champs, en tant qu'il y a des pierres. Si ces chemins ne sont pas garnis de murs, on peut faire passer les animaux où l'on veut.

qui magistratibus parebant, eo quod plerumque ex agris homines evocabantur a magistratibus et frequens eorum erat ab agris ad Urbem via.

VERTICULAS quum dixit Lucilius, articulos intelligi voluit.

VOLÆ VESTIGIUM medium pedis concavum, sed et palma manus *vola* dicitur.

VOLONES[14] dicti sunt milites, qui post Cannensem cladem usque ad octo millia quum essent servi, voluntarie se ad militiam obtulere.

VERSUTI[15] dicuntur, quorum mentes crebro ad malitiam vertuntur.

ainsi des hommes qui obéissaient aux magistrats, parce que les magistrats appelaient fréquemment des personnes de la campagne, et que les viateurs étaient souvent en route des champs à la ville.

VERTICULAS. Lucilius, en employant ce mot, l'a pris dans le sens d'articulations [1].

VOLÆ VESTIGIUM, c'est le dessous du pied, vers le milieu, où il forme un creux; mais on appelle aussi *vola* la paume de la main.

VOLONES. On appela soldats volontaires des esclaves au nombre de huit mille, qui, après le désastre de Cannes, s'offrirent volontairement pour le service militaire.

VERSUTI [2] : On donne cette qualification aux individus dont l'esprit tourne souvent au mal.

(1) Vertèbres. — (2) De *vertere*, tourner.

---

gistratibus apparent; eo quia initio, omnium tribuum cum agri in propinquo erant urbis atque assidue homines rusticabantur, crebrior opera eorum erat in via, quam urbe, quod ex agris plerumque homines vocabantur[7] a magistratibus.

VERTICULAS quum ait Lucilius, ita appellavit vertebras.

appariteurs des magistrats, parce que, dans le principe, les champs de toutes les tribus étant voisins de la ville, et les citoyens demeurant d'habitude à la campagne, les appariteurs avaient plus souvent affaire par les chemins que dans la ville; parce que les citoyens étaient la plupart du temps appelés des champs par les magistrats.

VERTICULAS. Par ce mot, Lucilius a entendu les vertèbres.

Vernæ appellantur ex ancillis civium Romanorum vere nati, quod tempus anni maxime naturalis feturæ est.

Virgiliæ dictæ, quod earum ortu ver finem facit.

Viritanus ager dicitur, qui viritim populo distribuitur.

Vernæ. On appelle ainsi les enfants nés au printemps des servantes des citoyens romains, parce que cette saison est plus que toute autre favorable aux productions de la nature.

Virgiliæ[1]. Ces étoiles ont été ainsi appelées[2], parce que leur lever met fin au printemps.

Viritanus[3]. Cette épithète s'applique au territoire qui se distribue par tête au peuple.

---

(1) On écrit mieux *vergiliæ*. Ce sont les sept étoiles appelées Pléiades. — (2) De *ver*, printemps. — (3) De *vir*, homme.

Vernæ, qui in villis vere nati[8], quod tempus duce natura feturæ est : et tunc[9] rem divinam instituerit Marti[10] Numa Pompilius pacis concordiæve obtinendæ gratia, inter Sabinos, Romanosque, « Ut vernæ viverent ne vincerent[11]. » Romanos enim vernas appellabant, id est ibidem natos, quos vincere perniciosum arbitrium[12] Sabinis, qui conjuncti erant cum P. R.

Vergiliæ dictæ, quod earum ortu ver finitur, æstas incipit.

Veredis antiqui dixerunt[13], quod veherent rhedas, id est ducerent.

Vehere, portare vel trahere.

Vernæ[1], ceux qui sont nés dans les métairies au printemps, parce que cette saison est, par la volonté de la nature, le temps de la génération ; et parce qu'alors Numa Pompilius institua des fêtes en l'honneur de Mars pour obtenir de ce dieu la paix et la concorde entre les Sabins et les Romains, *Ut vernæ viverent neu vincerent*[2]. Car on appelait les Romains *vernæ*, c'est-à-dire nés dans le pays même, et Numa jugea pernicieux de les vaincre pour les Sabins, qui étaient unis avec le peuple romain.

Vergiliæ. Ces étoiles ont été ainsi appelées, parce que leur lever marque la fin du printemps et le commencement de l'été.

Veredi. Les anciens ont donné ce nom aux chevaux, parce qu'ils traînent[3], c'est-à-dire mènent les chariots.

Vehere, porter ou traîner.

---

(1) *Verna*, esclave né dans la maison de son maître ; né, fait à Rome ; élevé, nourri dans la maison. — (2) Qu'ils vivent comme les hommes nés à Rome vivent, et ne soient pas vainqueurs. — (3) *Quod veherent*.

VERRUNCENT, vertant. Pacuvius : « Di monerint meliora atque amentiam averruncassent tuam ! » id est avertissent.

VASTUM, pro magnum, ponitur tamen et pro inani. Accius : « Hanc urbem ferro vastam faciet ; » unde vastitas et vastitudo.

VEGRANDE significat male

VERRUNCENT, pour *vertant* [1]. Pacuvius : *Di monerint meliora atque amentiam averruncassent tuam* [2] ! Ici *averruncassent* est employé pour *avertissent* [3].

VASTUM, grand ; on l'emploie cependant aussi pour vide. Accius : *Hanc urbem ferro vastam faciet* [4]. De là viennent les mots *vastitas* [5] et *vastitudo* [5].

VEGRANDE signifie peu

(1) Qu'ils tournent ou détournent. — (2) Que les dieux te donnent de meilleurs avis et détournent ta folie ! — (3) Qu'ils aient détourné. — (4) Il désolera cette ville par le fer. — (5) Grandeur, grande étendue ; dégât, ravage, dévastation.

VASTUM, pro magnum ; ponitur tamen et pro inani. Accius : « Jam hanc urbem ferro vastam faciet Peleus. » Et Pacuvius : « Quales, scabres quod [14] inculta vastitudine. »

« VE VICTIS » in proverbium venisse existimatur, quum Roma capta a Senonibus Gallis aurum ex conventione et pacto adpenderetur, ut recederent, quod iniquis ponderibus exigi a barbaris querente Ap. Claudio [15], Brennus rex Gallorum ad pondera adjecit gladium, et dixit : Ve victis ! Quem postea persequutus Furius Camillus, quum insidiis circumventum concideret, et quereretur contra fœdus fieri, eadem voce remunerasse dicitur.

VEGRANDE [16] significare alii

VASTUM, grand ; on l'emploie cependant aussi pour vide. Accius : *Jam hanc urbem ferro vastam faciet Peleus* [1]. Et Pacuvius : *Squales, scabresque inculta vastitudine* [2].

VE VICTIS [3] ! On croit que cette exclamation a passé en proverbe, lorsqu'après la prise de Rome par les Gaulois Senonais, comme on pesait l'or qu'on devait leur donner d'après les conventions et les traités pour obtenir leur retraite, et comme Appius Claudius se plaignait de ce que les barbares employaient de faux poids, Brennus, roi des Gaulois, ajouta son glaive aux poids et s'écria : *Ve victis !* Ensuite, Furius Camille l'ayant poursuivi, cerné, et taillé ses troupes en pièces, et Brennus s'étant plaint de ce que cela se faisait contre les traités, Camille, dit-on, lui répondit par la même exclamation.

VEGRANDE. Les uns prétendent

(1) Bientôt Pélée dévastera cette ville par le fer. — (2) Des lieux rudes et raboteux, d'une inculte étendue. — (3) Malheur aux vaincus !

grande, et *vecors, vesanus* mali cordis, male sanus. Alii parvum sive minutum intelligunt, ut vegrande frumentum.

VECORS est turbati ac mali cordis.

grand; et *vecors*[1], *vesanus*[2] signifient d'un mauvais cœur, mal sain. D'autres donnent à ce mot le sens de petit, mince, comme l'on dit : *Vegrande frumentum*[3].

VECORS signifie d'un cœur troublé et mauvais.

(1) Insensé, furieux, en délire, méchant, pervers, stupide. — (2) Fou, furieux, enragé. — (3) Blé maigre.

---

aiunt male grande; ut vecors, vesanus, mali cordis, maleque sanus; alii, parvum, minutum, ut quum dicimus, vegrande frumentum; et Plautus in Cistellaria : « Qui nisi itures[17] : nimium is vegrandi gradu. »

VECORS est turbati, et mali cordis. Pacuvius in Iliona : « Qui veloci superstitione[18] cum vecordi conjuge. » Et Novius in.... « Coactus tristimoniam ex animo deturbat et vecordiam. »

« **VAPULA PAPIRIA** » in proverbio fuit antiquis, de quo Sinnius Capito sic refert, tum dici solitum esse, quum vellent minantibus ibi[19] significare se eos neglegere, et non curare, fretos jure libertatis. Plautus in Feneratrice : « Heus tu, in barbaria quod dixisse dicitur libertus suæ patronæ, ideo dico...: liberta salve[20], vapula Papiria. » in barbaria est, in Italia. Ælius hoc loco, vapula positum esse ait pro dole. Varro pro peri : teste Te-

que ce mot signifie mal grand[1], comme *vecors, vesanus* signifient de mauvais cœur, de mauvais esprit. Selon d'autres il signifie petit, mince, comme nous disons : *Vegrande frumentum*. Et Plaute, dans la *Cassette* : — *Quin is, si itura es? Nimium is vegrandi gradu*[2].

VECORS, homme d'un cœur troublé et mauvais. Pacuvius, dans son *Ilione* : — *Qui velox superstitione cum vecordi conjuge*[3]. Et Novius, dans.... : *Coactus tristimoniam ex animo deturbat et vecordiam*[4].

VAPULA PAPIRIA[5]. Cette locution était proverbiale chez les anciens. Sinnius Capiton dit qu'ils l'employaient lorsqu'ils voulaient faire entendre à ceux qui les menaçaient qu'ils les dédaignaient et ne s'occupaient pas d'eux, forts qu'ils étaient de leur droit de liberté. Plaute, dans l'*Usurière* : — *Heus tu, in barbaria quod dixisse dicitur liberta suæ patronæ, id ego dico tibi.... : libertas salve, vapula Papiria*[6]. *In barbaria* signifie en Italie. Élius croit qu'en cet endroit *vapula* est pour

(1) Mal venu. — (2) Que n'y vas-tu, si tu dois y aller? Tu marches à trop petits pas. — (3) Et rapide par la superstition, avec sa méchante épouse. — (4) Poussé par la force, il chasse de son cœur la tristesse et la lâcheté. — (5) Nargue de toi, Papiria. — (6) Ah çà ! je te dis ce que, chez les Latins, les affranchies disent à leurs patronnes : Salut, affranchie. — Nargue de toi, Papiria.

VACERRAM dicunt stipitem, ad quem equos soleant religare, alii dicunt maledictum hoc nomine significari magnæ acerbitatis, ut sit vecors et vesanus.

VAGOREM pro vagitu Ennius posuit.

VALVOLI, folliculi fabæ.

VACERRA [1] On appelle ainsi un pieu auquel on a coutume d'attacher les chevaux ; selon d'autres ce mot désigne une injure très-acerbe, comme seraient les expressions de lâche et d'insensé.

VAGOR. Ennius a employé ce mot pour *vagitus* [2].

VALVOLI, cosses de la fève.

(1) Poteau, pieu, pilier d'écurie ou de manège ; claie, bergerie, parc de brebis. — (2) Vagissement, cri des enfants au berceau, gémissement.

---

rentio in Phormione : « Num tu [21].... resipis, verbero. » Et Plauto in Curculione : « Reddin' an non mulierem prius, quam te huic meæ machæræ obicio, mastigia? Vapula ergo te [22] vehementer jubeo, ne me territes. »

VACERRAM Ælius et alii complures vocari aiunt stipitem, ad quem equos solent religare. Ateius vero Philologus hoc nomine significari maledictum magnæ acerbitatis, ut si vecors et vesanus teste Livio, qui dicit : « Vecorde et malefica vecordia [23]. »

VAGOREM pro vagitu Ennius lib. XVI : « Qui clamor [24] oppugnantis vagore volanti. » Lucretius lib. II : « Et superantur item : miscetur funere vagor. »

VALVOLI fabæ folliculi appellati

dole [1]. Varron suppose qu'il est pour *peri* [2] : témoin Térence, dans *Phormion* : — *Num tu.... resipis, verbero* [3]. Et Plaute, dans le *Charançon* : — *Reddin' an non mulierem prius, quam te huic meæ machæræ obicio, mastigia? Vapulare ego te vehementer jubeo, ne me territes* [4].

VACERRA. Élius et beaucoup d'autres disent que l'on appelle ainsi un pieu auquel on a coutume d'attacher les chevaux ; mais Atéius Philologus prétend que ce mot désigne une injure très-acerbe, telles seraient les expressions de lâche et d'insensé; témoin Livius qui dit : *Vecorde et malefica vacerra* [5].

VAGOR. Ennius, au livre XVI, a employé ce mot pour *vagitus* : — *Qui clamos oppugnantis vagore volanti* [6]. Lucrèce, au livre II : *Et superantur item : miscetur funere vagor* [7].

VALVOLI. On a ainsi nommé les

(1) Souffre, éprouve de la douleur. — (2) Péris, sois perdue. — (3) On lit dans Térence : *Non manes? vapula. Id tibi quidem jam fiet, nisi resistis verbero.* Tu ne restes pas ; va te faire battre. Cela va certainement t'arriver. Si tu ne restes pas, je te bats, maraud ? — (4) Cette femme ne sera-t-elle pas rendue avant que je ne te fasse sentir mon épée, maraud ? Je vais te faire battre vigoureusement ; n'essaye pas de m'effrayer. — (5) D'une injure lâche et méchante. — (6) Ce cri de l'adversaire avec un gémissement qui se perd dans les airs. — (7) Et ils sont vaincus ; des cris se mêlent à la mort.

VALGOS Aurelius intelligi vult, qui diversas suras habent, sicut e contrario vari dicuntur incurva crura habentes.

VIERE, alligare, unde vimina et vasa viminea.

VALGI[1]. Aurelius veut que l'on entende par là les hommes qui ont les jambes écartées, tandis que l'on appelle, au contraire, *vari* ceux qui ont les jambes courbées en dedans.

VIERE, lier avec de l'osier, d'où les mots *vimina*[2] et *vasa viminea*[3].

(1) *Valgus* est un homme dont les pieds et les genoux se touchent et forment un cercle au milieu, comme une parenthèse; *varus* est celui dont les jambes se touchent par le milieu en dedans, de sorte que les genoux et les pieds s'éloignent. — (2) *Vimen* et *vimentum*, tout bois pliant dont on peut faire des liens, comme l'osier, le saule, le bouleau, etc. — (3) Vases dont les parties sont liées entre elles avec du bois pliant, avec de l'osier.

---

sunt, quasi vallivoli, quia vallo facti [25] excutiantur.

VAGULATIO in L. XII significat quæstionem cum convicio. « Cui testimonium defuerit, is tertiis diebus ob portum obvagulatum ito. »

VALGOS Opillus Aurelius [26] aliique complures aiunt dici, qui diversas suras habeant. Plautus in Milite glorioso : Qui talos vitiosos [27]. « Majorem partem videas vagi salis [28]. » Et in Silitergo [29] : « Sin ea mihi insignitos pueros pariat postea, aut varum, aut valgum, aut conpernem, aut pætum, aut bocchum filium [30]. »

VIERE alligare significat, ut hic versus demonstrat : « Ibant malaci viere Veneriam corollam. » Unde vimina, et vasa viminea, quæ vinciuntur ligata.

cosses des fèves, comme si l'on disait *vallivoli*, parce qu'elles sont abattues de la tige de la fève.

VAGULATIO. Ce mot, dans les Douze-Tables, signifie sommation avec outrage : *Cui testimonium defuerit, is tertiis diebus ob portum obvagulatum ito* [1].

VALGI. Opilius Aurelius et beaucoup d'autres disent que l'on appelle ainsi ceux qui ont les jambes cintrées. Plaute, dans le *Soldat fanfaron* : — *Majorem partem videas valgis saviis* [2]; et dans le *Scythe recors* : — *Sin ea mihi insignitos pueros pariat postea, aut varum, aut valgum, aut compernem, aut pætum, aut brocchum filium* [3].

VIERE signifie lier ensemble, comme le prouve ce vers : *Ibant malaci viere Veneriam corollam* [4]. D'où les mots de *vimina* et de *vasa viminea*. Ces derniers désignent les vases dont les parties sont attachées les unes aux autres [5].

(1) Que celui auquel le témoignage aura manqué, aille pendant trois jours faire vacarme dans la rue (c'est-à-dire devant la maison de celui qui a refusé le témoignage). — (2) On en voit la majeure partie avec des gâteaux malfaits. — (3) .... Et puis elle me donnerait des enfants mal bâtis ; j'aurais un fils cagneux, ou bancal, ou noué, ou louche, ou avec un museau allongé. — (4) Ils allaient délicatement tresser la couronne de Vénus. — (5) Avec de l'osier, ou tout autre bois flexible, comme sont les seaux, les tonneaux, etc.

VERMINA dicuntur dolores corporis cum quodam minuto motu, quasi a vermibus scindatur. Hic dolor Græce στρόφος dicitur.

VERUTA PILA dicuntur, quod veluti verua habent præfixa.

URVAT, circumdat.
UNGULUM, Oscorum lingua, significat annulum.

VERMINA[1]. On appelle ainsi des douleurs du corps accompagnées d'un petit mouvement, comme si le corps était déchiré par des vers. En grec, cette douleur est nommée στρόφος[2].

VERUTA PILA. On donne ce nom[3] à certains javelots, parce qu'ils sont garnis d'une pointe qui ressemble à une broche.

URVAT[4], il entoure.
UNGULUS. Dans la langue des Osques, ce mot signifie anneau.

(1) Ce sont des tranchées, des douleurs aiguës des intestins. — (2) Coliques. — (3) Formé de *veru*, broche. — (4) *Urvare* signifie proprement tracer avec la charrue l'enceinte d'une ville.

VERMINA dicuntur dolores corporis cum quodam minuto motu quasi a vermibus scindatur; hic dolor Græce στρόφος dicitur.

VERUTA PILA dicuntur, quod³¹... habeant præfixa. Ennius lib. x :
« .... cursus quingentos sæpe veruti. »

URVAT, Ennius in Andromeda, significat, circumdat, ab eo sulco, qui fit in urbe condenda urvo aratri, quæ sit forma³² simillima uncini curvatione buris et dentis, cui præfigitur vomer; ait autem :
« Circum sese urvat ad pedes, terra occ.... caput. »

UNGULUS Oscorum lingua annulus, ut.... « Si quid monumenti

VERMINA. Ce sont des douleurs du corps accompagnées d'un petit mouvement, comme si le corps était déchiré par des vers. En grec, cette douleur est nommée στρόφος.

VERUTA PILA. On appelle ainsi certains javelots, parce qu'ils sont garnis d'une sorte de broche. Ennius, au livre x :.... *cursus quingentos sæpe veruti*[1].

URVAT. Dans l'*Andromède* d'Ennius, ce mot signifie il entoure, par analogie avec le sillon que, lors de la fondation d'une ville, on fait avec la courbure de la charrue, parce que, par sa forme, il ressemblait beaucoup à la courbure en crochet du manche et de la dent où le soc est attaché. Or, Ennius dit : *Circum sese urvat ad pedes terra occ.... caput*[2].

UNGULUS signifie anneau, dans la langue des Osques, comme...: *Si*

(1) Citation intraduisible. — (2) Elle se roule aux pieds, la terre couvre sa tête.

VINALIA diem festum habebant, quo die vinum novum Jovi libabant.

VENERARI, verbum compositum ex venia et orando.

VENTABANT dicebant antiqui, unde præpositione adjecta fit adventabant.

VINALIA. C'était le jour de fête où l'on faisait des libations de vin nouveau à Jupiter.

VENERARI[1], verbe composé de *venia*[2] et d'*orare*[3].

VENTABANT[4]. Les anciens employaient cette forme. Par l'addition de la préposition, on en a fait *adventabant*[5].

(1) Révérer, respecter, honorer; adorer, rendre un culte religieux; supplier. — (2) Permission, faculté, pardon, grâce, faveur. — (3) Demander. — (4) *Ventare* était le fréquentatif de *venire*. — (5) Ils arrivaient.

---

nacta est, qui eorum [33] requireret : est ungulus, quem ei detraxit ebrio. » Pacuvius in Iliona : « Repugnanti ego porro hunc vi detraxi ungulum. » Et in Atalanta : « Suspensum lævo brachio ostendo ungulum. »

UNCIARIA LEX appellari cœpta est, quam L. Sulla et Pompeius Rufus [34] tulerunt, qua sanctum est, ut debitores decimam partem....

VENENARI dicebant antiqui, cujus color inficiendo mutatur, ut Ennius quum ait : « Quum illud, quo jam semel est imbuta veneno.»

VENTABANT dixisse antiquos verisimile est, quum et præpositione adjecta [35].... adventabant.

V. utupum est [36]; vel.... quod Græci ὕειν dicunt.

quid monimenti nacta est, quos requireret : est ungulus, quem ei detraxit ebrio [1]. Pacuvius, dans *Ilione* : — *Repugnanti ego porro hunc vi detraxi ungulum* [2]. Et dans son *Atalante* : — *Suspensum lævo brachio ostendo ungulum* [3].

UNCIARIA LEX. On commença à appeler la loi rendue par L. Sylla et Pompeius Rufus, en vertu de laquelle les débiteurs.... la dixième partie....

VENENARI [4]. Les anciens appliquaient ce verbe à un objet dont la couleur est changée par la teinture. Ainsi Ennius, lorsqu'il dit : *Quum illud, quo jam semel est imbuta veneno* [5].

VENTABANT. Il est vraisemblable que cette forme a été usitée chez les anciens, puisqu'en ajoutant la préposition, on a fait *adventabant*.

UNDA. C'est l'eau ou ce qui est humide; ce mot vient du grec ὕειν [6].

(1) Si elle a trouvé quelque monument, il est inutile de chercher : c'est l'anneau qu'elle lui a enlevé pendant qu'il était ivre. — (2) Malgré sa résistance, je lui ai de force arraché cet anneau. — (3) Je montre l'anneau attaché à mon bras gauche. — (4) Être empoisonné, être teint. — (5) Lorsque la couleur dont elle a une fois été imprégnée. — (6) Pleuvoir.

VIMINALIS porta et collis appellantur, quod ibi viminum fuisse silva videtur.

VIVATUS et VIVIDUS a vi magna dicuntur.

VIMINALIS. La porte et le mont Viminal ont reçu ce nom, parce qu'on y voyait autrefois un bois de saules.

VIVATUS et VIVIDUS[1]. Ces mots viennent de *vis magna*[2].

(1) Vif, animé, énergique. — (2) Grande force.

VENDITIONES dicebantur olim censorum locationes ; quod velut fructus publicorum locorum venibant.

VIMINALIS et porta et collis appellantur, quod ibi viminum fuisse videtur silva, ubi est et ara **Jovi Viminio** consecrata.

VINDEX ab eo, quod vindicat, quominus is, qui prensus est, ab aliquo teneatur.

VINEÆ, ut ·Verrius præcipit, quod vino feraces sint : etiam militares quædam machinationes a similitudine appellantur.

VIVATUS et VIVIDUS a poetis dicuntur a vi magna.

VINDICIÆ appellantur res eæ, de quibus controversia : quod potius dicitur jus, quia fit [37] inter eos qui contendunt. Cato in ea quam scribit L. Furio [38] de aqua : «.... s. prætores secundum populum vindicias dicunt. ».... Lucilius : « Nemo hic vindicias, neque sacra ne-

VENDITIONES[1]. On appelait jadis ainsi les allocations données aux censeurs, parce qu'elles se vendaient de même que les fruits des lieux publics.

VIMINALIS. La porte Viminale et le mont Viminal ont reçu ce nom, parce qu'il paraît y avoir eu jadis un bois de saules en cet endroit, où se trouve aussi l'autel consacré à Jupiter Viminius.

VINDEX[2]. Le réclamant est ainsi nommé, parce qu'il revendique[3], de peur que celui qui est saisi ne soit retenu par quelqu'un.

VINEÆ. Les vignes, comme Verrius nous l'apprend, ont reçu ce nom parce qu'elles produisent du vin : on appelle encore ainsi, par analogie, certaines machines de guerre.

VIVATUS et VIVIDUS. Les poëtes emploient ces mots dérivés de *vis magna*.

VINDICIÆ[4]. On désigne par ce mot les choses au sujet desquelles il s'est élevé un litige : mais il s'applique plutôt à la violence qui se manifeste entre les prétendants. Caton, dans le discours qu'il a composé contre L. Furius, au sujet de l'eau...: *Prætores secundum populum vindicias dicunt*[5].

(1) Vente, action de vendre; choses vendues. — (2) Vengeur, vengeresse, qui punit ; défenseur, protecteur, gardien. - (3) *Vindicare* signifie venger, tirer vengeance, punir ; s'approprier, s'attribuer ; assurer, défendre, délivrer. — (4) Récréance, jouissance par provision d'une chose en litige. — (5) Les préteurs jugent des récréances devant le peuple.

UMBRÆ[16] vocantur Neptunalibus casæ frondeæ pro tabernaculis.

VALLESCIT, perierit, dictum a vallo militari, quod fit circa castra, quod qui eo eiciuntur pro perditis habentur.

VEXILLUM diminutivum est a velo.

VINNULUS dicitur molliter se gerens et minime quid viriliter faciens.

VIETUS, languidus, sine vi et naturalibus privatus viribus.

UNGUSTUS, fustis uncus.

UMBRÆ. On appelle ainsi dans les fêtes de Neptune des huttes de feuillage employées au lieu de tentes.

VALLESCIT, il aura péri. Ce mot vient du fossé[1] militaire que l'on fait autour du camp, parce qu'on regardait comme perdus ceux qui y étaient jetés.

VEXILLUM[2] diminutif de *velum*[3].

VINNULUS[4]. C'est celui qui se conduit mollement et ne fait rien avec la force d'un homme.

VIETUS, languissant, sans vigueur, et privé des forces naturelles[5].

UNGUSTUS, bâton crochu.

---

(1) *Vallum*. — (2) Étendard, drapeau, bannière; compagnie, escadron; porte-étendard. — (3) Voile; couverture, banne, tenture — (4) Flexible. souple, insinuant. — (5) **Et, de plus**, cassé, flétri.

---

que numen[39] veretur. » De quo verbo Cincius sic ait : « Vindiciæ olim dicebantur illæ, quæ ex fundo sumptæ in jus adlatæ erant. » At Ser. Sulpicius.... jam singulariter formato vindiciam esse ait.... qua de re controversia est, ab eo quod vindicatur.... et in XII : « Si vindiciam falsam tulit, si velit is... tor arbitros tres dato, eorum arbitrio.... fructus duplione damnum decidito[40]. »

Lucilius : *Nemo hic vindicias, neque numen, neque sacra veretur*[1]. Voici ce que dit Cincius au sujet de ce mot : *Vindiciæ olim dicebantur illæ, quæ ex fundo sumptæ in jus adlatæ erant*[2]. Mais Ser. Sulpicius dit que ce mot a été employé au singulier, *vindicia*, et il entend par là la chose au sujet de laquelle il y a litige ; et on lit dans les Douze-Tables : *Si vindiciam falsam tulit, stlitis et vindiciarum prætor arbitros tres dato, eorum arbitrio reus fructus duplione damnum decidito*[3].

---

(1) Personne ici ne respecte les choses en litige, ni la divinité, ni les choses saintes. — (2) On appelait autrefois *vindiciæ* les choses détachées pour ainsi dire de la propriété foncière et apportées en litige. — (3) S'il a obtenu une recréance injuste, que le préteur nomme trois juges du procès et de la main-levée, et que par leur décision l'accusé répare le dommage par une valeur double du fruit

VADEM sponsorem significat datum in re capitali.

VECTICULARIA VITA dicitur eorum, qui vectibus parietes alienos perfodiunt furandi gratia. Cato : « Vecticulariam vitam vivere, repente largiter habere, repente nihil. »

VIRITIM dicitur dari, quod datur per singulos viros. Cato [17] : « Præda quæ capta est, viritim divisa. »

UXORIUM [18] PEPENDISSE dicitur, qui quod uxorem non habuerit, res populo dedit.

VOLTURNALIA Volturno suo deo sacra faciebant, cujus sacerdotem volturnalem vocant.

ULS Cato pro ultra posuit.

VESCULI male curati et graciles homines. Ve enim syllabam rei parvæ præponebant, unde *Vejovem* parvum Jovem et *vegrandem* fabam minutam dicebant.

VATICANUS COLLIS ap-

VADEM signifie répondant donné dans une affaire capitale.

VECTICULARIA VITA [1]. Cette expression s'emploie en parlant de ceux qui se servent de levier pour démolir les murs d'autrui dans le but de voler. Caton : *Vecticulariam vitam vivere, repente largiter habere, repente nihil* [2].

VIRITIM DARI, donner, distribuer par tête. Caton : *Præda quæ capta est, viritim divisa* [3].

UXORIUM PEPENDISSE [4]. Ces termes se disent de celui qui, n'ayant pas d'épouse, a payé au peuple l'amende portée contre les célibataires.

VOLTURNALIA. Les païens faisaient des sacrifices à leur dieu Volturnus, dont le prêtre s'appelle volturnal.

ULS, se trouve dans Caton pour *ultra* [5].

VESCULI [6], hommes mal soignés et grêles. Car on plaçait la syllabe *ve* devant le nom de quelque chose de petit, d'où l'on appelait *Vejovem* le petit Jupiter, et *vegrandem* une petite fève.

VATICANUS [7]. Le mont

---

(1) Littéralement : La vie de ceux qui se servent de leviers. — (2) Vivre de la vie des voleurs, avoir tout à coup toutes choses en abondance, et tout à coup rien. — (3) Le butin qui a été pris a été partagé par tête. — (4) Avoir payé l'impôt pour n'être point marié. — (5) De l'autre côté, plus avant, au delà; de plus, davantage, outre cela. — (6) Maigres, mal nourris. — (7) Littéralement : le mont des devins, ou désigné par les devins

pellatus est, quod eo potitus sit populus Romanus vatum responso expulsis Etruscis [19].

Vatican a été ainsi nommé, parce que le peuple romain s'en rendit maître après avoir chassé les Étrusques conformément à un oracle des devins [1].

VIVISSIMUS, superlativus a vivido.

VIVISSIMUS, superlatif de *vividus* [2].

UNGULATROS ungues magnos atque asperos Cato appellavit.

UNGULATROS. Caton a ainsi appelé des ongles longs et aigus.

VERBERITARE idem Cato frequentative ab eo, quod est verbero, dixit.

VERBERITARE se trouve dans le même Caton comme fréquentatif du verbe *verbero* [3].

VOPTE pro vos ipsi Cato posuit.

VOPTE a été employé par Caton pour *vos ipsi* [4].

VER SACRUM vovendi mos fuit Italis. Magnis enim periculis adducti vovebant, quæcumque proximo vere nata essent apud se, animalia immolaturos. Sed quum crudele videretur pueros ac puellas innocentes interficere, perductos in adultam ætatem velabant atque ita extra fines suos exigebant.

VER SACRUM. Ce fut un usage, chez les Italiens, de vouer le printemps sacré. Car lorsqu'ils étaient pressés par un grand danger, ils faisaient vœu d'immoler tous les êtres animés qui naîtraient chez eux au printemps suivant. Mais comme il semblait cruel de tuer de jeunes garçons et de jeunes filles également innocents, on les couvrait d'un voile lorsqu'ils étaient arrivés à l'âge adulte, et on les chassait en cet état hors des frontières.

VERSURAM FACERE mutuam pecuniam sumere ex eo dictum est, quod initio qui mutuabantur ab aliis, non ut

VERSURAM FACERE se disait autrefois pour emprunter de l'argent, parce que, dans le principe, ceux qui empruntaient de l'argent, non

---

(1) *Vates.* — (2) Vif, actif. — (3) Je frappe, je bats, etc. — (4) Vous-mêmes.

domum ferrent, sed ut aliis solverent, velut verterent creditorem.

VÆ VOBIS dicebatur ab antiquis, et *væ nobis!*

VINCIAM dicebant continentem.

VERNISERA, Messalia auguria[20].

pour le porter chez eux, mais pour le payer à d'autres, changeaient en quelque sorte de créancier.

VÆ VOBIS[1]! Les anciens disaient ainsi; et de plus *væ nobis*[2]!

VINCIAM. Ce mot avait jadis le sens de continent.

VERNISERA, augures messaliens.

(1) Malheur à vous! — (2) Malheur à nous!

APPENDICE.

Il est inutile de reproduire toutes les gloses interpolées dans divers manuscrits de Paul Diacre (dans ceux de Berlin, de Leipzig, et dans ceux qu'a prétendu posséder ou avoir vus le critique Barth); elles sont tirées d'auteurs connus, d'Aulu-Gelle, de Solin, des commentateurs de Virgile, et ne contiennent souvent que des indications vulgaires, tout à fait étrangères aux idées de Verrius. Pourtant il est bon d'en donner ici un petit nombre, soit qu'elles paraissent de meilleur aloi, soit qu'elles aient déjà été publiées par Antoine Augustin, ou admises par Lindemann, et attribuées à Festus ou à Paul Diacre.

ABITIONEM antiqui dicebant mortem.

ACUS palea est. Varro, Rerum rusticarum tertio : « Acus substruendum¹ parturientibus. » — « Acus in area excutitur². » Idem in eodem : « Primo argillam³ mixtam acere. »

ADVERSUS aut contrarium significat, aut idem quod erga.

ÆSTUARIA⁴ sunt omnia, qua mare vicissim tum accedit, tum recedit.

ALGA, herba, quam mare ad litus projicit. Virgilius in

ABITIO. Les anciens disaient ainsi pour *mors* [1].

ACUS [2]. C'est la paille. Varron dit, dans le iii⁰ livre de son *Économie rurale* : — *Acus substruendum parturientibus* [3]. — *Acus in area excutitur* [4]. Le même auteur, dans le même livre : *Primo argillam mixtam acere* [5].

ADVERSUS signifie au contraire; ou, de plus, à l'égard de....

ÆSTUARIA [6]. On appelle ainsi tous les endroits où la mer s'avance et recule tour à tour.

ALGA [7], herbe que la mer rejette sur le rivage. Virgile,

---

(1) Mort. *Abitio* signifie proprement départ. — (2) *Acus, aceris*, paille de toute espèce de grain. Ce mot vient du grec ἄχυρον, qui a le même sens. — (3) Il faut étendre de la paille sous les femelles qui mettent bas. — (4) La paille est battue sur l'aire. — (5) D'abord de l'argile mêlée de paille [*voyez* la note 3 à la p. 738 du volume]. — (6) *Æstuarium* signifie barre, espace couvert d'eau quand le flux de la mer remonte ; détroit, canal, bras de mer; marais; et, dans Vitruve, évent, soupirail. — (7) Algue, herbe qui croit dans la mer.

Bucolicis⁵ : « Projecta vilior alga. »

ALTUM⁶ proprie mare profundum.

AMOEBÆUM carmen est, quotiens aliqui ex æquali numero versuum canunt ; et ita se habet ipsa responsio, ut aut malum, aut contrarium aliquid dicat.

ARBUTUS, genus arboris frondibus raris. Virgilius : « Et quæ vos rara viridis tegit arbutus umbra. »

ASTUTUS, arte tutus.

CICUMA, avis noctua.

EXLITIUS JUDEX, quem una pars eligit.

INFETARI, non fetari.

TUTUM frequenter dicitur maxime. Varro in Europa : « Tutum sub sede fuissent. » [Ex Festo⁷.]

VINDICTA virga erat, qua prætor utebatur ad liberos et cives, asserendo cives in civitatem, ac servos in liber-

dans les *Bucoliques* : — *Projecta vilior alga* ⁽¹⁾.

ALTUM ⁽²⁾ signifie proprement la mer profonde.

AMOEBÆUM ⁽³⁾. C'est un poëme où deux interlocuteurs s'adressent la parole par un nombre égal de vers ; et la réponse se comporte de telle sorte, qu'elle contient quelque chose de mauvais ou de contraire.

ARBUTUS ⁽⁴⁾. Sorte d'arbre peu garni de feuillage. Virgile dit : *Et quæ vos rara viridis tegit arbutus umbra* ⁽⁵⁾.

ASTUTUS ⁽⁶⁾. Ce mot est formé de *arte tutus* ⁽⁷⁾.

CICUMA. Oiseau de nuit.

EXLITIUS JUDEX. Juge choisi par l'une des parties.

INFETARI, ne pas être rendue pleine ⁽⁸⁾.

TUTUM s'emploie souvent pour *maxime* ⁽⁹⁾. Varron, dans son *Europe :* — *Tutum sub sede fuissent* ⁽¹⁰⁾. [Cette glose est tirée des fragments de Festus.]

VINDICTA. C'est la baguette dont le préteur se servait à l'égard des hommes libres et des citoyens, en as-

---

(1) Plus vil que l'algue que rejettent les flots. — (2) La haute mer. — (3) Du grec ἀμείϐειν, faire tour à tour. — (4) Arbousier. — (5) Et le vert arbousier qui vous couvre de son rare ombrage. — (6) Adroit, avisé, astucieux, cauteleux, fourbe, trompeur. — (7) Défendu par l'artifice. — (8) En parlant des femelles des animaux. — (9) Très, fort, beaucoup, grandement, extrêmement ; principalement, surtout ; oui, certainement ; au plus. — (10) Certainement ils eussent été sous le siége.

tatem advocando et manumittendo.

VINDICIUS, qui conjurationem juvenum nobilium, Romæ de accipiendis Tarquiniis cum eorum legatis agentium, detulerat ad coss., pecunia accepta libertateque ac civitate, primum vindicta dicitur liberatus; quidam quod Vindicius intractas[8] auctores sunt, ab ejus potissimum notæ[9] : id certe observatum, ut quicumque post eum id ipsum egissent, acciperentur in civium locum.

surant aux citoyens le droit de cité, et en appelant les esclaves à la liberté, en les affranchissant.

VINDICIUS. Cet esclave dénonça aux consuls la conjuration des jeunes nobles de Rome, qui traitaient avec les émissaires des Tarquins pour recevoir ceux-ci dans la ville. L'État lui donna de l'argent et la liberté. On dit qu'il fut le premier affranchi par la baguette appelée *vindicta*. Quelques-uns pensent que le nom de la *vindicta* a été tiré de celui de Vindicius. Ce que, du moins, l'on a observé, c'est que tous ceux qui, dans la suite, rendirent le même service que Vindicius, furent admis au rang des citoyens.

NOTES

SUR SEXTUS POMPEIUS FESTUS.

Texte abrégé de Paul Diacre.

LIVRE PREMIER.

1. — Pompeii Festi de Significatione verborum. Les bons manuscrits donnent à cet ouvrage le titre de *Excerpta ex libris Pompeii Festi de Significatione verborum.*

2. — *Ab avium gustatu.* Suétone (*Oct. Aug.*, ch. VII) donne, en s'appuyant d'Ennius, la même étymologie au mot *Augustus.*

3. — *Quia aves partæ id ratum fecerunt.* Gothofredus, comparant ici Cicéron (*de la Divin.*, liv. I, ch. 39; liv. II, ch. 38) et Suétone (*Calig.*, ch. LVIII), démontre que cette expression était consacrée dans le langage des augures.

4. — *Augur ab avibus gerendoque dictus.* Servius (sur *l'Énéide*, liv. I, v. 523) propose la même étymologie.

5. — *Spicio.* Les mauvais manuscrits portent *specio.* Cette dernière forme, qui est évidemment la plus ancienne, se trouve, du reste, dans Varron (*de Ling. Lat.*, lib. VI, § 82).

6. — *Unde etiam putatur et Africa appellari.* On lit dans Servius, sur *l'Énéide*, liv. V, v. 128 : « Apricus ἄνευ φρίκης, sine frigore : inde et Africa, quod est calidior. »

7. — *Id est trahant.* Isidore (*Orig.*, liv. XIV, ch. 8, 33) attribue à Varron cette étymologie, et à Verrius cette autre : *quod sine munere sint.... quasi amunia.* On conjecture que Verrius et Festus avaient donné l'une et l'autre étymologie, mais que Paul Diacre n'a pris que la première, comme la plus probable. Servius, sur *l'Énéide*, liv. VI, v. 638, suit Verrius, sans citer cet auteur.

8. — *Aquagium.* Pomponius (*Digest.*, VIII, 3, 15; XLIII, 20, 3) se sert de ce mot.

9. — *Quum aqua pluvialis remediis quibusdam elicitur.* C'est-à-dire par les cérémonies étrusques.

10. — *Aqua dicitur, a qua juvamur.* Varron (*de Ling. Lat.*, lib. V, § 123) donne de ce mot une étymologie un peu moins puérile.

11. — *Viri.* Nous suivons ici la correction de Scaliger; les manuscrits portent *dii.*

12. — *Universos homines.* Il n'est pas douteux que Festus n'ait écrit *deos*, pour établir l'opposition de *tous les dieux ensemble* avec *chaque dieu en particulier.* Pourtant tous les manuscrits et toutes les éditions portent *homines.*

13. — *Januli.* On lit ainsi dans les bons manuscrits; et nous avons jugé plus convenable d'admettre cette leçon que de conserver la leçon vulgaire *janualii*, que ne défend aucune analogie. Car le génie de la langue latine exigerait *januales* ou *januarii.*

14. — *Tela.* Selon Verrius, en effet, le mot *tela* ne s'appliquait proprement qu'aux seuls projectiles.

15. — *Armita.* Lindenbrog écrit ainsi d'après les bons manuscrits. Les éditions portent en général *armata.* Il vaut mieux, en de telles choses, s'en rapporter aux manuscrits qu'à une analogie trop incertaine.

16. — *Virgo.* Scaliger entend par ce mot la grande prêtresse de Vesta.

17. — *Quod humeri onus sit.* Ce prétendu passage de lois grecques : Ἐκ τοῦ ἀλλοτρίου χωρίου καρπὸν ἀνδραχθῆ μὴ ἐπιφορτισάτω, a été forgé par Scaliger pour expliquer en grec la loi des Laurentins. Du reste, aujourd'hui encore, dans nos pays vignobles, l'usage permet aux passants de cueillir au temps des vendanges du raisin aux ceps qui se trouvent au bord de la route, et de le manger sur place, mais non de s'en charger pour en emporter.

18. — *Quod est idoneum ad opus armorum.* L'étymologie donnée par Varron (*de Ling. Lat.*, lib. v, § 96) est préférable. Isidore (*Orig.*, liv. xv, c. 1, 8) réunit les deux étymologies, *ab armis* et *ab arando*.

19. — *A candore nivium vocitatum.* Isidore (*Orig.*, liv. xiv, ch. 8, 18) dérive d'ailleurs le nom des Alpes. Le mot *alb* se retrouve dans le celtique, où il signifie également blanc. On donne encore au mot *Alpes* une autre étymologie celtique, tirée de la racine *al*, *élevé*, d'où *alb*, *montagne*. Servius dit, dans son commentaire sur Virgile : *Gallorum alti montes Alpes vocantur*; et de temps immémorial, la plupart des habitants de la chaîne des Alpes ont exclusivement donné ce nom à leurs pâturages les plus élevés.

20. — *Albiona ager.* Le territoire d'Albiona n'est connu que par cette seule indication.

21. — *Apud Ennium.* On lit dans le *Glossaire* de Labbe : *Ambactus* δοῦλος μισθωτός, ὡς Ἔννιος.

22. — *Lingua Gallica.* César (*de Bello Gall.*, lib. vi, c. 15) confirme l'origine gauloise du mot *ambact*. Grimm, dans sa *Grammaire allemande* et dans ses *Antiquités du droit germanique*, prétend établir l'origine germanique de ce terme (*and bahts*). Verrius, outre l'étymologie gauloise, lui a donné une étymologie latine d'après laquelle, si elle était vraie, *ambact* signifierait non pas esclave, mais affranchi.

23. — *Ambegni.* C'est ainsi que Lindenbrog lit d'après les bons manuscrits. Les éditions portent *ambigni.* Varron (*de Ling. Lat.*, lib. vii, § 31) écrit *ambiegna bos.*

24. — *Verbix.* Ce mot se trouve différemment écrit : *verbex, vervex, berbex.*

25. — *Sacrificabantur.* Certaines éditions ajoutent : « Ambarvalis hostia est, quæ rei divinæ causa circum arva ducitur ab iis, qui pro frugibus faciunt. » Cette phrase est tirée des *Saturnales* de Macrobe (liv. iii, ch. 5) : « Ambarvalis hostia est, ut ait Pompeius Festus, quæ, etc. » Il faut donc qu'après la définition du mot *Ambarvalis*, l'ouvrage original de Festus ait fait connaitre quels étaient les prêtres qui célébraient les cérémonies destinées à attirer la protection des dieux sur les moissons.

26. — *Altare.* Paul Diacre donne plus bas une meilleure étymologie de ce mot. Voyez Altaria (p. 12).

27. — *Alter et pro non bono ponitur.* Si ce sens ne s'est pas conservé dans la langue latine, il se retrouve du moins assez fréquemment chez les Grecs, qui disent, par exemple, ὁ ἕτερος δαίμων.

28. — *Alliesis.* Pour *Alliensis.*

29. — *Allecti*, ou comme il se trouve dans quelques manuscrits et dans quelques éditions, *ad lecti*, paraît être synonyme de *conscripti*, et se rapporter aux mêmes sénateurs.

30. — *Altellus.* Ce surnom de Romulus n'est connu que par cette seule indication. Peut-être se trouvait-il dans Nœvius ou dans Ennius.

31. — *In Campania.* C'est en Campanie que, selon Pline (*Hist. Nat.*, liv. xviii, ch. 11, 29), se faisait le mieux la bouillie appelée *alica.*

32. — *Alveolum.* Paul Diacre donne à ce nom le genre neutre par ignorance : sorte de faute dans laquelle il tombe souvent, comme on le remarquera dans la suite.

33. — *Antehac.* Ce mot a été lu ainsi par Lindenbrog ; de bons manuscrits portent *Anacreon*, erreur évidente, qui vient, selon Lindenbrog, de ce qu'on a mal interprété l'abréviation *anac.*

34. — *Anteurbana.* Ce mot ne se trouve dans aucun autre auteur.

35. — *Compositum ex ære et auro.* Servius donne la même étymologie dans son commentaire sur Virgile (*Énéide*, liv. XII, v. 87).

36. — *Drua.* Ce mot est inconnu : le manuscrit de Leipzig ajoute, il est vrai, *textricis instrumentum*; mais ces mots paraissent n'être qu'une explication interpolée. Il est plus vraisemblable que *drua* est mis ici pour *trua*, et qu'*andruare* est le même mot qu'*antroare*, qui suit.

37. — *Agonium, id est ludum.* Paul Diacre, en abrégeant Festus, a dérangé l'ordre des mots. Si on lisait *ludicrum* au lieu de *ludum*, selon l'observation d'A. Aug., on serait moins embarrassé. Mais il paraît que Festus avait effectivement employé *ludum* à l'accusatif.

38. — *Quia locus.* Probablement il faut entendre par là le lieu où fut construit le *Circus Agonalis*, dans la neuvième région de Rome.

39. — *Aptus.* Ce mot est le participe du verbe actif *apere*, ou du verbe déponent *apisci*.

40. — *Non possit quicquam generare.* Varron (*de Ling. Lat.*, lib. v, § 38) donne la même étymologie, mais donne un autre sens.

41. — *Antras.* Peut-être faut-il lire *ancras*, comme l'ont pensé plusieurs critiques.

42. — *Vinum in sacrificiis augere.* Cela signifie peut-être que les Romains, dans les sacrifices, après avoir versé de leur coupe un peu de vin dans les libations, la remplissaient de nouveau pour remplacer la liqueur ainsi répandue.

43. — *Ad magistratus.* Il semble qu'ici le mot *curules* a été omis : car les édiles curules furent institués à l'imitation des édiles plébéiens.

44. — *Ædilatus.* Ce mot ne se trouve dans aucun autre auteur.

45. — *Arbitrium et facultatem.* C'est-à-dire, parce qu'il n'est lié ni par les entraves des lois ni par celles des formules.

46. — *Arculus putabatur etiam deus.* On ne trouve aucun autre document sur ce dieu *Arculus*.

47. — *Am.* D'autres lisent *quoniam*, ou *quoniam am*.

48. — *Assidelæ.* Ce mot ne se rencontre dans aucun autre monument.

49. — *Exporrigi non potest.* Si l'on compare le *Glossaire* de Labbe (au mot *Ancus*), on sera convaincu que ce dernier membre de phrase s'applique non-seulement au bras, mais à l'individu tout entier.

50. — *Quod in ea plurimum æris nascatur.* Ce nom d'*Ærosa* n'est, du reste, que la traduction exacte du nom grec Κύπρος.

51. — *Ænariam.* C'est l'île de Pithécuse. Pline fait la même remarque (*Hist. Nat.*, liv. III, ch. 6, 12).

52. — *Ornamentum capitis muliebris.* C'était peut-être un peigne ou une épingle pour tenir les cheveux en les séparant.

53. — *Ex accedendo et ludendo.* Cette leçon est proposée par Scaliger. Les bons manuscrits portent *alludendo*; les imprimés, pour la plupart, *adludendo*.

54. — *Aquarioli.* Cette expression est employée par Apulée et par Tertullien.

55. — *Abditivi.* Cette expression est sans exemple.

56. — *Minare.* Ce mot appartient à la basse latinité.

57. — *Virgilius.* — *Bucol.*, égl. IX, v. 24.

58. — *Æge.* Cette Ége, reine des Amazones, n'est connue que par cette indication.

59. — *Sive quod eo, etc.* Cette tradition est la plus connue et la plus généralement admise.

60. — *Qui alienus est factus.* On ne voit pas bien quelle différence Festus a pu reconnaître entre *abalienatus* et *alienatus*.

61. — *Agrum necdum satum.* Varron (*Économie rurale*, liv. v, ch. 29) donne la même définition.

62. — *Æruma.* D'autres lisent *acrumæruma, æruminæ* ou *æramina*; d'autres encore ont proposé des leçons fort singulières. *Æruma* ou *ærima*, signifie simplement ustensiles d'airain ou de cuivre.

63. — *Afvolant.* On a lu *avolant*, *ævolum*, *avolant*, *arvolant*, etc.

64. — *Astasint.* Variantes : *astasent*, *adstassent*, *astassint*.

65. — *Steterunt.* Variantes : *statuerunt*, *steterunt*.

66. — *Ambaxioque.* Variantes : *ambaxio quæ*, *ambaxio qui*, *ambaxio qui circumeunt et*.

67. — *Etiam pro omnia.* — *Omnia* est la leçon que portent les manuscrits ; les éditions portent généralement *janua* ; Linderbrog, d'après le manuscrit de Leipzig, a écrit *nobili*, mot également interpolé. Peut-être Festus avait-il écrit *omine* pour *homine*.

68. — *Estimias.* Ce mot ne se trouve nulle part ailleurs.

69. — *Aquilius prænomen.* Seul exemple de ce mot.

70. — *Annaria lex.* D'autres appellent *annales*, ces lois au nombre desquelles est la loi Villia.

71. — *Materiariam.* L'orthographe de ce mot est douteuse dans les manuscrits.

72. — *Aristophorum.* C'est la seule mention que l'on rencontre de cette sorte de vase.

73. — *Aliæ.* Les manuscrits portent d'abord *ali*, puis *aliæ* : on a cru devoir intervertir l'ordre de ces deux mots.

74. — *Quod est ali.* Festus a écrit *ali* pour *alii*.

75. — *Auditavi.* Des manuscrits ont *audivitavi*.

76. — *Sicilissat.* Dans Plaute, on lit *sicilicissitat*.

77. — *Advelitatio.* Ce mot ne se rencontre pas ailleurs.

78. — *Velites dicuntur, etc.* Dacier se trompe lorsqu'il soutient que cette phrase n'est pas de Festus, mais d'un compilateur barbare, qui oublie que Festus a dit ailleurs *velites.... velati*. Car Festus n'a pris nulle part les *velites* et les *velati* pour le même genre de soldats.

LIVRE DEUXIÈME.

1. — *Bombizatio.* Cette leçon est celle des bons manuscrits ; les mauvais portent *bombitatio*.

2. — *Bocas.* Peut-être Paul Diacre a-t-il fait d'un accusatif pluriel un nominatif nouveau. Car les Grecs écrivent toujours le nom de ce poisson βίαξ ou βῶξ : Pline écrit *box*. On lit dans Isidore (*Orig.*, liv. XII, ch. 6) : « Bocas dicunt esse boves marinos, quasi boacas. »

3. — *A basileo.* C'est ainsi que portent les bons manuscrits ; les éditions vulgaires donnent : ἀπὸ τοῦ βασιλέως.

4. — *Bovinatur, conviciatur.* D'autres interprètent *bovinator* par homme inconstant, qui tergiverse.

5. — *Album habeat.* Pline dit en parlant de ce serpent (*Hist. Nat.*, liv. VIII, ch. 21) : « Candida in capite macula, ut quodam diademate insignem. »

6. — *Ejus vim fugiant.* Isidore (*Orig.*, liv. XII, ch. 4, 6) dit la même chose.

7. — *Barbaricum.* C'est le seul exemple que l'on trouve de cette signification donnée à ce mot.

8. — *Brutiani.* Aulu-Gelle (*Nuits attiques*, liv. X, ch. 3, 19) parle plus au long des Brutiens.

9. — *Bruma.* Varron (*de Ling. Lat.*, lib. VI, § 8) donne à ce mot la même étymologie.

10. — *Bubleum.* On trouve dans Hésiode (*les OEuvres et les Jours*, v. 587) l'expression Βύβλινος οἶνος. Voici le passage :

. . . . Ἀλλὰ τότ' ἤδη
Εἴη πετραίη τε σκιὴ, καὶ Βύβλινος οἶνος.

« Cherchez alors la fraîcheur des grottes ; usez de vin de Byblos. » (Trad. de M. J. Chenu. Paris, Panckoucke, 1844.)

11. — *Bucephalus.* Voici ce qu'on lit dans Solin Polyhistor., ch. XLV : « Bucephalus Alexandri Magni equus, dictus ita est, sive de aspectus torvitate, sive a signo quod taurinum caput armo inustum gerebat, sive quod in fronte ejus quædam existentium corniculorum protuberabant minæ. »

12. — *Triens tres.* Évidemment Paul Diacre a ici altéré le texte de Festus. Il est constant que le mot *bes* désigne les deux tiers de la livre romaine, ou huit onces romaines ; et encore les deux tiers d'un tout quelconque qui se divise en douze parties. Il est également constant que le mot *triens* désigne le tiers de la livre, ou quatre onces, et en général le tiers d'un tout.

13. — *Insula Barra.* Nul autre auteur ancien ne fait mention de cette île.

14. — *Bignæ.* Par syncope pour *bigenæ.*

15. — *Billis.* Ce terme ne se trouve nulle part ailleurs.

16. — *Bellitudinem.* Ce mot se trouvait probablement dans un poëte ancien, peut-être dans Plaute.

17. — *Verrius.* D'autres leçons donnent *Varro, Varvus* et *Varus.*

18. — *Boiæ.* On lit dans Isidore (*Orig.*, liv. v, ch. 27): « Boia, id est torques damnatorum, quasi juga boum ex genere vinculorum. »

19. — *Plautus.* — *Bacchid.*, acte v, sc. 1, v. 2. C'est le mot grec βλέννος, emprunté peut-être d'une comédie sicilienne.

20. — *Bellule.* Cet adverbe ne se trouve dans aucune des pièces qui nous restent de Plaute, mais on y rencontre plusieurs fois l'adjectif *bellulus.*

21. — *In quibus sunt Mediolanenses.* Selon Tite-Live, au contraire, Milan fut fondée par les Gaulois Insubriens.

LIVRE TROISIÈME.

1. — *Honorent.* C'est ainsi qu'on lit dans les bons manuscrits; d'autres portent *cohonorent*, mot forgé pour produire une ressemblance de son avec *corona.*

2. — *Cothones.* On sait que le port de Carthage et celui d'Adrumète s'appelaient également *Cothon.*

3. — *Profanæ silvæ.* Il semble que Festus a dit qu'il n'était pas permis d'élaguer les bois sacrés avant d'avoir accompli les cérémonies expiatoires prescrites par Caton (*Économie rurale*, ch. cxxxix).

4. — *Ligna minuta.* On ne rencontre point d'exemple de cette signification dans les auteurs latins.

5. — *Comœdias.* Varron explique mieux l'origine de ce mot (*de Ling. Lat.*, lib. vii, § 89).

6. — *Commissatio a vicis.... appellatur.* Cette étymologie n'a rien de vraisemblable.

7. — *Tertio.* Cicéron, César et d'autres emploient le mot *conventus* dans ce troisième sens.

8. — *Quarto.* On ne rencontre point d'exemple de cette acception.

9. — *Immutata.* D'anciennes éditions portent *i mutata.*

10. — *Constitutus.* Ce substantif n'est connu par aucun autre exemple.

11. — *De nomine cujusdam hominis.* Comme Festus nous l'apprend ailleurs, cet homme s'appelait Lévus Cispius Anaginus.

12. — *Camenæ.* Varron parle plus savamment de ce nom (*de Ling. Lat.*, lib. vii, § 26, 27).

13. — *Catampo.* Ce mot est certainement le même que *catambo*, formé de κάτω, en bas, ἀνά, en haut, et βαίνω, je marche. Le jeu dont il est ici question consiste à marcher la tête en bas et les pieds en haut.

14. — *Catulinam carnem.* Pline (*Hist. Nat.*, liv. xxix, ch. 4) rappelle la même circonstance.

15. — *Plautus.* — *L'Homme aux trois deniers*, acte iii, sc. 2, v. 198.

16. — *Canentas.* Ce mot ne se trouve pas ailleurs.

17. — *Nis.* Cette forme ne se rencontre pas ailleurs. Du reste, elle n'est pas contraire à l'analogie.

18. — *Sam.* Cette abréviation se trouve sous diverses formes en grec et en latin.

19. — *Cato.* Dans un livre incertain.

20. — *Cassiculum.* Le vrai mot est *cassiculus*; ici Paul Diacre a fait un nominatif d'un accusatif; ce qui, du reste, lui arrive souvent.

21. — *Caprunculum.* On ne trouve pas d'autre exemple de ce mot, qui, du reste, n'est pas à l'abri de toute suspicion. Vossius a voulu lui substituer *capunculum.*

22. — *Curia.... curas gerebant.* Varron donne la même étymologie (*de Ling. Lat.*, lib. v, § 155, et *de Vita populi Romani*, dans Nonius).

23. — *Calabra.* Ce mot paraît venir du vieux verbe *calare*, appeler.

24. — *Plautus.* La pièce de Plaute qui a fourni ce passage est inconnue.

25. — *Curia Tifata.* Ici les variantes et les interprétations ne manquent pas; mais elles ne mènent à aucun résultat.

26. — *Cura.... quia cor urat.* La même étymologie est donnée par Varron (*de Ling. Lat.*, lib. vi, § 46).

27. — *Cuniculum.* Ici Paul Diacre tombe encore dans une de ses fautes habituelles : d'un accusatif, il fait un nominatif. C'est fort légèrement que certains dictionnaires modernes donnent le substantif neutre *cuniculum* pour *cuniculus*, mine, conduit souterrain.

28. — *Culcita.* Cf. Varron (*de Ling. Lat.*, lib. v, § 167).

29. — *Cato.* Cette phrase de Caton ne se trouve point dans l'*Économie rurale;* mais on sait que les anciens citent de Caton, sur l'agriculture, plus d'un précepte qui n'a pas été conservé dans ce livre, tel que nous l'avons.

30. — *Ponit.* On a lu quelquefois *ponito.*

31. — *Calasis, tunicæ genus.* Nulle part ailleurs il n'est question de ce genre de vêtement. Toutefois, et selon toute vraisemblance, il s'agit ici de la *calasiris* égyptienne. Du moins voit-on la tunique ainsi rattachée par un nœud dans les figures qui représentent Isis et les prêtres voués à son culte.

32. — *Sermo.* On sait que Mercure est le dieu de la parole, le dieu de l'éloquence.

33. — *In Cyllenia via.* Ces mots semblent désigner le chemin qui conduisait au haut du mont Cyllène.

34. — *Appellat Hesiodus.* — *Théogonie*, v. 116.

35. — *Chœnica.* Ici encore Paul Diacre transforme un accusatif en nominatif. La *chenix* valait deux *xestes*, six setiers; et c'était la ration journalière des esclaves chez les Grecs.

36. — *Cybium dictum, quia....* Nous avons essayé de rendre le mieux possible cette définition du cube, qui est fort obscure. Nous n'avons pas osé la remplacer par la définition vigoureuse et actuelle.

37. — *Cervus, quod κέρατα ... geral,* *dictus.* Varron donne une autre étymologie (*de Ling. Lat.*, lib. v, § 101).

38. — *Cernuus, calciamenti genus.* Isidore (*Orig.*, liv. xix, ch. 34) explique plus complètement ce mot : « Cernui socci sunt sine solo. » Les *cernui* sont des socques sans semelles, ou plus vraisemblablement, n'ayant que des semelles très-minces, et des talons très-bas.

39. — *Crustumena.* D'autres lisent *crustumeria.*

40. — *Clucidatum.* Ce mot vient évidemment du grec γλυκίζειν.

41. — *Familia a Clolio.* Comme le nom de ce Troyen n'est mentionné nulle part ailleurs, il a donné lieu à plusieurs variantes; on a voulu lire *Clonio, Clœlio, Cloantho*; ceux qui ont proposé cette dernière leçon, l'ont tirée de Virgile.

42. — *Clutum.* C'est ici la seule fois que *clutus* se trouve sans être précédé de *in.*

43. — *Adicimus.* Les éditions ordinaires portent *adjicimus.*

44. — *Clœliæ fossæ.* Tite-Live les appelle *Chriliæ fossæ* (liv. i, c. 23; liv. ii, c. 39).

45. — *Deus putabatur esse portarum.* Varron (*de Ling. Lat.*, lib. vi, § 19); Virgile (*Énéide*, liv. v, v. 241); Ovide (*Fastes*, liv. vi, v. 547), etc., font de Portunus le dieu des *ports,* et non le dieu des *portes.*

46. — *Clausula.* Ce mot a donné lieu à diverses interprétations; il paraît toutefois qu'il s'agit ici du dernier vers de chaque stance des épodes, telles qu'en ont fait Archiloque et Horace.

47. — *Vestimenta clavis intertexta.* Ici *clavus* signifie bordure de pourpre, comme le prouve le *Glossaire* de Labbe : *Clavare*, πορφυρῶσαι.

48. — *Clavus annalis.* Au sujet du clou annal, voyez principalement Tite-Live, liv. vii, ch. 3.

49. — *Commetaculum.* Plus bas, il sera parlé un peu plus explicitement de ce genre de baguettes.

50. — *Cognitor est.* Cet article, du reste peu intelligible, a été évidemment altéré par Paul Diacre.

51. — *A Cæsarie dictus est.* Isidore (liv. I, ch. 1) donne à ce nom la même origine ; mais il en signale d'autres encore.

52. — *Capillatam vel capillarem arborem....* Scaliger a fort bien rapporté ces mots à l'arbre dont parle Pline (*Hist. Nat.*, liv. XVI, ch. 44) : « Antiquior illa est, sed incerta ejus ætas, quæ capillata dicitur, quoniam Vestalium virginum capillus ad eam defertur. »

53. — *A Caleto artifice.* Cet artiste est complétement inconnu.

54. — *Per Venerem olera.* En effet, les anciens Romains regardaient Vénus comme la déesse des jardins.

55. — *Camensem cursorem.* Les conjectures par lesquelles on a essayé d'expliquer cette expression n'offrent rien de satisfaisant.

56. — *Dixit Plautus.* Dans le *Charançon*, acte II, sc. 1, v. 16.

57. — *Clitellæ.... locus Romæ.* Aucun autre auteur ne parle de cet endroit.

58. — *Plautus.... posuit.* Dans la *Marmite*, acte III, sc. 6, v. 26.

59. — *Terentius.... posuit.* Dans le *Phormion*, acte I, sc. 1, v. 9.

60. — *Plautus.* Dans les *Deux Bacchis*, acte III, sc. 3, v. 72.

61. — *Plautus.... dixit.* Dans l'*Amphitryon*, acte I, sc. 2, v. 28.

62. — *Conivola.* De *coire*, se réunir, mot que les anciens écrivaient *conire*.

63. — *Plautus dixit.* Dans le *Soldat fanfaron*, acte IV, sc. 1, v. 193 ; le *Carthaginois*, acte V, sc. 4, v. 7 ; le *Cordage*, acte IV, sc. 1, v. 2.

64. — *Plautus.* Dans le *Soldat fanfaron*, acte II, sc. 2, v. 60.

65. — *Infractos fero.* D'autres ont lu *inflatos*, ou *inflacos* (*inflaccos*).

66. — *Conceptivæ feriæ.* Peut-être l'auteur, tronqué par Paul Diacre, avait-il encore en vue, en cet endroit, quelques solennités relatives au mariage.

67. — *Hunc Herculaneo nodo vinctum.* Les commentateurs n'ont pu rendre compte grammaticalement de ce passage, dont le sens, du reste, se saisit sans peine.

68. — *Camelis virginibus.* D'autres ont lu *Gamelis*, mot qu'ils dérivent du grec γαμεῖν.

69. — *Curiales flamines.* Ils n'étaient probablement pas les mêmes que les curions.

70. — *Commetacula.* On lit ailleurs *commo et acula*, *commotacula*, *commentacula*.

71. — *Ad Capræ paludes.* Tite-Live dit (liv. I, ch. 16) *Capræ paludem*; (Ovide, *Fastes*, liv. II, v. 491) *Capream paludem;* Plutarque (*Vie de Romulus*, ch. XXVII) : τὸ τῆς Ἀιγὸς ἕλος.

72. — *Canifera.* Ailleurs *canephora*.

73. — *Fenum cordum.* Les lexicographes nous apprennent que l'adjectif *cordus* ou *chordus* s'appliquait aux agneaux et aux hommes dont la naissance était tardive.

74. — *Commugento.* C'est le seul exemple qu'on trouve de ce mot.

75. — *Capitarium æs.* La manière dont Paul Diacre s'exprime ne nous apprend nullement ce que pouvait être ce *capitarium æs.*

LIVRE QUATRIÈME.

1. — *Duplionem.... duplum.* C'est ainsi que ce mot était écrit dans la loi des Douze-Tables.

2. — *Perduellio* signifie proprement crime de lèse-majesté. Aussi quelques critiques ont-ils voulu lire ici *perduellis*; mais d'autres exemples prouvent que *perduellio* peut fort bien se défendre dans le sens d'ennemi acharné.

3. — *Interserebant S litteram.* Les anciens n'intercalaient pas cette lettre, qui, dans la forme primitive de la langue latine, se plaçait souvent devant les liquides ; mais plus tard on la supprima pour plus d'élégance.

4. — *Quiritibusque.* Dans quelques éditions, on a supprimé la particule *que.*

5. — *Daps.* Caton (*Économie rurale*) indique la manière dont ce festin devait se faire.

6. — *Dagnades.* On a proposé de lire *dacnades*, du grec δάκνω, je mords. Et, en effet, on lit dans Hesychius : Δακνίς, εἶδος ὀρνέου.

7. — *Dierectum. — Diem rectum* ne se

trouve que dans les manuscrits interpolés. D'autres ont interprété *dierectum* par *crucem*, croix; ce qui paraît plus juste.

8. — *Apud Plautum*. Dans le *Charançon*, acte III, v. 54.

9. — *Lusui*. On a lu *usui* et *luxui*.

10. — *Castella*. Pour ce mot, voyez surtout VITRUVE, liv. VIII, ch. 7; liv. IX, ch. 6; liv. X, ch. 12. Hesychius dit : Κάστελλος, ὄνομα τόπου ἄνω φέροντος καὶ κάτω φέροντος καὶ μερίζοντος τὸ ὕδωρ. L'expression *château d'eau* est bien connue, en ce sens, dans notre langue.

11. — *Pro minus*. Quelques critiques ont voulu lire *pro nimis*; mais cette leçon ne nous semble pas rationnelle.

12. — *Dictynna*, etc. Ainsi le surnom de *Dictynna* viendrait de δεικνύναι, montrer ; mais les mythographes grecs lui donnent une autre origine.

13. — *Disertiones*. On a lu quelquefois *disortiones*, comme l'on a dit *dissortes* et *dissortium*.

14. — *Delicia*. Ce mot vient du vieux verbe *lacio*, je fais tomber.

15. — *Apud Plautum*. Dans *Casine*, acte II, sc. 2, v. 33.

16. — *Lacinia*. Ne faudrait-il pas lire *laniena*?

17. — *Dianius, locus*. Peut-être *lucus*.

18. — *Litum*. Quelques manuscrits ou imprimés portent *politum*.

LIVRE CINQUIÈME.

1. — *Ennam*. On a lu aussi *et jam*.

2. — *Elecebræ argentariæ*. Cette expression se trouve dans Plaute.

3. — *Electubo*. Ce mot se trouve aussi dans Plaute (*Asinaire*, acte II, sc. 2, v. 29).

4. — *Enunquam*. Ce mot est fréquemment employé par Plaute, et aussi par Térence, Virgile, etc.

5. — *Endoitium*. — *Endo*, vieux mot, pour *in*, dans, vient du grec ἔνδον, et entrait dans les mots composés où plus tard on a employé *in*.

6. — *Em*. Vieil accusatif du pronom *is*, comme *tum* est l'accusatif du démonstratif grec τός.

7. — *Empanda*. C'est le seul exemple que l'on ait de ce nom. Varron a parlé d'une déesse *Panda* (de *pandere*, ouvrir); un glossateur grec interprète ce nom par εἰρήνης θεός.

8. — *Emem*. Redoublement de *em*. Les Grecs de Sicile avaient αὐτὸν pour *em*, et αὔταυτον pour *emem*.

9. — *Endoplorato*. Il est assez vraisemblable que ce mot est tiré de la loi des Douze-Tables.

10. — *Egeriæ nymphæ*. Celle, probablement, qui était honorée près de la porte Capène, dans le bois des Muses.

11. — *Evelatum... velabra*. On a proposé, pour ces mots, diverses leçons ; mais elles nous ont semblé trop hardies. Le mot *velum*, en effet, d'où dérivent évidemment les mots *evelatum* et *velabra*, et qui est un terme fort vague, a pu fort bien désigner l'instrument dont on se sert pour vanner le blé. Il est très-possible, du reste, qu'avant l'invention du *van*, tel qu'on le connaît aujourd'hui, on se soit servi, pour le même usage, d'une toile grosse et claire.

12. — *Egens, velut exgens*. Isidore (*Orig.*, liv. X, ch. 88) donne la même étymologie.

13. — *Euboicum talentum*. Ce n'est pas ici le lieu d'entrer dans de longues discussions sur le talent euboïque. Nous nous bornerons à faire observer que le talent euboïque était un peu plus fort que le talent attique, et qu'il ne pouvait valoir ni 7,500 cistophores, ni 4,000 deniers.

14. — *Quæ exbiberant*. Cet article ne s'appliquerait-il pas au sein d'une nourrice épuisée? Ne pourrait-on pas l'interpréter ainsi : *quas infantes exbiberunt?* On s'appuierait dans ce cas sur ce vers d'Ovide :

Uberaque exbiberant avidi lactantia nati
(*Met.* lib. VI, v. 342.)

15. — *Exdorsua*. Ce mot se trouve dans *la Marmite* de Plaute, acte II, sc. 9, v. 2.

16. — *Exfir*. On a voulu lire *exfit*, mais sans raison probable.

17. — *Exagogen.* Mot grec dont les marchands romains se sont longtemps servi, comme on le voit dans *le Cordage*, de Plaute, acte III, sc. 2, v. 17 ; et dans *le Brutal*, acte IV, sc. 2, v. 6 : mais avait-il le sens de transport ou celui d'exportation ? C'est ce qu'il est difficile de décider.

18. — *Exodium.* Il paraît que cette expression était particulière à l'art théâtral, et qu'elle avait le même sens que notre mot dénoûment.

19. — *Exomides.* Évidemment ce mot est grec. Chez les Grecs, le vêtement ainsi appelé n'était point particulier aux acteurs, au moins à l'époque de l'indépendance.

20. — *Equestre œs.* — *Voyez*, au sujet de cette expression, NIEBUHR (*Hist. romaine*, t. I*er*).

21. — *Exin, metri causa....* Remarquons toutefois que le mot *exin* a également été employé par des prosateurs, par Cicéron, par exemple, et par Tacite.

22. — *Erctum citumque.* — *Voyez*, à ce sujet, les observations de HUGO (*Hist. du Droit romain*).

23. — *Edeatræ.* C'étaient des officiers chargés, à la cour de Perse, de goûter les mets avant qu'ils ne fussent servis aux rois. *Voyez*, à ce sujet, ATHÉNÉE, t. IV, p. 171.

25. — *Imas Erebi.* — *Énéide*, liv. VI, v. 404.

25. — *Et magnos Erebi.... amnes.* — *Énéide*, liv. VI, v. 671. Paul Diacre ici se trompe sur le sens de Virgile ; tous les interprètes qui se sont exercés sur ce grand poëte ont établi qu'il ne considère nullement l'Érèbe comme un fleuve.

LIVRE SIXIÈME.

1. — *Formiæ.... Hormiæ.* Strabon (liv. V) donne la même étymologie de ce mot. Cf. PLINE (*Hist. Nat.*, liv. III, ch. 9).

2. — *Virgilius.* — *Énéide*, liv. VIII, v. 641.

3. — *Forum, sex modis intelligitur.* Varron (*de Ling. Lat.*, lib. V, § 145, etc.) rapporte les deux premiers sens.

4. — *Tertio, quum is, qui.... præest.* Manière de parler qui n'était pas inconnue à Cicéron, quoique celui-ci dise plus souvent *conventus*.

5. — *Quarto,... vestibulum sepulcri.* Cf. CICÉRON (*des Lois*, liv. II, ch. 24).

6. — *Sed tum masculini generis.* Les commentateurs nous apprennent que le mot *forum* s'employait aussi au masculin pour désigner la place où se traitent les affaires.

7. — *Fons. a fudendo.* Varron est du même avis (*de Ling. Lat.*, lib. V, § 123).

8. — *Fontinalis porta.* On la croit la même que la porte Capène ; mais cette conjecture est hasardée.

9. — *Firctum....* D'autres ont lu *ferctum* et même *fertum*.

10. — *Felicata.... felicis.* La véritable orthographe de ces deux mots serait *filicata* et *filix*.

11. — *Quod ferientes feriantur.* Sorte de jeu de mots dont le sens n'est pas bien net.

12. — *Felicones.... a felice.* Il faudrait lire *filicones, filice*.

13. — *Jussa facessunt.* Expression de Virgile (*Énéide*, liv. IV, v. 295).

14. — *Famicosam.* Ce mot ne vient pas de *fames*, faim ; mais de *famex*, sang extravasé ou coagulé par une contusion.

15. — *Fartores.* Cette dénomination paraît être ironique.

16. — *Furnalia.* Le seul manuscrit de Leipzig, du reste correct, écrit *Furinalia*.

17. — *Frutinal.... Fruti.* Malgré les conjectures des critiques, on n'a pu encore déterminer le sens de ces deux mots.

18. — *Spica.... dicuntur.* On sait que Varron et Cicéron ont employé le pluriel neutre *spica* pour le pluriel féminin *spicæ*.

19. — *Civitatis felis.* Selon quelques critiques, il faudrait lire *civitatis illius* ; selon d'autres, *civitatis Fregellis*. La première de ces deux corrections nous plairait assez. Dans ce cas, on avait appelé à Rome *Fregellæ*, ou quartier de Frégelles, un endroit où les étrangers, venus de cette ville, demeuraient d'habitude.

20. — *Florifertum.* Cette cérémonie est du reste inconnue.

21. — *Fructam.* Ce mot paraît être un participe.

22. — *Fruniscor.* Selon Aulu-Gelle (*Nuits attiques*, liv. XVII, ch. 2), cette forme est plus élégante que *fricor.*

23. — *Jucunda.* On a proposé, avec assez de justesse, de lire *juridica* ou *jus.*

LIVRE SEPTIÈME.

1. — *Gens Ælia.* Évidemment Paul Diacre a tronqué ce que Festus a dit de la maison Élia. Aussi ne chercherons-nous pas à remplir cette lacune. Dacier veut lire *gens illa,* pour donner à la fois à cet article un sens et un caractère de généralité; car, dit-il, la maison Élia n'était pas à Rome la seule qui fût composée de plusieurs familles.

2. — *Gerusia.* On lit dans Varron (*de Ling. Lat.*, lib. v, § 156): « Senaculum vocatum, ubi senatus aut ubi seniores consisterent; dictum ut gerusia apud Græcos. » En effet, on voit par Vitruve et par d'autres auteurs, que les Grecs appelaient *gerusia,* et le sénat lui-même, et l'édifice où il s'assemblait.

3. — *Rerum omnium gerendarum.* Peut-être doit-on lire *gignendarum;* en effet, saint Augustin (*de Civitate Dei*, lib. VII, c. 13), définit le génie, d'après Varron: « Deus est, qui præpositus est ac vim habet omnium rerum gignendarum. » La leçon *gerendarum* peut néanmoins se défendre, puisque, plus bas, Paul Diacre fait venir le mot *genialis* de *gero.*

4. — *Germani.* Varron était d'un avis contraire, selon Servius (*sur l'Énéide*, liv. v, v. 411): « Germanus est, secundum Varonem in libris *de Gradibus,* de eadem genetrice manans, non, ut multi dicunt, de eodem germine, quos ille tantum frater vocat. »

5. — *Gneus, et corporis insigne.* Anciennement on disait *gnævus* pour *nævus,* tache, signe naturel sur le corps.

6. — *Terentius. — Adelphes,* acte III, sc. 3, v. 5.

7. — *Gnitus et gnixus.* Probablement pour *nisus* et *nixus.* Ces mots, comme le verbe *niti,* semblent avoir désigné primitivement l'action de s'appuyer sur les genoux, pour agir avec plus de force, soit pour tirer, soit pour frapper, en se baissant vers la terre.

8. — *Plautus. — Epidicus,* acte v, sc. 1, v. 14.

9. — *Glamas.* On peut douter que ce mot ait jamais été latin. On trouve en grec γλάμη, d'où les adjectifs γλάμων, γλαμυρός, γλαμώδης, et les verbes γλαμᾶν, γλαμυξιᾶν.

10. — *Gracchuris. — Voyez,* au sujet de ce municipe, UCKERT (*Géogr.*, II. 1, p. 448).

11. — *Ne amplius centum diebus.* Tite-Live dit trente jours (liv. XXII, ch. 36, où il raconte ce fait).

12. — *Gramine sit ortus.* Allusion à la fable racontée par Ovide (*Fastes*, liv. v, v. 255).

13. — *Plautus.* Dans le *Carthaginois,* acte III, sc. 1re, v. 27.

14. — *A sono oris.* Quintilien (*Instit. orat.*, liv. I, ch. 65) et Isidore (*Origines*, liv. XII, ch. 7, 45) donnent la même origine à ce mot. Varron prétend que le mot *graculi, graguli* a été donné aux geais, parce qu'ils vont par troupes (*gregatim*). Mais cette origine a été repoussée par tous les grammairiens venus après lui.

15. — *Sed bello Punico.* Cf. surtout PLINE, *Hist. Nat.*, liv. XXXIII, ch. 3, 13.

16. — *Glomus.* Cf. CATON, *Économie rurale*, ch. LXXIX, et VARRON, *de Ling. Lat.*, lib. v, § 107, qui écrivent *globum.* C'est cette circonstance qui nous a déterminé à regarder le mot *cymbi* comme altéré, et à le traduire, à tout hasard, par *boule.*

17. — *Gliscerœ, mensœ gliscentes.* On ne trouve pas autre chose au sujet de ces tables.

LIVRE HUITIÈME.

1. — *Herbam do.* Pline (*Hist. Nat.*, liv. XXII, ch. 4) et d'autres auteurs encore parlent de la même coutume.

2. — *Heluo.* Ce mot s'écrit habituellement *helluo.*

3. — *Ornamenti Lydii.* On sait que les Lydiens mettaient beaucoup de soin et de magnificence à leur toilette.

4. — *Herma.* Nous eussions peut-être mieux fait d'écrire ἅρμα ; mais, dans les manuscrits, ce mot n'est pas figuré par des lettres grecques.

5. — *Here.... heri.* Au témoignage de Quintilien (*Instit. orat.*, liv. I, ch. 7), la forme *heri* est plus ancienne que la forme *here.* Paul Diacre cependant semble dire le contraire.

6.— *Marsi herna.* Selon Servius (*sur l'Énéide*, liv. VII, v. 684), le mot *herna* appartenait à la langue des Sabins.

7. — *Histriones.* Tite-Live (liv. VII, ch. 2) et Valère-Maxime (liv. II, ch. 4) donnent une étymologie plus raisonnable de ce mot.

8.— *Hilarodos.* Cf. ATHÉNÉE, liv. XIV.

9. — *Nono quoque anno.* Les Troyens et les Argiens avaient aussi des sacrifices de ce genre.

LIVRE NEUVIÈME.

1. — *Junium mensem.* Varron (*de Ling. Lat.*, lib. VI, § 33) et Censorin (*de Die natali*) donnent une autre étymologie au nom du mois de juin. Ce que Macrobe (*Saturnales*, liv. I. ch. 12) dit, d'après Cencius, s'accorde avec Paul Diacre.

2.— *Jurgatio.* C'est-à-dire *jurigatio*, de *jus agere.* Cf. VARRON (*de Ling. Lat.*, lib. VII, § 93); NONIUS (ch. XXIX, v. *Jurgium*).

3. -- *Justi dies.* C'étaient les trente jours qui suivaient la convocation de l'armée, et qui précédaient l'entrée en campagne : on les laissait aux soldats, afin qu'ils eussent le temps de préparer leurs bagages, et de mettre ordre à leurs affaires.

4. — *Jubar, stella.* Cf. VARRON (*de Ling. Lat.*, lib. VI, § 6; lib. VII, § 76).

5. — *Jano.... libatur.* Ce gâteau s'offrait à Janus aux calendes de janvier. Ovide (*Fastes*. liv. I, v. 127) l'appelle *cereale*, non point parce qu'on l'offrait également à Cérès, mais parce qu'il était fait de froment.

6. — *Iambi.... triambi.* Ce passage est obscur, peut-être par l'ignorance de Paul Diacre, qui probablement ici, comme en beaucoup d'autres endroits, n'a pas compris Festus.

7. — *Ignia, vitium....* Ces défauts sont l'effet de l'eau et non celui du feu.

8. — *Jacere pullis.* Si Paul Diacre n'avait si honteusement altéré tout le texte de Festus, on y lirait peut-être que pour nourrir les poulets destinés à servir aux augures, on versait de la farine dans une marmite, afin d'en faire une sorte de bouillie que l'on jetait ensuite à ces poulets.

9. — *Ipsullices, bracteæ.* Selon quelques auteurs, ces images servaient aux magiciens pour inspirer l'amour aux hommes ; mais il est plus probable qu'elles servaient, en général, dans les sacrifices. On a souvent trouvé de ces figurines dans les monuments antiques ; mais il est impossible de déterminer l'étymologie du nom d'*ipsullices* que les Latins leur donnent.

10. — *Iionida.* Par une faute qui lui est habituelle, Paul Diacre a employé ici l'accusatif pour le nominatif.

11. — *Irpices.* Cf. VARRON (*de Ling. Lat.*, lib. V, § 136).

12. — *Irpini.* Cf. STRABON, liv. V, p. 250 ; et SERVIUS, *sur l'Énéide*, liv. XI, v. 785.

13. — *Ignem.... non licebat.* Aulu-Gelle (*Nuits attiques*, liv. X, ch. 15) parle de ce même usage.

14. -- *Magnos italos.* Le premier qui donne cette étymologie est Timée, cité par Varron (*de Reb. Rom.*, lib. II, c. 5), et par Aulu-Gelle(*Nuits attiques*, liv. II, ch. 1).

15. — *Ab Italo.* Thucydide (liv. VI, ch. 2) et Aristote (*Polit.*, liv. VII, ch. 9) disent la même chose.

16. — *Atte Lydo.* On sait que le père du Lydien Tyrrhenus s'appelait Atys.

17. — *Indigetes dii.* On peut lire dans Servius (*sur l'Énéide*, liv. XII, v. 794) plusieurs opinions sur ce nom d'une origine et d'un sens très-obscurs.

18. — *Indictivum funus.* Cf. VARRON *de Ling. Lat.* lib. V, § 160 ; lib. VII,

§ 42) et Cicéron (de Legibus, lib. II, c. 24).

19. — *Indepisci.* On trouve un exemple de ce verbe dans Plaute.

20. — *Indiges.... construxit.* Servius (sur *l'Énéide*, liv. XII, v. 794) raconte plus au long cette même fable.

21. — *Incitega.* Ce mot paraît être le même que le grec ἐγγυθήκη ou ἀγγοθήκη.

22. — *Plautus.* Dans le *Charançon*, acte III, sc. 1, v. 30.

23. — *Ut antiqui.* Ici notre auteur a en vue Plaute, qui se sert souvent de ce terme. Quant à l'emploi de *inconciliasti* pour *comparasti*, nous n'en trouvons d'exemple dans aucun des écrivains qui nous sont restés.

24. — *Incomitem.* Ce mot ne répugne pas à l'analogie, bien que l'on n'en rencontre pas d'autre exemple.

25. — *Inclamare.* Plaute se sert souvent de ce mot dans le sens indiqué ici.

26. — *Imporcitor.* Au témoignage de Fabius Pictor, cité par Servius (sur les *Géorgiques*, liv. I, v. 21), ce mot est le nom d'une divinité.

27. — *Impetritum.* Ce terme était employé dans le langage des augures. Il signifiait une chose approuvée par les dieux, non au moyen de figures données naturellement, mais au moyen de la contemplation des oiseaux et des entrailles des victimes.

28. — *Improlus vel improlis.* Celui qui, n'étant pas en âge d'avoir des enfants, n'est, par conséquent, pas encore citoyen.

29. — *Imbrex.* C'est C. Licinius Imbrex, dont parle Aulu-Gelle (*Nuits attiques*, liv. XIII, ch. 22, 16; liv. XV, ch. 24).

30. — *Impetix.* C'est le seul exemple de cette forme.

31. — *Inebræ.* Des critiques ont voulu lire *inhibæ*, mais sans fondement.

32. — *Apud Plautum.* Dans l'*Homme aux trois deniers*, acte I, sc. 1, v. 1.

33. — *Mihi non satis persuadet.* Les manuscrits et les anciennes éditions n'ont pas ces mots; on ne voit pas trop d'où ils sont venus dans l'édition d'Alde.

34. — *Intempestam noctem.* Voyez Varron (de *Ling. Lat.*, lib. VI, § 7; lib. VII, § 72), et Servius (sur *l'Énéide*, liv. III, v. 587).

35. — *Et pro non ædificatum.* Saumaise retranche à tort la négation *non*.

36. — *Imago.* Porphyre (sur les *Poésies d'Horace*, liv. I, ode 12, v. 4) dit : « Imago dicitur quasi imitago. »

37. — *Inferiæ.... inferebant.* Sacrifices célébrés sous terre; offrandes portées dans un souterrain.

38. — *Infulæ.* Cf. Varron (de *Ling. Lat.*, lib. VII, § 24).

39. — *Plautus.* Dans l'*Asinaire*, acte I, sc. 3, v. 67.

40. — *Pectus.* Il serait mieux de lire *lectus*, et de traduire : « La courtisane est le repas; le lit est l'attrait; » c'est-à-dire l'assaisonnement.

41. — *Inlitterata pax.* En grec, ἄγραφος ὁμολογία.

42. — *Infra classem.* On lit dans Aulu-Gelle (*Nuits attiques*, liv. VII, ch. 13) : « Classici dicebantur non omnes qui in classibus erant, sed primæ tantum classis homines, qui centum et viginti quinque millia æris ampliusve censi erant. » Peut-être Paul Diacre a-t-il oublié *quinque* après *viginti*.

43. — *Inarculum.* De *in arcum*, en arc.

44. — *Album.* Cette marque était peut-être exigée pour les bœufs destinés à certains sacrifices.

45. — *Jecunanam.* On a proposé diverses leçons pour ce mot; quoi qu'il en soit, il paraît qu'il vient de *jecur*, foie, et que le victimaire avait été appelé *jecunanus*, parce que dans les augures, le foie était la partie la plus significative des entrailles.

46. — *In pelle lanata.* Cette cérémonie s'observait dans le mariage par confarréation.

LIVRE DIXIÈME.

1. — *A Græco* λέκτρον. Varron (de *Ling. Lat.*, lib. V, § 166) dit la même chose.

2. — *Dispiter*. Il s'agit ici de Jupiter infernal (Pluton). Cf. Varron (*de Ling. Lat.*, lib. v, § 66).

3. — *Linteata*. Tite-Live (liv. x, ch. 38) parle avec détail de ce corps de troupes.

4. — *Letum*. Varron (*de Ling. Lat.*, lib. vii, § 42) exprime la même opinion.

5. — *Lectosia insula*. L'île de Leucosie; Diodore de Sicile (*Antiq. rom.*) donne à ce nom la même origine que lui attribue Festus. D'autres prétendent que ce nom lui venait d'une sirène.

6. — *Libera lingua.... Liberalibus*. Ce vers est un exemple remarquable d'allitération.

7. — *Lixæ*. Nonius propose une autre étymologie.

8. — *Lingula*. D'autres lisent, avec le même sens, *ligula*. Mais cette dernière forme ne dériverait pas de la même source.

9. — *Lixabundus*. Les gloses d'Isidore portent : « *Lixabundus* ambulat, qui voluptatis causa ambulat. »

10. — *Lingulaca, genus piscis*. Varron parle de ce poisson (*de Ling. Lat.*, lib. v, § 77).

11. — *Argutatrix*. Quelques manuscrits ou éditions portent *auguratrix*; des critiques voudraient lire *garrulatrix*. Il est évident que l'auteur a ici en vue un vers de Plaute (*Casine*, acte ii, sc. 8, v. 63).

12. — *Lævum.... læversum*. C'est probablement encore ici un des nombreux passages altérés par Paul Diacre. Il est probable que Festus entendait parler du sens que ces mots avaient dans la langue des augures.

13. — *Lacuna*. Cf. Varron (*de Ling. Lat.*, lib. v, § 26), qui appelle un lac *lacuna magna*, et Servius (*sur les Géorgiques*, liv. i, v. 116) qui appelle la lagune *lacus minor*.

14. — *Lœna*. — Voyez Varron (*de Ling. Lat.*, lib. v, § 133), qui dit que la *lœna*, ressemble à deux toges ou à une toge double.

15. — *Lacobriga.... oppido*. Ceci n'est pas très-intelligible, et l'on peut soupçonner encore en cet endroit une des nombreuses altérations de Paul Diacre.

Voici peut être ce que Festus avait écrit : « A lucu et hispanis vocabulo, quod oppidum significabat, ut in Arcobriga et aliis. » Quant au mot *briga*, voyez surtout G. de Humboldt (*des Anciens habitants de l'Espagne*.)

16. — *Lancea*. Varron, cité par Aulu-Gelle (*Nuits attiques*, liv. xv, ch. 30), donne une autre étymologie.

17. — *Latrones*. Cf. Varron (*de Ling. Lat.*, lib. vii, § 52).

18. — *Locupletes*. Nigidius, cité par Aulu-Gelle (liv. x, ch. 5), donne la même étymologie.

19. — *Lucar.... quod ex lucis*. D'autres lisent *ex ludis*. Sans doute le mot *lucar* désigne l'argent qui servait à payer les comédiens; mais rien n'empêche de supposer que cet argent était prélevé *ex lucis*, sur le produit des bois sacrés ou sur celui des bois de l'État.

20. — *A lucero, Ardeæ rege*. Sur cette opinion, voyez Niebuhr (*Hist. rom.*, t. i^{er}, p. 305, 2e édit.).

21. — *Lucius*. Cf. Varron (*de Ling. Lat.*, lib. ix, § 60).

22. — *Lucuntem*. Paul Diacre emploie (comme nous avons déjà eu plusieurs fois l'occasion de le remarquer) l'accusatif au lieu du nominatif, qui est ici *lucuns*. Ce dernier mot paraît venir du grec λευκός, blanc, ou γλυκύς, blanc. Des critiques ont lu à tort *lucunter*. *Lucuns* se retrouve dans Varron.

LIVRE ONZIÈME.

1. — *Meltom*. Scaliger pense qu'il faut lire *meliom*; mais Lindemann défend la leçon des manuscrits, et y voit le même mot d'où les Grecs ont fait ἐλτίων, βέλτιστος.

2. — *Minores et majores*. C'est ainsi que Tite-Live (liv. i, ch. 46) distingue les deux Tullie : *Tullia major*, Tullie l'ancienne, et *Tullia minor*, Tullie la jeune.

3. — *Minam*. Ce mot, dans l'origine, était évidemment un adjectif; mais, comme beaucoup d'autres, il s'est transformé en substantif avec le temps.

4. — *Aliquando*. Vers et après l'é-

poque de la destruction de Corinthe. *Voyez* STRABON (liv. x) et CICÉRON (*pro lege Manilia*, c. XVIII, LV).

5. — *Minerva...., moneat.* Dans les inscriptions étrusques, le nom de Minerve est écrit *Mnerv*, *Mnerf*. Cf. les fragments de FESTUS, article *Promenervat*, p. 349.

6. — *Milvina.* — Voyez, sur cette espèce de flûte, SOLIN, ch. v.

7. — *A Miseno.* — Voyez SERVIUS, sur l'*Énéide*, liv. III, v. 239.

8. — *Miracidion.* C'est le mot grec μειρακίδιον.

9. — *Metis.* Les jalons, à ce qu'il semble, qui dirigent la vue des arpenteurs.

10. — *Meditrinalia.* Varron (*de Ling. Lat.*, lib. VI, § 21) ne donne pas tout à fait dans les mêmes termes cette formule. La voici, selon lui : « Novum vetus vinum bibo, novo veteri vino morbo medeor. »

11. — *Merula.* Varron propose la même étymologie (*de Ling. Lat.*, lib. v, § 76).

12. — *Mercedonios.* On lit dans les gloses d'Isidore : « Mercedarius, qui dat mercedem pro labore sibi impenso. Mercedonius, qui solvit mercedem. » Il ne s'agit donc pas ici du mois Mercedonius.

13. — *Melibœa purpura.* C'est ce que dit Lucrèce (*de Rerum natura*, lib. II, v. 499). Mais la *Melibœa* de Thessalie, dont il s'agit dans Lucrèce, n'était pas une île, mais une ville située sur le rivage de Magnésie.

14. — *Æmilius et Fulvius.* M. Émilius Lepidus et M. Fulvius Nobilior.

15. — *Stolas habendi jus.* — Voyez ULPIEN (*in Digest.*, lib. XXXIV, c. 2).

16. — *Unde et magistratus.* Ceci ne s'accorde pas tout à fait avec ce que dit Varron (*de Ling. Lat.*, lib. v, § 82).

17. — *De qua Plautus ait.* Dans le *Cordage*, acte II, sc. 6, v. 51.

18. — *Mamercus.... Oscum.* Plutarque attribue ce nom à la langue des Sabins.

19. — *Mamuri Vetari.* Varron (*de Ling. Lat.*, lib. VI, § 45) s'exprime bien différemment au sujet de ce nom. Voici comment Plutarque (*Numa*, c. XIII)

décrit les Ancilia : Ἐκτομὴν ἔχει γραμμῆ ἑλικοειδοῦς, ἧς αἱ κεραῖαι καμπὰς ἔχουσαι καὶ συνεπιστρέφουσαι τῇ πυκνότητι πρὸς ἀλλήλας ἀγκύλον τὸ σχῆμα ποιοῦσιν.

20. — *Mamers.... lingua Osca.* Varron (*de Ling. Lat.*, lib. v, § 73) nous apprend que chez les Sabins Mars était aussi appelé *Mamers*.

21. — *Molæ verruntur.* On a lu aussi *rotæ vertuntur*; *molucrum* signifierait donc moyeu d'une roue.

22. — *Mullei.... dicti.* C'étaient des brodequins couleur de pourpre, dont se servirent d'abord les rois d'Albe, puis les enfants des sénateurs, et enfin les seuls empereurs.

23. — *Magnum annum.* Cf. surtout, au sujet de la grande année, CICÉRON, *de Natura Deorum*, lib. II, c. 20, et CENSORINUS, *de Die natali*, c. XVIII.

24. — *Me pro mihi.* La forme *quidnam se futurum esset* se trouve dans Tite-Live, liv. XXXII, ch. 27.

LIVRE DOUZIÈME.

1. — *Neceunt.* De bons manuscrits portent *nequeunt*.

2. — *Cato.* Paul Diacre écrit *Cato* au lieu d'*Ennius* : c'est encore une de ses fautes d'habitude.

3. — *Negibundum.* La plupart des éditions imprimées portent *negabundum*.

4. — *Nuptam.... dictam.* Quelques éditeurs ont lu *dictum*.

5. — Νέαν νύμφην. Cf. le *Glossaire* de Labbe : *Nova nupta*, νεόνυμφος, νεόγαμος.

6. — *Famem.... nucibus sustentarent.* Tite-Live parle, au livre XXIII, de ce siège et du courage des Prénestins, qui, réduits à la famine, se nourrirent de noix. Caton (*Économie rurale*, liv. VIII, ch. 2) et Varron, cité par Macrobe (*Saturnales*, liv. II, ch. 14), parlent des noix de Préneste.

7. — *A Græco nomismate.* Ce mot grec a passé en latin, où il s'écrit *numisma*. Il dérive de νομίζειν, établir par une loi, ou, plus indirectement, de

νόμος, loi, usage. Plus tard on lui a donné le sens de médaille, et on en a formé le mot *numismatique*, science des médailles.

8. — *Numen, quasi nutus.* Cf. VARRON (*de Ling. Lat.*, lib. VII, § 85).

9. — *Noneolæ vocantur papillæ.* On lit dans Isidore (*Glossaire*) : « Nomicolæ (ce mot est altéré), tubercula quæ sub mento capræ sunt. »
mento capræ sunt. »

10. — *Leviter ganniens.* On a lu *leniter gauniens*.

LIVRE TREIZIÈME.

1. — *Obsignari.* Quelques critiques lisent *obsignare*.

2. — *Uniformi specie.* La leçon *informi*, qui se trouve dans le manuscrit de Festus, est bien préférable.

3. — *Opalia.* Les fêtes d'Ops, selon Varron, se célébraient le 19 décembre.

4. —*Opes suas conferunt.* Varron propose à peu près la même étymologie (*de Ling. Lat.*, lib. V, § 141), et Pomponius dit (*Digest. de verb. signif.* 229, § 7) : « Oppidum ab ope dicitur; quod ejus rei causa mœnia sint constituta. » Quant à l'*oppidum* du Cirque, voyez VARRON, *de Ling. Lat.*, lib. V, § 153.

5. — *Itaque si qui.... errat.* Cette restriction apportée par notre auteur au sens de l'adverbe *oppido*, est contraire à l'usage des écrivains.

6. — *Opitulus.* L'équivalent grec est Ἐπικουρῶς.

7. — *Obbrutuit.* Lucrèce (liv. III, v. 544) a employé le mot *obbrutescit*.

8. —*Oblucuviasse.* Ce mot serait donc formé par contraction des mots *obviam in luco fieri* ?

9. — *Leges obscatæ.* On a voulu écrire *obsatæ* ou *obscitæ*, qui se trouvent en effet dans quelques manuscrits.

10. — *Appellantur obscena.* Varron (*de Ling. Lat.*, lib. VIII, § 96, 97) donne une tout autre étymologie au mot *obscenus*.

11. — *Copiarum apparatum.* On li-

sait peut-être dans Festus : *Copiarum apparatu instructum*.

12. — *Obesus.... ob edendum.* Cf. AULU-GELLE, *Nuits attiques*, liv. XIV, ch. 7, et NONIUS.

13. — *Œstrum, furor.*— *Œstrum* ou *æstrus*, en grec οἶστρος, signifie proprement taon, grosse mouche qui pique les bestiaux. Et, en prenant la cause pour l'effet, délire, fureur divine, enthousiasme.

14. — *Omen velut oremen.* Ceci s'accorde avec Varron (*de Ling. Lat.*, lib. VI, § 76 ; lib. VII, § 97) ; seulement Varron remarque qu'anciennement on disait avec plus de raison *osmen* pour *omen*.

15. — *Obtrectator est*, etc. Il n'est pas étonnnant que, dans toute cette partie, Paul Diacre ait extrait si peu de choses : en effet, Festus ne fait ici que revenir sur des mots qu'il a déjà expliqués en un sens.

16. — *Offringi.* Ce mot est employé exactement dans le même sens par les auteurs qui ont écrit sur l'agriculture.

17. — *Opigenam.* Cf. MARTIANUS CAPELLA, lib. II, § 149, avec les notes de Grotius et de Kopp. Meursius (*Crit. Arnob.*) veut qu'on écrive *opigeram* (de *opem gerere*). Nous croyons plutôt qu'il y a ici une erreur dans l'interprétation du mot. Tout le monde sait que Jupiter et Junon avaient pour mère la déesse Ops.

LIVRE QUATORZIÈME.

1. — *Fures philetas.* On a lu *piletas*, πιλητὰς et πειράτας.

2. — *Peniculi spongiæ longæ.* Il s'agit ici des pinceaux des peintres; en effet, Pline nous apprend qu'ils étaient faits de l'espèce d'éponge la plus mince et la plus dense. Les autres pinceaux, faits du poil de l'extrémité de la queue des animaux, servaient aux anciens pour nettoyer la chaussure ou d'autres choses.

3. — *Et alias sine aristis.* Ce passage est inintelligible, à moins d'admettre

qu'il s'y trouve une lacune après les mots que nous venons de transcrire. Voici peut-être ce qui manquerait : *Sed Ælius oves veteres et....*

4. — *Piscatorii ludi.* Ces jeux se célébraient le septième jour avant les ides de juin. *Voyez* OVIDE, *Fastes*, liv. VI, v. 235.

5. — *Perbitere.* Nonius donne une explication beaucoup plus claire de ce mot.

6. — *Pergræcari.* L'expression *Græco more vivere*, que l'on trouve dans Cicéron (*Verrines*, liv. I, ch. 26, 67), et que les interprètes comparent ici, n'a pas le même sens.

7. — *Persicum Plautus dixit.* Au lieu de *persicum*, il faut lire *persibus*, car Varron (*de Ling. Lat.*, lib. VII, § 6, 107) nous apprend que Névius avait employé, dans son *Démétrius*, le mot *persibus* dans le sens de *perite, callide*.

8. — *Puticuli sunt appellati.* Cf. VARRON, *de Ling. Lat.*, lib. V, § 25.

9. — *Puteolos.* — *Voyez* VARRON, *de Ling. Lat.*, lib. V, c. 4, § 25; et STRABON, liv. V, p. 245.

10. — *Antiqui etiam vicinum.* Cf. VARRON, *de Ling. Lat.*, lib. V, § 42.

11. — *Palanto.* Quelques critiques ont proposé de lire *Palanta*. Celle-ci, selon Varron (liv. 1), était femme de Latinus. Solin suit l'opinion de Festus ou de Verrius. Servius (*sur l'Énéide*, liv. VIII, v. 51) dit que Pallantia, fille d'Évandre, fut séduite par Hercule; et il s'appuie sur Varron.

12. — *Pallantem gigantem.* Cf. CICÉRON, *de la Nature des dieux*, liv. III, ch. 23.

13. — *Lucretius.* C'est le vers 387 du livre III du poëme *de la Nature des choses*.

14. — *Papillæ.... dictæ.* Isidore donne une autre étymologie de ce mot au livre XI de ses *Origines*.

15. — *Pandana porta.* Cf. VARRON, *de Ling. Lat.*, lib. V, § 42.

16. — *Patagiarii.* Il est question de cette classe d'ouvriers dans Plaute (*la Marmite*, acte III, sc. 5, v. 3).

17. — *Patagus, morbi genus.* Cf. PLAUTE, dans Macrobe (*Saturnales*, liv. V, ch. 19).

18. — *Parrici quæstores.* Selon toutes les probabilités, il faut lire ici *parricidii quæstores*.

19. — *Paricidas esto.* On a voulu lire *parricida*, mais à tort. Si *paricidas* ne se trouve pas ailleurs, il doit être conservé ici, parce que cette forme témoigne de la très-grande analogie qui a existé dès l'origine entre les langues latine et grecque.

20. — *Pellices.* Cf. AULU-GELLE, *Nuits attiques*, liv. IV, ch. 3, où la loi de Numa est reproduite d'une manière plus conforme à l'ancienne manière de parler; mais par le caprice des éditeurs plutôt que par l'autorité des manuscrits.

21. — *Agnum.... cædito.* On a voulu, mais à tort, lire *agnam*.

22. — *Peligni, ex Illyrico orti.* NIEBUHR (*Hist. rom.*, t. Ier, p. 100, 2e édit.) suit de préférence l'opinion d'Ovide (*Fastes*, liv. III, v. 95), contraire à celle qui est exprimée ici.

23. — *Phascola appellant Græci.* Hesychius : Φασκώλιον, βαλλάντιον· Φασκώλος δὲ τὸ μέγα, εἰς ὃ τὰ ἱμάτια ἐμβάλλεται.

24. — *Prætores.... consules.* Cf. VARRON, *de Ling. Lat.*, lib. V, § 80, 87, et TITE-LIVE, liv. III, ch. 55.

25. — *Præsidium.* — *Voyez* VARRON, *de Ling. Lat.*, lib. V, § 89, 90.

26. — *Glebam non objecisset.* Cf. encore ici VARRON, *de Ling. Lat.*, lib. V, § 23.

27. — *Præcias.* Ce mot ne se trouve employé par aucun autre écrivain.

28. — *Præneste.... quia.... præstet.* Ceci est tiré de Caton. En effet, on lit dans Servius (*sur l'Énéide*, liv. VII, v. 682) : « Cato dicit : quia is locus montibus præstet, Præneste oppido nomen dedit. »

29. — *In vulgus eduntur.* Un critique judicieux a fait observer qu'il faut ajouter ici les mots *antequam accipiantur* ou *ferantur*, pour que la définition de la promulgation soit complète.

30. — *Taracia.* — *Voyez* AULU-GELLE, *Nuits attiques*, liv. VI, ch. 7.

31. — *Proculum.* Nous avons ici, avec Ottfried Müller, réuni en un seul deux articles qui ont donné lieu à des opi-

nions bien diverses parmi les grammairiens. On lit dans Valerius (*de Nominum ratione*) : « Quæ prænomina fuerunt, nunc cognomina sunt, ut Postumus, Agrippa, Proculus. » Et dans Isidore (*Glossaire*) : « Proculus, qui patre longius peregrinante nascitur. »

32. — *Gabino cinctu.* On entendait par là la robe portée à la manière des Sabins, c'est-à-dire roulée par ses pans autour du corps, de sorte qu'on n'avait pas besoin de ceinture.

33. — *Quo proceditur in muro.* Juste-Lipse (*de Militia Romanorum*, lib. v, c. 1) propose de lire *a muro.* Mais le mot *procestria* pouvait désigner fort bien aussi des ouvrages ajoutés extérieurement aux murailles.

34. — *Prosumia, genus navigii.* Cf. AULU-GELLE, *Nuits attiques*, liv. x, ch. 25, et NONIUS.

35. — *Prævaricatores.* On lit dans Pline (*Hist. Nat.*, liv. XXIII, ch. 19) : « Arator, nisi incurvus prævaricatur. Inde translatum hoc crimen in forum. »

36. — *Prisci Latini.* — Voyez la discussion de Niebuhr à ce sujet (*Hist. rom.*, t. I*er*, p. 389, 2° édit.).

37. — *Procitare.* On peut soupçonner que Festus avait écrit *prolicitare.*

38. — *Terentius.* Dans le *Phormion*, acte I, sc. 4, v. 13.

39. — *Pro privignum.* Cette leçon, proposée par Lindenbrog, est fort douteuse. Il est d'autant plus difficile de trouver ce que l'auteur avait écrit véritablement ici, que le mot *prugnum* ne se rencontre nulle part ailleurs.

40. — *Quod non est sacrum.* Quelques éditions portent : *Quod non est fanum.*

41. — *Pro pecunia.* Quelques critiques suppriment *pro,* ce qui changerait le sens.

42. — *Ploxinum.* Quelques-uns ont lu *ploximum.*

43. — *Ab agro Popinio.* Des éditions portent *Pupinio* et *Pupino.*

44. — *A progenitrice.* On a voulu lire *a po. ro. gentile*; mais rien n'autorise ce changement.

45. — *Firmare solebant.* On a lu quelquefois *firmari solebat.*

46. — *Porticulus.... malleus.* Évidemment des idées intermédiaires ont été omises ici.

47. — *Pilates, genus lapidis.* Nous n'avons pu trouver d'indice sur l'espèce de pierre qu'on appelait *pilates.*

48. — *Quæ in agris fiunt.* Les mots *in agris* ne se trouvent pas dans le texte de Festus; ils ont été ajoutés par Paul Diacre.

49. — *Non Pœni.* Il faudrait lire *Pœnici*; mais il paraît que cette faute existait déjà dans le manuscrit de Festus dont Paul Diacre s'est servi.

50. — *Ex spina alba.* Varron parle de ce flambeau (*de Vita populi Rom.*, c. II), ainsi que Masurius, cité par Pline (*Hist. Nat.*, liv. XVI, ch. 18, 31).

51. — *Proculato.* Lindemann lit *procalato.* Mais de *calare* on fait *proculare*, comme de *calcare* on fait *proculcare.*

LIVRE QUINZIÈME.

1. — *Quirinalis collis*, etc. Le mont Quirinal était primitivement appelé Agonius ou Collinus. *Voyez* TITE-LIVE, liv. I, ch. 44; OVIDE, *Fastes*, liv. V, v. 375; *Métam.*, liv. XIV, v. 845.

2. — *Quinquatrus.* Cf. VARRON, *de Ling. Lat.*, lib. VI, § 14, et AULU-GELLE, *Nuits attiques*, liv. II, ch. 21.

3. — *Quintia prata.* Cf. TITE-LIVE, liv. III, ch. 26.

4. — *Quintana.... porta.* On ne trouve pas dans les anciens auteurs de traces d'une *porta Quintana.* Mais il est seulement question d'une sorte de marché appelé *Quintana,* et qui se trouvait dans le camp et derrière le prétoire. C'est ce qu'a démontré Juste Lipse (*de Militia Rom.*, lib. v, c. 5, 3). D'où l'on a conclu que le mot *porta* s'est introduit ici dans le texte par la négligence de Paul Diacre. Quelques critiques ont voulu lire *porca*; mais alors que signifierait cet article?

5. — *In comitium venit.* Il y a ici une erreur manifeste de Paul Diacre. Cf. FESTUS.

6. — *Quamde pro quando.* Il fallait écrire ici *quam* au lieu de *quando.*

Cette faute, ce semble, doit retomber sur Paul Diacre lui-même et non sur les copistes.

7. — *Quassare.* Cf. AULU-GELLE, *Nuits attiques*, liv. II, ch. 6, et NONIUS, p. 254, 23.

8. — *Querquetularia porta.* Pline (*Hist. Nat.*, liv. XVI, ch. 10, 15) appelle cette porte *Querquetulana.* C'était la même que la *porta Cœlimontana.*

LIVRE SEIZIÈME.

1. — *Pilata.* On a voulu lire *præliata.* C'est une erreur ancienne, puisqu'elle s'était déjà introduite dans les *Gloses* d'Isidore.

2. — *Romana porta.* Varron (*de Ling. Lat.*, lib. V, § 164; lib. VI, § 24) appelle cette porte *Romanula*, et en détermine la position en termes assez clairs.

3. — *Unde et rutiliæ.* Les éditions portent en général *rutilæ*; mais la faute qu'elles redressent provient du manuscrit de Festus dont Paul Diacre s'est servi.

4. — *Rudus vel raudus.* Quelques critiques ont lu *rodus vel raudus*; et en effet il est écrit ainsi dans Festus.

5. — *Rustica Vinalia* XIV. On trouve en d'autres documents que ces fêtes se célébraient le XIII avant les calendes de septembre.

6. — *Robigo deo.* Selon beaucoup de mythologues, *Robigo* était le nom d'une déesse.

7. — *Rogatio.* Cf. AULU-GELLE, *Nuits attiques*, liv. X, ch. 20.

8. — *Romulia tribus.* D'autres auteurs, Varron, par exemple (*de Ling. Lat.*, lib. V, § 56) appellent cette tribu *Romilia.* C'était une des seize anciennes tribus rurales, qui toutes, comme on le sait, avaient tiré leur nom de familles romaines.

9. — *Rumex.* Sur cette arme de trait, Cf. AULU-GELLE, *Nuits attiques*, liv. X, ch. 25.

10. *Redibitur tum.* Des critiques ont lu *redibetur tum*, et *redhibetur tum.*

11. *Luere.* Ce mot a été lu de plusieurs manières; celle que nous adoptons semble la plus vraisemblable.

12. — *Reus dictus est a re.* Cette étymologie ne se trouve pas dans Festus.

13. — *Reus stipulando.... Reus promittendo.* Modest. (*in Dig.* XLV, 2, 1) : « Qui stipulatur, reus stipulandi dicitur; qui promittit, reus promittendi habetur. » Ulpien, Papinien et d'autres jurisconsultes s'expriment de même.

14. — *Ritus mos vel consuetudo.* Cf. VARRON, *de Ling. Lat.*, lib. VII, § 88.

15. — *Rodusculana porta.* Il est question de cette porte dans Varron (*de Ling. Lat.*, lib. V, § 163). Cf., du reste, VALÈRE MAXIME, liv. V, ch. 6.

16. — *Quod in eo et triente.* Ceci est confirmé par Pline (*Hist. Nat.*, liv. XXXIII, ch. 3, 13), et par les monnaies de ce genre qui nous ont été conservées.

17. — *Ravim.* On lit dans le *Glossaire* de Labbe : *Ravis*, κόρυζα. Φωνῆς ἀποκοπή.

18. — *Unde eque.* Il est évident que Paul Diacre a tiré ces mots de Festus sans les comprendre.

19. — *Ricæ et riculæ.* Cf. NONIUS, v° *Rica.*

20. — *Refriva dicebant.* Voyez PLINE, *Hist. Nat.*, liv. XVIII, ch. 12, 30). On lit dans les manuscrits *referira.*

21. — *Tamdiu intus.* On a lu, mais à tort, *divinitus* et *diutinus.*

22. — *Nanctus.* D'autres ont lu *nactus.*

23. — *Ubi rex habitat.* Ces mots ont été ajoutés par Paul Diacre au texte de Festus.

24. — *Figuntur.* On a lu, mais à tort, *finguntur* et *fringuntur.*

25. — *Rabula.* Quelques manuscrits portent *ravilla.*

26. — *Remant.* Il faut lire *remanant.*

27. — *Adversus murmillonem.* On lit généralement : *adversus mirmillonem.*

28. — *In quorum galeis piscis.* On a retrouvé, en effet, des casques de gladiateurs décorés d'une figure de dauphin.

29. — *Alterius utrius.* Quelques critiques ont lu *alteratrius.*

30. — *Ex lana fiat sucida.* On a lu : *Ex lana fiat succida.*

LIVRE DIX-SEPTIÈME.

1. — *Et de eo.* Les bons manuscrits portent ces mots; je les ai conservés, parce qu'évidemment ils sont de Paul Diacre.

2. — *Sortus,* pour *sorctus,* comme *fartus, artus,* pour *farctus, arctus.* Quant à *sorctus,* c'était une contraction de *surrectus.*

3. — *Putant.* De bons manuscrits portent *putatur.*

4. — *Ex suo datis.* Il s'agit ici de ce que nous appelons familièrement et populairement un pique-nique (en grec ἔρανος).

5. — *Solox.* On lit dans le *Glossaire* de Labbe : *Solox,* ἔριον παχύ (laine épaisse, grossière).

6. — *Lana non tectum.* C'est-à-dire non couverts de peaux, comme l'étaient les brebis du Galèse, dont parle Horace (*Odes,* liv. II, ode 6, v. 10). Varron traite au long de cet usage au livre II, ch. 2, de son *Économie rurale.*

7. — *Dea diarum.* On a lu quelquefois, mais à tort, *dea dearum.*

8. — *Fabulare.* Les manuscrits de Paul Diacre portent *fabula.*

9. — *Sucerda.* On a lu *succerda.*

10. — *Romæ.* Le manuscrit de Leipzig porte *Romæ anus.* Cette variante est à remarquer.

11. — *Supercilia.... putabant.* Varron (*de Ling. Lat.,* lib. v, § 69) traite de ce même sujet.

12. — *Lucina.* De *lux,* lumière. La déesse qui met au jour, qui donne la lumière.

13. — *Subscudes.* On lit ainsi dans les anciennes éditions. Lindemann écrit *subcudes ;* mais c'est probablement une faute d'impression.

14. — *Sublimem.* C'est la leçon commune aux manuscrits. Lindemann lit *sublime.*

15. — *Subverbustam.* Quelques critiques font venir ce mot de *sub verbe-ribus usta,* brûlée sous les coups, déchirée sous les coups.

16. — *Status dies.* Lorsque Paul Diacre a extrait cet article du livre de Festus, les mots *cum hoste* manquaient déjà dans les manuscrits de celui-ci ; aussi Paul Diacre a-t-il omis à dessein les mots *cum peregrino,* qui pourtant s'y trouvaient.

17. — *Et genus carminis.* Paul Diacre a probablement ajouté ceci de son chef.

18. — *Sacrani.* On a lu tantôt *sacrati,* et tantôt *sacerani.*

19. — *Scopas.* On a lu *scapas, scabos* et *scapos.*

20. — *Epiros.* De bons manuscrits portent ainsi. On lit quelquefois *Tyros.*

21. — *Sateurnus.* De bons manuscrits ont conservé cette forme, et Lindemann l'a admise.

22. — Σαύνια. On a voulu lire σαίνια et *Saypia.*

23. — *Ovidius.... salaces.* Paul Diacre a de son chef ajouté ces mots, mais on ne les trouve pas dans Ovide, et nous ne pensons pas que ce poëte les ait écrits

24. — *Scraptæ.* Les manuscrits portent *sartæ.* Nous avons rétabli *scraptæ,* d'après Festus.

25. — *Favii,* pour *Fabii.* Cette forme se rencontre souvent dans les manuscrits.

26. — Ἕξις *vocatur.* Quelques manuscrits portent ἕξιν.

27. — *Simpludiarea.* Ce mot vient de *simplus,* simple, et de *ludius,* histrion.

28. — *Sicilicum.* Quelques manuscrits portent *silicum.* On lit dans le *Glossaire* de Labbe : *Sicilicium,* τέταρτον οὐγκίας, et *sicilium,* οὐγκίας τέταρτον.

29. — *Secessiones.* Ce mot vient du verbe *secere,* qui a le même sens que *dicere.* On voit par Aulu-Gelle (*Nuits attiques,* liv. XVIII, ch. 9) que le mot *insectiones* était synonyme de *narrationes.*

30. — *Sicyonia.* — Voyez, au sujet de cette sorte de chaussure, CICÉRON, *de Orat.,* lib. I, c. 54, 231; *ad Herennium,* lib. IV, c. 3, 4, et HESYCHIUS, v. Σ.- ανώνια.

31. — *Simpulum.* Cf. Varron, *de Ling. Lat.*, lib. v, § 124.

32. — *Senaculum.* Cf. Varron, *de Ling. Lat.*, lib. v, § 156, et plus bas Festus, v° *Senacula*, p. 622.

33. — *Modo... imprimere.* Cette explication a été ajoutée par Paul Diacre au texte de Festus.

34. — *Genus veli mimicum.* De mauvais manuscrits portent *genus veli minutum.*

35. — *Urbis Scaptiæ.* Cette ville est mentionnée par Denys d'Halicarnasse (liv. v, ch. 61), et par Pline (*Hist. Nat.*, liv. III, ch. 5, 8).

36. — *Secespita.* Servius (sur l'*Énéide*, liv. IV, v. 262) décrit dans les mêmes termes cet instrument de sacrifice.

LIVRE DIX-HUITIÈME.

1. — *Tauras.* Cf. Varron, *Économie rurale*, liv. II, ch. 5, et Columelle, liv. VI, ch. 22.

2. — *Tubilustria.* De bons manuscrits portent *tibilustria*, et peut-être Paul Diacre avait-il réellement écrit ainsi. Ces fêtes se célébraient le dixième jour avant les calendes d'avril, et le dixième jour avant les calendes de juin.

3. — *Agna... lustrabant.* Évidemment il faut lire : *Aqua... lustrabant.*

4. — *Lucretius.* C'est le vers 1143 du livre II du poëme *de Rerum natura.*

5. — *Topper.* Outre Festus, Quintilien (*Instit. orat.*, liv. I, ch. 5) est le seul auteur qui signale ce mot.

6. — *Torum.* C'est-à-dire *torrum.* On ne trouve ce mot que dans Festus.

7. — *Turma.* Varron donne la même étymologie de ce mot (*de Ling. Lat.*, lib. v, § 91), et presque dans les mêmes termes.

8. — *Fiebant.* De bons manuscrits donnent *fiebat.*

9. — *Tutulum.* Cf. Varron, *de Ling. Lat.*, lib. VII, § 44.

10. — *Tusco rege, filio Herculis.* Denys d'Halicarnasse (liv. I, ch. 28), Pausanias (liv. II, ch. 21, 3) et Hygin (fab. CCLXXIV) disent que Tyrrhenus était fils d'Hercule.

11. — *Thomices.* Cf. Vitruve, liv. VII, ch. 3.

12. — *Græco nomine.* — Voyez Hesychius : Θώμιγξ λεπτὸν σχοινίον. Θώμιγγες· δεσμοί, ὁρμιαί, σχοινία, χορδαί, σπαρτία κανάβινα.

13. — Cf. Varron, *de Ling. Lat.*, lib. VII, § 10, 11, 12: et le *Glossaire* de Labbe, où on lit : *Tesqua sive tescua*, κατάκρημνοι καὶ τραχεῖς καὶ ἔρυμοι (écrivez ἔρημοι) τόποι.

14. — *Tagax.* Cicéron emploie ce mot dans ses *Lettres à Atticus*, liv. VI, lett. 3, 1. Le *Glossaire* de Labbe porte : Tagax, Φίγεθλον.

15. — *Taminia.* Cf. Pline, *Hist. Nat.*, liv. XXIII, ch. 1, 13.

16. — *Tappulla.* — Voyez sur cette loi la note qui se réfère au n° 47 des fragments incertains des *Satires de Lucilius*, page 237 de la traduction de M. Corpet.

17. — *Tensa.* Cf. Servius, sur l'*Énéide*, liv. I, v. 21.

18. — *A Tibri, rege.* Varron (*de Ling. Lat.*, lib. v, § 30) dit que Tibris était roi des Véiens. Comme Festus, il rapporte les deux origines du nom du Tibre.

19. — *Thiasitas.* Mot hybride, formé du grec θίασος, qui a le même sens de réunion de convives, assemblée de bacchantes, etc.

20. — *Triumphales coronæ.* On lit à peu près la même chose dans Aulu-Gelle (*Nuits attiques*, liv. v, ch. 6).

21. — *Tenitæ.* Ces déesses sont inconnues. Nous pensons que ce sont les Parques, lesquelles tiennent entre leurs mains les destinées des hommes.

LIVRE DIX-NEUVIÈME.

1. — *Vicinia.* Fronton s'exprime autrement. Voici ses termes : « Vicinia vicorum conjunctis; vicinitas hominum conversatio est. » Ce passage pourrait faire croire qu'il est facile de convaincre Paul Diacre d'erreur et de rétablir la véritable opinion de Festus; mais pourtant il est certain que le mot

vicinia désigne aussi des hommes voisins entre eux.

2. — *Apud Oscos.* Quelques critiques ont lu *apud Tuscos.*

3. — *Urbanas tribus.* Ici, comparez surtout Varron, *de Ling. Lat.*, lib. v, § 56.

4. — *Vesperugo.* Cf. Varron, *de Ling. Lat.*, lib. vi, § 6; lib. vii, § 50.

5. — *Plautus.* Dans son *Amphitryon*, acte i, sc. 1, v. 119.

6. — *Plautus.* Dans les *Ménechmes*, acte v, sc. 2, v. 28, où on lit ainsi :
Nescio quid vos velitati estis inter vos duos.

7. — *Veteratores.* On lit dans le *Glossaire* de Labbe : *Veterator,* ἐπυλαιομέλωψ, παλίντριψ, τριβακός, ἀπυτεών.

8. — *Gannius.* Un poëte épique de ce nom est cité trois fois dans Priscien (liv. vi, p. 700). Varron (*de Ling. Lat.*, lib. vi, § 81) cite un Canius, poëte dramatique, à ce qu'il semble. Le Gannius dont il s'agit ici était peut-être un orateur. Dacier croit qu'il est question d'un Canius, poëte contemporain de Domitien, selon toute apparence, il appuie sa conjecture sur Martial (liv. iii, épigr. 20).

9. — *Venterinam.* On a lu *veterinam* et *vaterinam.*

10. — *Vel uterinam.* On a lu *vel veterinam* et *velut uterinam.*

11. — *Sive a vitello.* Nous avons admis cette leçon conjecturale d'Ottfried Müller. On lit généralement *vitulos.*

12. — *Vibices.* Cf. Varron, *de Ling. Lat.*, liv. vii, § 63.

13. — *Vibrissare.* On trouve dans le *Glossaire* de Labbe : *Vibrissare,* μινυρίζειν.

14. — *Volones.* Cf. Tite-Live, liv. xxiv, ch. 14, et Macrobe, *Saturnales*, liv. i, ch. 2.

15. — *Versuti.* Cf. Cicéron, *de la Nature des dieux*, liv. iii, ch. 10.

16. — *Umbræ.* Σκιάδες chez les Grecs. Les fêtes de Neptune se célébraient le x avant les calendes du mois sextilis, c'est-à-dire dans les jours les plus chauds de l'année. *Voyez* Varron, *de Ling. Lat.*, lib. vi, § 19.

17. — *Cato.* Soit dans ses *Origines*, soit dans quelque discours.

18. — *Uxorium.* On lit dans Valère Maxime (liv. ii, ch. 9) : « Camillus et Postumius censores æra pœnæ nomine eos, qui ad senectutem cælibes pervenerant, in ærarium deferre jusserunt. » Cf. Plutarque, *Camille*, ch. ii.

19. — *Expulsis Etruscis.* Voyez Pline, *Hist. Nat.*, liv. xvi, ch. 87.

20. — *Vernisera, Messalia auguria.* Le mot *vernisera* est inexplicable. Il faut ensuite évidemment lire *mensalia.* Pline (*Hist. Nat.*, liv. xxviii, ch. 2, 5) parle des divers augures que l'on prenait à table. Paul Diacre a évidemment écrit *Messalia*, par suite d'une grossière erreur, parce que Festus, dans ce qu'il dit des augures, s'appuie souvent de l'autorité de Messala.

Texte de Sextus Pompeius Festus.

LIVRE ONZIÈME.

1. — *Consilio deorum.* C'est-à-dire avec le consentement des douze grands dieux, des dieux *consentes.*

2. — *Ficta quæ.* Peut-être devrait-on lire *ficta quædam.*

3. — *Qui aut.... aut.* On a proposé de lire *dictos. aut quia...., aut quod.*

4. — *Materna.* Peut-être *materve.*

5. — *Tactu, an sanctiora dicis jurejuranda.* Il nous semble impossible de restituer ce passage. Scaliger, Vossius, Bothe, et d'autres commentateurs ont fait pour y arriver des tentatives restées sans résultat.

6. — *Qua ex causa.* On peut ajouter *appellatus sit, ambigitur.*

7. — *Res divinæ*, ajoutez : idibus.

8. — *Ipsi deæ*. Il s'agit sans doute ici de la Bonne-Déesse.

9. — *Monitores*. Pour compléter la phrase, il faudrait ajouter *appellantur non solum homines*.

10. — *Ubi adiciuntur*. On complétera le sens par ces mots *libri dicuntur*. Et on traduira tout ce passage ainsi : « On appelle *monitores* (moniteurs, vulgairement chez nous *souffleurs*) non-seulement les individus chargés d'avertir ou de guider les acteurs sur la scène, mais encore les livres auxquels des commentaires se trouvent ajoutés. »

11. — *Quasi prædictum*. On lirait avec raison *prædicium*.

12. — *Pistricem valida*. Evidemment il faut lire *validam*.

13. — *Empleuron*, du grec ἐμπλευρον, *bonis lateribus*, selon le sens de Scaliger.

14. — *M. Varro*. Voyez cet auteur (*de Ling. Lat.*, lib. v, § 177).

15. — *Allutaciniatos*. Ce mot a exercé les savants ; les uns ont substitué *aluta laciniatos*, et nous les avons suivis dans notre traduction ; les autres ont voulu lire *lunatos* (ornés d'une lune).

16. — *Tibialis in calceos*. On a proposé *libiatine calceas*.

17. — *Fari*. Remarquons ici l'emploi de ce mot dans le sens passif.

18. — *Sæcularibus*. C'est probablement *saliaribus* qu'il faut lire.

19. — *Ælius Stilo*. On a proposé d'ajouter *et Aurelius*.

20. — *Ait*. Si l'addition précédente était adoptée, il faudrait lire *aiunt*.

21. — *Sunt posita*. Il faut lire, au lieu de ces deux mots, *interposita*.

22. — *Mutus*. Ajoutez : *vehiculo lunæ adhibetur, quod tam*....

23. — *Posteriorem*, lisez : posteriore. Il ne faut pas confondre effectivement ce qu'on pouvait dire de l'opilius publiquement, du haut de la tribune, avec ce que l'on pouvait dire de lui *en arrière*, dans les conciliabules.

24. — *Aurum redditum*. Festus évidemment explique ici une annotation consignée dans les *Fastes*, en cette forme : *Matronis aurum redditum*, et sans plus ample explication. De même que, dans les chroniques, on trouve des indications analogues pour des faits dont les antécédents sont supposés inconnus.

25. — *Ut speciosiora*, lisez : speciosiore.

26. — *Tremis*, lisez : tremit.

27. — *Persuasit animo vinum*. Il s'agit ici de Bacchus, personnification du vin, comme le feu est personnifié en Vulcain.

28. — *Masculina et feminina*. Il faut dire : les noms masculins et féminins, en se conformant au genre, et non pas les noms *viriles* et *femelles*, en parlant du sexe seulement.

29. — *Item*, lisez : id est.

30. — *Patri*, lisez : patris.

31. — *IIII suffetes*. En général on ne parle que de deux suffètes à Carthage.

32. — *Mustellinum*. C'est probablement le nom d'une rue ou d'un quartier.

33. — *Essequo escendere*, lisez : essedo descendere.

34. — *Familia.... hostes.... propriore.... his.... gratulationi..* , lisez à la place de ces cinq mots : familiam.... hoste.... propiore.... is.... gratulatione.

35. — *Cetera*. C'est ceteri qu'il faut lire.

36. — *Potuit.... illæ*. Substituez à ces deux mots : potui et illi.

37. — *Occulta et abdita ea*, lisez : occultæ et abditæ.

38. — *Mos est institutum patrium*. Macrobe (*Saturn.*, liv. III, ch. 8) cite ce passage en ces termes : « Mos est institutum patrium pertinens ad religionem cæremoniasque majorum, » et il le cite comme emprunté à Julius Festus, au livre XIII *de la Signification des mots*. C'est avec raison qu'il le dit tiré du livre XIII, mais c'est à tort qu'il donne à Festus le prénom de Julius ; du reste, en d'autres endroits, par exemple au livre III, ch. 3, 5 (aux mots *ambarvalis* et *religiosi*), il lui donne celui de Pompeius.

39. — *Adfuissent*. Il faut lire : adsuessent.

40. — *Anguius quod adfixus*, lisez : angulosque affixos.

41. — *Spiciendius*, lisez : spiciendus.
42. — *Terrenæque*, lisez : terrenaque.
43. — *Publicæ*. Ce mot semble devoir être la répétition de l'abréviation *p.* qui le précède.
44. — *At*, lisez : ad.
45. — *Ut velut*, lisez : ut vel.
46. — *Tenebat aram*. Cette lacune était vraisemblablement remplie par une citation (peut-être de Virgile).
47. — *Edicite*, lisez : edicit.
48. — *Dum his*, lisez : tum his.
49. — *Quum sequitur*. Il faut évidemment lire *quam sequatur*. Aux quelques rectifications que nous venons d'indiquer, nous ajouterons que les extraits de Paul Diacre rétablissent le texte altéré de Festus; il serait inutile de signaler minutieusement toutes les corrections que nous avons cru devoir suivre dans cette traduction pour les articles identiques dans Festus, et dans son abréviateur.

LIVRE DOUZIÈME.

1. — *Abi ergo*. On a lu *ubi ego*. Dans le cas où cette leçon serait admise, nous devrions traduire : « Je tombe du côté où l'on me fait tourner. »
2. — *Næniam esto*. Si on lit *nænia mæsto*, le sens sera tout différent.
3. — *Quod est*, lisez : quod ei.
4. — *Machedem ad*, lisez : machæra.... at.
5. — *M. Atillus*, lisez : M. Atilius.
6. — *Nefrendes.... arietes*. Varron (*Économie rurale*, liv. II, ch. 4) et Terentius Scaurus (*de Orthogr.*) s'accordent ici avec Festus. Fulgence emploie le terme *nefrendes porci* dans le sens de porcs châtrés.
7. — *De pot. tribunici*, lisez : de potestate tribunitia. Il n'est parlé nulle part ailleurs de ce discours de Caton.
8. — *Opillus*, lisez : Opilius.
9. — *Neque nunc*, lisez : nequinunt.
10. — *Nequitum ut clam*, lisez : nequitum vi, clam.
11. — *Naturas*, lisez : napuras.
12. — *Floribus*, lisez : naribus.

13. — *Pro exsurgentium*, lisez : propere exsurgentium.
14. — *Dando.... liberanto*, lisez : datio.... liberatio.
15. — *Epol*, lisez : edepol.
16. — *Nautii sacrificare*, etc. Au sujet des fêtes des Nautii en l'honneur de Minerve, conférez Virgile (*Énéide*, liv. v, v. 704), Servius et Denys d'Halicarnasse (liv. VI, ch. 69).
17. — *M. Cato, in Orig., lib.* v, *scripsit : Adito*, etc. Au témoignage de Cornelius Nepos (*Caton*, ch. III), le livre v des *Origines* de Caton contenait l'histoire de la seconde guerre punique. Ce *tumulte* de la Macédoine semble se rapporter à l'alliance conclue par le roi Philippe avec Annibal, l'an de Rome 539.
18. — *Quod in oleæ nucis quod...*, lisez : quod oleæ nucisque.
19. — *Quam Verrius jugulandam*, lisez : quam Verrius juglandam.
20. — *Nari flamus...*, lisez : nari fiamus.
21. — *Naricam bonam et canutam e taguma quinas...*, lisez : et naritam bonam cornutam et trygona, squillasque.
22. — *Nancitor.... præno erit*, lisez : nanxitor prehenderit.
23. — *Ut avis...*, lisez : ut navis.
24. — *Insuperantum*, lisez : induperantum, pour imperantium.
25. — *Ministerium esse*, lisez : ministerium esset.
26. — *Columbari impudens*, lisez : columbar impudens.
27. — *Quibus rem geminent*, lisez : quibus remi eminent.
28. — *Hæc quis evocat*, lisez : ecquis evocat.
29. — *Truilos nassiternas perfusos*, lisez : trullas nassiternas pertusos.
30. — *Est uno ligno exsculpto*, lisez : ex uno ligno exsculpta.
31. — *Cui illo permittente*, lisez : cui ille permittente.
32. — *Faciemus volui*, lisez : faciemus volup.
33. — *Idem est*, lisez : id est.
34. — *Quique scit, i. e. opus*, lisez : quod scito est opus.
35. — *An Panurgus Antonius*, lisez : At Panurgus Antonius.

36. — *Nimium sæpius.* Plaute a écrit *nimium sævis.*

37. — *Numero te expurgat timor,* lisez : numero te expugnat timor.

38. — *In Æthione : Ei*, lisez : in Æthrione : Hei !

39. — *Fuce domum*, lisez : fuge domum.

40. — *E misera numero*, lisez : Hei misera numero !

41. — *Quamvis Fabius,* lisez : quamis Fabius.

42. — *Inductis*, lisez : inductus.

43. — *Quæ adferuntur*, lisez : quæ referuntur.

44. — *Quo numero liceat præscribi*, lisez : quo numero liceat perscribi.

45. — *Parenstam.* Ce mot est évidemment corrompu.

46. — *Nucupata*, lisez : nuncupata. Cf. Varron, de *Ling. Lat.*, lib. vi, § 60.

47. — *Nomina*, lisez : nominata.

48. — *Quum nexum faciet.* Ces termes appartenaient à la loi des Douze-Tables, ainsi que cela résulte évidemment de deux passages de Cicéron (*de Officiis*, lib. iii, c. 16, et *de Orat.*, lib. i, c. 57).

49. — *Uti lingua nuncupasset.* Il vaut mieux lire *nuncupassit*, avec la plupart des savants qui se sont occupés de la loi des Douze-Tables.

50. — *Ita*, lisez : id est.

51. — *De recto*, lisez : directo.

52. — *At Popilius Aurelius*, lisez : At Opilius Aurelius.

53. — *Nonas.... adjecta u littera.* Les critiques qui sont de cet avis voudraient donc que l'on écrivit *novnas*.

54. — *Nundinas feriarum diem*, lisez : nundinas feriatum diem.

55. — *Cocus ille nundinale est*, lisez : nundinalis. Voici le passage de *la Marmite*, acte ii, sc. 4, v. 45 :

Cocus ille nundinalis est, in nonum diem
Solet ire coctum.

56. — *Nux minuta pascitur*, lisez : nascitur.

57. — *Nummum ex Græco.* Pour le mot *nummus*, cf. surtout Varron, de *Ling. Lat.*, lib. v, § 173.

58. — *In Commentaris*, lisez : in Commentariis.

59. — *Nuces flagitantur nuptis.* Varron, cité par Servius (*Égl.* viii, v. 30), parle de cette cérémonie du mariage.

60. — *Sexuncia*, lisez : sescuncia.

61. — *Neque familiæ est, sed gentis.* Chez les Romains, le nom (*nomen*) distinguait la race d'où l'on sortait, comme Furius, Cornelius, Julius ; le prénom (*prænomen*) distinguait chaque personne, comme Marcus, Publius, Lucius ; le surnom [*cognomen*] indiquait à quelle branche de telle ou telle famille on appartenait, comme Brutus, Rufus ; l'*agnomen*, surnom quelquefois ajouté au *cognomen*, rappelait une adoption ou quelque action remarquable.

62. — *Noctilugam.* On a lu *noctilucam* et *noctipugam*. Le premier de ces mots signifie qui éclaire ou brille la nuit ; le second serait synonyme d'obscène, et serait formé de *quasi noctibus compungat.*

63. — *Apud veterannia*, lisez : apud veteres annia. Cette dernière leçon n'est pourtant que conjecturale.

64. — Πέλτον ἱκέσθαι, lisez : τέλσον ἱκέσθαι (*Iliade*, liv. xviii, v. 547).

65. — *Ad noxa*, lisez : at noxa.

66. — *Chærestato*, lisez : Chærestrato. Servius (sur *l'Énéide*, liv. i, v. 41), dit : « Noxam pro noxiam. Et hoc interest inter noxam et noxiam, quod noxia culpa est (id est peccatum); noxa autem pœna (quidam noxa quæ nocuit, noxia id quod nocitum, accipiunt). »

67. — *Noxa muliebrem et*, lisez : noxa muliebri 'st.

68. — *Septem curiarum*, lisez : quatuor curiarum.

69. — *Vellensis*, lisez : Veliensis.

70. — *Spurius Tulli tributis*, lisez : Spuri Tulli Tiburtis. Les autres écrivains ignorent cette tradition.

71. — *Malumus cedere*, lisez : malumus credere.

72. — *Oclisiam corniculam captivam.... servientem*, lisez : Ocrisia Corniculana captiva.... serviente.

73. — *Per c litteram*, lisez : per g litteram.

74. — *Ornamentum incendunt nobil-*

ignobiles, lisez : Ornamento incedunt gnobiles ignobili.

75. — *Quasi a navo*, lisez : quasi a nauco.

76. — *Quæ sua*, lisez : quæ signa.

77. — *M. Accillum*, lisez : Manium Acilium.

78. — *Lucretius in lib.* IV. C'est réellement le vers 837 du livre VI de Lucrèce. Il est inutile de dire que c'est *nictari* et non *nexari* qu'il faut lire.

79. — *Garrulis medentes*, lisez : Garruli sine dentes.

80. — *Scribere.... nectabere*, lisez : scibis.... nictabere.

81. — *In Pugilem.... nictum*, lisez : in pugile.... nictu.

82. — *Si quando.* — *Si* doit être supprimé ; *quando* est ici pour *aliquando*.

83. — *Venenox*, lisez : velox.

84. — *Si forte ex*, lisez : forte feras ea.

85. — *Voce sua nictu.... acuta et*, lisez : nictit.... acute.

86. — *Nam scisscito*, lisez : nam sciscito.

87. — *Neque censetur quicquam*, lisez : quisquam.

88. — *Nequis scivit*, lisez : ni quis scivit.

89. — *Inte ningulus.* Il manque ici plusieurs mots.

90. — *Faustulum nutricium ejus.* On disait que le tombeau de Faustulus se trouvait en avant de la tribune aux harangues, sous un ou sous deux livres de pierre. Voyez DENYS D'HALICARNASSE, liv. I, ch. 87.

91. — *Quinctilium avum.* — Voyez OVIDE, *Fastes*, liv. II, v. 378, au sujet des Quinctilius, compagnons de Romulus. C'est à eux que l'on fait remonter les Luperques Quintiliens ; mais nul autre ne rapporte ce dont Festus parle ici.

92. — *Humilem et concavum*, lisez : humile et concavum.

93. — *Neci da.* Ceci paraît être une formule écrite dans d'anciennes lois.

94. — *Narnenses.... Nequino*, lisez : Narnienses. Nequinum était une place de l'Ombrie dont les Romains s'emparèrent, et où ils établirent la colonie de Narni. Voyez TITE-LIVE, liv. X,

ch. 9, et PLINE, *Hist. Nat.*, liv. III, ch. 14.

95. — *In Q. T. versus*, lisez : in Q. Thermum de.

96. — *Quum vellimus*, lisez : quum vellimus.

97. — *In more*, lisez : in monte.

98. — *Missa crate a*, lisez : amissa civitate ac.

LIVRE TREIZIÈME.

1. — *Ennius.* Dans ses *Annales* (livre VIII), suivant Merula.

2. — *Osculatum*, lisez : oculatum.

3. — *Oculitus dicitur.* Cf. NONIUS, c. CXLVII, n° 27. Ici Festus a en vue l'expression *oculitus amari*.

4. — *Theatro Pomp.* Il s'agit ici du grand Pompée.

5. — *Qui fuit.... cos.* Ce consulat se rapporte à l'an de Rome 588.

6. — *Rege Perse.* C'est *Perseo* qu'il faut lire. Ce triomphe eut lieu l'an de Rome 586.

7. — *Si hominem fulminibus occisit*, lisez : Si hominem fulmen Jovis occisit.

8. — *Tollito*, lisez : tollitor.

9. — *Quod annis*, lisez : quotannis. La même erreur se retrouve à la page 315, vers la fin du même article.

10. — *Ita effigie in equi.* Otfried Müller propose de lire *lignea effigie equi*, et nous nous sommes conformé à cette correction dans notre traduction.

11. — *In monte Taygeto.* Sur le Talète, point culminant du Taygète, selon Pausanias (liv. III, 20, ch. 5). Selon cet auteur toutefois, c'était au soleil et non aux vents que l'on immolait des chevaux en ce lieu.

12. — *Menzanæ Jovi.* On ne peut découvrir le sens de ce surnom de Jupiter. Scaliger soupçonne qu'il faut lire *Meni Zanæ*, Μηνὶ Ζανᾶ.

13. — *Occensassint.* Festus paraît ici avoir en vue cette loi des Douze-Tables : *Si quis occentassit*, etc., quoique l'on ne devine pas pourquoi il emploie ce mot au pluriel. Les *Gloses* d'Isidore portent : *Occentare, male ominari*.

14. — *Quia illam*, lisez : querelam.

15. — *Ocrem*. Ce mot est sabin, comme on le voit par le nom d'*Interocriam* (le territoire situé entre les sommets de l'Apennin). Il appartient également à la langue des Ombriens, ainsi que le constatent d'autres noms de lieu. Il se trouve aussi en grec.

16. — *Et mare magnum*. Ajoutez *et*, pour amener et distinguer la citation suivante.

17. — *Unde fortasse etiam ocriœ*. Il faut lire *ocreœ*. Varron (*de Ling. Lat.*, lib. v, § 116) donne de ce mot une étymologie qui ne vaut pas mieux.

18. — *Secundœ collationis*. C'est ce que nous appelons le degré de comparaison. Varron s'exprime de même (*de Ling. Lat.*, lib. VIII, § 78).

19. — *Occissime*, lisez : ocissime, et de même plus bas.

20. — *Alii dictas nostros*, lisez : non dictæ nostro, sed.

21. — *Consolationis.... majora*, lisez : collationis.... rariora.

22. — *Nam quum Hannibal*. L'exemple qu'alléguait ici Festus était évidemment tiré de l'histoire de la seconde guerre punique ; mais quel était-il ? C'est ce qu'il est impossible de deviner.

23. — *Properaverat*, lisez : properaverant.

24. — *Eos nostri alii*, lisez : eos nostri antiqui.

25. — *Cœlius*, lisez : Clælius.

26. — *Pro decretoribus*, lisez : pro deprecatoribus.

27. — *Oram reperire nullam quam*, lisez : nullam qua me.

28. — *Freni quod ori inferuntur*. Dans Paul Diacre on lit *inseruntur*.

29. — *Sibi promiti orcæ*, lisez : promitti oreas.

30. — *Deprandi autem leonis*, lisez : deprandi autem leoni si.

31. — *Æstimatur deorum*. On aura un sens si l'on remplit ainsi la lacune qui suit : ordine, ut deus....

32. — *Itaque in....* On a proposé d'ajouter ici *convivis*, et nous avons admis ce complément dans notre traduction.

33. — *Licet*. Nous lisons *sic et*.

34. — *Omnes idem*, lisez : omnes item.

35. — *Quia universi mundi sacerdos*. Sur Jupiter Monde, *voyez* Varron, cité par saint Augustin (*de Civitate Dei*, lib. VII, c. 9).

36. — *Curibus adscito Quirino*. Quelques critiques n'ont pas admis le mot *curibus*. Pour ce qui est du mot *Quirino*, Dacier le croit au datif, parce qu'il se rappelle que Tatius fut appelé par Romulus à partager avec lui le pouvoir royal à Rome. Mais il est bien à l'ablatif absolu ; l'auteur veut marquer formellement par là que Quirinus, dieu des Sabins, honoré sur le mont Quirinal, était expressément distinct de Romulus, dieu latin.

37. — *Exordiæ*, lisez : exordia.

38. — *In Regia colitur*. Voyez, à l'égard de cette chapelle d'Ops Consivia, Varron, *de Ling. Lat.*, lib. VI, § 21.

39. — *Ut intra annos paulo*. Nous avons adopté, dans notre traduction, la restitution suivante proposée par Sigonius : « Minus quingentos triginta tantum.... »

40. — *Etiam si manipularis miles*. Suppléez ainsi : « Ea detraxerit, dummodo duci hostium. Quod autem omnia spolia solita, etc. »

41. — *Bovem*, lisez : bove.

42. — *Compelli reges*, lisez : Pompili regis.

43. — *Darier oporteat, et*. Supprimez ici ces mots.

44. — *Æris CC*, lisez : CCC darier oportet.

45. — *Utra voluerit cædito*. — *Utra* se rapporte aux deux genres de victimes ; celles qui sont tout à fait formées, et celles qui tettent encore. Après *cædito*, ajoutez : *qui cepit, ei æris CC dato*.

46. — *Hujus ædis*. Peut-être faudrait-il admettre qu'on a passé avant ces mots ceux-ci : *Ops dea*, et que, par conséquent, un autre article commencerait ici.

47. — *Templum habeat, neque*, lisez : templum habeat, nec ne.

48. — *Leges sacræ*, lisez leges : sacratæ.

49. — *Ut in Titini fabula quinta*. Scaliger a corrigé ainsi : « Ut in Titini fabula Quinto. »

50. — *Objurare.* Ici sont omis les mots suivants, que nous avons suppléés dans la traduction : *jurejurando obstringere.*

51. — *Antiqui pro aditu ponebant.* Ces mots doivent être reportés après ceux-ci : *formidabant objurare,* et forme ainsi un article à part : OBITU *antiqui pro aditu ponebant.*

52. — *Oboritur, nascitur,* lisez : adnascitur.

53. — *Itaque bis,* lisez : ita quod is.

54. — *In Pylum advenies,* lisez : adveniens.

55. — *Inops.... concedit.* Nous avons en traduisant admis le complément suivant de cette lacune : *sed etiam cops : ut is cops edit.*

56. — *Exortus sum.* lisez : emortuus sum.

57. — *Alii quod exemplis,* lisez : aliquot exemplis.

58. — *Et L. Sergio Dentatato, qui Achilles Romæ,* lisez : et L. Sicinio Dentato.

59. — *Qui Achilles Romæ,* lisez : Qui Achilles Romanus.

60. — *Qui deo deæque,* lisez : qui deo deæve.

61. — *Obstinati exortus,* lisez : obstinari exorsus.

62. — *Capitas stupris,* lisez : intercutibus stupris.

63. — *Obsatulent,* lisez : obsatullent.

64. — *Truendo cyngilam,* lisez : trudendo in gulam.

65. — *Ut in nobis,* lisez : uti nobis.

66. — *Obstitis,* lisez : obstipis.

67. — *Obstipolumve solis,* lisez : obstipo lumine solis.

68. — *In Imbros,* lisez : in Imbris.

69. — *Obstito capitulo.... cunicula,* lisez : obstipo capitulo.... tunicula.

70. — *Atque obstita,* lisez : atque obstipa.

71. — *Lucretius,* lisez : Lucilius.

72. — *Quod oscillent.... afferantur,* lisez quod oscillant.... efferantur.

73. — *Quod os cœlare,* lisez : quod os celare.

74. — *Prœlio quod eis,* lisez : prædio quod ei.

75. — *Scit ejus dies,* lisez : solitos iis diebus. Nous avons suivi cette correction proposée par Ottfried Müller.

76. — *Icaro, Erigone filia,* lisez : Icaro, cum Erigone filia.

77. — *Per simulationem.* Nous avons ajouté, d'après Ottfried Müller, en traduisant : *arboribus suspensos se agitassent.*

78. — *Sed etiam participi aliter.* Il est évident que les mots *pro ostentato* ont été omis ici.

79. — *Præsens præsto,* etc. Ottfried Müller propose de lire : Præsens hic præsto irridenti se nobis stupentibus vultu, etc., et nous avons suivi sa conjecture.

80. — *Ap. Claudianus,* lisez : Ap. Claudius. C'est probablement Appius Claudius Pulcher, dont Festus cite ailleurs les livres sur la science augurale.

81. — *Aut.... quæ alis,* lisez : alites quæ alis.

82. — *Picam aut,* lisez : Picus autem.

83. — *Quod neatrum,* effacez *quod.*

84. — *Certe plura....* On peut suppléer ainsi ce passage : Pluraliter ostia dici probat, qui usus.

85. — *Osculana pugna.* On sait, par le témoignage d'autres auteurs, que cette bataille fut livrée à Asculum, et non par Valerius Lévinus, comme le raconte Festus.

86. — *Devicerat Sulpicius.* Ajoutez *Saverrio.*

87. — *Pugna est.... secus, quia in,* lisez : pugna est, non secus, qui.

88. — *Spolia colligant,* lisez : spolia colligunt.

89. — *Osculum sat est mihi.... qui ambo.* Nous avons admis, avec Ottfried Müller : Osculum sat est mihi osculi vestri qui amabo....

90. — *Optima lex.* Les meilleurs critiques ont proposé de remplir cette lacune par ces mots : Quum dicebatur.

91. — *Volusainæ gentis,* lisez : Volusi nepotis.

92. — *Magister a populo,* lisez : magister populi.

93. — *Propter quam,* lisez : postquam.

94. — *Provocatio.... dicta est,* lisez : provocatio.... data est. Il s'agit ici de la

loi Valeria Horatia. *Voyez* LITE-LIVE, liv. III, v. 55.

95. — *Optio qui nunc.* Varron (*de Vita populi Romani*), cité par Nonius, donne une explication un peu différente de l'origine de ce nom.

96. — *His adjutor dabatur*, lisez : is adjutor dabatur.

97. — *Ex eo tempore, quem*, lisez : ex eo tempore quo, quem.

98. — *Quod et oratores*, effacez *quod*.

99. — *Oratores, qui...*, lisez : oratores, quod.

100. — *Facere vero*, lisez : face vero.

101. — *Stuprum inconcessæ libidinis*, lisez : stuprum et inconcessæ libidines.

102. — *Adibo.... adjacent*, lisez : obibo.... adjacent.

103. — *In ostentum, ipsis in usum*, lisez : inostentum, ipsis inusum.

104. — *Si quid his injuriæ*, lisez : si quid his injuriæ fit.

105. — *De lege Orchia*, lisez : ne lege Orchia. On sait que la loi Orchia, l'une des somptuaires, fixait le nombre de convives qu'on pouvait inviter.

106. — *Obsonitavere.... centenis*, lisez : octoni cœnavere.... centeni.

107. — *Ovibus duabus*, lisez : Ovibus duobus.

108. — *In majoribus amb.*, lisez : in majoribus xxx bobus.

109. — *Quod postea quam*, lisez : sed postea quam.

110. — *Item vincesis*, lisez : vicessis.

111. — *Vindemiam quum uvas*, lisez : vindemiam quum uvæ.

112. — *Nullum ejus significationis causa*, effacez causa.

113. — *Quamvis quidam olivitatem meam*, lisez : quamvis quidam olivitatem eam.

114. — *Refert Cato*, effacez *Cato*.

115. — *Appellationem usurpationem appellatam*, lisez : appellationem usurpatam.

116. — *Inertias stoicorum*, lisez : ineptias stoicorum.

117. — *Dictum Uragum*, lisez : dictum Urgum.

118. — *Per c littera*, lisez : et per se litteræ.

119. — *Nisi quod his deus*, lisez : nisi quod is deus.

120. — *Offerre.... sub terram fere*, lisez : efferre.... sub terram ferre.

121. — *Antea jacuisse*, lisez : ante jacuisse.

LIVRE QUATORZIÈME.

1. — *Pa pro parte*, lisez : pa pro patre.

2. — *Prædotiont*, lisez : prædopiunt.

3. — *Plisima*. Quelques critiques proposent *plusima* ; et, en effet, Varron écrit ainsi (*de Ling. Lat.*, lib. VII, § 27). Peut-être serait-il mieux de lire *ploisima*.

4. — *Prætet tremonti prætemunt te*, lisez : comme le propose Ottfried Müller : « Præ tet (id est ted) tremonti, prætremunt te. »

5. — *Pro medium hoc est participat*, lisez : pro μορίῳ, hoc est particula.

6. — *Priviclio es*, lisez : privicloes.

7. — *Vulgo interpretatur*, lisez : vulgo interpretantur.

8. — *Quod prætervolent : aut*. Peut-être faut-il lire : quod prævolent, alii ; ce que nous avons admis en traduisant.

9. — *Quod eas Dori ficas vocant*. C'étaient les Béotiens Éoliens et non les Doriens qui appelaient les sphinx, φῖκαι ; cela est prouvé par Hésiode (*Theog.*, p. 326, avec les notes de Grævius) et par d'autres circonstances.

10. — « *Insultent,* » *et*. Le correcteur de l'édition aldine pense qu'il faut ajouter ici *Lucretius*, et que notre auteur a en vue le vers 368 du second livre *de Rerum natura*.

11. — *Alte delata, ceterisque*, lisez : Alte delata petrisque. Cette correction pourtant n'est pas certaine.

12. — *Levius*, lisez : Livius.

13. — *Ubi ego sæpe petris*, lisez : Ubi Echo sæpta petris.

14. — *Fornicem expleturasque*, lisez : fornicem expletur usque.

15. — *Sæpius petere, ut....* Ici le nom de l'auteur que cite Festus manque.

16. — *Præruptus.... jam agri.... a rupicis*, lisez : prærupta etiam.... rupibus.

17. — *Ideo quod his*, lisez : ideo quod is.

18. —*Petimina in his*, lisez : Petimina in humeris.

19. — *Quod est aut nectos*, lisez : quod est aut pectus.

20. — *In descriptione sullæ*, lisez : in descriptione suillæ.

21. — *Petimine piscino*. Daléchamp, sur *l'Histoire naturelle* de Pline (liv. II, ch. 37), pense qu'il faut lire *petimine porcino*. Nous n'avons pas osé admettre cette correction, parce qu'elle n'est pas assez justifiée.

22. —*Fertur appellasse peenas*, lisez : ferunt appellasse petnas.

23. — *Quæ sunt volucriora*, lisez : quæ sunt volucria.

24.— *Risui mortuus*, lisez : risu mortuus.

25. — *Adhæreret tulerit*, lisez : ea de re rettulerit.

26. — *Pati : sed nullius prætoris*, lisez : satis, et nullius auctoris.

27. — *In æde Vertumni, et Consi*. Les critiques doutent s'il faut admettre qu'il s'agit ici d'un seul temple commun à Vertumne et à Consus, ou de deux temples consacrés séparément à chacun de ces dieux.

28. — *M. Fulvius Flaccus*. Flaccus consul triompha des Vulsiniens l'an de Rome 489.

29.—*T. Papirius Cursor*, lisez : L. Papirius Cursor. Il s'agit ici ou de L. Papirius, consul l'an de Rome 427, ou de son fils, L. Papirius, consul l'an de Rome 460. Tous deux triomphèrent des Samnites.

30. — *Consecratam ab Acillo*, lisez : consecratam ab Acilio. Tite-Live nous apprend que le temple de la Piété fut dédié l'an de Rome 571 par Manius Acilius Glabrio.

31.— *Impunitus ei concessa est*, lisez : impunitas ei concessa est.

32. — *Quo dissolutus sit*, lisez : quod is solitus sit eo in auguriis uti.

33. — *Pisalitem appellat*, lisez : Pisatilem appellat.

34.— *Item genus*. Ajoutez ici, d'après Plaute lui-même, *est leoninum*.

35. — *Inter alia, quæ si*, effacez si.

36. — *Ut intelligi ex ceteris possunt*, lisez : ut intelligi ex ceteris possit.

37. — *Pistum pisendo perpolitum*, lisez : pistum a pisendo pro molitum.

38. — *Agipes*, lisez : *acipes*, pour *acupes*.

39. — *Pro obtuso ore pugil, pisciniensis reses*. Nous avons admis, avec Ottfried Müller, que ce vers doit être rétabli de cette manière :

Præco obtuso ore, pugil piscinensis reges.

40. — *In duas partes divisum*. Nous lisons avec Paul Diacre : in duas partes devexum.

41.—*Qui parum sint animati*, effacez sint. Ici Verrius semble faire allusion aux expiations d'Oreste, d'Alcméon, et d'autres qui étaient, dit-on, poursuivis par les Furies.

42. — *Pinosi, palisi*, lisez : Pinasi, Papisi.

43. — *Et quia*, lisez : et qua.

44. — *Jam etiam noxii*, lisez : Nam etiam noxii.

45. — *Etiam nunc appellatur*. Il semble qu'il faut ajouter ici : *qua xxx boves et* II *oves æstimabantur*. En tout cas, nous avons traduit en conséquence.

46. — *Quam quidam simulatricem*. Il faut lire : quam quidam simpulatricem.

47. — *Quibus utitur expiando*, lisez : quibus utitur in expiando.

48. — *Quum ex sacro*, lisez : quod quum reipublicæ facto.

49. — *Ut aliqua piandi*, lisez : ibi aliqua piandi.

50. — *Propitiandique causa immolatur*, lisez : propitiandique causa immolantur.

51. — *Quo esse*, lisez : quod eæ.

52. — *Percunctari sit*, lisez : per cunctas res it.

53.—*Aut hostis sui voluntate*, effacez *aut hostis*, et lisez ensuite : *sua voluntate*.

54. — *Superiora fulgura ut portenta*, lisez : superiora fulgura aut portenta.

55. — *Nam ut omnia*, lisez : nam ut omnia omina.

56. - *Sic ictum fulgur manubiis*

vinci, lisez sic ictum fulgur majoribus manubiis vinci.

57. — *Pro viciare usus est*, effacez *est*.

58. — *Pro imperfectis*, lisez : pro interfectis.

59. — *Perpetem oculis traxerim*, lisez : perpetem oculis transaxim.

60. — *Rudiculum picatum, quo*, lisez : rudusculum picatum, ex quo.

61. — *Quam putant quidam primum*, ajoutez *actam*.

62. — *Post multos annos*, ajoutez *acta sit quam*.

63. — *Persicus*, lisez : Persibus.

64. — *Nihil de consiliare sibus nisi qui*, lisez : Nihil de conciliares ibus, nisi quid.

65. — *Persicus carpenti adstratio*, lisez : persibus carpenti adest ratio.

66. — *Inpetria quidetinni patris Spartam reponare instat*, lisez : impetrita quit. Et in Niptris : Spartam reportare instat.

67. — *Quibus dicisum*, lisez : quibus decisum.

68. — *Cornifici ait*, lisez : Cornificius ait.

69. — *Quum ad Hercule*, lisez : quum ab Hercule.

70. — *Servos publicus*, lisez : Servos publicos.

71. — *Intebea loci*, lisez : interea loci.

72. — *It consumitur*, lisez : id consumitur.

73. — *A poculo*, lisez : a populo.

74. — *Deo dicta*, lisez : deo dicata.

75. — *Consume est necesse*, lisez : consumi esse necesse.

76. — *Minime necesse est*, lisez : mihi nunc necesse est.

77. — *Aut si.... ecivoregin*, lisez : aliis.... ex ἐποσέχειν.

78. — *Qui dicuntur*, lisez : qui ducuntur.

79. — *Id est prohibent*, lisez : id est prohibeant.

80. — *Limi vocantur*, lisez : liræ vocantur.

81. — *Itemque servos*, lisez : item qui servus.

82. — *Postliminium receptum is*. Effacez ces mots.

83. — *In opinione nostra sunt*, lisez : in dicione nostra sunt.

84. — *Procul sint*. Dans le manuscrit de Pompeius Festus, de la bibliothèque Farnèse, il manque en cet endroit six feuillets, qui correspondaient aux extraits précédents de Paul Diacre. Quant aux mots *procul sint*, il résulte de la comparaison avec Paul Diacre qu'ils devaient se rapporter à l'article *Propudium*.

85. — *Jovi fulguri*. On a proposé de lire *Jovi Fulguratori* ; et, en effet, plusieurs monuments joignent cette dernière épithète au nom de Jupiter.

86. — *In Adrasto Julius*. Il s'agit de C. Julius César Strabo, édile l'an de Rome 664, orateur et poëte tragique. Dans son *Adraste*, il a fait allusion à l'oracle de Delphes.

87. — *Sancta ita caste*, lisez : sancta ibi caste.

88. — *Prodideris*, lisez : perdideris.

89. — *In Hymni*, lisez : in Hymnide.

90. — *Te inridier*, lisez : te inriderier.

91. — *Producta prodigium esse in amatorem*, lisez : Producte prodigum esse me amatorem.

92. — *Probri*, lisez : probi.

93. — *Prodita*, lisez : prodit.

94. — *Ut pro rostois*, lisez : ut pro rostris.

95. — *Terentius in Adelphis*. Acte II, sc. 2, v. 54.

96. — *Et Pacuvius*, lisez : ut Pacuvius.

97. — *Occistians ruat*, lisez : occisitans ruat.

98. — *Et septum*, lisez : sed septum.

99. — *Ait Catullus*. — *Poésies*, XCVII, v. 6, où on lit *ploxenis*. Ce mot appartient à l'idiome de la Gaule Cisalpine, comme on le voit par Quintilien (*Instit. orat.*, liv. I, ch. 5, 8). Dœderlin (*Syn. et Etym.*, t. VI, p. 273) le fait venir du grec πλόξενον.

100. — *Capsave*, lisez : capsamve.

101. — *Inclamare nunc significat*. Nous pensons avec Ottfried Müller, que le mot *inclamare* doit être effacé.

102. — *Et apud antiquos*, lisez : sed apud antiquos.

103. — *Si nurus*. Évidemment plusieurs mots ont été omis ici.

104. — *Si parentum puer*, lisez : si parentem puer.

105. — *Parem puer*, effacez *parem*.

106. — *Id est clamavit, dix...*, lisez : inclamavit, dixerit diem.

107. — *Quæ dicimus nea..... Græcos*, lisez : quæ dicimus, πέδιλα Græcos.

108. — *Qui tergent ea. Dictum est forsitan*, lisez : qui tergerunt ea. Dictus est forsitan.

109. — *Theodotum compellas*, lisez : Theodotum appellas.

110. — *Circumtectuas*, lisez : circumtectus.

111. — *Consobrinæ meæ filia*, lisez : consobrinæ meæ filius.

112. — *Non enim possessio est.... rebus*. Nous pensons que le mot qui manque avant *rebus*, est *in*.

113. — *Possunt...*, ajoutez *nec*.

114. — *His vere*, lisez : is suam rem.

115. — *Ex his qui*, lisez : ex jure Quiritium.

116. — *Ita possideatis*, lisez : uti ita possideatis.

117. — *In qua his legibus*, lisez : in quas legibus.

118. — *Præfecti quattor vigenti sex virum nū pro*, lisez : præfecti quattuor e viginti sex virum numero, qui.

119. — *Quodannis*, lisez : quotannis.

120. — *Venœrum, Allicas*, lisez : Venafrum, Allifas.

121. — *Quod est inveniatur ut comparet*, lisez : quod et inveniatur in comparet.

122. — *His.... obvagulatum ito*, lisez : is.... obvagulatum.

123. — *Vel ab nomi agri*, lisez : vel ab nomine agri.

124. — *Lege primum frs*, lisez : lege primum factus.

125. — *Protelare dr*, lisez : protelare dicitur.

126. — *Quod est The*, lisez : quod est τῆλε.

127. — *Privato sumptu*. Cf. TITE-LIVE, liv. IV, ch. 59, et NIEBUHR, *Hist. rom.*, t. II, p. 496, 2ᵉ édition.

128. — *C. Licinio pr*. L'an de Rome 580. *Voyez* TITE-LIVE, liv. XLII, ch. 27.

129. — *His significat prohib. se*. lisez : his significat prohibuisse.

130. — *Apud Catonem*. Il faut ajouter ici ces mots : *est, qui primæ legioni tributum scribit*, et former un nouvel article des mots : *In ea quæ est contra Thermum*, etc.

131. — *Legis Juniæ*. On a peut-être omis ici les mots *in dissuasione*. Dans ce cas, il faudrait traduire ainsi : « Caton dit, au sujet de l'usure [ou du prêt à intérêt], dans son discours contre la loi Junia. »

132. — *Camerni cives nostri*, lisez : Camerini cives nostri.

133. — *De sacrilegio commisso*. Ailleurs ce discours a pour titre : *de Sacrificio commisso*. Si l'on admettait cette dernière leçon, le sens serait bien différent.

134. — *Dium immortalium*, lisez : deum immortalium.

135. — *Ne is quidem*, lisez : ne id quidem.

136. — *Postquam nativitas*, lisez : postquam navitas.

137. — *Fici sedarum dedi*, lisez : feci, sed aurum dedi.

138. — *Romam sunt conata*, lisez : Romam sunt coacta.

139. — *Ea lege sanxerunt*, lisez : eam legem sanxerunt.

140. — *T. Menenius Lanatus et P. Sestius Capitolinus*. Ces deux personnages furent consuls l'an de Rome 301, après Sp. Tarpeius et A. Aternius. Festus prétend donc que l'estimation en argent du bœuf et du mouton fut faite d'abord par la loi Tarpeïa, et qu'ensuite l'amende la plus forte (dont il est ici question) fut fixée par Menenius et par Sestius. Mais il paraît s'être trompé. *Voyez* au reste NIEBUHR, *Hist. rom.*, t. II, p. 341.

141. — *Usque ad Ap. Claudium censorem*. L'an de Rome 441. *Voyez* à ce sujet TITE-LIVE, liv. IX, ch. 29, et MACROBE, liv. III, ch. 6.

142. — *Omnes intererant*, lisez : omnes interierunt.

143. — *Intra diem* XXX. Festus n'est pas ici d'accord avec Tite-Live.

144. — *Convivio facto*, lisez : connubio facto.

145. — *Sacrisquinterdicerent*, lisez : sacrisque interdicerent.

146. — *Propter ignorantiam sacra novorum*, lisez : propter ignorantiam sacrorum novorum.

147. — *Emit votum solventibus*. lisez : item votum solventibus.

148. — *Cujus M. Cato*, lisez : cujus meminit Cato.

149. — *P. Semipionius*, lisez : P. Sempronius.

150. — *Plena suc.* Cf. Ovide, *Fastes*, liv. I, v. 672 ; liv. IV, v. 635, et Servius, sur les *Géorgiques*, liv. II, v. 380.

151. — *Id genus quum seretur*, lisez id genus censeretur.

152. — *Quæ inter duci sulcos.... porrigant*, lisez : quæ inter duos sulcos.... porriciant.

153. — *Propudi ait porcus*, lisez : Propudianus porcus.

154. — *In sacrificio gentis Claudiæ*. Au sujet des mystères sacrés de la famille Claudia, conférez Macrobe, *Saturnales*, liv. I, ch. 12.

155. — *Qui quod annis*, lisez : qui quotannis.

156. — *L. M. Publicii Malteoli*, lisez : L. M. Publicii Malleoli. On connait M. Publicius Malleolus, consul l'an de Rome 521.

157. — *Quam cœperat*, lisez : quam ceperant.

158. — *Vehiculi, Vel venire*, lisez : vehiculus Velia veniri.

159. — *Prædia*, lisez : Præbia.

160. — *Quæ data Cæcilia*, lisez : quæ Gaia Cæcilia.

161. — *Et immiscuisse on suæ*, lisez : et immiscuisse zonæ.

162. — *In æde sanctus*, lisez : in æde Sanci.

163. — *Salutatur his qui in provincia*, lisez salutatur is qui in provinciam.

164. — *Albanus rerum potitos*, lisez : Albanos rerum petitos.

165. — *Usque ad pæctum Murem cos*, lisez ; usque ad P. Decium.

166. — *Ad capud Octentinæ*, lisez : ad caput Ferentinæ.

167. — *Romanos imprs*, lisez : Romanos imperatores, et non pas *Romanos imprimis*, comme l'ont voulu quelques critiques.

168. — *Jussu nominis Latini*. On doit comprendre ainsi : sur la demande des peuples du Latium, dans une guerre qui intéressait leur confédération tout entière.

169. — *Quia non mancipatione.... et ut quisquam.... collidebat*, lisez : qui non mancipatione.... et ut quisque.... possidebat.

170. — *Non Pœni*, lisez : non Pœnici.

171. — *In ea qua uous est*, lisez : in ea qua usus est.

172. — *Participia*. Cf. Varron, *de Ling. Lat.*, lib. VIII, § 58, et lib. IX, § 110.

173. — *A palpandis pullis*. Ceci fait évidemment allusion à un vice infâme. On lit dans le *Glossaire* de Labbe : Pullarius, παιδεραστής.

174. — *Pes dr̄*, lisez : Pes dicitur.

175. — *Quam ignaro*, lisez : quam in agro.

176. — *Veprœcilli*, lisez : vepreculis.

177. — *Atque Cupidus*, lisez : atque Cupidiis.

178. — *Non solum in illis dr̄*, lisez : non solum in illis dicitur.

179. — *Diem prodisse*, lisez : diem prodidisse.

180. — *Achillæ in Aristarchi*, lisez : in Achille Aristarchi.

181. — *Pœnitam offam*, lisez : penitam offam. Dans le *Glossaire* de Labbe, *penitus* est rendu par κερκάδης.

182. — *Operationis*, lisez : operationes.

183. — *Matrimonia paupertatem*, lisez : matrimonii perpetuitatem.

184. — *Ubi familiana œdisset*, lisez : ubi Æmiliana ædis est.

185. — *Ad miliarium illi*, lisez : ad miliarium IV.

186. — *Ducant sponsalibus*, lisez : dicantur sponsalibus.

187. — *Prætextum sermonem*, lisez : Prætextatum sermonem.

188. — *Clamentur*, lisez : acclamentur.

189. — *Porro tendeatur*, lisez : porro tendatur.

190. — *Votorum ut sacrificiorum*, lisez : votorum aut sacrificiorum.

191. — *Fulgura at.... id est olunt*, lisez : fulgura aut.... id est tollunt.

192. — *Neque hostilius habetur*, lisez : neque hosticus habetur.

193. — *Ad privata*, lisez : at privata.

194. — *Malum enem*, lisez : malum enim.

195. — *Fructumque causa*, lisez : fructuumque causa.

196. — *Stabillantur*, lisez : stabiliantur.

197. — *Quod duo Silli*, lisez : quod duo Silli.

198. — *OEtier qui solet*, effacez *qui*.

199. — *Ut hi quadrantal*, lisez : uti quadrantal.

200. — *Decemp. is*, lisez : decem p. (c'est-à-dire *pondo*) siet.

201. — *Congius siet in*, lisez : congius siet vini.

202. — *Sex dequinque libræ in medio sient*, lisez : sex decemque librari in modio sient.

203. — *Mediosque*, lisez : modiosque.

204. — *Jussit vere fieri*, lisez : jussitve fieri.

205. — *Quod ea fiant*, lisez : quo ea fiant.

206. — *Magistratus multaretur*, lisez : magistratus multare.

207. — *Patri familias*, lisez : parti familias.

208. — *Sive quis in sacrum*, lisez : sive quis im (pour *eum*) sacrum.

209. — *Et tribunos militum*, lisez : et tribuni militum.

210. — *Quoque patriciorum*, lisez : quosque patriciorum.

211. — *Curiati in senatu legerent*, lisez : curiatim in senatum legerent.

212. — *Procum patricium in descriptione ceassium*. Au lieu de ce dernier mot, lisez *classium*. On lit dans Cicéron (*Orat.*, ch. XLVI, CLVI) : « Jam, ut censoriæ tabulæ loquuntur, fabrum et procum audeo dicere, non fabrorum et procorum. »

213. — Μνηστῆρες. Le mot μνηστήρ désigne celui qui recherche une femme en mariage, le prétendu ; en second lieu celui qui sert d'entremetteur, de proxénète ; enfin celui qui recherche une charge, le candidat.

214. — *Quæ rus.... Romani*. Müller prétend qu'il faut lire ici *quo rustici Romani*, etc.; malgré l'autorité que lui ont méritée jusqu'ici ses ingénieuses restitutions, nous ne nous rangerons point à son avis et nous n'essayerons point de rectifier ce passage.

215. — *Ut ex pecunia*, lisez : ut et pecunia.

216. — *Olim huic puello*, lisez : dolet huic puello.

217. — *Antecedent exclamant*, lisez : antecedentes exclamant.

218. — *Jaculum significari*, lisez : baculum significari.

219. — *Prologi significatione*, lisez : pro loci significatione. Festus fait entendre que *pone* ne s'emploie jamais comme adverbe de temps.

220. — *Quasi promœrium*, lisez : quasi promurium.

221 — *Rus promœrii proferendi*, lisez : jus promœrii proferendi. Au sujet de ce droit, voyez Tite-Live, liv. I, ch. 44 ; Tacite, *Annales*, liv. XII, ch. 23, 24, et Vopiscus, *Aurel.*, ch. XXI.

222. — *Effercatis*, lisez : efferatis.

223. — *Intro muris urbis*, lisez : intro a muris urbis.

224. — *Sed proprium*, lisez : sed proprie.

225. — *Pantoleium*, lisez : panis, olei, vini.

226. — *Græci noris*, lisez : Græci moris.

227. — *Segetibus sæpius*, lisez : tegetibus sæptus.

228. — *Et qui pubem.... his incipit*, lisez : et puber qui.... is incipit.

229. — *Quod in usu porco*, lisez : quod in usu spurco.

230. — *Probique.... pugnatumque sit*, lisez : probi quod.... purgatumque sit.

231. — *Et paceo*, lisez : et paco.

232. — *Presantanca porca*, lisez : Præsentanea porca.

233. — *Dicebat antiqui*, lisez : dicebant antiqui.

234. — *Porca præcidania*, lisez : porca præcidanea.

235. — *Præter squarum*, lisez : præter scarum.

236. — *Profestum est facere*, lisez : profestum facere est.

237. — *Qui dies feriarum non est, facere*, ajoutez *licet*.

238. — *Feri vetites*, lisez : fere velites.

239. — *E fastris eductio*, lisez : e castris eductio.

240. — *Prosperaque est*, lisez : properaque est.

241. — *A luce dixi*, lisez : a luce dici.

242. — *Lituum provere*, lisez : litem promovere.

243. — *Velut pristina*, lisez : velut priustina.

244. — *Q feratum*, lisez : quum ferarum.

LIVRE QUINZIÈME.

1. — *Quidm curis*, lisez : quidem a curiis.

2. — *Item Curres*, lisez : item Cures.

3. — *Illius Quiris*, lisez : ollus Quiris.

4. — *Antequam.... Tatium.* Supprimez tout ce qui se trouve entre ces deux mots, et ces deux mots eux-mêmes.

5. — *Quod quidem.... cognominant*, lisez : qui diem.... ignorant.

6. — *Olim egonus*, lisez : olim Agonus.

7. — *Commigrarent fere Sabinis*, lisez : commigrarent fere Sabini.

8. — *Usurpant antiqui*, lisez : usurpabant antiqui.

9. — *Et duo.... appellaret esse*, lisez : it a ea duo.... appellata sunt.

10. — *Quæpiam aliquæ, similiter qui alia*, lisez : quæpiam aliqua, similiterque alia.

11. — *Ita ut unde*, supprimez *ut*.

12. — *Qui ferehis celebrantur*, lisez : qui feriis iis celebrantur.

13. — *Est his dies*, lisez : est is dies.

14. — *Quem Græci*, lisez : quod Græci.

15. — *Quinquertiones preco*, lisez : Quinquertiones præco.

16. — *Memoranti modo*, lisez : memoras, i modo.

17. — *Deturba te saxo*, lisez : deturba te de saxo.

18. — *Gripor*, lisez : Gaipor.

19. — *Ennius lib.* XL, lisez : Ennius, lib. XI.

20. — *Positum el*, lisez : positum est.

21. — *Quianam genus isti*. lisez : quianam genuisti.

22. — *Quianam genus isti, et in satyra*. Ces mots, comme on l'a indiqué dans la traduction, font double emploi et doivent être effacés.

23. — *Usurparise antiquos*, lisez : usurpavisse antiquos.

24. — *Appellatur in casis*, lisez : appellatur in castris.

25. — *Quidam quercu*, lisez : quidam a quercu.

26. — *Eo quæstius genere*, lisez : eo quæstuis genere.

27. — *Quæ rum ex legibus*, lisez : quarum ex legibus.

28. — *Quando rex comitia sic*, lisez : quando rex comitiassit. La note Q. R. C. F. désigne d'ordinaire, dans les *Fastes*, le 9 des calendes d'avril, ou le 9 des calendes de juin. Cf. VARRON, *de Ling. Lat.*, lib. VI, § 31 ; et OVIDE, *Fastes*, liv. II, v. 685, et liv. V, v. 727.

29. — *A rege dicuntur*, lisez : a rege edicuntur.

30. — *Tum his dies*, lisez : tum is dies.

31. — *In alvum Capitolinum*, lisez : in clivum Capitolinum. Cf. VARRON, *de Ling. Lat.*, lib. VI, § 32, et OVIDE, *Fastes*, liv. VI, v. 711.

32. — *Cum c littera*, lisez : cum d littera.

33. — *Et quis est erat*, lisez : Et qui se sperat.

34. — *Mundo facit*, lisez : munda facit.

35. — *Et in Chresponte*, lisez : Et in Cresphonte.

36. — *In pulli dedisti*, lisez : in publicum dedisti.

37. — *Mercennarios.... quæstuus*, lisez : mercenarios.... quæstius.

38. — *Cippos colligere*, lisez : cippos collisere.

39. — *Quatenuc*, lisez : quatenos. Cette forme est d'autant plus remarquable, que dans les titres de cet âge, et dans les monuments mêmes des Scipions, *os* ne se trouve déjà presque plus employé pour *us*.

40. — *Quatenoc castra nostra*, lisez : quatenus castra nostra.

41. — *Tamen hujus in primo*, lisez : tum Ennius in primo.

42. — *Quamde manus imperat*, lisez : quamde manu sua imperat. Ces paroles semblent être prêtées par le poëte à Rémus, faisant des reproches à Romulus.

43. — *Quamde gravis tergaios*, lisez : quamde gravis inter Graios.

44. — *Ferire*. Ajoutez après ces mots : ut intertum concutere.

45. — *Ut re putantur*, lisez : ut viræ putantur.

46. — *Quas sciens*. Peut-être faut-il lire *quas scitas*.

47. — *Item qui facit*, lisez : item quis facit.

48. — *His verbis perit*, lisez : his verbis petit.

49. — *Tot captivi*, lisez : quod tot captivi.

LIVRE SEIZIÈME.

1. — *Romani ludi*. Nous avons suivi pour cet article Ottfried Müller, quoique d'autres critiques lui aient donné une disposition différente.

2. — *Eos esse dicros*, lisez : eos esse dictos.

3. — *Romanis mililibus*, lisez : Romanis militibus. Cette dernière leçon n'est pas certaine, mais assurément elle vaut mieux que *parilibus*, qui a été proposé.

4. — *Parum coctus*, lisez : perperam coctus. D'autres ont lu *percoctus*. Il s'agit ici de pain mal cuit, parce qu'il est trop cuit, et non parce qu'il ne l'est pas assez : autrement, en effet, on ne pourrait l'appeler *rubidus* (roussi).

5. — *Panis conquendi gratia*, lisez : panis coquendi gratia utuntur.

6. — *Novius in Pico*. Ottfried Müller a proposé de lire *Novius in Parco*. Et, en effet, Aulu-Gelle et Nonius parlent d'une pièce de cet auteur portant ce titre. Il parait qu'elle avait pour héros un avare qui se laisse mourir de faim.

7. — *Otiosi rodebam*, lisez : otiosus rodebam.

8. — *Navius*, lisez : Nævius.

9. — *Nupturam viri adolescentulos*, lisez : nuptum datam viro adolescentulo.

10. — *Ruta cæsa*. Cf. CICÉRON (*Topiques*, ch. XXVI), et les sources du droit civil.

11. — *Ruendoque contraxit*, lisez : ruendoque extraxit.

12. — *Rutilium*, lisez : Rutilum.

13. — *Rutilias*, lisez : Rutilas. On lit dans Varron (*de Ling. Lat.*, lib. VIII, § 83) : « Inde mulieres valde rufæ rutilæ dictæ. » Cf. au surplus CATON, *Origines*, ap. CHARIS., lib. I, p. 78; SERVIUS, sur *l'Énéide*, liv. IV, v. 698; et AULU-GELLE, *Nuits attiques*, lib. II, ch. 26.

14. — *Rutundam ædem Vesta*. Pour la forme ronde donnée au temple de Vesta, voyez OVIDE, *Fastes*, liv. VI, v. 265; et PLUTARQUE, *Numa*, ch. XI.

15. — *Et exiruis.... fructibusque*, lisez : et exilius.... fruticibusque.

16. — *Uti mulieres solitæ*, lisez : uti mulieres solites.

17. — *Ars inhæret*, lisez : arsinea, rete.

18. — *Ruscea facile*, lisez : rusceas fasces.

19. — *Galbeos lineas*, lisez : galbeas lineas.

20. — *Constituit*, lisez : constitit.

21. — *Rondus saxeum grandem et gravem*, lisez raudus saxeum : grande et grave.

22. — *Neque quisquam*, lisez : neque erat quisquam.

23. — *Uti cuique*, lisez : *uti cui quid*.

24. — *Ferrum alius saxio rudem*. Selon toutes les probabilités, il faut lire : Ferrum alius, alius saxeum raudus sumpserat. C'est la leçon que nous avons suivie dans la traduction.

25. — *Plumbi paxillum, rodus linique matexam*, lisez : plumbi pauxillum rodus, linique metaxam.

26. — *Rudusculo libram ferito*. Cf. VARRON, *de Ling. Lat.*, lib. V, § 163; et GAIUS, *Instit.*, lib. I, c. 119.

27. — *Quærere cribro*, lisez : quærere crebro.

28. — *Rimeram aptimas*, lisez : rimer maritimas.

29. — *In luci libitia densi*, lisez : in luco Libitinensi.

30. — *Quia inpius*, lisez : quia in ejus.

31. — *Rogatio est; non potest*, lisez : rogatio est. Rogatio non potest.

32. — *Cephalon Gergithius*. Ce Cephalon Gergithius est cité pour le même fait par Denys d'Halicarnasse (liv. I, ch. 49, 72), par le Syncalle (p. 361, édit. Bonn.). Cf. au reste Niebuhr, *Hist. rom.*, t. I, p. 188, 2ᵉ édit. Mais l'histoire de Troie que l'on mettait sous le nom de Cephalon, avait été supposée par Hégésianacte d'Alexandrie, comme nous l'apprend Athénée (liv. IX).

33. — *Qui nunc Palatius*, lisez : qui nunc Palatinus.

34. — *Alcimus*. Cet Alcime, Sicilien, avait écrit sur l'histoire de Sicile et sur l'histoire d'Italie. Voyez Athénée, liv. VII, p. 322; liv. X, p. 441; liv. XII, p. 518.

35. — *Nomine Rhodius*, lisez : nomine Rhomus.

36. — *Antigonus*. Cet auteur est également cité par Denys d'Halicarnasse (liv. I, ch. 6) et par Plutarque (*Romulus*, ch. XVII).

37. — *Romæ eique*, lisez : Romæque ei.

38. — *Historiæ Cumanæ compositor*. Ὑπέροχος ἢ ὁ ποιήσας τὰ εἰς αὐτὸν ἀναφερόμενα Κυμαϊκά, dit Athénée (liv. XII). Ce même auteur est cité, au sujet de la Sibylle de Cumes, par Pausanias (liv. X, ch. 12, 4).

39. — *Thespiadasque*, lisez : Thespiasque.

40. — *Aborigines*. Peut-être faut-il lire ici *Aberrigenes* (de *errare, ab*).

41. — *Cœximparum*, lisez : Caci improbi. Peut-être faut-il lire ainsi : « Caci, improbi viri unicarumque virium. » *Voyez* Niebuhr (*Hist. rom.*, t. I, p. 218, ann. 545.)

42. — *Agathocles*. Cet auteur a écrit περὶ Κυζίκου. *Voyez*, au sujet de son ouvrage, Vossius, *de Hist. Græc.*, p. 317.

43. — *Et his regionibus*, lisez : et iis regionibus.

44. — *Prima omnium consecrasse*, lisez : primam omnium consecrasse.

45. — *Justam vocabuli Romæ nom̄ causam*. Effacez *nom̄*, abréviation de *nominis*, qui ferait double emploi.

46. — *Quæ priore, unde ea locum*, lisez : quæ prior eundem locum.

47. — *Flumen Nolon*. Ce fleuve est inconnu.

48. — *Caltinus*. C'est *Callias* qu'il faut lire, autant qu'on peut l'admettre d'après une comparaison attentive avec Denys d'Halicarnasse (liv. I, ch. 72).

49. — *E manu Trojanorum fugentium*, lisez : e manu Trojanorum fugientium.

50. — *Fuisse nomen Latino*. Callias, cité par Denys d'Halicarnasse, dit que *Latinus* était le nom du roi des Aborigènes, et *Roma* celui d'une femme troyenne.

51. — *A quo.... urbem condiderit, quam*. Il vaut mieux lire : A qua.... urbem quam condiderit. Denys d'Halicarnasse raconte, d'après Callias, que Latinus eut de Roma deux fils, Rhomus et Rhomylus, et que ceux-ci donnèrent le nom de leur mère à la ville fondée par eux.

52. — *Quemdam tempestate dejectos*, lisez : quosdam tempestate dejectos.

53. — *Galitas scribit*. Selon toutes les probabilités il faut lire : *Clinias scribit*.

54. — *Hisque ex Rhome*, lisez : is quod ex Rhome.

55. — *Patriæ suæ ominaretur*, lisez : patriæ suæ ominaretur.

56. — *Appellatam ait Dionysius*. Le passage auquel il est fait allusion ici, ne se trouve pas dans les livres de Denys d'Halicarnasse, qui nous ont été conservés.

57. — *Subrumios vocant*, lisez : subrumos vocant.

58. — *Alibi autem sunt*, lisez : alii autem sunt.

59. — *Si interim vis canerit*, lisez : si interim avis canerit.

60. — *E regno Siciliæ*, lisez : e regione Siciliæ.

61. — Ῥάται ιαι On a lu ῥαγῆναι et ῥάζοι On sait, du reste, que la même étymologie avait déjà été signalée par Eschyle dans son *Prométhée déchaîné*.

62. — *Rhondesicadionque.... quo nomina riparum*, lisez : Rhonches Icadionque...., cognomina piratarum. Le

pirate Icadius est mentionné par Cicéron, *du Destin*, liv. III, ch. 5.

63. — *Quam levis sed saluti*, lisez : quam levis (pour leves) illi essent saluti.

64. — *Bovem Ægyptium*. Ce nom donné au rhinocéros est analogue à celui de *bos lucas* donné, comme l'on sait, aux éléphants.

65. — *Publice faciendum, ut præbendum;* lisez : publice faciendum, aut præbendum.

66. — *Redibitur tū*, lisez : Redhibitum.

67. — *Et qui dedit, idemque rursus coactus est*, lisez : quod qui dedit, idem rursus coactus est.

68. — *Quia ruere*, lisez : quia luere.

69. — *Et Livi.*, lisez : et Lævius.

70. — *Navius in Lupo*, lisez : Nævius in Lupo.

71. — *Vel Veiens.... salutant jubæ.... mulium.... comitem.... redhostis Menalus*, lisez : Ubi Veiens.... salutat : jubeo.... Amulium.... comiter.... redhostit Mænalus.

72. — *Redhostitium cùm eas sem objectet facilius*, lisez : redhostit, ut cum ea se oblectet facilius.

73. — *Audis atque auditis*, lisez : audi atque auditis.

74. — *Atque hasta hospius manu*, lisez : atque hasta hostibit e manu.

75. — *Nisi coerceo protervitates*, lisez : nisi coerceo protervitatem.

76. — *Quum præsul ampiruavit*, lisez : quod quum præsul amptruavit.

77. — *Ut ampiruet, inde vulgus redamplavit at*, lisez : ut amptruat inde : ita volgus redamptruat ollim.

78. — *Procerenda gratia*, lisez : Promerenda gratia. Ces vers sont tirés de la *Chrysès* de Pacuvius, comme Nonius le fait remarquer. Dans ces vers, Chrysès semble examiner les moyens de se concilier la faveur des Grecs, afin d'obtenir de ceux-ci la remise de Chryséis sa fille.

79. — *Redarguisse*, lisez : Rederguisse.

80. — *Dicere ferum nam*, lisez dicere : fortunam.

81. — *Spondive*, lisez : spoponditve.

82. — *Sive his egit*, lisez : sive is egit.

83. — *Quippe suo nomine*, lisez : quive suo nomine.

84. — *Quibus pepulatus est, non his qui*, lisez : quid stipulatus est, non is qui.

85. — *Qui pro altero*, lisez : non qui pro altero.

86. — *At Capito Actus*, lisez : Et Capito Ateius.

87. — *Numa in secunda tabula*, lisez : Nam in secunda tabula.

88. — *Quid horum fuit unū*, lisez : si quid horum fuat unum.

89. — *Nunc uterque actorum reiquæ in judicio me vocatur*, lisez : hic uterque actor reusque in judicio rei vocantur.

90. — *De vi accitur*, lisez : de via citur.

91. — *Non spe consiliove*, lisez : non specu incilive.

92. — *Sed hi rivi*, lisez : sed et il rivi.

93. — *Super specu*, lisez : subter specu.

94. — *Ex Græco*. Ajoutez ῥεῖν, qui signifie couler.

95. — *Repanda locantur Pompina flumina*, lisez : Retanda locantur Pomptina flumina.

96. — *Eodem nomine significarint*, lisez : eodem nomine significarunt.

97. — *In multis negotis*, lisez : in multis intentus negotiis.

98. — *Et Oppius Aurelius*, lisez : et Opilius Aurelius.

99. — *Experjuravi hercle*, lisez : expurgabo, hercle.

100. — *Accius in Menalippo*, lisez : Accius in Melanippo.

101. — *Disserti cujus etiam*, lisez : disseritur cujuspiam.

102. — *Raviliæ*, lisez : Ravillæ.

103. — *Clarusci generis juvenis vehis*, lisez : Etrusci generis juvenis Veis.

104. — *Vegenti cuidam*, lisez : Veienti cuidam.

105. — *Rapido, reciproco, percito, augusto citare, rectem*, lisez : Rapio, reciproco, percito animo, ultro citro. In Oreste.

106. — *Reciprocare; nude eque gre-*

miis subjectare, adfigere, lisez : Reciprocare undam, eque gremiis subjectare, ac fligere.

107. — *Quasi tollenono*, lisez : quasi tolleno.

108. — *Reciproceis plana uta*, lisez : reciprocas plagas ita.

109. — *Quadratum; hi qui*, lisez : quadratum ii qui.

110. — *Dixerunt vir toga*, lisez : dixerunt : Verrius togam qua.

111. — *Prætextum*, lisez : prætextam.

112. — *Reconductæ fecerit, et*, lisez : Reconduit, refecerit, ut.

113. — *Gran quidem*, lisez : Granius quidem.

114. — *Refriva fabra*, lisez : Refriva faba.

115. — *Via ait Cincius*, lisez : ut ait Cincius.

116. — *Quasi revocant fruges, ut domum datantes tevirtico...*, lisez : quasi revocans fruges, ut domum divitent, ea est virtute.

117. — *Redire quum possit*, lisez : redire quis possit.

118. — *Afranius ut in ea mancipato*, lisez : Afranius in Emancipata.

119. — *Paucius*, lisez : Paccius. C'est probablement le nom de quelque grammairien aujourd'hui inconnu.

120. — *Remeligens et remoræ memorando dictæ sunt in Plauto in Patina*, lisez : Remeligines et remoræ a remorando dictæ sunt a Plauto in Casina.

121. — *Tam divinitus*, lisez : tam diu intus.

122. — *Missa sum hanc*, lisez : missa sum hæc.

123. — *Plautus Trininno*, lisez : Plautus in Trinumo.

124. — *In uspicio*, lisez : in auspicio.

125. — *Remilium*, lisez : remillum.

126. — *Pacuvius in Hemiona*, lisez : Pacuvius in Hermiona.

127. — *Renancitur*, lisez : Renanxitur.

128. — *Et Tullius*, lisez : et Julius.

129. — *Kal. jan. is*, lisez : kalendas junias : is, etc.

130. — *Primus senex bradyn*, lisez : Primus senex bradys.

131. — *Lege senatuique consulto*, lisez : lege senatusque consulto.

132. — *Edicto magistratuus*, lisez : edicto magistratuis.

133. — *Et alii senes, atque hi*, lisez : et Alliensis, atque ii. Tous les lendemains des nones, des ides, des calendes sont appelés *atri*.

134. — *Esse Gallus Ælius*, lisez : religiosum ait esse Gallus Ælius.

135. — *Adversus mysticiæ*, lisez : adversus auspicia.

136. — *Sed ita portione*, lisez : sed ita pro ratione.

137. — *Videri posse*, lisez : videri possint.

138. — *Sanctum esse putant*, lisez : sanctum esse putat, ut.

139. — *Qui non iam*, lisez : quoniam.

140. — *Sed quo modo, quod*, lisez : sed es modo quo.

141. — *Appottalis libet*, lisez : repotiali lacte.

142. — *Patefaciundi gratia qua*, lisez : patefaciundi gratia, en effaçant le mot *qua*.

143. — *Quæ oppanguntur*, lisez : quæ oppangantur.

144. — *Cicero in Verrem lib.* iv. Ce passage se trouve dans la seconde *Verrine*, iv, 43.

145. — *Paulum recede*, lisez : Paulum repeda.

146. — *Cujas natum mutatur*, lisez : cujus natura mutatur.

147. — *Silvester ex quo dicatur*, lisez : silvester excodicatur.

148. — *Ut fiat pascui*, lisez : ut fiat pascuas.

149. — *Adolescentiam meam abstinui*, lisez : adolescentiam meam obstinui.

150. — *Repastina scrati senex*, lisez : repastinasse ætatem tu senex.

151. — *Ipsi opposuit pignori*, lisez : ipsa opposivit pignori.

152. — *Sumno deditos*, lisez : somno deditos.

153. — *Ne eidem iterim*, lisez : ne ei interim.

154. — *Si quid poscamus quod*, lisez : si quid poscam usque.

155. — *Semper serent*, lisez : semper seruntur.

156. — *Ab eo, quæ*, lisez : ab eo quod.

157. — *Neque dicantur fustes*, lisez : namque dicuntur fustes.

158. — *Remanant, reptent*, lisez : remanant, repetunt.

159. — *Desunt rivos camposque remant*, lisez : destituunt rivos, camposque remanant.

160. — *Nisi qui principio*, lisez : si qui principio.

161. — *Ubi irata.... virum jubet.* Voici ce passage d'après Verrius, cité par Aulu-Gelle (*Nuits attiques*, liv. XVII, ch. 6) : « Propterea servus ejusmodi sectari maritum et flagitare pecuniam jubebatur, ut eo ipso dolor major et contumelia gravior viro fieret, quod eum servus nihili petendæ pecuniæ causa compellaret. »

162. — *Ait Ennius ponere, quum his dicat*, lisez : ait Verrius Ennium ponere, quum is dicat.

163. — *Aut longe*, lisez : haud longe.

164. — *In Phormione.* Acte II, sc. 3, v. 16.

165. — *Ruri se continebat.* On lit dans Térence : Ruri se fere continebat.

166. — *Occulte lato*, lisez : occulte allato.

167. — *Jussa tr. militum*, ajoutez *ne stipendium ei detur*.

168. — *Resignare enim*, lisez : signare enim.

169. — *Canario sacrificio.* C'est dans cette circonstance que l'on prenait les auspices par l'inspection des entrailles des chiens (*canarium augurium*). Cf. PLINE, *Hist. Nat.*, liv. XVIII, ch. 3.

170. — *Sideris caniculæ.* Cf. OVIDE, *Fastes*, liv. IV, v. 939.

171. — *L. Æmili Paulus*, lisez : L. Æmilii Pauli.

172. — *Ap. Claudii Pulcci*, lisez : Ap. Claudii Pulchri.

173. — *Ennius locatus videtur*, lisez : Ennius jocatus videtur.

174. — *A manis nomine*, lisez : a maris nomine.

175. — *Vi valida assulabant*, lisez : vi valida assultabant.

176. — *Unum surum surus ferre tamen defendere possunt*, lisez : In unum surum ad surum ferte tamen defendere possent.

177. — *Sunt rustes*, lisez : sunt fustes.

178. — *Reque capse sæpe*, effacez *sæpe*.

179. — *Bene meritus spem*, lisez : bene meritus siem.

180. — *De lege. p. Enni*, lisez : de lege Penni. Ce Pennus, tribun du peuple l'an de Rome 628, comme nous l'apprend Cicéron (*de Officiis*, lib. III, c. 11), défendait aux étrangers le séjour de Rome et leur interdisait le territoire.

181. — *Ac porcus*, lisez : hæc porcus.

182. — *Honorem temptavere*, lisez : honorem emptitavere.

183. — *L. efacta benefactis*, lisez : malefacta benefactis.

184. — *Hæc quis incaltior*, lisez : Ecquis incultior.

185. — *Quoque ab his quæ*, lisez : quoque ab iis quæ.

186. — *Virginis indutæ*, lisez : virgines indutæ.

187. — *In totis virilibus dandis*, lisez : in togis virilibus dandis.

188. — *Rapi simulatur virgo.* Cf. à cet égard CATULLE, LXI, et APULÉE, *Métam.*, liv. IV.

189. — *Quum ad virum traditur*, lisez : quum ad virum trahitur.

190. — *Rapi solet fax.* Cet usage, que Festus explique d'une manière si singulière, n'est constaté par aucun autre témoignage.

191. — *Ab utrisque amicis*, lisez : ab utriusque amicis.

192. — *L. Julii et Licinii censorum.* Ces deux personnages furent censeurs l'an de Rome 664.

193. — *Respicere autem et*, lisez : respicere avem est.

194. — *Ad quod per se*, lisez : at quod per se.

195. — *Quas poposcerint*, lisez : quos poposcerent.

LIVRE DIX-SEPTIÈME.

1. — *Quod antiquis usque dicebant*, lisez : quod antiqui susque dicebant.

2. — *Sic pecuniæ*, lisez : sicut pecuniæ.

3. — *Ponentes litteram*, lisez : Ponentes s litteram.

4. — *Suggeri suppus*, pour *suggeris suppum*. Ce dernier mot signifie ici le terme au jeu de dés, et n'a plus rien de commun que la forme avec *suppus*, équivalent de *supinus*.

5. — *Appellabatur eo*, lisez : appellabatur ab eo.

6. — *Ut vulgus opinatur*. Varron contredit la même opinion (*de Ling. Lat.*, lib. v, § 47).

7. — *Nec appellari*, lisez : nec Sacramviam appellari.

8. — *Contra aci.... verbices maiales qui*, lisez : contrari boves, verbices, maialesque.

9. — *Solii ferrea vocantur*, lisez : soliferrea vocantur.

10. — *Inviolati sunt tauri.* — *Taurus* signifie évidemment ici, non pas taureau, mais les parties génitales.

11. — *Quæ pars scilicet creditur*, lisez : quæ pars scilicet cæditur.

12. — *Qui portent*, lisez : qui putent.

13. — *Vocabula confixa*, lisez : vocabula confusa.

14. — *Inrumiendi pontis*. Il faut probablement lire *irrumpendi pontis*.

15. — *Struœ et ferto*, lisez : strue et ferto.

16. — Περίδειπνον. Les glossateurs interprètent ce mot par *cœna parentalis, epulum funebre, silicernium* (quasi δεῖπνον τῶν περιόντων μετὰ τὸν ἀπογεγονότα).

17. — *Quo purgabatur letum familia*, lisez : quo purgabatur fletu familia.

18. — *Messe esurum*, lisez : me esse esurum.

19. — *Non habent*. Ajoutez ici ἀναλογίαν.

20. — *Finitioni portionis*, lisez : finitionis proportioni.

21. — *Hæc autem duo desciverunt ab ea*. En ce que *senex* ne prend point de syllabe de plus en se déclinant, tandis que *supellex* en prend deux de plus.

22. — *Ut alta compium*, lisez : ut alia complura.

23. — Σκυροαζειν. Peut-être faut-il lire σκυροπαικτεῖν.

24. — *Scipiadas dicto*, lisez : (Scipiadam dico.)

25. — *Tempusque intorquet in ipsum oti et delicis, luci effictæ*, lisez : tempus quom torqueat ipsum oti delicis, cum luci fuga. Il peut y avoir du doute sur ce dernier mot.

26. — *Et sectatori ideo ipsi suo*, lisez : et sectatori adeo ipse suo.

27. — *Et de eo quæ*, lisez : et id quod.

28. — *Et propius consobrino*, lisez : et propius sobrino.

29. — *Sororium tigillum*. Cf. pour cet article Tite-Live, liv. i, ch. 26; Denys d'Halicarnasse, liv. iii, ch. 22; Aurelius Victor, *de Viris illustr.*, c. iv; mais ici quelques détails appartiennent à Festus.

30. — *Metti Fufitii*, lisez : Metti Sufetii.

31. — *Curati*, lisez : Curiati.

32. — *Absolutus sceleri erat*, lisez : absolutus sceleris erat.

33. — *Sororiæ*, lisez : Sororiare.

34. — *In Fribolaria*, lisez : in Frivolaria.

35. — *Fraterculabant.... pluribus*. Scaliger et Ursinus ont proposé des restitutions de ce passage de Plaute, que ni la mesure des vers, ni le sens, ni la place qu'il occupait dans le manuscrit ne nous permettent d'accepter.

36. — *Quibus L. Livillus*, lisez : quibus L. Livius.

37. — *Et deis responsum*, lisez : et dei responsum.

38. — *Iccilum.... soracum*, lisez : eccillum.... soracum.

39. — *Quum pullo excidit plus*, lisez : quum pullo excidit puls.

40. — *Congre vocari*, lisez : congerras vocari.

41. — *In unum sarus surum*, lisez : in unum surum ad surum.

42. — *In Agnorizomene*, lisez : in Anagnorizomene.

43. — *At tu non ut sum summa servare*, lisez : At tu non ut sum summam servare.

44. — *At sese*, lisez : Ad sese.

45. — *Suasa.... dirimit*, lisez : Vasa.... redimit. Il peut y avoir du doute sur ce dernier mot.

46. — *In omni re curiora*, lisez : in omni re curiosa.

47. — *Solla appellantur*, lisez : solia appellantur.

48. — *Et solarta vocaniur*, lisez : et soliaria vocantur.

49. — *Omnia ducta sunt solo*, lisez : omnia ducta sunt a solo.

50. — *Cavandi gratia*, lisez : lavandi gratia.

51. — *Solla.... ascendendo*, lisez : solia.... a sedendo.

52. — *Quod aut excidit ex eo*, lisez : quom avi excidit ex ore.

53. — *Humani*, lisez : humanave vi.

54. — *Et aliubi*, lisez : et alibi.

55. — *In Barrato*. Peut-être faut-il lire *in Barbato*.

56. — *Pastali pecore*, lisez : Pascali pecore.

57. — *Hortantur be sos*, lisez : hortantur ibei sos.

58. — *Apud omnes ferre*, lisez : apud omnes fere.

59. — *Cum sodellis crusculis*, lisez : cum todillis crusculis.

60. — *Ductario fune volunt*, lisez : ductario fune volvunt.

61. — *Stellas ruin que*, lisez : stellas quinque.

62. — *Succingulum Herculis*, lisez : succingulum Hercules.

63. — *Homo opicerda*, lisez : homo ovicerda.

64. — *Succisanam appellatam*, lisez : Succusanam appellatam.

65. — *Lege factum*, lisez : lege cautum.

66. — *Capite esset ei*, lisez : capital esse sei.

67. — *Fossura rectis lateribus*. Caton, dans son *Économie rurale*, fait souvent allusion aux fossés de ce genre, lorsque, par exemple, il dit au chapitre XL : *Sulcos et scrobes fieri seminariis*. Cf. Virgile, *Géorgiques*, liv. II, v. 24.

68. — *Nomen saltui*, lisez : nomen saltuis.

69. — *Et Acer in Chrysippo*, lisez : Et Accius in Chrysippo.

70. — *Quin hinc superescit*, lisez : Quin huic si superescit.

71. — *Super illum cedit*, lisez : super illum sedit.

72. — *In qua cœpisti*, lisez : nec qua cœpisti.

73. — *Speciecam*, lisez : speciem eam.

74. — *Subices*. Cf. Aulu-Gelle, *Nuits attiques*, liv. IV, ch. 17; et Nonius.

75. — *Per ego deum*, ajoutez : sublimas.

76. — *Inde oritur imber*, lisez : unde oritur imber.

77. — *Superstites*, ajoutez *præsentes*.

78. — *Volgari quidem consuetudinem*, lisez : Volgari quidem consuetudine.

79. — *Suppremum habuisti semitem*, lisez : suppremum habuisti comitem.

80. — *Subsidum dicebatur*, lisez : subsidium dicebatur.

81. — *Quasi solent triario*, lisez : quasi solent triarii.

82. — *Præsidiari* (pour *præsidiarii*). Tite-Live (liv. XXIX, ch. 8) entend par là des soldats laissés en garnison dans une place forte.

83. — *Subsolaneæ*. On ne trouve pas ailleurs ce mot; mais cette restitution nous semble trop s'éloigner du vrai pour mériter d'être admise. Ursinus a essayé de rétablir cet article.

84. — *Quas alii ipsiiles*, lisez : quas alii ipsullices.

85. — *Dum et post pluviam*, effacez *dum*.

86. — *Nondum desiset*, lisez : nondum desisset.

87. — *Cuneratæ tabellæ*, lisez : cuneatæ tabellæ.

88. — *Sub corona venire*. — Voyez Aulu-Gelle, *Nuits attiques*, liv. VII, ch. 4 (t. II, p. 38 de l'édit. Panckoucke).

89. — *Ut populus suas*. Le mot *suas* ne se trouve pas dans Aulu-Gelle, qui rapporte ce même passage; il faut donc l'effacer ici.

90. — *Coronatus veniat*, lisez : coronatus veneat.

91. — *Cuique liceat veniat*, lisez : qui qui liceat, veneat.

92. — *Semper sub*, lisez : semper sublimis.

93. — *Sublimavit dixit*. Après ces mots, ajoutez *Cato*.

94. — *Qui te delectet domi*, lisez : qui te delectent domi.

95. — *Meæ militiæ*. C'est *malitiæ* qu'il faut lire.

96. — *His vocabatur*, lisez : rumis vocabatur.

97. — *Marinas propter adstrabat plagas*, lisez: marinas propter adstabat plagas.

98. — *Probat eorum auctoritate*, lisez : probat eorum auctoritatem.

99. — *Quod solitum sit succurrere*. Varron fait également venir ce mot de *sucurrere* (*de Ling. Lat.*, lib. v, § 48).

100. — *Infestantibus.... Gavinis*, lisez : infestautibus.... Gabinis.

101. — *Uicerosam*, lisez : ulcerosam.

102. — *Id, quod supplicio*, lisez : id quod supplico.

103. — *Edendo que plorato*, lisez : et endoplorato.

104. — *Ex verbena falicis arboris*, lisez : ex verbena felicis arboris.

105. — *De verbonis sumi*, lisez : de verbenis sumi.

106. — *Semoniæ*. On lit dans Macrobe (*Saturnales*, liv. 1, ch. 16) : « Apud veteres quoque qui nominasset Salutem, Semoniam, Sejam, Segetiam, Tutilinam, ferias observabat. »

107. — *Salutis civibus*. Il faut lire *soluti civibus*. Cf. DENYS D'HALICARNASSE, liv. ii, ch. 10 : Ἔθος γὰρ Ῥωμαίοις ὅσους ἐβούλοντο νηποινὶ τεθνάναι, τὰ τούτων σώματα θεῶν ὁτῳδήτινι, μάλιστα δὲ τοῖς καταχθονίοις, κατονομάζειν. Cf. aussi SERVIUS, sur *l'Énéide*, liv. 1, v. 632.

108. — *Id vero semper elatum*, lisez : id vere sæpe relatum.

109. — *Calidius.... in Q. Gallium*. Plusieurs auteurs parlent de l'accusation de Calidius contre Gallius. On les trouve cités dans Meyer (*Fragments des Orateurs*, p. 200).

110. — *Sinatus censuit*, lisez : senatus censuit.

111. — *Qui subsit'hastas*, lisez : qui subsicit hastas.

112. — *Ita vocat Nevi*, lisez : vocat Nævius.

113. — *Vela linea jam crucem expansa*, lisez : vela linea in crucem expansa.

114. — *Supo, significat jacet*, lisez : supat, etc.

115. — *Officii id præstarent*, lisez : officii quid præstarent.

116. — *Plautus : « Sed facito.... Sutrium. »* Voici comment se lisent aujourd'hui ces vers de Plaute, dans sa pièce intitulée *Casine*, acte iii, sc. 1, v. 9 :

Sed facito dum memineris versus quos cantat
 Colax : cibo
Cum suo quiqui, facito, uti veniant, quasi
 eant Sutrium.

On croit que ce Colax était un personnage d'une des pièces de Névius.

117. — *Suopte, ipsius*, lisez: suopte, suo ipsius.

118. — *Et subire dicuntur*, lisez : et surire dicuntur.

119. — *Aut in XII*, lisez : at in XII.

120. — *Alii fure*, lisez : alii fugere.

121. — *Ac vix pedem pedi præfert*, lisez : ac quum quis vix pedem pedi præfert.

122. — *Ut Adeius Philologus*, lisez : ut Ateius Philologus.

123. — *Quod Græce συρόφιον*, lisez : quod Græce στρόφιον.

124. — *Idem festum esse*, lisez : diem festum esse.

125. — *Initiumque venturum*, lisez : tertiumque venturum.

126. — *Strebula*. Cf. VARRON, *de Ling. Lat.*, lib. v, § 67, qui dit *Stribula*, et ARNOBE, *Adversus Gentiles*, lib. vii, c. 24.

127. — *Stelionem genus.... lacertæ*, lisez : stellionem, etc.

128. — *Potius, quam, ut putant abi*, lisez : potius quam, ut putant alii.

129. — *Nomine Pyrrhus*. Il est certain qu'Ennius a écrit *Burrus*.

130. — *Stirpest gentis propagatio, ut qui...*, lisez : Stirps est gentis propagatio, ut quis....

131. — *Hostili in me lactu...*, lisez : hostili in me jactu....

132. — *Ecquem stipitem abiegum*, lisez : ecquem stipitem abiegnum.

133. — *Densarum virium haminibus*, lisez : densarum virium hominibus.

134. — *Continuatæ conlocatarum*, lisez : continuate conlocatarum.

135. — *Græci syrnia appellant*, lisez : Græci στρίγγα appellant.

136. — Συρρίντα.... νῆας. Turnèbe (*Adv.* lib. xiv, c. 1) a reconstruit ainsi le premier vers de ce chant préservatif :

Στρίγγ᾽ ἀποτέμπειν νυκτιβόαν, στρίγγ᾽
αὐτίκα λαόν.

« Repousser la sorcière qui crie pendant la nuit, éloigner aussitôt la sorcière du peuple. »

Scaliger, de son côté, l'a rétabli de cette manière :

Στρίγγ᾽ ἀπόπεμπτον νυκτιβόαν, τὰν
στρίγγ᾽ ἀπὸ λαοῦ.

« Repousse la sorcière qui crie pendant la nuit, la sorcière loin du peuple ! »

D'autres ont proposé d'autres leçons; mais pour les deux vers, voici la restitution qui nous paraît préférable :

Στρίγγ᾽ ἀποπομπεῖν, νυκτικοράνην
στρίγγ᾽ ἀπὸ λαῶν,
Ὄρνιν ἀνώνυμον ὠκυπόρους ἐπὶ νῆας
ἐλαύνειν.

« Détourner le bibou, détourner des mortels la corneille de nuit; chasser cet oiseau sans nom sur les navires qui traversent rapidement les mers. »

137. — *Et si per heredem est*, lisez : etsi per heredem stet.

138. — *Status dies*, ajoutez *cum hoste*.

139. — *A Græcis συεινὸς*, lisez : a Græcis στεγνός.

140. — *Tis alis legibus conferta*, lisez : multis aliis legibus conferta.

141. — *In ea, quam*, effacez *quam*.

142. — *Quam pro se dixit*. Il manque ici la citation du discours de Lélius et le nom de Salluste.

143. — *Postquam id collastravit*, lisez : postquam id Cotta stravit.

144. — *Qui plurimis ibi fiebant*, lisez : qui plurimi ibi fiebant.

145. — *Stolidi solidi sunt*, lisez : stolidi soliti sunt.

146. — *Quid lascivi stolide*, lisez : quid lascivis, stolide ?

147. — *In Andronico*, lisez : in Androgyno.

148. — *Me oporteat prius*, lisez : med oportebat prius.

149. — *Fortissimos viros*, lisez : fortissimos virorum.

150. — *Fieri pergentis*, lisez : fieri per gentis.

151. — *Natabant in thermi*, lisez : natabant in thermis.

152. — *Quæ non cipit semen*, lisez : quæ non concipit semen.

153. — *Dies festus Quiprini*, lisez : dies festus Quirini.

154. — *Ex fico atque mor*, lisez : ex fico atque moro.

155. — *Iol dicitur*, lisez : Sol dicitur.

156. — *Jube te plari*, lisez : jube te piari.

157. — *Sulpicius Cornutus*. Ursinus avait écrit *Sicinius Bellutus* (ou mieux *Vellutus*). Mais on sait que celui-ci, qui était plébéien, fut l'un des premiers tribuns du peuple. Il ne pouvait donc être fait roi des sacrifices après l'expulsion des rois. Denys d'Halicarnasse (liv. v, ch. 1) dit que le premier roi des sacrifices fut M. Papirius : mais Festus n'admet pas celui-ci. On ne peut donner aucun nom plus probable que celui que nous avons placé ici avec Ottf. Müller, puisque dans le premier siècle après l'expulsion des rois, beaucoup de personnages du nom de Sulpicius Cornutus furent revêtus des dignités les plus éminentes. Mais on n'a pu fixer le prénom de celui dont il s'agit ici, parce que ce Sulpicius ayant été nommé roi des sacrifices, dut s'abstenir de toute magistrature. On chercherait donc en vain son nom dans les *Fastes*.

158. — *Sacrosanctum*. Cf. Tite-Live, liv. iii, ch. 55, et Denys d'Halicarnasse, liv. vi, ch. 89.

159. — *Sacer.... sicut familia*, lisez : sacer.... sit cum familia.

160. — *Sacer mons*. Cf. Denys d'Halicarnasse, liv. vi, ch. 90, et Tite-Live, liv. ii, ch. 89.

161. — *Lege tribunicia prima*. Denys d'Halicarnasse parle aussi de cette loi (liv. vi, ch. 89).

162. — *Gallus Ælius ait*. Marcien (*Digest*. i, 8, 6, § 3) s'accorde avec l'opinion d'Élius Gallus : « Sacræ autem res sunt hæ, quæ publice consecratæ sunt, non privatæ : si quis ergo privatim sibi sacrum constituerit, sacrum non est, sed profanum.

163. — *Sacrum esse*, lisez : sacrum esse quod.

164. — *Sive locum*, lisez : sive locus.

165. — *Sacrani*. Cf. VIRGILE, *Énéide*, liv. VII, v. 796, avec le commentaire de Servius.

166. — *Nævius*. Ici manque le vers de Névius conservé par Paul Diacre.

167. — *Jus sacratum Jovis jurandum sagmine*, lisez : Jovis sacratum jusjurandum sagmine. On ne sait de quel poëte est ce vers.

168. — *Et Opillas Aurelius*, lisez : et Opilius Aurelius.

169. — *Quem...inscribi*, lisez : quem... inscribit.

170. — *Et qui explicent ; sant foreti*, lisez : et qui explicent sanates forcti.

171. — *Sarte*. Festus est le seul auteur chez qui l'on trouve cet adverbe.

172. — *A vicinis prætextatis*, lisez : a vicanis prætextatis.

173. — *Auctio Velentium*, lisez : auctio Veientium.

174. — *Cum toga paretexta*, lisez : cum toga prætexta.

175. — *Tib. Gracchum.... Faltonis*. Le consulat de ces personnages appartient à l'an de Rome 515, avant J.-C. 238.

176. — *Saturni quoque*, lisez : Saturnii quoque.

177. — *Saturnus*. Peut-être faut-il admettre la forme de *Sateurnus*, conservée par Paul Diacre.

178. — *Siculi*, lisez : sed utique.

179. — *Nec quisquam philosophiam*. Scaliger a très-bien compris qu'Ennius a dû écrire ici *sophiam*.

180. — *Quæ doctrina.... quæ sapientia peribetur*. Ceci est évidemment une glose interprétative, et encore est-elle altérée.

181. — *Idem quum ait*, lisez : item quum ait.

182. — *Pro ipsa nec alia, ponit*, lisez : pro ipsa nec alia, quod ponit.

183. — *At illud adhibere*, lisez : ad illud adhibere.

184. — *Nam his promittebat*, lisez : nam is promittebat.

185. — *Eam machinam*. Voyez, au sujet de cette machine, VITRUVE, liv. X, ch. 22; et ATHÉNÉE, liv. XIV.

186. — *Inditum esse tradit.... s. U*, sinus remplit ainsi la lacune : *factum ab hastis*.

187. — *Salacia*. Au sujet de cette déesse, voyez VARRON, *de Ling. Lat.*, lib. V, § 72; et SAINT AUGUSTIN, *de Civitate Dei*, lib. VII, c. 22.

188. — *M. Popilliam*. On ignore l'époque où ces personnages furent édiles.

189. — *C. Sulpicio, C. Fulvio*, lisez : P. Sulpicio, Cn. Fulvio.

190. — *Nuntiatio adventus*, lisez : nuntiato adventu.

191. — *Instaurati qui essent*, lisez : instaurandique essent.

192. — *C. Pompinium*, lisez : C. Pomponium.

193. — *M. vatis*, lisez : Marcii Vatis.

194. — *De ip. appellatione*. La syllabe *ip.* est l'abréviation de *ipsa*.

195. — *Salios a sallendo*, lisez : Salios a saliendo.

196. — *Quem Æneas a Mantinea*. Voyez DENYS D'HALICARNASSE, liv. 1, ch. 49; STRABON, liv. XIII; PAUSANIAS, liv. VIII, passim : PLUTARQUE, *Numa*, ch. XIII; SERVIUS, *sur l'Énéide*, liv. VIII, v. 285.

197. — *Siquæ aliæ magnæ dum*, lisez : si quæ aliæ magnæ sunt.

198. — *Hostis furatis*, lisez : hostiis furvis.

199. — *Quam vestitus*, lisez : Convestitus.

200. — *Pro scorto delicularum*, lisez : pro scorto pellicularum.

201. — *Testium arietenorum*, lisez : testium arietinorum.

202. — *Scaptensula*. Cette place, illustrée par l'exil de Thucydide, s'appela d'abord Σκαπτὴ ὕλη, puis Σκαπτη-σύλη, et enfin, par une transformation vicieuse, *Scaptensula*.

203. — *Tum murices*, lisez : tum rumices.

204. — *Satis, inquit, scita et*, lisez : Satis, inquit, scita est.

205. — *Sed futurum Securis*, lisez : sed utrum securis.

206. — *Qui est ci de Verbis priscis*, lisez : qui est II de Verbis priscis.

207. — *Scriptum est id*, lisez : Scirpus est id.

208. — *Scirpo induetur ratis*, lisez : scirpea induitur ratis.

209. — *Novius*. Ce n'est qu'avec défiance que nous proposons de lire *Nævius*.

210. — *I. ante occidam*, lisez : jam te occidam.

211. — *Clava scirpia*, lisez : clava scirpea.

212. — *Genus operis pistori.* — Voyez CATON, *Économie rurale*, ch. LXXVII.

213. — *Et spectu proptervo*, lisez : et spectu protervo.

214. — *Enumerandis villis obsonis*, lisez : enumerandis suillis obsoniis.

215. — *Sumen, sueres spectile, galium*, lisez : sumen sucris spectile, callum.

216. — *Quæ superclio spicit*, lisez : quo spercilio spicit.

217. — *De contibus celsis*, lisez : de montibus celsis.

218. — *Pro aspectione, et nuntiatio, quia omne jus*, lisez : pro aspectione est spectio, et nuntiatio, iis qui omne jus.

219. — *Rem gererent magistratus*, lisez : res gererentur, magistratibus.

220. — *Quæ quum vidissent satis*, lisez : quæcumque vidissent : sed iis.

221. — *Publice adtributa est et*, effacez *et*.

222. — *Quia his et scribebat*, lisez : quia is et scribebat.

223. — *Ut ait unus, ab his*, lisez : ut ait Verrius, ab iis.

224. — *Venter sullus*, lisez : venter suillus.

225. — *Scrinillum*, lisez : scrutillum.

226. — *Investita saxa atque hostreis*, lisez : investitæ saxo atque ostreis. Cela s'appliquait au monstre auquel Andromède était exposée.

227. — *Nam utriquia pellibus nomen*, lisez : nam utrique a pellibus nomen.

228. — *Unde scyticæ*, lisez : unde senticæ.

229. — *Sceleratus campus*. Cf. DENYS D'HALICARNASSE, liv. II, ch. 67 ; TITE-LIVE, liv. VIII, ch. 15, et PLUTARQUE, *Numa*, ch. X.

230. — *Antea atria puteal*, lisez : ante atria puteal. Il s'agit ici des foyers de Vesta.

231. — *Sceleratus vicus*. Cf. VARRON, *de Ling. Lat.*, lib. V, § 159 ; TITE-LIVE, liv. I, ch. 48, et DENYS D'HALICARNASSE, liv. IV, ch. 39.

232. — *Non satis perfectis*, lisez : non satis perfecti.

233. — *Secundum ripam haberi*, lisez : secundum ripam Tiberis.

234. — *Vocaverint arvi*, lisez : vocaverint Argis.

235. — *Latebras autem ejus, quibus arguerit senem*, lisez : latebras autem eas quibus arcuerit senem.

236. — *Sic agit*, lisez : Sic aiunt.

237. — *D. T. ludi*, lisez : duntaxat ludii.

238. — *Quæ sunt adfectæ*, lisez : quæ sunt adjectæ.

239. — *His decussis valebat*, lisez : is decussis valebat.

240. — *Sinistrumque est*, lisez : sinistrumque sive.

241. — *Ad sinistra*, lisez : quod ad sinistram.

242. — *Quam multæ aquæ*, lisez : quod multum aquæ.

243. — *Adesse jubentur*, ajoutez : adjicitur.

244. — *Quod his ornatus*, lisez : quod is ornatus.

245. — *Sponœant nuptæ*, lisez : spondeant nuptæ.

246. — *Ad senium sorbitio*, lisez : ad senium sorbilo.

247. — *Conten templati*, lisez : contemplati.

248. — *Ut ei reddat, qui*, lisez : ut ei reddat cui.

249. — *Seques prodent*, lisez : sequestro dent.

250. — *Hisque cippis*, lisez : isque cippis.

251. — *Sepultum morte, moroque*, lisez : Sepultum morte meroque.

252. — *Hujus m. m. Cicero*, lisez : Hujus meminit M. Cicero. Ce passage se trouve dans le discours *contre Pison*.

253. — *Saticula oppidum*. Cf. VELLEIUS PATERCULUS, liv. I, ch. 14, et TITE-LIVE, liv. IX, ch. 22.

254. — *P. Fluvius Longus*, lisez : P. Fulvius Longus.

255. — *P. Papirio Cursore*. D'autres

lisent *L. Papirio Cursore.* Ce fait se rapporte à l'an de Rome 440.

256. — *Quod videtur Æneas condidisse.* — Voyez surtout Virgile, *Énéide,* liv. v, v. 718, avec la note de Heyne.

257. — *S. rusus versus*, lisez : susus versus.

258. — *Prælatus Julio,* lisez : prælatus Iulo.

259. — *Sertorem.* Ce mot, qui ne se trouve pas ailleurs, est probablement tiré de quelque ancienne source du droit.

260. — *Navigia Histricia*, lisez : navigia Histrica.

261. — *Nec ula subcus,* lisez : Nec ulla subscus.

262. — *Et sparteis serillibus*, lisez : et sparteis serilibus.

263. — *Ut alia sunt*, ajoutez *sodes.*

264. — *Plicet in loco; scis licet,* lisez : ilicet, ire licet; illico, in loco; scilicet.

265. — *Equidem equo, ego quidem,* effacez *equo.*

266. — *Setius a sero*, lisez : Serius a sero.

267. — *Veniam setius*, lisez : Veniam serius.

268. — *Stirpis, ut frons*; lisez : ut stirps et frons.

269. — *Tum causa sub monte alte specus inius patebat*, lisez : Tum cava sub montei late specus intus patebat.

270. — *In demortuis.* Effacez ces deux mots.

271. — *Judex datur his qui*, lisez : judex datur iis qui.

272. — *Silere tangere significat.* lisez : Silere tacere significat.

273. — *Posteriusque,* lisez : posterisque.

274. — *M. Porcius lato de re.* On peut lire : M. Porcius Cato *de Re Floria.*

275. — *Quum stellæ concretæ*, lisez : quum stillæ concretæ.

276. — *De septem hominibus*, lisez : de decem hominibus.

277. — *Ne spiciunt,* lisez : nec spiciunt.

278. — *Cato in An. Cælium,* lisez : Cato in M. Cælium.

279. — *Capite sancta*, lisez : caste sancta.

280. — *Sine forte opus sit*, lisez : Sive forte opus sit.

281. — *Post hoc factus erit*, lisez : posthac factus erit.

282 — *Judicareque esse*, effacez *esse.*

283. — *Ex eo tempore qd*, lisez : ex eo tempore, quo.

284. — *Anno usus est*, lisez : Ennius usus est.

285. — *Memoriæ rodidit Nicostratus,* lisez : memoriæ prodidit Nicostratus.

286. — *Unum, ubi nunc.* Ce lieu des séances est mentionné par Varron (*de Ling. Lat.*, lib. v, § 156), et par Valère Maxime (liv. II, ch. 2, § 6).

287. — *Magistratus D. T.*, lisez : magistratus duntaxat.

288. — *Alterum.* Tite-Live parle de cet édifice, liv. XXIII, ch. 32.

289. — *Quod antiqui exprese*, lisez : quod antiqui expresse.

290. — *Quod nunc jantaculum,* lisez : quod nunc jentaculum.

291. — *Jajuni vinum soli*, lisez : jejuni vinum sili.

292. — *Rediculo æneo*, lisez : reticulo æneo (grille d'airain).

293. — *Ne rursus se in lectum*, lisez : nec rursus se in lectum. Sur l'expression *silentio surgere,* voyez Cicéron, *de la Divination,* liv. II, ch. 34, 71, 72; Tite-Live, liv. x, ch. 40, etc.

294. — *In modum rotæ finctæ*, lisez : in modum rotæ ficta.

295. — *In agro Menullino.* Nous proposons de lire : *in agro Medullino.* Après ces mots, il y a évidemment une lacune.

296. — *De fructum ve*, lisez : defrutumve.

297. — *Villæ.... Faguali.... Oppio Cælio,* lisez : *Veliæ.... Fagutati,* et effacez *Cælio.*

298. — *Opita*, lisez : Opitre. Opiter est-il ici un nom propre, ou faut-il donner à ce mot son sens ordinaire ? C'est une question que nous ne pouvons résoudre. *Opiter* vient d'*obitus* ou de *ob patrem*, et désigne celui dont le père est mort et qui a encore son grand-père. Le féminin est *opitrix.*

299. — *Dum Tullus Hostilius Veios*

oppugnaret. Il est parlé de cette guerre dans Tite-Live, liv. 1, ch. 27.

300. — *Cisitum*, lisez : Cispium.

301. — *Quam Antistius Labeo ait*, lisez : quod Antistius Labeo ait.

302. — *Beneque volueris*. Peut-être faut-il lire *volis*.

303. — *Stellam*. Effacez ce mot.

304. — *Extamella œrea*, lisez : ex lamella ærea.

305. — *Aut silentium dubi*, lisez : at silentium ubi.

306. — *Ad sinistrum*, lisez : ut sinistrum.

307. — *Quam tam absuri qui*, lisez : quam tam absurdas.

308. — *De eo restare*, lisez : de eo recitare.

309. — *Quam amphoræ*, lisez : qua amphoræ.

LIVRE DIX-HUITIÈME.

1. — *Tappete.... tapetœ*, lisez : tapete.... tapete.

2. — *Le...* Peut-être faut-il lire *Lævius*.

3. — *Levis motilitas*, lisez : levis mobilitas.

4. — *Tauri ludi*. Cf. Varron, *de Ling. Lat.*, lib. v, § 154, et Servius, sur *l'Énéide*, liv. II, v. 140.

5. — *Fetu si facti sunt*, lisez : fetus : facti sunt.

6. — *Boni hominis gratia*, lisez : boni ominis gratia.

7. — *Quo Hannibal*, lisez : quod Hannibal.

8. — *Q. Fabius.... Marcellus cos*. Ces deux personnages furent ensemble consuls, l'an de Rome 539 (avant J.-C. 214), le premier pour la quatrième fois, le second pour la troisième fois.

9. — *Trisulcum fulgur*. Il est fait mention de ces sortes de foudres dans Sénèque, *Questions naturelles*, liv. II, ch. 40, 41, et dans Servius, sur *l'Énéide*, liv. II, v. 649.

10. — *Hominum fastigio*, lisez : hominum fastigii.

11. — *Non magis rapiant*, lisez : non magis pariant.

12. — *Tubos*. Varron (*de Ling. Lat.*, lib. v, § 117) : « Tubæ a tubis, quos etiam nunc ita appellant tubicines sacrorum. » Verrius (*in Kal. Prænest.*) : « Hic dies appellatur ita quod in atrio sutorio tubi lustrantur, quibus in sacris utuntur. »

13. — *Inter se totum vi*, lisez : inter sese tota vi. Virgile semble avoir imité ce vers d'Ennius lorsqu'il dit :

Illi inter sese magna vi brachia tollunt.

14. — *Quamvis alii cruribus*, lisez : quamvis alii a tudibus.

15. — *Ajax misso sanguine tepido tulii*, lisez : animam misso sanguine lepido tullii.

16. — *Macerat humanum*, lisez : macerat homonem.

17. — *Viret cui sunt*, lisez : vires cui sunt.

18. — *Inportunœ unde*, lisez : importunæ undæ.

19. — *Patris ten eicit iras*, lisez : patris ted ejicit ira.

20. — *Ennius vero*, lisez : Sinnius vero.

21. — *Sit potestas*, lisez : si potestas.

22. — *Ad in antiquissimis*, lisez : At in antiquissimis.

23. — *Utrius fuerint*, lisez : veris sueres.

24. — *Eorum portant*, lisez : coram portant.

25. — *Tibicines*, lisez : Tubicines.

26. — *Quius aquam*, lisez : cujus aquam.

27. — *In una edet opera*, lisez : Una edepol opera.

28. — *Hunc serrium*, lisez : In hunc servum.

29. — *Quo alto*, lisez : quo pacto.

30. — *Porsena rege descendente*, lisez : Porsena rege discedente. On lit à peu près la même chose dans Tite-Live (liv. II, p. 14) et dans Denys d'Halicarnasse (liv. v.)

31. — *Non aliunde is ornatur*, lisez : non aliunde is oriatur.

32. — *Opillus Aurelius*, lisez : Opilius Aurelius.

33. — *Pontificis libri*, lisez : pontifici libri.

34. — *Perque violabis*, lisez : perque volabis.

35. — *Saxa tesca*, lisez : saxea tesca. Cette citation, du reste, est, selon toute probabilité, tirée d'un ouvrage en vers de Cicéron.

36. — *Quem cumfigi*. lisez : quem configi.

37. — *Læto in litore*, lisez : lecto in litore.

38. — *Litore in lædo*, lisez : litore in luto.

39. — *Poste recumbite*, lisez : Pone recumbite.

40. — *Pone petunt*, lisez : Prona petunt.

41. — *In Asota*, lisez : in Sota.

42. — *Tolenno est*, lisez : Tolleno est.

43. — *Aut quisquam*, lisez : haut quisquam.

44. — *Ferro se cæde*, lisez : ferro se cædi.

45. — *In his quæ*, lisez : in iis quæ.

46. — *Arbitrove*, lisez : arbitriove.

47. — *Quoad ei jussit*, lisez : quoad ei jus sit.

48. — *Et Corvinius*, lisez : Et Corvinus. Selon toute apparence, il s'agit ici de M. Valerius Messala Corvinus, qui vécut jusque vers le milieu du principat d'Auguste.

49. — *Posse tagem*, lisez : posse tagacem.

50. — *Talus*. On trouve un exemple de ce nom dans Τάλλος τύραννος, Sabin, allié de Tatius, mentionné par Denys d'Halicarnasse (liv. II).

51. — *Rhodium.... denarium*, lisez : Rhodium est cistophorum IV m. et VII m. quingentorum denarium. Alexandrinum XII m. denarium.

52. — *Opillus Aurelius*, lisez : Opilius Aurelius.

53. — *Nomen dictum est*, lisez : nomen dictum esse.

54. — *Tæpocon*, lisez : Toeporchon. Cette dernière leçon toutefois peut être contestée.

55. — *In ludos Tauricos*, lisez : in ludos Taurios.

56. — *Præpositivam quamdam*, lisez : propositivam quamdam.

57. — *Quam, ut*. Évidemment il y a ici une lacune grave.

58. — *Tam bonus Cherylus*, lisez : tam bonus Chærilus.

59. — *Quid si taceat*, lisez : Qui si taceat.

60. — *Tam male subimus, ut quidam*, lisez : tam male cupimus, ut quidem.

61. — *Tam escator*, lisez : tam ecastor.

62. — *Tumulum decorare est satius, quam urbem exeneis*, lisez : Tumulum decorare et satius quam urbem tæniis.

63. — *Lanivii.... Tinini*, lisez : Lavinii.... Tatiani.

64. — *In Aventiniensi laureto*. Il est fait mention de ce tombeau dans Varron (*de Ling. Lat.*, lib. v, § 152).

65. — *In æde Jovis Mettellina*, lisez : in æde Jovis Metellina.

66. — *Tappulam legem.... Tappulam*, lisez : Tapullam legem.... Tapullam.

67. — *Concere opimi*, lisez : congerræ Opimi.

68. — *Ab antiquis nec*. Il y a évidemment ici une altération ; *nec* semble interpolé.

69. — *Tripudiatium pullorum*, lisez : tripudiantium pullorum.

70. — *Quintus*. Peut-être faut-il lire *Sinnius*.

71. — *Preminate*, lisez : i præ, mi nate.

72. — *Ostiarii impedimenta tintinnire audio*, lisez : Titinnire janitoris impedimenta audio.

73. — *Alia in capite, illud*, lisez : alia in capita, aliud.

74. — *Census alius non erat*, lisez : census actus non erat.

75. — *M. Val.... Marcello*. Ce consulat se rapporte à l'an de Rome 543. *Voyez* Tite-Live, liv. XXVI, ch. 36.

76. — *Tentipellium inducatur*. Peut-être faut-il lire : *Tentipellium inducis*.

77. — *Rugæ in ore extenduntur*, ajoutez *tuæ*.

78. — *Vineave, et concapit*, lisez : vineæve e concape.

LIVRE DIX-NEUVIÈME.

1. — *Item magistri paci*, lisez : item magistri pagi.

2. — *His opidis, quæ*, lisez : in oppidis quæve.

3. — *Vi agendis hostilibusque*, lisez : in agendis hostilibus.

4. — *Aut quæ ad hostis victos*, lisez : aut quæ ob hostes victos. Cette troisième étymologie du mot *victima*, donnée par Festus, est également indiquée par Ovide (*Fastes*, liv. I, v. 333), et par Servius, *sur l'Énéide*, liv. I, v. 334. Mais ce dernier avoue que l'autorité des auteurs ne s'accorde pas avec cette étymologie.

5. — *Dionisam, lapides sunt*, lisez : donicum lapides sunt.

6. — *Qua volet*, lisez : ni munierint, qua volent.

7. — *Plerumque homines vocabantur*, lisez: plerumque homines evocabantur.

8. — *Vere nati*. Nonius pense de même : « Vernas veteres appellabant, qui vere sacro fuerant nati. »

9. — *Et tunc*. Entendons par là : au printemps, au mois de mars.

10. — *Rem divinam instituerit Marti*. Ce fait n'est connu d'aucun autre auteur, et pourtant il est remarquable.

11. — *Viverent ne vincerent*, lisez : viverent neu vincerent.

12. — *Quos vincere perniciosum arbitrium*, lisez : quos vincere perniciosum arbitratus est.

13. — *Veredis antiqui dixerunt*, lisez: Veredos antiqui dixerunt.

14. — *Quales, scabres quod*, lisez : squales, scabresque.

15. — *Ap. Claudio*. D'autres auteurs nomment en cette circonstance Q. Sulpicius.

16. — *Vegrande*. La même question se trouve indiquée au sujet de la particule *ve* dans Aulu-Gelle (*Nuits attiques*, liv. v, ch. 12), et dans Ovide (*Fastes*, liv. III, v. 447).

17. — *Qui nisi itures*, lisez : Quin is, si itura es.

18. — *Qui veloci superstitione*, lisez : Qui velox superstitione.

19. — *Minantibus ibi*, lisez minantibus sibi.

20. — *Ideo dico.... liberta salve*, lisez : id ego dico tibi : libertas salve.

21. — *Num tu....* — Voyez, pour cette citation, la note 3, au bas de la p. 677.

22. — *Vapula ergo te*, lisez : Vapulare ego te.

23. — *Et malefica vecordia*, lisez : et malefica vacerra.

24. — *Qui clamor*, lisez : qui clamos.

25. — *Quia vallo facti*, lisez : quia vallo fabali.

26. — *Opillus Aurelius*, lisez : Opilius Aurelius.

27. — *Qui talos vitiosos*. Effacez ces mots, qui sont évidemment interpolés.

28. — *Vagi salis*, lisez : valgis saviis.

29. — *In Silitergo*, lisez : in Scytha liturgo.

30. — *Aut bocchum filium*, lisez : aut brocchum filium.

31. — *Dicuntur, quod*, ajoutez verua quædam.

32. — *Quæ sit forma*, lisez : quod sit forma.

33. — *Qui corum*, lisez : quorum.

34. — *L. Sulla et Pompeius Rufus*. Consuls l'an de Rome 665. Cette loi n'est, du reste, mentionnée par aucun autre auteur.

35. — *Adjecta...*, ajoutez *dicatur*.

36. — *V. ntupum est*. Peut-être faut-il lire : « Unda vel quod uvidum est, vel inde dicta quod Greci ὕειν dicunt ? »

37. — *Jus, quia fit*, lisez: vis, quam fit.

38. — *Quam scribit L. Furio*, lisez : scripsit in L. Furium.

39. — *Neque sacra neque numen*, lisez : numen, neque sacra.

40. — *Si vindiciam.... decidito*. Nous avons rétabli cette citation dans notre traduction.

APPENDICE.

1. — *Acus substruendum*. Antoine Augustin, dans ses notes marginales, propose de lire *substernendum*. Cette citation est tirée de *l'Économie rurale* de Varron, liv. III, ch. 9.

2. — *Acus ... excutitur*. Ces mots ne

se trouvent pas dans Varron ; mais on rencontre des expressions presque identiques au livre I, ch. 52.

3. — *Primo argillam.* On lit dans Varron (liv. I, ch. 57 : *Ex argilla mixto acere* (d'argile mêlée de paille). L'auteur de cette glose, quel qu'il soit, a donc dû écrire ainsi : *Idem in eodem primo : argillam*, etc. (Le même auteur dit dans ce premier livre : *argillam*, etc.)

4. — *Æstuaria.* Cet article est tiré de Suétone, t. III, p. 75 de l'édit. de Wolf.

5. — *Virgilius in Bucolicis.* Églogue VII, v. 42.

6. — *Altum.* Cet article est encore tiré de Suétone.

7. — *Ex Festo.* Cette glose mérite peu de confiance. D'ailleurs, il n'est nulle part ailleurs question de l'*Europe* de Varron.

8. — *Quod Vindicius intractas*, lisez : vindiciam tractam esse.

9. — *Ab ejus potissimum notæ*, lisez : **ab ejus potissimum nomine.**

INDEX VERBORUM.

A

Abacti, p. 40.
Abalienatus, 45.
Abambulantes, 47.
Abarcet, 28.
Abavus, 25.
Abditivi, 40.
Abemito, 11.
Abercet, 46.
Abgregare, 41.
Abies coemenda, 48.
Abietaria negotia, 48.
Abitio, 686.
Ablegmina, 38.
Abnutare, 48.
Aborigines, 34.
Abortum, 51.
Abrogare, 23.
Abs, 40.
Accensi, 26, 33.
Aceratum, 36, 327.
Accrosus, 327.
Acerra ara, 33.
Acetare, 41.
Acieris, 18.
Acies, 44.
Aclassis, 37.
Actus, 32.
Acuere, 44.
Acumen, 44.
Acupedius, 18.
Acus, 17, 44, 686.
Ad, 23.
Ad exitam ætatem, 49.
Adagia, 23.
Adasia, 23.
Adaxint, 49.
Addicere, 23.
Addubauum, 38.
Adduos, 48.
Adeo, 35.
Adgregare, 41.
Adgretus, 13, 131.
Adigas, 44.
Aditiculum, 51.
Admissivæ aves, 38.
Adnictat, 50.
Adolescentes, 552.
Adolescit, 11.
Adoptatitius, 50.
Ador, 9.
Adorare, 34.
Adoria, 9.
Adpromissor, 28.
Adrumavit, 18.

Adsciscere, 26.
Adscripti, 26.
Adscriptitii, 26.
Adsipere, 38.
Adtegrare, 22.
Adtibernalis, 22.
Adtritum, 22.
Adulari, 38.
Adultæ, 552.
Adulter, -era, 38.
Adulterina signa, 49.
Aduncantur, 21.
Advelitatio, 50.
Adversus, 686.
Advosem, 46.
Æ, 46.
Ædilatus, 24.
Ædilis, 24.
Ædis, 23.
Æditimus, 24.
Ædituus, 25.
Ægeum mare, 44.
Ægrum, 13.
Ægyptinos, 50.
Æmidum, 43.
Æmilia gens, 42.
Æmylos, 43.
Ænaria, 36.
Æneatores, 36.
Æneolo, 49.
Ænesi, 36.
Ænulum, 49.
Æquidiale, 43.
Æquilavium, 43.
Ærarii tribuni, 6.
Æribus, 48.
Ærosa, 36.
Æruma, 46.
Ærumnulæ, 43.
Æruscare, 43.
Æstimata pœna, 44.
Æstimias, 47.
Æstuaria, 686.
Affabrum, 48.
Affatim, 21.
Affecta femina, 7.
Affectare, 6.
Affines, 21.
Afvolunt, 46.
Agasones, 45.
Agea, 19.
Agedum, 42.
Agere, 41.
Agina, 19.
Aginatores, 19.
Agnus, 13, 26.

Agolum, 51.
Agonalia, 19.
Agonensis, 19.
Agonia, 19.
Agoniæ, 19.
Agonium, 19.
Agonius, 19.
Agonns, 19.
Ai, 46.
Albesia, 10.
Albiona, 10.
Albogalerus, 20.
Albula, 10.
Albus, 9.
Alcedo, 15.
Alebria, 45.
Aleo, 50.
Aletudo, 48.
Alga, 686.
Algeo, 12.
Ali rei, 48.
Aliæ rei, 48.
Alica, 15.
Alicariæ, 15.
Alienatus, 45.
Alimodi, 48.
Aliorsum, 48.
Alites, 8.
Alinta, 12.
Allecti, 14.
Allicere, 201.
Allicit, 48.
Alliesis, 14.
Allivescit, 50.
Allus, 15.
Alma, 14.
Almities, 15.
Alpheus, 33.
Alphius, 33.
Altaria, 12, 51.
Altellus, 14.
Alter, 13.
Alteras, 47.
Altercatio, 14.
Alternatio, 14.
Alterplex, 15.
Altertra, 15.
Alterum, 13.
Altum, 687.
Altus, 15.
Alucinatio, 44.
Alumento, 33.
Alveolum, 15.
Alvus, 16.
Am, 10.
Amissa, 49.

Amatio, 49.
Ambactus, 10.
Ambarvales, 11.
Ambarvalia, 31.
Ambaxioque circumeuntes, 46.
Ambegni, 11.
Ambest, 10.
Ambidens vel Bidens, 11.
Ambiguum, 30.
Ambitus, 11, 30.
Ambo, 10.
Ambrices, 30.
Ambrones, 31.
Ambulacra, 38.
Amburbiales, 11.
Amburbium, 31.
Ambustus, 11.
Amecæ, 28.
Ameci, 28.
Amens, 42.
Amenta, 22.
Ameria, 38.
Amian, 38.
Amicinum, 27.
Amiciri, 31.
Amicitia, 28.
Amiculum, 49.
Amita, 25.
Amites, 38.
Amneses, 31.
Amnis, 30.
Amœbæum, 687.
Amœna loca, 7.
Amosio, 46.
Ampendices, 38.
Amplexus, 31.
Amplustria, 19.
Amputata, 44.
Amsegetes, 38.
Amtermini, 31.
Amussim, 12.
Amussis, 135.
Anas, 51.
Ancæsa, 36.
Anceps, 35.
Ancillæ, 36.
Anclabria, 21.
Anclabris, 21, 130.
Anclare, 21.
Anctos, 51.
Ancularc, 36.
Anculæ, 36.
Anculi, 30.
Ancumulenta, 21.

INDEX VERBORUM.

Andron, 39.
Andruare, 18.
Angerona dea, 32.
Angeronalia, 32.
Angina vinaria, 49.
Angiportus, 31.
Angor, 16.
Angulus, 20.
Animula, 45.
Annaria lex, 47.
Annus, 13.
Anquirere, 39.
Antæ, 31.
Antarium, 16.
Antefixa, 16.
Antehac, 16.
Antemnæ, 31.
Antes, 30.
Anteurbana, 16.
Antiæ, 30.
Antigerio, 16.
Antipagmenta, 16.
Antiquare, 47.
Antiquum, 46.
Antras, 21.
Antroare, 18.
Anus, 12.
Anxur, 39.
Ape, 40.
Apellinem, 40.
Apere, 33.
Aperta, 40.
Apex, 33.
Apica, 46.
Apiculum filum, 40.
Apisci, 20.
Apluda, 20.
Aplustria, 18.
Apollinares ludi, 40.
Apor, 46.
Appellitavisse, 47.
Appia, 44.
Appia via, 523.
Apricus locus, 7.
Aptus, 20, 33.
Apua, 40.
Apud, 23, 39.
Aqua, 7.
Aquælicium, 7.
Aquagium, 7.
Aquarioli, 40.
Aquilius, 47.
Aquilo, 39.
Aquilus, 39, 47.
Aquipenser, 40.
Arabice olet, 49.
Arbilla arvina, 37.
Arbiter, 27.
Arbitrarium, 28.
Arbitrium, 27.
Arbosem, 27.
Arbutus, 687.
Arca, 29, 45.
Arcanum, 29.
Arcella, 45.
Arcere, 28.
Arcirma, 28.
Arcubii, 45.
Arcula, 29, 15.
Arculata, 29.

Arculus, 29.
Area, 20.
Arferia, 21.
Argea, 35.
Argennon, 27.
Argeos, 28.
Argus oculeus, 49.
Argutum iri, 47.
Aridum, 20.
Arillator coctio, 37.
Ariminum, 44.
Aristophorum, 48.
Arma, 9, 45.
Armentas, 9.
Armentum, 9.
Armi, 45.
Armillæ, 45.
Armillum, 6.
Armilustrium, 35.
Armita, 9.
Arnæ caput, 37.
Arquites, 37.
Arrigo, 28.
Arseverse, 34.
Arsineum, 37.
Artena, 37.
Artifices, 37.
Artitus, 37.
Artus, 37.
Arvocitat, 47.
Arvum, 46.
Arx, 34.
Arytæna, 37.
Asparagus, 35.
Assa, 51.
Assaratum, 30.
Asserere manum, 45.
Asseres, 30.
Assidelæ, 35.
Assiduus, 18.
Assipondium, 122.
Assir, 30.
Ast, 12.
Astasint, 46.
Astu, 12.
At, 23.
Athanuvium, 33.
Atavus, 25.
Ἄτομοι, 162.
Atra, 51.
Atriplexum, 50.
Atritas, 50.
Atrium, 24.
Atroces, 33.
Atta, 23, 25.
Attæ, 22.
Attestata, 22.
Atticissat, 50.
Attinge, 47.
Atya, 181.
Auceta, 46.
Auctarium, 27.
Auctor, 50.
Auctum, 27.
Audacia, 36.
Audaciæ, 17.
Audaculos, 47.
Audax, 47.
Auditavi, 50.

Augur, 6.
Auguraculum, 34.
Augustus, 6.
Aulæ, 42.
Aulicocia exta, 42.
Aureæ, 16, 47.
Aureax, 16.
Aurelia, 42.
Aurichalcum, 17.
Aurion, 17.
Auritus, 16.
Aurum, 17.
Ausculari, 49.
Auseli, 42.
Ausis, 47.
Ausonia, 32.
Auspicia majora, 262.
Auspicia minora, 262.
Auspicium, 6.
Ausum, 17.
Autumnus, 41.
Auxiliares, 32.
Auxilla, 44.
Aventinus, 34.
Avere, 26.
Aves, 51.
Avidus, 42.
Avillas, 26.
Avita, 25.
Avunculus, 25.
Avus, 24.
Axamenta, 8.
Axare, 16.
Axe agglomerati universi stantes, 46.
Axis, 8.
Axit, 8.
Axitiosi, 8.

B

Bacar, 53.
Bacchanalia, 53.
Bacrio, 53.
Bajolari, 60.
Bajoli, 60.
Balæna, 52, 53.
Balare, 52.
Balatrones, 58.
Barathrum, 53.
Barbari, 61.
Barbaricum, 54.
Bardus, 59.
Barinm, 57.
Barrire, 52.
Basilica, 53.
Basilicum, 53.
Basiliscus, 54.
Batus, 53.
Bellarium, Bellaria, 60.
Bellica, 57.
Bellicrepa saltatio, 60.
Bellitudo, 60.
Bellona, 57.
Bellule, 61.
Bellum, 57.
Belutus, 59.
ene sponsis, Beneque volis, 631.

Beneficiarii, 57.
Beneventum, 59.
Benignus, 57.
Benna, 56.
Bes, 56.
Bibesia, 365.
Bibliothecæ, 59.
Bidens, 11.
Bidental, 57.
Bidentes, 58.
Bigati, 167.
Bigenera, 58.
Bignæ, 58.
Bilbit, 58.
Bilingues Bruttales, 60.
Billis, 58.
Binominis, 61.
Biseta, 58.
Bitienses, 60.
Blandicella, 60.
Blateæ, 58.
Blaterare, 58.
Blennus, 61.
Blitum, 59.
Βλίτυρι, 662.
Boare, 52.
Boarium forum, 52.
Boiæ, 61.
Boicus ager, 62.
Bolus, 61.
Bombizatio, 52.
Bona, 52.
Bos bidens, 59.
Botulus, 61.
Bova, 53.
Βούπαιδες, 56.
Βούσυκον, 56.
Bovinatur, 53.
Brachium, 55.
Brassica, 55.
Brenda, 57.
Breve, 54.
Bruma, 54.
Brundisium, 57.
Brutianæ parmæ, 55.
Brutiani, 54.
Brutus, 55.
Bu, 186.
Bubinare, 55.
Bubleum, 56.
Bucar, 61.
Bucephalus, 56.
Bucerum pecus, 55.
Bucina, 56.
Bulgæ, 59.
Bulla aurea, 62.
Burranica potio, 62.
Burranicum, 61.
Burrus, 54.
Bustum, 55.
Buteo, 56.
Butubatta, 61.

C

Cacula, 76, 244.
Caculatum, 77.
Caduca auspicia, 108.

INDEX VERBORUM.

Caduceatores, 78.
Caecultant, 104.
Caecultare, 75.
Caeculus, 74.
Caecum, 74.
Caedes, 75.
Caeditiae, 75.
Caelare, 36.
Caelebs, 73.
Caelius mons, 74.
Caenina, 75.
Caerimoniae, 73.
Caesar, 96.
Caesariati, 75.
Caesuae, 349, 354.
Caesones, 96.
Caespes, 74.
Caesticillus, 74.
Caestus, 75.
Cadmea, 79.
Calabra (curia), 81.
Calasis, 86.
Calathus, 78.
Calatores, 65.
Calbei, 78.
Calcendix, 77.
Calces, 76, 78.
Calculi, 76.
Calicata, 78.
Calicatus, 98.
Caliptra, 78.
Calix, 78.
Callim, 78.
Calones, 77, 104, 244.
Calpar, 78, 110.
Calpurni, 78.
Camara, 73.
Camelae virgines, 106.
Camenae, 73.
Camensis cursor, 98.
Camilli, 158.
Camillum, 107.
Camillus, 72.
Camuri, 73.
Cana, 76.
Canalicolae, 76.
Canarium, 510.
Cancelli, 76.
Cancri, 76.
Candelabrum, 71, 77.
Canentas, 76.
Canicae, 76.
Canifera, 109.
Canistella, 76.
Canistra, 76.
Canitudo, 103.
Canta, 77.
Cantherius, 77.
Canturnus, 99.
Canua, 109.
Caperatus, 79.
Capidulum, 80.
Capillaris arbor, 96.
Capillata arbor, 96.
Capis, 79.
Capita deorum, 108.
Capital, 80, 95.
Capitalis lucus, 111.
Capitarium aes, 110.
Cappae, 73.

Caprae, 80.
Capreoli, 96.
Capronae, 80.
Caprunculum, 80.
Capsae, 79.
Capsit, 96.
Captus locus, 109.
Capua, 72.
Capularis, 103.
Capulum, 103.
Caput, 79.
Κάρκαρα, 456.
Carinantes, 78.
Carissa, 73.
Carnifex, 107.
Caro, 528.
Casa, 79.
Casaria, 79.
Cascum, 79.
Caseus, 79.
Casina, 102.
Casmenae, 113, 349.
Casnar, 79.
Cassabundus, 79.
Cassia via, 79.
Cassila, 79.
Casta mola, 109.
Castrensis corona, 95.
Casus, 97.
Catachresis, 98.
Catamitus, 15, 33, 73.
Catampo, 73.
Catax, 75.
Cati fons, 76.
Catillatio, 74.
Catillones, 74, 153.
Catularia porta, 75.
Catulinam carnem esitavisse, 74.
Catulus, 75.
Caudecae, 77.
Caudicariae naves, 77.
Caulae, 77.
Caviae, 96.
Caviares hostiae, 96.
Cavillam, 77.
Cavillatio, 76, 77.
Cavitio, 102.
Cavum, 77.
Cela, 535.
Celassis, 103.
Celeres, 91.
Cella, 111.
Celsus, 91.
Censere, 101.
Censio, 110.
Censio hastaria, 91.
Censionem facere, 90.
Censores, 97.
Censui censendo, 97.
Centaurion, 91.
Centenae pondo, 99.
Centenariae coenae, 90.
Centumviralia judicia, 90, 108.
Centuria, 89.
Centuriata comitia, 90.
Centuriatus, 90.
Centurionus, 82.

Cercolopis, 91.
Cercops, 94.
Cerei, 91.
Cermalus, 92.
Cernuus, 92.
Cerrones, 67.
Cervaria ovis, 94.
Cervus, 91.
Chalcidicum, 87.
Chaos, 66, 87.
Chilo, 72.
Choenica, 88.
Choragium, 87.
Cibus, 71.
Cicatricare, 110.
Ciccum, 71.
Cicindela, 71.
Cicuma, 687.
Ciere, 111.
Cilium, 71.
Cillibae, 72.
Cilo, 72.
Cimbri, 72.
Cimmerii, 72.
Cincia, 95.
Cincta, 109.
Cinguli, 72.
Cingulum, 106.
Cinxia, 106.
Circanea, 71.
Circites, 71.
Circumluvium, 109.
Cis, 71.
Cispius mons, 71.
Cisterna, 72.
Citeria, 100.
Citimus, 71.
Citior, 103.
Citrosa vestis, 71.
Citum, 139.
Civica corona, 71.
Clam, 111.
Claritudo, 97.
Classes clypeatae, 93.
Classici testes, 94.
Classis procincta, 94.
Claudere, 93.
Claudiana tonitrua, 95.
Clausula, 93.
Clava, 104.
Clavata, 93.
Clavator, 104.
Clavis, 93.
Clavus annalis, 94.
Clienta, 103.
Clingere, 94.
Clitellae, 100.
Clivi, 108.
Clivia, 108.
Clivia auspicia, 105.
Cloacae, 92.
Cloacale flumen, 100.
Cloacare, 111.
Cloelia, 92.
Cloeliae fossae, 93.
Clucidatum, 92.
Clunae, 92.
Clunaclum, 83.
Clunae, 92.

Clunes, 103.
Κλυσμός, 132.
Clutum, 92.
Clypeus, 93.
Cnasonas, 88.
Cnephosus, 85.
Cocetum, 66.
Cocio, 37.
Coclacae, 66.
Coctiones, 85.
Coctum, 66.
Cocula, 66.
Cocus, 98.
Codeta, 65, 97.
Coelestia auguria, 108.
Coelibaris hasta, 105.
Coena, 90.
Coenacula, 90.
Coepiam, 99.
Cogitatim, 102.
Cogitatio, 111.
Cognitor, 95.
Cognitu facilia, 100.
Cognomines, 67.
Cohum, 66.
Coinquere, 111.
Collatia, 63.
Collativum, 63.
Colliciae, 195.
Colluviaris porcus, 95.
Colophon, 64.
Colossus, 97.
Columnae, 92.
Colurna, 63.
Combennones, 56.
Comedo, Comedonis, 97.
Comedus, 97.
Comitiales, 65.
Commetacula, 109.
Commetaculum, 94.
Commissatio, 68.
Committere, 68.
Commugento, 110.
Communicarius, 375.
Comoedia, 66.
Comoedice, 103.
Comparsit, 101.
Compascuus ager, 66.
Compendium, 122.
Comperce, 101.
Compernes, 68.
Compescere, 67, 122.
Compescere lucum, 110.
Compilare, 68, 351.
Compitalia, 67.
Compitaliciae, 105.
Compluriens, 100.
Compluvium, 185.
Compraedes, 66.
Comptum, 67.
Comptus, 107.
Conangustatum, 110.
Concalare, 64.
Conceptivae feriae, 105.
Conciliabulum, 64.
Conciliatrix, 105.

INDEX VERBORUM.

Concilium, 64.
Concinere, 64.
Concinnare, 64.
Concio, 64, 99, 111.
Concipilavisti, 104.
Conclavatæ, 97.
Conclavia, 64.
Condalium, 65.
Condere, 68, 95.
Condicere, 109.
Condictio, 111.
Condictum, 65.
Condulus, 65.
Confecerunt, 98.
Confeta sus, 96.
Conflages, 67.
Confœdusti, 68.
Confugela, 66.
Confutare, 152.
Congerræ, 533.
Congruere, 67.
Coninquere, 107.
Conitum, 67.
Conivola, 102.
Conjector, 101.
Conjuges, 178.
Conlucare, 63.
Conregione, 111.
Conruspari, 104.
Conscripti, 69.
Consentia sacra, 110.
Considerare, 70, 126.
Consilium, 69.
Consiluere, 97.
Consiptum, 104, 108.
Consiva, 328.
Consobrinus, 530.
Corsponsor, 99.
Consposi, 69.
Consternatio, 70.
Constitutus, 70
Consualia, 69.
Consuetio, 102.
Consulas, 68.
Contagio, 100.
Contagium, 100.
Contemplari, 65.
Contestari, 65.
Contestari litem, 96.
Contignum, 110.
Contrarium æs, 108.
Contubernales, 64.
Contubernium, 64.
Contuoli, 70.
Convallis, 70.
Conventæ conditio, 105
Conventus, 69.
Convexum, 98.
Convicium, 70.
Convocium, 70.
Convoti, 71.
Copona, 67.
Cops, 334.
Coquitare, 103.
Corbitæ, 63.
Corculum, 102.
Corda, 110.
Corgo, 63.
Corinthienses, 102.

Corius, 101.
Corolla, 107.
Corona, 62.
Corniscæ divæ, 108.
Cornua, 63.
Corpulentis, 104.
Cosmittere, 113.
Cossi, 68.
Cothones, 63.
Coturnix, 63.
Cracentes, 89.
Craticulum, 89.
Crebrisuro, 99.
Creduas, 101.
Crepæ, 80.
Creperum, 88.
Crepidines, 92.
Crepitulum, 88.
Creppi, 94.
Creterræ, 89.
Crevi, 89.
Crines, 88.
Crocatio, 89.
Crocotillum, 88.
Crocotinum, 89.
Crucium, 89.
Crumina, 101.
Crusculum, 88.
Crustariæ, 89.
Crustumina, 92.
Crux, 249.
Cubans auspicatur, 111.
Cubiculum, 109.
Cudere, 104.
Culcita, 83.
Culigna, 84, 109.
Culina, 110.
Culliola, 84.
Cullus, 101.
Κυλον. 542.
Culticula, 84.
Cum imperio est, 83.
Cum populo agere, 84.
Cum potestate est, 83.
Cumalter, 84.
Cumba, 85, 109.
Cumera, 106.
Cumerum, 83.
Cuncti, 84.
Cuniculum, 83.
Cunire, 84.
Cupidus, 421.
Cuppedia, 80.
Cuppes, 80.
Cupralia, 109.
Cupressi, 107.
Cura, 83
Curatores, 80.
Curia, 81.
Curia Tifata, 82.
Curiales, 82.
Curiales flamines, 107.
Curiales mensæ, 108.
Curiata comitia, 82.
Curio, 82, 101.
Curionia sacra, 104.
Curionum æs, 81.
Curionus, 82.

Curis, 81.
Curitis, 82.
Curriculo, 81.
Curriculus, 81.
Currules, 82.
Curules equi, 82.
Cussiliris, 84.
Custodela, 85.
Custoditio, 103.
Cutiliæ lacus, 85.
Cutis, 85.
Cuturnium, 84.
Cybebe mater, 86.
Cybele, 86.
Cybium, 88
Cyllenius, 86.
Cymbium, 85.
Cynthius, 87.
Cyparissæ, 107.
Cyparissiæ, 86.
Cypria, 87.
Cyprio bovi merenda, 99.
Cytherea, 86.

D

Dacrimæ, 115.
Dædala, 114.
Dagnades, 115.
Damia, 115.
Damiatrix, 115.
Damium, 115.
Danunt, 115.
Danistæ, 115.
Dapatice, 114.
Dapaticum, 114.
Daps, 114.
Dasi, 115.
Daunia, 115.
Dautia, 115.
Deactio, 125.
Deamare, 119.
Deblaterare, 121.
Decalicatum, 127.
Decermina, 122.
Decima, 121.
Decimanus, 120.
Decimatrus, 452.
Decotes, 121.
Decrepitus, 120.
Decultarunt, 127.
Decumana ova, 120.
Decumani fluctus, 120.
Decures, 126.
Decuriones, 121.
Decurionus, 82.
Dedita, 118.
Defomitatum, 126.
Deforma, 141.
Defrensa, 125.
Defrui, 119.
Degere, 123.
Degunere, 121.
Deinceps, 119, 126.
Deinde, 126.
Delapidata, 124.
Delectat, 202.
Delibare, 123.
Deliberare, 124.

Delicare, 123.
Delicata, 117.
Delicia, 123.
Deliciatus, Deliciaris, 123.
Delinquere, 123.
Deliquium solis, 123.
Deliquum, 124.
Delubrum, 123.
Deluit, 124.
Demagis, 120.
Deminutus capite, 118.
Δῆμοι, 121.
Denum, 118.
Demus, 118.
Denariæ cerimoniæ. 120.
Denicales feriæ, 118.
Deorata, 125.
Depeculatus, 127.
Deperire, 118, 119.
Depolitum, 121.
Depontani, 126.
Deprensa, 121.
Depubis, 121.
Depuvere, 118.
Derogare, 117.
Δέρρεις, 118.
Derunciunt, 117.
Desiderare, 126.
Desivare, 122.
Despretus, 122.
Deteriæ porcæ, 123.
Detestatio, 327.
Detrectare, 124.
Detudes, 124.
Deus, 119.
Deus penetralis, 172.
Deversus, 119.
Devitare, 120.
Dextans, 124.
Dextimum, 124.
Dextra auspicia, 124.
Dextræ tibiæ, 125
Dextrorsus, 207.
Diabathra, 125.
Dicæarchia, 121.
Dicassit, 127.
Dice, 122.
Dictynna, 121
Dierectus, 117.
Dies, 125.
Diffarreatio, 125.
Difficultas, 148.
Dignorant, 123.
Dilectus, 124.
Diobolares meretrices, 125.
Diomedia insula, 126.
Diomedis campi, 126.
Dirigere, 117.
Dirus, 117.
Dirutus ære, 117.
Disertim, 123
Disertiones, 122.
Disertus, 122.
Dispensatores, 122.
Dispescere, 122.
Dissipare, 180.

INDEX VERBORUM.

Dissipat, 556.
Dissulcus, 122.
Distisum, 123.
Dium, 119, 125, 127, 324.
Dius, 149.
Dividicula, 118
Doliola, 116.
Dolus, 116.
Domus, 113.
Donaticæ coronæ, 116.
Donum, 116.
Dorsum, 116.
Dos, 116.
Dracones, 113.
Drua, 18.
Dubat, 113.
Dubenus, 113
Duco, 112.
Duellum, 112.
Duicensus, 112.
Duidens, 112.
Duis, 112.
Dumecta, 113.
Dumosa, 113.
Duodeviginti, 112.
Duonum, 112.
Duplabis, 112.
Duplio, 112.
Dupondium, 122.
Dupundi, 535.
Dusmo in loco, 113.

E

Eamus, 131.
Eapse, 130.
Ecastor, 131.
Eccere, 131
Edeatræ, 139.
Edepol, 131.
Edera, 139.
Effafilatus, 140.
Effari, 136.
Effata, 134, 136.
Egens, 130.
Egeria nympha, 129.
Egregius, 41.
Egreius, 131
Ejuratio, 130.
Elacateum, 128.
Elaudare, 128.
Elecebræ argentariæ, 128.
Electabo, 128.
Elices, 128.
Elinguis, 128
Elixa, 128.
Elucum, 127.
Elumbus, 128
Em, 128.
Emancipati, 129.
Emem, 128.
Emere, 127.
Empanda, 128
Emptivus miles, 129.
Emussitata, 128
Endoitium, 128.
Endo procincta, 129
Endoplorato, 129.

Eunam, 128.
Enubro, 128.
Enunquam, 128
Epeus, 138.
Epicrocum, 138.
Epilimma, 138.
Epistylium, 138.
Epoloni, 131.
Epula, 138.
Epulares, 138.
Epulones, 131.
Equestre æs, 137.
Equiria, 136.
Equirine, 136.
Equitare, 137.
Equo vehi, 137.
Equus, 137.
Eretum, 139.
'Ερέβινθος, 139.
Erebus, 140.
Ergo, 139.
Eritudo, 140.
Eructare, 140.
Erugere, 140.
Ervilia, 139.
Ervum, 139.
Escariæ, 130.
Escit, 130.
"Εσπερος, 177.
Euboicum talentum, 132.
Eudiæon, 132.
Eum, 129.
Europa, 131.
Evelatum, 130.
Everriator, 130.
Exagoge, 135.
Examen, 135.
Examussim, 135.
Exanclare, 135.
Exburæ, 134.
Exbures, 134.
Excellere, 490.
Excidio urbis, 134.
Exciet, 134.
Excipuum, 134.
Excudere, 133.
Exdecimata, 134
Exdorsua, 134.
Exdutæ, 134.
Exemplar, 138.
Exemplum, 137
Exercirent, 136.
Exercitionem exerciti, 136.
Exercitus, 135.
Exesto, 138.
Exfir, 134.
Exfuti, 136.
Exgregiæ, 135.
Exhaustant, 138.
Exiles, 136
Exilica causa, 136.
Eximius, 137.
Exin, 138.
Exinde, 126
Exinfulabat, 137
Existimare, 137
Exitium, 136.

Exlitius judex, 687
Exordia, 325.
Exodium, 135.
Exoletus, 135.
Exomides, 135.
Exoriri, 135.
Expapillato brachio, 133.
Expatare, 134.
Expectorat, 134
Expensa, 122.
Experiti, 134.
Experrectus, 133, 131
Explenunt, 134.
Explorare, 133.
Explorator, 133.
Exporgere, 135.
Expreta, 133.
Exrogare, 137
Exscendere, 134.
Exta, 132.
Exterraneus, 132.
Externus, 133.
Extimus, 132.
Extraneus, 132.
Extrarius, 132.
Extremus, 132.
Exurguentes, 135.
Exuviæ, 135.
Exverræ, 130.

F

Faba, 149.
Faba fresa, 155.
Faces, 148.
Facessere, 147.
Facile, 147.
Facilitas, 148.
Factio, 147.
Factiosus, 147.
Facul, 147.
Facultas, 148.
Faculter, 147.
Fagutal, 148.
Fal, 155.
Falæ, 151.
Falandum, 151.
Falarica, 151.
Falco, 73.
Falcones, 150
Faleri, 155.
Falsior, 157.
Falsius, 157.
Fama, 147.
Famel, 148.
Famella, 149.
Famicosa, 148.
Familia, 147, 148.
Familiares, 147.
Familiaris Romanus, 159
Famino, 148.
Famuletium, 148.
Famuli, 147.
Famulus, 148
Fana, 159
Fanatica, 157
Fanum, 150.
Farcimen, 527

Farfenum, 151.
Farrago, 155.
Farreum, 151, 175.
Fartores, 151.
Fas, 151.
Fascinum, 151.
Fasti dies, 159.
Fastigium, 150.
Fastorum libri, 149.
Faustulus porcellus, 159
Faventia, 150.
Favere, 150.
Favi, 148, 150
Faviani, 149
Favissæ, 150.
Fax, 148.
Februa, 145.
Februalis, 145.
Februarius, 145.
Februatus, 145.
Februlis, 145.
Felicata, 146.
Felices, 156.
Felicones, 146.
Φήμη, 147.
Femen, 156.
Femur, 156.
Fenebria, 146.
Feneratores, 146.
Fenero, 156.
Feneror, 156.
Fenum, 146.
Fenus, 145, 159.
Feralia, 144.
Ferentarii, 27, 141, 159.
Feretrius, 156.
Feria, 145.
Feriæ, 146.
Feriæ statæ, 137.
Ferimentum, 154.
Ferire, 146.
Ferocit, 156.
Ferus ager, 147
Fescenninæ, 146.
Fescennini versus, 145.
Fesiæ, 146.
Festra, 155.
Festuca, 146.
Fetiales, 156
Fiber, 153.
Fibræ, 154.
Ficolea, 158.
Fides, 148, 153.
Fidicula, 153.
Fidius, 242.
Fidusta, 153.
Fimbriæ, 154.
Firctum, 144
Firmus, 155.
Fiscellus, 153.
Fivere, 156
Fixulæ, 153.
Flagratores, 152.
Flamen dialis, 149, 152.
Flamines, 248
Flaminia, 158.

INDEX VERBORUM.

Flaminia ædes, 152.
Flaminia via, 152, 523.
Flaminica, 153, 157.
Flaminius Camillus, 158.
Flaminius circus, 152.
Flaminius lictor, 158.
Flammearii, 152.
Flammeum, 153, 157.
Flator, 152.
Flemina, 152.
Floriferum, 155.
Flumentana, 153.
Fluonia Juno, 157.
Flustra, 152.
Focillationes, 144.
Foculi, 144.
Focus, 144.
Fodare, 142.
Fœdus, 141.
Folium, 144.
Folliculare, 144.
Folus, 142.
Fomenta, 144.
Fomites, 143.
Fons, 143.
Fontinalia, 144.
Forago, 154.
Forare, 143.
Foras, 143.
Forbea, 142.
Φορβη, 142.
Forcipes, 142.
Forctes, 142.
Forcti, 575.
Forctum, 175.
Fordæ, 141.
Fordicida, 141.
Foreculæ, 143.
Fores, 143.
Forma, 141.
Formiæ, 141.
Formucales, 155.
Fornacalia, 141, 159.
Foruli, 143.
Forum, 142.
Φωσφορος, 177.
Fostia, 142.
Fostis, 142.
Fovii, 148.
Fracebunt, 154.
Frater, 154.
Fraterculare, 531.
Fratilli, 154.
Fratrare, 154.
Fratria, 154.
Frausus erit, 155.
Fraxare, 155.
Fregellæ, 155.
Fremitus, 154.
Frendere, 155.
Frequentarius, 159.
Frictum, 155.
Frigere, 155.
Friguttire, 154.
Fringilla, 154.
Frivola, 154.
Frons, 154, 249.
Fructam, 156.

Fructum, 156.
Frugamenta, 155.
Fruniscor, 156.
Frunitum, 156.
Frutinal, 154.
Frux, Frugis, 156.
Fucata, 157.
Fucilis, 157.
Fulcere, 158
Fulguritum, 157.
Fulgus, 142, 158.
Fuligo, 142.
Fulmen, 158.
Fumus, 142.
Fundus, 151.
Funebres tibiæ, 158.
Funus, 142.
Furcilla, 151.
Furcilles, 151.
Furiæ, 142
Furnalia, 151.
Furnus, 142.
Furum, 157.
Furvus, 142.
Furvus bos, 159.
Futare, 152.
Futiles, 152.

G

Galbeum, 163
Galearia, 164.
Gallam bibere ac rugas conducere ventri, 163.
Galli, 162.
Ganeum, 164
Gannitio, 168, 305.
Ganymedes, 33
Gaudium, 168.
Gaulus, 163.
Gemursa, 161.
Genæ, 160.
Geniales dii, 162.
Genialis lectus, 161.
Gaipor, 453.
Genius, 161.
Gens Ælia, 161.
Gentilis, 160.
Genuini dentes, 161.
Genus, 168.
Germani, 161
Germen, 161.
Gerræ, 160.
Γέρρα, 67.
Geruli, 162.
Gerusia, 161.
Gestit, 163.
Gestus, 161.
Gesum, 168.
Gingriator, 162.
Gingrinæ, 162.
Gingrire, 162.
Glamæ, 164.
Glisceræ, 168.
Gliscere, 168.
Glitti, 167.
Glocidare, 167.
Glomus, 167.
Gloria, 168.

Glos, 167.
Glubi, 168.
Glucidatum, 168.
Gluma, 167.
Gluto, 192.
Gluttire, 167.
Gnarigavit, 163.
Gnarivisse, 163.
Gnarus, 162.
Gnephosus, 162.
Gneus, 164.
Gnitus, 164.
Gnixus, 164.
Γνώμων, 164.
Gnotu, 142.
Graccuris, 165.
Graculi, 166.
Gradi, 166.
Gradivus, 165.
Græca sacra, 165.
Grallatores, 166.
Gramiæ, 164.
Grando, 169.
Grassari, 166.
Gravastellus, 164.
Gravida, 166.
Greges, 167.
Gricenea, 169.
Gripor, 453.
Groma, 164.
Gruere, 165.
Grumus, 165.
Grunnire, 165.
Gulliocæ, 168.
Gulo, 192.
Gumia, 192.
Gurgulio, 192.
Gurgustium, 168.
Gutta, 192.
Guttur, 192.
Gutturnium, 168.
Gutturosus, 192.

H

Habitior, 174.
Habitudo, 174.
Halapanta, 174.
Hammo, 174.
Hamotrahones, 175.
Hanula, 176.
Harviga, 171.
Hasta, 174.
Hebes, 171.
Hecate, 170.
Hedera, 171.
Heliconides, 171.
Helucus, 171.
Helno, 169.
Helus, 170.
Helusa, 170.
Helvacea, 169.
Helvela, 176.
Helvus, 169.
Hemina, 171.
Hemo, 171.
Hemona, 171.
Herbam do, 169.
Herbilis anser, 172.
Herceus, 172.

Hercules astrologus, 172.
Here, 170.
Here martea, 170.
Hereditas sine sacris, 521.
Heredium, 170.
Heres, 170.
Herma, 170.
Herna, 172.
Hernici, 172.
Hetta, 170.
Heus, 171.
Hieta, 170.
Hilarodos, 173.
Hilla, 173.
Hilum, 173.
Hippacare, 173.
Hippagines, 172.
Hippius, 173.
Hippocoum, 173.
Hira, 173.
Hirrire, 173.
Hirquitalli, 172.
Hirtipili, 172.
Histriones, 172.
Hodoedocos, 176
Holera, 170.
Holus, 170.
Homeltium, 176.
Honorarii, 175.
Horda, 175.
Hordiarium æs, 175.
Hordicidia, 175.
Horctum, 175.
Horreum, 175.
Hortus, 175.
Hostia, 175.
Hosticapas, 175.
Hostilii lares, 174.
Hostimentum, 175.
Hostis, 175.
Humanum sacrificium, 176.
Hyperborei, 176.
Hyperio, 176.

I

Iambi, 179.
Ibi, 180.
Ibidem, 180.
Icadion, 181.
Icit, 180.
Idulis ovis, 179.
Iduum dies, 300.
Igitur, 179.
Ignia, 179.
Ignis, 180, 181.
Ignitabulum, 179
Ilia, 136, 178
Ilicet, 179
Illectat, 202.
Illicere, 48.
Illicium, 195
Illorsum, 48.
Ilurcis, 165.
Im, 78, 176.
Imago, 192.
Imbarbescere, 180.

INDEX VERBORUM.

Imbellia, 196.
Imbrex, 187.
Imbrica tempestas, 185.
Imbulbitare, 55.
Imbutum, 186.
Immanis, 192.
Immolare, 188.
Immunis, 187, 188.
Immusulus, 192, 194.
Impages, 184.
Impar numerus, 187.
Imparens, 186.
Impares tibiæ, 187.
Impelimenta, 185.
Impenetrale, 186.
Impensa stipes, 185.
Impercito, 185.
Impescere, 185.
Impetix, 187.
Impetritum, 184.
Impetus, 188, 355.
Impiatus, 187.
Impite, 187.
Implexum, 186.
Implorare, 129, 186.
Impluvium, 185.
Impolitias facere, 184.
Impomenta, 185.
Imporcitor, 184.
Importunus, 185.
Impos, 186.
Improlus, Improlis, 185.
Impudicatus, 186.
Impunis, 188.
Imputatus, 185.
In, 184, 187.
In conventione, 194.
In eopte, 188.
In insula, 189.
In mundo, 186.
In pelle lanata, 196.
In procinctu, 186.
Ina, 178.
Inarculum, 194.
Incalationes, 183.
Incalative, 195.
Incalanto, 196.
Incavillatio, 183.
Incensit, 183.
Inceps, 183.
Incepsit, 183.
Incessere, 183.
Incestus, 183.
Inchoare, 182.
Incicur, 184.
Incilia, 182.
Incita, 182.
Incitega, 182.
Inclamare, 184.
Inclutus, 183.
Inclytus, 92.
Incoctæ, 183.
Incomes, 183.
Incomitiare, 182.
Incociliasti, 183.
Inconditus, 183.
Inconspretus, 183.
Increpitare, 183, 195.

Increpitato, 195.
Incuria, 183.
Incus, 133.
Indepisci, 182.
Indeptare, 181.
Indictivum funus,181.
Indiges, 182.
Indigetes dii, 181.
Indigitamenta, 195.
Indigitanto, 195.
Indoles, 181, 552.
Indostruus, 181.
Indulgens, 188, 355.
Industrius, 181, 188, 355.
Inebræ aves, 187.
Inercta, 188.
Inermat, 189.
Iners, 188.
Infectores, 192.
Infelices, 157.
Inferiæ, 192.
Inferium, 193.
Infetari, 687.
Infibulati, 194.
Infindere, 192.
Infit, 192.
Infiteri, 193.
Infitiari, 193.
Infra classem, 194.
Infrequens, 192.
Infrunitum, 156.
Infulæ, 137, 193.
Ingens, 196.
Ingluvies, 192.
Ingluviosus, 192.
Inhibere, 187.
Inigere, 188.
Iniquum, 38.
Init, 188.
Initium, 188.
Injuges boves, 195.
Injurus, 187.
Inlaqueatus, 194.
Inlecebre, 193.
Inlex, 193.
Inlicies, 193.
Inlicitator, 194.
Inlicium vocare, 193.
Inlitterata pax, 193.
Inori, 196.
Inquilinus, 182.
Inquinamentum, 21.
Inquirere, 38.
Insanus, 195.
Inscitia, 191.
Insecta, 191.
Inseptus, 191.
Inseque, 191.
Insessores, 191.
Insignes, 195.
Insignis, 191.
Insimulare, 191.
Insipat, 556.
Insipere far in olam, 180.
Insitus, 191.
Insons, 191, 533.
Instaurari, 190.
Instigare, 191.

Insuasus, 191.
Insulæ, 190.
Insupare, 191.
Intempesta vox, 189.
Inter cutem flagitati, 190.
Interamnæ, 31.
Interatim, 190.
Intercapedo, 190.
Intercutitus, 194.
Interdualim, 190.
Interempta, 366.
Intergerivi, 189.
Internecio, 190.
Internecivum, 195.
Interregnum, 189.
Intimus, 132.
Intrahere, 190.
Introrsum, 48.
Involvus, 192.
  psippe, 179.
Ipsullices, 180, 548.
Ipsus, 101.
Iracundia, 181.
Ircei, 195.
Ircens, 179.
Irnela, 180.
Irpices, 180.
Irpini, 180.
Irpus, 180.
Irquitallus, 179.
Ita Castor, Ita me hercules, 182.
Italia, 181.
Itonida, 180.

J

Janeus, 176.
Janiculum, 179.
Janual, 179.
Jecunanum, 196.
Jejunum, 173.
Jentaculum, 624.
Jovistæ, 179.
Jubar, 177.
Jubere, 177.
Jubilare, 178.
Jugarius vicus, 178.
Jugere, 178.
Juges, 177, 178.
Jugula, 177.
Jugum, 177.
Julius, 177.
Junius, 177.
Junonius, 177.
Jurare, 178.
Jurgatio, 177.
Jusa, 176.
Justi dies, 177.
Justus vas, 194.
Juvenalia simulacra, 178.
Juventutis sacra, 178.

K

Kalendarum dies, 199.

L

Labes, 210.
Lacer, 203.

Lacerare, 203.
Lacerna, 203.
Lacerus, 203.
Lacessere, 202.
Lacinia, 203.
Lacit, 48, 200, 201.
Lacobrigæ, 204.
Lactaria, 203.
Lactat, 202.
Lacuna, 201.
Lacus lucrinus, 210.
Læna, 202.
Læva, 201.
Lama, 201.
Lamberat, 204.
Lance et Licio, 201.
Lancea, 204.
Laneæ effigies, 210.
Laneruum, 204.
Lanius, 203.
Lanoculus, 204.
Lapidicinæ, 204.
Lapis silex, 197.
Lapit, 204.
Larentalia, 205.
Larvati, 205.
Latex, 204.
Latina via, 523.
Latine loqui, 204.
Latitaverunt, 210.
Latrare, 210.
Latrones, 204.
Laudare, 203.
Laumedon, 33.
Laureati, 202.
Lautitia, 201, 203.
Lautulæ, 203.
Lautumiæ, 202.
Laverniones, 202.
Lax, 200.
Lectosia, 198.
Lectus, 197.
Legati, 320.
Leges funebres, 159.
Legimus, 198.
Legio linteata, 197.
Lemnisci, 197.
Lemonia tribus, 198.
Lenones, 197.
Lepareses, 210.
Lepista, 197.
Leria, 198.
Lesbium, 198.
Letum, 197.
Letus, 131.
Levir, 198.
Libella, 200.
Liber, 198.
Liberales, 210.
Liberalia, 199.
Liberata, 210.
Libertatis templum, 209.
Librile, 199.
Librilla, 199.
Libycus campus, 200.
Libyssa, 210.
Licitati, 200.
Lictores, 198.
Limaces, 199.

INDEX VERBORUM.

Limina, 198.
Limis, 198.
Limitatus ager, 199.
Limites, 199.
Lingua, 209.
Lingula, 200.
Lingulaca, 201.
Liquitur, 201.
Lis, 560.
Litatum, 199.
Litis cecidisse, 200.
Litus, 327.
Lituus, 200.
Λίτρα, 207.
Lixabundus, 200.
Lixæ, 199.
Locatus, 205.
Locupletes, 205.
Locus, 560.
Lœbertas, 209.
Lœbesus, 209.
Longitrorsus, 207.
Lotos, 205.
Lucani, 206.
Lucar, 205.
Lucaria, 205.
Lucaris pecunia, 205.
Lucellum, 37.
Lucem facere, 206.
Luceres, 205.
Lucereses, 205, 207.
Lucifer, 177.
Lucomedi, 207.
Lucomones, 206.
Lucretilis, 206.
Lucrio, 94.
Luctus, 149, 207.
Luculentus, 207.
Lucuns, 206.
Lues, 207.
Lugere, 207.
Luma, 208.
Lumbago, 208.
Lupus, 249.
Lura, 208.
Lurcones, 208.
Luridi, 209.
Luscitio, 208.
Lustra, 207.
Lustrici dies, 208.
Lustrum, 201.
Λύτρα, 207.
Lutum, 207.
Luxa membra, 206.
Luxantur, 208.
Luxuriantur, 208.
Luxuriosus, 206.
Lycius, 206.
Lycophos, 209.
Lymphæ, 208.
Lymphatici, 208.
Lyrnesiades, 209.

M

Macellum, 218.
Macilenti, 208.
Mactus, 218.
Madulsa, 220.
Mæandrum, 251.

Mæcia tribus, 232.
Mæniana, 230.
Mæsius, 230.
Mæson, 230.
Magis, 221.
Magisterare, 220, 251.
Magisteria, 253.
Magistratus, 220.
Magistri, 220.
Magmentatum, 220.
Magna socrus, 221.
Magni ludi, 211.
Magnificare, 252.
Magnificissima, 247.
Magnificius, 254.
Magnus annus, 242.
Magnus socer, 221.
Maii idus, 245.
Maius, 231.
Majestas, 230.
Major amita, 231.
Major avunculus, 231.
Major consul, 269.
Major Græcia, 230.
Major magistratus, 230.
Major patruus, 231.
Major socer, 231.
Major socrus, 231.
Majores, 212.
Majores flamines, 248.
Μαλακία, 152.
Maledictores, 253.
Malevolus Mercurius, 267.
Malleoli, 229.
Malluviæ, 268, 351.
Malluvium, 268.
Malo cruce, 249.
Μαλόεντον, 59.
Maltha, 229.
Mamercus, 225.
Mamers, 226.
Mamertini, 264.
Mamilia turris, 227.
Mamilii, 227.
Mamilla, 45.
Mamma, 45.
Mammula, 45.
Mamphula, 235.
Mamphur, 227.
Mamurus Veturus, 226.
Manalis fons, 222, 260.
Manalis lapis, 223.
Manare, 227.
Manare solem, 264.
Manceps, 224, 248.
Mancini Tifata, 225.
Mancipatio, 252.
Manducus, 224.
Mane, 219, 269, 535.
Manes, 260, 269.
Mania, 224.
Maniæ, 224, 239.
Maniolæ, 224.
Manis, 269.
Manius, 247.

Manius Egerius, 239.
Manlia gens, 247.
Manlius, 218.
Mansues, 254.
Mansuetus, 227.
Mantare, 228.
Manticulæ, 228.
Manticulari, 228.
Mantisa, 229.
Manubiæ, 223.
Manues, 243.
Manui, 243.
Manum et mentum, 245.
Manumitti, 263.
Mapalia, 244.
Marcipor, 453.
Marculus, 219.
Marspedis, 268.
Martiæ calendæ, 242.
Martialis campus, 227.
Martius mensis, 249.
Mas, 231.
Masculina et feminina vocabula, 251.
Maspedis, 268.
Masucius, 232.
Matellio, 220.
Materfamiliæ, 219, 269.
Materiæ, 270.
Materiaria, 48.
Mater Matuta, 269.
Matertera, 231, 270.
Matralia, 219.
Matrices, 269, 270.
Matrimes ac patrimes, 220.
Matrimonium, 269.
Matronæ, 219, 256.
Matronis aurum redditum, 250.
Mattici, 219.
Matula, 219.
Matuta, 211.
Mavors, 242.
Maxima dignatio, 257.
Maxima hostia, 221.
Maxima multa, 239.
Maximi annales, 221.
Maximus curio, 221.
Maximus pontifex, 220.
Maximus prætor, 268.
Me, 267.
Meatus, 218.
Mecastor, 218.
Meddix, 214.
Medialis, 216.
Medibile, 215.
Medioximum, 215.
Meditrinalia, 215.
Mediterrea, 215.
Meditullium, 215.
Mediocriculus, 255.
Medius fidius, 242.
Medullitus, 215.
Megalesia, 218.
Mehercules, 218.
Melancoryphi, 217.

Melia, 217.
Melibœa purpura, 217.
Melicæ, 216.
Melliculum, 102.
Melo, 15, 217.
Meltom, 211.
Melus, 33.
Membrum abscidi mortuo, 246.
Memorare, 217.
Memoriosus, 217.
Mendicum, 217.
Mendicus, 269.
Mensa frugibusque jurato, 217.
Mensæ, 262.
Mensarii, 217.
Mentecaptus, 264.
Mentum, 217.
Mercedonii, 216.
Merceditus, 216.
Mercurius, 216.
Merenda, 215.
Mergæ, 215.
Meritavere, 254.
Mertat, 136, 216.
Merula, 216.
Merus, 216.
Mesancylum, 218.
Messapia, 218.
Metalli, 244.
Metaphora, 250.
Metaplasticos, 250.
Metari castra, 214.
Metonymia, 251.
Metus, 214, 249.
Migrare mensa, 261.
Mihipte, 253.
Miles, 212.
Milium, 259.
Mille, 252.
Mille urbium, 262.
Millus, 248.
Milvina, 213.
Mina, 212.
Minerrimus, 213.
Minerva, 213.
Minime gentium, 213.
Miniscitur, 213.
Minor Delos, 213.
Minora templa, 260.
Minores, 212.
Minorum pontificum maximus, 267.
Minotaurus, 247.
Minutia porta, 242.
Minuebatur populo luctus, 256.
Minuere, 211.
Minurritiones, 212.
Minusculæ Quinquatrus, 245.
Minutia, 212.
Minutus, 211.
Minyæ, 212.
Miracidion, 214.
Miracula, 213.
Mirior, 215.
Miscelliones, 211.
Misenum, 214.

INDEX VERBORUM.

Miseratur, 214.
Miseret me, 214.
Modo, 233.
Modus, 270.
Mœne, 240.
Mœnia, 240, 248.
Mola, 235.
Moles, 236.
Mollestræ, 229.
Molucrum, 234.
Momar, 233.
Momine, 233.
Monestrum, 233.
Monile, 233.
Monimentum, 232.
Monitio, 342.
Monitores, 232.
Monodus, 247.
Monstra, 261.
Monstrum, 233.
Moraciæ nuces, 232.
Morbosus homo, 232.
Mortem obisse, 243.
Mortis causa, 268.
Mortuæ pecudis corium, 267.
Mortuus, 232.
Mos, 259.
Mussa, 535.
Meopte, 557.
Μηρία, 560.
Moscillis, 263.
Mox, 232.
Mucia prata, 241.
Muger, 266.
Muginari, 241.
Mugionia porta, 241.
Mulciber, 239.
Muli, 244.
Muli Mariani, 246.
Mullei, 238.
Multa, 238.
Multifacere, 252.
Multifariam, 239.
Mulus, 246.
Mummiana ædificia, 236.
Mundus, 236, 258.
Muneralis lex, 237.
Municas, 252.
Municeps, 225.
Municipes, 82.
Municipalia sacra, 260.
Municipium, 221.
Munificior, 254.
Munis, 237.
Munitio, 237.
Munus, 236, 261.
Murcia, 246.
Murgiso, 241.
Muries, 266.
Murrata potio, 265.
Murratum vinum, 241.
Murricidus, 218.
Murrina, 240, 241.
Murriola, 240.
Mus, 242.
Muscardæ, 243.

Mussare, 241.
Mustricula, 242.
Muta exta, 261.
Mutæ, 237.
Mutinus Titinus, 255.
Mutire, 240.
Myoparo, 242, 379.
Myrmillonica scuta, 241.
Myrtea corona, 241.

N

N, 307, 308.
Naccæ, 284.
Nænia, 271, 272.
Nævia, 290.
Nancitor, 286.
Nanus, 306.
Napuræ, 288.
Napuras nectito, 288.
Nare, 286.
Nares, 285.
Narita, 286.
Nassa, 288.
Nassiterna, 287.
Natare, 286.
Natinatio, 284.
Natio, 283.
Naucus, 284.
Nauscit, 289.
Naustibulum, 288.
Noutea, 282.
Nautii, 283.
Navalis corona, 272.
Navalis porta, 308.
Navalis scriba, 287.
Navia, 288.
Navitæ, 290.
Navus, 287, 307.
Nebulo, 280.
Nec, 276.
Nec mulieri nec gremio credi, 278.
Necatus, 313.
Necerim, 274.
Necessarii, 275.
Necessarium, 275.
Neceunt, 274.
Neci datus, 275.
Neclegens, 276.
Nectar, 277, 278.
Nectere, 277.
Necunquem, 276.
Nefasti dies, 281.
Nefrendes, 273.
Negibundus, 280.
Negotium, 307.
Negritu, 279.
Negumate, 279.
Neminis, 274.
Nemo, 275.
Nemora, 274.
Nemut, 274.
Nepa, 281.
Nepos, 280.
Nepotes, 280.
Nepus, 282.
Nequalia, 277.
Nequam, 306.

Nequam aurum est, auris quodvis vehementius ambit, 278
Nequinates, 307.
Nequinont, 277.
Nequiquam, 277.
Nequitum, 277.
Nequitur, 277.
Nervus, 279
Nesi, 282.
Neunquam, 273.
Neutiquam, 280.
Nex, 306.
Nexum, 279.
Nexum æs, 279.
Nictare, 304.
Nictit, 305.
Niger lapis, 306.
Nihil, Nihilum, 173.
Nihilli, 300.
Nilus, 33.
Ningulus, 306.
Niquis scivit, 305.
Nis, 78.
Nivem, 307.
Nix, 307.
Nixi di, 304.
Nobilis, 303.
Noctiluga, 299.
Noctua, 299.
Nœgeum, 303.
Nœgeus, 303.
Nomen, 299.
Non omnibus dormio, 294.
Non pridem, 278.
Nonæ, 295.
Nonarum dies, 309.
Noncolæ, 299.
Nonuncium, 298.
Nonuncius, 298.
Nota, 302.
Nothus, 302.
Nova via, 300, 523.
Novæ curiæ, 302.
Novalis ager, 300.
Novem tribb. mil., 300.
Novendiales, 308.
Novendialis, 296.
Noverca, 300.
Noxa, 301.
Noxia, 301.
NP., 281.
Nuces, 298.
Nuculæ, 296.
Nudius tertius, 290.
Numella, 297.
Numen, 297.
Numera senatum, 293.
Numero, 391.
Numidæ, 297, 307.
Nummus, 296.
Nuncupata pecunia, 294.
Nundinæ, 295.
Nundinalis cocus, 295.
Nuntius, 296
Nuper, 297.
Nupta, 291.

Nupta verba, 293.
Nuptiæ, 293, 325.
Nusciciones, 295.
Nuscisiosus, 295.
Nyctegresia, 131.

O

Ob, 310, 344.
Ob os, 346.
Ob vos sacro, 133.
Obacerare, 327.
Obacerbat, 328.
Obambulare, 327.
Obbrutuit, 327.
Obdere, 332.
Obescet, 332.
Obesus, 332.
Obherbescere, 333.
Obigital, 331.
Obinunt, 331.
Obitus, 331.
Objacuisse, 349.
Objurare, 331.
Objurgatio, 342.
Oblectare, 48.
Oblectat, 202.
Obliteratum, 327.
Oblucuviasse, 328.
Obmanens, 342.
Obmoveto, 348.
Obnectere, 333.
Obnoxius, 332.
Obnubit, 325.
Obœdire, 328.
Oboritur, 333.
Obprobrare, 328.
Obpuviat, 332.
Obrogare, 327.
Obsalutare, 337.
Obscatæ (leges), 330.
Obscum, 330.
Obscus, 330.
Obsecrare, 332.
Obsequela, 337.
Observasse, 333.
Obsidio, 343.
Obsidionalis corona, 334.
Obsidium, 336.
Obsipare, 180.
Obsipat, 336.
Obsonitavere, 346.
Obstinat, 335.
Obstinato, 335.
Obstinet, 340.
Obstipum, 336.
Obstitum, 335, 336.
Obstrudant, 336.
Obstrudulentum, 336.
Obtestatio, 327.
Obtractat, 328.
Obtrectator, 342.
Obturare, 326.
Obtutu, 328.
Obvaricator, 338.
Occare, 317.
Occasio, 313.
Occasus, 313.
Occator, 317.

INDEX VERBORUM.

Occentare, 315.
Occidamus, 315.
Occisitantur, 345.
Occisus, 313.
Occulta, 535.
Occultum, 349.
Occupaticius ager, 318.
Ocimum, 318.
Ocissime, 317.
Ocius, 317.
Ocreæ, 316.
Ocris, 316.
Octaviæ, 312.
October equus, 314.
Oculissimus, 311.
Oculitus, 312.
Odefacit, 312.
Œnigenos, 338.
Œstrum, 338.
Offectores, 192, 337.
Offendices, 348.
Offendimentum, 349.
Offerumenta, 332.
Officiosus, 337.
Offringi, 342.
Offucare, 337.
Offudæ, 337.
Ogygia mœnia, 312.
Oleagineæ coronæ, 337.
Olentica, 337.
Oletum, 347.
Oliveta, 337.
Olivita, 347.
Ollæ, 42.
Ollic, 341.
Ollus Quiris leto datus, 449.
Oloes, 34.
Olvatum, 348.
Omen, 338.
Ommentans, 334.
Omnes, 84.
Opaca, 325.
Opalia, 325.
Opertat, 332.
Opicus, 330.
Opigena, 346.
Opilio, 332.
Opima spolia, 328.
Opiparum, 332.
Opis, 329.
Opiter, 326.
Opitulator, 326.
Opitulus, 326.
Opperiri, 328.
Oppido, 325.
Oppidum, 325, 347.
Opportune, 333.
Ops, 334.
Optata hostia, 328.
Optima lex, 342.
Optio, 326, 343.
Optionatus, 346.
Opunculo, 332.
Oræ, 322.
Orare, 343.
Orata, 321, 322.
Oratores, 34, 300.
Orba, 319.

Orbius, 320.
Orca, 319.
Orchestra, 319.
Orchitis, 318.
Orcus, 348.
Ordinarius homo, 323.
Ordiri, 325.
Ordo sacerdotum, 324.
Oreæ, 322.
Oreos, 322.
Orestiades, 325.
Oreus, 322.
Oriæ, 16.
Orichalcum, 17.
Oriolas, 321.
Originum libri, 343.
Oriri, 319.
Ornatus, 323.
Ὀροϐος, 139.
Ortygia, 320.
Oruin, 321.
Osci, 344.
Oscillantes, 339.
Oscillum, 339.
Oscines, 341.
Oscinum, 340.
Osculana pugna, 341.
Osi sunt, 345.
Osor, 341.
Ossifraga, 192.
Ostendam, 345.
Ostende, 345.
Ostentas, 346.
Ostentum, 234, 340, 345.
Ostia, 341.
Ostinet, 340.
Oufentina tribus, 339.
Ovalis corona, 338.
Ovantes, 338.
Ovicerda, 541.
Ovis, 338.
Oxime, 318.

P

P, 430.
Pa, 349.
Pacini, 379.
Pacio, 442.
Pæan, 378.
Pædidi, 378.
Pænuria, 378.
Pagani, 376.
Paginæ, 376.
Palatium, 374.
Palatualis flamen, 425.
Palatuar, 630.
Pales, 379.
Palmites, 374.
Palmulæ, 374.
Palpari, 375.
Paludati, 443.
Pancarpiæ, 375.
Pandana porta, 375.
Pandiculari, 375.
Pandicularis, 175.
Panes, 375.
Paugere, 362.
Panicum, 259.

Pantices, 437.
Panucula, 375.
Panus, 375.
Papillæ, 374.
Papiria tribus, 402.
Papisii, 42.
Papisios, 419.
Pappi, 374.
Parare inter se munus, 403.
Pararium æs, 377.
Parasangæ, 378.
Parcito linguam, 380.
Parens, 249, 377.
Parere, 377.
Pares equi, 377.
Paret, 377.
Parilia, 411.
Parilia festa, 430.
Parmulæ, 414.
Paron, 242.
Parones, 379.
Parret, 401.
Parrici quæstores, 377.
Parsi, 421.
Participia, 418.
Partus, 379.
Parum cavisse videri, 414.
Parumper, 378.
Parvifacere, 252.
Pascales oves, 420.
Pascuales oves, 420.
Passales, 380.
Passer marinus, 379.
Pastillum, 443.
Pastillus, 380.
Patagium, 376.
Patagus, 376.
Patellæ, 437.
Pater patrimus, 405.
Pateram perplovere, 443.
Patres, 431.
Patricii, 416.
Patricius vicus, 376.
Patrimi et matrimi pueri, 424.
Patrocinia, 401.
Patronus, 447.
Patulus, 376.
Pauciens, 375.
Pauperies, 375.
Paveri frumenta, 443.
Pavimenta Pœnica, 422.
Pax, 398.
Pectenatum tectum, 359.
Pectuscum palati, 360.
Peculatus, 360, 408.
Peculia, 41.
Peculium, 434.
Pecunia sacrificium fieri, 430.
Pecunias, 41.
Pecuum, 432.
Peda, 357.
Pedarius senator, 359.
Pedem struit, 358.

Pedes, 357.
Pedestria auspicia, 428.
Pedibus obstitus, 35.
Pedulla, 398.
Pedum, 358, 435.
Pegasides, 362.
Pegasus, 370.
Pelamys, 352.
Peligni, 379.
Sellexit, 351.
Pellicator, 351.
Pellices, 378.
Pelliculatio, 419.
Pelliris, 351.
Pellis, 352.
Pelluviæ, 268, 351.
Pelta, 352.
Petulci, 351.
Penates, 444.
Penatis, 444.
Penatores, 408.
Pendere pœnas, 356.
Penes, 39, 356.
Penetrale sacrificium, 441.
Penetralia, 356.
Penetrare, 356.
Peniculi, 356.
Penis, 398.
Pennæ, 354.
Pennatæ impennatæque agnæ, 356.
Penora, 356.
Pensiones, 356.
Pentathlum, 357.
Penus, 440.
Perbitere, 363.
Perconctatio, 363.
Percontatio, 363.
Perditum, 363.
Perduellio, 112, 175.
Peredia, 365.
Peregrina sacra, 408.
Peregrinus ager, 417.
Peremere, 365.
Peremne, 427.
Perempta, 366.
Peremptalia, 426.
Peremptalia fulgura, 365.
Perfacul, 364.
Perfines, 350.
Perfuga, 364.
Pergite, 363.
Periculatus sum, 411.
Περίδειπνον, 527.
Peribodos, 366.
Perimit, 437.
Perinde, 126.
Permutatur, 363.
Perpetem, 366.
Perpetrat, 367.
Perpulit, 367.
Persefacul, 364.
Persicus, 367.
Persicus portus, 360.
Persillum, 360.
Personata, 367.

INDEX VERBORUM.

Pertisum, 123, 368.
Pertusum dolium, 419.
Pes dr, 419.
Pescia, 357.
Pesestas, 358.
Pesnæ, 354.
Pesuis, 349.
Pestifera, 426.
Pestifera auspicia, 429.
Pestiferum fulgur, 357.
Petauristæ, 353.
Petila sura, 350.
Petimina, 354.
Petissere, 353, 362.
Petnæ, 354.
Petoritum, 354.
Petreia, 420.
Petrones, 353.
Petronia, 441.
Petulantes, 351.
Phascola, 380.
Philologa, 417.
Piacularia auspicia, 429.
Piacularis porta, 361.
Piari, 360.
Piatrix, 361.
Picati, 351.
Picena regio, 362.
Picta, 355.
Picus, 356, 431.
Pierides, 363.
Pietas, 355.
Pigere, 361.
Pignosa, 360.
Pila, 351.
Pilæ et effigies, 411.
Pilani, 351.
Pilare, 351.
Pilat, 351.
Pilates, 411.
Pilentum, 351.
Pilentis et carpentis, 424.
Piliea, 352.
Pilumnæ poplæ, 350.
Pimpleides, 362.
Pipatio, 362.
Pipulum, 447.
Pisatilis, 357.
Piscatorii ludi, 359, 415.
Piscatorium æs, 357.
Piscina publica, 359.
Pistor, 98.
Pistum, 359.
Pitpit, 362.
Plancæ, 396.
Planta oliaginea, 440.
Plantæ, 395.
Plera, 395.
Plaustrum perculi, 396.
Plauti, 395.
Plebei ædiles, 397.
Plebeia pudicitia, 409.
Plebeiæ tabernæ, 397.
Plebeius magistratus, 396.

Plena sue, 413.
Plentur, 397.
Plexa, 397.
Plisima, 350.
Plorare, 398.
Ploti, 413.
Ploxinum, 398.
Plutei, 396.
Pœnas pendere, 418.
Pœnita offa, 423.
Polet, 350.
Polimenta, 405.
Pollit, 419.
Polteo, 349.
Polubrum, 431.
Pomptina tribus, 402.
Pondo libra, 431.
Pone, 436.
Popillia tribus, 402.
Porca, 184.
Porca aurea et argentea, 414.
Porcæ, 372, 414.
Porcellus, 45.
Porcet, 28.
Porci effigies, 405.
Porculus, 45.
Porcus, 45.
Porigam, 372.
Porriciam, 371.
Portenta, 426.
Portenta rerum, 427.
Portentum, 234.
Porticulus, 405.
Portisculus, 405.
Portorium, 410.
Portunus, 418.
Portus, 403.
Posimerium, 438.
Possessio, 399.
Possessiones, 416.
Postica linea, 401.
Posticum, 373.
Postliminium receptus, 372.
Postularia fulgura, 426.
Potestur, 417.
Potitus servitute, 440.
Præbia, 403, 415.
Præcem, 421.
Præceptat, 349.
Præciæ, 382.
Præciamitatores, 435.
Præcidanea agna, 382.
Præcidanea porca, 370.
Præcidere, 446.
Præcipuum, 134.
Prædonulli, 421.
Prædopiont, 349.
Præfecturæ, 400.
Præfericulum, 437.
Præficæ, 382.
Præjurationes, 383.
Præmetium, 404.
Præmiosa, 420.
Præneste, 383.
Prænomen, 384.
Præpetes, 350.
Præpetes aves, 430.

Prærogativæ centuriæ, 434.
Præs, 248, 381.
Præsagire, 382.
Præsagitio, 448.
Præsentanea porca, 443.
Præsiderare, 381.
Præsidiarii, 548.
Præsidium, 381.
Præsipere, 38.
Præstes, 381.
Præstinare, 381.
Præstolari, 382.
Præteriti senatores, 433.
Prætexta pulla, 411.
Prætextæ, 380.
Prætextati, 425.
Prætextatus sermo, 425.
Prætor, 404.
Prætoria cohors, 380.
Prætoria porta, 380.
Prævaricatores, 387.
Prandicula, 441.
Prandium, 380.
Precem, 421.
Pretet tremonti prætemunt te, 350.
Pri, 387.
Prima et secunda diei hora, 424.
Primanus tribunus, 406.
Primigenia Fortuna, 412.
Primigenius sulcus, 410.
Primordia, 383.
Princeps, 119.
Principalis porta, 383.
Priscæ Latinæ coloniæ, 415.
Prisci Latini, 387.
Priscus Tarquinius, 387.
Pristina, 448.
Pristinus, 387.
Privatæ feriæ, 423.
Privato sumptu, 404.
Priveras, 447.
Privi privæque, 386.
Privilcioes, 350.
Privignus, 387.
Pro, 392, 393.
Pro censu classis juniorum, 433.
Pro scapulis, 406.
Pro sentenia, 386.
Proædificatum, 422.
Probi, 391.
Probrum, 391.
Procalare, 385.
Procapis, 384.
Procare, 384, 433.
Procedere, 419.
Procellunt, 384.
Procera, 385.
Procestria, 385.

Proci, 384.
Procincta classis, 384, 437.
Procitant, 385.
Procitare, 388.
Procitum, 385.
Procubitores, 445.
Procudere, 133.
Proculato, 437.
Proculiunt, 444.
Proculus, 384.
Procurationes, 430.
Procus patricius, 434.
Prodegeris, 391.
Prodicium, 390.
Prodidisse tempus, 422.
Prodigere, 391.
Prodigia, 390.
Prodigiatores, 391.
Prodigium, 234.
Prodiguæ hostiæ, 441.
Prodinunt, 391.
Prodit, 392, 427.
Proditio diei, 447.
Produit, 390.
Prœliares dies, 388.
Profanum, 393, 445.
Profecturi, 390.
Profesti dies, 394.
Profestum facere, 445.
Profestus dies, 445.
Profundum, 394.
Profusus, 395.
Progener, 392.
Prognare, 162.
Prohibere comitia, 407.
Proinde, 126.
Prolato ære, 423.
Proletarius capite census, 387.
Prologium, 388.
Prolugere, 388.
Promellere litem, 447.
Promenervat, 349.
Promerion, 350.
Promisceam, 383.
Promissus capillus, 383.
Promonstra, 383.
Promptum, 439.
Promulco agi, 383.
Promulgari, 383.
Pronubæ, 423, 425.
Pronurus, 383.
Propages, 388.
Propatulum, 389.
Propera, 446.
Properare, 406.
Properus, 390.
Propetrare, 388.
Prophetæ, 340.
Propius sobrino, 399.
Propriassit, 389.
Propudi ait porcus, 414.
Propudium, 389.
Prorsi limites, 403.
Prorsum, 389.
Prorsus, 402.

Prosapia, 386.
Prosedæ, 386.
Proseqnium, 386.
Prosicium, 386.
Prosita, 386.
Prospera nomina, 370.
Prospices, 349.
Prop.... sta dolia,446.
Prostibula, 15.
Prosumia, 386.
Protelare, 404.
Protinam, 388.
Provinciæ, 388.
Provorsum fulgur, 389.
Prox, 444.
Prugnum, 388.
Pruina, 388.
Prymnesius, 384.
Pube præsente, 446.
Puber, 440.
Pubes, 369. 440.
Publica pondera, 432.
Publica sacra, 427.
Publici augures, 431.
Publicius clivus, 415.
Pudicitiæ signum, 423.
Pudicus, 44.
Pudor, 44.
Puelli, 435.
Puer, 425.
Pueri, 413.
Pugio, 403.
Pugnus, 370.
Puilia saxa, 413.
Pulcher bos, 414.
Pulchralibus, 421.
Pullaria, 418.
Pullarium, 429.
Pullus Jovis, 425.
Puls, 428.
Pumilio, 306.
Punctariolæ, 422.
Punctatoriolæ, 422.
Punici, 416.
Punicum, 392.
Pupinia tribus, 402.
Pura vestimenta, 436.
Pure lautum, 436.
Puri, probi, profani, sui auri, 442.
Purime tetinero, 447.
Purimenstrio esse, 444.
Πυρρός, 54.
Puteoli, 370.
Puteus, 368.
Puticuli, 368.
Putitium, 369.
Putus, 44, 185, 368.
Puvere, 332.
Πυξός, 54.

Q

Q. R. C. F., 457.
Q. S. D. F., 458.
Quadrantal, 460.
Quadrata Roma, 459.
Quadrigati, 167.
Quadriplatores, 422.
Quadrorbs, 459.
Quæso, 460.
Quæstores, 458.
Quam mox, 462.
Quamde, 462.
Quando, 459.
Quando rex comitiavit, fas, 457.
Quando stercus delatum, fas, 458.
Quasillus, 78.
Quartarii, 461.
Quassare, 462.
Quatenus, 461.
Quatere, 462.
Quatrorbs, 459.
Quaxare, 461.
Quercus, 457.
Querquera, 456, 457.
Querquetulanæ, 463.
Querquetularia porta, 463.
Ques, 463.
Qui hoc censetis..., qui alia omnia..., 463.
Quianam, 454.
Quid nisi, 454.
Quietalis, 455.
Quincentum, 451.
Quinctiliani luperci, 455.
Quinquartium, 375.
Quinquatrus, 245, 452.
Quinquennales, 464.
Quinquertium, 452.
Quintana, 455.
Quintana classis, 456.
Quintana porta, 455.
Quintia prata, 455.
Quintiliani, 149.
Quintipor, 453.
Quippe, 454.
Quirina tribus, 450.
Quirinalia, 450.
Quirinalis collis, 450.
Quirinalis porta, 448.
Quirinus, 82, 448.
Quirites, 82, 114, 449.
Quiritium fossæ, 450.
Quispiam, 451.
Quisquiliæ, 453.
Quod, 464.
Quot servi, tot hostes, 464.
Quoniam, 464.

R

R, 472.
RR., 488.
Rabidus, 485.
Rabula, 486.
Radere, 486.
Rapi simulatur virgo, 515.
Rapi solet fax, 515.
Rasores, 487.
Rates, 485.
Ratissima, 514.
Ratitus quadrans, 487.
Ratumena porta, 489.
Ratus sum, 488.
Ranci, 518.
Raudus, 470.
Rauduscularia porta, 486.
Rava vox, 504.
Ravi coloris, 485.
Ravillæ, 488.
Ravis, 488.
Reapse, 498.
Reaque eapse, 513.
Recellere, 490.
Receptitius servus, 506.
Receptus mos, 516.
Recinium, 491.
Reciperatio, 489.
Recipie, 514.
Reciprocare, 490.
Reconduit, 491.
Rectæ, 491.
Recto fronte ceteros sequi si norit, 513.
Rectum, 520.
Redantruare, 482.
Redemptitavere, 514.
Redemptores, 480.
Rederguisse, 482.
Redhostire, 481.
Redibitur, 480.
Rediculi fanum, 505.
Redimiculum, 483.
Redinunt, 512.
Redivia, 481.
Redivivum, 482.
Refecerit, 491.
Referri diem prodictam, 516.
Refert, 505.
Refriva, 492.
Refriva fraba, 492.
Refutare, 495.
Regale, 512.
Regalia exta, 517.
Regia, 497.
Regiæ feriæ, 497.
Regifugium, 496.
Regillis, 515.
Regimen, 498.
Reginum, 512.
Reglescit, 497.
Regulus, 192.
Relegati, 498.
Religiosi, 516.
Religiosum ac sacrum, 517.
Religiosus, 498.
Reluere, 501.
Reluvium, 481.
Remancipata, 492.
Remant, 505.
Remeare, 493.
Remeligines, 493.
Remillum, 495.
Remisso exercitu, 519.
Remoræ, 493.
Remorbescat, 495.
Remores aves, 493.
Remulco, 496.
Remurinus ager, 491.
Renancitur, 495.
Renovativum fulgur, 516.
Reor, 496.
Repagula, 500.
Repartum, 520.
Repastinari, 501.
Repedare, 501.
Repertum, 520.
Repotia, 499.
Repudium, 500.
Repulsior, 514.
Reque eapse, 513.
Res comperindinata, 504.
Resecrare, 503.
Reserari, 505.
Reses, 503.
Residuus, 503.
Resignare, 502.
Resignatum æs, 509.
Resparsum vinum, 466.
Respicere avem, 517.
Respici, 519.
Respublicæ, 513.
Restat, 507.
Restibilis, 502.
Resultare, 502.
Retanda, 484.
Retiarius, 508.
Retractare, 485.
Retricibus, 506.
Reus, 483, 517.
Reus promittendo, 483.
Reus stipulando, 483.
Rhegium, 480.
Rhinoceros, 480.
Rhondesicadionque, 480.
Rica, 518.
Ricæ, 491.
Rictus, 520.
Riculæ, 491.
Rideo, inquit Galba canterio, 506.
Ridiculus, 506.
Rienes, 492.
Rigido tum cærula sura, 512.
Rigidum, 496.
Rimari, 495.
Ringitur, 520.
Rite, 484.
Rituales, 509.
Ritus, 484.
Rivus, 484.
Rixa, 520.
Rixosæ, 520.
Robigalia, 473.
Robosem, 27.
Robus, 472.
Rodus, 470.
Rodusculana porta, 486.
Rogat, 507.

INDEX VERBORUM.

Rogatio, 473.
Roma, 474.
Romana porta, 467, 478.
Romanenses, 102.
Romani, 512.
Romani ludi, 466.
Romulia tribus, 478.
Romulus et Remus, 474.
Rorarii, 27, 472.
Rorarium, 473.
Roscii, 517.
Rosea, 504.
Rotunda, 469.
Rubidus, 467.
Ructare, 466.
Rudentes, 471.
Rudus, 470.
Rufuli, 465.
Rumen, 18, 479.
Rumentum, 479.
Rumex, 478.
Ruminalis, 478.
Rumitant, 478.
Rupitia, 470.
Rupitias, 470.
Runa, 465.
Ruri esse, 507.
Ruscum, 469.
Ruspari, 471.
Rustica vinalia, 471, 518.
Rustum, 473.
Ruta cæsa, 468.
Rutabulum, 468.
Rutilæ canes, 509.
Rutrum, 469.
Rutunda, 469.

S

S, 521.
Sabatina, 615.
Sabini, 615.
Sabini quod volunt somniant, 580.
Saccomorum, 568.
Sacella, 570.
Sacena, 571.
Sacer mons, 571.
Sacra, 517.
Sacra via, 523.
Sacramentum, 617, 620.
Sacrani, 572.
Sacratæ leges, 570.
Sacrificium, 630.
Sacrificulus rex, 569.
Sacrima, 569.
Sacris, 568.
Sacrosanctum, 570.
Saga, 361, 573, 574.
Sagaces, 573.
Sagittarii, 37.
Sagmina, 573.
Sagus, 574.
Salacia, 582.
Salaria via, 582.
Salentini, 585.

Saliæ, 585.
Salii, 584.
Salinum, 586.
Salinum cum sale, 620.
Salix, 585.
Saltus, 543.
Salutaris porta, 582.
Sam, 78, 579.
Sambuca, 580.
Sambycistriæ, 581.
Samnites, 581.
Sanates, 574,575,628.
Sanctum, 568.
Sandaraca, 580.
Sanderaca, 580.
Sanqualis, 568.
Sanqualis porta, 616.
Saperda, 579.
Sapsa, 579.
Sarcito, 577.
Sardanapale, 577.
Sardare, 576.
Sardi venales alius alio nequior, 576.
Sargus, 577.
Sarissa, 571.
Sarpiuntur vineæ, 627.
Sarpta vinea, 575.
Sarra, 576.
Sarta tecta, 576.
Sarte, 575.
Sas, 578.
Sateurnus, 578.
Saticula, 610.
Satis, 632.
Satur, 528.
Satura, 564.
Saturne, 578.
Saturnia, 577.
Satus, 328.
Saxum Tarpeium, 614.
Scæva res, 579.
Scandulaca, 589.
Scaptensula, 589.
Scaptia tribus, 615.
Scelerata porta, 597.
Sceleratus campus, 596.
Sceleratus vicus, 597.
Scena, 571, 591.
Scensas, 606.
Schedia, 598.
Schœniculæ, 588.
Scholæ, 622.
Scilicet, 84.
Σκινδαψός, 662.
Scirpus, 591.
Sciscito, 305, 541.
Scita plebei, 523.
Scita plebis, 305.
Scitæ, 590.
Scitum populi, 590.
Scorta, 588.
Scortea, 589.
Scortes, 589.
Scraptæ, 594.
Scrautum, 590.
Scribæ, 594.
Scripturarius, 591.

Scriptus lapis, 628.
Scrupi, 595.
Scrutillus, 595.
Scurra, 529.
Scutilum, 586.
Scyrius, 534.
Se, 525.
Se quamque, 628.
Secespita, 602, 625.
Secessiones, 602.
Secivum, 626.
Seclusa sacra, 571.
Sectarius, 602.
Sectio, 602.
Sectores, 603.
Seculares ludi, 586.
Secundæ res, 602.
Securus, 528.
Secus, 529, 600.
Sed, 601.
Sediculum, 602.
Seges, 611.
Segesta, 610.
Segnitia, 607.
Segregare, 41.
Sejuges, 178.
Seliquastra, 610.
Sella curulis, 615.
Sellisternium, 536.
Sementinæ, 105.
Sementivæ, 603.
Semis, 525.
Semodius, 525.
Semuncia, 525.
Senacula, 622.
Senaculum, 604.
Senatores, 604.
Senis, 525.
Senis crinibus, 605.
Senium, 51, 605.
Senonæ galli, 605.
Sentes, 605.
Sentinare, 604.
Seplasia, 567, 609.
Seplasium, 567.
Septem dies, 625.
Septentriones, 606.
Septimatrus, 452.
Septimontium, 608, 630.
Septuennio quoque, 621.
Sepulchrum, 607.
Sepultum morte meroque, 609.
Sequester, 607.
Seræ, 46.
Seri, 45.
Serilla, 611.
Serius, 613.
Serpsit, 626.
Serpula serpserit, 631.
Serpulæ, 626.
Serra prœliari, 619.
Sertor, 611.
Servilius lacus, 522.
Servitium, 148.
Sescuncia, 298.
Sestertii nota, 623.
Sestertius, 601.

Seudum, 528.
Sex suffragia, 600.
Sex vestæ sacerdotes, 620, 629.
Sexagenarii, 598.
Sexatrus, 452.
Sextantarii asses, 621.
Sexu, 600.
Sexus, 600.
Sibus, 601.
Siciles, 602.
Sicilicum, 602.
Sicilienses, 102.
Sicilissat, 50.
Sicyonia, 603.
Sifus, 609.
Signa, 607.
Signare, 509, 608.
Signorum (quinque genera), 464.
Silatum, 624.
Sile, 534.
Silentio surgere, 627.
Silere, 615.
Silicernium, 527.
Silus, 610.
Silvi, 611.
Simpludiaria, 600.
Simpulatrix, 361.
Simpulum, 603.
Simultas, 603.
Sincinia, 603.
Sine sacris hereditas, 521.
Sinistimum, 124.
Sinistræ aves, 601.
Sinistrorsus, 207.
Sinistrum, 631.
Siparium, 609.
Siremps, 617.
Sis, 84, 533, 538.
Sispes, 612.
Sistere fana, 630.
Slis, 563.
Sobrinus, 530.
Sobrius vicus, 532.
Socordia, 525.
Sodales, 533.
Sodes, 84, 533.
Sol, 568.
Solavi, 538.
Solatum, 539.
Soleus, 542.
Solea, 537.
Solemnia sacra, 619.
Soliar, 536.
Soliaria Babylonica, 536.
Solicitare, 631.
Solida, 524.
Solida sella, 624.
Solidas, 524.
Solino, 631.
Sulipugna, 539.
Solitaurilia, 523.
Solla, 536.
Sollemne, 535, 546.
Sollers, 524, 535.
Sollicitare, 632.
Sollicuria, 535.

Solliferrea, 524.
Solliferreum, 535.
Sollistimum, 536.
Sollo, 535.
Sollum, 524.
Solox, 537.
Solum, 524, 536.
Sonivio, 521.
Sonivium tripudium, 532.
Sontica causa, 616.
Sonticum, 522.
Sonticus morbus, 522.
Soracum, 532.
Sororiare, 531.
Sororium tigillum, 530, 548.
Sors, 532.
Sortus, 531.
Sos, 537.
Sospes, 539.
Sospitare, 540.
Spara, 590.
Spatiator, 618.
Species, 623.
Spectio, 593.
Spectu, 592.
Speculator, 133.
Specus, 613.
Speres, 593.
Spetile, 592.
Spicit, 592.
Spiciunt, 618.
Spicus, 593.
Spinter, 595.
Spinther, 595.
Spinternix, 593.
Spira, 591.
Spirillum, 593.
Spondere, 530, 584, 613.
Sponsus, 585.
Spurcum vinum, 629.
Squalidus, 587.
Squarosi, 587.
Stagnum, 564.
Stalagmium, 565.
Stata mater, 565.
Stata sacrificia, 618.
Statua ludi in Circo, 522.
Statuliber, 564.
Status dies, 564.
Στεγνός, 564.
Stella, 631.
Stellatina tribus, 615.
Stellio, 561.
Stercus, 619.
Sterila, 567.
Stipatores, 562, 632.
Stipes, 562.
Stips, 561.
Stipulari, 561.
Stiria, 616.
Stipendium, 530.
Stipes, 530.
Stiricidium, 616.
Stirps, 249, 561.
Stlata, 561.
Stlembus, 561.

Stlis, 561.
Στοιχεία, 162.
Stolcus, 561.
Stolidus, 566.
Strebula, 560.
Strena, 560.
Strigae, 563.
Strigores, 563.
Στρίγξ, 563.
Stritavus, 563.
Strix, 563.
Στρόφιον, 559.
Στρόφος, 679.
Stroppus, 559.
Struere, 558.
Strues, 558.
Struferctarii, 144.
Strufertarii, 526.
Struices, 558.
Struppearia, 559.
Struppi, 625.
Struppus, 559.
Strutheum, 559.
Stultorum feriae, 450, 567.
Stuppa, 566.
Stuprum, 566.
Stura, 567.
Suad ted, 631.
Suasum, 543.
Sub corona, 549.
Sub jugum mittere, 544.
Sub vineam jacere, 555.
Sub vitem hastas jacere, 555.
Sub vitem proeliari, 555.
Sub vos placo, 333, 552.
Subactus, 553.
Subare, 558.
Subditus, 614.
Suber, 567.
Suberies, 527.
Subices, 545.
Subici, 622.
Subigere arietem, 631.
Subinde, 126.
Sublesta, 528.
Sublicius pons, 526.
Sublimavit, 550.
Sublimis, 550.
Sublucare arbores, 629.
Suboles, 552.
Subramari, 551.
Subscudes, 549.
Subsidium, 381, 547.
Subsilles, 548.
Subsolaneae, 548.
Substillum, 548.
Subucula, 552.
Subulo, 551.
Subura, 551.
Suburana tribus, 511.
Subverbusta, 552.
Succenturiare, 550.

Succidanea hostia, 541.
Succingulum, 540.
Succerotilla vox, 540.
Sucerda, 541.
Sucula, 540.
Sudiculum, 602.
Sudum, 528.
Sufes, 554.
Suffibulum, 627.
Suffimenta, 626.
Suffiscus, 553.
Suffitio, 8, 134.
Suffragatores, 624.
Suffuerat, 628.
Suggillatum, 541.
Suillum genus, 557.
Sultis, 538, 612.
Sum, 535.
Summanalia, 628.
Summissiorem aedem, 620.
Summussi, 534.
Suopte, 557.
Supat, 556.
Supellectilis, 528.
Supercilia, 546.
Supercilium, 541.
Superescit, 544.
Superstites, 545.
Superstites praesentes, 545.
Supervacaneum, 526.
Supervaganea, 546.
Supparus, 556.
Suppernati, 546.
Supplicia, 553.
Supprema multa, 547.
Suppremum, 547.
Suppus, 521.
Suremit, 534.
Surempsit, 534.
Surire, 558.
Surregit, 531.
Surus, 533.
Sus Minervam, 558.
Suspectus, 557.
Susque deque, 521.
Sutelae, 556.
Sutrium quasi eant, 557.
Sybina, 602.
Sycophantae, 542.
Syrius, 534.
Syrnia, 563.

T

Tabellae, 650.
Tabernacula, 648.
Tabernariae, 636.
Tabes, 649.
Tablinum, 649.
Tace, 535.
Taciturnus, 665.
Taedulus, 655.
Taeniae, 654.
Taenpoton, 652.
Taepocon, 652.
Tagax, 650.

Tages, 650.
Tagit, 649.
Talassio, 634.
Talentum, 651.
Talia, 652.
Taliam, 652.
Talio, 655.
Talipedare, 651.
Talus, 651.
Tam, 652.
Tam perit quam extrema faba, 656.
Tama, 654.
Tame, 652.
Taminare, 657.
Taminia, 650.
Tammodo, 652.
Tamne, 651.
Tandem, 653.
Tapete, 633.
Tapulla, 656.
Tarmes, 652.
Tarpeia, 655.
Tarquitiae scalae, 655.
Tartarinus, 652.
Taurae, 636.
Tauri verbenaeque, 654.
Taurii, 634.
Taurium, 652.
Taxat, 648.
Taxatio, 648.
Taxatores, 649.
Tege, 535.
Tegillum, 661.
Tela, 660.
Temerare, 658.
Temetum, 659.
Tempesta, 658.
Tempestas, 658.
Templum, 664.
Tenitae, 665.
Tensa, 658.
Tentipellium, 660.
Tenus, 665.
Terentum, 633.
Teres, 657.
Teretinatibus, 657.
Termentum, 658.
Termes, 665.
Terminus, 665, 666.
Termo, 656.
Tersum diem, 657.
Tertium, quartum, 658.
Teruncium, 298.
Tesca, 645.
Testiculari, 662.
Testudinatum tectum, 359.
Tetini, 662.
Thalea, 651.
Themin, 665.
Thiasitas, 662.
Thocum, 664.
Thomices, 644.
Thraeces, 662.
Tiberis, 661.
Tibicines, 661.
Tibris, 661.

INDEX VERBORUM.

Tifata, 662.
Tigillum sororium, 661.
Tignum, 660.
Tinia, 658.
Tintinnabant, 659.
Tintinnire, 659.
Tippula, 661.
Titiensis tribus, 662.
Titivillitium, 662.
Tituli, 662.
Tudi, 636.
Tœporchou, 652.
Togatæ, 635.
Toles, 648.
Tongere, 645.
Tonsilla, 384.
Topper, 638.
Torrens, 639.
Torrere, 640.
Torreri, 640.
Torum, 640.
Torus, 640.
Torvitas, 641.
Toxicum, 643.
Trabica, 663.
Trabs, 663.
Trachali, 663.
Tragula, 665.
Tragus, 663.
Transfuga, 364.
Transtra, 664.
Trena, 560.
Trepit, 664.
Triambi, 179.
Triatrus, 452.
Τρίβωνες, 22.
Tribules, 82.
Tributa, 659.
Tributum, 663.
Tricenariæ cerimoniæ, 120.
Triens, 56.
Trientem tertium pondo, 656.
Trifax, 663.
Tripudium, 657.
Trisulcum, 635.
Tritogenia, 664.
Tritum, 22.
Triumphales coronæ, 664.

Troja, 663.
Tromentina tribus, 665.
Trossuli, 665.
Trua, 18.
Truant, 18.
Trulla, 53.
Truo, 664.
Tryga, 662.
Tubicines, 639.
Tubilustria, 636.
Tuditantes, 637.
Tudites, 637.
Tullianum, 648.
Tullii, 637.
Tumultuarii milites, 644.
Tumulus, 165, 644.
Tnopte, 557.
Tuor, 642.
Turbelæ, 642.
Turma, 640.
Turrani, 641.
Tusci, 643.
Tusculum, 644.
Tuscus vicus, 643.
Tutulum, 642.
Tyria maria, 641.

U

Ὕειν, 680.
Uls, 71, 683.
Umbræ, 682.
Unciaria lex, 680.
Ungulatros, 684.
Ungulus, 679.
Ungustus, 682.
Urbanæ tribus, 667.
Urvat, 679.
Ustrina, 55.
Ut qui optima lege fuerint, 330.
Uxorium pependisse, 683.

V

V, 680.
Vacerra, 677.
Vadem, 683.
Væ vobis, 685.
Vagor, 677.

Vagulatio, 678.
Valesii, 42.
Valgi, 678.
Vallescit, 682.
Vallicula, 70.
Vallis, 70.
Valvoli, 677.
Vapula Papiria, 676.
Vasa futilia, 152.
Vastum, 675.
Vaticanus collis, 683.
Ve victis, 675.
Vecors, 676.
Vecticularia vita, 683.
Vectigal, 672.
Vegrande, 675.
Vehere, 674.
Veia, 667.
Vel, 670.
Velabra, 130.
Velati, 27, 668.
Veles, 555.
Velitatio, 668.
Velites, 50.
Venditiones, 681.
Venenari, 680.
Venerari, 680.
Ventabant, 680.
Venus fruti, 154.
Ver sacrum, 684.
Verberitare, 684.
Verculum, 102.
Veredi, 674.
Vergiliæ, 674.
Vermina, 679.
Vernæ, 674.
Vernisera, 685.
Verrere, 130.
Verruncent, 675.
Versuram facere, 684.
Versuti, 673.
Verticulas, 673.
Veruta pila, 679.
Vescor, 667.
Vesculi, 683.
Vescus, 667.
Vespæ, 667.
Vesperna, 90, 666.
Vesperugo, 667.
Vespices, 668.
Vesticeps, 666.

Vestis, 667.
Veteratores, 669.
Veterina bestia, 669.
Veternosus, 669.
Vexillum, 682.
Via Appia, 523.
Via Flaminia, 152, 523.
Via Latina, 523.
Via Nova, 523.
Via Sacra, 523.
Viæ, 672.
Viatores, 672.
Vibices, 670.
Vibrissæ, 670.
Vibrissare, 670.
Vici, 671.
Vicinia, 666.
Victima, 672.
Viduertas, 669.
Victus, 682.
Viget, 671.
Viginti quinque pœnas, 672.
Viminalis, 681.
Vinalia, 680.
Vinciam, 685.
Vindex, 681.
Vindiciæ, 681.
Vindicius, 688.
Vindicta, 687.
Vinnulos, 682.
Violarii, 153.
Vir, 528.
Viræ, 463.
Viragines, 463.
Virgiliæ, 674.
Viritanus, 674.
Viritim dari, 683.
Vitiglio, 669.
Vitulans, 669.
Vivaces, 307.
Vivatus, 681.
Vividus, 681.
Vivissimus, 684.
Voisgra, 672.
Volæ vestigium, 673.
Volones, 673.
Volturnalia, 683.
Vopte, 684.
Vulsculus, 40.

NOMS PROPRES CITES.

A

Accius, 236, 240, 244, 301, 303, 340, 391, 394, 413, 459, 470, 481, 488, 500, 503, 539, 544, 563, 613, 638, 654, 675.
Acilius, 355.
Festus.

Afranius, 34, 67, 234, 235, 242, 271, 292, 321, 327, 352, 394, 454, 468, 486, 493, 495, 501, 503, 539, 540, 544, 556, 562, 573, 600, 605, 641, 643, 651, 659, 660.
Agathocle, 475.

Alcimus, 474.
Alfius, 265.
Annius (T.) Luscus, 565.
Antigone, 474.
Antistius, voyez Labéon.
Apollodore, 474.
Apollonius, 281.

Appius Claudius Pulcher, 341, 532, 536, 566.
Aristarque, 281.
Artorius, 386, 638, 660.
Ateius Capiton, 258, 273, 284, 295, 316, 318, 414, 483, 509, 631.

NOMS PROPRES CITÉS.

Ateius Philologus, 559, 637, 677.
Attius, 292, 486, 652.
Aufustius, 161.
Aurelius Opilius, 114, 235, 243, 275, 282, 295, 456, 487, 568, 574, 593, 613, 645, 651, 669, 678.

B

Brutus, 327.

C

Calidius, 554.
Callias, 476.
Capiton, *voyez* Ateius et Sinnius.
Caton, 78, 85, 99, 100, 152, 156, 210, 238, 244, 250, 252, 253, 254, 255, 263, 274, 277, 280, 284, 288, 290, 307, 321, 322, 335, 342, 346, 365, 406, 407, 408, 411, 417, 419, 420, 421, 422, 432, 446, 460, 469, 501, 502, 506, 507, 513, 514, 515, 525, 538, 544, 547, 549, 550, 558, 569, 570, 607, 616, 617, 618, 619, 668, 669, 681, 683, 684.
Catulle, 398, 485, 546.
Cécilius, 59, 228, 292, 301, 304, 305, 322, 336, 391, 394, 453, 458, 501, 527, 528, 550, 551, 565, 566, 604, 605, 643, 654, 664.
Célius, 318, 322, 638.
Céphalon Gergithius, 474.
Cesar (L.), 269.
Cicéron, 280, 317, 347, 417, 466, 482, 500, 518, 609, 645, 653, 654.
Cincius, 160, 283, 293, 294, 300, 335, 365, 371, 416, 470, 491, 492, 493, 574, 585, 601, 623, 637, 682.
Clinias, 476.
Cloatius, 235, 330, 335, 361, 554.
Cornificius, 213, 286, 293, 339, 368, 505, 652.
Corvinus, 650.
Critolaüs, 584.
Curiace, 640.

D

Denys, 478.
Dioclès de Peparète, 476.

E

Élius Gallus, 114, 212, 235, 275, 279, 293, 353, 364, 385, 400, 473, 483, 490, 492, 498, 499, 530, 532, 543, 562, 568, 572, 605, 607, 635, 639, 644.
Élius Stilon, 224, 233, 243, 280, 285, 295, 300, 325, 335, 353, 357, 368, 406, 522, 552, 585, 645, 651, 672, 676, 677.
Ennius, 9, 10, 13, 40, 60, 89, 97, 99, 104, 114, 160, 191, 200, 210, 214, 237, 240, 242, 251, 267, 275, 285, 286, 287, 305, 306, 310, 313, 333, 336, 343, 344, 368, 391, 392, 417, 419, 423, 435, 436, 454, 459, 460, 462, 465, 466, 481, 488, 495, 498, 505, 507, 512, 513, 524, 534, 535, 536, 537, 538, 539, 544, 545, 546, 547, 550, 551, 563, 566, 578, 579, 585, 587, 591, 592, 593, 596, 602, 606, 612, 613, 621, 633, 637, 638, 639, 642, 645, 652, 653, 654, 656, 663, 669, 670, 677, 678, 679, 680.

F

Fabius Pictor, 443
Flaccus, 466.

G

Gannius, 669.
Gracchus, 365.
Granius, 491.

H

Héraclide, *voyez* Lembos.
Hésiode, 87.
Hippocrate, 17.
Homère, 274, 281, 291.
Hostius, 579.

J

Julius, 390, 396.
Juventius, 535.

L

Labéon (Antistius), 268, 288, 348, 438, 443, 444, 445, 446, 519, 625, 628, 629, 630, 631.
Lelius, 336, 565.

Lembos, dit Héraclide, 476.
Livillus (L.), 531.
Livius, 21, 113, 114, 115, 118, 163, 273, 277, 303, 316, 334, 353, 358, 385, 393, 452, 453, 481, 531, 535, 558, 562, 591, 594, 677.
Lucain, 59.
Lucetius, 196.
Lucilius, 55, 73, 89, 118, 163, 212, 229, 235, 267, 278, 294, 299, 339, 353, 354, 358, 359, 435, 456, 457, 461, 470, 478, 482, 487, 493, 494, 495, 504, 522, 527, 529, 531, 535, 537, 555, 561, 577, 588, 590, 598, 603, 645, 650, 654, 656, 670, 973, 682.
Lucius, 206, 247.
Lucrèce, 114, 233, 278, 304, 336, 352, 366, 374, 462, 552, 573, 589, 637, 666, 677.

M

Manilius, 598.
Marcus (Co.), 279.
Marcius, 306.
Martial, 668.
Messula, *voyez* Valerius.

N

Nelée, 566, 638.
Névius, 20, 50, 61, 98, 104, 199, 285, 292, 322, 354, 357, 367, 378, 382, 399, 423, 454, 468, 478, 481, 522, 523, 526, 534, 535, 556, 566, 573, 576, 578, 580, 591, 638, 653, 659.
Nicostrate, 622.
Novius, 304, 453, 468, 659, 676.
Numa Pompilius, 298.
Numerius, 292.

O

Opilius, *voyez* Aurelius.
Oppius, 323
Ovide, 582.

P

Pacuvius, 160, 184, 228, 239, 277, 335, 340, 366, 367, 388, 394, 395, 398, 482, 490, 498, 499, 500, 501, 503, 505, 539, 544, 549, 579, 582,
592, 600, 612, 613, 639, 641, 649, 663, 675, 676, 680.
Pallas, 374.
Panurgus Antonius, 292, 487.
Pinarius, 409.
Platon, 438, 623.
Plaute, 16, 48, 61, 75, 76, 81, 88, 98, 101, 102, 103, 104, 117, 124, 153, 164, 166, 169, 182, 187, 188, 193, 218, 225, 229, 237, 240, 271, 272, 276, 277, 279, 282, 285, 286, 287, 288, 292, 293, 294, 295, 303, 311, 315, 317, 342, 343, 358, 363, 365, 366, 367, 369, 371, 376, 381, 386, 391, 393, 394, 396, 414, 418, 435, 456, 457, 459, 460, 467, 484, 485, 488, 490, 491, 492, 493, 497, 503, 504, 528, 531, 532, 534, 538, 540, 543, 544, 545, 547, 548, 549, 552, 557, 558, 560, 564, 569, 588, 591, 592, 593, 595, 607, 636, 640, 642, 658, 659, 661, 663, 664, 666, 668, 676, 677, 678.
Polémon, 584.
Pomponius, 567, 568, 659.
Postumus, 414.
Potitius, 409.

Q

Quinctius, 23.

R

Rufus (Ser. Sulpicius), 301, 465.
Rutilius, 468.

S

Salluste, 336, 526, 649.
Salmacis, 585.
Santra, 114, 293, 294, 339, 456, 491, 593.
Scévola (Q. Mucius), 273, 350.
Sulpicius (Q.), 288
Sulpicius (Serv.) Rufus, 320, 359, 401, 574, 577, 682.
Sinnius Capiton, 13, 233, 240, 276, 278, 283, 307, 398, 464, 506, 517, 554, 577, 583, 600, 601, 639, 658, 659, 676.

NOMS PROPRES CITÉS.

Sisenna, 215, 596.
Socrate, 534.
Stilon, *voyez* Élius.

T

Tarquitius, 487.
Térence, 16, 21, 101, 164, 321, 388, 395, 507, 533, 534, 590, 608, 653, 654, 677.
Titinnius, 98, 214, 232, 239, 322, 331, 336, 341, 357, 375, 481, 537, 540, 541, 556, 595, 653, 658, 660, 670.
Titius, 348, 519.
Tuditanus, 637.
Turpilius, 276, 633.

V

Valerius Messala, 447, 575, 631, 643, 656.
Valgius, 348, 529.
Varron, 80, 238, 272, 329, 368, 414, 433, 434, 477, 478, 580, 601, 615, 624, 630, 634, 643, 677, 686, 687.
Veranius, 262, 266, 347, 348, 441, 444, 517, 627.
Verrius, 60, 188, 235, 256, 261, 264, 269, 270, 285, 290, 306, 311, 317, 344, 348, 355, 364, 371, 405, 415, 431, 436, 447, 449, 462, 469, 478, 480, 486, 487, 491, 495, 500, 501, 505, 507, 510, 518, 523, 526, 527, 528, 536, 537, 539, 551, 561, 563, 568, 678, 583, 584, 586, 587, 589, 595, 605, 609, 611, 919, 624, 632, 633, 636, 641, 644, 645, 650, 652, 654, 655, 665, 681.
Virgile, 114, 142, 178, 244, 352, 358, 363, 436, 539, 550, 552, 686, 687.

FIN.

SECONDE SÉRIE DE LA BIBLIOTHÈQUE LATINE-FRANÇAISE.

Chaque volume, contenant un seul ou plusieurs Auteurs, se vend séparément.

Les volumes, de 25 à 30 feuilles, in-8°, sont en tout semblables à ceux de la Première Série de la *Bibliothèque Latine-Française*.

Le prix de chaque volume est de 7 francs, franc de port pour Paris et la Province.

Les Auteurs désignés par un ★ sont traduits POUR LA PREMIÈRE FOIS en français.

Livraisons publiées.	Auteurs publiés :	Nombre de volumes.
1re.	**Poëtes Mineurs** : Arborius★, Calpurnius, Eucheria★, Gratius Faliscus, Luperous Servastus★, Nemesianus, Pentadius★, Sabinus★, Valerius Cato★, Vestritius Spurinna★ et le *Pervigilium Veneris*; trad. de M. CABARET-DUPATY, prof. au collège royal de Grenoble............	1
2e.	**Jornandès**, trad. de M. SAVAGNER, prof. d'hist. en l'Université.	
3e.	**Censorinus**, trad. de M. MANGEART, ancien prof. de philosophie; — **Julius Obsequens**, **Lucilius Ampelius**★, trad. de M. VERGER, de la Bibliothèque royale...................................	1
4e, 5e.	**Ausone**, trad. de M. E.-F. CORPET................	2
6e.	**P. Mela**, **Vibius Sequester**★, **Éthicus Ister**★, **P. Victor**★, trad. de M. Louis BAUDET, prof...........................	1
7e.	**R. Festus Avienus**★, **Cl. Rutilius Numatianus**, etc., trad. de MM. Eug. DESPOIS et Ed. SAVIOT, anciens élèves de l'École normale....	1
8e.	**Varron**, *Econ. rur.*, trad. de M. ROUSSELOT, prof........	1
9e.	**Eutrope**, **Messala Corvinus**★, **Sextus Rufus**, trad. de M. N.-A. DUBOIS, prof...............................	1
10e.	**Palladius**, *Econ. rur.*, trad. de M. CABARET-DUPATY, prof.....	1
11e.	**Spartianus**, **Vulcatius Gallicanus**, **Trebellius Pollion**, trad. de M. T. LEGAY, prof. au collège Rollin....................	
12e.	**Julius Capitolinus**, trad. de M. VALTON, prof. au collège royal de Charlemagne...................................	
13e.	**Columelle**, tome Ier, *Econ. rur.*, trad. de M. Louis DU BOIS, auteur de plusieurs ouvrages d'agriculture, de littérature et d'histoire......	1
14e.	**C. Lucilius**★, trad. de M. E.-F. CORPET; — **Lucilius Junior**, **Saleius Bassus**, **Cornelius Severus**, **Avianus**★, **Dionysius Cato**, trad. de M. Jules CHENU..................................	
15e.	**Priscianus**★, trad. de M. CORPET; — **Serenus Sammonicus**★, **Macer**★, **Marcellus**★, trad. de M. BAUDET...................	
16e.	**Columelle**, tome IIe, *Econ. rur.*, trad. de M. Louis DU BOIS.....	1
17e.	**Macrobe**, tome Ier (*Les Saturnales*, tome Ier), trad. de M. URIELSKI MAHUL.	
18e.	**Aulu-Gelle**, tome Ier, trad. de M. E. DE CHAUMONT, prof. au collège royal d'Angoulême.................................	1
19e.	**Columelle**, tome IIIe et dernier, *Econ. rur.*, trad. de M. Louis DU BOIS...	
20e.	**Sextus Pompeius Festus**★, *Première Partie*, trad. de M. SAVAGNER.	
21e.	**Aulu-Gelle**, tome IIe, trad. de M. Félix PLESSIS, prof. d'hist. au collège royal d'Angoulême...............................	1
22e.	**Macrobe**, tome IIe (*Les Saturnales*, tome II), trad. de M. MACÉ DESCAMPS.	1
23e.	**Sextus Pompeius Festus**★, *Seconde Partie*, trad. de M. SAVAGNER...	1

Sous presse :

MACROBE (3 vol.), tome 3, traduction de MM. N.-A. DUBOIS et LAASS D'AGUEN.

AULU-GELLE (3 vol.), tome 3, traduction de M. E. BUISSON.

SEXTUS AURELIUS VICTOR (1 vol.), trad. de M. N.-A. DUBOIS, professeur.

Monuments gravés de la langue latine. — **ENNIUS**, trad. de M. PARISOT, prof. de litt. étr. à la Faculté des lettres de Rennes. — 1 vol.

LAMPRIDIUS, trad. de M. LAASS D'AGUEN; **FLAVIUS VOPISCUS**, trad. de M. TAILLEFERT, prof. au coll. de Saint-Louis. — 1 vol.

Imprimerie PANCKOUCKE, rue des Poitevins, 14.

www.ingramcontent.com/pod-product-compliance
Lightning Source LLC
Chambersburg PA
CBHW050537170426
43201CB00011B/1457